《史记研究集成》

    总主编 袁仲一 张新科 徐 晔 徐卫民

《史记研究集成·十二本纪》

    主 编 赵光勇 袁仲一 吕培成 徐卫民

《史记研究集成·十二本纪》编辑出版委员会

总顾问　张岂之

主　任　安平秋　徐　晔

副主任　张新科　马　来　徐卫民

编　委　（以姓氏笔画为序）

王子今　尹盛平　田大宪　吕培成　吕新峰

李　雪　李颖科　杨建辉　杨海峥　吴秉辉

何惠昂　陈俊光　张　萍　张　雄　张文立

赵生群　赵建黎　骆守中　高彦平　郭文镐

徐兴海　商国君　梁亚莉　彭　卫　程世和

主　编　赵光勇　袁仲一　吕培成　徐卫民

"十三五"国家重点图书出版规划项目

史记研究集成·十二本纪

高祖本纪

吕 蔚 吕培成 吕新峰 编

西北大学出版社
·西安·

图书在版编目(CIP)数据

高祖本纪／吕蔚，吕培成，吕新峰编．—西安：西北大学出版社，2019.3

（史记研究集成／赵光勇，袁仲一，吕培成，徐卫民主编．十二本纪）

ISBN 978-7-5604-4046-0

Ⅰ.①高⋯　Ⅱ.①吕⋯②吕⋯③吕⋯　Ⅲ.①中国历史—古代史—纪传体②《史记》—研究　Ⅳ.①K204.2

中国版本图书馆CIP数据核字（2017）第132392号

"十三五"国家重点图书出版规划项目

史记研究集成·十二本纪·高祖本纪
SHIJIYANJIUJICHENG SHIERBENJI GAOZUBENJI

吕　蔚　吕培成　吕新峰 编

出版发行	西北大学出版社			
地　　址	西安市太白北路229号	邮　编	710069	
网　　址	http://nwupress.nwu.edu.cn	邮　箱	xdpress@nwu.edu.cn	
电　　话	029-88303593　88302590			
经　　销	全国新华书店			
印　　装	西安华新彩印有限责任公司			
开　　本	787毫米×1092毫米　1/16			
印　　张	31.5			
字　　数	602千字			
版　　次	2019年3月第1版　2019年3月第1次印刷			
书　　号	ISBN 978-7-5604-4046-0			
定　　价	180.00元			

如有印装质量问题，请与西北大学出版社有限责任公司联系调换。电话：029-88302966

版权所有　　侵权必究

总　序

　　司马迁是我国西汉时期左冯翊夏阳（今陕西韩城市）人，伟大的史学家、思想家、文学家，1956年被列为世界文化名人。他的巨著《史记》，是我国第一部纪传体通史，记载了从黄帝到汉武帝时期中华民族三千多年的历史，体现了中华民族的智慧和力量，展现了中华民族维护统一、积极进取、坚韧不拔、革故鼎新、忧国爱国等民族精神。司马迁以"究天人之际，通古今之变，成一家之言"为宗旨，突破传统，大胆创新，开辟了中国史学的新纪元，在中国文化史上树立了一座巍峨的丰碑，正如清人李景星《史记评议·序》所说："由《史记》以上，为经为传诸子百家，流传虽多，要皆于《史记》括之；由《史记》以下，无论官私记载，其体例之常变，文法之正奇，千变万化，难以悉述，要皆于《史记》启之。"在世界文化史上，《史记》作为巨幅画卷，也是当之无愧的。苏联学者图曼说："司马迁真正应当在大家公认的世界科学和文学泰斗中占有重要的地位。"《史记》和古希腊史学名著比较，其特点在于它的全面性，尤其是对于生产生活活动、学术思想和普通人在历史上的地位的重视。"希腊历史学家的著作，往往集中到一个战争，重视政治、军事。普鲁塔克的传记汇编所收的人物也限于政治家和军事家，即使是最著名的希腊思想家、科学家如亚里士多德，在他的著作中也没有一字提到，更没有一个关于从事生产活动者的传记了。"[①]《史记》在唐以前传至海外，18世纪开始传入欧美，一直以来都是世界汉学界研究和关注的对象。毋庸置疑，《史记》是世界文化宝库中一颗璀璨的明珠。

一

　　据《汉书》记载，西汉宣帝时司马迁的外孙杨恽将《史记》公之于众。但当时史学还没有应有的独立地位，加之在正统思想家眼里，《史记》是离经叛道之作，是"谤书"，因而并没有受到重视。直到东汉中期，《史记》才逐渐流传。魏晋以后，史学摆脱了经学附庸，在学术领域内形成一门独立的学科，《史记》的地位得到相应的提高，抄写、学习《史记》的风气逐渐形成。谯周《古史考》等书对《史记》史实的考证，

---

　　① 齐思和：《〈史记〉产生的历史条件和它在世界史学上的地位》，载《光明日报》1956年1月19日。

揭开了古史考辨的序章。裴骃的《史记集解》是这个时期最有代表性的《史记》注本。此一时期，扬雄、班氏父子、王充、张辅、葛洪、刘勰等人对《史记》发表过许多评论，他们肯定了司马迁的史才，肯定了《史记》"不虚美，不隐恶"的实录精神。由于史论的角度不同，班彪、班固在《汉书·司马迁传》中提出"史公三失"问题。随之，以王充和张辅为开端，开始了"班马异同"的学术讨论，也即开《史记》《汉书》比较研究之先河。

唐代由于史学地位的提高，尤其是"正史"地位之尊，使《史记》在史学史上备受尊崇，司马迁开创的纪传体成为修史之宗。唐代编纂的《晋书》《梁书》《陈书》等八部史书全部采用纪传体的写法。史学理论家刘知幾对纪传体的优点也予以肯定："《史记》者，纪以包举大端，传以委曲细事，表以谱列年爵，志以总括遗漏，逮于天文、地理、国典、朝章，显隐必该，洪纤靡失，此其所以为长也。"① 史学家杜佑发展了《史记·八书》的传统，著《通典》一书，成为政书体的典范。唐代注释《史记》，成就最大的是司马贞的《史记索隐》与张守节的《史记正义》。这两部书和南朝刘宋年间裴骃所作的《史记集解》，被后人合称为《史记》"三家注"。"三家注"涉及文字考证、注音释义、人物事件、天文历法、山川草木、鸟兽虫鱼、典章制度等，是《史记》研究总结性、系统性的成果，因而也被认为是《史记》研究史上的一座里程碑。司马贞、张守节、刘知幾、皇甫湜等人，对司马迁易编年为纪传的创新精神做出了许多肯定性的评论。如皇甫湜《皇甫持正集》认为，司马迁"革旧典，开新程，为纪为传为表为志，首尾具叙述，表里相发明，庶为得中，将以垂不朽"。特别是唐代韩愈、柳宗元掀起的古文运动，举起了向《史记》文章学习的旗帜，使《史记》所蕴藏的丰富的文学宝藏得到空前的认识和开发，奠定了《史记》的文学地位。

宋代的《史记》研究步入一个新阶段。由于统治者对修史的重视，加之印刷技术的发展，《史记》得以大量刊行，广为研读。宋人特别注重《史记》的作文之法。如文学家苏洵首先发明司马迁写人叙事的"互见法"，即"本传晦之，而他传发之"②，开拓了《史记》研究的领域。郑樵在《通志·总序》中称《史记》为"六经之后，惟有此作"，肯定司马迁前后相因、会通历史的作史之法，这也是第一次在理论上从"通"的角度评论《史记》。本时期的评论，还把"班马优劣论"发展到一个新的阶段，苏洵、郑樵、朱熹、叶适、黄履翁、洪迈等人都发表过评论，涉及思想、体例、文学等方面的比较，乃至出现了倪思、刘辰翁的《班马异同》及娄机的《班马字类》这样的专门著作，把《史记》比较研究向前推进了一步。

元代除了在刊刻、评论《史记》方面继承前代并有所发展外，主要贡献在于把

---

① ［唐］刘知幾撰，浦起龙释：《史通通释·二体》，上海古籍出版社1978年版，第28页。
② ［宋］苏洵著，曾枣庄等笺注：《嘉祐集笺注》，上海古籍出版社1993年版，第232页。

《史记》中的历史人物、历史事件搬上舞台。元代许多杂剧的剧目取材于《史记》，仅据傅惜华《元代杂剧全目》所载就有180多种，如《渑池会》《追韩信》《霸王别姬》等，这些剧目的流传，又扩大了《史记》的影响。

明代是《史记》评论的兴盛期。印刷技术进一步提高，给刻印《史记》提供了有利条件，尤其是套版印刷的兴起，给评点《史记》提供了方便。明代从文学角度评论《史记》取得的成就最大，对于《史记》的创作目的、审美价值、刻画人物形象的方法、多样化的艺术风格等都进行了有益的探索①。唐顺之、归有光、茅坤、王慎中、钟惺、陈仁锡、金圣叹等人都是评点《史记》的大家。同时，由于《史记》评点著作大量出现，辑评式研究应运而生。凌稚隆《史记评林》搜集整理万历四年（1576）之前历代百余家的评论，包括"三家注"及各家评点和注释，并载作者本人考辨，给研究者提供便利，后来李光缙对该书进行了增补，使之更加完备。明代晚期，《史记评林》传入日本，深刻影响了日本对《史记》的研究。另外，朱之蕃《百大家评注史记》，葛鼎、金蟠《史记汇评》，陈子龙、徐孚远《史记测义》等也进行了辑评工作。明代由于小说的繁荣，人们对《史记》的认识也开辟了新的角度，探讨《史记》与小说的关系，这是前所未有的新成就。在《史记》历史事实的考辨方面，杨慎《史记题评》、柯维骐《史记考要》、郝敬《史记愚按》等，以及一些笔记著作，均颇有新意。

清代迎来了《史记》研究的高峰期。专门著作大量涌现，如吴见思《史记论文》、汪越《读史记十表》、杭世骏《史记考证》、牛运震《史记评注》、王元启《史记三书正讹》、王鸣盛《史记商榷》、邵泰衢《史记疑问》、赵翼《史记札记》、钱大昕《史记考异》、梁玉绳《史记志疑》、张文虎《校勘史记集解索隐正义札记》、郭嵩焘《史记札记》、李慈铭《史记札记》、吴汝纶《桐城吴先生点勘史记》、程馀庆《历代名家评注史记集说》等，都是颇有特色的著作。这些著作最大的成就在于考据方面。清人考据重事实、重证据，大至重要历史事件，小至一字一句、一地一名，对《史记》史事和文字的考证极为精审。钱大昕为梁玉绳《史记志疑》作序，称其"足为龙门之功臣，袭《集解》《索隐》《正义》而四之矣"。许多学者是考中有评，如赵翼说："司马迁参酌古今，发凡起例，创为全史，本纪以序帝王，世家以记侯国，十表以系时事，八书以详制度，列传以志人物"，"自此例一定，历来作史者，遂不能出其范围，信史家之极则也。"② 其他非专门研究《史记》的著作如顾炎武《日知录》、刘大櫆《论文偶记》、章学诚《文史通义》以及一些古文选本等，也对《史记》发表了许多值得重视的评论。

---

① 详参张新科、俞樟华：《史记研究史略》第四章"明人评点《史记》的杰出成就"，三秦出版社1990年版。

② ［清］赵翼著，王树民校证：《廿二史札记校证》卷一，中华书局1984年版，第3页。

近现代以来，中国内地及港澳台地区《史记》研究呈现出继承传统研究方法的同时，研究领域不断拓宽、研究问题不断深入的特点。从政治到经济、从思想到文化、从史学到地理、从文学到美学、从伦理到哲学、从天文到医学、从军事到人才，都进行了广泛深入的探索。诸如李笠的《史记订补》、王叔岷的《史记斠证》、钱穆的《史记地名考》、瞿方梅的《史记三家注补正》、陈直的《史记新证》、王恢的《史记本纪地理图考》等，从《史记》文本文字、地理名物及《史记》研究的再研究等方面进行考证或订补。另外，杨燕起等编纂的《历代名家评史记》，精选1949年前的《史记》评论资料；近年来，由张大可、丁德科主编的《史记论著集成》汇辑当代学者的专题研究成果；赵生群主持修订的中华书局《史记》点校本使《史记》校勘更上层楼。同时，各种不同类型的《史记》选注本、全注本、选译本、全译本相继问世。

《史记》在日本影响很大，近现代以来颇具影响的《史记》研究专家有泷川资言、水泽利忠、宫崎市定等。20世纪30年代出版了泷川资言的《史记会注考证》，之后水泽利忠对该书进行校补，使之成为《史记》研究总结集成式的成果，该书在辑佚、校勘、对《史记》史实的考证、对司马迁所采旧典的考证、对"三家注"的再考证、对词句的训释等方面，均取得了显著的成果。但缺点也是显而易见的，施之勉的《史记会注考证订补》、严一萍的《史记会注考证斠订》等均针对其缺憾专门做了订正。欧美学者对《史记》的研究，诸如法国的沙畹、康德谟，美国的华兹生、倪豪士，以及汉学家高本汉、崔瑞德、鲁惟一、陆威仪等，在关注《史记》传统研究方法的同时，以西方思维、理论及方法，将《史记》与西方传统的史学著作进行比较研究，亦颇具特色。

从以上简单勾勒《史记》研究的历史可以看出，近两千年《史记》研究呈现出"历代不辍、高潮迭起"的状态。不仅如此，海外汉学界特别是日本的《史记》研究亦有突出的表现。

二

《史记》研究积累了大量丰富的资料，这些资料是不同时期承前启后、不断深化的学术成果，这其中有就个别问题的深入探究，有零散的评论，亦有专题式的系统研究。除此之外，系统整理前代研究成果、提出新见的集成式整理方式，更有划时代的意义。在这个层面上，南朝刘宋至唐代形成的《史记》"三家注"和20世纪30年代日本学者泷川资言完成的《史记会注考证》，被视为《史记》研究系统、全面、最有代表性的著作，甚至被称为《史记》研究的两座里程碑。

今天，《史记会注考证》出版已经八十余年，《史记》研究又经过了一个不凡的历程，海内外《史记》研究新见迭出，特别是在研究方法上出现了新的变化，突出特征是由"史料学"向"史记学"发展,即从史料的整理和挖掘中分析司马迁的思想,通过具体史料探讨《史记》丰富的思想内涵及其价值。这也在客观上对《史记》研究成果再次进行集成式整理提出了新的学术要求,《史记研究集成》的编纂正是顺应这一学术发展的重要尝试。

《史记研究集成》系"十三五"国家重点图书出版规划项目,在陕西省人民政府参事室(陕西省文史研究馆)的关心、指导和支持下,由陕西省司马迁研究会和西北大学出版社具体组织实施。集成规模浩大,搜罗宏富;分类选目,采撷众家;纵横有序,类别集成。在总体架构上,分别形成"十二本纪""十表八书""三十世家""七十列传"各部分研究集成。集成以汇校、汇注、汇评为编纂体例,总体编纂表现出资料搜集的全面性、类别整理的学术性,以及体例设置的科学性和出版所具有的实用性特点,具体如下:

首先,资料翔实完备,涉及古今中外所有研究成果,是近两千年来《史记》研究的集大成之作。本集成所收资料,上自汉魏六朝下至 21 世纪初,不仅包括中国历代《史记》研究形成的资料,亦广泛涉及海外研究成果,特别注重对新材料、新观点的采撷吸收。近现代以来,《史记》研究呈现出以史学、文学为主干,包括政治、经济、文化、军事、哲学、地理、天文等多学科的特点,相关的研究成果自然也就成为本集成的组成部分。同时,遴选搜集所能见到的《史记》研究的相关资料,又针对性地搜集补充海外研究资料,充分显示了《史记研究集成》资料搜集的全面性。

其次,观点采撷众家,厘定甄选,兼及考古资料补正,充分体现了《史记研究集成》的学术性。《史记》研究者之众,多不胜数;成果之丰,可谓汗牛充栋。经过了汉魏六朝开启至唐代的注释繁盛期,两宋传播和品评期,明代评论兴盛期,清代考据高峰期,以及近现代的拓展深入期这些不同阶段,积累了大量的学术资料,这些资料就观点看,前后相继,但会通整理难度之大超乎想象。编纂者一要质其要义,二要考其先后,三要会通甄选以厘定条目,除此之外,还要参酌考古新发现做深入补正或提出新见解,这也体现出集成的学术性特点。

再次,体例设置科学,出版具有实用性。《史记研究集成》以汇校、汇注、汇评分类,以观点先后列目,类编得当,条贯秩然。一方面网罗《史记》研究多学科、多层次、全方位之学术观点,另一方面完整呈现《史记》研究的学术脉络,每篇前有"题解",后有"研究综述",在收集历代研究成果的同时,对一些有争议的或者重大的学术问题加以编者按语。本集成系统全面,方便使用,具有工具书的性质。

《史记研究集成》的编辑出版,无疑具有重要的学术价值。第一,它为《史记》研究者提供了非常丰富的有价值的资料,古今中外的重要成果尽收眼底,为理论研究铺路搭桥,为立体化的研究提供依据。第二,它既是历代资料的精选荟萃,又是近两千年《史记》研究史的全面呈现,具有学术史的认知价值。第三,它与前代的《史记》"三家注"、《史记会注考证》等里程碑式的著作相比,体现了编纂者的创新精神和力争超越前代的学术追求,有助于推动《史记》研究向纵深发展,有助于推动"史记学"的建立。第四,《史记》具有百科全书的特点,在中国和世界文化史上占有重要地位。集成的编辑出版,一方面可以为史学、文学、哲学等人文社会科学乃至有关的自然科学研究提供有益的资料,有助于促进这些学科的发展,繁荣当代学术;另一方面,有助于深入挖掘《史记》中蕴含的至今仍具有现代意义的价值理念、道德规范与治国智慧,以传承弘扬中华优秀传统文化,推动传统文化创造性转化与创新性发展。

三

《史记研究集成》的编纂是一项基础性文化工程,资料的搜集与会通整理不仅需要认真严谨的学术态度,也需要多学科的知识储备,更需要学术界的通力合作。书稿在编纂和审定过程中,得到了著名史学家、西北大学张岂之先生,中国《史记》研究会原会长、北京大学安平秋先生,中国秦汉史研究会原会长、中国人民大学王子今教授,中国社会科学院学部委员彭卫研究员,中国历史文献研究会会长、南京师范大学赵生群教授等学者的大力支持和帮助,在此谨表谢忱。

限于体例和篇幅,以及资料的限制,前贤时彦的成果难以全部吸收,颇有遗珠之憾,不足之处,敬请读者批评指正。

《史记研究集成》编辑出版委员会
(张新科执笔)
2019年3月18日

《史记研究集成·十二本纪》编辑出版说明

作为《史记研究集成》的一部分，《史记研究集成·十二本纪》（以下简称"集成"）编纂工作实际始于1994年。它是在赵光勇教授审择资料、构设体例的基础上，由陕西省司马迁研究会组织启动编纂的。对于这项重大文化工程的实施，时任陕西省省长白清才、陕西省政协副主席董继昌、陕西师范大学原党委书记李绵等人高度重视，并给予重要支持。在几近十年的编纂中，十余位专家勤勉有为，爬梳浩如烟海的资料，会通比较，厘定条目，汇校、汇注、汇评出近两千年《史记》研究发展的学术脉络，至2003年形成初稿。

2013年，书稿经过十年"周转沉淀"，在陕西省人民政府参事室（陕西省文史研究馆）的支持下，西北大学出版社接手编辑出版，并邀纳资深编审郭文镐等组建《史记研究集成》编辑部，组织项目的编辑加工。从2013年至今，在六年的精心组织与实施中，编辑部的同志进行了大量细致的资料核查工作，其中不乏深入的校雠勘误；在内容处理上，听取专家意见，同样进行了庞杂的"考量删繁以求简练"的编辑加工。在此基础上，各位编纂者又进行了系统的补遗与增订。《史记研究集成·十二本纪》至此完成编辑审定。这期间，2015年，《史记研究集成》被列入"十三五"国家重点图书出版规划；2016年、2018年，出版社和陕西省司马迁研究会先后组织了两轮专家审定，形成了系统的修改意见，从增删与补遗等方面有力地保证了"集成"的全面性与学术性，从而提高了"集成"出版的代表性与权威性。

《史记研究集成·十二本纪》项目实施前后25年，十余位专家，淡泊名利，潜心以为，他们以司马迁"忍辱负重，发愤而为，成一家之言"的精神为榜样，砥砺前行，在此我们感念良多。殚精竭虑、因病辞世的吕培成教授，年愈九旬、依旧念兹的赵光勇教授，耋老鲐背、勉力而为的袁仲一先生等，他们都是司马迁精神不衰的实践与体现。已故陕西省司马迁研究会原副会长张登第先生在"集成"编纂的组织过程中发挥了重要作用。书稿的编、审、校前后持续六年，这期间，出版社的编辑同志承担着大量繁重的工作，他们珍视与编纂者的合作，在工作上与编纂者并肩前行，在专业上不断历练提高，受益良多。可以说，"集成"的编辑出版，是编纂者与出版者密切合作的结果，也充分体现着双方致力于文化传承创新的责任与使命意识。

值此《史记研究集成·十二本纪》付梓之际，特别感谢北京大学安平秋教授、杨海峥教授，中国人民大学王子今教授，中国社会科学院彭卫研究员，南京师范大学赵生群教授等专家学者所提供的重要的学术支持。同时，感谢社会各界给予的关心和指导。

西北大学出版社

2019 年 3 月 19 日

凡　例

1. 本书《史记》正文以中华书局1959年版点校本为底本，参考《史记》新校本（修订本），汇集历代兼及国际汉学界《史记》研究资料，简体横排。凡古今字、通假字、俗字等，以及人名、地名中的异体字，均一仍其旧。各卷编排：卷前为题解，卷末为研究综述，正文分段，每段为单元，标示注码，段后依次排列汇校、汇注、汇评资料。

2. 本集成遴选的资料，录自古代文献和近现代学术专著，有参考价值的今人研究成果也予以酌录。汇校部分，以他校为主（点校本已作版本校）。汇注部分，不限于字词义诠释，句义、段义以及天文地理等考释也包括在内。所有部分，皆不惮其繁，一一罗列各家之言。

3. 本集成引录的资料中使用的书名简称依旧，个别生僻者，首次出现时，随文加"编者按"予以说明。如：《锥指》（编者按：《禹贡锥指》）；《经典》（编者按：《经典释文》）。

4. 本集成引录的资料中的原有夹注，改为括注，字体字号同正文。为方便读者解读研究资料中的个别问题，本书编者间或加有"编者按"，按语相应随文或置于该条资料文末。

5. 每条研究资料于文末括注出处，录自古代文献和近现当代学术专著者括注书名、卷名或章名，连续两条或三条出处相同者，后条简注"同上"；录自现当代期刊者括注篇目及期刊年次期次。书末附《引用文献及资料》，详注版本信息。

目 录

总　序 …………………………………………………… (1)
《史记研究集成·十二本纪》编辑出版说明 …………… (1)
凡　例 …………………………………………………… (1)
正文及校注评 …………………………………………… (1)
研究综述 ………………………………………………… (465)
引用文献及资料 ………………………………………… (472)

高祖本纪第八

【题解】

颜师古： 纪，理也，统理众事而系之于年月者也。（《汉书注·高帝纪第一上》）

刘知幾： 盖纪者，纲纪庶品，网罗万物。考篇目之大者，其莫过于此乎？及司马迁之著《史记》也，又列天子行事，以本纪名篇，后世因之，守而勿失。譬夫行夏时之正朔，服孔门之教义者，虽地迁陵谷，时变质文，而此道常行，终莫之能易也。（《史通》卷二《本纪第四》）

陆唐老： 高祖，以亭长起丰沛。斩大蛇，亡命于山泽，所居常有云气。入关，五星聚东井，不杀秦王子婴。与项羽会鸿门。王汉中，还定三秦，与项羽转战荥阳、京、索间。太公为羽所获。五年灭羽而成帝业，自归功于能用三杰。伪游云梦，擒韩信。帝不善将兵而善将将。自后诸将如陈豨等多反，既杀韩信，又杀彭越，于是黥布又反。上自击败布，还过沛，作《大风之歌》。击布时，中流矢，归，创甚而崩，知周勃必安刘氏。（《陆状元增节音注精议资治通鉴》卷六《纪传始终要括·高祖》）

魏了翁： 鹤山先生曰：既曰高帝矣，此其言高祖何？系之帝即谥也，系之祖则庙号也。武丁、祖甲、太甲虽有庙号而丁甲以日为纪，非谥也。由殷而上无谥，或以尧舜禹汤等为谥，非也。至殷始有三宗庙号，至周始有文武等谥。至高帝然后而一人有谥有号。然谥曰高皇帝，庙曰高祖，犹通一高字也。至文帝以后，然后号与谥异。然犹曰太宗、世宗、中宗、世祖云尔。又其后一人之身，既曰明帝，又曰显宗，既曰章帝，又曰肃宗，不知节谥者安所据也。明帝犹可宗也，又其后也，和帝曰穆宗，殇帝曰□宗，安帝曰恭宗，则终汉之世，无一而非宗者。又其后也，帝谥少而五六言、多至十七八言，虽有博识强记之士，固已不能悉数。施诸诏命奏疏亦以文繁，难于节约，其势必以庙号陵名代之。则是一人而兼十余字之美，义有相包，字犹别出。虽有昏僻之主，犹得仁圣之名，施诸当时，人已议朝臣之庸鄙，书诸简册，人复议世道之浇讹。相承至今，谥为虚设，仅以陵庙见诸典章。又极其事而言之，则必如殷三宗、汉七制，无害其为庙号，以其有德可宗而不在迭毁之数也。和、殇、安、顺以来，胡为而皆无不可宗之帝？有天下者，知和、殇、安、顺亦得为宗，则知庙号乃承陋袭讹，不可不

速已也。（《古今考》卷一《汉书·高祖》）

梅鼎祚：高祖皇帝姓刘，讳邦，字季，沛丰邑中阳里人。亡秦、灭楚，五载而有天下。国号汉，都关中。性明达，好谋能听，规摹弘远。在位十二年崩。群臣议帝起细微，拨乱世反之正，平定天下，为汉太祖，功最高，上尊号曰高皇帝。（《西汉文纪》卷一《高祖皇帝》）

姚苎田：汉室定鼎，诛伐大事皆详于诸功臣世家列传中，及《高祖本纪》则多载其细微时事及他神异符验，所以其文繁而不杀，灵而不滞。叹后世撰实录者不敢复用此格，而因以竟无可传之文也。（《史记菁华录》卷一《高祖本纪》）

王先谦：王先慎曰：《说文》"统"下云"纪"也。"纪"下云丝别也。凡丝必有端别者，寻其端，故为纪。《淮南·泰族训》云：茧之性为丝，然非得女工煮以热汤而抽其统纪，则不能成丝。《礼器》郑注云：纪者，丝缕之数有纪也。此纪字本义。引申之，为凡事统纪之称。《史记》称"本纪"，班书单用"纪"字，皆每帝事实分别统纪之意。（《汉书补注·高帝纪第一上》）

刘咸炘：梁曰："高祖乃臣下总谥号之称，不可为典要。阎百诗谓号曰太祖，史讹为高祖，班固正之。《续古今考》曰：'不书汉字，疏也。'"（《太史公书知意·高祖本纪》）

杨树达：高祖，张晏曰：《礼谥法》无高，以为功最高而为汉帝之太祖，故特起名焉。树达按：《高纪》云："高帝为汉太祖，尊号高皇帝。"然则称庙号当云太祖，称尊号当云高帝。高祖乃汉人习称，史家沿用，亦犹英布之称黥布，田千秋之称车千秋耳。张云特起此名，非也。（《汉书窥管》卷一《高帝纪上》）

吴汝煜：《高祖本纪》是司马迁为汉朝开国皇帝刘邦所写的一篇传记，在整部《史记》中居于十分重要的地位。

以一个本朝史家的身份为本朝皇帝写传记，是一件很不容易的事情。这不仅因为刘邦一生的经历十分复杂，各种历史事件纵横交错，头绪纷繁，很不容易组织，而且还因为刘邦是以布衣的身份开创帝业，传中必须客观地揭示他取得成功的原因，这就不可避免地要触犯当世的忌讳。一种简单易行而又能取悦当世的办法是把一切功劳都归之于刘邦，或者按照刘邦自己定的调子，把他写成一个受命于天的人物。但是司马迁基本上没有这样做。他是严格地按照一个史家的要求来为刘邦立传的。（《史记论稿·读〈高祖本纪〉》）

又：本纪这种体例要求按时间顺序来组织材料。这对发挥作家的才情是一个束缚，对塑造刘邦形象增加了难度，而司马迁却能因难见巧，借此写出了刘邦思想性格的发展变化，这是别具匠心的表现。由于本文在材料的安排上颇费思量，所以刘邦的形象同样塑造得栩栩如生，维妙维肖，堪与项羽的形象相媲美。本文的思想内容也极为深

刻，耐人寻味，足共《项羽本纪》互相发明，前后辉映。两传并读，有珠连璧合之妙。（同上）

韩兆琦：谨按：本篇记述了刘邦起事反秦，楚汉相争，到统一国家，建号称帝的全过程，对于刘邦取得成功的一切优胜措施，如顺应时代，从和人心，分化敌人，团结内部，知人善任而又驾御有方，刚柔并济，恩威兼施等，一一做了生动地描绘，说明了他的成功绝非偶然。而对于刘邦的造言妖异，自托圣神，表面豁达而内心忌刻；尤其是他晚年的残杀功臣，诛除无已，则表现了作者极大的厌恶。作品在描绘刘邦的心机、性格上，手法极其高妙。（《史记选注集说·高祖本纪》）

张大可：本篇叙写了西汉开国皇帝刘邦一生的主要经历和他所成就的功业。因为刘邦的庙号为高祖，所以称《高祖本纪》。司马迁记事实录，叙刘邦之初起，则称刘季；及得沛，称沛公；及王汉，称汉王；即皇帝位后，才称上。刘邦原本是一个不事生产的普通人，他因秦末战乱之势登上政治舞台，顺应时势，结人心，连韩、彭，知人善任，恩威兼施，团结内部，分化敌人，歼灭了项羽，开创了汉家二百年的基业。刘邦既豁达大度，而又十分忌刻，尤其是晚年屠灭功臣，更表现了他的残忍。刘邦创业的成功和他的过失，作者都一一作了生动的记叙，既有歌颂，也有刺讥。（《史记全本新注》卷八）

李志慧：吴见思《史记论文》谓："《项纪》每事为一段，插入合来，犹好下手；《高纪》则将诸事纷纷抖碎，组织而成，整中见乱，乱中见整，绝无痕迹。"所谓"整中见乱，乱中见整"，也就是章法上严整中见活泼，活泼中有严整。它与《项羽本纪》的区别就在于后者是一条主线贯穿，三条脉络相连。重大战役为主，因而整多于乱。而《高祖本纪》则"将诸事纷纷抖碎，"缺乏对重大战役的重点描写，而是着力揭示刘邦取得成功的主要原因。围绕揭示原因这一线索，作者通过一系列事件的描写，刻划了刘邦性格的多方面性，以此作为脉络而贯穿全文……（《史记文学论稿》）

编者按：《高祖本纪》是《史记》中最重要、最精彩的篇章之一。刘邦与项羽在秦汉之际广阔的历史舞台上共同演出了激越而有声有色的历史话剧。其事难分，其人亦难分。以摛辞属文之方便而言，则宜乎合于一纪。刘、项二人，一位是亡秦斗争中功盖天下的英雄，一位是创四百年基业的开国帝王，太史公分刘、项各为一纪，之所以为此者，突出其历史功绩、历史贡献、历史地位，当是太史公之深意。而把难分难解之人与事分而铺叙，非呕心沥血，匠心独运则难成佳构。太史公的神来之笔令人惊叹，刘、项两《纪》既剪裁得当，布局有致，详略互见，避免重复，又犬牙交错，肌理相连。尽显二人情智性格之迥异而又相得益彰。两篇本纪可谓字字珠玑，珠联璧合。因此，不管是要认识刘邦，还是要认识项羽，俱须两《纪》合读，方可识其全人，多所领悟。

细较两《纪》，然又各具特色。《项纪》中司马迁基于项羽的历史功绩，浓墨重彩地渲染了项羽的英雄本色，激越慷慨，震撼人心，确立了项羽不可磨灭的英雄形象。而项羽又是一位悲剧英雄，令人叹惋同情，太史公本人的这种感情就异常强烈，可谓充溢于《项纪》的字里行间，令读者产生强烈的共鸣。崇敬英雄，同情英雄末路的悲剧，此几乎是人类共同之感情，这无疑使《项羽本纪》拥有了更多的读者，受到了更多的赞誉。然而，《高祖本纪》自有与《项纪》迥异之奇妙处，它以简洁平易又不乏幽默之文字娓娓道来，既写了亭长出身的刘邦身上的诸多流氓无赖行径，其中亦不乏微言讥讽之意，致使刘邦在后世屡遭贬斥，多蒙恶声。然而这只是其非主流一面。这位成就四百年基业的开国帝王，虽多蒙诟病，然无疑自有其超人之处，司马迁以抑扬有致、褒贬有度之笔法从多侧面、多角度着笔，写其胸襟、抱负、气度、眼光、识人、用人、处事机敏、从谏如流、头脑清醒、冷静理智、顾念大局，克制私欲，乃至面对部下的当面辱骂而一笑了之。叙事之中彰显了刘邦身上诸多难能可贵之处。这些都从文学形象上给后世留下了一个活生生的刘邦，鲍列夫《美学》有云："伟大的形象都是多侧面的，它有着无穷的涵义，这些涵义只有在若干世纪中才能逐渐揭开。"在《高祖本纪》中，司马迁对刘邦本人极少直接评论，甚至在传赞中也一改其惯常写法而未对刘邦做出评价，但却是寓丰富论断于这些简洁平易的叙述之中，其所涉及几乎包含了刘邦事业成功的全部要素，表现了司马迁深刻的思想及卓越的理性思考精神。这当是《高祖本纪》之最精妙处，最值得品味、最富于启迪处。似乎可以这样说，《项纪》带有更多通俗文学的特点，而《高纪》则更富于思想智慧、政治智慧和人生智慧。

纵观《史记》研究史，喜欢《项羽本纪》者多，这是不争的事实。迄今为止，许多《史记》选本，只选《项纪》而未选《高纪》，似欠斟酌，似欠考量。

高祖①，沛丰邑中阳里人②，姓刘氏③，字季④。父曰太公⑤，母曰刘媪⑥。其先刘媪尝息大泽之陂⑦，梦与神遇⑧。是时雷电晦冥⑨，太公往视，则见蛟龙于其上⑩。已而有身⑪，遂产高祖⑫。

① 【汇注】

裴　骃：《汉书音义》曰："讳邦。"张晏曰："礼谥法无'高'，以为功最高而为汉帝之太祖，故特起名焉。"（《史记集解·高祖本纪》）

颜师古：荀悦曰："讳邦，字季，邦之字曰国。"……师古曰："邦之字曰国者，臣下所避以相代也。"（《汉书注·高帝纪第一上》）

司马贞：按：高祖，刘累之后，别食邑于范，士会之裔，留秦不反，更为刘氏。刘氏随魏徙大梁，后居丰，今言"姓刘氏"者是。《左传》："天子建德，因生以赐姓，胙之土，命之氏。诸侯以字为谥，因以为族。"说者以为天子赐姓命氏，诸侯命族，族者氏之别名也。然则因生赐姓，若舜生姚墟，以为姚姓，封之于虞，即号有虞氏是也。若其后子孙更不得赐姓，即遂以虞为姓，云"姓虞氏"。今此云"姓刘氏"，亦其义也。故姓者，所以统系百代，使不别也。氏者，所以别子孙之所出。又《系本》篇言姓则在上，言氏则在下，故《五帝本纪》云"禹姓姒氏，契姓子氏，弃姓姬氏"是也。按：汉改泗水为沛郡，治相城，故注以沛为小沛也。（《史记索隐·高祖本纪》）

钟渊映：太祖高皇帝邦，沛人。以秦二世元年起兵为沛公。乙未，楚义帝遣之灭秦，为汉王。己亥，灭楚项氏，即皇帝位，都长安，用秦正，以十月为岁首。十二年丙午崩。（《历代建元考》卷四）

【汇评】

徐孚远：篇首书高祖，追称之也。及叙其始事，则称刘季，及得沛，则称沛公，及王汉，则称汉王，及即皇帝位，则称上，此史公用意缜密处。（引自《史记疏证·高祖本纪》）

王　恢：春秋战国开布衣卿相之先河，汉高以平民成帝业，则开中国历史绝大之变局。其豁达大度，从龙附骥之徒，虽出身寒微，而蛇化豹变，用能廓清有史以来贵族之政权。演进而成士人之政府，实为中国政治史上最大之革新。（《史记本纪地理图考·高祖本纪》）

② 【汇注】

裴　骃：李裴曰："沛，小沛也。刘氏随魏徙大梁，移在丰，居中阳里。"孟康曰："后沛为郡，丰为县。"（《史记集解·高祖本纪》）

颜师古：沛者，本秦泗水郡之属县。丰者，沛之聚邑耳。方言高祖所生，故举其本称以说之也。此下言"县乡邑告喻之"，故知邑系于县也。（《汉书注·高帝纪第一上》）

乐　史：丰县西北一百四十里，旧十八乡，今八乡。战国时，其地属梁。汉高祖乃丰沛邑中阳里人。后得天下，沛为郡，丰为县。（《太平寰宇记》卷十五《河南道十五》）

魏了翁：鹤山先生曰：此谓泗水郡之属县曰沛，沛之聚邑曰丰，其里曰中阳。盖自秦灭古制，郡、县、邑、里之别茫不可考，今姑言之。古者大而别之曰九州，细而别之，则自天子诸侯所治，皆曰国。国之外曰野，则六乡六遂与三等采地在焉。其得名县者有三：总王畿之内曰县，则天子之寰内是也（寰即县也）。六遂之内有县，凡二千五百家，则四鄙为县四遂为县是也。三百里至四百里为县，则甸稍县都是也。至春秋末，赵简子誓师则谓上大夫受县，下大夫受郡。杜预引《周书·作雒篇》谓千里一县，县有四郡，鲁昭五年《左氏传》亦云："晋有四十县，遗守四千乘。"县有百乘合乎《周书》而背乎《周礼》，未知孰为可信。太抵皆未是。后世之所谓县，至秦孝公并邑聚为县，而县之制始此。郡之名不见于经，亦始见于赵鞅之言，乃是县统郡而不以郡统县也。自秦始皇并天下分为三十六郡，然后以郡统县，其时县犹有邑在焉，故曰"沛丰邑"。（《古今考》卷一"丰沛邑中阳里人"）

全祖望：（编者按：沛郡）当云故秦泗水郡，楚汉之际属楚国，高帝二年属汉。更名，以属梁国。景帝后以支郡收。（《水经注》曰"高帝四年更名"，恐有误。）属豫州，莽曰吾府。（《汉书地理志稽疑》卷二）

王先谦：刘攽曰："予谓沛、丰，郡县名，史官用汉事记录耳。"吴仁杰曰："《史记》世家、列传所载邑望，大抵书某县、某乡，或略之则曰'某县'，鲜有列郡县名者。如萧何沛丰人，陈平阳武户牖人，项羽下相人，陈涉阳城人，此类是也。至《汉书》文、景以来诸臣传，始兼列郡县名，如《史记》张释之但曰堵阳人，卫青但曰平阳人，《汉书》则曰南阳堵阳、河东平阳，此类是也。帝纪比世家、列传加详，故县邑里名皆具。《高纪》所著县邑乃《史记》本文，则知所谓沛丰邑者，沛县之丰邑，非用汉事纪录然也。……"荀悦《汉纪》云："刘氏迁于沛之丰邑，处中阳里，而高祖兴焉。……"齐召南曰："史家记事，必用当时地名。秦无沛郡，沛县属泗水郡。若全记郡县，必云泗水沛矣。……"先谦曰：沛丰，汉县，并属沛郡。沛在今徐州府沛县东，凡言在今某地皆谓故城，后不复出。丰，今徐州府丰县治。（《汉书补注·高帝纪第一上》）

王　恢：丰邑中阳里，《汉书·高纪》应、颜注皆以为沛县丰乡中阳里。刘攽曰谓"沛丰郡县名。史官用汉事纪录。"吴仁杰曰："《史记》世家列传所载邑望……《高纪》所著县邑，乃《史记》本文，则知所谓沛丰邑者，沛县之丰邑，非用汉事纪录也。"郭嵩焘《札记》于下文"丰未复"有曰："秦时沛县属泗水郡，丰者，沛乡名。高帝更泗水郡为沛郡，而丰与沛并列为县，《汉书·地理志》可证。高帝沛人，又起始兵于沛，故云'以沛为汤沐邑'，而丰为其所生长之乡也，高帝即位已别为县，是以沛复而丰不复，沛父兄又代请也。"施之勉《汉书补注辨证》，以孟、刘说为沛郡县为是，举孔老世家列传为证。似强。）（《史记本纪地理图考·高祖本纪》）

后晓荣：沛县，西汉初年的张家山汉简《秩律》有"沛"县。刘邦曾为沛公，曹参、萧何等人都是沛人。《史记·秦始皇本纪》："沛公起沛。"《史记·高祖本纪》："父老乃率子弟共杀沛令，开城门迎刘季，欲以为沛令。"《史记·曹相国世家》："平阳侯曹参者，沛人也。"《史记·樊郦滕灌列传》："（灌婴）降留、薛、沛、鄢、萧、相。"《水经·泗水注》："……过沛县东，昔许由隐于沛泽，即是县也。县盖取泽为名,宋灭属楚,在泗水之滨,于秦为泗水郡治。"《元和》(编者按:《元和郡县图志》)卷九:"沛县,本秦旧县,泗水郡理于此,盖取沛泽为县名。"《读史》(编者按:《读史方舆纪要》)卷二十九:"沛县,古偪阳国地,秦置沛县,为泗水郡治。汉高初起于此,改泗水郡为沛郡,移郡治相,沛县属焉。时谓之小沛,吕后封吕种为沛侯,邑于此。后汉亦为沛县,仍属沛国。"秦沛县故址就在今江苏省沛县。(《秦代政区地理》第五章《四川郡》)

又:丰县,秦封泥有"丰玺"。《史记·高祖本纪》:"秦泗川监将兵围丰";"攻胡陵、方舆,还守丰。"《汉志》(编者按:《汉书·地理志》)沛郡有丰县,在今江苏丰县。《读史》卷二十九"南直隶徐州丰县""州西北百八十里。南至山东单县九十里,西至山东金乡县百里,秦沛县之丰邑,汉高沛丰邑中阳里人也。又高祖使雍齿守丰,齿反为魏,即此。寻置县,属沛郡"。有关秦是否置丰县,历来多认为秦时丰为沛县属邑,今从封泥和其他秦汉文物证明秦置丰县。秦丰县故址今在江苏省丰县。(同上)

③【汇注】

班　固:《春秋》晋史蔡墨有言,陶唐氏既衰,其后有刘累,学扰龙,事孔甲,范氏其后也。而大夫范宣子亦曰:"祖自虞以上为陶唐氏,在夏为御龙氏,在商为豕韦氏,在周为唐杜氏,晋主夏盟为范氏。"范氏为晋士师,鲁文公世奔秦。后归于晋,其处者为刘氏。刘向云战国时刘氏自秦获于魏,秦灭魏,迁大梁,都于丰,故周市说雍齿曰"丰,故梁徙也"。是以颂高祖云:"汉帝本系,出自唐帝。降及于周,在秦作刘。涉魏而东,遂为丰公。"丰公,盖太上皇父。其迁日浅,坟墓在丰鲜焉。及高祖即位,置祠祀官,则有秦、晋、梁、荆之巫,世祠天地,缀之以祀,岂不信哉!由是推之,汉承尧运,德祚已盛,断蛇著符,旗帜上赤,协于火德,自然之应,得天统矣。(《汉书·高帝纪·赞》)

崔　适:按:《左》昭二十九年《传》:蔡墨曰:"陶唐氏既衰,其后有刘累,学扰龙于豢龙氏,夏后赐氏曰御龙,以更豕韦之后。"此刘氏为尧后之一说也。襄二十四年《传》:范宣子曰:"昔匄之祖,自虞以上为陶唐氏,在夏为御龙氏,在商为豕韦氏,在周为唐杜氏。晋主夏盟为范氏。"文十三年《传》:"士会之帑处秦者为刘氏。"此刘氏为尧后之又一说也。《汉书·王莽传》:莽曰:"予之皇始祖考虞帝受禅于唐,汉氏初祖唐帝,世有传国之象。"实始为汉承尧后之说。姑无论刘累既更豕韦之后,则非豕韦氏,范氏若系豕韦氏后,则非陶唐氏后;又无论《左氏》云"其处者为刘氏",果如《疏》曰"为先儒插注"否也。即使刘氏果为尧后,安知汉是此刘氏之后?……是则汉承尧后与刘氏为尧后,不得并为一谈。……莽自比于舜受尧禅,自以为舜后,因以汉为尧后。贾逵曰:"《五经》皆无证图谶明刘氏为尧后者,左氏独有明文。"是左氏此文以证图谶,此谶即哀章所作金匮策书,持之高庙,莽所藉以受禅者。……然刘氏为尧后，左氏虽有明文，汉为尧后刘氏之后，其有明文者惟王莽诏书耳。太史公所未及闻，故为高祖作《本纪》，始述其里居，言其为家人子也；次详其姓氏，明其世系无考也。岂若《秦本纪》曰"帝颛顼之苗裔"，《项羽本纪》曰"世世为楚将"，出自世家大族之比哉！小司马所引，可谓渣滓太清矣。（《史记探源》卷三）

王先谦：姓与氏相近而不同。古者赐姓命氏，如赐姓曰董，氏曰豢龙，析姓氏而二之，则固有别矣。刘本陶唐后，则刘氏非姓，当云刘氏出自祈姓，此误自太史公启之。（《汉书补注·高帝纪第一上》）

王骏图、王骏观：盖古人所谓姓者，因生以赐，即《左传》所谓因生以赐之姓也。如姚姓、祁姓是也。若氏则犹号也，字也。始祖得姓之后，支庶繁多，乃或以官为氏，或以王父之字为氏，以官者如扰龙宗之类是也，以王父字者，如孔子因孔父嘉而姓孔氏是也。今刘氏虽非原赐之姓，然亦因祖字刘累，遂以刘氏为姓。则史家书法，自当云姓刘氏。盖氏者，先人之号，而后人遂以之为姓也。此姓字乌可少？若但云姓刘，则诚误矣。……不知高祖非刘氏，乃以祖之刘氏为姓，故曰姓刘氏耳。所谓刘氏者，即其祖刘累氏也。（《史记旧注平义·高祖本纪》）

【汇评】

魏了翁：古未有姓氏并书者，《春秋传》曰：天子建国，因生以赐姓，胙之土而命之氏。……大率姓禀之天子，族禀之国君，然其间容有不赐姓者，各从其父之姓族。如黄帝子二十五人，而得姓者才十有三是也。又有不禀时君之命而自为氏者，士会之孥处秦为刘氏，伍员之子在齐为王孙氏，智伯之将灭，果自别其族为辅果氏。虽云别氏，然未有总书曰姓某氏者。至于后世，则姓氏之制不明，故举世称氏为姓而不知别，且同姓别氏，《礼》所谓百世而婚姻不通者，今岂知此？（《古今考》卷一"姓刘氏"）

④【汇注】

司马贞：《汉书》"名邦，字季"，此单云字，亦有可疑。按：汉高祖长兄名伯，次名仲，不见别名，则季亦是名也。故项岱云"高祖小字季，即位易名邦，后因讳邦不讳季，所以季布犹称姓也"。（《史记索隐·高祖本纪》）

王鸣盛：《史记》于高祖，云字季，不书讳。余帝则讳与字皆不书。《汉书·本纪》因之，马、班自以为汉臣故耳，其余各史，则皆书讳某字某。沈约曾仕宋，而《宋书》亦皆书讳。夫史以纪实也，帝王之尊，当时为臣子者，固不敢书其名字，若史而不书，后何观焉。各史不袭马、班，是也。（《十七史商榷》卷二"高祖纪不书讳"）

梁玉绳：按：季乃是行，高祖长兄伯，次兄仲，亦行也。《史》以"季"为字，与《索隐》以"季"为名，并非。若"季"是字，则张释之何以字季乎？高祖名邦，与兄名喜、弟名交同，《索隐》引项岱谓即位易名，非。论史例，帝名于本纪之首宜一见，《艺文类聚》十二引《史》曰"高祖讳邦字季"，恐不可信，盖所引多删改也。

（《史记志疑·高祖本纪第八》）

崔　适：按：刘氏兄弟三人，但以长少而称伯、仲、季，非名也。高祖微时但称刘季，后称沛公，后称汉王，后称皇帝，终其身无所谓名与字也。讳邦者，后世史臣所拟耳。否则汉王二年二月立汉社稷，当为祭文，或为造名之始欤。（《史记探源》卷三）

王骏图、王骏观：《汉书》但言高祖姓刘氏，并无名字。其曰名邦字季者，乃荀悦之辞也。《索隐》引误。汉高本一亭长，初无名字，即位始取名邦，非本名季，改名邦也。始名季者，盖同辈称其排行。高祖之兄称伯称仲，亦非名字，犹言某甲某乙，盖言高祖之长兄次兄耳。高祖之父称太公，高祖之母称媪，亦非名字，犹言其父其母。高祖一莽夫，初不习文字，何尝有名与字耶？明太祖不知父母名字，至追立名字以避讳，与汉高正同。（《史记旧注平义·高祖本纪》）

顾颉刚：他的祖父是谁，已不能知道了，曾祖以上更不必提了。其实，就是"父曰太公，母曰刘媪"也未尝是真的名字。"太公"只是尊称。……至"刘媪"，则直是"刘家老太太"的意思，尚不可知其母家的姓。……就是高祖字季，实在也是他的排行，并非特地题出来的名。看他的两兄名伯、仲可知。所以然之故，只因高祖起于贫贱之家，没有受过贵族文化的薰陶，一家人中不必有像样的名和字。至于他们家里的谱牒，不消说得是没有。所以《汉书·礼乐志》中所载的《郊祀歌》《房中歌》等，宣扬汉德，夸辞甚多，但终不曾提起高祖的先人来。一比了《诗》三百篇中的周、鲁、商诸颂，各各夸陈其祖德的，真是大不同了。（《古史辨自序·汉为尧后说》）

⑤【汇校】

张文虎：太公，《索隐》名煓。各本作"燸"，字书、韵书无"燸"字。《后汉书·章帝纪·注》作"煓，它官反"，与湍音合，《新唐书·宰相世系表》同，今依改。（《校刊史记集解索隐正义札记·高祖本纪第八》）

【汇注】

司马贞：皇甫谧云："名执嘉。"王符云："太上皇名煓。"与湍同音。（《史记索隐·高祖本纪》）

张守节：《春秋握成图》云："刘媪梦赤鸟如龙，戏己，生执嘉。"（《史记正义·高祖本纪》）

魏了翁：汉高帝起自亭长，祖丰公、父太公皆不知名，母媪不知姓，与前代之典纪异。古人有谓父为太公者，虽不见于经，而《齐世家》云，西伯猎遇吕尚曰："吾太公望子久矣。"故号曰"太公望"。以此知"太公者"，古人以为父称。文之时有爵者称公，至楚县尹为公，晋大夫伯有称公，盖名称已紊。至秦时滋不可制，故亭长之父亦称公。至《后汉·章帝纪》"祠太上皇于万年"注："名煓（他官反），一名执嘉。"

此不知何所据，而迁、固乃不及之，恐未可信也。自章帝以后，尊先媪曰昭灵夫人，盖自初起兵时，媪已卒于小黄北矣。既有天下，惟父独存，而止称太公，非敢忘之，以古无此典耳（秦追封父），因家令言始创太上皇之号以隆之。不惟古制所无，且古亦未有太字。后人加点以别"大"字，于是人主之父母皆曰"太"，至于祖母则曰帝太后，或曰太皇太后。夫皇云者，祭祀之所称；太云者，后世以为父卒母存之号。今用之人主之父母则无所忌，盖所沿袭者久矣。……（《古今考》卷一"母媪父太公"）

蒋廷锡：按：《丰县志》，丰公姓刘氏名清，汉高祖祖也。传三世生太公，名煓，字执嘉，生四子，伯仲邦交。晋史墨云，陶唐氏既衰，其后有刘累，学扰龙，事夏为御龙氏，在商为豕韦氏，在周封杜伯，其子曰隰叔。（隰叔）奔晋为士师，是曰范氏。隰叔生师为王，王生成伯缺，缺生士会。适秦归晋，有子留于秦，自为刘氏，生明，明生远，远生阳，阳十世孙复仕魏，为大夫。秦灭魏，徙梁，生清，清徙居沛之丰，生仁号，仁号生煓，煓生高帝。（引自《古今图书集成·帝纪部汇考五》）

⑥【汇校】

张文虎：母曰刘媪。《索隐》本作"母媪"，与《汉书》合，疑"曰刘"二字衍。（《校刊史记集解索隐正义札记·高祖本纪第八》）

【汇注】

裴　骃：文颖曰："幽州及汉中皆谓老妪为媪。"孟康曰："长老尊称也。左师谓太后曰'媪爱燕后贤长安君'。《礼乐志》'地神曰媪'。媪，母别名也，音乌老反。"（《史记集解·高祖本纪》）

颜师古：媪，女老称也，孟言是矣。史家不详著高祖母之姓氏，无得记之，故取当时相呼称号而言也。其下王媪之属，音义皆同。至如皇甫谧等妄引谶记，好奇骋博，强为高祖父母名字，皆非正史所说，盖无取焉。宁有刘媪本姓实存，史迁肯不详载？即理而言，断可知矣，他皆类此。（《汉书注·高帝纪第一上》）

司马贞：韦昭云："媪，妇人长老之称。"皇甫谧云："媪盖姓王氏。"又据《春秋握成图》以为执嘉妻含始，游洛池，生刘季。《诗含神雾》亦云。姓字皆非正史所出，盖无可取。今近有人云"母温氏"。贞时打得班固泗水亭长古石碑文，其字分明作"温"字，云"母温氏"。贞与贾膺复、徐彦伯、魏奉古等执对反覆，沈叹古人未闻，聊记异见，于何取实也？孟康注"地神曰媪"者，《礼乐志》云"后土富媪"，张晏曰"坤为母，故称媪"是也。（《史记索隐·高祖本纪》）

张守节：《帝王世纪》云："汉昭灵后含始游洛池，有宝鸡衔赤珠出炫日，后吞之，生高祖。"《诗含神雾》亦云。含始即昭灵后也。《陈留风俗传》云："沛公起兵野战，丧皇妣于黄乡，天下平定，使使者以梓宫招幽魂，于是丹蛇在水自洒，跃入梓宫，其浴处有遗发，谥曰昭灵夫人。"《汉仪注》云："高帝母起兵时死小黄城，后于小黄立陵庙。"《括地志》云："小黄故城在汴州陈留县东北三十三里。"颜师古云："皇甫谧等妄引谶记，好奇骋博，强为高祖父母名字，皆非正史所说，盖无取焉。宁有刘媪本姓实存，史迁肯不详载？即理而言，断可知矣。"（《史记正义·高祖本纪》）

洪　迈：汉高祖父曰太公，母曰媪，见于史者如是而已。皇甫谧、王符始撰为奇语，云太公名执嘉，又名煓，媪姓王氏。唐弘文馆学士司马贞作《史记索隐》云母温氏。是时，打得班固泗水亭长古石碑，文其字分明作"温"，云"母温氏"。与贾膺复、徐彦伯、魏奉古等执对反覆，深叹古人未闻，聊记异见。予窃谓固果有此明证，何不载之于《汉纪》，疑亦后世好事者，如皇甫之徒所增加耳。又尝在岭外，见康州龙媪庙碑，亦云姓温氏，则指媪为温者不一也。唐小说《纂异记》载三史王生醉入高祖庙，见高祖云："朕之中外，《泗州亭长碑》昭然具载外族温氏。"盖不根诞妄之说。（《容斋三笔》卷第九"汉高祖父母姓名"）

梁玉绳：按：马、班以汉人纪汉事，宁有不知高祖父母姓名之理。乃太公不书名，母媪不书姓，岂讳而不书，如诸帝之不书名耶？然讳名不讳姓，母媪无姓又何说？皇甫谧谓太上皇名执嘉，媪王氏名含始，王符谓名燸，并见《史》注。《后书·章帝纪》注云名煓，一名执嘉。《唐书·世系表》（编者按：《新唐书·宰相世系表》）云丰公名仁，太公名煓字执嘉。《索隐》又引班固《泗水亭长碑》云母温氏。诸说不同。颜师古斥皇甫谧等为妄，嗣后《古今考》《容斋三笔》《嬾真子》俱从师古，以为不可信。而宋王楙《野客丛书》、宋费衮《梁溪漫志》及周婴《卮林》又力辨师古之非，以皇甫等所载可补史阙，真疑莫能明也。（《史记志疑·高祖本纪第八》）

崔　适：按：侯景篡梁，其党为立七庙，请讳。景曰："惟记阿耶名标，余不知也。"其党遍为其祖造讳，史家嗤之。以彼例此，乃知汉高之家世正如侯景。王符之矫诬，实启王伟也。当太史公时，汉高之父无名、母无姓，况能知其二千年前之远祖乎？汉明信贾逵诬辞，愧刘炫矣。炫说见《左传》襄二十四年疏。（《史记探源》卷三）

李　笠：母曰刘媪。《札记》（编者按：张文虎《校刊史记集解索隐正义札记》）：《索隐》本作"母媪"，与《汉书》合，疑"曰刘"二字衍。案：张说非也。"父曰太公""母曰刘媪"二句对举，不得省去"曰刘"二字也。媪为女老通称，而老人不得通称"太公"。"太公"之义较"媪"为狭。故"媪"曰"刘"，"太公"不曰"刘"也。《汉书·高帝纪》"母媪"二字连下"尝息大泽之陂"为一句。《史记》则别有"其先刘媪"四字属下句，不可同论也。张氏自知说有罅漏，遂并谓"其先刘媪"四字亦衍。岂以《史记》《汉书》比而同之乎？《索隐》单本意重注释，其编列《史》文恒有减损，所以便缮写与剞劂也。故只出"母媪"二字，偶同《汉书》，适巧合耳。校者不辨乎此，轻心好异，罕见其不为古人误也。（《论衡·吉验篇》云："高皇帝母曰刘媪。"《奇怪篇》云："《高祖本纪》言刘媪尝息大泽之陂。"皆有"刘"字可证。）

(《广史记订补·高祖本纪》)

⑦【汇校】

张文虎:"其先刘媪"四字《汉书》无,亦疑衍。(《校刊史记集解索隐正义札记·高祖本纪第八》)

【汇注】

颜师古:蓄水曰陂。盖于泽陂堤塘之上休息而寝寐也。陂音彼皮反。(《汉书注·高帝纪第一上》)

王先谦:沈钦韩曰:《寰宇记》大泽在丰县北六里。王先慎曰:《诗·陈风》"彼泽之陂",毛《传》:"陂,泽障也。"《说文》"陂"下云:阪也,"阪"下云:一曰泽障也。是陂即泽之隄障。颜增文成训,盖未明陂字之义。(《汉书补注·高帝纪第一上》)

⑧【汇注】

颜师古:遇,会也。不期而会曰遇。(《汉书注·高帝纪第一上》)

凌稚隆:杨慎曰:刘媪与神遇犹薄姬梦黄龙据腹之类,理或有之,若太公往视,则怪甚矣。太公何名,刘媪何姓,迁皆不知,而独知其人所不能知者,甚矣,迁之好怪也。(《史记评林》卷八《高祖本纪》)

又:王充曰:高祖在母身之时,息于泽陂,蛟龙在上,及起楚,望汉军气成五色。将入咸阳,五星聚东井。天或者憎秦,灭其文章,欲汉兴之,故先受命,以文为瑞也。(同上)

钱大昭:《尔雅·释言》:遇,偶也。对偶之意。《战国策》盼子复整其士卒,以与王遇。高诱注:遇,敌也。此与神遇,亦对偶之意。小颜以为不期而会,失之。(《汉书辨疑》卷一)

王先谦:钱大昭曰:"《释言》'遇,偶也。对偶之意。'"王鸣盛曰:《诗·草虫》"亦既觏止"。《传》:"觏,遇也。"郑笺引《易》"男女觏精",此"遇"意同。沈钦韩曰:"谶纬之书太抵妖妄,而后人公然以污简牍。如熹平四年《帝尧碑》曰:'庆都与赤龙交,而生伊尧。'《成阳灵台碑》云:'游观河滨,感赤龙交如生尧。'欲以神尧,反为侮圣。班彪《王命论》云:'刘媪妊高祖,而梦与神遇。'若尧与高祖先未有身,而为怪物所凭,以污族姓,岂帝王应运之本乎。"释典《修行道地经》云:应来生者,父母精合,便入胞胎,然则高祖是龙来受生耳。先谦曰:"沈说允当正理,所梦神即龙也。遇,训当如颜说,钱、王失之泥。"(《汉书补注·高帝纪第一上》)

【汇评】

方　回:紫阳方氏曰:……汉高之生,决无梦与神交而生之理。《史记》书曰:母媪"尝息大泽之陂,梦与神遇。是时雷电晦冥,太公往视,则见交龙于上。已而有娠。"然则媪之所梦者神也，而非龙，太公之所见者交龙也，而不见其神。交龙恐是两龙相交于大泽之上，而媪适偃息其下，两不相关。今医家言梦与鬼交，男子、妇人独宿而有淫思，则必梦中有之，皆梦人也，非梦鬼也。此媪之非心邪念，梦中所见，亦必人而已矣。龙交陂上，自有其偶，好事之人，喜奇嗜怪，见高帝起于亭长，为王为帝，则相与扶合附会，以诧其异。苟如是言，则汉高非太公之子，乃龙之子也。龙之精血合，交于其类而生卵，然后卵中出龙。今托于人体而变为人，无是理也。太公、吕后求汉高所居，上常有云气，范增谓吾使人望其气，皆为龙，成五色，汉儒陋习，惑于俗传，而司马迁尤好奇，采以成史，班固因之不能改，知道君子。于此等诡妄，皆一切扫除而勿信可也。（见《古今考》卷一"母媪梦与神通"）

叶　适：述高祖神怪相术，太烦而妄，岂以起闾巷为天子必当有异耶？契、稷、仲衍，皆上古事，不可考，阙之而已。班彪遂谓"体貌多奇异"，语尤陋矣。《书》曰："慎徽五典，五典克从，纳于百揆，百揆时叙。"《诗》曰："惠于宗公，神罔时怨，神罔时恫。"若舍其德而以异震愚俗，则民之受患者众矣！惜乎《史》笔之未精也。（《习学记言序目》卷第十九"高惠文景本纪"）

翦伯赞：刘邦本来出身于一个小地主的家庭，但是历史家却凭空替他谎造一部贵族的谱牒，说他是帝尧的后裔。刘邦本来是他父亲太公的儿子，但是历史家却硬要诬蔑他的母亲，说他不是人种，而是人龙混种。刘邦本来又不会魔术，但是历史家却硬要替他制造一些神话，说无论天晴落雨，他头上都经常有一朵云跟随着他。从这些地方，历史家就找出了刘邦之所以由亭长而皇帝的历史根据。因此后来的开国之君，都企图证明自己不是人种。（《秦汉史》第五章第一节）

［日］泷川资言：考证：……俞樾曰：《五帝纪》云：择其犹雅者。故唐虞二纪，悉本《尚书》，高辛以上，无稽则略，《禹本纪》《山海经》所有怪物不以入史，至《高帝纪》乃有刘媪梦神，白帝化蛇之事。盖当时方以为受命之符，不可得而削也。世以史公为好奇，过矣。（《史记会注考证附校补·高祖本纪第八》）

⑨【汇注】

颜师古：晦冥皆谓暗也。言大雷电而云雾昼暗。（《汉书注·高帝纪第一上》）

⑩【汇校】

张文虎：蛟龙，《汉书》作"交龙"。（《校刊史记集集索隐正义札记·高祖本纪第八》）

【汇注】

司马贞：按：《诗含神雾》云"赤龙感女媪，刘季兴"。又《广雅》云"有鳞曰蛟龙"。（《史记索隐·高祖本纪》）

刘辰翁：见蛟龙于其上，犹范增言"吾使人望其气"，皆成龙耳。《汉书》作"交龙",是与龙交也,此非人理。不知为蛟为龙,但见其上有如此者。或感其气,不可知。交字大碍。(见倪思编《班马异同》卷二《高祖》)

梁玉绳：按：媪所梦者神也,太公所见者蛟龙也,《论衡·吉验》《奇怪》篇两引此《纪》皆作"蛟龙",《汉书》作"交龙",非。然其事甚妄,说在《殷纪》。(《史记志疑·高祖本纪第八》)

又：按：……盖史公作《史》,每采世俗不经之语,故于《殷纪》曰吞卵生契,于《周纪》曰践迹生（契）[弃],于《秦纪》又曰吞卵生大业,于《高纪》则曰梦神生季,一似帝王豪杰俱产于鬼神异类,有是理乎？蛟龙见于泽上,雷电晦冥,而刘媪犹梦卧不觉,将与土木何殊？即《史》所载,其诬已显,《论衡·奇怪篇》尝辨之。元方回《续古今考》云"好事之人,见刘邦起于亭长为王为帝,相与扶合附会,以诧其奇。司马迁采以成史,班固不能改,知道君子,扫除而弗信可也"。余因以考谶纬杂说,称伏牺、帝喾感履迹而生,神龙、尧、汤感龙神而生,黄帝感大电生,少昊感白帝生,颛顼感瑶光生,舜感大虹生,禹感流星贯昴又吞神珠薏苡生,文王母梦天人生,孔子母与黑帝交生。《御览》八十七卷引《世纪》"丰公妻梦赤马若龙戏己而生太公",则卯金两世俱龙种。而薄太后生文帝复有苍龙据腹之祥,王太后生武帝亦有梦日入怀之兆,嗣后生天子者,往往藉怪征以夸之,传诸史册,播诸道路,皆此类也。北齐刘昼《新论·命相篇》反津津道之,谓圣贤受天瑞相而生者,不亦惑之甚哉。(《史记志疑·殷本纪第三》)

李　笠：按：此蛟龙,谓或"蛟"或"龙",盖太公望见,未能辨悉,蛟、龙同类,遂因龙而及蛟耳,未必如《广雅》所云,有鳞龙也,且《广雅》之说亦非是,王念孙《疏证》辨之云"蛟为龙属,不得即谓之龙。古书言蛟龙者皆为二物",此说甚确,以史证之,则更信矣。《汉书》虽误作"交龙",而注家皆无训释,则亦不以为有鳞与否可知矣。(《广史记订补·高祖本纪》)

【汇评】

钱锺书：按：宋人《昭灵夫人祠》诗云："杀翁分我一杯羹,龙种由来事杳冥。安用生儿作刘季,暮年无骨葬昭灵。"(吕居仁《紫微诗话》引晁伯宇载之诗……)意谓汉高既号"龙种",即非太公之子,宜于阿翁无骨肉情,运古颇能翻新。(《管锥编·高祖本纪》)

⑪【汇评】

沈钦韩：《御览》八十《春秋合诚图》曰："尧母庆都,出观三河之首,有赤龙负图出,署曰'赤帝起,盖天下',奄然阴风雨,赤龙与庆都合婚,有娠也。"然帝喾既是圣帝,圣人生圣子,何为远假异类以著神灵？谶纬之书,大抵妖妄,而汉人公然以污简牍。如熹平四年《帝尧碑》云"庆都与赤龙交而生伊尧",《成阳灵台碑》云"游观河滨,赤龙交,始生尧"。欲以神尧,反为侮圣。又按:班彪《王命论》云:"刘媪任高祖,而梦与神遇。"神者,即高祖也。考释典《新婆沙论》云:"健达缚(即入胎之神识,如食香神,虚空无身,故"中有"名之)尔时二心展转,见前入母胎,《藏修行道地经》云:应来生者,父母精合,便入胞胎……"然如上说,则母之胞胎,已有神识来依,惟异人降生,则有感遇。尧(于)[与]高祖所感,正此类耳。若先未有身,而为怪物所凭,以污族姓德,同房后,岂帝王之应运者乎?(《汉书疏证》卷一《高祖纪第一》)

⑫【汇校】

张文虎:遂产,《类聚》十二引作"生"。(《校刊史记集解索隐正义札记·高祖本纪第八》)

王叔岷:案:旧钞引作"后生高祖",《艺文类聚》引"产"亦作"生",义同。《论衡·初禀篇》《奇怪篇》《感类篇》及《汉纪》皆作"生"。(《御览》十三引"产"作"孕",与上文身字义复,非。)(《史记斠证·高祖本纪第八》)

【汇注】

俞樾:国朝王士禛《居易录》云:滁州丰山有汉高帝庙,偶读《老学庵笔记》见所录碑阴略云:"滁之西曰丰山,有汉高帝庙,至今土俗以五月十七日为高帝生日,远近毕集,荐肴觞焉。"(《茶香室续钞》卷三"汉高帝生日")

【汇评】

王充:谶书又言:尧母庆都野出,赤龙感己,遂生尧。《高祖本纪》言:刘媪尝息大泽之陂,梦与神遇,是时雷电晦冥,太公往视,见蛟龙于上,已而有身,遂生高祖。其言神验,文又明著,世儒学者,莫谓不然。如实论之,虚妄言也。……尧、高祖,审龙之子,子性类父,龙能乘云,尧与高祖,亦宜能焉。万物生于土,各似本种。不类土者,生不出于土,土徒养育之也。母之怀子,犹土之育物也。尧、高祖之母,受龙之施,犹土受物之播也,物生自类本种,夫二帝宜似龙也。且夫含血之类,相与为牝牡。牝牡之会,皆见同类之物,精感欲动,乃能授施。若夫牡马见雌牛,雀见雄牝鸡,不相与合者,异类故也。今龙与人异类,何能感于人而施气?……实者,圣人自有种世族,仁如文、武各有类,孔子吹律,自知殷后,项羽重瞳,自知虞舜苗裔也。五帝三王,皆祖黄帝。黄帝圣人,本禀贵命,故其子孙,皆为帝王。帝王之生,必有怪奇;不见于物,则效于梦矣。(《论衡·奇怪篇》)

吴见思:《高纪》前半通叙其神异,以为帝王受命之符。(《史记论文·高祖本纪》)

王鸣盛:高祖母与神遇而生高祖,高祖自知非其父太公所生,故项羽置太公高俎上欲烹之,高祖曰:"必欲烹吾翁,幸分我一杯羹。"即位后,朝太公,家令说太公拥彗迎门，心善家令言，赐金五百斤。足见帝之不以太公为父矣。……班氏作《赞》乃远引蔡墨、范宣子之言，刘氏出自陶唐，遂谓汉帝系本唐帝，承尧运得天统，是何言邪？司马迁《赞》则言三代异尚，周末文敝，汉救以忠为得统，绝不及尧后之说，此班改马而远失之者。夫三代同祖黄帝，其说荒远，然犹有因。刘太公间左细民，乃以为晋士会之族，处于秦而为刘氏。其后又由魏徙丰，不亦诬乎？《后书·杜林传》，光武令群臣议郊祀，多以为周郊后稷，汉当祀尧，林独以为周室之兴，祚由后稷，汉业特起，功不缘尧。故事宜因，定从林议。（《十七史商榷》卷八"高祖非尧后"）

编者按："太公往视，则见蛟龙于其上，已而有身，遂产高祖。"对此，后世辩说纷纭。或以为"天或者憎秦灭其文章，欲汉兴之，故先受命以文为瑞也"，以此神化刘邦，神化刘汉王权。或以"司马迁尤好奇，采以成史"为"好事者多从而附益之，则怪以传怪"，直斥其"诡妄"，"皆一切扫除而勿信可也"。或以儒家伦理眼光讥抨此说"以污族姓"，即刘媪品行不端，刘邦为私生子。以上诸说似各有理，实皆未及肯綮。纵观人类历史发展，古老民族的发展都经历过神话传说时代，或云"巫风文化时代"，在人类对天地自然及自身缺乏认识的人类幼年时代，此风盛行，直至商代其文化特征依然是"信巫鬼、重淫祀"。其特点之一即是对祖先和英雄人物给以神化，以表达先民们对这些英雄人物的崇敬和纪念。再加之古老民族的氏族群婚制，即所谓"知有母而不知有父"的时代，往往把人的出生归之于神天感应。此类说法在先秦时代非常普遍。迨至战国秦汉之际，随着人类认识能力的提高，这类说法开始动摇。如《史记》《毛诗传》都说姜嫄是帝喾之妃，硬是给后稷找出了一个父亲，以此否定后稷是"感天而生"，认为这种说法是对古圣人的亵渎。然而这种说法也很难得学者们的认同。比如马瑞辰在《毛诗传笺通释》中列举六条证据认为"合经文及周礼观之，而知姜嫄实相传无夫而生子，以姜嫄为帝喾妃者误也"。皮锡瑞《诗经通论》也多方面论证《毛传》之"必不可通"，并做断语"古文似正而非，今文似奇而是"。于今看来，"无夫而生子"自然是不科学的，而硬说"姜嫄是帝喾妃"则也是古文家从经学立场、从维护封建道德立场出发的一种附会。要而言之，所谓"感天而生"说，只是人类社会特定阶段上的一种普遍的文化现象，诚如郭沫若在《中国古代社会研究》中所说："黄帝以来的五帝和三王的祖先的诞生，传说都是'感天而生'，知有母而不知有父，那正表明是一种野合的杂交时代或者血族群婚的母系社会。"所谓"似奇而是"，就是说在看似荒诞的说法中包含着科学认知的价值。汉代"感天而生"者亦非刘邦一人，丰公妻生太公、薄太后生文帝、王太后生武帝等皆是，当是这一古老文化之孑遗。当然，也或多或少地注入了某些汉代人的意识。

高祖为人①，隆准而龙颜②，美须髯③，左股有七十二黑子④。仁而爱人⑤，喜施⑥，意豁如也⑦。常有大度⑧，不事家人生产作业⑨。及壮，试为吏⑩，为泗水亭长⑪，廷中吏无所不狎侮⑫。好酒及色⑬。常从王媪、武负贳酒⑭，醉卧⑮，武负、王媪见其上常有龙，怪之⑯。高祖每酤留饮，酒雠数倍⑰。及见怪，岁竟，此两家常折券弃责⑱。

① 【汇注】

张家英：为人，指人的外貌特征。《秦始皇本纪》："秦王为人，蜂准，长目，鸷鸟膺，豺声。"《孔子世家》：孔子学鼓琴师襄子，十日不进。师襄子曰："可以益矣。"孔子曰："丘已习其曲，未得其数也。"有间，曰："已习其数……"……曰："已习其志，可以益矣。"孔子曰："丘未得其为人也。"有间，有所穆然深思焉，有所怡然高望而远志焉。曰："丘得其为人，黯然而黑，几然而长，眼如望羊，如王四国，非文王其谁能为此也！"说秦王"蜂准，长目，鸷鸟膺，豺声"，是从其外貌特征突出勇悍凶险的本质。至孔子所叙文王的外貌，则是通过演习《文王操》琴曲想象出来的，孔子对周文王，当然是完全的肯定。《高祖本纪》说高祖"丰准而龙颜"，也是从外貌上给予高祖以肯定，肯定他生下来就与常人不同。不用说，这是十足的唯心观点。（《〈史记〉十二本纪疑诂·高祖本纪》）

② 【汇注】

裴　骃：服虔曰："准音拙。"应劭曰："隆，高也。准，颊权准也。颜，额颡也，齐人谓之颡，汝南、淮、泗之间曰颜。"文颖曰："准、鼻也。"（《史记集解·高祖本纪》）

颜师古：颊权颛字，岂当借准为之？服音、应说皆失之。（《汉书注·高帝纪第一上》）

司马贞：李斐云："准，鼻也。始皇蜂目长准，盖鼻高起。"《尔雅》："颜，额也。"文颖曰："高祖感龙而生，故其颜貌似龙，长颈而高鼻。"（《史记索隐·高祖本纪》）

沈　彤：横在发际前者，曰额颅，亦曰额。额之中曰颜、曰庭，眉目间亦通曰颜。（引自沈钦韩《汉书疏证》卷一）

程馀庆：隆准而龙颜，谓鼻高而额似龙也。（《历代名家评注史记集说·高祖本纪》）

李　笠：按：诸本《史记·始皇本纪》并作"蜂准长目"，小司马盖沿《汉书》

晋灼注之误。然云"盖鼻高起",又似以蜂准与隆准同义,进退无据,疏甚。说又在《始皇纪》。(《广史记订补·高祖本纪》)

又:秦王为人蜂准。按:"蜂"古或作"锋"。……《后汉书·光武纪》"盗贼蜂起",注:蜂字或作锋。锋又通作丰,声转为隆。《史记·五帝纪》"帝喾娶陈锋氏女",《汉书·人表》作"丰",《大戴记·帝系姓》作"隆",是蜂、锋、丰、隆四字并声近字通。《论衡·骨相篇》正作"秦王为人隆准",《高祖本纪》"隆准龙颜"与此义同也。张氏望文生训,以为蜂虿字,谬甚。《高祖纪索隐》及《汉书》晋灼注,并云始皇蜂目长准,盖灼注初涉《楚世家》"商臣蜂目豺声"致误。小司马不察,慢承其旧耳(凡《史记》注多袭《汉书》注,非徒《索隐》然也)。否则,《正义》亦当云长鼻,不当云高鼻也。然《楚世家》云"蜂目",亦非,目盖"自"字之讹,自即"鼻"字,《说文》"自,鼻也。"《皇部》"自"读若"鼻",段玉裁云:自与鼻不但义同,而且音同,相假借也。是知商臣之"蜂自",即始皇之"蜂准",亦即汉高之隆准矣。(《广史记订补·始皇本纪》)

【汇评】

魏了翁:鹤山先生曰:准于五则为揆平取正之器,所谓绳直生准是也。亦所以协乐律。而《史记》谓始皇"长准",高祖"隆准",皆相承为鼻,岂面目以是取正耶?经传有颡、有角,未有称颜者。曰额、曰颜,亦后世之称。史册用字之讹,如此类甚众,本不足辨,姑一及之,以见风气既降,称谓亦舛。(《古今考》卷一"隆准龙颜")

③【汇注】

颜师古:在颐曰须,在颊曰髯。髯音人占反。(《汉书注·高帝纪第一上》)

④【汇注】

张守节:《河图》云:"帝刘季口角戴胜,斗胸、龟背、龙股,长七尺八寸。"《合诚图》云:"赤帝体为朱鸟,其表龙颜,多黑子。"按:左,阳也。七十二黑子者,赤帝七十二日之数也。木火土金水各居一方,一岁三百六十日,四方分之,各得九十日,土居中央,并索四季,各十八日,俱成七十二日,故高祖七十二黑子者,应火德七十二日之征也。有一本"七十日"者,非也。许北人呼为"靥子",吴楚谓之"志"。志,记也。(《史记正义·高祖本纪》)

⑤【汇校】

张文虎:仁而爱人,《类聚》引作"宽仁爱人",与《汉书》《汉纪》合。(《校刊史记集解索隐正义札记·高祖本纪》)

王叔岷:案:《艺文类聚》十二引"仁而"作"宽仁"。《汉书》《汉纪》《帝王略论》并同。《艺文类聚》又引《河图·提刘》云:"帝季……明圣宽仁。"(又见《御览》八七)《文选》陈孔璋《檄吴将校部曲文注》引《春秋考异邮》云:"赤帝之精,

宽仁大度。"(《史记斠证·高祖本纪第八》)

【汇评】

方　回：紫阳方氏曰：《史记·高祖纪》："仁而爱人，喜施，意豁如也。"《汉书·纪》改曰"宽仁爱人，意豁如也。"班固加一宽字，不如司马迁之所谓"仁而爱人"也。加一宽字，则所见之仁小矣。仁，全体甚大。爱人，仁之用也。仁，性也；爱人，仁之情也。史迁所云性情体用俱完而固也。天命之性无智愚贤不肖，皆有是仁，禀气之清而厚者，则全其本心之仁，而恻隐之心，必见于爱人；禀气之浊而薄者，则有蔽塞昏怠之患，而又加以物欲，则所为每不仁。如项羽剽悍猾贼，喑哑叱咤，凶暴之至，非本心不仁，而性无是仁也。一切恃气，故敢于战攻，必取必胜，而敢于杀人，如坑秦军二十万众于新安。彼何罪哉？仁不仁之间，刘、项之存亡也。……司马迁谓高祖"仁而爱人"，上一"仁"字，性也，体也；"爱人"二字，情也，用也。班固言宽仁爱人，则以宽为仁，而爱人之说，止于言仁之情，仁之用矣。……高祖救民于水火之中，划秦之暴，削项之凶，有国四百年，天地大德曰生，其所以生天下之苍生者多矣，亦可谓仁也。齐桓、晋文所不及也。史迁、班固笔削微异，吾故从而辨之。……（见《古今考》卷二"马迁书仁而爱人，班固书宽仁爱人"）

⑥【汇注】

张守节：喜，许记反。施，尸豉反。（《史记正义·高祖本纪》）

⑦【汇注】

裴　骃：服虔曰："豁，达也。"（《史记集解·高祖本纪》）

颜师古：豁然开大之貌，音呼活反。（《汉书注·高帝纪第一上》）

【汇评】

程馀庆：意豁如也，豁然开大之貌。四字写得虚妙，最善状高祖。（《历代名家评注史记集说·高祖本纪》）

⑧【汇评】

李志慧：刘邦的基本性格因素是"仁而爱人，喜施，意豁如也，常有大度"。《史记评林》引董份语谓："'意豁如也'四字，最善状高祖。"从章法上说，这是全文的主要脉络。正因为刘邦"仁而爱人"，因而当他"为县送徒骊山"时，"解纵所送徒"，获得了"徒中壮士"的拥护；被义帝选中而率大军西入关；攻破咸阳后，废秦苛法，与民约法三章，获得关中人民的支持；楚汉相争中，使"三杰"充分地发挥了作用，击败项羽，统一天下。弄清这条脉络，可以看出司马迁的史识是多么卓越！（《史记文学论稿》）

⑨【汇评】

吴见思：先写其形貌气度，是得天下之本，先扬之，句亦疏古。（《史记论文·高

祖本纪》)

⑩【汇注】

　　裴　骃：应劭曰："试补吏。"(《史记集解·高祖本纪》)

　　魏了翁：古者三公曰三吏，卿大夫、士以及邦国之仕者皆曰群吏，而别为府史、胥徒、贾、奚之属，以异贵贱，府史、胥徒无吏称也。至此始混为一区。(《古今考》卷一"试吏廷中吏")

⑪【汇校】

　　王念孙：为泗水亭长，念孙按："泗水"当依《汉书》作"泗上"，此涉《正义》"泗水"而误也。按：正文作"泗上"，故《正义》释之曰："高祖为泗水亭长也。"若本作"泗水"，则无庸更释矣。《艺文类聚·帝王部》《太平御览·皇王部》引《史记》并作"泗上"。(《读书杂志》二《史记第一·高祖本纪》)

【汇注】

　　颜师古：秦法十里一亭。亭长者，主亭之吏也。亭谓停留行旅宿食之馆。(《汉书注·高帝纪第一上》)

　　张守节：秦法，十里一亭，十亭一乡。亭长，主亭之吏。高祖为泗水亭长也。《国语》有"寓室"，即今之亭也。亭长，盖今里长也。民有讼诤，吏留平辨，得成其政。《括地志》云："泗水亭在徐州沛县东一百步，有高祖庙也。"(《史记正义·高祖本纪》)

　　乐　史：泗水亭在县东南一里。高祖昔为亭长，今有庙焉。(《太平寰宇记》卷一五《徐州·沛县》)

　　魏了翁：鹤山先生曰：周制，五家为比，五比为闾，四闾为族，五族为党，五党为州，五州为乡。秦人易之，十里一亭，十亭一乡，盖田制坏而乡治废，专以讥防征商、检柅盗贼为事，而先王相保、相爱、相酬、相贯之实政，无复有存者矣。(《古今考》卷一"亭长")

　　全祖望：泗水，始皇二十四年置，汉之沛。(《汉书地理志稽疑》卷一)

　　王先谦：齐召南曰：据《后书·郡国志》云：沛有泗水亭，亭有高祖碑，班固为文，见《固集》。是亭名泗水，不名泗上也。(《汉书补注·高帝纪第一上》)

【汇评】

　　刘鸿翱：世谓唐宋之得天下由藩服，汉高帝起亭长，为得天下之正。非也。帝王得天下之正，在德，不在臣与民之分。唐宋由藩服，汤武亦由藩服，孔子曰汤武草[革]命，顺乎天而应乎人，岂汤武之得天下，亦不得为正乎哉。高帝诛无道秦，与民约法三章，成汉家四百年之治，此其所以为正也。要亦去唐宋无几耳。不然人有十等，冠履之分，至庶人而极。如必以起于亭长为正，则三代而上，虽诸侯迭相侵凌，从无匹夫不靖之谋。自汉以降，揭竿之徒，往往怀帝王非分之望，是自高帝启之也。高帝将万世之罪人。（引自《历代史事论海》卷九《书汉高帝本纪后》）

⑫【汇注】

颜师古：廷中，郡府廷之中。廷音定，他皆类此。（《汉书注·高帝纪第一上》）

周寿昌：颜注曰，廷中，郡府廷之中，廷音定。寿昌按：《风俗通》云，廷，正也。言县廷、郡廷、朝廷，皆取平正均直也。《广韵》引此有"廷平也"三字。古廷、庭字上下通用，如《洪范·五行传》"于中廷祀四方"注中庭，明堂之庭，或曰朝廷之庭也。则廷亦可作庭。又《释名·释宫室篇》云：廷，停也，人所停集之处也。皆读如本音，不必音定。（《汉书注校补》卷一《高帝纪第一上》）

[日] 泷川资言：考证：中井积德曰：廷，谓县廷也。（《史记会注考证附校补·高祖本纪第八》）

王叔岷：案：所犹有也，《御览》八七引此无"所"字，盖不得其义而删之。陶渊明《饮酒诗》第二十首："终日驰车走，不见所问津。""所"亦与"有"同义。（《史记斠证·高祖本纪第八》）

【汇评】

姚苎田：亦从豁如中来，若龌龊迂谨人，安能如此。（《史记菁华录》卷一《高祖本纪》）

⑬【汇评】

吴见思：好酒及色，此则少抑之，狎侮诸吏状。（《史记论文·高祖本纪》）

⑭【汇注】

裴骃：韦昭曰："贳，赊也。"（《史记集解·高祖本纪》）

颜师古：如淳曰："武，姓也。俗谓老大母为阿负。"师古曰："刘向《列女传》云：'魏曲沃负者，魏大夫如耳之母也'。此则古语谓老母为负耳。王媪，王家之媪也。武负，武家之母也。贳，赊也，李登、吕忱并音式制反，而今之读者谓与射同，乃引地名射阳，其字作贳，以为证验，此说非也。假令地名为射，自是假借，亦犹鲖阳音纣，莲勺音酌，当时所呼，别有意义，岂得即定其字以为正音乎？"（《汉书注·高帝纪第一上》）

司马贞：邹诞生贳音世，与《字林》声韵并同。又音时夜反。《广雅》云："贳，赊也。"《说文》云："贳，贷也。"临淮有贳阳县。《汉书·功臣表》"贳阳侯刘缠"，而此纪作"射阳"，则"贳"亦"射"也。（《史记索隐·高祖本纪》）

王鸣盛：《史记·高祖纪》"从王媪，武负贳酒"，武负诸家皆不注。《汉书》如淳注则云："武，姓也，俗谓老大母为阿负。"师古曰："刘向《列女传》云：'魏曲沃负者，魏大夫如耳之母也。'此则古语谓老母为负耳。王媪，王家之媪。武负，武家之母也。"《绛侯周勃世家》:"勃子亚夫为河内守,许负相之曰:'君后三岁而侯。'"《索隐》引应劭《汉书》注云:"负,河内温人,老媪也。"又云:"按:《楚汉春秋》高祖封负为鸣雌亭侯,是知妇人亦有封邑。"然则负为妇人之称明矣。若《陈丞相平世家》:"户牖富人张负有女孙,平欲得之。"此张负则的系男子,观下文负既见陈平于邑中人家丧所,又随平至其家,语甚明白。而《索隐》乃云"负是妇人、老宿之称","或恐是丈夫",一何浅谬。(《十七史商榷》卷四"张负")

【汇评】
　　魏了翁:鹤山先生曰:古者戒群饮,使萍氏纪酒,未闻使民为酒以自粥也。私粥不已,民相与争利,则暴君污吏必至榷酤,盖此时实启之。(《古今考》卷一"尝从王媪武负贳酒")

⑮【汇校】
　　张文虎:醉卧,《类聚》引"醉"上有"饮"字。《御览》八十七引作"时饮醉卧",与《汉书》合。(《校刊史记集解索隐正义札记·高祖本纪》)
　　施之勉:按:《论衡·吉验篇》"醉"上有"饮"字。"卧"上有"止"字。《类聚》九十八引"醉"上无"饮"字。《御览》八十七引作"时饮醉卧",与《汉书》合。(《史记会注考证订补·高祖本纪第八》)

⑯【汇校】
　　[日]泷川资言:考证:秘阁、枫山、三条、南化本,"高祖"上有"属"字。(《史记会注考证附校补·高祖本纪第八》)

【汇注】
　　叶寘:《史·高帝纪》有武负,《陈丞相世家》有张负,《绛侯世家》有许负,皆以为妇人。《纪》言"王媪武负",则信妇人矣。班书如淳注:"俗谓老大母为阿负。"师古引刘向《列女传》:"魏曲沃负者,魏大夫如耳之母。"此古语谓老母为负耳。(按:原本脱"师古引刘向"以下二十九字,今据《说郛》补。)《世家》言"户牖富人张负",《索隐》曰:"妇人老宿之称,然称富人或恐是丈夫尔。"予谓张负果妇人,当是女清之流,亦富人也。许负相者,《索隐》引应劭注:"老妪也。"意其负、妇音同,古文相通用,不然,冯妇固晋善士欤,《史》注犹有异论者。(《爱日斋丛抄》卷一)
　　凌稚隆:刘辰翁曰:王媪、武负疑为一人,故又曰武负、王媪以别之,又言此两家愈明,高帝于羹颉侯报矣,不知此妇犹无恙否。(《史记评林》卷八《高祖本纪》)
　　沈自南:《史记考要》:《高祖记》尝从王媪、武负贳酒。汉祖之母曰媪,赵左师触龙称太后曰媪,贵贱通称也。王氏之媪,武氏之负,负亦媪类也。《郭解传》《周勃世家》所称许负亦同,若《陈平世家》所称张负,乃男子之名。(《艺林汇考·称号

篇》卷之八《仆妾类》)

王叔岷：《考证》：秘阁、枫山、三条、南化本，"高祖"上有"属"字。案："高祖"上有"属"字，则"龙怪属之"连读。据下文"及见怪"，即承此"见其上常有龙怪之属"而言，则有属字于文为长。《汉书》作"见其上常有怪"，怪上疑脱龙字。《论衡·吉验篇》《恢国篇》"龙怪"并作"神怪，《汉纪》作"光怪"。(《史记斠证·高祖本纪第八》)

施之勉：按：《汉书》"常有龙怪之"作"常有怪"。荀《纪》作"尝见光怪"。吴汝论曰：《汉书》作"常有怪"是也。下文云"及见怪"是其证。刘媪息大泽之陂，又当雷震晦冥时，故见蛟龙耳。若高帝醉卧酒家，安有龙入人家乎。(《史记会注考证订补·高祖本纪第八》)

【汇评】

姚苎田：此段只摹其好酒，故知上"及色"二句捎带，有趣。(《史记菁华录》卷一《高祖本纪》)

⑰【汇注】

裴　骃：如淳曰："雠亦售。"(《史记集解·高祖本纪》)

司马贞：乐彦云借"雠"为"售"，盖古字少，假借耳。今亦依字读。盖高祖大度，既贳饮，且雠其数倍价也。(《史记索隐·高祖本纪》)

赵　翼：武负、王媪皆酒家，每值高祖酤饮，则人竞买之，其获利较倍于常也。宣帝少时从民间买饼，所从买家辄大雠，正与此相类。盖《高祖本纪》自泽陂遇神至芒砀云气，皆记高祖微时符瑞，而此特其一端耳。《索隐》乃谓贳饮而偿厚价，则下文"折券"句又何说也？(《陔余丛考》卷五"司马贞《史记索隐》")

程馀庆：始则索钱，数倍常价，以其不琐琐较量也。(《历代名家评注史记集说·高祖本纪》)

王骏图、王骏观：《索隐》盖高祖大度，既贳饮，且雠其数倍价也。图按：《索隐》此解，是真以雠为偿矣。盖雠即售也。古无售字，《诗》"贾用不雠"，即贾用不售，谓高祖每酤留饮，则其日所售之酒，必较常数倍，又以龙怪，故岁终常折券。若谓雠其数倍价，则又何须折券耶？正价尚难偿，安有数倍偿之理？此与《汉书·宣帝纪》"每买饼，所从买家，辄大雠之"，雠读为售者，事义正同，足为训售之铁据，《索隐》真误甚也。(《史记旧注平义·高祖本纪》)

杨树达："雠数倍"者，特多售与高祖也。卷八《宣纪》云："卧居数有光耀，每买饼，所从买家辄大雠，亦以是自怪。"大雠亦谓多雠与宣帝，故帝以此自怪也。此与高祖事正同。《史记索隐》乃云："高祖大度，既贳饮，且雠其数倍价。"按：高祖既贳饮，两家又弃责，何有雠价之事乎！《索隐》说殊误。(《汉书窥管·高帝纪

上》）

⑱【汇注】

颜师古：以简牍为契券，既不征索，故折毁之，弃其所负。（《汉书注·高帝纪第一上》）

司马贞：《周礼·小司寇》（编者按："小司寇"误，应作"小宰"）云："听称责以傅别。"郑司农云："傅别，券书也。"康成云："傅别，谓大手书于札中而别之也。"然则古用简札书，故可折。至岁终总弃不责也。（《史记索隐·高祖本纪》）

程馀庆：责、债同。以简牍为契券，既不征索，故折没之，弃其所负也。（《历代名家评注史记集说·高祖本纪》）

【汇评】

郭嵩焘：案：举此小节，以壮其喜施之概。两家折券弃负，亦为其饮酒常雠数倍，所得固已多也，而高祖豁然都不一计较，自是英雄本色如此。（《史记札记·高祖本纪》）

高祖常繇咸阳①，纵观②，观秦皇帝③，喟然太息曰④："嗟乎，大丈夫当如此也⑤！"

①【汇校】

凌稚隆：刘敞曰："'常繇'，常字当作'尝'。"（《汉书评林·高帝纪》）

【汇注】

裴 骃：应劭曰："徭役也。"（《史记集解·高祖本纪》）

颜师古：……文颖曰："咸阳，今渭北渭城是也。"师古曰："咸阳，秦所都。繇读曰徭，古通用字。"（《汉书注·高帝纪第一上》）

司马贞：韦昭云："秦所都，武帝更名渭城。"应劭云："今长安也。"按：《关中记》云："孝公都咸阳，今渭城是，在渭北。始皇都咸阳，今城南大城是也。"名咸阳者，山南曰阳，水北亦曰阳，其地在渭水之北，又在九嵕诸山之南，故曰咸阳。（《史记索隐·高祖本纪》）

钱 穆：案：秦都咸阳在渭北，今咸阳县东。《关中记》谓"秦始皇咸阳在渭南"，今长安县东。然秦宫室多在咸阳北阪上，南临渭，则始皇咸阳亦在渭北，特自三十五年后，始稍稍经营渭以南。（《史记地名考·关中地名》）

陈 直："自秦孝公至始皇帝、胡亥，并都此城。按孝公十二年作咸阳，筑冀阙，徙都之。"直按：事见《史记·秦本纪》。"始皇二十六年，徙天下高赀富豪于咸阳十二万户。诸庙及台苑，皆在渭南。秦每破诸侯，彻其宫室，作之咸阳北坂上。南临渭，自雍门以东至泾渭，殿屋复道，周阁相属，所得诸侯美人钟鼓以充之。"直按：事见《史记·秦始皇本纪》二十六年。（《三辅黄图校证》卷一《咸阳故城》）

② 【汇注】

颜师古：纵，放也，天子出行，放人令观。观音工唤反。（《汉书注·高帝纪第一上》）

徐孚远：杨慎曰：常时车驾出，则禁观者；此时则纵民观，故曰"纵观"。（《史记测议·高祖本纪》）

姚苎田：天子出，禁人观，此时偶值纵观，故高祖得观之。（《史记菁华录》卷一《高祖本纪》）

李人鉴：按：重"观"字，则"纵观"二字不甚可解。旧解或云当时车驾出则禁观者，此时则纵民观，故曰"纵观"。然此《纪》"纵观"二字上不云"始皇出游"，"纵观"二字下又不云"高祖观秦皇帝"，于文法似皆不合。《汉书·高帝纪》不重"观"字，《御览》卷八十七引《史记》亦不重"观"字。窃疑此《纪》传抄衍一"观"字，当删。《纪》言"纵观秦皇帝"，谓高祖纵观秦皇帝。"纵观"者，放观无忌，不得以纵民观释之也。（《太史公书校读记·高祖本纪》）

③ 【汇注】

张守节：包恺云："上音馆，下音官，恣意，故纵观也。"（《史记正义·高祖本纪》）

周寿昌：颜注曰："纵，放也。天子出行，放人令观。观，音工唤反。"寿昌按：颜注：纵，放也，言高祖放观无忌也。解已明，下忽云放人令观，是谁放之？谁令之也？为此赘文，转失语气。观读如本音，亦不得作去声也。瞿鸿禨曰："《史记》作纵观，观秦皇帝，多一观字，于义为长。"益知颜注"放人令观"之迂也。（《汉书注校补》卷一《高帝纪第一上》）

【汇评】

凌稚隆：杨慎曰：常时车驾出则禁观者，此时则纵民观，故曰"纵观"。按：高祖观秦帝之言，较之项羽曰"彼可取而代也"，气象自是迥别。（《史记评林·高祖本纪》）

④ 【汇注】

颜师古：喟，叹息貌。大息言其叹息之大。喟音丘位反。（《汉书注·高帝纪第一上》）

周寿昌：颜注"大息言其叹息之大"。寿昌按：大息之大音泰。《吕览》高诱注"大，长也"，言长叹息也。《说文》"息，喘也。"《论语》皇侃疏"息，亦气也"。叹

息者有气无声，安所云大。颜注滞。(《汉书注校补》卷一《高帝纪第一上》)

【汇评】

程馀庆：雄浑冠冕，气局阔大。项羽亦尝为此语，未免天渊。(《历代名家评注史记集说·高祖本纪》)

⑤【汇评】

陈　亮：方其穷时，纵观秦皇帝，叹曰："大丈夫当如此。"其意岂出于为民邪？天下既定，周防曲虑，如一家私物，此岂三代公天下之法邪？(《龙川文集》卷三《问答》)

俞德邻：秦始皇并吞六国，执敲朴以鞭笞天下，威震四海，欲帝万世，其志大矣。然即位之年甲寅，汉高帝生焉，越十五年己巳，项籍又生焉。始皇南巡会稽，高帝时年二十有七，项籍才十二三耳，已有取而代之之意。造化倚伏，默寓于冥冥之间，嘻，可畏哉！(《佩韦斋辑闻》卷一)

凌稚隆：洪迈曰：《史》叙高祖观秦皇帝曰："大丈夫当如是矣！"至羽观始皇，则曰："彼可取而代也。"虽史家所载，容有文饰，然其大旨固可见云。(《汉书评林·高帝纪》)

王鸣盛：秦始皇帝游会稽，项梁与籍俱观，籍曰："彼可取而代也。"高祖繇咸阳，纵观秦皇帝，喟然太息曰："嗟乎，大丈夫当如此也。"项之言悍而戾，刘之言则津津然不胜其歆羡矣。陈胜曰："壮士举大名耳，王侯将相，宁有种乎？"项籍口吻，正与胜等。而高祖似更出其下。天下既定，置酒未央宫，奉玉卮为太上皇寿曰："始大人常以臣亡赖，不能治产业，不如仲力。今某之业所就孰与仲多？"其言之鄙如此。(《十七史商榷》卷二"刘项俱观始皇")

方　苞：秦皇帝纵观，高帝曰："大丈夫当如此矣！"及叔孙通定朝仪，乃曰："吾今而知皇帝之贵！"则其所见去秦皇帝，盖一间耳！(《方望溪先生全集》卷三"汉高帝论")

　　单父人吕公善沛令①，避仇从之客②，因家沛焉③。沛中豪桀吏闻令有重客，皆往贺④。萧何为主吏⑤，主进⑥，令诸大夫曰⑦："进不满千钱，坐之堂下⑧。"高祖为亭长，素易诸吏⑨，乃绐为谒曰"贺钱万"⑩，实不持一钱⑪。谒入，吕公大惊⑫，起⑬，迎之门⑭。吕公者，好相人⑮，见高祖状貌，因重敬之，引入坐⑯。萧何曰⑰："刘季固多大言,少成事⑱。"高祖因狎侮诸客,遂坐上坐⑲,无所诎⑳。酒阑㉑,吕公因目固留高祖㉒。高祖竟酒,后㉓。吕公曰:"臣少好相人㉔,相人多矣㉕,无如季相㉖,愿季自爱。臣有息女㉗,愿为季箕帚妾㉘。"酒罢,吕媪怒吕公曰:"公始常欲奇此女㉙,与贵人。沛令善公,求之不与,何自妄许与刘季㉚?"吕公曰:"此非儿女子所知也㉛。"卒与刘季㉜。吕公女乃吕后也㉝,生孝惠帝、鲁元公主㉞。

① 【汇校】
梁玉绳:按:《索隐》引《汉旧仪》云汝南新蔡人,引《相经》云魏人,未知孰是。又云:吕公名文字叔平也,后封临泗侯,追谥宣王。(《史记志疑·高祖本纪第八》)

【汇注】
裴　骃:《汉书音义》曰:"单音善。父音斧。"(《史记集解·高祖本纪》)
颜师古:孟康曰:"单音善,父音甫。"师古曰:"《地理志》山阳县也。"(《汉书注·高帝纪第一上》)
司马贞:韦昭云"单父,县名,属山阳。"崔浩云:"史失其名,但举姓而言公。"又按:《汉书旧仪》云:"吕公,汝南新蔡人。"又《相经》云:"魏人吕公,名文,字叔平"也。(《史记索隐·高祖本纪》)
程馀庆:单父故城在曹州府单县南半里。《相经》:吕公名文,字叔平。汉元年,为临泗侯。四年卒。高后元年,追谥曰吕宣王。(《历代名家评注史记集说·高祖本纪》)

【汇评】
凌稚隆:凌约言曰:观此文伸缩起伏,简洁严明,而叙事情之法,亦具于此矣。(《史记评林》卷八《高祖本纪》)

② 【汇评】
吕思勉:看"避仇从之客"一句,便知道吕公也不是安分之徒,正和"好酒及色""不事家人生产"的人是一路。(《中国通史·中古史》第三节《汉初功臣外戚宗室三系的斗争》)

③ 【汇注】
颜师古:与沛令相善,因辟仇亡匿,初就为客,后遂家沛也。仇,雠也,音求。(《汉书注·高帝纪第一上》)

④【汇注】
　　颜师古：以礼物相庆曰贺。（《汉书注·高帝纪第一上》）
⑤【汇注】
　　裴　骃：孟康曰："主吏，功曹也。"（《史记集解·高祖本纪》）
　　韩兆琦：主吏，即主吏掾，亦称功曹掾，主管人事考核等工作的吏目。（《史记选注集说·高祖本纪》）
⑥【汇校】
　　[日]**水泽利忠**：各本䞍字作盡。按：泷本䞍，盡讹。（《史记会注考证附校补·高祖本纪第八》）
【汇注】
　　裴　骃：文颖曰："主赋敛礼进，为之帅。"（《史记集解·高祖本纪》）
　　颜师古：进者，会礼之财也。字本作賮，又作䞍，音皆同耳。古字假借，故转而为进。賮，又音才忍反。《陈遵传》云：陈遂与宣帝博，数负进，帝后诏云可以偿博进未。其进虽有别解，然而所赌者之财疑充会食，义又与此通。（《汉书注·高帝纪第一上》）
　　司马贞：郑氏云："主赋敛礼钱也。"颜师古曰："进者，会礼之财。字本作'賮'，声转为'进'，'宣帝数负进'义与此同。"（《史记索隐·高祖本纪》）
　　[日]**泷川资言**：进，犹献也……中井积德曰：主进，谓是时掌贺进之事也，非平生职掌。（《史记会注考证附校补·高祖本纪第八》）
　　韩兆琦：主进，为县令主管接收礼品。进，谓进献于主人，郭嵩焘曰："贺者纳财以将意，萧何主进而献之。"（《史记选注集说·高祖本纪》）
⑦【汇注】
　　颜师古：令，号令也。大夫，客之贵者总称耳。（《汉书注·高帝纪第一上》）
　　张守节：大夫，客之贵者总称之。（《史记正义·高祖本纪》）
　　魏了翁：鹤山先生曰：按颜氏注：大夫，客之贵者。夫大夫之称，至隆极贵，岂沛县吏民可得而通称乎？公，邑长，亦曰大夫，萧叔大夫之类是也。卿亦号大夫，单伯会伐宋，《传》云"周大夫"，而记亦曰"诸侯之上大夫，卿是也"。孤亦曰大夫，《春秋》称宋人杀其大夫是也。公亦曰大夫，《诗》谓三事大夫是也。韩信谓诸军为士大夫，容有军吏在焉，要是自春秋以后名多混乱矣。（《古今考》卷一"萧何为主吏主进令诸大夫"）
　　韩兆琦：诸大夫，即指来贺的豪杰乡绅。赵翼曰："秦制赐民爵，有大夫、官大夫、公大夫、五大夫、七大夫诸称，度其时民之有此爵者，人即以其爵呼之。相沿日久，遂以为尊奉之语。"（《史记选注集说·高祖本纪》）

⑧【汇注】

[日]泷川资言：秘阁本无"进"、字"之"字。何焯曰：《汉书·高祖纪》诏书有云：秦民爵公大夫以上，令丞与亢礼，诸大夫当谓此也。赵翼曰：沛中豪杰吏，盖不过乡豪及健吏之类，盖秦制赐民爵，有大夫、官大夫、公大夫、五大夫、七大夫诸称，度其时，民之有此爵者，人即以其爵呼之，相沿日久，遂以尊奉之语。故乡豪及健吏皆得称耳。（《史记会注考证附校补·高祖本纪第八》）

杨树达：师古曰：大夫，客之贵者总称耳。树达按：坐之者，使之坐也，之指进不满千钱之客为言。诸大夫自谓将事款客者，不谓客也，颜说非。（《汉书窥管·高帝纪上》）

⑨【汇注】

颜师古：素，故也，谓旧时也。易，轻也，音弋豉（也）[反］。"（《汉书注·高帝纪第一上》）

杨树达：《说文三·篇下支部》云：敡，侮也。又《八·篇上人部》云：偒，轻也。易乃省形借字。（《汉书窥管·高帝纪上》）

⑩【汇注】

裴骃：应劭曰："绐，欺也。音殆。"（《史记集解·高祖本纪》）

颜师古：为谒者，书刺自言爵里，若今参见尊贵而通名也。盖当时自陈姓名，并列贺钱数耳。绐音徒在反。（《汉书注·高帝纪第一上》）

司马贞：韦昭云："绐，诈也。"刘氏云："绐，欺负也。"何休云："绐，疑也。"谓高祖素狎易诸吏，乃诈为谒。谒谓以札书姓名，若今之通刺，而兼载钱谷也。（《史记索隐·高祖本纪》）

魏了翁：鹤山先生曰：古者岁时，月吉以礼会，民必读法，必习射，必行饮酒之礼，所以申之孝悌，书其德行道艺，非以事娱乐也。所谓"周礼其犹醵与"，则古亦有合钱饮酒之礼，特民自为乐耳。今县有重客，而民得持钱入县，县遣功曹主进，满千钱者升之堂上，不则退之堂下，惟商财贿，毋问齿德。亭长以警盗送徒为事，亦一役夫耳，安得而虚声绐谒，恐喝重客，使起迎之门。遂坐上坐。且上坐，宾位也，今一亭长以气夺之，绝无乡饮谋宾滫台，以公事造偃之意。风俗之坏久矣，而《史》书之以为美谈。（《古今考》卷一"高祖为亭长素易诸吏乃绐为谒曰贺钱万实不持一钱"）

程馀庆：谒，以札书姓名，若今之通刺，而兼载钱数也。（《历代名家评注史记集说·高祖本纪》）

【汇评】

凌稚隆：按："绐"字下用"实"字，得一正一反法。（《史记评林》卷八《高祖本纪》）

⑪【汇评】

凌稚隆：按：自古英雄，不规规于小节，类如此。（《史记评林》卷八《高祖本纪》）

⑫【汇注】

吴恂：师古曰："以其钱多，故特礼之。"沈钦韩曰："此或已闻高祖之名，非为万钱惊起也。"恂按：高祖怠慢僄轻，初无令问广誉，何致使吕公见谒大惊乎？其不为万钱而奚为哉？（《汉书注商·高帝纪第一上》）

⑬【汇注】

王先谦：沈钦韩曰：此或已闻高祖之名，非为万钱惊起也。（《汉书补注·高帝纪第一上》）

⑭【汇注】

颜师古：以其钱多，故特礼之。（《汉书注·高帝纪第一上》）

沈钦韩：此必吕公素重高祖之名，岂为万钱惊起哉！（《汉书疏证》卷一）

⑮【汇评】

魏了翁：鹤山先生曰："相人"二字，始见于《左氏》文公元年传，内史叔服能相人，至荀卿始为书非之。然未得其要。大抵吕公能相高祖之当贵，而不能相吕后之覆宗，此《大学》曰"莫知其子之恶"，其是之谓欤！（《古今考》卷一"吕公好相人"）

林剑鸣：从整个过程中，可以清楚地反映封建社会初期社会关系的特点。……但也有个别例外：择婿不论门第，而以才贤，甚至以相形取人，如单父富人吕公将女儿吕雉嫁于穷困得连酒钱也付不起的亭长刘邦，就是因为吕公"少好相人，相人多矣，无如季（即刘邦）相"（《汉书·高帝纪》），认为刘邦的长相必成大业。这种以才贤和"相"为标准择婿的事在秦汉时代是相当多的。它反映了当时"相术"的流行；其实质则是由于秦汉时代正处于封建社会初期，不少出身低微的有才之士尚有可能步入统治阶级上层。所以，这种既有以门第、资财，又有以才贤和相貌的择偶标准，正是封建等级制度建立后，而各等级间又尚未凝固化的一种时代的反映。（《秦汉史》第十九章《婚丧礼俗》）

⑯【汇校】

［日］泷川资言：考证：秘阁本"入"下有"上"字，枫、三、南本"坐"下有"上坐"二字。（《史记会注考证附校补·高祖本纪第八》）

［日］水泽利忠：秘阁"引入上上坐"。桃古、南化、枫、三、谦、狩、野、高、中韩"引入坐上坐"。（《史记会注考证附校补·高祖本纪第八》）

【汇评】

王　鏊：按：班彪云吕公睹形而进女者，正在此。（引自《百大家评注史记·高祖本纪》）

王叔岷：案：《艺文类聚》十二引"重敬"作"敬重"，《记纂渊海》八七引《汉书》同。《汉书》"坐"下亦有"上坐"二字，与下文称高祖"遂坐上坐"相应。《魏公子列传》（即《信陵君列传》）："公子引侯生坐上坐。"与此文例同。《郦生列传》："延郦生上座。"《考证》："高山寺本、枫、三本生下有'坐'字。"文例亦同。（《史记斠证·高祖本纪第八》）

⑰【汇注】

程馀庆：何此言，谢吕公也，亦是狎侮口角。（《历代名家评注史记集说·高祖本纪》）

【汇评】

吴见思：吕公一扬，萧何又一抑，尘埃之中，人不易识，萧何尚然，可为一叹！（《史记论文·高祖本纪》）

⑱【汇评】

姚苎田：吕公、萧何二段，并一时事，分叙各妙。（《史记菁华录》卷一《高祖本纪》）

牛运震：萧何曰："刘季故多大言，少成事。"此处阑入数语，气脉反松脱，且使萧何视英雄气概为泛泛，不如删去，直以"高祖因狎侮诸客，遂坐上座"竟接上文为长。（《读史纠谬》卷一《史记·高祖本纪》）

⑲【汇注】

张守节：上在果反，下在卧反。（《史记正义·高祖本纪》）

⑳【汇注】

颜师古：诎，曲慑也，音丘勿反。（《汉书注·高帝纪》）

张守节：诎，音丘忽反。（《史记正义·高祖本纪》）

杨树达：诎与让义近。《礼记·玉藻》云："天子搢珽，方正于天下也；诸侯荼，前诎后直，让于天子也；大夫前诎后诎，无所不让也。"《史记·信陵君传》记侯生直载公子上坐不让，此云无所诎，彼云不让，文虽异而义则同也。（《汉书窥管·高帝纪上》）

韩兆琦：诎，通"屈"，师古曰："曲慑也。"吴见思曰："极力写高祖气度，已有笼盖万夫气象。"史珥曰："气概豪上，屡败不挫，卒以有成，于此可征。"（《史记笺证·高祖本纪》）

【汇评】

吴见思：极力写高祖气度，已有笼盖万夫气象。并应狎侮诸吏。（《史记论文·高祖本纪》）

郭嵩焘：案：其气概高出一世，视萧何以下犹婴孺之集于前，易而侮之，略不为意，此所谓"意豁如"也。（《史记札记·高祖本纪》）

㉑【汇注】

裴　骃：文颖曰："阑言希也。谓饮酒者半罢半在，谓之阑。"（《史记正义·高祖本纪》）

㉒【汇注】

张守节：不敢对众显言，故目动而留之。（《史记正义·高祖本纪》）

【汇评】

姚苎田："酒阑""后罢"二段，则是吕公正文。（《史记菁华录》卷一《高祖本纪》）

㉓【汇注】

吴见思：竟酒而又后出也。（《史记论文·高祖本纪》）

㉔【汇注】

裴　骃：张晏曰："古人相与语多自称臣，自卑下之道，若今人相与语皆自称仆。"（《史记集解·高祖本纪》）

顾炎武：汉初，人对人多称臣，乃战国之余习。《史记·高祖纪》：吕公曰："臣少好相人。"张晏曰："古人相与言多自称臣，犹今人相与言自称仆也。"至天下已定，则稍有差等，而臣之称惟施之诸侯王。故韩信过樊将军哙，哙趋拜送迎，言称臣，曰："大王乃肯临臣。"至文、景以后，则此风渐衰。而贾谊《新书》有尊天子避嫌疑不敢称臣之说。《王子侯表》有利侯钉，坐遗淮南王书称臣，弃市。《功臣侯表》：安平侯鄂但，坐与淮南王女陵通，遗淮南王书称臣尽力，弃市。平棘侯薛穰，坐受淮南王赂，称臣，在赦前，免。皆在元狩元年。而《严助传》：天子令助谕意淮南王，一则曰臣助，再则曰臣助。史因而书之，未尝以为罪，则知钉等三人所坐者交通之罪。而自此以后，廷臣之于诸侯王遂不复有称臣者尔。（《日知录》卷二十四"对人称臣"）

沈自南：《东斋记事》："主者称臣，盖是谦卑而已，上下通行，不特称于君上之前也。如齐太子对医者文挚云：'臣以死争之。'虢君见扁鹊曰：'寡臣幸甚。'吕公谓汉高祖曰：'臣少好相人。'高祖谢项羽曰'将军战河北，臣战河南'之类是也。晋宋间彼此相呼为卿，自唐以来，唯君止以呼臣，庶士大夫不复敢以称谓矣。"（《艺林汇考·称号篇》卷之四《尊长类》）

㉕【汇评】
　　姚苎田：史公每用夹注法，最奇妙。(《史记菁华录》卷一《高祖本纪》)
㉖【汇评】
　　姚苎田：高祖豁达大度，乃数数萦情于相人之术，迨后光武迭兴，又酷信谶纬家言，是以汉家一代之间不出术数图纬，是岂非有天下者万世之龟鉴哉！(《史记菁华录》卷一《高祖本纪》)
㉗【汇注】
　　张守节：息，生也。谓所生之女也。(《史记正义·高祖本纪》)
　　吴　恂：息，犹子也。《管子·轻重丁篇》："决其子息之数。"《战国·赵策》触龙曰："老臣贱息舒祺。"范《书》东海恭王临命上疏曰："息政，小人也，猥当袭臣后。"《魏志·公孙渊传》注引《魏书》渊表曰："贼权问臣家内大小，舒综对臣有三息。"《夏侯玄传》注引《魏书》曰："初丰自以身处机密，息韬又以列侯给事中。"《陈登传》注引《先贤行状》曰："文帝追美登功，乃拜息肃为郎中。"悉其证也。又息女，或作子女。范《书·杨震传》"子女伯荣出入宫掖"是也。盖息女、子女，犹子男之比，亦即礼之所谓女子子也。(《汉书注商·高帝纪第一上》)
㉘【汇评】
　　吴见思：不写高祖作谦让语，妙！(《史记论文·高祖本纪》)
㉙【汇校】
　　王先谦：朱子文曰：欲字宜在女字之下，当曰"公始常奇此女，欲与贵人"，于文为顺。王念孙曰：朱说非也。欲字本在奇字上。《外戚传》霍光夫人显谓淳于衍云"将军素爱小女成君，欲奇贵之"，语意与此相似。《史记》亦作"常欲奇此女，与贵人"，不得移"欲"字于"与贵人"上也。(《汉书补注·高帝纪第一上》)
　【汇注】
　　颜师古：奇，异也。谓显而异之，而嫁与贵人。(《汉书注·高帝纪第一上》)
　　[日]泷川资言：中井积德曰：奇货是奇货可居之奇，谓欲以此女为奇货而与贵人以钓利……不必读为奇货之奇。(《史记会注考证附校补·高祖本纪第八》)
㉚【汇注】
　　杨树达："自"有二义。一训因，如卷五十《冯唐传》云："父老何自为郎？"卷四十九《袁盎传》云："剧孟博徒，将军何自通之？"是也。其一则指吕公自请之高祖为言，与上文求之针对。说并通。卷四十《张良传》云："吾求公，避逃我，今公何自从吾儿游乎？"亦同。(《汉书窥管·高帝纪上》)
　【汇评】
　　姚苎田：顺手补出两事，文味秋至，而口吻又宛然，神笔也。(《史记菁华录》卷

一《高祖本纪》)

㉛【汇评】
　　吴见思：吕公许女心事未曾说出，故借吕媪一跌，乃吕公终不说出，而意已明，甚妙！（《史记论文·高祖本纪》）

㉜【汇注】
　　颜师古：卒，终也。（《汉书注·高帝纪第一上》）
【汇评】
　　梁玉绳：按：《史》称"刘季"凡十一，此称在当时人则可，迁数呼之可乎？且忽曰高祖，忽曰刘季，于例亦杂也。此等处《汉书》为密。（《史记志疑·高祖本纪第八》）

㉝【汇校】
　　张文虎：乃吕后也，"乃"《类聚》引作"即"，与《汉书》合。（《校刊史记集解索隐正义札记·高祖本纪》）
【汇注】
　　司马迁：吕后为人刚毅，佐高祖定天下，所诛大臣多吕后力。（《史记·吕太后本纪》）
　　又：大史公曰：孝惠皇帝、高后之时，黎民得离战国之苦，君臣俱欲休息乎无为。故惠帝垂拱，高后女主称制，政不出房户，天下晏然，刑罚罕用，罪人是希，民务稼穑，衣食滋殖。（同上）
【汇评】
　　凌稚隆：凌约言曰：有吕公女二句，则后叙相吕后、孝惠、鲁元处方有力而醒目，且有血脉。（《史记评林》卷八《高祖本纪》）
　　程馀庆：分解一句，文字迂回。（《历代名家评注史记集说·高祖本纪》）

㉞【汇校】
　　［日］水泽利忠：中统、游、金陵同。各本无"帝"字。秘阁无"公主"二字。桃谷"帝"字、"公主"二字并无。（《史记会注考证附校补·高祖本纪第八》）
　　王叔岷：梁玉绳云："'生孝惠'，《史诠》谓'宋本"惠"下有"帝"字，《班马异同》本亦有'。则今本脱也。下文'见孝惠'句，亦脱'帝'字。《汉书》皆作'孝惠帝'。"《考证》："张文曰：中统本'惠'下有'帝'字，与《汉书》合。《类聚》及《班马异同》引俱有，今补。"案：景祐本南宋补版、黄善夫本、殿本皆无"帝"字。《汉纪》同。《论衡·骨相篇》作"生孝惠王"。下文"见孝惠"，《艺文类聚》引"惠"下有"帝"字（《考证》有说），与梁说合。（《史记斠证·高祖本纪第八》）

【汇注】

裴　骃：服虔曰："元，长也。食邑于鲁。"韦昭曰："元，谥也。"（《史记集解·高祖本纪》）

颜师古：公主，惠帝之姊也，以其最长，故号曰元。吕后谓高帝曰"张王以鲁元故，不宜有谋"，齐悼惠王尊鲁元公主为太后，当时并已谓之元，不得为谥也。韦说失之。（《汉书注·高帝纪第一上》）

张守节：汉制，帝女曰"公主"，仪比诸侯；姊妹曰"长公主"，仪比诸侯王；姑曰"大长公主"，仪比诸侯王。（《史记正义·高祖本纪》）

魏了翁：鹤山先生曰：韦昭以元为谥，颜籀非之，刘攽曰：此史臣追书也。是皆未闻。……至于国朝，则命妇封爵之不正与后之有谥，犹如旧制，惟后谥以上一字系之帝，此亦稍得礼意，公卿、大夫、士之妻无谥，始为合礼。公主之称虽非古，亦周女下嫁命鲁主昏之意。（《古今考》卷一"鲁元公主"）

王先谦：刘攽曰：予谓颜举吕后言以明元非谥，未必然也。史家记事，或有如此追言谥者。贯高欲谋叛，与张敖言，谓为高祖，《公羊》公子翚与桓公言，吾为子白隐矣，皆此类。何焯曰：西京人质无文长公主为元理，况一代更无称元者，归乎田成子，岂非谥耶？韦说无妨胜服。何若瑶曰：高祖母谥昭灵，姊谥宣，又谥昭哀。元当是谥。元训长，鲁长不成文，当时已谓之元者，追书之词。且《百官公卿表》帝姊妹曰长公主，时惠帝未即位，不得称长公主，高祖少弟楚王交亦谥元，亦可谓最长乎？先谦曰：诸说皆是，服、颜非也。（《汉书补注·高帝纪第一上》）

吴国泰：按：公主之称，始于汉室，盖自秦称皇帝，汉世仍之，皇帝兄弟及子皆封为王，其女兄弟及女子则比于公侯国主，故称为公主。《正义》引汉制曰："帝女曰'公主'，仪比诸侯；姊妹曰'长公主'，仪比诸侯王；姑曰'大长公主'，仪比诸侯王。"可证也。诸侯王之女，降于帝女一等，则称郡主，言比于一郡之主也。而后世或以为天子尊贵，不主自婚，而以三公代主，故曰"公主"，盖附会之言，不可从也。使果如是，又何解于郡主之称乎？（《史记解诂（下）·高祖本纪》）

　　高祖为亭长时，常告归之田①。吕后与两子居田中耨②，有一老父过请饮③，吕后因哺之④。老父相吕后曰⑤："夫人天下贵人⑥。"令相两子，见孝惠，曰："夫人所以贵者，乃此男也⑦。"相鲁元，亦皆贵⑧。老父已去，高祖适从旁舍来，吕后具言客有过⑨，相我子母皆大贵。高祖问，曰："未远。"乃追及，问老父。老父曰："乡者夫人婴儿皆似君⑩，君相贵不可言⑪。"高祖乃谢曰："诚如父言⑫，不敢忘德⑬。"及高祖贵，遂不知老父处⑭。

① 【汇校】
　　[日] 泷川资言：古钞本"常"作"尝"，与《汉书》合。（《史记会注考证附校补·高祖本纪第八》）
　　【汇注】
　　裴　骃：服虔曰："告音如'嗥呼'之'嗥'。"李斐曰："休谒之名也。吉曰告，凶曰宁。"孟康曰："古者名吏休假曰告，告又音嚆。汉律，吏二千石有予告、赐告。予告者，在官有功最，法所当得者也。赐告者，病满三月当免，天子优赐，复其告，使得带印绶，将官属，归家治疾也。"（《史记集解·高祖本纪》）
　　颜师古：告者，请谒之言，谓请休耳。或谓之谢，谢亦告也。假为嗥嚆二音，并无别义，固当依本字以读之。《左氏传》曰"韩献子告老"，《礼记》曰"若不得谢"，《汉书》诸云谢病皆同义。（《汉书注·高帝纪第一上》）
　　司马贞：韦昭云："告，请归乞假也。音'告语'之'告'。故《战国策》曰'商君告归'，延笃以为告归，今之归宁也。"刘伯庄、颜师古并音古笃反，非号嚆两音也。按：《东观汉记·田邑传》云"邑年三十，历卿大夫，号归罢，厌事，少所嗜欲"。寻号与嗥同，古者当有此语，故服氏云"如号呼之号"，音豪。今以服虔虽据田邑"号归"，亦恐未得。然此"告"字当音诰，诰号声相近，故后"告归"，"号归"遂变耳。（《史记索隐·高祖本纪》）
　　杨　慎：《史记·汉高祖纪》"为亭长，告归之田"，韦昭音告语之"告"，师古音古笃切，如《礼记》出必告之例。服虔音嗥呼之"嗥"。按：《东观汉记·田邑传》：邑年三十，历卿大夫，号霸归，厌事，少所嗜欲。"嗥"与"号"同，古者当有此音。又《左传》"鲁人之嗥"，《说文》礼祝曰嗥，皆可互证，书之以广异闻。（《丹铅总录》卷九《嗥归》）

② 【汇注】
　　高　嵝：两子，女亦称子，即孝惠、鲁元公主。（《史记钞·高祖本纪》）

③ 【汇校】
　　王先谦：请饮，荀《纪》作"乞浆"。（《汉书补注·高帝纪第一上》）
　　王叔岷：案：《论衡》"老父"作"老公"，下同。《汉纪》"请饮"作"乞浆"。（《史记斠证·高祖本纪第八》）

④【汇注】
　　颜师古：铺食之铺，屈原曰"铺其糟"是也。以食食人亦谓之铺，《国语》曰"国中童子无不铺也"，《吕氏春秋》曰"下壶飨以铺之"，是也。父本请饮，后因食之，故言铺也。铺音必胡反。（《汉书注·高帝纪第一上》）
　　张守节：必捕反，以食饲人也。父本请饮，吕后因饲之。《国语》云："国中童子无不铺。"（《史记正义·高祖本纪》）
　　周寿昌：师古注曰：父本请饮，后因食之。寿昌按：古人饮食通称，饮亦可以统食。本书《朱买臣传》"见买臣饥寒，呼饭饮之"是也。（《汉书注校补》卷一）
【汇评】
　　姚苎田：看他连叙两个相人，无一笔犯复，古人不可及在此。（《史记菁华录》卷一《高祖本纪》）

⑤【汇注】
　　吴见思：先有一相者，此又出一相者，一虚一实，一主一陪。（《史记论文·高祖本纪》）

⑥【汇校】
　　张文虎：夫人天下贵人，《类聚》引有"也"字，与《汉书》合。（《校刊史记集解索隐正义札记·高祖本纪》）
【汇注】
　　魏了翁：鹤山先生曰：古者邦君之妻曰夫人，人称之曰君夫人，卿大夫之妻曰内子，人亦曰内子。夫人之号，无敢窃也。今亭长之妻客称之曰夫人，然则过相称谓不知起于何时，虽春秋时亦未有此。流及后世，则夫人遂为贵贱之通称。（《古今考》卷一"老父相吕后曰天下贵人"）
【汇评】
　　凌稚隆：杜牧曰：吕公之相，诚不谬矣。然吕氏，大族也，以一女子偷窃位号，二十年间，壮老婴儿，皆不得其死，不知一女子为吕氏之福邪？祸邪？得一时之贵，灭百世之族，讵谓其善相哉？（《汉书评林·高帝纪》）

⑦【汇校】
　　王叔岷：《考证》秘阁本无"也"字。案：《御览》七二九引作"乃由此男"，《艺文类聚》引此亦无"也"字。（《史记斠证·高祖本纪第八》）
【汇注】
　　颜师古：言因有此男，故大贵。（《汉书注·高帝纪第一上》）

⑧【汇评】
　　姚苎田：相人凡换四样笔，乃至一字不相袭，与城北徐公语又大不同。（《史记菁

华录》卷一《高祖本纪》)

⑨【汇注】

  龚浩康：客有过，有客人路过。(见王利器主编《史记注译》卷八《高祖本纪》)

⑩【汇校】

  凌稚隆：汉书"似"作"以"字，最是。(《史记评林》卷之八《高祖本纪》)

  王鸣盛：皆似君，《汉书》作"皆以君"，即上文"夫人所以贵者此男"之意。《汉书》凡"以"皆作"目"，惟此作"以"，盖就《史记》文去人旁故耳。彼如淳注云"以或作似"，或又引《论衡》作"似"为据。但吕后貌似高祖，此何说乎？皆非也。(《十七史商榷》卷二"'似君'当作'以君'")

  梁玉绳：附按：《汉书》作"皆以君"，如淳曰"'以'或作'似'"。师古曰"不当作'似'"，则《史记》误也。《宋书·符瑞志》亦作"以"字，《论衡·骨相篇》仍作"似"字。(古"以"字作"目"，与"似"通，故误作"似"。《左传·襄三十一年》"令尹似君"，亦"以"字之讹。)(《史记志疑·高祖本纪》)

  [日]**泷川资言**：秘阁本"婴儿"作"儿子"。(《史记会注考证附校补·高祖本纪第八》)

  王叔岷：乡者夫人婴儿皆似君。梁玉绳云："'皆似君'，《汉书》作'皆以君。'如淳曰：'以，或作似。'师古曰：'不当作似。'则《史记》误也。《宋书·符瑞志》亦作以字。《论衡·骨相篇》误仍作似字。(古以字作目，与似通，故误作似。)"《考证》：秘阁本"婴儿"作"儿子"。《类聚》引亦作"儿子"。与《汉书》合。案：《艺文类聚》引作"向见者夫人儿子皆似君相"。乡、向并曏之借字，《说文》："曏，不久也。"《汉纪》"婴儿"亦作"儿子"。《汉书》如淳注："以，或作似。"盖指《史记》作"皆似君"而言。《论衡》作"相皆似君"，与《艺文类聚》引此作"皆似君相"合。《汉纪》作"蒙君之力也"。与《汉书》作"皆以君"之义合（参看王氏《汉书补注》）。(《史记斠证》卷八《高祖本纪》)

  【汇注】

  颜师古：如淳曰："言并得君之贵相也。以或作似。"师古曰："如说非也。言夫人及儿子以君之故，因得贵耳，不当作似也。乡读曰曏。"(《汉书注·高帝纪第一上》)

  王先谦：荀《纪》作"夫人儿子蒙君之力也"，与颜说合，义得两存。(《汉书补注·高帝纪上》)

  吴承仕：《汉书》作"皆以君"。如淳曰："言并得君之贵相也。'以'或作'似'。"师古曰："如说非也，言夫人儿子以君之故得贵耳，不当作'似'。"承仕案：此言吕后、孝惠、鲁元三人，骨相亦各自贵，故与高祖相似。若如荀《纪》云"赖高祖始贵"，然则夫人儿子本无贵相矣。《论衡》与《汉书》说同，如淳云作"似"者，是

也。颜说失之。(《论衡校释·骨相》)

韩兆琦：皆似君，言其富贵之相皆与君相似。有曰此"似"字当依《汉书》作"以"，非。《汉书》他处之"以"字皆作"目"，惟此处用"以"字，疑为"似"字之讹。(《史记选注集说·高祖本纪》)

⑪【汇评】

吴见思：先吕后，次两子，次鲁元，中作一扬，乃出高祖，逐段逼入，小小段落中，亦具如许文法。(《史记论文·高祖本纪》)

⑫【汇注】

颜师古：诚，实也。(《汉书注·高帝纪第一上》)

周寿昌：诚，犹信也。若云信能如父言，设辞也。颜训作实字，泥。(《汉书注校补》卷一)

⑬【汇评】

梁玉绳：《潩南集·辨惑》曰："此但其术可贵耳，何德之有。"(《史记志疑·高祖本纪第八》)

李笠：不敢忘德，《潩南集·辨惑》曰："此但其术可贵耳，何德之有！"按：老父以相法告人，而不责报，所以为德，且人皆好誉，一言之褒，乐于华衮，以为德亦情耳。今俗闻人誉己，每曰"托福"，夫我自致富贵，誉者何与？其非通言，与此一揆。古人文每于人情间求之，所以读之如见其人，如闻其言。若拘以绳墨，何乃不达乎？(《广史记订补·高祖本纪》)

⑭【汇注】

王先谦：遂犹竟也。《史》《汉》如此用者，皆训竟。(《汉书补注·高帝纪上》)

【汇评】

王鏊：此言"遂不知老父处"，下言"因忽不见"，皆神之也。(引自《汉书评林·高帝纪》)

姚苎田：收得高。(《史记菁华录》卷一《高祖本纪》)

吕思勉：这十个字，妙不可言。一句话点穿他都是造谣，毫无对证。(《中国通史·中古史》第三节《汉初功臣外戚宗室三系的斗争》)

高祖为亭长，乃以竹皮为冠①，令求盗之薛治之②，时时冠之③，及贵常冠，所谓"刘氏冠"乃是也④。

① 【汇注】

　　周寿昌：《淮南子·氾论训》"造刘氏之貌冠"。高诱注："高祖于新丰所作竹皮冠也，一曰委貌冠。《礼记》'委貌，周道也'，此冠殆仿周制而为之。"而《太平御览》六百八十四引《三礼图》云："长冠竹里，高七寸，广三寸，汉高祖以竹皮作之，世云刘氏冠。楚制，《礼》不记。"据此，则高帝仍以楚制为之，名长冠，似不必如高氏之称委貌冠也。《初学记》引此同。（《汉书注校补》卷一）

② 【汇校】

　　赵翼：《史记》高祖为亭长，以竹皮为冠，令求盗之薛治之（求盗者，亭长之副也。薛有作冠师，故令其副至薛，使冠师治之）。《汉书》但云"令求盗之薛治"。（删一之字，便不明。）（《廿二史札记》卷一《史汉不同处》）

【汇注】

　　裴骃：应劭曰："以竹始生皮作冠，今鹊尾冠是也。求盗者，旧时亭有两卒，其一为亭父，掌开闭扫除；一为求盗，掌逐捕盗贼。薛，鲁国县也。有作冠师，故往治之。"（《史记集解·高祖本纪》）

　　颜师古：文颖曰："高祖居贫志大，取其约省，与众有异。"韦昭曰："竹皮，竹笋也。今南夷取竹幼时绩以为帐。"师古曰："之，往也。竹皮，笋皮，谓笋上所解之箨耳，非竹笋也。今人亦往往为笋皮巾，古之遗制也。韦说失之。"（《汉书注·高帝纪第一上》）

　　司马贞：应劭云："一名'长冠'。侧竹皮裹以纵前，高七寸，广三寸，如板。"又蔡邕《独断》云："长冠，楚制也。高祖以竹皮为之，谓之'刘氏冠'。"司马彪《舆服志》亦以"刘氏冠"为鹊尾冠也。应劭云："旧亭卒名'弩父'，陈、楚谓之'亭父'，或云'亭部'，淮、泗谓之'求盗'也。"（《史记索隐·高祖本纪》）

　　王先谦：《后汉·舆服志》："长冠，一曰斋冠，高七寸，广三寸，促漆缅为之，制如板，以竹为里。初，高祖微时，以竹皮为之，谓之刘氏冠，楚冠制也，民谓之鹊尾冠，非也。祀宗庙诸祀则冠之。此冠高祖所造，故以为祭服，尊敬之至也。"此下又有委貌冠，制与竹皮冠不同，明应、高二说非。薛在今兖州府滕县南四十里。（《汉书补注·高帝纪上》）

③ 【汇注】

　　颜师古：爱珍此冠，休息之暇则冠之。（《汉书注·高帝纪第一上》）

　　张守节：冠，音馆，下同。（《史记正义·高祖本纪》）

④ 【汇注】

　　张守节：音官，颜师古云："后号为'刘氏冠'。其后诏曰'爵非公乘以上不得冠刘氏冠'，即此也。"（《史记正义·高祖本纪》）

安作璋：刘氏冠，刘邦任泗上亭长时，做了一顶高七寸、宽三寸，竹皮为里，漆丝而成的帽子，时常服之。刘邦做皇帝后，命名为"刘氏冠"，规定公乘爵位以上者，方可服之。大约从刘邦死后，刘氏冠成为祭祀宗庙时戴的一种帽子，并更名为"长冠"。（见白寿彝主编《中国通史》第四卷《附录·秦汉礼仪》）

【汇评】

魏了翁：鹤山先生曰：古者衣冠不贰，所以同风俗、壹民德。春秋以后，如鹬冠、翠被、胡服之属，已皆先王之所禁。今以亭长自为竹皮冠，亦见王制之不明，人皆得以率情妄作。其后爵公乘以上，方得冠刘氏冠，一时之为一人之见，而遂以侪于先王之命服。服之日更月变而不复先王之旧，盖日改月化，民由之而不知，可胜叹夫！（《古今考》卷一"高祖为亭长以竹皮为冠及贵常冠所谓刘氏冠"）

程馀庆：忙中插入闲事作致。（《历代名家主注史记集说·高祖本纪》）

高祖以亭长为县送徒郦山①，徒多道亡②。自度比至皆亡之③，到丰西泽中④，止饮⑤，夜乃解纵所送徒⑥。曰⑦："公等皆去，吾亦从此逝矣⑧！"徒中壮士愿从者十馀人⑨。高祖被酒⑩，夜径泽中，令一人行前⑪。行前者还报曰："前有大蛇当径⑫，愿还。"高祖醉⑬，曰："壮士行，何畏⑭！"乃前，拔剑击斩蛇⑮。蛇遂分为两⑯，径开⑰。行数里，醉，因卧⑱。后人来至蛇所，有一老妪夜哭⑲。人问何哭，妪曰："人杀吾子，故哭之⑳。"人曰："妪子何为见杀？"妪曰："吾子，白帝子也㉑，化为蛇，当道㉒，今为赤帝子斩之㉓，故哭㉔。"人乃以妪为不诚，欲告之㉕，妪因忽不见㉖。后人至，高祖觉㉗。后人告高祖，高祖乃心独喜㉘，自负㉙。诸从者日益畏之㉚。

①【汇注】

颜师古：应劭曰："秦始皇葬于骊山，故郡国送徒士往作。"文颖曰："在新丰南。"项氏曰："故骊戎国也。"（《汉书注·高帝纪第一上》）

魏了翁：鹤山先生曰：送徒骊山，秦政自营坟墓也，古之帝王未始有是。刘向曰：黄帝葬于桥山，尧葬济阴，丘陇皆小，葬具甚微。舜葬苍梧，二妃不从。禹葬会稽，不改其列。文、武、周公葬于毕,皆无丘陇之处。虽然,此仅言薄葬耳。而经传咸无帝王自营坟墓之文。考之《仪礼》,则自始死小敛大敛殡奠,后始记筮宅,然则筮宅盖生者之事也。……自吴阖闾、秦惠文等五王,始大作丘陇,多其瘞藏。至秦政自为骊山,又加于前,用吏徒数十万人,旷日者十年。上崇山坟,下锢三泉。其高五十余丈,周回五里余。石椁为游馆,人(鱼)膏为灯烛,水银为江海,黄金为凫雁,被以珠玉,饰以翡翠,中成观游,上成山林。虑人之窥伺也,则为机械之变,以射穿掘之人。虑为机者之泄也,则生埋工匠。虑无与共其乐也,则多杀宫人以实之。曾未几何,外被项籍之灾,内罹牧竖之祸。然则役徒数十万只以自戮其尸焉耳矣。由是而后,袭为故常,汉之陵与庙率是人主自为之。(《古今考》卷一"高祖为亭长为县送徒骊山")

郭嵩焘:案:丰西泽中距沛未远,不得云徒多道亡,此必谋起兵应陈涉时事。纵而遣之,遣纵其罢老者而已。据《始皇本纪》始皇初即位,穿治郦山。及并天下,天下徒送诣七十余万人。二世元年,东行郡县,还至咸阳,曰:"先帝营阿房宫未就,会崩,罢;其作者复土郦山。"高祖送徒郦山,当为二世元年葬始皇时,乱几已兆,故有壮士从者数十人;若当始皇盛时,无因遽聚徒众亡命芒、砀山泽间也。又皇甫谧以惠帝于始皇三十七年生。始皇终三十七年,惠帝生时二世已即位矣,故云高祖为亭长时,吕后与两子居田中耨,惠帝时尚襁褓,吕后耨田中挟以行也。是年秋,陈涉遂起蕲,故知高祖送徒郦山为葬始皇时事,无疑也。(《史记札记·高祖本纪》)

[日]泷川资言:考证:应劭曰:秦始皇葬于骊山,故郡国送徒往作。姚范曰:始皇即位,即穿治骊山,及并天下,徒诣送者七十余万。贾山亦云:吏徒数十万人,旷十年,此送徒当在始皇之初,故下云"始皇东游"。应劭以为始皇葬于骊山,语未晰。(《史记会注考证附校补·高祖本纪第八》)

施之勉:按:《论衡·纪妖篇》"汉高皇帝以秦始皇崩之岁,为泗上亭长,送徒至骊山"。(《史记会注考证订补·高祖本纪第八》)

苏诚鉴:当今史学界多以为"骊山徒"是刑徒,认为刘邦在任亭长时"为县送徒骊山"的"徒"就是刑徒。这是用两汉史料解说秦制的一个误会。汉代开始称罪犯为徒,《论衡·四讳》:"徒,罪人也,披刑谓之徒。"用罪犯修造帝陵,称为"作陵徒"《汉书·景帝纪》"赦徒作陵者死罪"。不少人以这类事例解释"骊山徒",其实不然。如上所说,秦律所称之"徒"均指"徭徒"而言,并非罪犯。秦时固有"刑徒"之名(《秦始皇本纪》"使刑徒三千人皆伐湘山树,赭其山……"),是指受过肉刑而罚充劳役的人,以别于一般"徭徒"。……刘邦"尝徭咸阳",《史记·萧相国世家》作"以吏徭咸阳"。《周礼·地官·乡师》说:"大役,则帅民徒而至,治其政令。"秦律称为"大徭"(《睡虎地秦墓竹简》237页)。《史记·项羽本纪》说项梁在吴中尝主办"大徭徒"。据上引秦律《徭律》,"兴徒"赴役一般在郡邑境内;"大徭役"当是指远赴咸

阳、骊山的。（引自《秦俑学研究·秦陵编·"骊山徒"的成员结构和社会属性》）

② 【汇评】

苏诚鉴：刘邦"以吏""以亭长"率领徭徒赴役即属此类。刘邦"以亭长为县送徒骊山"，《汉书·高帝纪》应劭注："秦始皇葬于骊山，故郡国送徒士往作。"途中"徒士"大多逃亡……从这些记载、注释和传说来看，很难说这些"徒"的身份是罪犯。刘邦独自一人竟能押解数十百名罪犯，罪犯又那么轻易地大多逃亡，刘邦又那么大胆擅自释放那么多罪犯……这都是今人难以想象的。（引自《秦俑学研究·秦陵编·"骊山徒"的成员结构和社会属性》）

③ 【汇注】

颜师古：度音徒各反。比音必寐反。他皆类此。（《汉书注·高帝纪第一上》）

张守节：度，田洛反。比，必寐反。（《史记正义·高祖本纪》）

④ 【汇注】

颜师古：丰邑之西，其亭在泽中，因以为名。（《汉书注·高帝纪第一上》）

乐　史：丰西泽，即高祖斩白蛇之所。（《太平寰宇记》卷一五《徐州·丰县》）

顾祖禹：丰水在县城北，亦曰泡河。自单县流入境，东入沛县界。明嘉靖中，为河流荡决，故址仅存。《水经注》："泡水迳丰西泽，谓之丰水。水上承大荠陂，东迳己氏及平乐县，又东迳丰县故城南，又东合苞水。"汉高为亭长时送徒骊山，到丰西泽中止饮，解纵所送徒处也。又有大泽在县北六十里，县西二十里又有斩蛇沟，俱汉高遗迹处。（《读史方舆纪要》卷二十九《丰县》）

程馀庆：丰水，一名泡水，自单县流入丰县城北，东入沛县。（《历代名家评注史记集说·高祖本纪》）

王　恢：《郡国志》（编者按：《后汉书·郡国志》）："丰县西有大泽，高祖斩白蛇于此。"《括地志》："斩蛇沟源出丰县中平地，故老云高祖斩蛇处，至县西十五里入泡水。"《元和志》因云"泽在丰县西十五里"，《寰宇记》又云"在县北六里"。此于陈涉起蕲西大泽正同，盖皆草泽英雄与世族华胄气慨殊也。郭《札记》（编者按：郭嵩焘《史记札记》）以丰西泽距沛未远（按：沛丰两治相去五十五里），不得云"徒多道亡"，必谋起兵以应陈涉，纵其罢老者而已。又考定高帝送徒骊山为葬始皇时事。（《史记本纪地理图考·高祖本纪》）

⑤ 【汇校】

梁玉绳：按：《汉书》作"泽中亭"，师古曰"其亭在泽中，因以为名"，则此似脱"亭"字。若但言泽中，岂能止饮乎？（《史记志疑·高祖本纪第八》）

编者按："泽中"，《汉书》《资治通鉴》皆作"泽中亭"，较明晰，否则泽中何能"止饮"乎！

⑥【汇校】

　　张文虎：夜乃解纵，《类聚》《御览》引"乃"作"皆"，与《汉书》合。（《校刊史记集解索隐正义札记·高祖本纪》）

　　【汇注】

　　颜师古：纵，放也。（《汉书注·高帝纪第一上》）

　　王先谦：沈钦韩曰：《西京杂记》高祖将与故人诀去，徒卒赠高祖酒二壶，鹿肚、牛肝各一，高祖与乐从者饮酒食肉而去，后即帝位，朝晡尚食，常具此二炙，并酒二壶。（《汉书补注·高帝纪第一上》）

⑦【汇评】

　　高　嵣：二句写得磊落、豪迈。（《史记钞·高祖本纪》）

⑧【汇注】

　　颜师古：逝，往也。（《汉书注·高帝纪第一上》）

⑨【汇评】

　　魏了翁：鹤山先生曰：古者井牧之制修，则五家为比，五比为间，四间为族，五族为党，五党为州，五州为乡，丝联绳贯，有保有爱，不惟寓亲睦之意，亦以察奸宄之萌。井间有遂，遂上有径，沟上有畛，洫上有涂，浍上有道，川上有路，以达于畿。不惟为潴泄之计，亦以严出入之限，盖行旅之往来，有节然后可以达国民之转徙，有授然后可以出乡。而谍贼之人、相戒之人、斗嚚之人、不时不物之人，各官以察之。当是时也，使有骊山亡徒一人，则必有搏而执之，宁听其肆行阡陌间而无所忌惮与？高帝身履其事，而不知变秦以复于古，盖自是而后，门关道路之政，户口客主之数，徒为具文，岂惟无复睗恤亲睦之意，虽蒐奸隐慝，无由察知。民立乎覆载之间，自死自生，自往自来，县官不以为事，而君师之责废矣。（《古今考》卷一"高祖送徒骊山……愿从者十余人"）

⑩【汇注】

　　颜师古：被，加也。被酒者，为酒所加。被音皮义反。（《汉书注·高帝纪第一上》）

　　张守节：被，加也。（《史记正义·高祖本纪》）

⑪【汇校】

　　张文虎：夜径，《类聚》作"经"，《御览》八十七同。而三百四十二引仍作"径"。（《校刊史记集解索隐正义札记·高祖本纪》）

　　王叔岷：案：《艺文类聚》六十引"夜"上有"而"字。唐太宗《帝范序》注引《汉书》"夜"下有"行"字（今本无）。《汉纪》作"夜行经豐西泽中"。《艺文类聚》十引此作"夜经酆西泽中"。豐、酆古今字。《艺文类聚》十二、《初学记》《御览》八

七、四八七引此"径"亦皆作"经",《论衡》《帝王略论》并同。与《索隐》所称旧音合。径、经古通,《苏秦列传》"径乎亢父之险",《长短经·七雄略篇》"径"作"经",亦同此例。(《史记斠证·高祖本纪第八》)

【汇注】

司马贞:旧音经。按:《广雅》云:"径,斜过也。"《字林》云:"径,小道也,音古定反。"言酒后放徒,夜径行泽中,不敢由正路,且从而求疾也。(《史记索隐·高祖本纪》)

颜师古:径,小道也。言从小道而行,于泽中过,故其下曰有大蛇当径。(《汉书注·高帝纪第一上》)

又:行,按行也,音胡更反。(同上)

张守节:行音下孟反。(《史记正义·高祖本记》)

王先谦:《索隐》径,旧音经。案:旧音是也。荀《纪》正作夜行经丰西泽中。又《礼祭》义是故道而不径,注径,步邪趋疾也,如本音读之,亦通。若训为小道,则须增文成义。颜说非。(《汉书补注·高帝纪上》)

又:刘攽曰:行前,但谓最前行耳。(同上)

吴恂:师古曰:"行,案行也。"刘攽曰:"行前谓最前行耳。"恂按:行,循行也。义与《管子》"省官,行乡里",《荀子·王制》"行水潦",本书《韩信传》"初至国,行县邑",《赵充国传》"宜遣使者行边兵",范书"和帝永元五年,遣使者分行贫民"之行同。颜注是也。(《汉书注商·高帝纪上》)

程馀庆:泽中,即大泽中也,在丰县北六十里。言酒后放徒,不敢由正路,且从泽中小径而行。(《历代名家评注史记集说·高祖本纪》)

⑫【汇注】

司马贞:(编者按:径)音迳。郑玄曰:"步道曰径也。"(《史记索隐·高祖本纪》)

【汇评】

梁玉绳:按:《贾子·春秋篇》《新序·杂事二》谓晋文公之兴也,蛇当道,梦天杀蛇,曰:"何故当圣君道?而蛇死。汉高之兴也,亦蛇当径,斩蛇,而妪夜哭。"《宋书》:"武帝之兴也,大蛇见洲里,射之而青衣捣药。"何前后事之同乎?《朱子语录》以高祖赤帝子之事为虚。《续古今考》言斩蛇事是伪为神奇,史公好奇载之。凌稚隆《汉书评林》引明敖英曰:"适然遘蛇而斩之,无足怪者。若神母夜哭,神其事以鼓西行之气耳。田单守墨而天神下降,陈胜首祸而鱼腹献书,类可概见。"(芒、砀云气,亦此类。)(《史记志疑·高祖本纪第八》)

⑬【汇评】

　　高　嵣：着一醉字，神气满纸。（《史记钞·高祖本纪》）

⑭【汇评】

　　凌稚隆：王鏊曰：高祖一言足以感人，此其异日得天下张本。（《史记评林》卷八《高祖本纪》）

⑮【汇校】

　　张文虎：斩蛇，《类聚》引作"之"。（《校刊史记集解索隐正义札记·高祖本纪》）

　　王叔岷：案：旧钞一二二、《艺文类聚》十、六十、《初学记》《御览》八七、三四二、四八七引此皆无"击"字，《汉书》《通鉴》同。《艺文类聚》十二引"拔剑击斩蛇"作"拔剑斩之"。《汉纪》同。《焦氏易林》十一注引《汉书》亦作"拔剑斩之"（今本"之"作"蛇"）。（《史记斠证·高祖本纪第八》）

【汇注】

　　刘　歆：汉帝相传以秦王子婴所奉白玉玺、高祖斩白蛇剑。剑上有七采珠、九华玉以为饰，杂厕五色琉璃为剑匣。剑在室中，光景犹照于外，与挺剑不殊。十二年一加磨莹，刃上常若霜雪。开匣拔鞘，辄有风气，光彩射人。（《西京杂记》卷一）

　　司马贞：《汉旧仪》云："斩蛇剑长七尺。"又高祖云"吾以布衣提三尺剑取天下"。二文不同者，崔豹《古今注》"当高祖为亭长，理应提三尺剑耳；及贵，当别得七尺宝剑"，故《旧仪》因言之。（《史记索隐·高祖本纪》）

　　张守节：按：其蛇大，理须别求是剑斩之。三尺剑者，常佩之剑。《括地志》云："斩蛇沟源出徐州丰县中平地，故老云高祖斩蛇处，至县西十五里入泡水也。"（《史记正义·高祖本纪》）

　　马端临：斩蛇夜哭，在秦则为妖，在汉则为祥，而概谓之龙蛇之孽可乎？僵树虫文，在汉昭帝则为妖，在宣帝则为祥，而概谓之木不曲直可乎？前史于此不得其说，于是穿凿附会，强求证应，而深有所不通。（《文献通考·自序》）

　　凌稚隆：杨循吉曰：此叙斩蛇，转笔法，又自一片境界。（《史记评林》卷八《高祖本纪》）

　　又：光缙曰：陶隐居载汉高祖以始皇三十四年于南山得一铁剑，长三尺，铭曰"赤霄"，大篆书，即斩蛇剑也。及贵，常服之。又《西京杂记》云斩蛇剑长七尺。晋太康武库火，飞去，屠赤水。有诗云：天门列缺曜真龙，大泽寒云抹剑锋。鬼母夜号妖血冷，比风吹出绿芙蓉。一云"绿芙蓉"即高祖所名其剑，得之于南山者。（同上）

　　王士俊：汉高帝斩蛇处：在永城县北八十里砀山，即帝亡匿所隐，吕后望云气每得之处。文帝立庙于岩前，绘帝像，列功臣于侧。（《（雍正）河南通志》卷五一《古迹上》）

沈钦韩：《三辅黄图》：太上皇微时，佩一刀，长三尺，上有铭，字难识。传云殷高宗伐鬼方时所出也。上皇游丰、沛山中，寓居穷谷。有人冶铸，上皇息其旁，问曰："铸何器？"工者笑曰："为天子铸剑，慎勿言。得公佩剑，杂而冶之，即成神器，可克定天下。"上皇解匕首，投炉中。剑成，上皇以赐高祖，高祖佩之。斩白蛇是也。及定天下，藏于宝库。守藏者见白气如云出户，状若龙蛇。惠帝即位，以前库贮禁兵器，名曰灵金内府。《宋书·百官志》东京法驾出，侍中负传国玺，操斩白蛇剑参乘。《晋书·舆服志》晋惠帝时武库火烧之。（《汉书疏证》卷一）

陈直：直按：本段见《拾遗记》卷五，文字相同，中有删节，但称为灵金府，不称为灵金内府。又《太平御览》卷一百九十一引《拾遗录》，与今本《拾遗记》文字略有异同。又张澍辑《三辅故事》引《北堂书钞》，叙太上皇铸剑事，文较《拾遗记》为节括，但亦称为灵金内府（此条不见于今本《书钞》，未知张氏所据）。又《刀剑录》云："前汉刘季在位十二年，以始皇三十四年于南山得一铁剑，长三尺，小篆书，铭曰赤霄，及贵常服之。此即斩白蛇之剑也。"又《异苑》云："晋惠帝元康二年，武库火烧孔子履、高祖斩白蛇剑、王莽头等三物。"据此，高祖斩蛇剑，至晋时始毁也。（《三辅黄图校证》卷六）

田兆元：这就是著名的高祖斩蛇起义的神话。从这个故事的表面看，它是一场人蛇之斗，蛇欲挡道，高祖击杀之。神话的后部分是对这一行为的意义的诠释……斩蛇在神话里的意义即是杀子，本质是刘邦于秦末企图夺取江山的"大丈夫当如此"的慨叹后抛出的取而代之的舆论。……它从正面树立起刘邦做帝王的神学依据。……所谓斩白蛇就是灭秦的象征。《史记集解》引应劭曰："秦襄公自以居西戎，主少昊之神，作西畤，祠白帝。至献公时栎阳雨金，以为瑞，又作畦畤，祠白帝。少昊，金德也。赤帝尧后，谓汉也。杀之者，明汉当灭秦也。"白帝是秦人所祠之神，这在《史记·封禅书》里多次提到，所斩之蛇为白帝之子，这就意味着秦的灭亡。老妪又明明白白地说杀白帝之子的是赤帝之子，则是说刘邦就是赤帝子。白蛇之断与老妪哭泣则是宣告秦的悲剧性的命运的到来。（《神话学与美学论集·论神话的矛盾法则》

⑯【汇校】

王叔岷：案：旧钞、《艺文类聚》十、六十、《御览》八七引此皆无"遂"字，《汉书》同。（《史记斠证·高祖本纪第八》）

【汇注】

司马贞：谓斩蛇分为两段也。（《史记索隐·高祖本纪》）

⑰【汇注】

吴见思：蛇横径上，既斩之后，蛇分为两，负痛而豁开数尺，故"径开"数字，亦不轻下。（《史记论文·高祖本纪》）

⑱【汇校】

王先谦：先谦曰：官本困作因，《史记》同。周寿昌云监本、凌稚隆本亦作因，据文义：始曰被酒，中曰醉，末曰醉困卧，情事明，有次第，言醉后行数里而困，故卧也。困字较因为胜。（《汉书补注·高帝纪第一上》）

周寿昌：殿、监本乃凌稚隆《评林》本困作因。瞿鸿礼曰，前云高祖醉，此复云醉，又曰因"卧"，是卧因醉也。何不因于前而因于此乎？寿昌曰："据文义，始曰'高祖被酒'，中曰'高祖醉'，末曰'醉困卧'，情事明，有次第，其上曰'行数里，醉困卧'，是言醉后行数里而困，故卧也。困字似较因字为胜。"（《汉书注校补》卷一）

编者按："因"，《汉书》作"困"。王先谦《汉书补注·高帝纪上》引周寿昌云："据文义，始曰被酒，中曰醉，末曰醉困卧，情事明，有次第。言醉后行数里，因困而卧也。困字较因为胜。"然《史记》多种版本皆作"因"，若曰因醉酒随地而卧，亦通。

【汇评】

吴见思：始则被酒，继则醉，此则醉卧，后乃觉，一步不乱。（《史记论文·高祖本纪》）

⑲【汇评】

凌稚隆：敖英曰：或问沛公斩蛇，神母夜哭，信然乎？予曰：适然，遘蛇而斩之，无足怪者，乃若神母夜哭，窃疑沛公嗾老妪为之，又嗾人告焉，使神其事，以鼓西向之气尔。观田单守墨，而天神下降；陈胜首祸，而鱼腹献丹书，类可概见。隆按：斩蛇、夜哭，诈耶。则流火之乌，跃舟之鱼，自古已然矣，刓东南天子气，五星聚东井，种种奇异，是可人力致乎？盖天生一代兴君，自宜特有非常之兆，以开其始，恐不可以天神、鱼腹之诈，而遂概疑之也。又按：已上曰"见交龙于上"，曰"见其上有怪"，曰"赤帝子斩蛇"，曰"东南有天子气"，曰"所居有云气"，皆兆之征于天者。曰"两家折券"，曰"吕公许女"，曰"老父相大贵"，皆兆之征于人者。班史历次于纪之首，以见帝王之兴有征于天人云。（《汉书评林·高帝纪》）

⑳【汇校】

王叔岷：案："故哭之"与下文"故哭"疑复。《御览》八七引此无"故哭之"三字，《汉书》《论衡》并同。（《史记斠证·高祖本纪第八》）

【汇评】

唐顺之：芒砀斩蛇，老妪之哭，亦胜广罩鱼狐鸣之故智也。解者遂谓白帝指秦，言辨者又谓二世弑于赵高、子婴杀于项羽，刘季无与焉，何赤帝子之斩竟无取验耶？解曰：愚氓难以理喻，大众难以威取。即高宗之立相，犹托梦赉；太王之迁歧，亦假契龟，非事术也，聊借之以愚民耳。得民而后以道治之，此圣王之所兴隆也。如必取验于后，是痴人说梦也。即其事而议之，白帝子何必作秦解也，如项羽横暴山东，即谓之白蛇亦可。项灭而汉始兴，是斩项羽者刘季也。何谓无取验也。虽然必取而符合之，是亦愚氓也，宁不为当年造谋者所嗤哉。（《两汉解疑》卷上"高祖"）

㉑【汇注】

王钦若等：汉高祖起沛，旗帜皆赤，繇所杀蛇白帝子，所杀者赤帝子，故也。既代秦继周，木生火，故为火德。（《册府元龟》卷四）

王应麟：五德更有二家之说，邹衍以相胜立体，刘向以相生为义。张苍以汉水胜周火，废秦不班五德。贾谊以汉土胜秦水，以秦为一代。论秦汉虽殊而周为火一也，相胜之义为长。土生乎火，水生乎金，汉以土为赤帝子，秦以水为白帝子也。相胜者以土胜水，相生者土自火，子义岂相关。（《玉海》卷十二《律历·总论时令》）

㉒【汇注】

裴骃：应劭曰："秦襄公自以居西戎，主少昊之神，作西畤，祠白帝。至献公时栎阳雨金，以为瑞，又作畦畤，祠白帝。少昊，金德也。赤帝尧后，谓汉也。杀之者，明汉当灭秦也。秦自谓水，汉初自谓土，皆失之。至光武乃改定。"（《史记集解·高祖本纪》）

司马贞：按：《太康地理志》云："畤在栎阳故城内，其畤如畦，故曰畦畤。"畦音户圭反。应注云"秦自谓水"者，按：秦文公获黑龙，命河为德水是也。又按：《春秋合诚图》云"水神哭，子褒败"。宋均以为高祖斩白蛇而神母哭，则此母水精也。此皆谬说。又注云"至光武乃改"者，谓改汉为火德，秦为金德，与雨金及赤帝子之理合也。（《史记索隐·高祖本纪》）

杨树达：《史记·封禅书》云："秦文公梦黄蛇自天下属地，其口止于鄜衍。文公问史敦，敦曰：'此上帝之征，君其祠之！'于是作鄜畤，用三牲郊祭白帝焉。"然则蛇为白帝，自秦为诸侯时已有此传说，知一时神话仍有其历史根据也。（《汉书窥管·高帝纪上》）

㉓【汇校】

[日] 泷川资言：考证：秘阁本"人问"下有"媪"字，今下无"为"字，义长。（《史记会注考证附校补·高祖本纪第八》）

王叔岷：案：《论衡》"道"作"径"（《吉验篇》作"道"），"为"作"者"。《御览》四八七引此"为"亦作"者"。《汉书》同。《帝王略论》《通鉴》并无"为"字，与秘阁本合。（《史记斠证·高祖本纪第八》）

【汇注】

程馀庆：白帝，金也。金生水。白帝之子，水也。赤帝，火也。火生土。赤帝之

子,土也。然则秦自谓水,汉自谓土,是矣。失在误以赤帝子为赤帝耳。(《历代名家评注史记集说·高祖本纪》)

【汇评】

凌稚隆：杨循吉曰：斩蛇事,沛公自托以神灵其身,而骇天下之愚夫妇耳。大虹大霓、苍龙赤龙、流火之鸟、跃舟之鱼,皆所以兆帝王之兴起者,此斩蛇之计所由设也。(《史记评林》卷八《高祖本纪》)

吴见思：赤帝子、白帝子,不可解,正以不可解为[神]异。(《史记论文·高祖本纪》)

㉔**【汇评】**

邵　博：汉高祖一竹皮冠起田野,初不食秦禄,卒能除其暴,拯一世之人于刀机陷阱之下,置于安乐之地,帝天下,传之子孙四百年。其取之无一不义,虽汤武有愧也。史臣不知出此,但称断蛇、著符、协于火德,谬矣。(《邵氏闻见后录》卷十)

㉕**【汇校】**

裴　骃：徐广曰："一作'苦'。"(《史记集解·高祖本纪》)

王先谦：苏林曰：欲困苦辱之。师古曰：今书苦字或作笞。笞,击也,音丑之反。沈钦韩曰：《吕览·疑似篇》"梁北梨丘邑丈人,有之市而醉归者,梨丘之鬼效其子之状,扶而道苦之",与此义同。作笞者非。先谦曰：《史记》作笞,徐广云：一作苦。(《汉书补注·高帝纪第一上》)

张文虎：欲告之,《索隐》本作"告",盖所见旧本如此。今本作"笞",并依注改。(《校刊史记集解索隐正义札记·高祖本纪》)

[日]**泷川资言**：考证：秘阁本、枫、三条本"妪"下有"言"字。(《史记会注考证附校补·高祖本纪第八》)

[日]**水泽利忠**：南化、枫、三、谦、狩、中韩"人乃以媪言为不诚"。(《史记会注考证附校补·高祖本纪第八》)

编者按："告"字《汉书》作"苦",王先谦《汉书补注·高帝纪第一上》引沈钦韩曰："《吕览·疑似篇》'梁北梨丘邑丈人,有之市而醉归者,梨丘之鬼效其子之状,扶而道苦之',与此义同。作'笞'者非。"《集解》徐广亦曰"一作苦",可知《史记》亦有以"告"作"苦"者。苦作折磨解。然"欲告之",乃跟随高祖之壮士,欲将老妪荒诞不经,故意神话高祖之言告诉高祖,妪因忽不见,只能不了了之。意亦可通。其实此怪异现象及高祖其他怪异现象,讵非有意编造以冀给高祖戴上更多一重神圣光环耶！

【汇注】

司马贞：《汉书》作"苦",谓欲困苦辱之。一本或作"笞"。《说文》云："笞,

击也。"(《史记索隐·高祖本纪》)

㉖【汇校】

牛运震：神母夜号一段，所以章赤帝之符也。但"化为蛇，当道"，此语有痕迹；"人乃以妪为不诚"等语，语稚而意烦。此中当有节删，只应纪云："有老妪夜哭，人问何哭？妪曰：'吾子，白帝子也，今为赤帝子斩之，故哭。'已而妪不见。"如此则浑老矣。(《读史纠谬》卷一《史记·高祖本纪》)

【汇注】

颜师古：见音胡电反。他皆类此。(《汉书注·高帝纪第一上》)

【汇评】

凌稚隆：王维桢曰：先叙相者老父不知其处，此言老妪因忽不见。记得奇异处有蕴借。(《史记评林》卷八《高祖本纪》)

㉗【汇注】

颜师古：觉谓寝寐而寤也，音功效反。(《汉书注·高帝纪第一上》)

司马贞：包恺、刘伯庄音古孝反。(《史记索隐·高祖本纪》)

㉘【汇评】

凌稚隆：张之象曰：此言"心独喜，自负"，后又言"高祖心喜"，此言"诸从者日益畏之"，后又言"沛中子弟闻之多欲附者"，每段俱有结构。(《史记评林》卷八《高祖本纪》)

㉙【汇注】

裴　骃：应劭曰："负，恃也。"(《史记集解·高祖本纪》)

司马贞：晋灼云："自恃斩蛇事。"(《史记索隐·高祖本纪》)

㉚【汇评】

吴见思：先言至而后告，先言觉而后喜，喜而自负，而从者日益畏，数语中步趋不乱。(《史记论文·高祖本纪》)

秦始皇帝常曰"东南有天子气"①，于是因东游以厌之②。高祖即自疑③，亡匿，隐于芒、砀山泽岩石之间④。吕后与人俱求，常得之⑤。高祖怪问之。吕后曰："季所居上常有云气⑥，故从往常得季⑦。"高祖心喜⑧。沛中子弟或闻之⑨，多欲附者矣⑩。

① 【汇注】

沈钦韩：刘昭《郡国志》注干宝《搜神记》曰，秦始皇东巡，望气者云五百年后，江东有天子气。始皇至，令囚徒十万人掘污其地，表以恶名，改醉李曰由拳县。《元和郡县志》：润州丹徒县，秦以其地有王气，始皇遣赭衣徒三千人，凿破长陇，故曰丹徒。（《汉书疏证》卷一）

郭嵩焘：案："始皇帝常曰"，是追叙从前事。始皇二十八年东行郡县，高祖是时为泗水亭长，无因以东南天子气自承。至是聚徒亡命，又得诸怪征，乃追索始皇帝语而自疑也。（《史记札记·高祖本纪》）

王先谦：王启原曰：《晋书·天文志》："天子气，内赤外黄，四方所发之处当有王者。若天子若有游往处，其地亦先发此气。或有城门，隐隐在气雾中，恒带杀气森森然；或如华盖在气雾中；或气象青衣人，无手，在日西；或如龙马，或杂气郁郁冲天者，此皆帝王气。"（《汉书补注·高帝纪上》）

杨树达：《伍被传》称："秦民思乱，客谓高帝曰：时可矣。高帝曰：待之！圣人当起东南。间不一岁，陈、吴大呼。"然则当时传说，上下同之。据高帝语意，似无伐秦之意者，盖漫言以应客耳。（《汉书窥管·高帝纪上》）

吕宗力：战国秦汉时期流行的一种占候术，叫望气，观察云气以预测吉凶。秦始皇所担心的预言"东南有天子气"，应该源出望气术士。（墨子《迎敌祠》："凡望气，有大将气，有小将气，有往气，有来气，有败气，能得明此者，可知成败吉凶。"孙诒让撰，孙启治点校：《墨子间诂》，中华书局2001年版，第574页。）西汉马王堆帛书中有《天文气象杂占》。汉代设有专掌观察云气、星象的望气、望气佐等职官，著名者有文帝时的新垣平、武帝时的王朔等。《史记》《汉书》中有不少汉初以望气占候的史例。如"至后元二年，武帝疾，往来长杨、五柞宫，望气者言长安狱中有天子气，上遣使者分条中都官狱，系者轻重皆杀之"。（《汉代开国之君神话的建构与语境》，载《史学集刊》2010年第2期）

龚浩康：天子气，方士们认为皇帝所在的地方，天空有一种特殊的云气。京房《易飞候》说："何以知贤人隐？师曰：'四方常有天云，五色具而不雨，其下有贤人隐矣。'"这是易家的迷信说法。（见王利器主编《史记注译》卷八《高祖本纪》）

【汇评】

李志慧：刘邦何以能得天下？当时的正统思想家认为是"君权神授"，其追随者也大量散布刘邦少时头上云气皆为龙虎，成五彩，连秦始皇也感到"东南有天子气"；一老父相刘邦"贵不可言"，相吕雉"天下贵人"；及至刘邦斩蛇起义，一老妪称其为"赤帝子"。凡此种种，无非想证明刘邦是"受命之君"。（《史记文学论稿》）

② 【汇校】
　　张文虎：以厌之，《御览》八七引"厌"下有"当"字，与《汉书》合。《汉纪》无。（《校刊史记集解索隐正义札记·高祖本纪》）
　　施之勉：《考证》秘阁本无"因"字。按：《类聚》十二、《御览》八十七、八百七十二引，无"因"字。（《史记会注考证订补·高祖本纪第八》）
　　编者按："厌"下，《汉书》有"当"字。王先谦《汉书补注》同意《索隐》引《广雅》所云"厌，镇也"之意，又认为"当者，始皇以其地有天子气，故往游自当之。"此即《晋书·天文志》所释"天子气"中之一解也。

【汇注】
　　颜师古：猒（编者按：《汉书》作"猒"），塞也，音一涉反。（《汉书注·高帝纪第一上》）
　　司马贞：厌音一涉反，又一冉反。《广雅》云："厌，镇也。"（《史记索隐·高祖本纪》）
　　乐　史：厌气台在县城中。《汉书》秦皇以东南有天子气，故东游厌之。因筑此台。（《太平寰宇记》卷一五《丰县》）
　　王禹偁：古之王者，筑灵台，视云物，察气候之吉凶，知政教之善恶。苟理合天道，垂休降福，则必日新其德以奉之；化失民心，为妖作眚，则必夕惕其躬以惧之，如是则变祸福而反灾祥，不为难矣。乌有筑高台，厌王气，行巫觋之事，御天地之灾者乎？嬴政之有天下也，始以利咀长距鸡斗六国而擅场，复以钩爪锯牙虎噬万方而择肉，终以多藏厚敛蚕食兆民而富国。然后戍五岭，筑阿房，驱周孔之书，尽付回禄，惑神仙之术，但崇方士，收大半之赋，则黔首豆分，用叁夷之刑，则赭衣栉比。鲸鲵国政，蝼蚁人命，原膏野血，风腥雨膻，六国嗷嗷，上诉求主。天将使民息肩于炎汉，故望气者云"东南有天子气"，于是祖龙巡狩，筑台以厌之。殊不知民厌秦也诉之于天，天厌秦也授之于汉，秦独厌天、厌民而自王乎？向使筑是台告天引咎，迁善树德，封六国之嗣，复万民之业，薄赋敛，省徭役，销戈镕兵，勖稼穑，除高、斯之暴政，修唐、虞之坠典，下从人望，上答天意，则王气不厌而自销矣，刘、项之族何由而兴哉？（《厌气台铭》，引自《同治徐州府志》卷一八中《古迹考·厌气台铭》）

③ 【汇评】
　　赵　翼：《史记》秦始皇以"东南有天子气，乃东游以厌之。高祖即自疑"，隐于芒、砀山泽之间。吕后以其所居处常有云气，求辄得之。《汉书》删却"即自疑"三字，高祖以匹夫而以天子自疑，正见其志气不凡也。《汉书》删此三字，便觉无意。（《廿二史札记》卷一《史汉不同处》）
　　程馀庆：此何等事而自疑耶？正写其自负处。（《历代名家评注史记集说·高祖本

纪》)

④【汇注】

裴　骃：徐广曰："芒，今临淮县也。砀县在梁。"骃按：应劭曰"二县之界有山泽之固，故隐于其间也"。（《史记集解·高祖本纪》）

颜师古：应劭曰："芒属沛国，砀属梁国，二县之界有山泽之固，故隐其间。"苏林曰："芒音忙遽之忙，砀音唐。"师古曰："砀亦音宕。所言属沛国、梁国者，皆是注释之人据见在所属，非必本当时称号境界。他皆类此。"（《汉书注·高帝纪第一上》）

张守节：《括地志》云："宋州砀山县在州东一百五十里，本汉砀县也。砀山在县东。"（《史记正义·高祖本纪》）

胡三省：班《志》（编者按：《汉书·地理志》），芒县属沛郡，砀县属梁国。应劭曰："二县之间有山泽之固，故隐其间。"宋白曰："亳州永城县，汉芒县地。"《括地志》："宋州砀山县在州东一百五十里，本汉砀县；砀山在县东。"芒，音忙。砀，音唐，师古又音宕。（《资治通鉴》卷七《秦纪二》注）

顾祖禹：砀山，在县东南七十里，与河南永城县接界，其北八里曰芒山。汉高尝隐芒砀山泽间是也。山有紫气岩，即汉高避难处。（《读史方舆纪要》卷二十九《河南·归德府》）

王先谦：钱大昭曰：砀当从"易"。先谦曰：官本正文及注并作砀，是芒，沛郡县，今徐州府永城县东北甫城集。后汉郡改国也。砀，梁国县，今砀山县南保山镇。砀山在永城、砀山二县接界。（《汉书补注·高帝纪第一上》）

钱　穆：案：今河南永城县东北甫城乡，俗呼"大睢城"。（《史记地名考·梁宋地名》）

徐朔方：刘邦三十六岁，以亭长身份押解囚徒到骊山做苦工。出发不久就发生囚徒逃亡事件，他索性把其余罪犯全都释放，自己也带了十几个人逃走。"隐于芒、砀山泽岩石之间"（见《史记·高祖本纪》）。这个"隐"字含义不够明确。如果在这里联系前后文还能勉强使人理解，那么《史记》卷九五《樊哙列传》"以屠狗为事，与高祖俱隐"，就容易使人误会了。这个"隐"字不是"隐士"之"隐"，而是我们现在讲的转入地下活动的意思。所以下文说："沛中子弟或闻之，多欲附者矣。"起兵之前就已经有几百人之多。（《史汉论稿·刘邦四题》）

后晓荣：芒县，秦封泥有"芒丞之印"。《史记·高祖本纪》："高祖即自疑，亡匿隐于芒、砀山泽岩石之间。"《集解》徐广曰："芒，今临淮县也。"《史记·高祖功臣年表》："芒，《索隐》注：县名，属沛。"《水经·睢水注》："睢水又东迳芒县故城北，汉高帝六年封耏跖为侯国。"《通典》："谯郡永城，有砀山，汉高帝隐于芒、砀山泽间，即此地。汉芒县故城在今县北。"《元和》（编者按：《元和郡县志》，下同）卷八：

"永城县，因隋旧县，本秦芒县也。"《读史》（编者按：《读史方舆纪要》，下同）卷五十河南归德府永城县："在府东一百八十里。西北置徐州砀山县百二十里，东南至南直宿州百三十里，西南至亳州百五十里。春秋芒邑地，汉为芒县，属沛郡，高祖封彭趆而为侯邑。"《清一统志》卷一百九十四："故城在归德府永城县东北，秦县。"秦芒县故址在今河南永城县东北。（《秦代政区地理》第五章《砀郡》）

⑤【汇注】
　　颜师古：言随云气所在而求得之。（《汉书注·高帝纪第一上》）
⑥【汇校】
　　张守节：京房《易（兆）[飞]候》云："何以知贤人隐？（颜）师（古）曰：'四方常有大云，五色具而不雨，其下有贤人隐矣？'"故吕后望云气而得之。（《史记正义·高祖本纪》）
　　王先谦：王先慎曰："《史·正义》引颜云京房《易飞候》云'何以知贤人隐？四方常有大云，五色具而不雨，其下有贤人隐矣'，故吕后望云气而得之。"今本脱。（《汉书补注·高帝纪第一上》）
　　张文虎：《正义》京房《易兆候》，按：《隋书·经籍志》《周易飞候》九卷，又六卷，并京房撰。《类聚》一、《御览》八并引《易飞候》云"视四方常有大云，五色俱，其下贤人隐"，正与此文合，"兆"当为"飞"之误。然《天官书·正义》引此文亦作《易兆候》，姑仍之。（《校刊史记集解索隐正义札记·高祖本纪》）
⑦【汇评】
　　吴见思：自匿奇，求得更奇。天子气奇，云气更奇。相映成文，一丝不乱。（《史记论文·高祖本纪》）
⑧【汇校】
　　凌稚隆：按："心喜"《汉书》作"又喜"。（《史记评林》卷八《高祖本纪》）
　　张文虎：心喜，《御览》引作"又喜"，与《汉书》合。（《校刊史记集解索隐正义札记·高祖本纪》）
【汇评】
　　徐孚远：高祖隐处，岂不阴语吕后耶？隐而求，求而怪，皆所以动众也。（《史记测议·高祖本纪》）
　　王叔岷：案：《御览》八七引"心"作"又"，《汉书》同。"又"字义胜。上文高祖闻"老妪夜哭"事，"乃心独喜"；此复闻吕后语，故"又喜"也。（《史记斠证·高祖本纪第八》）
　　吕宗力：《史记》行文，从斩蛇后的"心独喜，自负"，到获知"所居上常有云气"的"心喜"，从"诸从者日益畏之"，到"沛中子弟或闻之，多欲附者"，前后呼应。叙述虽然极简略，丰西斩蛇、芒砀云气神话的建构、流传，及其对刘邦本人与丰沛子弟群体的心理影响，生动形象，跃然纸上。而字里行间所揭示的刘邦沾沾自喜的神态以及神话的政治能量，也令后世的《史记》读者对神话的建构过程产生怀疑。明人徐孚远就依据人情常理质问："高祖隐处，岂不阴语吕后耶？隐而求，求而怪，皆所以动众也。"徐经也认为刘邦和吕雉有串谋之嫌，伪造神迹，"托言以惊动沛中子弟"。与丰西斩蛇故事类似，吕雉与隐匿于山泽之间、行踪不定的丈夫有其联络方法，可以不时前往探访，是现实中可能发生的合理情境，而宣称刘邦"所居上常有云气"，既是对自己和丈夫的保护手段，也是神道设教的伎俩。（《汉代开国之君神话的建构与语境》，载《史学集刊》2010 年第 2 期）

⑨【汇评】

班　彪：若乃灵瑞符应，又可略闻矣。初，刘媪妊高祖，而梦与神遇，震电晦冥，有龙蛇之怪。及长而多灵，有异于众。是以王、武感物而折契，吕公睹形而进女；秦皇东游以厌其气，吕后望云而知所处；始受命则白蛇分，西入关则五星聚。故淮阴、留侯谓之天授，非人力也。（引自《文选》卷五二《王命论》）

凌稚隆：按："沛中子弟"二句是结上起下之句。（《史记评林》卷八《高祖本纪》）

⑩【汇评】

凌稚隆：凌约言曰：约而该，简而明，叙事轻重，接应有法。（《史记评林》卷八《高祖本纪》）

吴见思：先日益畏之，后多欲附之，步步紧入。（《史记论文·高祖本纪》）

又：序高祖，先于虚处叙其琐事，俱用疑神疑鬼之笔其实，一纪提纲，后乃序其实事。（同上）

吕宗力：称《史记·高祖本纪》记载的刘媪梦神、骨相异常、丰西斩蛇、芒砀云气等叙述为"神话"……是在特定的社会政治文化语境中，按照当时的习俗、文化观念建构出来的。……而秦末社会政治的风云变幻，自古流传的无数感生神话，战国以来盛行的骨相、望气方术，群众寻觅真命天子的心理需求，形成了建构政治神话的丰富语境。与此同时，《史记·高祖本纪》所描绘的刘邦，有强烈的"预言自我实现"倾向，对自己"应运而生"衷诚信仰。在适当的语境中，以他那极强的自信心、敏锐的政治嗅觉、丰富的人生阅历和圆熟的人际沟通能力，有能力对其徒众乃至更大范围的群众发出较强的心理暗示，影响他们的行为及对自己的评价。（《汉代开国之君神话的建构与语境》，载《史学集刊》2010 年第 2 期）

韩兆琦：以上为第一段，写刘邦起义前的种种事迹与经历。史公虽也罗列了刘邦的种种神异，实则厌恶之极。（《史记选注集说·高祖本纪》）

秦二世元年秋①，陈胜等起蕲②，至陈而王③，号为"张楚"④。诸郡县皆多杀其长吏以应陈涉⑤。沛令恐，欲以沛应涉。掾、主吏萧何、曹参乃曰⑥："君为秦吏，今欲背之，率沛子弟，恐不听。愿君召诸亡在外者⑦，可得数百人，因劫众⑧，众不敢不听。"乃令樊哙召刘季⑨。刘季之众已数十百人矣。

① 【汇注】

裴　骃：徐广曰："高祖时年四十八。"（《史记集解·高祖本纪》）

司马贞：应劭云："始皇欲以一至万，示不相袭。始者一，故至子称二世。"崔浩云："二世，始皇子胡亥。"又按：《善文》（编者按：华虞《善文》）称隐士云"赵高为二世杀十七兄而立今王"，则二世是第十八子也。（《史记索隐·高祖本纪》）

凌稚隆：此时高祖初起，天下未定，故以秦纪年。（《汉书评林·高帝纪》）

吴见思：以下用秦纪年，纪实也。（《史记论文·高祖本纪》）

齐召南：二世（胡亥）元年：……七月，蕲陈胜起兵称楚王。八月，楚将武臣自立为赵王。九月，刘邦起兵称沛公，楚人项梁起兵于吴，齐田儋自立为齐王，赵将韩广自立为燕王。楚将周市立魏公子咎为魏王，废卫君角为庶人。（《历代帝王年表·秦年表》）

② 【汇注】

司马贞：蕲，县名，属沛。音机，又音旂。（《史记索隐·高祖本纪》）

凌稚隆：田汝成曰：陈涉起蕲，本音祈，而苏注云音机，盖方音也。（《汉书评林·高帝纪》）

沈钦韩：《一统志》（编者按：《大清一统志》）：蕲县故城在凤阳府宿州南，元并入宿州，今有蕲县集。（《汉书疏证》卷一《高祖纪》）

王先谦：蕲，沛郡县，今凤阳府宿州南蕲县集。（《汉书补注·高帝纪第一上》）

【汇评】

魏了翁：鹤山先生曰：自秦以来，未有以全盛之天下十五年而亡者，亦未有陇上之耕夫无尺寸之资以取天下者，此罢封建、废井田之明验也。（《古今考》卷一"秦二世元年陈胜起蕲"）

③ 【汇注】

王先谦：陈，淮阳县，今陈州淮宁县治。（《汉书补注·高帝纪第一上》）

④【汇校】

编者按："号为'张楚'"，《汉书》作"自立为楚王"，颜师古注引李奇曰："秦灭楚，楚人怨秦，故涉因民之欲自称楚王，从民望也。"《广雅·释诂一》"张，大也。""张楚"即张大楚国之意，亦从民望，使更具号召力。

【汇注】

颜师古：李奇曰："秦灭楚，楚人怨秦，故涉因民之欲，自称楚王，从民望也。"（《汉书注·高帝纪第一上》）

胡三省：刘德曰：若云张大楚国也。张晏曰：先是楚已为秦所灭，今立楚为张。（《资治通鉴》卷二《秦纪二》注）

田余庆："张楚"词义，古今学者为之诠释，颇不乏人。《史》《汉》注家用训诂成法释张楚，从张字生解，谓张楚犹言张大楚国。王先谦据《广雅·释诂》"张，大也"，直谓张楚就是大楚。按照这个说法，陈胜入陈建张楚之号，实际上就是篝火狐鸣时以及用尉首祭坛时所称大楚的正式宣告。张晏认为张是弛的反义词，谓楚为秦灭，是已弛；陈胜立楚，遂为张，故号张楚。这个解释虽嫌迂拗，但涵盖了秦楚关系，包含了"张楚"目的，有它的长处。的确，由于楚有可张之势，张楚旗号非常有利于反秦活动，陈胜"张楚"才具有不平常的意义。《项羽本纪》楚南公之言曰"楚虽三户，亡秦必楚"，论者谓其识废兴之数。张楚名号，可与"亡秦必楚"之说照应。（《说张楚——关于"亡秦必楚"问题的探讨》，载《历史研究》1989年第2期）

又：十多年前出土的长沙马王堆三号汉墓的帛书，其《五星占》中的五星行度和另一种古佚书的干支表，具列秦及汉初纪年，其间有张楚而无秦二世年号。这一发现受到史学界的广泛注意，引起帛书张楚究竟是王号、国号还是年号的讨论，也引起帛书置张楚于干支系列中究竟有什么政治意义的评议。我想，当时制度，国君纪元以数计，称某王某年，所以说张楚既是王号、国号，又用以纪年，是合乎情理的。马王堆三号汉墓年代不晚于汉文帝时，该墓帛书以张楚纪年，证明此时人们在观念上尊重张楚法统。其所以形成这种观念，当是由于张楚有首事之功，如果没有张楚，就不会出现灭秦的战争，也就不会有汉。（同上）

许威汉：搞历史的为什么把陈胜的国号和王号理解为"张楚"呢？主要是对"号为张楚"一语的"张"的理解有异。"张"，《广雅》作"施"讲，《广韵》作"开"讲，《集韵》作"陈设"讲。"开""施""陈设"也可引用为"建"的意思，因此"号为张楚"一句当解释为"宣称为建立楚国"。考《史记·秦始皇本纪》和《汉书·高帝纪》，都说"自立为楚王"，而不是"张楚王"。至于"国号"，据《陈涉世家》记载，两次称为"大楚"，"狐鸣呼曰：'大楚兴，陈胜王。'""袒右，称大楚"。九次称"楚"。由此更可以看出陈胜建立的"国号"是"大楚"而不是"张楚"。"大楚"也就是"楚",如"大唐"也就是"唐"一样。如果有人说"张"也可以作"张大"解释,"张楚"也就是"大楚",这就未免牵强了。(《训诂学导论·总论·六》)

⑤【汇校】

张文虎:欲以沛应涉,《御览》引作"胜"。(《校刊史记集解索隐正义札记·高祖本纪》)

又:以应陈涉,上作"胜",此作"涉",当有一误。(同上)

【汇注】

班 固:八月,武臣自立为赵王,郡县多杀长吏以应涉。九月,沛令欲以沛应之。(《汉书·高帝纪》)

⑥【汇注】

司马贞:按:《汉书》萧、曹传,参为狱掾,何为主吏也。(《史记索隐·高祖本纪》)

程馀庆:秦制,官各有掾属。正曰掾,副曰属。参为狱掾,何为主吏。(《历代名家评注史记集说·高祖本纪》)

⑦【汇注】

颜师古:时苦秦虐政,赋役烦多,故有逃亡辟吏。(《汉书注·高帝纪第一上》)

⑧【汇注】

司马贞:《说文》云"以力胁之云劫"也。(《史记索隐·高祖本纪》)

王叔岷:案:《说文》:"人欲去,以力胁止曰劫;或曰:以力止去曰劫。"《索隐》所引《说文》"胁之"疑"胁止"之误。黄善夫本、殿本《索隐》(并在"因劫众"下)并无"云劫"二字。(《史记斠证·高祖本纪第八》)

⑨【汇注】

司马贞:《汉书》作"数百人"。刘伯庄云"言数十人或至百人",则是百人已下也。(《史记索隐·高祖本纪》)

杨树达:《楚元王传》云:"高祖微时,常避事。"《卢绾传》云:"高祖为布衣时,有吏事,避宅。"《任敖传》云:"高祖尝避吏。"此时出亡在外,盖即为此。(《汉书窥管·高帝纪上》)

【汇评】

刘辰翁:萧何在吕公时,以季多大言,少成事。及为沛公,谋则召之,为身谋则托之,殆吕公之教也。一沛邑耳,时相聚焉,此吕公所以不去也。此处只称季,顺。(见倪思编《班马异同》卷二《高祖》)

于是樊哙从刘季来。沛令后悔，恐其有变，乃闭城城守①，欲诛萧、曹②。萧、曹恐，逾城保刘季③。刘季乃书帛射城上，谓沛父老曰："天下苦秦久矣。今父老虽为沛令守，诸侯并起，今屠沛④。沛今共诛令⑤，择子弟可立者立之，以应诸侯，则家室完⑥。不然，父子俱屠，无为也⑦。"父老乃率子弟共杀沛令，开城门迎刘季，欲以为沛令⑧。刘季曰⑨："天下方扰⑩，诸侯并起，今置将不善，一败涂地⑪。吾非敢自爱⑫，恐能薄⑬，不能完父兄子弟⑭。此大事⑮，愿更相推择可者⑯。"萧、曹等皆文吏⑰，自爱，恐事不就⑱，后秦种族其家⑲，尽让刘季⑳。诸父老皆曰㉑："平生所闻刘季诸珍怪㉒，当贵，且卜筮之㉓，莫如刘季最吉。"于是刘季数让。众莫敢为，乃立季为沛公㉔。祠黄帝㉕，祭蚩尤于沛庭㉖，而衅鼓旗㉗，帜皆赤㉘。由所杀蛇白帝子，杀者赤帝子，故上赤㉙。于是少年豪吏如萧、曹、樊哙等皆为收沛子弟二三千人㉚，攻胡陵、方与㉛，还守丰㉜。

① 【汇注】
颜师古：城守者，守其城也。守音狩。(《汉书注·高帝纪第一上》)
凌稚隆：田汝成曰"乃闭城城守"，本如字。而师古音狩，盖方音也。(《汉书评林·高帝纪》)
杨树达：师古曰：城守者，守其城也。树达按：守城不得倒云城守。城守者，谓于城上为守耳。此与"郊迎""家居""庭说"文例相同。下文射帛城上，其明证也。(《汉书窥管·高帝纪上》)

② 【汇评】
程馀庆：庸人，自取败亡。(《历代名家评注史记集说·高祖本纪》)

③ 【汇注】
裴骃：韦昭曰："以为保障。"(《史记集解·高祖本纪》)
颜师古：保，安也，就高祖以自安。(《汉书注·高帝纪第一上》)
胡三省：言投刘季以自保也。(《资治通鉴》卷七《秦纪二》注)

王先谦：王念孙曰："《史·集解》引韦昭曰：'以为保障'。"按：韦、颜二说皆失之迂。保者，依也。僖二年《左传》"保于逆旅"，杜注训保为依。《史记·周本纪》"百姓怀之，多从而保归焉"，保归谓依归也。（《汉书补注·高帝纪第一上》）

④【汇注】

颜师古：屠谓破取城邑，诛杀其人，如屠六畜然。（《汉书注·高帝纪第一上》）

司马贞：按：范晔云："克城多所诛杀，故云屠也。"（《史记索隐·高祖本纪》）

王先谦：今犹即也。《史》《汉》"今"字如此类，皆训"即"。（《汉书补注·高帝纪第一上》）

⑤【汇注】

凌稚隆：按：项籍杀会稽守，刘季杀沛令，皆各起兵之始。（《史记评林》卷八《高祖本纪》）

⑥【汇注】

颜师古：完，全也。（《汉书注·高帝纪第一上》）

张家英："今父老虽为沛令守，诸侯并起，今屠沛。沛今共诛令，择子弟可立者立之，以应诸侯，则家室完"。"今"字三家、《考证》均无注。谨按：上例中的三个"今"字，包含着三种意义。"今父老虽为沛令守"之"今"，为时间名词。《说文·人部》："今，是时也。"段注："今者对古之称。古不一其时，今亦不一其时也。云'是时'者，如言目前，则目前为今，目前以上为古。"此为常用义。"今屠沛"之"今"为时间副词，表"即、将"之义。王引之《经传释词》卷五："孙炎注《乐雅·释诂》曰：'即，犹今也。'故'今'亦可训为'即'。"……"沛今共诛令"之"今"，为假设连词。王引之《经传释词》卷五："家大人曰：今，犹'若'也。"本篇下文用此义者颇多，略举数例。"今置将不善，一败涂地。""齿今下魏，魏以齿为侯守丰。不下，且屠丰。""今不下宛，宛从后击，强秦在前，此危道也。""今足下尽日止攻，士死伤者必多；引兵去宛，宛必随足下后。"杨树达《词诠》卷四："王念孙曰：今犹若也。树达按：此乃说一事竟，改说他端时用之。王氏训为'若'，乃从上下文之关系得之。疑今字仍是本义，非其本身'若'字之义也。"杨氏之说可为王念孙说作一补充，即所假设者为目前之现在，而非过去与将来；然"今"字所述者非已成之事实，以此可知王念孙说之不谬也。（《〈史记〉十二本纪疑诂·高祖本纪》）

⑦【汇注】

王叔岷：案："无为"犹言"不当"也。《秦始皇本纪》："死而以行为谥，如此，则子议父，臣议君也。甚无谓！"（裴氏《古书虚字集释》八云：谓犹当也。）彼文"无谓"与此"无为"同旨。（《史记斠证·高祖本纪第八》）

张家英："不然，父子俱屠，无为也。""无为"，三家与《考证》均无注。谨按：

"无为"为一常用多义词,此处所用者非常用义。其义实为"无益、无作用"。《国语·吴语》:"危事不可以为安,死事不可以为生,则无为贵智矣。"《史记·伍子胥列传》:"二子到则父子俱死,何益父之死?往而令仇不得报耳。不如奔他国,借力以雪父之耻。俱灭,无为也!"《范睢蔡泽列传》:"使以臣之言为可,愿行而益利其道;以臣之言为不可,久留臣无为也。"皆此义。(《〈史记〉十二本纪疑诂·高祖本纪》)

⑧【汇评】

施之勉:按:《功臣表》"祕彭祖以卒从起沛"。以卒开沛城门。(《史记会注考证订补·高祖本纪第八》)

程馀庆:沛公射书使父老杀沛令,较项羽手戮会稽守,便有体面。矧会稽守无罪,而沛令自取耶?(《历代名家评注史记集说·高祖本纪》)

⑨【汇评】

刘辰翁:真长者之言。(见倪思编《班马异同》卷二《高祖》)

⑩【汇校】

[日]水泽利忠:枫、三"天下方扰乱"。(《史记会注考证附校补·高祖本纪第八》)

【汇注】

颜师古:扰,乱也。(《汉书注·高帝纪第一上》)

⑪【汇注】

司马贞:言一朝破败,使肝脑涂地。(《史记索隐·高祖本纪》)

[日]泷川资言:考证:《汉书》"壹"作"一","涂地"犹言委地,事业一败不可复收拾。(《史记会注考证附校补·高祖本纪第八》)

【汇评】

程馀庆:真正英雄,不可无此识见。(《历代名家评注史记集说·高祖本纪》)

⑫【汇评】

高 嵣:"非敢自爱",婉而壮。(《史记钞·高祖本纪》)

⑬【汇注】

张守节:能,才能也。高祖谦言材能薄劣,不能完全其众。能者,兽,形色似熊,足似鹿。为物坚中而强力,人之有贤才者,皆谓之能也。(《史记正义·高祖本纪》)

王先谦:刘攽曰:能虽兽名,安知非此兽有能,故以名之?(《汉书补注·高帝纪上》)

⑭【汇注】

颜师古:乡邑之人,老及长者父兄之行,少及幼者子弟之党,故总而言之。(《汉书注·高帝纪第一上》)

凌稚隆：按："不能完"句反应上"室家完"。（《史记评林》卷八《高祖本纪》）
【汇评】
凌稚隆：许应元曰：高祖起沛，时沛父老、子弟共杀沛令以迎高祖。羽起会稽，亦杀会稽守，第沛令负高祖，而沛父老、子弟自杀之，与籍之手刃殷通绝异。又高祖起事，便思完沛父子兄弟，而项梁父子徒以兵力逞。此成败所以异形也。（《汉书评林·高帝纪》）

⑮【汇评】
刘辰翁：要"起大事"，字甚俚。（见倪思编《班马异同》卷一《项籍》）

⑯【汇评】
程馀庆：让得妙！（《历代名家评注史记集说·高祖本纪》）
[日] 泷川资言：词婉礼恭，不似平生大言，"推泽"二字连读，《淮阴侯传》"不得推泽为吏"，《汉书》删"推"字。（《史记会注考证附校补·高祖本纪第八》）

⑰【汇校】
杨树达：景佑本无"等"字，是也。（《汉书窥管·高帝纪上》）

⑱【汇注】
颜师古：就，成也。（《汉书注·高帝纪第一上》）

⑲【汇注】
颜师古：诛及种族也。（《汉书注·高帝纪第一上》）
龚浩康：种族，绝灭种族。"种"和"族"均用如动词。秦法，一人犯罪，要诛灭三族。（见王利器主编《史记注译》卷八《高祖本纪》）
【汇评】
刘辰翁：只"种族"语，即事不济。（见倪思编《班马异同》卷二《高祖》）
凌稚隆：按："恐不听""恐其有变""恐能薄""恐事不就"，连用四"恐"字，盖首事之时，人心未定，故其危疑如此。（《史记评林》卷八《高祖本纪》）

⑳【汇评】
徐孚远：钟惺曰：陈婴母有言"事成犹得封侯，事败易以亡"，萧、曹全用此意。（《史记测议·高祖本纪》）
牛运震："萧、曹等皆文吏，自爱，恐事不就，后秦种族其家"。按：此数语，说得萧曹沾沾自爱，全以利害为心，直成陈婴之母"事成得封侯，事败易以亡"一等见解。窃意萧曹开国佐命，必能素识真主。观沛令欲起义，而萧曹议召刘季，"沛令后悔"，闭城据守，萧曹又逾城保刘季，则其诚心推戴亦已久矣，恐不如太史公所云也。（《读史纠谬》卷一《史记·高祖本纪》）

㉑【汇评】
　　唐文献：此出当时众人意叙之，故曰"诸"、曰"皆"，而不著姓名耳。可类见。（引自《百大家评注史记·高祖本纪》）

㉒【汇校】
　　张文虎：珍怪，《御览》引作"奇怪"，与《汉书》合。（《校刊史记集解索隐正义札记·高祖本纪》）
　　[日] 水泽利忠：南化、枫、三、狩无"珍"字。（《史记会注考证附校补·高祖本纪第八》）
　　王叔岷：案：《御览》八七、七二五引"珍怪"并作"奇怪"。《吕氏春秋·顺民篇》"味禁珍"，高诱注："珍，异。"《说文》："奇，异也。"则"珍怪"犹"奇怪"矣。（《史记斠证·高祖本纪第八》）

㉓【汇注】
　　龚浩康：卜筮，占卜吉凶。将龟甲薰灼，根据裂缝来推测予兆叫"卜"；用蓍草来占卜叫筮。（见王利器主编《史记注译》卷八《高祖本纪》）

　　【汇评】
　　梁玉绳：《潭南集·辨惑》曰："'珍'字不安，《汉书》改为'奇'，是矣。"（《史记志疑·高祖本纪第八》）

㉔【汇校】
　　王叔岷：《考证》：秘阁本"立"下无"季"字。案：《御览》八七、七二五引此并无"季"字。《帝王略论》称刘季"自立为沛公"，未知何据。（《史记斠证·高祖本纪第八》）

　　【汇注】
　　裴　骃：徐广曰："九月也。"骃按：《汉书音义》曰："旧楚僭称王，其县宰为公。陈涉为楚王，沛公起应涉，故从楚制称曰公。"（《史记集解·高祖本纪》）
　　胡三省：春秋之时，楚僭王号，其大夫多封县公，如申公、叶公、鲁阳公之类是也。今主季为沛公，用楚制也。（《资治通鉴》卷七《秦纪二》注）
　　程馀庆：楚旧县令称公。（《历代名家评注史记集说·高祖本纪》）

㉕【汇注】
　　杨树达：《周礼·肆师》云："祭表貉则为位。"注云："貉，师祭也，于所立表之处为师祭造军法者，祷气势之增培也，其神盖蚩尤，或曰：黄帝。"贾疏引此事为证。据此，则汉之为此，沿周制也。郑注云：祭造军法者，贾疏以造兵当之，似非郑意。（《汉书窥管·高帝纪上》）

㉖【汇注】

裴　骃：应劭曰："《左传》曰黄帝战于阪泉，以定天下。蚩尤好五兵，故祠祭之求福祥也。"瓒曰："管仲云'割卢山交而出水，金从之出，蚩尤受之以作剑戟'。"（《史记集解·高祖本纪》）

颜师古：瓒所引者同是《大戴礼》，出《用兵篇》，而非《三朝记》也。其余则如应说。沛廷，沛县之廷。（《汉书注·高帝纪第一上》）

司马贞：按：《管子》云"葛卢之山，发而出金"，今注引"发"作"交"及"割"，皆误也。（《史记索隐·高祖本纪》）

【汇评】

凌稚隆：凌约言曰：高祖起兵时，规模即与诸公不同。（《史记评林》卷八《高祖本纪》）

㉗【汇注】

裴　骃：应劭曰："衅，祭也。杀牲以血涂鼓曰衅。"瓒曰："按：《礼记》及《大戴礼》有衅庙之礼，皆无祭事。"（《史记集解·高祖本纪》）

司马贞：《说文》云："衅，血祭也。"《司马法》曰："血于军鼓者，神戎器也。"颜师古曰："凡杀牲以血祭者，皆名为衅。"臣瓒以为"皆无祭事"，非也。又，古人新成钟鼎，亦必衅之。应劭云："衅呼为耰。"马融注《周礼》灼龟之兆云："谓其象似玉、瓦、原之衅墢，是用名之。"此说皆非。墢音火稼反。（《史记索隐·高祖本纪》）

沈钦韩：《周礼·太祝》"隋衅逆牲"，郑云："隋衅，谓荐血也。凡血祭曰衅。"（疏云："贾氏云：衅，衅宗庙。马氏云：血以涂钟鼓。郑不从，而以为荐血祭祀者。下文云既祭令彻，则此上下皆是祭祀之事，何得于中辄有衅庙涂鼓直称衅？何得兼言隋？故为祭祀荐血解之。"按此，故《说文》亦曰："衅，血祭也。"）是衅庙、涂钟鼓、祭器与荐血之衅各别也。臣瓒说是。应劭于此解衅为祭，义不切也。应劭云"衅呼者，呼与罅同"。《韵会》"罅"，《集韵》或作"呼"。……赵岐《孟子注》"新钟，杀牲以血涂其衅隙，此与应劭义同也。《邑人注》"衅，读为徽"，疏云"徽为饰治之义"，亦涂治其衅隙耳。师古两驳俱谬。（《汉书疏证》卷一《高祖纪》）

吴仁杰：祠黄帝、祭蚩尤于庭而衅鼓旗。应劭曰：蚩尤古天子，好五兵，故祭之。臣瓒曰：蚩尤庶人之贪者。仁杰曰：劭、瓒之说皆非也，所祭盖天星。蚩尤之旗，按《天文志》，蚩尤之旗类彗而曲象，旗见则王者征伐四方。时方事征伐，故祠之耳。（《两汉刊误补遗》卷第一）

杨树达：吴仁杰曰：颜《注》以"衅鼓"句绝，非是。按：《封禅书》："祠蚩尤，衅鼓旗。"旗字当属上句读之。先谦曰：吴说是也。帜是总称，言帜皆赤可矣，古书简要，不当有羡文。鼓旗并衅，上属为宜，后人习见旗帜字，误绝耳。树达按：下文云"偃旗帜"，又云"益张旗帜"，而《纪·赞》复云"断蛇著符，旗帜上赤"，班似仍以旗帜连读。王云古书不当云旗帜，实为瞽说。然《吕氏春秋·慎大篇》云："衅鼓旗甲兵。"本书《郊祀志》亦云"徇沛，为沛公，则祀蚩尤，衅鼓旗"，则此文仍以从吴读为是矣。（《汉书窥管·高帝纪上》）

㉘【汇校】

张家英：《集解》《索隐》均于"衅鼓"下作解，将"旗"字下属为句。《考证》同。谨按："衅鼓旗帜皆赤"语，并见于《史记·封禅书》《汉书·高帝纪》与《郊祀志》。标点本《史记》与《汉书》，均于"旗"字断句。而《史记集解》与《索隐》则均读断于"鼓"字，《汉书》颜师古注亦然。王先谦《汉书补注》主张从吴仁杰之说，"'旗'字当属上句读之。"杨树达《汉书补注补正》则以为："盖'旗帜'多连文，不必如王说。"吴恂《汉书注商》更率直提出："旗帜二字，往往累言，判属上下，文殊不驯"，"而衅旗之说，窃未之闻也。"前贤于"衅鼓旗"之断读既有异词，似当有重新审议之必要。

《左传·成公十三年》载刘康公语曰："国之大事，在祀与戎。"此一语句，实将上古时代君主之统治手段及其特殊心理予以和盘托出。盖欲治国安民，欲扩充疆域，舍祀与戎，实难为继。今按："衅鼓旗"之说，似可于此解之。……要之，各种衅礼所适用之范围，实无以超出于祀与戎二者。各种衅礼之作用，在于其所衅之物，"尊而神之"（《礼记·杂记下》郑玄注）。至衅礼举行之方式，除"衅尸以郁酒，使之香美"（《周礼·春官·郁人》郑玄注）外，余均为"杀牲以血血之"（《周礼·春官·天府》郑玄注）。此种血祭，《周礼·春官·大祝》谓之"隋衅"。郑玄注："隋衅，谓荐血也。凡血祭曰衅。"所用之牲，则为牛、羊、犬、豕、鸡各畜。（《说文·爨部》："衅，血祭也。"又《血部》："血，祭所荐牲血也。"）至《左僖三十三年传》与《左成三年传》之所谓以人"衅鼓"，当属奴隶社会早期"用人"制度之残余遗存，或系特例。

上举各种衅礼中，《吕氏春秋·慎大》已明言"衅鼓旗"矣，而或不之察，或以为孤证。至《礼记·乐记》之"衅车甲"，《周礼·夏官·大司马》与《小子》之"衅军器"，又因未明示以"旗"而被忽视。然安知其中必无"旗"乎？《释名·释兵》："旗，期也；言与众期于下，军将所建，象其猛如熊虎也。"《周礼·夏官·大司马》："中春教振旅：司马以旗致民，平列陈，如战之陈。"是"旗"者，固为"军器"之不可或缺者也。然则以"衅鼓旗"断句，固非凭空立说，实亦有古籍记载之依据存焉。

或谓"旗帜"可以连文，而"鼓旗"连属则不经见，连读则文不雅驯。吴恂至谓"《封禅书》《郊礼志》虽皆有'衅鼓旗'之文，斯盖取以足辞，犹《系辞》'风雨以润之'、《玉藻》'大夫不得造车马'之比耳"（《汉书注商》第4页，上海古籍出版社

1983年版)。窃谓不然。《吕氏春秋·慎大》之"衅鼓旗"之文,暂置勿论。今所论者《史记》,且以《史记》中之文字证之。《淮阴侯列传》中,既有"信建大将之旗鼓"句,又有"信、张耳详弃鼓旗"句与"赵果空壁争汉鼓旗"句。不只如此,《匈奴列传》中,有李敢"夺左贤王鼓旗"句。《卫将军骠骑列传》中,复有骠骑将军"斩获旗鼓"与"校尉敢得旗鼓"二句,如是,"旗鼓"与"鼓旗",实可互换;而"鼓旗"除见于《高祖纪》与《封禅书》,尚见于《匈奴列传》与《淮阴侯列传》中,凡五见,实不得谓之少。于此可证者二事。鼓与旗为古代用兵中之重要指挥用具,不可或缺,一也。"旗鼓"与"鼓旗",形虽有异,义则相同;既可连文,且含实义,而非形同虚设,"取以足辞",二也。然则读为"衅鼓旗",固无伤于《史记》为文之雅驯也。(《〈史记〉十二本纪疑诂·高祖本纪》)

【汇注】

颜师古:帜,标也。音式志反。旗旐之属,帜即总称焉,史家字或作识,或作志,音义皆同。(《汉书注·高帝纪第一上》)

司马贞:墨翟云:"帜,帛长丈五,广半幅。"《字诂》云:"帜,标也。"《字林》云:"熊旗五斿,谓与士卒为期于其下,故曰旗也。"帜,或作"识",或作"志"。嵇康音试,萧该音炽。(《史记索隐·高祖本纪》)

吴 恂:衅鼓,见于《左传》《韩非子》;衅钟,见于《孟子》;衅庙、衅门、衅夹室,见于大、小《戴记》;衅社,见于《管子》;衅玉镇、玉器,见于《周礼·天府职》;衅邦器及兵器,见于《小子职》;衅龟,见于《龟人职》;而衅旗之说,窃未之闻也,且旗帜二字,往往累言,判属上下,文殊不驯。《封禅书》《郊礼志》,虽皆有衅鼓旗之文,斯盖取以足辞,犹《系辞》"风雨以润之",《玉藻》"大夫不得造车马"之比耳,至如《吕览·壅塞篇》之"衅鼓旗甲兵",(《礼·乐记》《韩诗外传》,皆无鼓旗字)衅为祓除不祥之义,《齐语》"比至,三衅三浴之。"注曰:"以香涂身曰衅,亦或为薰。"(《管子·小匡篇》作鲍叔祓而浴之三)《周礼》"女巫掌岁时衅浴。"注曰"衅浴,谓以香薰草药沐浴"是也,此谓武王克殷,偃武修文,故祓除戎器而藏之,其非杀牲涂血之谓,焕然可知。(《汉书注商·高帝纪上》)

吴见思:写一时创兴气象阔大,便不是草窃一流。(《史记论文·高祖本纪》)

㉙【汇校】

凌稚隆:按:《汉书》"故"字下有"也"字,无"上赤"二字。(《史记评林》卷八《高祖本纪》)

张文虎:"故上赤",游本"上"作"尚"。(《校刊史记集解索隐正义札记·高祖本纪》)

【汇注】

吴见思：百忙中又闲找一笔，结完赤帝子事。(《史记论文·高祖本纪》)

【汇评】

班　固：汉承尧运，德祚已盛。断蛇著符，旗帜上赤，协于火德。自然之应，得天统矣。(《汉书·高帝纪·赞》)

㉚【汇评】

方　回：古未有崛起一时，以三千人而得天下者也。……汉之得天下，其末也。兵力如此之盛，其始也不过三千人。李习之有言：唐神尧以一旅取天下，后世子孙不能以天下取河北，故少康之祀夏配天，亦根于一旅；而汤、武之兴，各以百里之诸侯，后世养兵愈多，费财愈甚，而不能守其天下者多矣。夫岂无其故哉？不乡遂，不井田，不封建，不城守，而聚乌合之众，自战故也。且无有仁义道德以维持之，此匹夫之所以暴兴而莫之御也欤！(见《古今考》卷四"收沛子弟得三千人")

㉛【汇注】

裴　骃：郑德曰："音房豫，属山阳郡。"(《史记集解·高祖本纪》)

司马贞：邓展曰："县名，属山阳，章帝改曰胡陆。"(《史记索隐·高祖本纪》)

又：郑玄曰："属山阳也。"(同上)

沈钦韩：顾祖禹《方舆纪要》：湖陵城在徐州沛县北五十里，与山东鱼台县接界；方与城在兖州府鱼台县城北，唐改为鱼台县，《志》云城北旧有小城，即故方与县治。(《汉书疏证》卷一《高祖纪》)

王先谦：胡陵在今兖州府鱼台县东南六十里。(《汉书补注·高帝纪第一上》)

又：方与在今鱼台县北。(同上)

[日]泷川资言：考证：胡陵方舆，山东济宁州鱼台县。《汉书·高纪二》作"得"。攻胡陵以下事，属二世二年十月，本《史·月表》同，此疑脱。(《史记会注考证附校补·高祖本纪第八》)

徐朔方：《史记》"皆为收沛子弟二三千人，攻胡陵、方与。"《汉书》在"三千人"后插入"是月，项梁与兄子羽起吴"以下六十余字，叙述当时形势，甚为醒目。《史记》"燕赵齐魏皆自立为王"，补在后文，年月淆乱，如"张耳等立赵后赵歇为赵王"是次年正月事。(《史汉论稿·刘邦》)

龚浩康：胡陵，县名，治所在今山东省鱼台县东南。方与，县名，治所在今山东省鱼台县西北。据《史记志疑》考证，攻胡陵、方与，应在秦二世二年十月。这里作元年，疑误。(见王利器主编《史记注译》卷八《高祖本纪》)

后晓荣：胡陵，《战国策·秦策四》："魏氏将出兵而攻留、方与、铚、胡陵、砀、萧、相。故宋必尽。"《史记·项羽本纪》："秦嘉军败走，追至胡陵"；又"项王闻之……南从鲁出胡陵。"《史记·曹相国世家》:"参将击胡陵、方与,攻秦监公军,大破之。""复攻胡陵,取之。"《太平寰宇记》:"胡陵故城,秦汉魏县,今废城在(鱼台)县东南一里。""胡陵"在明、清文献中为"湖陵"。《读史》卷二十九:"湖陵城,县北五十里,与山东鱼台县接界。故宋邑。秦置县。《史记》:项梁击败秦嘉,进至湖陵,既而并嘉军,军湖陵。又沛公攻湖陵,下之。汉二年,东伐楚,入彭城,项羽释伐齐还救,从鲁出湖陵,是也。寻亦曰湖陵县,属山阳郡。王莽时,改曰湖陆。"《清一统志》卷一百八十三:"湖陵,故城在(济宁州)鱼台县东南六十里。秦置县。"秦胡陵县故址在今山东省鱼台县东南。(《秦代政区地理》第五章《薛郡》)

㉜【汇校】

班　固:秦二年十月,沛公攻胡陵、方与,还守丰。(《汉书·高帝纪第一上》)

梁玉绳:按:《月表》在二世二年十月,《汉·纪》同,此误在元年。(《史记志疑·高祖本纪第八》)

【汇评】

程馀庆:自篇首至此,俱序微时及初起时事,事情虽多,读来却是一气,此是史公笔力。(《历代名家评注史记集说·高祖本纪》)

刘磐修:如果说利用边界割据形势是中国古代农民起义和近代革命斗争的重要特点,那么刘邦则是边界割据思想最早的实践者。(《从芒砀到丰沛:汉高祖刘邦起兵发微》,载《安徽史学》2008年第5期)

　　秦二世二年①,陈涉之将周章军西至戏而还②。燕、赵、齐、魏皆自立为王③。项氏起吴④。秦泗川监平将兵围丰⑤,二日,出与战,破之。命雍齿守丰⑥,引兵之薛⑦。泗川守壮败于薛⑧,走至戚⑨,沛公左司马得泗川守壮⑩,杀之⑪。沛公还军亢父⑫,至方与⑬,(周市来攻方与)未战⑭。陈王使魏人周市略地⑮。周市使人谓雍齿曰:"丰,故梁徙也⑯。今魏地已定者数十城。齿今下魏⑰,魏以齿为侯守丰⑱。不下,且屠丰⑲。"雍齿雅不欲属沛公⑳,及魏招之,即反为魏守丰㉑。沛公引兵攻丰,不能取。沛公病,还之沛。沛公怨雍齿与丰子弟叛之,闻东阳甯君、秦嘉立景驹为假王㉒,在留㉓,乃往从之㉔,欲请兵以攻丰。是时秦将章邯从陈㉕，别将司马㞕将兵北定楚地㉖，屠相㉗，至砀㉘。东阳甯君、沛公引兵西，与战萧西㉙，不利。还收兵聚留，引兵攻砀㉚，三日乃取砀。因收砀兵，得五六千人㉛。攻下邑㉜，拔之㉝。还军丰㉞。闻项梁在薛㉟，从骑百馀往见之㊱。项梁益沛公卒五千人，五大夫将十人㊲。沛公还，引兵攻丰㊳。

① 【汇注】

齐召南：二年，遣章邯击败楚兵，陈胜为下所弑；赵武臣遇弑，张耳陈馀立赵歇为王；沛公得张良。六月项梁立楚怀王，韩成为韩王，章邯击魏齐，齐王儋、魏王咎自杀，田荣立田市为齐王，章邯破楚军于定陶，项梁死，楚立魏豹为魏王，诛丞相李斯，以赵高为中丞相，章邯围赵，楚以宋义为上将救之。（《历代帝王年表·秦年表》）

② 【汇校】

梁玉绳：按：章为章邯所败，自到而死，非还也。（《史记志疑·高祖本纪第八》）

【汇注】

班　固：陈涉之将周章西入关，至戏，秦将章邯距破之。（《汉书·高帝纪第一上》）

司马贞：文颖云："在新丰东二十里戏亭北。"孟康云："水名也。"又《述征记》云："戏水自骊山冯公谷北流，历戏亭，东入渭。"按：今其东惟有戏驿存。（《史记索隐·高祖本纪》）

又：为章邯所破而还。邯音酣。（同上）

又：应邵云："章，字文，陈人。"（同上）

颜师古：应劭曰："章，字文，陈人也。戏，弘农湖县西界也。"孟康曰："水名也。"苏林曰："在新丰东南三十里。"师古曰：戏在新丰东，今有戏水驿，其水本出蓝田北界横岭，至此而北流入渭。孟、苏说是。东越郑及华阴数百里，然始至湖西界，应说大失之矣。戏音许宜反。（《汉书注·高帝纪第一上》）

王先谦：《后汉·郡国志》新丰东有戏亭，又有戏水。并详《地理志》京兆新丰下。（《汉书补注·高帝纪第一下》）

［日］泷川资言：考证：中井积德曰：戏，水亦名焉，其本末不必论。梁玉绳曰：周章为章邯所破，自到而死，非还也。（《史记会注考证附校补·高祖本纪第八》）

王叔岷：案：《陈涉世家》："周文，陈之贤人也。"《集解》引文颖曰："即周章。""至戏而还"，还，疑本作军，涉上"还守豐"而误也。《陈涉世家》作"至戏军焉"，可证。（《史记斠证·高祖本纪第八》）

③【汇校】

梁玉绳：按：赵为王在元年八月，燕、齐、魏在九月，与沛、项并起，此并叙于二年，非也。又考《陈涉世家》及《魏豹传》，魏咎之立出于周市，非若燕、赵诸人之自立也，故咎为王凡十月，而三月不居其位，周市虚位待之，《月表》书曰："咎在陈，不得归国。"又书曰："咎自陈归，立。"所以成周市之志耳，夫岂自立哉。(《史记志疑·高祖本纪第八》)

【汇注】

司马贞：按：《汉书·高纪》，二世二年八月，武臣自立为赵王，田儋自立为齐王，韩广自立为燕王，魏咎自立为魏王也。(《史记索隐·高祖本纪》)

龚浩康：燕，国名，辖今河北省北部和辽宁省西部地区，都城在蓟(今北京市西南)。赵，国名，辖今山西省中部和河北省西南部地区，都城在邯郸(今河北省邯郸市)。齐，国名，辖今山东省泰山以北黄河流域和胶东半岛地区，都城在临淄(今山东省淄博市东北)。魏，国名，辖今河南省北部和山西省西南部，都城在大梁(今河南省开封市)。燕、赵、齐、魏都是战国时的诸侯强国，后为秦所灭。陈胜起义后，它们的后裔也纷纷起兵反秦。(见王利器主编《史记注译》卷八《高祖本纪》)

④【汇注】

龚浩康：项氏，指项梁、项羽叔侄。项氏为战国末年楚将之后，流亡在吴(今江苏省苏州市)。陈胜起义后，他们起兵响应，于公元前208年渡江西进。(见王利器主编《史记注译》卷八《高祖本纪》)

⑤【汇校】

梁玉绳：附按：秦有泗水郡，盖"川"乃"水"字之讹。古水作"巛"。《周勃世家》及《汉书·高纪》《续郡国志》并讹作"泗川"。(《史记志疑·高祖本纪第八》)

钱大昕："秦泗川监平"注：文颖曰，"泗川"，今沛郡也。按：《曹参世家》《樊哙》《周昌传》俱作泗水。《汉书·地理志》沛郡，秦泗水郡。而《本纪》亦作泗川。(《廿二史考异·汉书》)

【汇注】

裴骃：文颖曰："泗川，今沛郡也，高祖更名沛。秦时御史监郡，若今刺史。平，名也。"(《史记集解·高祖本纪》)

司马贞：如淳云："秦并天下为三十六郡，置守、尉、监，故此有'监平'，下有'守壮'，则平、壮皆名也。"(《史记索隐·高祖本纪》)

程馀庆：泗川，秦郡，汉改名沛。监，秦御史监郡者，名平也。(《历代名家评注史记集说·高祖本纪》)

龚浩康：泗川，即泗水，郡名，辖今安徽省北部和江苏省西北部地区，郡治在相县（今安徽省淮北市西北）。汉初改为沛郡。监，郡的监察官。秦时每郡设守、尉、监三官。守为行政首长，尉管军事，监管督察官吏，由中央所派的御史充任。（见王利器主编《史记注译》卷八《高祖本纪》）

⑥【汇注】

龚浩康：雍齿，刘邦同乡，随刘邦起兵后，曾一度背叛，汉初被封为什方侯。（见王利器主编《史记注译》卷八《高祖本纪》）

⑦【汇校】

编者按：《汉书·高帝纪》，沛公引兵之薛，时在秦二年十一月。

⑧【汇注】

裴　骃：如淳曰："壮，名也。"（《史记集解·高祖本纪》）

颜师古：泗川郡川字或为水，其实一也。（《汉书注·高帝纪第一上》）

⑨【汇校】

张文虎：至戚，《索隐》千笠反。戚字无此音，"笠"疑"竺"之讹。（《校刊史记集解索隐正义札记·高祖本纪》）

【汇注】

裴　骃：如淳曰："戚音将毒反。"（《史记集解·高祖本纪》）

颜师古：东海之县也，读如本字。（《汉书注·高帝纪第一上》）

司马贞：晋灼云："东海县也。"郑德、包恺并如字读。李登音千笠反。（《史记索隐·高祖本纪》）

张守节：《括地志》云："沂州临沂县有汉戚县故城。《地理志》云临沂县属东海郡。"（《史记正义·高祖本纪》）

胡三省：壮者，泗川守之名。班《志》，戚县属东海郡。《括地志》：沂州临沂县有戚县故城。戚，如字，如淳将毒翻。余以地理考之，沛县之与东海相去颇远，壮兵败而走，未必能至东海之戚。班《志》，沛郡有广戚县。章怀太子贤曰：广戚故城在今徐州沛县东，恐是走至广戚之戚也。（《资治通鉴》卷八《秦纪三》注）

程馀庆：戚，故城在兖州府滕县西南五十里。（《历代名家评注史记集说·高祖本纪》）

周寿昌：师古注曰，东海之戚也。《通鉴》胡注曰，以地理考之，沛郡与东海颇远，壮兵散而走，未必能至东海之戚。班《志》沛郡有广戚。章怀曰，广戚故城，在今徐州沛县东，恐是广戚之戚也。齐召南谓此说足证师古注之失。寿昌按：师古注未失，胡注失也。薛在秦时为郡，东海地本属之戚，亦为其属县，皆在今山东兖州府境左右，相距并不远。考《曹参传》云，东下薛，击泗水守军薛郭西，徙守方与，迁为戚公，皆不出远境。壮走死于戚，故使参为戚令也。且即以情事揆之，沛郡即秦之泗

川，广戚即沛县，壮由泗川出败于薛，必不能回走泗川，不走戚而胡走乎？（《汉书注校补》卷一）

王先谦：今济宁州嘉祥县西南即此戚矣。（《汉书补注·高帝纪第一上》）

王恢：《清统志》（一六六）："故城在今滕县南七十里，城周四里。"汉东海郡县。按：《泗水注》孙校误沛郡广戚为东海戚县，并误戚在滕县西北。《正义》说在嘉祥西南亦不合。据《泗水注》《清统志》，广戚与戚相近，皆在今山东临城县西，微山湖东。戚在北，广戚在南。（《史记本纪地理图考·高祖本纪》）

⑩【汇校】

张文虎：泗川，《志疑》云"川"乃"水"误。（《校刊史记集解索隐正义札记·高祖本纪》）

⑪【汇注】

司马贞：颜师古云"得，司马之名"，非也。按：后云"左司马曹无伤"，自此已下更不见替易处，盖是左司马无伤得泗川守壮而杀之耳。（《史记索隐·高祖本纪》）

胡三省：师古曰：得者，司马之名。贡父曰：得杀之者，得而杀之；《汉书》多以获为得。司马掌兵，周之夏卿。春秋之时，晋置三军及新军，各有卿、佐，复置司马以掌军中刑戮之事；后复分为左、右；又其后也，军行有军司马、假司马；下至部曲，有侯，有司马。（《资治通鉴》卷八《秦纪三》注）

周寿昌：《索隐》曰，师古谓得为名，非也。盖是左司马曹无伤，得泗川守壮而杀之。寿昌按：《索隐》谓非，为人名者是，必谓为曹无伤，或未然。沛公此时左司马，尚有孔聚、陈贺、唐厉，不止曹无伤一人，《功臣表》可证。（按《功臣表》，蓼夷侯孔聚以执盾，前元年从起砀，以左司马入汉。颜注，前元年谓初起之年，即秦胡亥元年。是孔聚从起砀后，即得左司马，在入汉前。费侯陈贺亦然，斥丘侯唐厉稍后。）《战国策》田单守即墨，有云坚守，惟恐见得。《功臣表》陈涓得梁将处侯，刘泽击陈豨得王黄侯。盖获敌曰得，《史》多如此。（《汉书注校补》卷一）

[日]**泷川资言**：考证：《汉书》无"泗川守壮"四字。颜师古因有此说，《史》《汉》不同，宜依文作解。周寿昌曰：沛公此时左司马尚有孔聚、陈贺、唐厉，不止曹无伤一人，《功臣表》可证。王鸣盛曰：秦泗川守不言姓，似守不当言姓矣，然下文三川守李由则言姓……如此之类，不言姓者甚多，皆随便言之，若曰《史》失其传，亦非也。（《史记会注考证附校补·高祖本纪第八》）

施之勉：吴汝论曰：《索隐》驳颜监得为司马之名，云得泗川守壮而杀之耳。据此，则《史》文本作"得杀之"，与《汉书》同。今本盖后人据《索隐》增"泗川守壮"四字于句中。胡三省引刘贡父云：得而杀之，不言《史》《汉》之异。盖贡父时，《史》文尚未窜改也。《通志》用《汉书》，而注引《史》文得泗川守壮，则南宋时已

如今本矣。(《史记会注考证订补·高祖本纪第八》)

⑫【汇注】

裴　骃：郑德曰："亢音人相亢答，父音甫。属任城郡。"(《史记集解·高祖本纪》)

司马贞：旧音刚。刘伯庄，包恺并同音苦浪反。(《史记索隐·高祖本纪》)

张守节：音刚，又苦浪反，《括地志》云："亢父，县也，沛公屯军于此也。"(《史记正义·高祖本纪》)

顾祖禹：亢父城，州南五十里，本齐地。《战国策》苏秦曰：秦之攻齐也，倍韩魏之地，过卫阳晋之道，迳乎亢父之险，车不得方轨，骑不得比行，百人守险，千人不得过，谓此也。秦置亢父县，二世二年，项梁引军攻亢父，又沛公自薛还军亢父，汉仍为亢父县，属东平国。(《读史方舆纪要》卷三十三《山东四·兖州府》)

王先谦：亢父，东平县，在今济宁州东南五十里。(《汉书补注·高帝纪第一上》)

⑬【汇注】

胡三省：班《志》，方与县属山阳郡……《史记正义》曰：方与，今济州县。(《资治通鉴》卷八《秦纪三》注)

王　恢：春秋宋邑，秦置县。《济水注》："菏水自东缗来，东过方与县北，下入湖陵。"《清统志》(一八三)："故城在今鱼台县北。"《寰宇记》(一四)云："唐元和四年移今治黄台市。治北小城即故治。"(《史记本纪地理图考·高祖本纪》)

后晓荣：秦封泥有"方舆丞印"。"方舆"即文献中"方与"，春秋时，原为宋邑。《史记·春申君列传》："魏氏将出而攻留、方与、铚、胡陵、砀、萧、相，故宋必尽。"《史记·高祖本纪》："沛公还军亢父，至方与，未战"，又"周市来攻方与"。《史记·陈涉世家》："秦嘉等引兵之方与，欲击秦军定陶下。"《史记·曹相国世家》："将击胡陵、方与。"《史记·樊郦滕灌列传》："(樊哙)从攻胡陵、方与。"《汉志》山阳郡领县有方与县。《清一统志》卷一百八十三："方与故城在今(济宁州)鱼台县北，秦置方与县。"秦方舆县故址在今山东省鱼台县西。(《秦代政区地理》第五章《薛郡》)

⑭【汇校】

张文虎："周市来攻方与"，六字疑衍。(《校刊史记集解索隐正义札记·高祖本纪》)

⑮【汇校】

张　㲀："周市来攻方与，未战，陈王使周市略地"，按：文"陈王"句当在"攻方与"上。(《读史举正》卷一《史记·高祖本纪》)

梁玉绳：附按：《评林》余有丁云："此一周市也，书法如此，疑误。"《史诠》谓

"是两周市，故下加'魏人'以别之"。《汉书》作"魏人周市略地丰、沛"，无"周市来攻方与未战陈王使"十一字，或以为当衍，皆非也。赵太常云："'未战'二字，乃不了语，沛公因闻丰反，遂引兵去方与而往攻丰也。'陈王使魏人周市略地'九字当移在'周市来攻方与'之上，则文顺而明矣。"（《史记志疑·高祖本纪第八》）

程馀庆：《汉书》作"略地丰、沛"。（《历代名家评注史记集说·高祖本纪》）

⑯【汇注】

裴　骃：文颖曰："梁惠王孙假为秦所灭，转东徙于丰，故曰'丰，梁徙'。"（《史记集解·高祖本纪》）

颜师古：文颖曰："晋大夫毕万封魏，今河东河北县是也。其后为秦所逼徙都，今魏郡魏县是也。至文侯孙惠王，畏秦，复徙都大梁，今浚仪县大梁亭是也。故世或言魏惠王，或言梁惠王。至孙假为秦所灭，转东徙于丰，故曰丰故梁徙也。"臣瓒曰："《史记》及《世本》毕万居魏，昭子徙安邑，文侯亦居之，《汲郡古文》云惠王之六年自安邑迁于大梁。"师古曰："魏不常都于魏郡魏县，瓒说是也。其他则如文氏之释。"（《汉书注·高帝纪第一上》）

龚浩康：故梁徙，曾是梁的迁都之地。梁即战国后期的魏国，因都城在大梁，所以也称"梁"。魏王假时大梁被秦兵攻占，曾一度迁都于丰。（见王利器主编《史记注译》卷八《高祖本纪》）

⑰【汇注】

龚浩康：下，投降。（见王利器主编《史记注译》卷八《高祖本纪》）

⑱【汇注】

颜师古：封为侯，因令守丰。（《汉书注·高帝纪第一上》）

⑲【汇校】

凌稚隆：余有丁曰：此一"周市"也，书法如此，疑误。（《史记评林》卷八《高祖本纪》）

⑳【汇注】

裴　骃：服虔曰："雅，故也。"苏林曰："雅，素也。"（《史记集解·高祖本纪》）

㉑【汇注】

颜师古：为音于伪反。（《汉书注·高帝纪第一上》）

㉒【汇注】

裴　骃：文颖曰："秦嘉，东阳郡人也，为甯县君。"瓒曰："《陈胜传》曰'广陵人秦嘉'，然则嘉非东阳人也。秦嘉初起兵于郯，号曰大司马，又不为甯县君。东阳甯君自一人，秦嘉又一人。"（《史记集解·高祖本纪》）

司马贞：臣瓒以为二人。按：下文直云"东阳甯君"，又别言"秦嘉"，明臣瓒之

说为得。颜师古以甯是姓,君者,时人号曰君耳。(《史记索隐·高祖本纪》)

胡三省:"陈"当作"凌"。《陈胜传》作"凌人秦嘉"。秦,姓也,春秋时,鲁有秦堇父。(《资治通鉴》卷八《秦纪三》注)

程馀庆:宁姓,时人称之为君,东阳人。(《历代名家评注史记集说·高祖本纪》)

㉓【汇注】

颜师古:留,县名。(《汉书注·高帝纪第一上》)

司马贞:韦昭云:"今彭城留县也。"(《史记索隐·高祖本纪》)

张守节:《括地志》云:"留城在徐州沛县东南五十里,即张良所封处。"(《史记正义·高祖本纪》)

王　恢:留,《泗水注》:"泗水自沛广戚来,东南迳留县而南,迳垞城东,下入彭城。"又《济水注》"菏水东入泗水,又东南过沛县东北,又东南过留县北"云:"济与泗乱,故济纳互称。留县故城,翼佩泗济。宋邑也,《春秋左传》所谓侵宋吕留也。张良委身汉祖,始自此矣;终亦取封焉。"《清统志》(一○一):"故宋邑,秦置县,唐初省。《括地志》,故留城在沛县东南五十五里。"(《史记本纪地理图考·高祖本纪》)

后晓荣:留县,《史记·曹相国世家》:"南至蕲,还定竹邑、相、萧、留。"《正义》引《括地志》云:"故留城在徐州沛县东南五十里,张良所封。"《史记·樊郦滕灌列传》:"(编者按:灌婴)东从韩信攻龙且、留公旋于高密。"《索隐》:"留,县。令称公,旋其名也。"《读史》卷二十九:"留城在沛县东南五十里,故宋邑,秦置县。二世元年,秦嘉立景驹为楚王,在留。沛公乃往从之,欲请兵以攻丰。又张良遇高祖于此,因封留侯,寻亦为留县,属楚国。后汉属彭城国。"秦留县故址在今江苏省徐州市西北。(《秦代政区地理》第五章《四川郡》)

㉔【汇校】

程馀庆:道得张良,此是汉兴大本,宜取《汉书》补。(《历代名家评注史记集说·高祖本纪》)

颜师古:从谓追讨也。《尚书》曰"夏师败绩,汤遂从之"。(《汉书注·高帝纪第一上》)

㉕【汇注】

裴　骃:如淳曰:"从陈涉将也。涉在陈,其将相别在他许,皆称陈。旦,章邯司马。"(《史记集解·高祖本纪》)

梁玉绳:从陈,谓追讨。(《史记志疑·高祖本纪第八》)

[日]**泷川资言**:从,服从之从。(《史记会注考证附校补·高祖本纪第八》)

王叔岷:《汉书》师古注:"从,谓追讨也。"盖《索隐》一说所本。梁氏释"从"

为追讨，亦本颜注。《诗·齐风·还》："并驱从两肩兮。"《传》："从，逐也。"《左》成十六年传："晋韩厥从郑伯。"杜注："从，逐也。"此文"从"，亦取追逐义。（《史记斠证·高祖本纪第八》）

㉖【汇校】

梁玉绳："尼"乃"㡰"之讹，师古曰古"夷"字，胡三省引《类篇》云古"仁"字，《汉书·樊哙传》可证。《史》《汉》他处皆讹作"尼"，而《曹参传》又作"欣"，则孟坚误矣。司马其姓，㡰其名，秦之别将，与下文"赵别将司马卬"同一句法。刘攽云："'别将'当连下句读，言章邯身从陈，而令别将定楚耳。"刘说本《索隐》。（《史记志疑·高祖本纪第八》）

【汇注】

司马贞：谓章邯从陈别将，将兵向他处，而遣司马㡰将领兵士，北定楚地，故如淳云"㡰，章邯司马"也。孔文祥亦曰"邯别遣㡰屠相"。又一说云"从谓追逐之，言章邯讨逐陈别将，而司马㡰别将兵北定楚"，亦通。（《史记索隐·高祖本纪》）

胡三省：师古曰：㡰，古夷字。《类篇》曰：古仁字；又延知反。（《资治通鉴》卷八《秦纪三》注）

周寿昌：如氏注曰："㡰，章邯司马。"《史记正义》同。寿昌按：㡰疑亦是秦将，司马其姓，非官称。若章邯之司马，当以章邯冠于上，不能隔一事为称。又考《樊哙传》云，与司马㡰战砀东，上并无章邯事。《史记》张晏注曰："秦司马，不属章邯。"差近之。刘攽谓："别将字，当属下句读之，言章邯身从陈，而别将定楚耳。"说较胜。又师古注曰："从，为追讨也。《尚书》曰夏师败迹，汤遂从之。"寿昌按：此《商书》序语，尚应作商，书下脱一序字。（《汉书注校补》卷一）

吴　恂：恂按：《史记·秦楚之际月表》："秦二世二年十二月，陈涉死。"正月，章邯已破陈，围咎临济。《史》《汉》《魏豹传》并曰"章邯已破陈王，进兵击魏王于临济"，盖是时涉死陈破，故邯令别将留定楚地，而已从陈进击他国；然则《纪》文从陈以下，似当有"进击魏"等字，如此，方与下文六月章邯破杀魏王咎、齐王儋于临济一语相呼应。或谓《史记》亦然，不致彼此俱脱，是说诚允，然愚疑斯或班仍旧文，否则辞不足义。（《汉书注商·高帝纪第一上》）

施之勉：案：《曹相国世家》"击秦司马（造字：一个尸一个二）军砀东，破之。"是（造字：一个尸一个二）乃秦将也。刘攽曰：余谓别将字当属下句读之，言章邯身从陈，而别将定楚耳。（《史记会注考证订补·高祖本纪第八》）

㉗【汇注】

程馀庆：故相城在宿州西南九十里。（《历代名家评注史记集说·高祖本纪》）

王先谦：相，沛郡县。在今宿州西北。（《汉书补注·高帝纪第一上》）

王　恢：春秋宋邑，战国入楚。《国策 · 秦策》（四），黄歇说秦昭王，魏出兵攻留、方与、銍、胡陵、砀、萧、相，故宋必尽也。秦置县，汉为沛郡治。《括地志》："故相城在徐州符离县（宿县治）西北九十里。"（《史记本纪地理图考 · 高祖本纪》）

后晓荣：相县，秦封泥有"相丞之印"。相，原为春秋时宋国都，秦末章邯曾在此屠城，汉将曹参和灌婴也曾攻占此城。《汉志》沛郡相县，莽曰吾符亭。《史记 · 曹相国世家》："南至蕲，还定竹邑、相、萧、留。"此事也见之于《史记 · 樊郦滕灌列传》。《正义》："故相城在符离西北九十里。"又引《括地志》云："相故城在泗州宿豫县西北七十里，秦县。"《水经 · 睢水注》："相县，故宋地也。秦始皇二十三年，以为泗水郡。"《读史》卷二十一南直宿州："相城，在州西北九十里。《志》云，古相土所居，宋共公徙都于此，秦置相县。二世二年章邯别将司马𡰥将兵北定楚地，屠相至砀，即此。"秦相县故址今在安徽省灵璧县西北。（《秦代政区地理》第五章《四川郡》）

㉘【汇注】

司马贞：韦昭云："相，沛县"。应劭曰："砀属梁国"。苏林音唐，又音宕。（《史记索隐 · 高祖本纪》）

张守节：《括地志》云：故相城在徐州符离县西北九十里。砀在宋州东一百五十里。（《史记正义 · 高祖本纪》）

程馀庆：砀在砀山县东三里。（《历代名家评注史记集说 · 高祖本纪》）

后晓荣：砀县，秦封泥有"砀丞之印"。《汉志》梁国有砀县。《史记 · 项羽本纪》："项羽军彭城西，沛公军砀。"《史记 · 陈涉世家》："陈涉葬砀，谥曰隐王。"《史记 · 曹相国世家》："东取砀、萧、彭城。"《水经》获水注："应劭曰：县有砀山，山在东，出文石。秦立砀郡盖取山之名也。"《读史》卷二十九："砀山县，州西百七十里。西北至山东单县九十里，东南至河南永城县百二十里。秦置砀郡及砀县。二世二年，沛公攻砀，拔之。汉改郡曰梁国，砀县属焉。"秦砀县故址今在安徽砀山县南和河南夏邑县东。（《秦代政区地理》第五章《砀郡》）

㉙【汇注】

司马贞：韦昭云："萧，沛之县名，谓在萧县之西也。"（《史记索隐 · 高祖本纪》）

胡三省：班《志》，萧县属沛郡，唐属徐州。萧西，谓在萧县之西。（《资治通鉴》卷八《秦纪三》注）

程馀庆：故萧城在徐州府萧县西北十里。（《历代名家评注史记集说 · 高祖本纪》）

后晓荣：萧县，《史记 · 项羽本纪》："项羽乃西从萧晨击汉军。"《史记 · 高祖本纪》："沛公引兵西与战萧西。"《史记 · 魏豹彭越列传》："楚命萧公角将兵击越，彭越大破之。""萧公"即如"沛公"，可知秦已置其县。又《史记 · 樊郦滕灌列传》："（编者按：灌婴）降留、薛、沛、酇、萧、相。"《读史》卷二十九："萧县，州西南四十五里，南至宿州百五十里，西南至河南永城县百八十里，古萧国，春秋时宋邑。秦置萧县。汉属沛郡。更始初，封光武为萧王即此。后还属沛国。"《清一统志》卷一百零一："萧县故城在今徐州府萧县西北。……秦置萧县。"秦萧县故址在今江苏省萧县东南。（《秦代政区地理》第五章《四川郡》）

㉚【汇校】

王叔岷：《考证》：《汉书·高纪》"引兵"上补"二月"二字。案：《汉书》"引兵"作"二月"，《通鉴》同。非"引兵"上补"二月"二字也。（《史记斠证·高祖本纪第八》）

【汇注】

全祖望：砀郡，始皇二十二年置，汉亡梁国，又分山阳、济阴、陈留。（《汉书地理志稽疑》卷一）

㉛【汇注】

程馀庆：从宁君欲攻丰之地，实则止有收兵事，点明。（《历代名家评注史记集说·高祖本纪》）

㉜【汇注】

司马贞：韦昭云："县名，属梁国。"（《史记索隐·高祖本纪》）

胡三省：班《志》，下邑县属梁国。（见《资治通鉴》卷八《秦纪三》注）

王先谦：下邑，梁国县，在今砀山县东。（《汉书补注·高帝纪第一上》）

后晓荣：下邑，秦封泥有"下邑丞印"。《史记·高祖本纪》："沛公，攻下邑，拔之。"《史记·项羽本纪》："是时吕后兄周吕侯为汉将兵，居下邑。"《汉志》梁国下邑县，"莽曰下治"。《读史》卷五十"河南归德府夏邑县""在府东百二十里。北至山东单县七十里。战国时下邑地，秦属砀郡。汉置下邑县，属梁国"；"下邑故城在县西南，战国时为楚邑，楚考烈王灭鲁，顷公亡迁下邑是也。秦二世二年沛公取砀，攻下邑，拔之。又彭城之战吕后兄周吕侯军于此，高祖败还，从周军于下邑。寻置下邑县"。《清一统志》卷一百零一："故城在徐州府砀山县东，秦置下邑县。"秦下邑县故址今在安徽省砀山县。（《秦代政区地理》第五章《砀郡》）

㉝【汇注】

颜师古：拔者，破城邑而取之，言若拔树木，并得其根本也。（《汉书注·高帝纪第一上》）

司马贞：按：范晔云"得城为拔"是也。（《史记索隐·高祖本纪》）

㉞【汇校】

［日］泷川资言：考证：枫、三本"豊"上有"攻"字，《汉书·高纪》作"还击豊，不下"。（《史记会注考证附校补·高祖本纪第八》）

[日] 水泽利忠：秘阁、桃古、南化、枫、三、狩、野、中韩"还军攻豐"。（《史记会注考证附校补·高祖本纪第八》）

【汇注】

韩兆琦：还军丰，有本作"还军攻丰。"《汉书》作"还击丰，不下。"《汉书》文意最明晰。徐孚远曰："汉祖起事，欲以沛丰为根本。丰反属魏，大势几失，故数借兵复之。"（《史记选注集说·高祖本纪》）

李开升：按：此句"还军丰"当作"还军，攻丰"。此时雍齿已据丰降魏而反沛公，故下文沛公攻丰并拔之，则此时沛公必不得军丰。日藏秘阁本、《桃源史记钞》引古本、南化本、枫山文库本、三条本等均作"还军，攻丰"（中华书局本《史记会注考证附校补》页258），甚是。《汉书·高祖本纪》作"还击丰"，意同。（《史记的一处校勘》，引自《逐鹿中原》）

㉟【汇注】

张守节：今徐州滕县，故薛城也。（《史记正义·高祖本纪》）

㊱【汇注】

裴　骃：徐广曰："三月。"（《史记集解·高祖本纪》）

施之勉：按：《月表》在四月。（《史记会注考证订补·高祖本纪第八》）

㊲【汇注】

裴　骃：苏林曰："五大夫，第九爵也。以五大夫为将，凡十人也。"（《史记集解·高祖本纪》）

吴忠匡：项梁益沛公卒五千人，五大夫将十人。五百人属一将也。（《俞樾、王闿运〈史记〉校语录》，载《中国历史文献研究》）

㊳【汇注】

裴　骃：徐广曰："《表》云'拔之，雍齿奔魏'。"（《史记集解·高祖本纪》）

牛运震："沛公还，引兵攻丰。"徐广曰："《表》云'拔之，雍齿奔魏'。"按：此应照《表》添入《纪》中。（《读史纠谬》卷一《史记·高祖本纪》）

梁玉绳：按：《月表》云"拔之，雍齿奔魏"，与《汉书·高纪》同，此文不备。（《史记志疑·高祖本纪第八》）

赵　翼：《史记》沛公破丰，命雍齿守之。齿以丰降魏，沛公攻之，不能下。项梁益沛公五千兵攻丰，而不言攻之胜负。《汉书》则云：攻丰，拔之，雍齿奔魏。（《廿二史札记》卷一《史汉不同处》）

【汇评】

程馀庆：汉祖起事，欲以丰、沛为根本，丰反，属魏，大势几失。故数借兵复之。及入关以后，则势又在关中，而沛、丰非所须矣。（《历代名家评注史记集说·高祖本

纪》)

从项梁月馀，项羽已拔襄城还①。项梁尽召别将居薛②。闻陈王定死③，因立楚后怀王孙心为楚王④，治盱台⑤。项梁号武信君。居数月⑥，北攻亢父，救东阿⑦，破秦军。齐军归⑧，楚独追北⑨，使沛公、项羽别攻城阳⑩，屠之。军濮阳之东⑪，与秦军战，破之。

① 【汇注】
司马贞：韦昭云："颍川县。"（《史记索隐·高祖本纪》）
张守节：襄城，许州县。（《史记正义·高祖本纪》）
王先谦：襄城，颍川县。今许州襄城县治。（《汉书补注·高帝纪第一上》）
王　恢：襄城，春秋郑氾邑，襄王出居郑氾。战国韩因名襄城，秦置县。《汝水注》："汝水自郏来，东迳襄城故城南。"《清统志》（二一八）："故城今治西墉之外，遗迹连亘达于城隅。"梁前使羽别攻襄城，未知确为何时。远攻襄城，为响应陈涉耶？羽还报陈涉败死确讯，梁因召诸将至薛计议。时汉高起沛，军于丰，因往从之。从范增说，立楚怀王孙心，仍号怀王，以从民望，都盱台。梁则自引兵北救齐。局势为之大变。（《史记本纪地理图考·项羽本纪》）

② 【汇注】
颜师古：别将，谓小将别在他所者。（《汉书注·高帝纪第一上》）
全祖望：薛郡，始皇二十四年置，汉之鲁。（《汉书地理志稽疑》卷一）
王　恢：故城在今滕县东南四十四里。《汉志》："鲁国薛，夏车正奚仲所国，后迁于邳，汤相仲虺居之。"六国时称徐州。《田齐世家》：宣王九年（前三三四），与魏襄王会徐州而相王；十年，楚围我徐州；湣王三年（前三二一）封田文于此，号孟尝君。亦分属鲁，《鲁世家》，顷公十九年（前二五四），楚伐我，取徐州。《泗水注》："漷水自蕃来，西迳薛县故城北。"《纪年》梁惠成王三十一年（前340），邳迁于薛，改名徐州。漷水又西迳仲虺城北。《晋太康地记》云，奚仲迁邳，仲虺居之，为汤左相。……徐广《史记音义》云：楚元王子郢客以吕后二年封上邳侯，有下，故此为上矣。《地道记》云：仲虺城在薛城西三十里。漷水迳薛之上邳城西而南注，下入山阳胡陵。"《清统志》（一六六）："薛城，春秋以后别名舒州，《史记》皆作徐州。刘熙《释名》，徐，舒也，古字相通。固非《禹贡》之徐州，亦非汉晋以来之彭城也。近志以为即今徐州，因引入彭城，误矣。"按：或作"徐"者，缺笔也；释为"舒"者，强解也。古人有好异者，如《汉志》，一潍水也，而琅邪一郡之中，即作"维"，又作"淮"。要知志地与文史不同，如舒、如淮，固不可张冠而李戴，安可以假借而乱其本真！（《史记本纪地理图考·项羽本纪》）

吴见思：沛公亦在其中。（《史记论文·高祖本纪》）

③【汇注】

徐朔方：《史记》："项梁尽召别将居薛，闻陈王定死，因立楚后怀王孙心为楚王，治盱台。项梁号武信君。"《汉书》详于《项籍传》，此处但作"六月，沛公如薛，与项梁共立楚怀王孙心为楚怀王"。单以此《纪》而言，《汉书》曲笔，不及《史记》信实。（《史汉论稿·刘邦》）

④【汇注】

颜师古：应劭曰："六国为秦所并，楚最无罪，为百姓所思，故求其后，立为楚怀王，以祖谥为号，顺民望也。"（《汉书注·高帝纪第一上》）

凌稚隆：按：怀王之立，《史记》但云"尽召别将居薛"，《汉书》改"沛公如薛，与项梁共立"云云，见两人俱北面而事楚，则异日沛公所为缟素发丧以声项羽弑逆之罪者，庶几有本末云。（《汉书评林·高帝纪》）

徐朔方：《史记》"秦二世三年"以下记楚怀王自盱台徙都彭城，以沛公为砀郡长，项羽为长安侯，直至宋义为上将军救赵一大段文字都发生在二年，《汉书》系以年月，分别改正，和《史记·秦楚之际月表》合。以下类此者多，不一一校。（《史汉论稿·刘邦》）

【汇评】

刘辰翁：项梁于沛公有恩，非独与共事比也。与项梁共立怀王者，《史》笔为缟素张本也。其时不在薛，则无此义举，尽召诸将时，殆共收兵耳，意非在共立也。（见倪思编《班马异同》卷二《高祖》）

王鸣盛：项氏谬计凡四。方项梁起江东，渡江而西，并诸军，连战胜，及陈涉死，召诸别将会薛计事，此时天下之望，已系于项梁。若不立楚怀王孙心，即其后破死于章邯之手，而项羽收其余烬，大可以制天下。范增首唱议立怀王，其后步步为其掣肘，使沛公入关，羽得负约之名；杀之江中，得弑主名。增计最拙，大误项氏。谬一。（郦生劝立六国后，张良借前箸筹其不可，在刘如此，在项何独不然？）（《十七史商榷》卷二"项氏谬计四"）

又：六国亡久矣，起兵诛暴秦，不患无名，何必立楚后。制人者变为制于人。而怀王者公然主约，既约先入关者王之，而不使项羽入关，是明明不欲羽成功也。独不思己本牧羊儿，谁所立乎？既不能杀羽，而显与为难。且不但不使羽入关而已，并救赵亦仅使为次将。所使上将，则妄人宋义也，羽即帐中斩其头，如探囊取物。迨至羽屠咸阳，杀子婴后，怀王犹曰如约。如约者，欲令沛公王关中也。兵在其颈，犹为大言，牧羊儿愚至此。范增谬计，既误项氏，亦误怀王。（同上）

⑤【汇注】

司马贞：韦昭云："临淮县。音吁夷。"（《史记索隐·高祖本纪》）

张守节：楚县也。（《史记正义·高祖本纪》）

胡三省：班《志》，盱眙县属临淮郡。《史记正义》曰：今楚州县。阮胜之《南兖州记》：盱眙，本春秋善道地；宋属泗州。音吁怡。（《资治通鉴》卷八《秦纪三》注）

刘文淇：汉属临淮，楚汉之间亦属东阳郡。（《楚汉诸侯疆域志》卷一）

王　恢：《淮水注》："淮水自徐来，东迳盱眙故城南，下入淮阴。"《清统志》（一三四）："故城今盱眙县东北。"按：春秋吴善道邑。据《淮水注》，故城在淮水北岸；而《寰宇记》县在淮南，即今县东北盱眙山麓。元立招信路，改临淮府，寻罢府复县，泰定四年徙今治。是故治与今治凡三迁。故治在清康熙间已尽沦于洪泽湖。（《史记本纪地理图考·项羽本纪》）

后晓荣：盱眙，《史记·项羽本纪》："于是项梁然其言，乃求楚怀王孙心民间，为人牧羊，立以为楚怀王……与怀王都盱台。"《正义》："盱眙，今楚州，临淮水，怀王都之。"《读史》卷二十一："盱眙县，州南七里。东至高邮州宝应县百八十里，东北至淮安府清河县百五十里，南至滁州百九十里。春秋时为吴善道地。襄五年，仲孙蔑、卫孙林父，会吴于善道，是也。秦为盱眙县，项羽尊楚怀王孙心为义帝，都盱眙。汉属临淮郡，郡都尉治焉。武帝封江都易王子蒙为侯邑。许慎曰：张目为盱，举目为眙，盱眙者，城居山上，可以瞩远也。后汉县属下邳国。"《清一统志》卷一百三十四："故城在盱眙县东北，秦置盱眙县。"秦盱眙县故址在今江苏省盱眙县东北。（《秦代政区地理》第五章《东海郡》）

⑥【汇校】

梁玉绳：按：《月表》及《汉纪》立怀王在六月，攻亢父在七月，中间只隔数十日，安得谓居数月乎？疑"月"当作"日"。（《史记志疑·高祖本纪第八》）

【汇注】

施之勉：按《月表》及《汉纪》：立怀王在六月。攻亢父在七月。救东阿，破秦军在八月。故云"居数月"。（《史记会注考证订补·高祖本纪第八》）

⑦【汇注】

司马贞：韦昭云："东郡之县名。"（《史记索隐·高祖本纪》）

张守节：济州县也。（《史记正义·高祖本纪》）

胡三省：班《志》，东阿县属东郡。《括地志》：东阿故城，在济州东阿县西南二

十五里。(《资治通鉴》卷八《秦纪三》注)

  王先谦：东阿，东郡县。今兖州府阳谷县东北五十里阿城镇。(《汉书补注·高帝纪第一上》)

  王　恢：东阿，《汉志》东郡东阿县，注引应邵云："卫邑，有西故称东。"王《补》(编者按：王先谦《汉书补注》)："春秋齐柯邑，鲁齐盟此，见《左》庄十三年。战国为阿，见《田齐世家》。非卫邑，应说误；《河水注》仍之。未审项羽大破秦军东阿，则秦时已加东。西阿属赵，即葛城，《史记》赵于燕会阿，是也，今直隶安州(河北新安县)。《周勃传》阿下，盖仍旧称。"《河水注》河水自范来，右历柯泽，《左传》孙文子败公徒于阿泽者也。又东北迳东阿县故城西，下入茌平。《清统志》(一六六)，故城今阳谷县东北五十里，世俗谓之阿城镇。(《史记本纪地理图考·项羽本纪》)

⑧【汇注】

  龚浩康：齐军归，东阿之围解除后，田荣引兵东归，驱逐了齐人所立的田假，另立田儋之子田市为王。田假逃到楚地，受到保护，田荣以此与项梁、项羽生怨。事详《项羽本纪》《田儋列传》。(见王利器主编《史记注译》卷八《高祖本纪》)

⑨【汇注】

  裴　骃：服虔曰："师败曰北。"(《史记集解·高祖本纪》)

  徐孚远：按：项梁与田荣同攻亢父，救东阿，破秦军，而荣即引兵归，故楚独追北。(《史记测议·高祖本纪》)

  吴见思：以上俱项梁事，沛公正从项梁，则亦沛公事也，故详序。(《史记论文·高祖本纪》)

  郭嵩焘：案：《项羽本纪》云："居数月，引兵攻亢父，与齐田荣、司马龙且军救东阿，大破秦兵于东阿。田荣即引兵归。"故于此更不详叙，然亦当云"与齐兵救东阿"，而后"齐军归"三字始有着落。(《史记札记·高祖本纪》)

  周寿昌：按：《诗》"言树之背"，《传》，背，北堂也。《玉篇》北曰背。北、背古转训。服虔、韦昭训本此。颜引《老子》《乐书》，于义支离。王先生念孙解北字甚详确，稍嫌辞费。(《汉书注校补》卷一)

⑩【汇注】

  司马贞：按：《地理志》属济阴。(《史记索隐·高祖本纪》)

  胡三省：《括地志》：濮州雷泽县，本汉城阳，在州东九十一里。余按：班《志》济阴成阳县有雷泽。此成阳与定陶、濮阳皆相近，非城阳国之城阳。(《资治通鉴》卷八《秦纪三》注)

  顾祖禹：成阳城，州东北六十里。战国时齐邑，成亦作郕。《秦纪》：昭襄十七年成阳君入朝，秦因置郕阳县，亦曰城阳。二世二年，项梁使沛公及项羽别攻城阳，屠之。汉二年，项羽北至城阳，田荣将兵会战，不胜，走至平原，为平原民所杀。《汉纪》：沛公西略地，道砀至城阳与杠里，攻秦壁，破其二军。《曹参世家》：参击王离于城阳南，复及之杠里，破之。又樊哙从击秦河间守军于杠里，破之。杠里在城阳西，皆此成阳也。汉曰成阳县，属济阴郡。高祖封功臣奚意为侯邑。后汉仍为成阳县，晋属济阳郡，后魏属濮阳郡。后齐省。隋开皇十六年，改置雷泽县，属郓州，今在濮州境内。（《读史方舆纪要》卷三十三《山东四·兖州府》）

全祖望：城阳，楚汉之间分琅邪置，汉因之。见《高纪》，以封齐王，其后高后即以封张偃者也，则以为文帝始置者谬。（《汉书地理志稽疑》卷一）

钱大昕："别攻城阳，屠之"，城当作成，即下文所谓至成阳与杠里者也。（《廿二史考异·汉书》）

王先谦：城阳即济阴成阳，本书成城通作，在今曹州府濮州东南。（《汉书补注·高帝纪第一上》）

⑪【汇注】

司马贞：韦昭云："东郡之县名。"（《史记索隐·高祖本纪》）

张守节：濮阳故城在濮州西八十六里，本汉濮阳县。（《史记正义·高祖本纪》）

王先谦：濮阳，东郡县，在今大名府开州南。（《汉书补注·高帝纪第一上》）

王　恢：《汉志》："东郡濮阳，卫成公自楚丘徙此，故帝丘，颛顼墟。"《济水注》："濮水自濮阳南入钜野。"《瓠子河》注："濮水迳其南，故曰濮阳。章邯守濮阳，环之以水。"《清统志》（三五）："濮阳故城在开州（今濮阳）西南二十里，汉置。本古帝墟也。春秋僖公三十一年（前六二九），卫迁于此。《左》昭十七年（前525），梓慎曰：卫，颛顼之虚也，故为帝丘。战国曰濮阳，仍为卫都。《史记》卫嗣君五年，独有濮阳。元君十四年，秦徙野王，而并濮阳为东郡。《汉书·地理志》，东郡治濮阳。《明统志》又有帝丘城，在滑县东北七十里土山村，即卫成公所迁，盖即濮阳城，境相接也。"（《史记本纪地理图考·项羽本纪》）

秦军复振①，守濮阳，环水②。楚军去而攻定陶③，定陶未下。沛公与项羽西略地至雍丘之下④，与秦军战，大破之，斩李由⑤。还攻外黄⑥，外黄未下。

①【汇注】

裴　骃：李奇曰："振，整也。"如淳曰："振，起也。收败卒自振迅而复起也。"（《史记集解·高祖本纪》）

颜师古：晋灼曰："《左氏》云'振废滞'，如说是也。"(《汉书注·高帝纪第一上》)

② 【汇注】

裴　骃：文颖曰："决水以自环守为固也。"张晏曰："依河水以自环绕作垒。"(《史记集解·高祖本纪》)

颜师古：文说是也，环音宦。(《汉书注·高帝纪第一上》)

张守节：按：二说皆通。其濮阳县北临黄河，言秦军北阻黄河，南凿沟引黄河水环绕作壁垒为固，楚军乃去。(《史记正义·高祖本纪》)

③ 【汇注】

司马贞：按：《地理志》济阴之县也。(《史记索隐·高祖本纪》)

胡三省：班《志》，定陶县属济阴郡。《史记正义》曰：定陶，今曹州县。(《资治通鉴》卷八《秦纪三》注)

刘文淇：属济阴郡，楚汉之间亦属东郡。(《楚汉诸侯疆域志》卷一)

王先谦：定陶，济阴县，在今曹州府定陶县西北四里。(《汉书补注·高帝纪第一上》)

后晓荣：定陶，秦封泥有"定陶丞印"。定陶一直为秦要地，秦王曾封魏冄于穰，并加封陶邑，号为穰侯。秦末项梁战死于此。西汉初年，诸侯也于此地共尊汉王刘邦为皇帝。《汉志》济阴郡定陶县，"故曹国，周武王弟叔振铎所封，《禹贡》陶丘在西南。"《史记·秦始皇本纪》："（二世）二年……杀陈涉城父，破项梁定陶，灭魏咎临济。"《史记·项羽本纪》："沛公、项羽乃攻定陶，定陶未下。""项梁起东阿，西至定陶，再破秦军。"《史记·高祖本纪》："楚军去而攻定陶，定陶未下。""立建成侯彭越为梁王，都定陶。"《史记·穰侯列传》："乃封魏冄于穰，复益封陶。"《索隐》："陶即定陶也。"《读史》卷三十三（曹）州定陶县："（曹）州东南五十里，东至城武县五十里，春秋时曹地，秦置定陶县，汉封彭越为梁王，都定陶。后为济阴郡治，甘露中为定陶国治，后汉济阴郡亦治此。"秦定陶县故址今在山东省定陶县西北四里。(《秦代政区地理》第五章《东郡》)

④ 【汇注】

司马贞：韦昭云："故杞国，今陈留之县。"(《史记索隐·高祖本纪》)

胡三省：班《志》，雍丘县属陈留郡，故杞国也。《史记正义》曰：雍丘，今汴州县。(《资治通鉴》卷八《秦纪三》注)

顾祖禹：雍丘城，今县治，春秋属杞。《括地志》武王封禹后于此，号东楼公。后属宋，战国属魏，雍一作雝，《左传》襄九年郑围宋雍丘，宋皇瑗围郑师取之。《史记·郑世家》缪公十五年，韩景侯伐郑，取雍丘。又秦蒙骜拔魏雍丘。秦二世二年，

沛公、项羽自定陶西略地破，秦军于雍丘。又曹参南攻雍丘击李由军，破之。（《读史方舆纪要》卷四十七《河南二·开封府》）

⑤【汇注】

颜师古：应劭曰："……由，李斯子。"（《汉书注·高帝纪第一上》）

周寿昌：按：《史记·李斯传》，二世初立，赵高曰：丞相长男李由为三川守，楚盗陈胜等，皆丞相傍县之子，以故楚盗公行过三川，城守不肯击。是斯之被谮，实由其子守三川也。又云：及二世按三川之守至，则项梁已击杀之。二年七月，具斯五刑，论腰斩咸阳市，是由应死在元年李斯被刑以前。其曰项梁不曰高祖者，盖当时初起兵时，秦止闻有项，不闻有刘也。天下大乱，秦法不施，由正统兵，未必奉诏，赵高蔽主，奏报不入，即入亦不以时。故《史》《汉》日月多错互也。（《汉书注校补》卷一）

⑥【汇注】

司马贞：韦昭云："上陈留县。"（《史记索隐·高祖本纪》）

张守节：在雍丘东。（《史记正义·高祖本纪》）

胡三省：班《志》，外黄县属陈留郡。张晏曰：魏郡有内黄，故曰外。《括地志》曰：故周城即外黄之地，在雍丘县之东。（《资治通鉴》卷八《秦纪三》注）

又：杜佑曰：汉外黄故城，在陈留郡雍丘县东，春秋"齐桓公会诸侯于葵丘"，即此。（《资治通鉴》卷十《汉纪二》注）

王先谦：外黄，陈留县，在今杞县东。（《汉书补注·高帝纪第一上》）

王　恢：外黄，《汉志》陈留郡外黄县，注引张晏曰："魏郡有内黄，故加外。"《燕策》苏代曰："决白马之口，魏无黄、济阳。"（《史记·苏秦传》作外黄）《魏世家》太子申过外黄。张耳为魏外黄令（本传）。《汳水注》："汳水自雍丘来，东迳外黄县南。"又《泗水注》："黄水自小黄（陈留东北）来，东迳外黄故城南。"《元和志》（七）故城在雍丘（杞）县东六十里。（《史记本纪地理图考·项羽本纪》）

后晓荣：外黄，《史记·项羽本纪》："还攻外黄，外黄未下。"又云，"外黄令舍人儿年十三，往说项王"。《史记·张耳陈馀列传》："（张耳）尝亡命游外黄，外黄富人女甚美……嫁之张耳……张耳以故致千里客，乃宦魏为外黄令。"《史记·魏豹彭越列传》："（彭越）攻下睢阳、外黄十七城。"《史记·樊郦滕灌列传》："（樊哙）击破王武、程处军于外黄。"《正义》引《括地志》云："故周城即外黄之地，在雍丘县东。"《读史》卷四十七："外黄城，县东北六十里。《左传》：鲁惠公季年，败宋师于黄。杜预曰：外黄县东有黄城。《战国策》：苏代曰：决白马之口，魏无黄、济阳。秦置外黄县。二世二年，沛公、项羽自雍丘还攻外黄。汉四年，项羽攻外黄，怒其不早下，将坑之，以舍人儿言而止。汉亦曰外黄县，属陈留郡，郡都尉治焉。张晏曰："魏郡有内黄，故此加外。"考古调查表明，河南省民权县外黄故城的面积约为78万平方

米。(《秦代政区地理》第五章《砀郡》)

> 项梁再破秦军，有骄色。宋义谏①，不听。秦益章邯兵，夜衔枚击项梁②，大破之定陶，项梁死。沛公与项羽方攻陈留③，闻项梁死，引兵与吕将军俱东④。吕臣军彭城东⑤，项羽军彭城西，沛公军砀⑥。

① 【汇注】

司马贞：荀悦《汉纪》云"故楚令尹宋义"，当别有所出也。(《史记索隐·高祖本纪》)

② 【汇注】

裴　骃：《周礼》有衔枚氏。郑玄曰"衔枚，止言语嚣讙也。枚状如箸，横衔之，缫结于项者。"缫，音狄。(《史记集解·高祖本纪》)

颜师古：衔枚者，止言语讙嚣，欲令敌人不知其来也。《周官》有衔枚氏。枚状如箸，横衔之，缫絜于项。缫者，结碍也。絜，绕也。盖为结纽而绕项也。缫音狄。契音颉。(《汉书注·高帝纪第一上》)

③ 【汇注】

胡三省：班《志》，陈留县属陈留郡。孟康曰：留，郑邑也，后为陈所并，故曰陈留。臣瓒曰：宋亦有留，彭城留是也；留属陈者称陈留。《括地志》：陈留，汴州县，在州东五十里。(《资治通鉴》卷八《秦纪三》注)

④ 【汇注】

司马光：腊月，陈王之汝阴，还，至下城父，其御庄贾杀陈王以降［秦将章邯］。……陈王故涓人将军吕臣为苍头军，起新阳，攻陈，下之，杀庄贾，复以陈为楚；葬陈王于砀，谥曰隐王。(《资治通鉴》卷八《秦纪三》)

王叔岷：《考证》：《汉书》"吕将军"作"将军吕臣"。案：《通鉴》亦作"将军吕臣"。(《史记斠证·高祖本纪第八》)

⑤ 【汇注】

胡三省：班《志》，彭城县属楚国。《彭门记》：彭祖，颛顼之玄孙，至商末寿及七百六十七岁，今墓犹存，故邑号彭城。(《资治通鉴》卷八《秦纪三》注)

王先谦：彭城，楚国县，今徐州府铜山县治。(《汉书补注·高帝纪第一下》)

⑥【汇评】

　　刘辰翁：三军布置彭城，最可观。此则怀王之为累也。（见倪思编《班马异同》卷二《高祖》）

　　章邯已破项梁军，则以为楚地兵不足忧，乃渡河，北击赵，大破之①。当是之时，赵歇为王②，秦将王离围之钜鹿城③，此所谓河北之军也。

①【汇注】

　　张家英："章邯已破项梁军，则以为楚地兵不足忧，乃渡河，北击赵，大破之。"三家、《考证》于"则"字均未解。谨按：王引之《经传释词》卷八《则即》条云："则者，承上起下之词。《广雅》曰：'则，即也。'字或通作'即'。……'则'与'即'古同声而通用。"《史记》中"则"作"即"解之例颇多……（《〈史记〉十二本纪疑诂·高祖本纪》）

　　又：会稽守通对项梁说的话中，有"吾闻先即制人，后则为人所制"句。上下句中"即"与"则"对文，更为"即、则"可以互训的确证。《汉书·项籍传》作"先发制人，后发制于人"，无"即、则"二字。又，《经传释词》卷八《则即》条中，也举有几个同一语句在两书中"则、即"互易的实例：《大戴礼·曾子立事》篇："三十四十之间而无艺，即无艺矣；五十而不以善闻，则无闻矣。""即"，亦"则"也。《诗·终风》："愿言则嚏。"《一切经音义》十五引此"则"作"即"。《秦策》："此则君何居焉？"《史记·蔡泽传》"则"作"即"。《史记·秦始皇记》："闻令下则各以其学议之。"《李斯传》"则"作"即"。《苏秦传》："与之，则无地以给之。"《韩策》"则"作"即"。《春申君传》："则楚更立君。"《楚策》"则"作"即"。《鲁仲连传》："则臣见公之不能得也。"《齐策》"则"作"即"。这些例子是很有说服力的。（同上）

②【汇注】

　　司马贞：苏林音如字，郑德音"遏绝"之"遏"。徐广音乌辖反。今依字读之也。（《史记索隐·高祖本纪》）

　　吴见思：忙中欲插入赵王，故用"当是之时"，便安放得好。下同。（《史记论文·高祖本纪》）

③【汇注】

　　顾祖禹：钜鹿城，今县城也。秦二世二年，章邯北渡河击赵，赵王歇、张耳、陈馀皆走入钜鹿城。章邯令王离、涉间围钜鹿，章邯军其南，筑甬道而输之粟，陈馀将卒数万人军钜鹿北，所谓河北之军也。三年，楚上将军项羽引军渡河救钜鹿，大破秦兵，诸侯军救钜鹿下者十余壁，莫敢纵兵。章邯兵数却，遂以兵降楚，即此钜鹿也。《括地志》："汉钜鹿郡，故城在平乡县北十一里。"故钜鹿县城，即平乡县治也。(《读史方舆纪要》卷十五《直隶六·顺德府》)

全祖望：钜鹿，始皇二十三年置，汉因之，又分为清河、渤海、河间、广平。(《汉书地理志稽疑》卷一)

又：钜鹿郡，秦置，属冀州。当云故秦郡，楚汉之际属赵国。寻属常山国。八月（按：此直系以月而不年者，犹言八阅月也，后同）复属赵国。高帝三年属汉，四年复以属赵国。高后八年复故。文帝元年复属赵国，景帝三年复故，四年复属赵国。后以支郡收，属冀州，莽又分其地置郡，曰和戎（见《东观汉纪》）。(《汉书地理志稽疑》卷二)

郭嵩焘：案：《项羽本纪》："陈馀将卒数万人而军钜鹿之北，此所谓河北之军也。"以表项羽居漳南，独当秦军。此云"秦将王离围之钜鹿城，此所谓河北之军也"，又似据秦军言之。疑必当时以河南、北俱有战事，故析言之，史公引旧文并载之《高祖本纪》也。(《史记札记·高祖本纪》)

王　恢：钜鹿，赵新造，仍旧都（编者按：邯郸），章邯破之，赵王歇走入钜鹿，秦军围之。钜鹿本赵邑，秦置县，为钜鹿郡治。梁启超《历史研究法》云："钜鹿古城即今钜鹿县治。民国十年夏秋间掘得，其城在二丈以下，屋宇比栉。"《清统志》（三〇）谓今平乡县治，非也。(《史记本纪地理图考·项羽本纪》)

后晓荣：秦钜鹿郡原为赵地，公元前222年，秦灭赵后设郡，因钜鹿泽而得名。秦并天下后，钜鹿郡一分为三，析置钜鹿、清河、河间三郡。《图集》（编者按：谭其骧主编《中国历史地图集》）中属钜鹿郡北部的河间地，今已辨明秦统一后分设置河间郡，故秦钜鹿郡当依《汉志》钜鹿郡为主体，辖境北界至今河北绕阳、晋县一带，南至鸡泽，与邯郸郡为邻，东与漳水为界，与清河郡为邻。郡治钜鹿，今河北平乡县西南。(《秦代政区地理》第六章《巨鹿郡》)

又：钜鹿，西安相家巷出土秦封泥有"钜鹿之丞"。《史记·秦始皇本纪》："二世二年，章邯北渡河，击赵王歇等于钜鹿。"《史记·项羽本纪》："赵歇为王，陈馀为将，张耳为相，皆走入钜鹿城。章邯令王离、涉间围钜鹿。"《元和》卷十五："平乡县，本春秋时邢国，后为赵地，始皇灭赵，以为钜鹿郡，亦大称也。张耳与赵王歇走入钜鹿城，王离围之，即此地也。"《清一统志》卷三十："钜鹿故城，今顺德府平乡县治。"秦钜鹿县故址在今河北省鸡泽县东北。(同上)

秦二世三年①，楚怀王见项梁军破，恐，徙盱台②都彭城，并吕臣、项羽军自将之③。以沛公为砀郡长④，封为武安侯，将砀郡兵。封项羽为长安侯，号为鲁公⑤。吕臣为司徒⑥，其父吕青为令尹⑦。

① 【汇校】
梁玉绳：按：此当在后文"沛公引兵西，遇彭越昌邑"句上，误书于此。（《史记志疑·高祖本纪第八》）

李人鉴：按："秦二世三年"五字乃后人所妄加，说已见于上文。此下六十三字当在"章邯已破项梁军"一段之前，错简误置于后。据本书《秦楚之际月表》及《汉书·高帝纪》，章邯大破项梁于定陶，杀项梁，在秦二世二年九月，沛公、项羽与吕臣俱引兵而东，亦在二年九月，楚怀王徙都彭城，亦在二年九月；怀王并吕臣、项羽军自将之，在二世二年后九月，章邯渡河北击赵，大破之，秦将王离围赵王歇于钜鹿城，亦在二年后九月，怀王以宋义为上将军，项羽为次将，范增为末将，北救赵，亦在二年后九月。事之先后次第盖如此。据此则此《纪》"楚怀王见项梁军破"等六十三字决不能位于"章邯已破项梁军"一段之后，而应位于其前。《汉书·高帝纪》叙怀王徙都彭城，并吕臣、项羽军自将之等事正在"章邯已破项梁"一段之前，此《纪》当据以乙正。（《太史公书校读记·高祖本纪第八》）

【汇注】
齐召南：三年，楚次将项籍杀宋义代之，大破秦军，虏秦将王离；楚怀王遣沛公西攻秦；章邯降于项羽；八月，沛公入武关；帝为赵高所弑，立子婴为王；九月，婴讨诛高，沛公入峣关，明年至霸上，子婴降，秦亡。又：秦统一，起庚辰终甲午，凡三主共十五年而灭于楚；子婴降于沛公，秦亡；冬，沛公入咸阳，还军霸上；项籍至，屠咸阳；春正月，项籍尊楚怀王为义帝，籍分王诸侯，共十八国。（《历代帝王年表·秦年表》）

② 【汇校】
[日] 泷川资言：考证：古钞本、枫、三本"徙"作"从"。《汉书》作"自"，义同，当依订。（《史记会注考证附校补·高祖本纪第八》）

【汇注】
颜师古：郑氏曰："音昫怡。"师古曰："昫音许于反。"（《汉书注·高帝纪第一上》）

③【汇评】

刘辰翁：怀王起田间，都未定，即自将二雄，进非不能左右，坐受羁制。使非宋义疏庸，范增迂儒，以沛公问诸将，尚有足为分遣破秦。虽以此为汉，而失其为楚矣。（见倪思编《班马异同》卷二《高祖》）

④【汇注】

张守节：《括地志》云："宋州本秦砀郡。"苏林云："长如郡守。"韦昭云："秦名曰守，是时改曰长。"（《史记正义·高祖本纪》）

周寿昌：按：苏、韦两说近之，而有不尽者。楚汉时，每郡设统兵之长，故下云将砀郡兵。守或别有人也。《灌婴传》云破薛郡长。颜注，长亦如郡守也，时每郡置长。《传》又云破吴郡长，吴不得吴守。既有吴郡长，又有吴郡守，明长与守各一人。（《汉书注校补》卷一）

⑤【汇注】

龚浩康：鲁，县名，在今山东省曲阜市，本春秋时鲁国都城，当时为薛郡治所。（见王利器主编《史记注译》卷八《高祖本纪》）

⑥【汇注】

龚浩康：吕臣，原为陈郡部将，陈胜失败后，他曾收拾残部，组织"苍头军"一度收复陈郡，重建张楚政权，并屡次打败秦军。后归属项梁。（见王利器主编《史记注译》卷八《高祖本纪》）

又：司徒，楚官名。楚国的司徒职掌后勤事务，与一般所说的六卿之一的司徒（主管教化）不同。（同上）

⑦【汇注】

司马贞：按：《表》青封信阳侯。（《史记索隐·高祖本纪》）

张守节：应劭云："天子曰师尹，诸侯曰令尹。时去六国近，故置令尹。"臣瓒曰："诸侯之卿，唯楚称令尹，其余国不称。时立楚之后，故置官司皆如楚旧也。"（《史记正义·高祖本纪》）

赵数请救，怀王乃以宋义为上将军，项羽为次将，范增为末将①，北救赵②。令沛公西略地入关③。与诸将约，先入定关中者王之④。

①【汇注】

龚浩康：范增（前277—前204），项氏叔侄的重要谋臣，居鄡（今安徽省安庆市北）人，曾劝项梁立楚怀王，项羽尊称他为"亚父"。后刘邦采用陈平的计策，离间项羽与范增的关系。项羽中计，怀疑、疏远范增，剥夺他的权力，范增愤而告老回乡，于途中得病死去。末将，职位仅次于上将军和次将的将领。因此后来也成为将官的谦称。（见王利器主编《史记注译》卷八《高祖本纪》）

② 【汇注】

程馀庆：项羽救赵是客，沛公入关是主，必点项羽者，为下救赵不归报而入关也。（《历代名家评注史记集说·高祖本纪》）

③ 【汇评】

王九思：怀王遣入关，当时救赵难于入关。秦大军在赵，既有当之者则入关差易为力。（引自《史记评林》卷八《高祖本纪》）

④ 【汇注】

颜师古：约，要也，谓言契也，自函谷关以西总名关中。（《汉书注·高帝纪第一上》）

司马贞：韦昭云："函谷、武关也。"又《三辅旧事》云："西以散关为界，东以函谷为界，二关之中谓之关中。"《史记索隐·高祖本纪》）

【汇评】

凌稚隆：按："先入定关中者王之"一句，楚汉所以两相残杀，而天下率归于汉者，根本于此。（《汉书评林·高帝纪》）

　　当是时，秦兵强，常乘胜逐北，诸将莫利先入关①。独项羽怨秦破项梁军，奋②，愿与沛公西入关。怀王诸老将皆曰③："项羽为人僄悍猾贼④。项羽尝攻襄城，襄城无遗类⑤，皆阬之，诸所过无不残灭。且楚数进取⑥，前陈王、项梁皆败⑦。不如更遣长者扶义而西⑧，告谕秦父兄。秦父兄苦其主久矣，今诚得长者往，毋侵暴，宜可下⑨。今项羽僄悍，今不可遣⑩，独沛公素宽大长者⑪，可遣⑫。"卒不许项羽，而遣沛公西略地⑬，收陈王、项梁散卒⑭。乃道砀至成阳⑮，与杠里秦军夹壁⑯，破（魏）〔秦〕二军⑰。楚军出兵击王离⑱，大破之⑲。

① 【汇注】

颜师古：不以入关为利，言畏秦也。（《汉书注·高帝纪第一上》）

胡三省：言莫有人以入关为利者，盖畏秦也。（《资治通鉴》卷八《秦纪三》注）

【汇评】

程馀庆：此皆不知兵家虚实者。（《历代名家评注史记集说·高祖本纪》）

② 【汇校】

[日] 泷川资言：秘阁本"奋"下有"怒"字。（《史记会注考证附校补·高祖本纪第八》）

[日] 水泽利忠：南化、谦、狩、高、中韩"奋怒，愿与沛公入关"。（《史记会注考证附校补·高祖本纪第八》）

【汇注】

司马贞：奋，韦昭云："愤激也。"（《史记索隐·高祖本纪》）

③ 【汇注】

凌稚隆：凌约言曰：此出当时众人意，史公以其意叙之，故曰"诸"，曰"皆"，而不著姓名耳。可类见。（《史记评林》卷八《高祖本纪》）

【汇评】

[日] 泷川资言：愚按：怀王之立也，楚亡臣来归者必众，所谓诸老将是也。使怀王并吕臣、项羽军，以宋义为上将军，遣沛公入关者，概此等老将所为也。（《史记会注考证·高祖本纪第八》）

④ 【汇校】

梁玉绳：附按：猾字不似羽之为人，盖"祸"字之讹。《汉书》作"祸贼"，师古曰"好为祸害而残贼也"。（《史记志疑·高祖本纪第八》）

【汇注】

司马贞：《说文》云："僄，疾也；悍，勇也。"《方言》云："僄，轻也。"刘音匹妙反。猾贼，《汉书》作"祸贼"也。（《史记索隐·高祖本纪》）

王叔岷：《考证》："王念孙曰：'猾，黠恶也。《酷吏传》："宁成猾贼任威。"是也。"猾贼"与"僄悍"义相承。"祸贼"则非其义矣。'"案：《汉书》《通鉴》"僄"并作"剽"（师古注：剽，疾也），古字通用。《说文》："剽，轻也。"又云："剽，疾也。"（与《索隐》引作"僄"异），轻、疾义亦相因。王氏谓《汉书》"祸贼"当从《史记》作"猾贼"，其说甚精。《御览》四九二引《汉书》（误为《史记》）作"祸虐"，盖不知"祸"为误字，又改"贼"为"虐"耳。（《史记斠证·高祖本纪第八》）

⑤ 【汇注】

裴　骃：徐广曰："遗，一作'噍'。噍，食也，音在妙反。"骃按：如淳曰"类

无复有活而噍食者也。青州俗言无子遗为无噍类。"(《史记集解·高祖本纪》)

⑥【汇注】
　　裴　骃：如淳曰："楚谓陈涉也。数进取，多所攻取。"(《史记集解·高祖本纪》)
　　颜师古：楚者，总言楚兵，陈涉、项梁皆是。(《汉书注·高帝纪第一上》)
　　王骏图、王骏观：《集解》如淳曰：楚谓陈涉也。数进取，多所攻取。图按：下文前陈王乃指陈涉，此则指怀王耳，如说误。(《史记旧注平义·高祖本纪》)

⑦【汇注】
　　裴　骃：《汉书音义》曰："陈涉也。"(《史记集解·高祖本纪》)
　　颜师古：孟康曰："前陈王，陈涉也。"师古曰："孟说非也。此言前者陈王及项梁皆败，今须得长者往，非谓涉为前陈王也，安有后陈王乎？"(《汉书注·高帝纪第一上》)

⑧【汇注】
　　颜师古：扶，助也，以义自助也。扶字或作杖，杖亦倚任之意。(《汉书注·高帝纪第一上》)
　　张守节：遣长者扶持仁义而西，告谕秦长少，令降下也。(《史记正义·高祖本纪》)
　　凌稚隆：按："扶义"二字，前此无人道。师古云：扶或云杖倚任之意。(《史记评林》卷八《高祖本纪》)

⑨【汇评】
　　程馀庆：秦强兵皆在外，而内怨复深，此不必全以兵力取，而可以虚声下也。诸老将可谓知兵矣。(《历代名家评注史记集说·高祖本纪》)

⑩【汇校】
　　裴　骃：徐广曰："一无此字。"(《史记集解·高祖本纪》)
　　梁玉绳：按：徐广谓一本无下"今"字，余谓上句云"今诚得长者往"，似不便连用三"今"字。"慓悍"亦复，依《汉书》作"项羽不可遣"为是。(《史记志疑·高祖本纪第八》)
　　王叔岷：案：《通鉴》从《汉书》亦作"项羽不可遣"，"不"上"今"字盖涉上文而衍。(《史记斠证·高祖本纪第八》)

⑪【汇评】
　　钱　时：沛公脱秦民于水火者也，凡其得人心处，全在宽大。独遣长者扶义而西，而不许项羽，非怀王之贤不至是。然亦当时亲被苦祸与秦民同在水火之中，故其推择权量的当如是。向使从羽之请与沛公俱遣，慓悍猾贼，如虎狼之求逞，必闷闷不快于长者之事，而卿子冠军之剑且转而之沛公矣。其祸可胜言乎？沛公入关，秦民大喜，

而汉氏四百年之祚卒定于此日，有以也夫。(《两汉笔记》卷一《高祖》)

程馀庆：凡三言"长者"，人心可卜矣。(《历代名家评注史记集说·高祖本纪》)

郭嵩焘：怀王诸老将皆曰："项羽为人慓悍猾贼，(至)独沛公宽大长者，可遣。"案：是时章邯击杀项梁于定陶，遂渡河击赵，怀王兼遣项羽、范增与宋义救赵，正以章邯拒敌，而击破项梁军者章邯也。其时关东诸侯并起，章邯一军纵横驰击，尤楚之所视以为存亡者，势不能不并力章邯，与之争一旦之命；所为与诸侯约者，通词也。齐、魏、韩、赵、燕皆已立王，皆得入关击秦，沛公故从项梁，怀王所能遣者独沛公耳。项羽北击赵，沛公西击秦，亦为牵制秦军之计。关东诸侯并起，而秦地关、河阻塞固无恙，其势犹强；沛公于是时兵力最弱，非能敌秦者，而乘赵高之乱一举而入咸阳，此天也，非人之所能为也。项羽之战章邯，事之至急者也，沛公以一军击秦，又人知其难也。是时项梁始死，怀王至彭城并吕臣、项羽军自将之，项羽凶暴之名未甚著也。史公事后追为之辞，以明楚、汉所以存、亡，仁、暴之分而已。怀王老将孰有加于吕臣、范增者哉？而皆从项羽救赵矣，安得是时便阴为沛公计而阻项羽之入关也？楚、赵之民可以纵项羽之屠戮，而独顾念秦民何也？准以当时事势，有决知其不然者。(《史记札记·高祖本纪》)

⑫【汇评】

凌稚隆：吕祖谦曰：看怀王诸将言，便合知楚汉得失。(《汉书评林·高帝纪》)

施锡才：楚诸老将……对项羽的"慓悍、猾贼"，对刘邦的"素宽大长者"之评价，也是根据平时共同生活和斗争时的观察而得出的实事求是的看法。因此，他们推荐刘邦，而反对项羽为西路军领袖。司马迁对于楚诸老将之言是相信的。我们一方面从《高纪》篇首有"仁而爱人，喜施，意豁如也"的描写得到证明；另一方面对项羽的残暴已早有记述："项梁前使项羽别攻襄城，襄城坚守不下。已拔，皆坑之。"这足证项羽的残暴行为是存在的，楚诸老将之语是有根据的。所以司马迁借了楚诸老将之口，批评了项羽的慓悍、残暴，而称允了刘邦是宽大长者。他意识到残暴者不能得民心，而只有宽仁者才会得到人民的支持与拥护。作者把这一情节的描写放在《高纪》里，一方面为刘邦将来的胜利巧妙地伏了一笔；另一方面也为项羽将来的失败给了必要的暗示。这种匠心是极为高明的。(《司马迁笔下的项羽和刘邦》，载《史记研究》(下)第三卷)

⑬【汇评】

陈　埴：怀王之立也，天将以兴汉乎！怀王之死也，天将以亡楚乎！夫怀王，项氏所立，此宜深德于项。今观怀王在楚，曾无丝粟之助于楚，而独属意于沛公。方其议遣入关也，羽有父兄之怨于秦，所遣宜莫如羽者，顾不遣羽而遣沛公，曰"吾以其长者不杀也"。沛公之帝业，盖于是乎兴矣。……怀王之立，曾不足以重楚，而怀王之死，又适足以资汉。然则范增之谋欲为楚也，而只以为汉也。呜呼，此岂沛公智虑所能及哉？其所得为者，天也！此岂范增、项羽智虑之所不及哉？其所不得为者，亦天也！（《木钟集》卷一一《史》）

易佩绅：刘项成败判于是矣。非以入关先后也，实以仁暴也。使项羽而有成，则以暴易暴，天不忍再有一秦也。诸老将于战国之余，皆知取仁而弃暴，固天理之自在人心。而亦阅历之久，知天下同苦秦暴，非仁不足以反之也。……则天之所求以代秦者，惟有沛公而已。夫对尧舜汤武而论，则汉高不得谓仁；对秦项而论，则不得不以汉高为仁。天于尧舜汤武之后，求为民除暴之仁人，仅能较愈乎秦项之不仁也。天道穷而天心苦矣！（《通鉴触绪》卷三）

吕思勉：卒不许项羽，而遣沛公西。此亦事后附会之辞。陈平曰："项王为人，恭敬爱人。"（《陈丞相世家》）韩信曰："项王见人，恭敬慈爱，言语呕呕。人有疾病，涕泣分食饮。"（《淮阴侯列传》）此岂恣意残杀者？项王之暴，在坑秦降卒新安，此自兵权不得不然。其入关、破齐后之残虐，则是时之为兵者，类多慓悍无赖之徒，非主将所能约束，恐不独项羽之兵为然。《史》于项羽未免故甚其辞，于汉则又讳而不言耳。（《秦汉史·秦汉兴亡》）

辛德勇：楚怀王等之所以要选择刘邦西征关中，似乎是因为他比较仁厚，不像项羽那样残暴，然而事实却并非如此。如上文所述，项羽最残暴的事例，是在攻打襄城时，因襄城坚守不下，于是在攻下城池后，下令坑杀了全城百姓。……被怀王等人誉为"宽大长者"的刘邦，其实也是同样杀戮守城不降的百姓。如在项梁阵亡前刘邦与项羽一同攻打成阳时，城下后"屠之"，就是屠戮阖城居民；在受命西征后，也并没有真的慈悲为怀，"扶义而西"，在攻取颍阳时，依旧如法"屠之"（《史记·高祖本纪》）。……由此可见，在所谓"所过无不残灭"这一点上，刘邦与项羽本来没有多大区别，这不可能是楚怀王等人执意安排刘邦前去西征关中的真实原因。（《历史的空间与空间的历史·论刘邦进出汉中的地理意义及其行军路线》）

⑭【汇注】

程馀庆：沛公已自有成军，以入秦声势宜盛，故收散军以益之也。（《历代名家评注史记集说·高祖本纪》）

⑮【汇校】

梁玉绳：按：……《汉书》误"成阳"为"阳城"，则不可从，盖讹倒耳。城阳在济阴，阳城在颍川，《史》《汉》成、城二字通用。（《史记志疑·高祖本纪第八》）

【汇注】

裴　骃：《汉书音义》曰："道由砀也。"（《史记集解·高祖本纪》）

凌稚隆：按：沛公西入关，道砀，当是时，与羽分道。今杂楚军出兵于秦军，破

二军之下,则疑于楚汉与彭越俱攻秦矣。此太史公失考前后处,《汉书补》年月别之,良是。(《史记评林》卷八《高祖本纪》)

  程馀庆:成阳故城在曹州府东北六十里。(《历代名家评注史记集说·高祖本纪》)

⑯ **【汇校】**

  张文虎:"至成阳与杠里",《汉书》断句同。按:如淳云"秦军所别屯地名也"。则"与杠里"三字属下为句。《史诠》云"时秦军屯杠里,汉军与对垒,故曰夹壁",盖本此。(《校刊史记集解索隐正义札记·高祖本纪》)

【汇注】

  裴　骃:(成阳、杠里)《汉书音义》曰:"二县名。"(《史记集解·高祖本纪》)

  颜师古:杠音江。(《汉书注·高帝纪第一上》)

  司马贞:成阳在济阴,韦昭云"在颍川",非也。服虔云:"杠里,县名。"如淳云:"秦军所别屯地名也。"(《史记索隐·高祖本纪》)

  胡三省:道砀,自砀取道而西也。此据班《书》书之。"阳城"《史记》作"成阳"。韦昭《注》曰:在颍川,则是谓阳城也。《索隐》曰:在济阴,则是谓成阳也。杠里,孟康、服虔皆以为县名。而班《志》无之。余按:沛公之兵自砀而攻秦,道成阳与杠里,而后破东郡尉于成武。成阳县属济阴,成武县属山阳。济阴,唐为曹州,成武属焉。若取道颍川之阳城,当自此西趋洛、陕,安得复至成武耶!书成阳为是。杠里之地,盖在成阳、成武之间。杠,音江。(《资治通鉴》卷八《秦纪三》注)

  程馀庆:杠里在成阳西南。(《历代名家评注史记集说·高祖本纪》)

  王先谦:杠里非县名。《索隐》引如淳云:秦军所屯地名是也。《方舆纪要》杠里在成阳西。(《汉书补注·高帝纪上》)

  王　恢:"至成阳,与杠里秦军夹壁,破其(原作魏,误)二军。"成阳在濮县东南九十里。《樊哙传》:"从击秦军,出亳南。河间守军于杠里,破之。"《正义》因谓杠里"近城阳"。但《傅宽传》"从攻安阳、杠里",安阳在曹县东南十里。成阳与安阳相去百数十里,杠里究在安阳抑成阳?考诸《樊哙传》出亳南,亳在曹县南三十里,则近于安阳,东北即昌邑。从《傅宽传》作"安阳"为长(《曹相国世家》"击王离军成阳南,复攻之杠里",于情亦合)。……又按:楚怀王徙彭城在秦二世二年九月,后九月破秦军杠里。三年十月沛公遇彭越,俱攻昌邑。所谓"西"者,概括之词,非直以杠里言也。(参看《彭越传》)(《史记本纪地理图考·高祖本纪》)

⑰ **【汇校】**

  梁玉绳:按:《史诠》云"各本'与杠里'属上句,误也。时秦军屯杠里,汉军亦屯杠里,与之对垒,故曰'夹壁'。破魏之'魏'当作'秦',《汉书》'魏'作'其',是也。"《史诠》之说,甚协。(《史记志疑·高祖本纪第八》)

【汇注】

程馀庆：《汉书》"攻秦军作壁，破其二军。"（《历代名家评注史记集说·高祖本纪》）

姚　范："至阳城与杠里攻秦军壁破其二军"。按：《史记》阳城作城阳。《索隐》曰在济阴。《曹参传》击王离军城阳南，又攻杠里，大破之，即其事也。《史》又云：秦军夹壁，破魏二军。《史》未必误。二军或即皇欣、武满之军，始为秦破后与沛公合兵耳。班氏以阳城、杠里为二军，岂并两事为一耶。（《援鹑堂笔记》卷十八史部）

郭嵩焘：《札记》（编者按：《校刊史记集解索隐正义札记》）云："'破魏二军'，'魏'字误，《史诠》云：当作'秦'，《汉书》作'其'。"案：《始皇本纪》，章邯杀陈胜城父，破项梁定陶，灭魏咎临济。《魏豹传》："齐、楚遣项它、田巴随周市救魏，章邯击破周市等军。"此云"破魏二军"，盖救魏之二军也。（《史记札记·高祖本纪》）

⑱【汇注】

牛运震："楚军出兵击王离，大破之"，此破王离为项羽军，未见其为沛公也。《汉书》削去为是。（《读史纠谬》卷一《史记·高祖本纪》）

⑲【汇注】

裴　骃：徐广曰："《表》云三年十月，攻破东郡尉及王离军于成武南。"（《史记集解·高祖本纪》）

梁玉绳：按：此乃项羽救赵之兵也。方叙沛公入关事，不应忽插入楚军，况下文总叙项羽救赵破秦将王离，降章邯，则此为重出明矣。《汉书》无此十字，当衍。宋刘辰翁评《班马异同》云"杂楚军于破二军下，则疑于楚汉与彭越俱攻秦"。（《史记志疑·高祖本纪第八》）

李慈铭：慈铭案：《秦楚之际月表》亦载汉是时破王离事，疑此为王离击赵之分兵或王离字有误，此句自叙沛公事，不涉项羽也。羽是时尚未至赵，安得与王离遇，且其事下文明叙之，不得先出于此。曰楚军者，时皆为怀王之军也。《曹参世家》云："击王离军成阳南，复攻之杠里，大破之。"《汉书·曹参传》同。尤其明证矣。（《越缦堂读史札记·史记札记卷一》）

[日]泷川资言：考证：《方舆纪要》云：杠里在咸阳西，《汉书》"魏"作"其"，陈仁锡曰：监本"与杠里"属上句，误也。时秦军屯杠里，汉军与之对垒，故曰夹壁，破魏之"魏"，当作"秦"。愚按：陈说略得之，"魏"当从《汉书》作"其"，"魏""其"音近二讹，成阳杠里，山东曹州府濮州。（《史记会注考证附校补·高祖本纪第八》）

施之勉："大破之"，按《月表》，沛公攻破东郡尉及王离军于成武南。《曹相国世家》"从攻东郡尉军，破之成武南。击王离军成阳南。复攻之杠里，大破之"。《绛侯世家》"从沛公，定魏地。攻东郡尉于城武，破之。击王离军，破之"。此云破魏二军，即《表》及两《世家》所谓攻破东郡尉及王离二军，皆在魏地，故《纪》云"破魏二军"，《世家》云"定魏地"也。楚军，沛公军也。《始皇纪》"楚将沛公，入武关"。又《始皇纪》后附班固《典引》云"楚兵已屠关中，真人翔霸上"，是其证。《纪》《表》及《世家》皆谓沛公击王离军，则破王离，必非项羽矣。沛公击王离军于杠里，当在围赵钜鹿之前也。（《史记会注考证订补·高祖本纪第八》）

【汇评】

徐孚远：秦国钜鹿，久无成功，其势已解，故河北之战，能破其军。方宋义壁安阳之时，正陈馀尝秦军之日也。然则羽之破秦，乃得宋义之力，使义尚在，相秦之机，亦未必不疾击也。（《史记测议·高祖本纪》）

沛公引兵西，遇彭越昌邑①，因与俱攻秦军，战不利。还至栗②，遇刚武侯③，夺其军，可四千馀人，并之。与魏将皇欣、魏申徒武蒲之军并攻昌邑④，昌邑未拔⑤。西过高阳⑥。郦食其谓〔为〕监门⑦，曰："诸将过此者多，吾视沛公大人长者⑧。"乃求见说沛公。沛公方踞床⑨，使两女子洗足⑩。郦生不拜，长揖⑪，曰："足下必欲诛无道秦，不宜踞见长者。"于是沛公起，摄衣谢之⑫，延上坐⑬。食其说沛公袭陈留⑭，得秦积粟⑮。乃以郦食其为广野君⑯，郦商为将⑰，将陈留兵，与偕攻开封⑱，开封未拔。西与秦将杨熊战白马⑲，又战曲遇东⑳，大破之㉑。杨熊走之荥阳㉒，二世使使者斩以徇㉓。南攻颍阳㉔，屠之㉕。因张良遂略韩地轘辕㉖。

①【汇注】

张守节：《地理志》云昌邑县属山阳。《括地志》云："在曹州成武县东北三十二里，有梁丘故城是也。"（《史记正义·高祖本纪》）

王　恢：昌邑，《汉志》："山阳郡昌邑，武帝天汉四年更山阳为昌邑国。"《济水注》："菏水自乘氏东迳昌邑县故城北。"《清统志》（一八三）："故城在金乡西北四十里。汉初属梁国，景帝三年周亚夫引兵东北壁昌邑。中元六年，分梁国为山阳国治此。

武帝更名昌邑。"(《史记本纪地理图考·高祖本纪》)

曲英杰：《元和郡县图志》卷十载："昌邑故城，在（金乡）县西北四十二里。其中城周十余里，外城周三十余里。中有铁柱，出地数尺。……"《读史方舆纪要》卷三十二载："《志》：昌邑城，纵横皆六里，一名外城，周三十余里；中城，周十余里，一名山阳城。"其地今属山东巨野县昌邑乡。城址位于前、后昌邑集及城角刘村一带，南距万福河3公里，有彭河穿过城东北角。在城角刘村南地表下0.6米残存有夯土墙遗迹，东西长28米、南北宽3米、高2米。夯土呈黑褐色，杂有石灰末，土质坚硬，有板筑痕迹。其向东、向西均发现与此相同的夯土墙遗迹，此一带当为古城之西北角所在。另在彭河水闸以东、后昌邑集正东也发现夯土墙遗迹，前昌邑集东南和西南耕土层下即为夯土墙遗迹。由此可知故城平面略呈方形，周长5897米。在前昌邑集西1000米处有"西堌堆"，南北长50米、东西长40米、高约3米，遍布汉代遗物，传为昌邑城西门。后昌邑集东北500米处有"黑堌堆"，东西长60米、南北长20米，土黑灰色，多周、汉遗物。南边在挖彭河时发现石柱础。在前昌邑集亦曾发现夯筑基址，后昌邑集发现石匣，城址内多次出土铜箭镞、铜弩机及陶器，漆器等。(《史记都城考》六〇《汉代山阳王者昌邑》)

② 【汇注】

司马贞：韦昭云："县名，属沛。"(《史记索隐·高祖本纪》)

王先谦：（栗）今归德府夏邑县治。(《汉书补注·高帝纪第一上》)

③ 【汇校】

张　憻："遇刚武侯"注，应劭曰："楚怀王将也。"《汉书音义》曰"《功臣表》云云"。按：《音义》即劭注也。"汉书音义"四字衍。班《书》引劭此注，无此四字。(《读史举正》卷一《史记·高祖本纪》)

【汇注】

裴　骃：应劭曰："楚怀王将也。"《汉书音义》曰："《功臣表》云棘蒲刚侯陈武。武，一姓柴。'刚武侯'宜为'刚侯武'，魏将也。"瓒曰："《功臣表》柴武以将军起薛，别救东阿，至霸上，入汉中，非怀王将也，又非魏将也，例未称谥。"(《史记集解·高祖本纪》)

张守节：颜师古云："史失其名姓，唯识其爵号，不知谁也，不当改为'刚侯武'。应氏以为怀王将，又云魏将，无据矣。"《表》六年三月封。孟、颜二人说是。(《史记正义·高祖本纪》)

杨树达：应劭曰：楚怀王将也。《功臣表》："棘蒲刚侯陈武，武一姓柴。"刚武侯宜为刚侯武，魏将也。孟康曰：《功臣表》：柴武以将军起薛，至霸上，入汉中，非怀王将，又非魏将也。例未有称谥者。师古曰：应氏以为怀王将，又云魏将，无所据矣。

先谦曰:"'《史集解》引《功臣表》棘蒲'云云属孟说,《功臣表》'柴武'云云属瓒说,与此异。"树达按:《史集解》所引是也。此以句首俱有《功臣表》字致误耳。不然,应氏不当既云楚怀王将,又云魏将,自相违异也。据颜《注》,则所见本已误。(《汉书窥管·高帝纪上》)

高　敏:关于棘蒲侯陈武即柴武的问题……得先从《史记》诸家注谈起。……颜师古否定了应劭、裴骃等人的看法,指出了刚武侯并非棘蒲刚侯陈武,这无疑是正确的。但是,他忽略了"(陈)武一姓柴"这句话的合理性。刚武侯虽然不是刚侯(陈)武,但指出"(陈)武一姓柴",就为陈武即柴武说作了首倡。可惜这一点长期未为史家所注意。故特举数例,以证明陈武即柴武。

《史记·孝文本纪》前元三年六月条,有"遣棘蒲侯陈武为大将军"语;同书《汉兴以来将相名臣年表》孝文三年,也有"棘蒲侯陈武为大将军,击洛北"语。但是,此事在《汉书·文帝纪》文帝三年六月条,作"以棘蒲侯柴武为大将军"。二书讲的显然是同一个人,但是,一作陈武,一作柴武,可见陈武即柴武。此证据之一。……《史记·高祖功臣年表》载,六年三月丙午,为棘蒲刚侯陈武元年,到文帝"后元元年。侯武薨,嗣子奇反。不得置后。国除"。《汉书·高惠高后文功臣表》所载棘蒲刚侯陈武事,与《史记》表全同。据此,知陈武之子,叫陈奇,曾参与反叛事。这些事实,证明此处之棘蒲刚侯陈武嗣子陈奇,确就是淮南王刘长手下的棘蒲侯柴武的太子柴奇,这难道不表明陈武就是柴武吗?此证据之二。

又,《史记·袁盎列传》云:孝文时,"棘蒲侯柴武太子谋反。事觉,治,连淮南王"。此谓棘蒲侯柴武之子谋反,事实同《史记》《汉书》《年表》所载棘蒲侯陈武之子谋反事合,又同《史记·淮南历王列传》所载棘蒲侯柴武之太子柴奇谋反同,且当时又无他人封为棘蒲侯者。因此,这也表明棘蒲侯陈武即柴武。此证据之三。

至于名陈武者,汉初虽不止一人……然而被封为棘蒲侯、其子又名奇,其子还参加过反叛的,只有一个陈武。这就是说,上述一系列史实中所论的棘蒲侯陈武,确就是棘蒲侯柴武。(《史学论集·读史拾零八题·(七)西汉棘蒲侯陈武即柴武说》)

④【汇注】

张守节:并魏将也。欣字或作"䜣",音许斤反。蒲,《汉书》作"满",并通也。(《史记正义·高祖本纪》)

胡三省:皇欣,皇,姓也。《左传》郑有大夫皇颉。(《资治通鉴》卷八《秦纪三》注)

又:班《志》,昌邑县属山阳郡。《括地志》曰:曹州成武县东北三十二里有梁丘故城,是也。贤曰:昌邑故城,在兖州金乡县西北。(同上)

程馀庆:(昌邑)故城在济宁州金乡县西北四十里。(《历代名家评注史记集说·

高祖本纪》）

杨树达：与魏将皇欣、武满军合攻秦军，破之。钱大昭曰：满闽本作蒲，与《史记》同。先谦曰：乾道本作满，汪本作蒲。树达按：景祐本作满。《史记》云："与魏将皇欣、魏申徒武蒲之军并攻昌邑。"此所谓合攻，即彼并攻也。王氏以合字为句，补注其下，误。（《汉书窥管·高帝纪上》）

[日] 泷川资言：齐召南曰：乐平侯卫无择，以队卒从高祖起沛，属高訢，当即此皇欣。愚按：满、蒲不相通，必有一是。（《史记会注考证附校补·高祖本纪第八》）

⑤【汇注】

梁玉绳：按：《月表》："秦三年十二月，沛公至栗，得皇欣、武蒲军，与秦战，破之。二月，得彭越军昌邑。"又《汉纪》："十二月，沛公引兵至栗，遇刚武侯，夺其军，与魏将皇欣武满合攻秦军，破之。二月，从砀北攻昌邑，遇彭越，越助攻昌邑，未下。"然则先遇刚武，后遇彭越也。先至栗，后昌邑也。先合兵破秦军，后攻昌邑未拔也。乃此谓遇彭越在遇刚武之前，误一。斯时无与战不利之事，误二。遇彭越昌邑因与攻秦，不利还栗，似未曾夺刚武合魏将而已攻昌邑，至后攻而未拔，为复攻昌邑，误三。以与彭越为攻秦，以夺刚武合魏将为攻昌邑，误四。准义验文当云"秦二世三年（说见上），沛公引兵至栗，遇刚武侯，夺其军，可四千余人，并之。与魏将皇欣、魏申徒武蒲之军俱攻秦军，战破之。遂西，（"不利"二字必"破之"二字之讹，《汉书》是"破之"。"还"字亦必"遂"字之讹。）遇彭越昌邑，因与并攻昌邑，昌邑未拔。"至若刚武侯不知为谁？《史》失其名姓。"武蒲"当依《汉书·高纪》作"武满"，此与《月表》皆作"蒲"，非也。二字每以形近互讹，说在《十二侯表》晋厉公元年。（《史记志疑·高祖本纪第八》）

⑥【汇注】

裴　骃：文颖曰："聚邑名也，属陈留圉县。"瓒曰："《陈留传》曰在雍丘西南。"（《史记集解·高祖本纪》）

胡三省：文颖曰：高阳，聚邑名，属陈留圉县。臣瓒曰：《陈留传》：高阳在雍丘西南。《水经注》：睢水首受陈留浚仪浪荡水，东迳高阳故亭北。（《资治通鉴》卷八《秦纪三》注）

程馀庆：高阳，聚名。在开封府杞县西二十九里。（《历代名家评注史记集说·高祖本纪》）

钱大昕：（郦食其）陈留高阳人也。按：《地理志》，陈留郡无高阳县，盖乡名，非县名。涿郡、琅邪郡皆有高阳县，然非食其所居之高阳也。《高祖纪》："沛公西过高阳。"文颖云："聚邑名，属陈留圉。"（按：圉县，汉属淮阳，后汉始属陈留）臣瓒云："《陈留传》在雍丘西南。"（《廿二史考异·汉书》）

⑦【汇校】

张文虎：谓监门，《汉书》作"为里监门"，《郦生传》作"为里监门吏"，此"谓"字亦当作"为"。（《校刊史记集解索隐正义札记·高祖本纪》）

[日]泷川资言：《汉书》作"为里监门"，与《郦生传》"为里监门吏"合。秘阁、古钞、枫、三本无"谓监门"三字。（《史记会注考证附校补·高祖本纪第八》）

编者按：监门，《汉书》作"里监门"。王先谦《汉书补注》引沈钦韩曰："《公羊宣十五年传》何注：'在邑曰里，一里八十户，八家共一巷。……选其耆老有高德者名曰父老，辩护伉健者为里正。'田作之时，父老及里正旦开门，坐塾上，晏出后时者不得出，暮不持樵者不得入。"郦食其为"监门"，主清晨开里门，晚上关里门，监督与处罚不遵守劳动纪律与作息时间者。

【汇注】

裴　骃：郑德曰："音历异基。"（《史记集解·高祖本纪》）

颜师古：苏林曰："监门，门卒也。"（《汉书注·高帝纪第一上》）

胡三省：郦，音历；《姓谱》：黄帝之支孙封于郦，后以为氏。食其，音异基。（《资治通鉴》卷八《秦纪三》注）

王先谦：《郡国志》雍丘有郦生祠、高阳亭。见《水经·睢水注》引，见陈留雍丘下。（《汉书补注·高帝纪第一上》）

⑧【汇评】

程馀庆：好眼力！（《历代名家评注史记集说·高祖本纪》）

⑨【汇校】

[日]水泽利忠：枫、三、狩无"沛公"二字。（《史记会注考证附校补·高祖本纪第八》）

王叔岷：《考证》：秘阁本无"足"字。案：《郦生传》《长短经霸图篇》注、《通鉴》"踞"皆作"倨"。《通鉴》注："倨与踞通。"《汉书·高纪》《郦食其传》亦并无"足"字。（《史记斠证·高祖本纪第八》）

【汇注】

颜师古：踞，反企也。……踞音据。（《汉书注·高帝纪第一上》）

龚浩康：踞床，两脚岔开，坐在床上。这是一种极不礼貌的见客姿态。床，坐具。（见王利器主编《史记注译》卷八《高祖本纪》）

⑩【汇评】

孙　魏：嬴秦之亡也，刘、项相拒于荥阳京、索之间，天下之士不归汉则归楚。高帝纳用群策，虽麾下骑士，亦时时审问邑中贤豪。至于驾驭群臣，则踞床洗足，溺冠骑项，所谓盛服先生谏诤之臣，亦嫚侮而不信，何者？谋议之臣，内有良、平腹心之亲；将帅之臣，外有信、越爪牙之用，一身之势，合而无间。或借箸于食前，或排闼于卧内，附耳而谈，蹑足而悟，如疾痛疴痒切于肌肤手足，不期而自至。故能蹶秦诛楚，以成帝王之勋。彼其伏青蒲冠獬豸，诡诡然陈说《诗》《书》，上章谨哗以应故事，固高帝之所大骂而不信也。（《鸿庆居士集》卷一一《与范丞相书》）

⑪【汇注】

颜师古：长揖者，手自上而极下。（《汉书注·高帝纪第一上》）

⑫【汇注】

胡三省：《史记正义》曰："摄，敛著也。"余谓摄衣，起而持其衣也。（《资治通鉴》卷八《秦纪三》注）

⑬【汇评】

程　俱：沛公踞见一里监门，其失亦微耳，非汉所以强弱兴亡所系者也。而食其遽以谓将以助秦，而非所以攻秦，何也？岂辨士专以捭阖动听为务，而其言不得不夸邪？是不然，食其为是无当之言可也。沛公豁达聪明之君也，而可以虚言屈乎？夫得士者昌，失士者亡，有国家皆然，而危乱之时为甚。故萧何以韩信用不用，卜汉高之霸王；晋人以谢安石起不起，知江左之兴亡。唐室以裴度进退，为天下之安危。盖士之不可失如此。使汉高失一食其可耳，然骏骨不收，绝足不至；巢卵不育，凤鸟不下。士有深藏，高举望望然去之而已，况声音颜色拒之千里之外乎！则其不足以攻秦，而足以自亡也，明矣。是理也，非郦生之夸言也。（《题郦生长揖图》，引自《新安文献志》卷二二）

凌稚隆：王维桢曰："郦生一言，高祖即起谢，上坐，即此便见大度处。"（《汉书评林·高帝纪》）

程馀庆：郦生雄心，沛公大度。（《历代名家评注史记集说·高祖本纪》）

⑭【汇注】

司马迁：郦生曰："足下起纠合之众，收散乱之兵，不满万人，欲径入强秦，此所谓探虎口者也。夫陈留，天下之冲，四通五达之郊也，今其城又多积粟。臣善其令，请得使之，令下足下。即不听，足下举兵攻之，臣为内应。"于是遣郦生行，沛公引兵随之，遂下陈留。号郦食其为广野君。（《史记·郦生陆贾列传第三十七》）

裴　骃：《汉书音义》曰："《春秋传》曰轻行无钟鼓曰袭。"（《史记集解·高祖本纪》）

程馀庆：陈留故城在开封府陈留县北三十里。（《历代名家评注史记集说·高祖本纪》）

后晓荣：陈留，西汉初年的张家山汉简《秩律》有"陈留"县，其上属郡，周振鹤断为河南郡，暂从。《汉志》陈留郡属县陈留。《史记·项羽本纪》："沛公、项羽去外黄，攻陈留，陈留坚守不能下。"《史记·郦生陆贾列传》："夫陈留天下之冲，四通五达之郊也。今其城又多积粟，臣善其令，请得使之，令下足下。……遂下陈留。""于是郦生乃夜见陈留令。"《太平寰宇记》："秦始皇二十六年，置陈留县。"《清一统志》卷一百八十七："故城今陈留县治。"考古调查表明，秦陈留故城在河南省开封市东南，今陈留故城现存城墙长100米，时代从秦置县，汉魏时为陈留郡、陈留国治所。（《秦代政区地理》第五章《砀郡》）

⑮【汇校】

张　燧："郦食其说沛公袭陈留下"。《史记》有"得秦积粟"四字，甚要。《汉书》去之，非是。（《读史举正》卷一《高帝纪》）

【汇评】

程馀庆：沛公入关，全赖此足兵饷。要着。（《历代名家评注史记集说·高祖本纪》）

⑯【汇注】

司马贞：韦昭云："在山阳。"（《史记索隐·高祖本纪》）

程馀庆：济宁州嘉祥县东北有广野亭。（《历代名家评注史记集说·高祖本纪》）

⑰【汇注】

王叔岷：《考证》：《汉书》（《高纪》）作"其弟商"。案：商，食其弟。又见《郦生传》《汉书·郦食其传》《汉纪》及《通鉴》。（《史记斠证·高祖本纪第八》）

⑱【汇注】

颜师古：开封，县名，属荥阳。（《汉书注·高帝纪第一上》）

司马贞：韦昭云："河南县。"（《史记索隐·高祖本纪》）

胡三省：班《志》，开封县属河南郡。宋白曰：今县南五十里开封古城，是汉理所。（《资治通鉴》卷八《秦纪三》注）

王先谦：开封在今开封府祥符县南五十里。（《汉书补注·高帝纪第一上》）

王　恢：开封，今开封市南五十里。战国魏邑。秦二世三年，郦商将陈留兵攻开封。汉高侯陶舍。后为县，属河南郡。《清统志》（一八七）："贞观元年省入浚仪。延和元年复置，移入汴州郭，管东界。明初省入祥符。五代及清并为开封府治。"民国废府为县。（《史记本纪地理图考·高祖本纪》）

后晓荣：启封，辽宁省大连市新金县后元台石椁墓出土战国魏兵器启封戈，刻铭："二十一年启（封）命（令）雍工师？冶者，启封。"黄盛璋明确指出启封戈的背铭"启封"和正面"启封"写法不同，特别是"封"字，表明背铭是秦刻，即秦兵器往往于铭文另一面刻写地名，表示兵器置地，这是秦兵器的一个特点。即此原为魏国兵器，后为秦所获，该器背面铭文为秦获后所加刻，表兵器置用之地。启封是战国魏地。

启又通"开"。《史记·韩世家》:"(韩釐王)二十一年使暴鸢救魏,为秦所败,鸢走开封。"《史记·秦本纪》也载此事:"(昭王)三十二年相穰侯攻魏,至大梁。破暴鸢,斩首四万,鸢走魏,入三县请和。"云梦秦简《编年纪》中又秦昭王"卅二年攻启封"。出土文物和传世文献记载的时间、地点皆相符合。即"鸢走开封"与魏"入三县以和"为一事,即开封应为魏地。秦设县开封,文献多有记载。《史记·高祖本纪》:"郦商为将,将陈留兵,与偕攻开封,开封未拔。"又《史记·曹相国世家》:"西至开封,击赵贲军,破之,围赵贲开封城中。"《史记·绛侯周勃世家》:"攻开封,先至城下为多。"由此推之,秦置启封县,西汉因之。《汉书·景帝纪》注引云荀悦曰:"讳启之字曰开,是也。"即汉景帝时因讳而改启为开。《清一统志》卷一百八十七:"故城在今(开封府)祥符县南五十里。"祥符就是今河南开封,秦属三川郡地。考古调查表明,启封故城为梯形,东1105米,西965米,南710米,北550米,周长4000米,建于春秋,取"启拓封疆"之意。(《秦代政区地理》第五章《三砀郡》)

⑲【汇注】

司马贞:韦昭云:"东郡县。"(《史记索隐·高祖本纪》)

张守节:《括地志》云:"白马故城在滑州卫南县西南二十四里。戴延之《西征记》云白马城,故卫之漕邑。"(《史记正义·高祖本纪》)

王先谦:(白马)在今卫辉府滑县东二十里。(《汉书补注·高帝纪第一上》)

王　恢:白马,《清统志》(二〇〇):"故城在滑县东二十里。本卫曹邑,见左闵二年。"《河水注》:"白马济津之东南,有白马城。卫文公东徙渡河都之,故济取名焉。关羽为曹公斩颜良,即此处也。白马县有韦乡、韦城,故津亦有韦津之称。《史记》所谓'下修武,渡韦津'者也。河水旧于白马南泆,通濮、济、黄沟,故苏代说燕曰:决白马之名,魏无黄、济阳。金隄既建,故渠水断,尚谓之白马渎。"(《史记本纪地理图考·高祖本纪》)

后晓荣:白马,传世战国燕系青铜器"王太后左私室"鼎有后刻铭文:"白马广平侯昌夫。"此文字系此燕国鼎流入秦国后补刻,但原文认为"白马"为秦汉时期西南夷的"白马氏",应误。白马,秦地名。《史记·樊郦滕灌列传》:"(灌婴)击王武别将桓婴白马下破之,所将卒斩都尉一人。"《史记·高祖本纪》:"西与秦将杨熊战白马。"《汉志》东郡属县白马。《正义》引《括地志》云:"白马故城在滑州卫南县西南二十四里。"又西汉初年的张家山汉简《秩律》有"白马"县,其上属郡为东郡,也证明白马置县较早。二者互证,秦置白马县。《读史》卷十六:"白马废县,今滑县治。春秋时卫之曹邑,闵二年,狄灭卫,卫人立戴公以庐于曹。秦为白马县,沛公与秦将杨熊战白马。又汉初,灌婴击破叛将王武别将桓婴于白马下。后汉建安五年,袁绍遣颜良攻东郡太守刘延于白马,曹操击斩之。"《清一统志》卷二百:"白马故城在今(卫

辉府）滑县东二十里。"秦白马县故址在今河南省滑县东。(《秦代政区地理》第五章《东郡》)

⑳【汇注】

颜师古：文颖曰："地名也。"苏林曰："曲音龋，遇音颙。"师古曰："龋音丘羽反。"（《汉书注·高帝纪第一上》）

司马贞：徐广云"在中牟"。韦昭云"《志》不载"。司马彪《郡国志》中牟有曲遇聚也。（《史记索隐·高祖本纪》）

程馀庆：曲遇音裕容，今开封府中牟县西，有曲遇聚。（《历代名家评注史记集说·高祖本纪》）

王先谦：钱大昭曰：《郡国志》河南中牟有曲遇聚。先谦曰：在今开封府中牟县东。（《汉书补注·高帝纪第一上》）

王　恢：曲遇，《郡国志》："河南尹中牟，有曲遇聚。"《纪要》（四七）："在中牟县西。"《清统志》（一八七）说在县东。或云在县东六里。（《史记本纪地理图考·高祖本纪》）

㉑【汇注】

杨树达：破熊，曹参、樊哙二人从，各见本传。（《汉书窥管·高帝纪上》）

㉒【汇注】

司马贞：韦昭云："故卫地，河南县也。"（《史记索隐·高祖本纪》）

王先谦：荥阳，河南县。在今开封府荥泽县西南十七里。（《汉书补注·高帝纪第一上》）

㉓【汇注】

裴　骃：徐广曰："四月。"（《史记集解·高祖本纪》）

颜师古：徇，行示也。《司马法》曰"斩以徇"，言使人将行遍示众士以为戒。（《汉书注·高帝纪第一上》）

【汇评】

方　回：秦二年二月，项羽破章邯，虏王离。邯退军漳南，相持。二世使人让章邯。三月，沛公与秦将杨熊战，大破之，杨熊走之荥阳。二世使使斩之以徇，此与唐明皇遣边令诚斩封常清、高仙芝极相似。杨熊、章邯皆秦锐将，战败而守荥阳，杨熊未为非也，乃从而斩之。章邯不能救赵，失王离、涉间、苏角三大将，罪岂不大于杨熊？然则斩杨熊乃所以速章邯之降楚。唐斩封常清、高仙芝以快边令诚之憾，亦如二世之惑于赵高，此所以哥舒翰一败而降于禄山也。天下败证固有适相似者如此。（见《古今考》卷五"二世使使斩杨熊"）

㉔【汇注】

胡三省：颍川郡治阳翟。（《资治通鉴》卷八《秦纪三》注）

吴卓信：颍阳，《史记·始皇本纪》二世二年，沛公南攻颍阳，屠之。应劭曰："县在颍水之阳，故氏之。"《水经》颍水又东南过颍阳县西。《后书·光武纪》注：颍阳县，故城在今许州西南。《九域志》登封县有颍阳镇。《方舆纪要》颍阳城在今登封县东南八十里。《大清一统志》颍阳故城在今许州城西。（《汉书地理志补注》卷十二《颍川郡》）

程馀庆：故城在河南登封县东八十里。（《历代名家评注史记集说·高祖本纪》）

王　恢：颍阳，《颍水注》："颍水自阳翟来，东南迳颍阳县西，下入颍阴。"《清统志》（二一八）故城在许昌西南。（《史记本纪地理图考·高祖本纪》）

后晓荣：颍阳，秦封泥有"颍阳丞印"。秦末刘邦曾攻杀颍阳等地。《史记·高祖本纪》："南攻颍阳，屠之。"《史记·绛侯周勃世家》："攻颍阳、缑氏，绝河津。"《水经·颍水注》："（颍水）又东南过颍阳县西，又东南过颍阴县西南。应劭曰：县在颍水之阳，故邑氏之。"《读史》卷四十八："颍阳城（登封）县西南八十里，本秦邑，沛公南攻颍阳，屠之。汉置颍阳县，属颍川郡，章帝封马防为侯邑，建初八年幸颍阳是也。"故王先谦曰"秦县"。《汉志》颍川郡颍阳县。应劭曰："颍水出阳城。"秦颍阳县故址在今河南许昌市西南。《中国文物地图集·河南分册》就将古颍阳县治标在河南省襄城县北颍阳镇，领地在今许昌市、禹县、襄城之间。颍阳故城现存城墙200米，时代从春秋郑之颍邑，至秦汉之颍阳县治。（《秦代政区地理》第五章《颍川郡》）

㉕【汇评】

刘辰翁：以高帝宽大长者，而不免屠颍川。谓杀一不辜而得天下，不为，漂杵以来未见其实。（见倪思编《班马异同》卷二《高祖》）

唐　甄：（唐子）曰："……自秦以来，凡为帝王者皆贼也。"……唐子曰："杀一人而取其匹布斗粟，犹谓之贼，杀天下之人而尽有其布粟之富，乃反不谓之贼乎？三代以后，有天下之善者莫如汉。然高帝屠城阳、屠颍阳；光武帝屠城三百。使我而事高帝，当其屠城阳之时，必痛哭而去之矣；使我而事光武帝，当其屠一城之始，必痛哭而去之矣。吾不忍为之臣也。"（《潜书》下篇《室语》）

㉖【汇校】

张　㹷："遂略韩地轘辕"，按："轘辕"上有脱文。《汉书·本纪》"从轘辕至阳地"是也。（《读史举正》卷一《史记·高祖本纪》）

[日] 泷川资言：中井积德曰：《汉书》无"轘辕"二字，此疑衍。（《史记会注考证附校补·高祖本纪第八》）

王叔岷：案：《通鉴》亦无"轘辕"二字，注引文颖注"以良累"作"张良家"。

（《史记斠证·高祖本纪第八》）

【汇注】

　　裴　骃：文颖曰："河南新郑南至颍川南北，皆韩地也。以良累世相韩，故因之。"瓒曰："轘辕，险道名，在缑氏东南。"（《史记集解·高祖本纪》）

　　司马贞：按：《十三州志》云河南缑氏县，以山为名。一云轘辕凡九十二曲，是险道也。（《史记索隐·高祖本纪》）

　　王应麟：张良，张仲三十代孙，张老十七代孙。《张氏谱》云仲见《诗》，老见《春秋》《礼记》。（《困学纪闻》卷一二《考史》）

　　胡三省：文颖曰：河南新郑南至颍川，皆韩地也。张良家世相韩，故因之。（《资治通鉴》卷八《秦纪三》注）

　　又：《后汉志》：河南缑氏县有轘辕关。臣瓒曰：险道名也。在缑氏县东南。《索隐》曰：轘辕为九十二曲，是险道也。轘，音环。（同上）

　　王先谦：《郡国志》缑氏县有轘辕关。（《汉书补注·高帝纪第一上》）

　　杨树达：文颖曰：以良累世相韩，故因之。树达按：项梁立公子成为韩王，以良为韩司徒。高祖因之者，以此，文说似是而非。《功臣表》云"以韩申徒下韩"，亦其证也。（《汉书窥管·高帝纪上》）

　　王　恢：轘辕，《郡国志》："河南尹缑氏，有轘辕关。"《国策·秦策》张仪云："秦下兵三川，塞轘辕缑氏之口。"缑氏故城在今偃师县东南三十五里，故城五里即缑氏山口。轘辕关在今偃师、登封界上，东北接巩县，扼河淮平原西逾嵩山山脉进入伊洛平原之吭。（《史记本纪地理图考·高祖本纪》）

　　　　当是时，赵别将司马卬方欲渡河入关①，沛公乃北攻平阴②，绝河津③。南，战雒阳东④，军不利，还至阳城⑤，收军中马骑⑥，与南阳守齮战犨东⑦，破之。略南阳郡⑧，南阳守齮走，保城守宛⑨。沛公引兵过而西⑩。张良谏曰："沛公虽欲急入关⑪，秦兵尚众，距险⑫。今不下宛，宛从后击，强秦在前，此危道也⑬。"于是沛公乃夜引兵从他道还，更旗帜⑭，黎明⑮，围宛城三匝⑯。南阳守欲自刭。其舍人陈恢曰⑰："死未晚也。"乃逾城见沛公⑱，曰："臣闻足下约，先入咸阳者王之。今足下留守宛。宛，大郡之都也，连城数十，人民众，积蓄多，吏人自以为降必死，故皆坚守乘城⑲。今足下尽日止攻，士死伤者必多；引兵去宛，宛必随足下后：足下前则失咸阳之约，后又有强宛之患。为足下计，莫若约降⑳，封其守，因使止守㉑，引其甲卒与之西。诸城未下者，闻声争开门而待，足下通行无所累㉒。"沛公曰："善㉓。"乃以宛守为殷侯㉔，封陈恢千户㉕。引兵西，无不下者㉖。至丹水㉗，高武侯鳃、襄侯王陵降西陵㉘。还攻胡阳㉙，遇番君别将梅鋗㉚，与皆，降析、郦㉛。遣魏人甯昌使秦㉜，使者未来。是时章邯已以军降项羽于赵矣㉝。

① 【汇注】
颜师古：卬音五刚反。(《汉书注·高帝纪第一上》)
龚浩康：司马卬，原为赵将，后归项羽，被封为殷王。(见王利器主编《史记注译》卷八《高祖本纪》)

【汇评】
凌稚隆：按：当时诸侯兵亦欲入关，以故沛公不得不急。(《汉书评林·高帝纪》)
吴见思：从旁突插一句，为促沛公入关也。(《史记论文·高祖本纪》)

② 【汇注】
裴　骃：《地理志》河南有平阴县，今河阴是也。(《史记集解·高祖本纪》)
颜师古：孟康曰："县名也，属河南。魏文帝改曰河阴。"(《汉书注·高帝纪第一上》)
程馀庆：故城在孟申县东一里。(《历代名家评注史记集说·高祖本纪》)
王　恢：平阴，春秋郑地，战国入周。《左》昭二十二年，王子朝作乱，晋师军于此。故城在今孟津县东里许。所谓"河津"，即孟津也。下文又作平阴津。西南至洛阴约五十里。(《史记本纪地理图考·高祖本纪》)
编者按：袁仲一在《秦始皇陵西侧刑徒墓地出土的瓦文》（载《中国考古学会第二次年会论文集》）中认为，《左传》昭公二十三年"二师围郊，晋师在平阴，王师在泽西"，《史记·高祖本纪》载秦二世三年（前207）"沛公乃攻平阴，绝河津，南战洛阳东"。汉属河南郡。故城在今河南孟津东。

③ 【汇注】
颜师古：直渡曰绝。(《汉书注·高帝纪第一上》)
方　回：秦三年四月，沛公南攻颍川，屠之，因张良遂略韩地。时赵别将司马卬方欲渡河入关，沛公乃北攻平阴，绝河津。师古曰：直渡曰绝。窃详文义，师古说非也。曰"绝河"而无"津"，则是直渡而过河。若曰绝河津，则是禁绝河之津渡，收其军船，以军守河，俾司马卬不得渡耳。……《魏豹传》："汉王还定三秦，渡临晋，豹以国属焉。遂从击楚于彭城。汉王败，还至荥阳，豹请归视亲病，至则'绝河津'叛汉。"此"绝河津"三字与《高帝纪》三字同义，乃是禁渡而非渡河，可以无疑。（见《古今考》卷五"绝河津"）

　　[日]泷川资言：颜师古曰：直渡曰绝。刘台拱曰：此与"魏豹绝河津"义同。欲先定关中，距卬使不得渡。颜训直渡，谬。（《史记会注考证附校补·高祖本纪第八》）

　　程馀庆：即平阴津，在平阴故城东。（《历代名家评注史记集说·高祖本纪》）

　　王荣商："沛公乃北攻平阴，绝河津"注：师古曰：直渡曰绝。荣商案：平阴本在河南，其至雒阳不须渡河，此谓断其津济以距司马卬之军耳。曹参周勃诸传云绝河津即此事。颜说失之。（《汉书补注》卷一）

　　王子今：平阴津，在小平津东。《史记·高祖本纪》载汉王"下河内，虏殷王，置河内郡。南渡平阴津，至雒阳"。史籍又屡见秦末至楚汉相争时在这一带"绝河津"的记载（见《史记》之《高祖本纪》《曹相国世家》《周勃世家》等），《史记·高祖本纪》载"赵别将司马卬方欲渡河入关，沛公乃北攻平阴，绝河津"。已把所谓"河津"与"平阴"直接联系在一起，《史记·绛侯周勃世家·正义》则径云河津"即古平阴津"，可见平阴津通称"河津"，是当时黄河上最重要的南北渡口。（《秦汉黄河津渡考》，载《中国历史地理论丛》1989年第3期）

④【汇注】

　　龚浩康：雒阳，雒，三国魏改作"洛"，县名，治所在今河南省洛阳市东北，为我国古都之一。（见王利器主编《史记注译》卷八《高祖本纪》）

⑤【汇注】

　　张守节：今洛州，夏禹所都。（《史记正义·高祖本纪》）

　　王先谦：阳城，颍川县，在今河南府登封县东南三十五里。（《汉书补注·高帝纪第一上》）

　　王骏图、王骏观：夏禹都于山西之安邑，今平阳府安邑县也。《正义》以洛州阳城当之，误甚。（《史记旧注平义·高祖本纪》）

　　钱　穆：（阳城）案：今河南裕县东六里。（《史记地名考·夏殷地名》）

　　后晓荣：阳城，河南登封告城镇阳城遗址中战国至汉代铸铁作坊遗址出土三件陶量戳印"阳城"印文。云梦睡虎地秦简有（秦昭襄王）"五十一年攻阳城"。阳城，古地名，春秋时属晋，战国时初属郑，后属韩。《史记·夏本纪》："禹避舜之子商均于阳城。"《左传》昭公曰："晋司马侯曰：阳城，太室，九洲之险。"即阳城本山名，也就是传说禹避难之地。《史记·韩世家》："文侯二年，伐郑，取阳城。"秦昭王五十一年，地属秦国。《史记·秦本纪》："五十一年，将军摎攻韩，取阳城、负黍，斩首四万。"河南登封考古出土韩国六年阳城令戈，铭文"六年阳城令韩季［工师］宪冶□"；又新郑的郑韩故城也出土韩"阳城"戈。二者表明战国韩置阳城县，秦夺韩地重置同名县。《史记·高祖本纪》："沛公战洛阳东，不利，还至阳城。"《史记·韩信卢绾列传》："汉王至河南，韩信急击韩王阳城。"汉代因之，地属颍川郡。《清一统志》载，"故城今登封县东南三十五里"。秦阳城故城在今登封市东南。考古表明，河南登封的阳城故城为长方形，东西700米，南北1700—1850米，时代从春秋战国郑、韩之阳城，秦汉阳城县，至唐代告城镇，五代后周省县为镇。(《秦代政区地理》第五章《颍川郡》)

⑥【汇注】

　　方　回：四月，已绝河津，南，战洛阳东，军不利，从轘辕至阳城，收军中马骑，此谓战于洛阳之东，军小败衄，遂越轘辕之险，至于阳城，收军中所失之马骑也。阳城者，南阳郡之县，今堵阳也。(见《古今考》卷五"收军中马骑")

　　赵生群：《高祖本纪》："(沛公)战洛阳东，军不利，还至阳城，收军中马骑，与南阳守齮战犨东，破之。""马骑"亦谓战马。(《史记疑义新证（本纪上）》，引自《逐鹿中原》)

　　管锡华：按："马骑"有"骑兵"义，亦首见《史记·高祖本纪》"南，战雒阳东，军不利，还至阳城，收军中马骑，与南阳守齮战犨东，破之"。所见各家注本无注。许嘉璐主编《二十四史全译·史记》译为："集中军中的战马和骑兵，与南阳郡守在犨县的东面作战，打败了秦军。"(汉语大词典出版社2004年版上册第126页) 王利器主编《史记注译》译为："将军中骑兵集中起来，在犨县东面与南阳郡守吕齮交战，击溃了秦军。""马骑"与战犨东，当是骑兵，许译不妥。(《史记"马骑"小考》，载《西南民族大学学报》(人文社科版) 2008年第10期总第206期)

⑦【汇注】

　　裴　骃：《地理志》南阳有犨县。(《史记集解·高祖本纪》)

　　颜师古：犨，县名也。齮音蚁。犨音昌由反。(《汉书注·高帝纪第一上》)

　　司马贞：音犨。许慎以为侧啮也。(《史记索隐·高祖本纪》)

　　程馀庆：故犨城在汝州鲁山县东南五十里。(《历代名家评注史记集说·高祖本纪》)

　　王　恢：犨：《左》昭元年杜注，本郑邑，入楚，伯州犁城之。《滍水注》："滍水（今沙河）自颍川父城来，东迳犨县故城北，合犨水下入颍川昆阳。"《清统志》二二

五:"故城今鲁山县东南五十里。"(《史记本纪地理图考·高祖本纪》)

⑧【汇校】

[日]水泽利忠:略南阳郡,秘阁本作"略南阳之郡",井作"破略南阳之郡"。(《史记会注考证附校补·高祖本纪第八》)

【汇注】

全祖望:南阳,昭襄王三十五年置,汉因之,又分颍川、南阳二郡地为汝南。其时韩亦有南阳郡,盖颍川之西,如宛如穰,与楚南阳接,故并取名焉,《六国年表》《秦本纪》《韩世家》可考也,非故晋所启之南阳也。晋之南阳,赵得其温原,韩得其州,魏得其修武,即河内也。三晋同分河内之地,而魏独多,及韩赵相继失上党,而河内道断,魏之修武亦不保矣,是非可并晋楚之南阳而合之者也。《前志》乃曰韩分晋,得南阳。秦灭韩,徙天下不轨之民于南阳。宛西通武关,而入江淮,一都会也,则即以为楚南阳矣。不知河内之南阳,其得名在春秋之世,三晋分之,非韩所独,而始皇十六年所受之南阳,地在宛穰,即与楚境相犬牙者也。奈何混而举之。秦并天下,盖并韩地以入楚之南阳。(《汉书地理志稽疑》卷一)

又:南阳郡,秦置,莽曰前队,属荆州。当云故秦郡,楚汉之际属楚国,高帝二年属汉,属荆州,莽曰前队。王陵归汉,则楚南阳不守,汉兵又出武关,项氏危矣。(《汉书地理志稽疑》卷二)

王先谦:先谦曰:《释名》:在中国之南而居阳地,故以为名。阎若璩云:郡治宛,以《地理志》《翟方进》《王莽传》知之。又《高纪》"南阳守齮战败于犨东,走保城守宛",是秦已治宛。王鸣盛云:据《翟义传》以南阳都尉行太守事,行县至宛,若南阳太守治宛,则不得言行县至矣,知宛非太守治也。周寿昌云:南阳都尉治在邓,翟义以都尉行太守事,由邓行县至宛耳。王说未审。先谦案:《续志》《后汉》治同。刘注雒阳南七百里。(《汉书补注·地理志第八上》)

后晓荣:秦南阳郡原为韩、楚、魏三国交界地,秦合三地置郡,因南阳地区而得名。《汉志》南阳郡,秦置,辖境有今湖北省襄阳、随县以北,河南省栾川、鲁山以南,信阳以西,湖北省均县、河南省西峡以东地区,郡治宛,今河南南阳市。有关秦南阳郡置县,文献没有记载。《图集》有关秦南阳郡置县考证点注有13县,但没有具体的考证文字。此外,马非百《秦集史·郡县志》利用文献也考证秦南阳郡置17县。二者之间的具体县名相同者有10县,其他为所考不同。特别是马非百其所利用文献晚至明、清,这些文献有关秦置县记载尚有不确,故其所考秦南阳郡置县也多有商榷之地。(《秦代政区地理》第五章《南阳郡》)

⑨【汇注】

张守节:守音狩。宛,于元反。《括地志》云:"南阳城故城在宛大城之南隅,其

西南有二面，皆故宛城。"（《史记正义·高祖本纪》）

王先谦：（宛）今南阳府治。（《汉书补注·高帝纪第一上》）

韩兆琦：按："走""保""城""守"四字连用。"走"，谓向宛城败逃；"保"，谓以宛城为依托；"城"，指筑宛之城；"守"，指据宛城以守之。四个字表明了南阳守齮的四个过程，四项活动。字法略生，而一气直下的情状历历可睹。今中华书局标点本将之断为"南阳守齮走，保城守宛"，这样，"走"就成了一般的败逃，而没有预期的目的了，文章的气势也大不相同。这样断未必合适。（《史记评议赏析·〈史记〉的特殊修辞与畸型句例》）

后晓荣：宛县，相家巷出土秦封泥有"宛丞之印"；西汉初年的张家山汉简《秩律》有"宛"县，其上属郡应为南阳郡。《史记·秦本纪》："百里奚亡秦走宛。"昭王十五年，白起"攻楚，取宛"。"十六年，封公子市于宛。"又《史记·韩世家》："釐王五年，秦拔我宛。"马非百按语："釐王五年为昭王十六年，岂秦取宛后，韩又得之，故复取之耶？昭王三十五年，置南阳郡，治宛。陈恢云：宛，大郡之都也，连城数十。"又《史记·项羽本纪》："汉王之出荥阳，南走宛、叶。"《史记·高祖本纪》："（沛公）略南阳郡，南阳守齮走，保城守宛。"《水经·淯水注》："淯水，又东过宛县南。""秦昭襄王使白起为将，伐楚取郢，即以此地为南阳郡，改县曰宛。"《读史》卷五十一河南南阳府南阳县，"秦为宛县，南阳郡治焉"。宛城，"今府治，春秋时楚邑，百里奚亡秦走宛，楚鄙人执之也。《秦纪》：'昭王十五年白起攻楚去宛，十六年封公子市于宛。'市即泾阳君也。又《韩世家》'釐王五年秦拔我宛'，《年表》釐王五年为秦昭王十六年，意者韩邑近宛，秦取之以广市之封邑欤？又昭王十二年与楚顷襄王好会于宛。二十七年使司马错攻楚，赦罪人迁之南阳，宛于是始兼南阳。三十五年秦置南阳郡，治宛。二世三年沛公略南阳郡守齮保宛，沛公引兵过而西，从张良谏，夜引兵从他道出，黎明围宛城三匝，宛降"。"汉三年，汉王出荥阳南走宛。寻出兵宛叶间，后亦为南阳郡治。"今河南南阳市宛城故城为长方形，东西 2500 米，南北 1600 米，时代从周代申国、战国楚宛郡治，至秦汉南阳郡治宛县。（《秦代政区地理》第五章《南阳郡》）

⑩【汇校】

张文虎：引兵，《御览》作"引军"，与《汉书》合。（《校刊史记集解索隐正义札记·高祖本纪》）

【汇注】

颜师古：未拔宛城而兵过宛城西出。（《汉书注·高帝纪第一上》）

⑪【汇注】

程馀庆：为司马卬故也。（《历代名家评注史记集说·高祖本纪》）

⑫【汇注】

颜师古：依险阻而自固以距敌。(《汉书注·高帝纪第一上》)

胡三省：依险以距敌也。(《资治通鉴》卷八《秦纪三》注)

王叔岷：案：《汉书》师古注："依险阻而自固以距敌。"《通鉴》注从之。说殊迂曲。距借为据，"距险"犹"据险"耳。《韩非子·难四篇》："卫奚距然哉？"道藏本《刘子阅武篇》："奚据望获？"(据，本亦作"遽"，同。)"奚距"与"奚据"同，是距、据古通之证。(《史记斠证·高祖本纪第八》)

⑬【汇评】

程馀庆：此入关第一着。此子房佐汉初著，好起手。(《历代名家评注史记集说·高祖本纪》)

台湾三军大学：当是时，赵将司马卬，方欲南渡黄河入函谷关。刘邦乃北攻平阴(在今河南省孟津县东)，绝河津。再南与秦军会战于洛阳之东，战不利，乃南出轘辕(隘路名，在今河南省堰师县东南，登封县西北)，还至阳城(即阳翟)。张良引兵来从刘邦。在此阶段中，刘邦先后攻昌邑、开封、洛阳，均不能下，足见当时秦对于后方较大城邑之防守力量，仍然相当坚强。但刘邦先后获得彭越、郦食其、郦商、张良等之支援，与陈留之积粟，不但实力增大，且得勇力智谋之士为之辅翼，遂成其尔后帝业之基础。刘邦此时实力不强，故用游动战术，专事乘隙蹈瑕，不顿兵坚城，不打硬仗，盖亦古代之游击战术也。(《中国历代战争史》第四卷第七章《秦之灭亡》)

⑭【汇校】

张文虎：更旗帜，《御览》引"更"下有"张"字。(《校刊史记集解索隐正义札记·高祖本纪》)

[日]泷川资言：考证：古钞本"兵"作"军"，与《御览》所引合。"更"，《御览》作"张"，《汉书》作"偃"，与下文《索隐》所引《楚汉春秋》合。(《史记会注考证附校补·高祖本纪第八》)

【汇注】

李廷先：《史》："于是沛公乃夜引兵从他道还，更旗帜，黎明，围宛城三匝。"《汉》"更"作"偃"，"黎"作"迟"。按：更，易也。夜间行军似不须改旗帜。偃，息也，谓不张旗帜也。《索隐》引《楚汉春秋》曰："上南攻宛，匿旌旗，人衔枚，马束舌，鸡未鸣。围城三匝。"可证"更"当作"偃"，《汉》改"更"为"偃"，较"更"义长。(《〈史记〉〈汉书〉对读评议》，载《扬州师院学报》1994年第2期)

⑮【汇校】

张文虎：黎明，《汉书》作"迟明"，师古云《史记》"迟"作"邌"。按：今各本并作"黎"，《索隐》本出正文同。(《校刊史记集解索隐正义札记·高祖本纪》)

【汇注】

司马贞：音犁，黎犹比也，谓比至天明也。《汉书》作"迟"，音值。值，待也，谓待天明，皆言早意也。（《史记索隐·高祖本纪》）

王念孙：沛公乃夜引军还，迟明围宛城三匝，服虔曰："迟明，欲天疾明也。"文颖曰："迟，未也，天未明之顷已围其城矣。"师古曰："此言围城事毕，然后天明，明迟于事，故曰迟明，变为去声，音丈二反。"《史记》迟字作"邌"，亦徐缓之意也，音"黎"。今本《史记》"邌"作"黎"。《索隐》曰："黎犹比也，谓比至天明也。"念孙案："小司马说是也。'黎''迟'声相近，故《汉书》作'迟'。'黎明''迟明'皆谓比明也。（《通典·兵十一》载此事，用文颖说，又别出一解云：'黎黑也，亦未明之候也。'亦非《史记·南越传》之'犁旦'一作'比旦'。《卫将军传》之'迟明'一作'黎明'。《汉书》作'会明'，则'黎'之不训为黑可知。后人皆谓'黎明'为将明未明之时，与'昧爽''昧旦'同义，其误实由于此。）此言高祖夜引军还至宛城，比及天明已围城三匝耳。'黎'字亦作'犁'。"（《读书杂志·汉书第一·迟明》）

又：迟明犹比明也。言高祖夜引军还至城下，比及天明已围城三匝耳。非谓围城事毕然后天明也。（《广雅疏证》卷四上）

王骏图、王骏观：《索隐》解"黎明"皆误。黎者黑白相间之色也。黎明者，谓将明未明，半黑半白也。又《吕后纪》"犁明，孝惠还"，《齐世家》"犁明至国"，皆作"犁"，是"犁""黎"通用，《索隐》仅谓音犁，亦殊未尽。然考《论语》犁牛之子，亦谓黑色间白之牛也，尤为半黑半白之证。（《史记旧注平义·高祖本纪》）

⑯【汇注】

司马贞：按：《楚汉春秋》曰"上南攻宛，匿旌旗，人衔枚，马束舌，鸡未鸣，围宛城三匝"也。（《史记索隐·高祖本纪》）

梁玉绳：附按：《汉书》作"偃旗帜"。刘辰翁从"更"字解，以为欲令见者惊非昨比。余谓偃旗帜，是引兵还时事。《索隐》引《楚汉春秋》曰"上南攻宛，匿旌旗，人衔枚、马束舌"，兵法所云出其不意也。更旗帜，则围宛三匝事。两者皆通。（《史记志疑·高祖本纪第八》）

⑰【汇注】

颜师古：文颖曰："主厩内小吏，官名也。"苏林曰："蔺相如为宦者令舍人。韩信为侯，亦有舍人。"师古曰："舍人，亲近左右之通称也，后遂以为私属官号。恢音口回反。"（《汉书注·高帝纪第一上》）

方回：秦之封君，若县公，所谓舍人，私人也。如家臣、食客、门人。近世馆客、门士、边郡带行等人之类，亦可发以为兵也。毒之败，其舍人轻者为鬼薪，及夺爵迁蜀四千余家，家房陵，其舍人之多如此。而又有赐爵者。战国之时，养游士至后车千乘，食客三千人，井牧不修，而士无常产故也。……师古曰：舍人，亲近左右之通称，后遂以为司属官号。魏置中书通事舍人。……（见《古今考》卷五"舍人陈恢"）

⑱【汇评】

程馀庆：不暇致详，径见沛公，妙甚。（《历代名家评注史记集说·高祖本纪》）

⑲【汇注】

颜师古：乘，登也，谓上城而守也。《春秋左氏传》曰："授兵登陴。"（《汉书注·高帝纪第一上》）

司马贞：李奇曰："乘，守也。"韦昭曰："乘，登也。"（《史记索隐·高祖本纪》）

李廷先：《史》："宛，大郡之都也，连城数十，人民众，积畜多，吏人自以为降必死，故皆坚守乘城。"《汉》作"宛郡县连城数十，其吏民自以为降必死，故皆坚守乘城"，无"人民众，积畜多"六字。按：因宛城"人民众，积畜多"，正说明约降之利，故沛公纳陈恢言，与宛城约降，非仅得宛之民，且得宛之积畜，军力得以壮盛。《汉》删六字。殊为不当。（《〈史记〉〈汉书〉对读评议》，载《扬州师院学报》1994年第2期）

⑳【汇注】

颜师古：共为要约，许其降也。（《汉书注·高帝纪第一上》）

㉑【汇注】

颜师古：封其郡守为侯，即令守其郡。（《汉书注·高帝纪第一上》）

张家英：谨按："止攻"之"止"，为"等待"之义。《尔雅·释诂》："止、徯，待也。"郝懿行《义疏》："止者息之待也。止训至也、居也、处也、留也，皆休息之义，休息亦待之义。故《礼记·檀弓（上）》云：'吉事虽止不息。'郑注：'止，立俟事时也。'此即止训待之意也。"王引之《经义述闻》卷二十六《尔雅上》："家大人曰：须、俟、徯为'俟待'之待，替、戾、厎、止为'止待'之待，待亦止也。"《左传·襄公二十三年》：齐侯将伐晋，陈文子见崔武子。武子曰："吾言于君，君弗听也。以为盟主，而利其难；群臣若急，君于何有！子姑止之。"王引之曰："'子姑止之'，犹言'子姑待之'也。"

"止守"之"止"，为"留止"之义。《说文·辵部》："逗，止也。"段注："逗，留。"《广雅·释诂》："止、待、立，逗也。"《论语·微子》："（丈人）止子路宿。"邢昺疏释为："丈人留子路宿。"（《十三经注疏》2529页下）《孙子·九地》："是故散地则无以战，轻地则无止"；"合于利而动，不合于利而止。"张预注"轻地则无止"曰："士卒轻返，不可辄留。"实则上举二"止"字皆当为"留止"之义。（《〈史记〉

十二本纪疑诂·高祖本纪》）

㉒ 【汇校】

李人鉴：按："争开门而待"下本有"足下"二字，以重文而省略。《汉书·高帝纪》作"诸城未下者，闻声争开门而待足下。足下通行无所累"，重"足下"二字。此《纪》未如古人用重文号，"待"字下当补"足下"二字。（《太史公书校读记（上）·高祖本纪》）

【汇评】

程馀庆：倪思曰：自项梁以来，攻定陶，未下；攻外黄，外黄未下。而兵行无忌，殆欲汲汲赴要害，捣虚邑耳。此最兵家要妙，令人不及掩耳，而过门（关）自保，得敌去为幸。何暇追袭，此兵家胜算也。故高祖攻昌邑未下，过高阳，攻开封未拔，攻颍阳，盖深喻此意。独宛强大，迫敌近，复欲过而西，则前后相应，非他邑比也。故子房忧之。惟汉事将成，故又有陈恢为之谋也。（《历代名家评注史记集说·高祖本纪》）

李　蕊：蕊按：沛公围宛以招降，而通行无累。良、恢固相与以有成也。否则入关之约，安能速赴如是哉？又陈恢之言，与蒯彻说武信君同，皆运筹之胜算也。迫于为宛守谋，亦自为谋者非小，而为功于沛公更大。（《兵镜类编》第三十七）

㉓ 【汇注】

裴　骃：徐广曰："七月也。"（《史记集解·高祖本纪》）

【汇评】

凌稚隆：王维桢曰：陈恢之说，大略与子房意同。盖恢虽为其宛计，而沛公因得一助矣，非汉业之将成耶？（《汉书评林·高帝纪》）

㉔ 【汇注】

司马贞：韦昭曰："在河内。"（《史记索隐·高祖本纪》）

程馀庆：故殷城在彰德府内黄县东南三十三里。（《历代名家评注史记集说·高祖本纪》）

【汇评】

方　回：项羽救赵，杀宋义，自立为上将军，然犹先假之请于怀王而后真为之也。沛公为砀郡长、武安侯之后仍称沛公，而封拜君侯，不请于怀王，以郦食其为广野君，以南阳守齮为殷侯，以陈恢封千户。如樊哙、夏侯婴、灌婴诸将赐爵之类，并不请于怀王，其亦已得怀王之命有所不必请与？沛公前是屠城阳、屠颍川、杀泗川守壮，斩三川守由，破走章邯东阿，威声震叠，南阳守欲自全，已无生路。陈恢说沛公约降而封之为雍王矣，其事与沛公同，而秦民不信，与沛公异者，何也？秦之臣不忠于秦，暂屈于我，封之者，权也。项羽所过，无不残灭；沛公所过，毋得虏掠，此则得失之所以异也。封秦之叛臣以为得计，则不然矣。（见《古今考》卷五"封南阳守齮殷侯"）

㉕【汇注】

区建华：案：《史记·高纪》《新序·善谋》篇、《汉书·高纪》《通鉴》皆作"封陈恢千户"。《汉书辨疑》引李庸芸曰："封恢千户，犹陈馀在南皮而环封三县，不必侯也。《汉纪》侯字或衍（《高纪》十一年封薛公千户，亦非侯）。"《史记·货殖传》："今有无秩禄之奉，爵邑之入，而乐与之比者，命曰'素封'。封者食租税，岁率户二百，千户之君则二十万，朝觐聘享出其中。庶民农工商贾，……此其人皆与千户侯等。"《汉书》合。据此，则"千户"乃"千户侯"之省，《汉纪》用全称，非衍也。（《荀悦〈汉纪〉（卷一）斠证》，载《中华文史论丛》1983年第1辑）

㉖【汇校】

张文虎：无不下者，《御览》引作"无有不下者"。（《校刊史记集解索隐正义札记·高祖本纪》）

【汇评】

凌稚隆：按：自怀王定关中之约，沛公始从砀攻昌邑，未下，则去而袭陈留矣；已而又攻开封，未拔，则去而屠颍川矣；已又攻平阴，不利，则从轘辕至阳城，而引兵过宛矣。凡此不待其既下而即去者，以急欲入关之故，而惟宛最强，如复引而如他邑，则从后追击，未必非入关一阨也，以故子房危之。而得陈恢者约降，而为之先声，而西诸城遂刻期而下矣。沛公所以得先入关中者，其次第如此。班史指次，历历如掌。（《汉书评林·高帝纪》）

㉗【汇注】

司马贞：韦昭曰："在河内。"（《史记索隐·高祖本纪》）

张守节：《括地志》云："故丹城在邓州内乡县西南百三十里，南去丹水二百步。《汲冢纪年》云后稷放帝子丹朱于丹水是也。《舆地志》云秦为丹水县也。《地理志》云丹水县属弘农郡。《抱朴子》云'丹水出丹鱼，先夏至十日，夜伺之，鱼浮水侧，光照如火，网而取之，割其血以涂足，可以步行水上，长居川中不溺'。"（《史记正义·高祖本纪》）

王先谦：丹水，弘农县。在南阳府淅川县西。（《汉书补注·高帝纪第一上》）

又：尧有丹水之战，以服南蛮，见《吕氏春秋》。后稷放丹朱于此，见《纪年》。秦破楚师于丹、析，见《屈原传》。王陵起兵丹水，以应高祖，见《高纪》《陵传》《续志》。后汉改属南阳。《一统志》：故城今淅川县西。（《汉书补注·地理志第八上》）

王骏图、王骏观：《正义》：《汲冢纪年》云"后稷放帝子丹朱于丹水"是也。图按：此说本由《括地志》所引，其荒怪与《五帝纪》舜囚尧同，而《正义》一再引之，津津乐道，殊可怪也。囚尧之说，已辨之于《困学纪闻笺正》矣，今此丹水，实因出丹鱼而得名。其鱼光照如火，见《抱朴子》，《地理志》引之，本足为据，何必引此不经之说耶？（《史记旧注平义·高祖本纪》）

王　恢：《括地志》："故城在内乡县西南百三十里。"《纪要》从之。《清统志》（二一一）："故城在淅川县西，本古鄀国。"杨守敬《水经注图》从之。《丹水注》："丹水自商县东南流注，历少习，出武关。汉祖下析郦，攻武关，文颖曰：武关在析县西百七十里。丹水又东南流入白口（即今滔河口），历其戍下。又东南左纳析水（左纳水三字补），水出析县西北卢氏县大嵩山，南流迳修阳县（内乡西北）故城北，县即析之北乡也。又东入析县，又东迳其县故城北，盖春秋之白羽也。《史记》楚襄王元年，秦出武关，取析十五城。汉祖入关，亦言下析郦。析水又历其县东，而南流入丹水县，注于丹水。故丹水会均，有析口之称（当今双河镇）。丹水又东南迳三户城，昔汉祖入关，王陵起兵丹水以归汉祖，此城疑陵所筑也。丹水又迳丹水县故城西南，县有密阳乡，古商密之地，昔楚申息之师所戍也。春秋之三户矣。丹水东南流至其县南，又南迳南乡县故城东北，又东迳南乡县北。丹水迳流两县之间，历于中之北，所谓商於者也。故张仪说楚绝齐，许以商於之地六百里，谓以此矣。"（《史记本纪地理图考·高祖本纪》）

㉘【汇校】

张　燨：王陵降西陵，按："西陵"二字衍，《汉书》无。（《读史举正》卷一《史记·高祖本纪》）

【汇注】

裴　骃：苏林曰："鳃音'鱼鳃'之'鳃'。"晋灼曰："《功臣表》戚鳃也。"（《史记集解·高祖本纪》）

又：韦昭曰："汉封王陵为安国侯，初起兵时在南阳，南阳有穰县，疑'襄'当为'穰'，而无'禾'，字省耳。今'邵公'或作'召'字，此类多矣。"瓒曰："时韩成封穰侯，江夏有襄，是陵所封。"（同上）

颜师古：戚鳃初从即为郎，以都尉守蕲城，非至丹水乃降也。此自一人耳，不知其姓。王陵亦非安国侯者。晋说非也。韦氏改襄为穰者，盖亦穿凿也。（《汉书注·高帝纪第一上》）

司马贞：按：王陵封安国侯，是定天下为丞相时封耳。此言襄侯，当如臣瓒解，盖初封江夏之襄也。（《史记索隐·高祖本纪》）

王先谦：全祖望曰：陵聚众定南阳，本传亦有之。《张苍传》陵救，苍之死于南阳，是安国侯，即襄侯，襄当作穰，南阳地、江夏则不相接矣。韩成之封以元年，陵是时何妨自称穰侯乎？（《汉书补注·高帝纪第一上》）

姚　范：范按：《王陵传》高祖微时，兄事陵。及高祖起沛入咸阳，陵亦聚党数千入居南阳，不肯从沛公。及汉王还击项籍，陵乃以兵属汉。然则高祖至丹水时，陵自居南阳不肯从，此降者别为一人明矣。(《援鹑堂笔记》卷十八《史部》)

梁玉绳：附按：晋灼谓即《功臣表》临辕侯戚鳃，是也。高武盖初赐名号侯，师古以为别一人，恐非。(《史记志疑·高祖本纪第八》)

又：附按：韦昭谓"汉封王陵为安国侯，初起兵时在南阳，南阳有穰县，'襄'当为'穰'。无'禾'字，省"。此说是也。臣瓒谓"韩成封穰侯，江夏有襄，是陵所封"。师古又谓王陵非安国侯，皆不然。下文云"因王陵兵南阳以迎太公、吕后于沛"，《功臣表》云"以厩将别定东郡南阳"，《汉·表》云"以自聚党定南阳"，陵本传云"自聚党数千人居南阳"，又《张苍传》云"苍以客从攻南阳，坐法当斩，王陵见而怪其美士，乃言沛公赦勿斩"。合而证之，则此王陵即安国侯明矣。穰侯者，或沛公初封之，或陵聚党时自称之，均未可知。盖陵封安国在后，而前此凡为二侯，五年臣瓒注引《汉帝年纪》云信平侯臣陵(信平当是名号侯，故杜恬位次曰信平侯也)与穰侯为二。岂信平又别一人乎？若项羽封韩成为穰侯，在汉元年四月以后，陵实先之，江夏则更不相接。全氏《经史问答》亦云。(《史记志疑·高祖本纪第八》)

［日］泷川资言：愚按：何焯《读书记》亦同梁说，可从。中井积德曰：《汉书》无"西陵"二字，此疑衍。(《史记会注考证附校补·高祖本纪第八》)

赵绍祖：按：《王陵传》："高祖入咸阳，陵居南阳，不肯从，及还击项籍，乃以兵属汉。"《高祖纪》："元年九月，汉王遣将军薛欧、王吸出武关，因王陵兵，从南阳迎太公、吕后于沛。"《通鉴》亦云："王陵至是始属汉。"是自此以前，陵尚持楚汉两端也。且陵本与汉同起，并属楚，亦不必言降，而陵之见汉王，实在南阳未下之先。《陵传》虽不言，观《张苍传》可见也。《苍传》云："攻南阳，苍当斩，解衣伏质，身长大，肥白如瓠，时王陵见而怪其美士，乃言沛公，赦勿斩。"是陵与汉共攻南阳，既下，而西，遂留南阳而不从，乌得云至丹水而始降乎？然则此两人者，皆别一人。而此王陵非安国侯更明矣。臣瓒谓韩成时封穰侯，此亦非也。项梁已立成为韩王，时王而非侯也。至项王主封，乃始废而侯之耳。何《索隐》尚以其言为是耶？(《读书偶记》卷四《王陵》)

王重民：王陵与汉祖之关系……按：《史记·高祖功臣年表》："安国侯以客从起丰，以厩将别定东郡南阳，从至霸上，入汉守丰。上东，从战不利。"《汉书·高惠高后文功臣表》则谓："以自聚党定南阳，汉王还击项籍，以兵属，从定天下。"《史》《汉》异说，然《汉书》盖本之《史记·世家》，则《史记·表》与《世家》自相矛盾也。更证以《汉书》，则《世家》所载，当为近是。《汉书·高帝纪》云："秦三年七月，襄侯王陵降。"晋灼曰："王陵，安国侯王陵也。"韦昭曰："汉封王陵为安国侯，初起兵时在南阳，南阳有穰县，疑襄当为穰，而无禾，字省耳。"臣瓒非之，以为："时韩成封穰侯；江夏有襄，是陵所封"。全祖望《经史问答》辨析最详，全氏云："《高祖本纪》迎太公吕后时，因王陵兵于南阳。《功臣表》陵聚众定南阳，陵本传亦有之。《张苍传》陵救苍之死于南阳，是安国侯即穰侯矣，襄当作穰，盖即南阳之地，江夏则不相接矣。韩成之封以元年，是时陵何妨自称穰侯也。"（史梦蛟刻本，卷八，页十五）则王陵在秦末，亦与楚汉并起，定有南阳，自称穰侯。至秦三年七月始降汉，是月沛公已定南阳，即引兵而西，其救张苍之死，盖亦在是月也。但陵未从入关，仍驻南阳，故汉元年九月，汉王有"因王陵兵，从南阳迎太公吕后于沛"之事。（《汉书·高帝纪》）自秦三年七月，至汉元年九月，在此十四月中，陵虽已降汉，既不肯从入关，似仍未断绝于楚，项羽恐其持有二心也，故取其母置军中。然则羽之捉陵母，当在是时。……陵母之自刎……陵母既死，陵始不持二心，终从汉定天下也。（《敦煌古籍叙录·王陵变文》）

韩兆琦：高武侯鳃、襄侯王陵降西陵，谓高武侯鳃与襄侯王陵在丹水归附了刘邦。高武侯鳃：晋灼、梁玉绳皆以为即《功臣年表》之"临辕侯戚鳃"，"高武"是其此时受封之号；师古以为非"戚鳃"，当是别一人，史失其姓。襄侯王陵，王陵是刘邦的开国功臣，后封安国侯，事迹见《陈丞相世家》。王陵在丹水归附刘邦时，被封为"襄侯"；有人以为"襄"应作"穰"，但证据不足。西陵，按：丹水附近无其地，泷川引中井曰："《汉书》无'西陵'二字，此疑衍。"（《史记笺证·高祖本纪》）

后晓荣：西陵，秦封泥有"西陵丞印"。西陵，地名，春秋楚地，战国入秦。《史记·高祖本纪》：秦二世三年，"襄侯王陵降西陵"。《史记·楚世家》楚顷襄王二十年，"秦将白起拔我西陵"。《集解》引徐广曰："江夏"。《正义》引《括地志》云："西陵故城在黄州黄山西二里。"《汉志》江夏郡西陵，"有云梦官。莽曰江阳"。《元和》卷二十七："黄冈县，本汉西陵县地，故城在今县西二里。"《读史》卷七十六湖广黄州府黄冈县西陵城，"在府东北百里。本楚之西陵邑，《史记》楚顷襄王二十年秦白起拔我西陵，或以为即此。汉置西陵县"。秦西陵县故城在今湖北省新州县西。（《秦代政区地理》第五章《衡山郡》）

㉙【汇注】

裴　骃：一云"陵"。（《史记集解·高祖本纪》）

司马贞：韦昭曰："南阳县。"（《史记索隐·高祖本纪》）

王先谦：胡阳，南阳县，《地理志》作湖阳，在今南阳府唐县南八十里。（《汉书补注·高帝纪第一上》）

后晓荣：湖阳，包山楚简有"古易（阳）人季□""阳命（令）□"。简文中"鹽阳"即"古阳"，通"胡"，二字均从"古"得声。"胡阳令"即楚之胡阳县令。其地望是南阳盆地东南部的古缪国。汉湖阳县，胡、湖同义通。徐少华结合春秋时楚人灭国多置县的惯例，认为楚武王灭缪之后，因缪国故地设置县，而改称湖阳。故《水经·比水注》引《竹书纪年》曰："楚共王会宋平公于湖阳。"汉之湖阳，亦因楚胡阳县旧制而来。包山楚简证明湖阳在战国楚时即已置县；又西汉初年的张家山汉简《秩律》有"湖阳"县，其上属郡应为南阳郡。《史记·高祖本纪》："还攻湖阳。"《索隐》引韦昭曰："南阳县也。"《清一统志》卷二百一十一："故城在今南阳府唐县南八十里。"二者互证，秦设置湖阳县，其故址即今河南省南阳市唐河县。（《秦代政区地理》第五章《南阳郡》）

㉚【汇注】

颜师古：苏林曰："番，音婆，豫章番阳县。"韦昭曰："吴芮初为番令，故号曰番君。鋗音呼玄反。"（《汉书注·高帝纪第一上》）

胡三省：《姓谱》，梅本自子姓，殷有梅伯，为纣所醢。（《资治通鉴》卷八《秦纪三》注）

罗凯燊：秦末，梅鋗举兵归吴芮，从刘邦伐秦，战功赫赫，被项籍封为十万户侯。《史记·高祖纪》载：秦二世三年，"高祖还攻胡阳，遇番君别将梅鋗，与皆降析、郦"。《史记·项羽纪》载：秦灭，项羽分封天下为十八王一侯，其中有"番君吴芮率百越佐诸侯又从入关，故立芮为衡山王，都邾""番君将梅鋗功多，故封十万户侯"。《前汉书·荆燕吴传》记述吴芮率越人举兵以应诸侯破秦的事："沛公攻南阳，乃遇芮之将梅鋗，与偕攻析郦，降之。及项王相王，以芮率百越佐诸侯从入关，故立芮为衡山王，都邾。其将梅鋗功多，封十万户，为列侯。"由此可见，梅鋗率领的这支队伍在破秦战斗中的重要作用，是一支主力军。梅鋗在破秦中的功绩是不可磨灭的。当时，天下群雄四起，破秦将领何止百千。而破秦后论功行赏，除十八王外，唯有梅鋗得封十万户侯。（《梅鋗考》，《南雄文史》第17辑）

韩兆琦：番君别将梅鋗，番君派出的将领梅鋗。番君，即吴芮，当时为番县（今江西省波阳）县令，故称"番君"，因派兵随诸侯入关，先被项羽封为衡山王，后被刘邦封为长沙王。与皆降析、郦——意谓刘邦和梅鋗等一起攻下了析、郦二县。泷川曰："秘阁本、古抄本'皆'作'偕'，与《汉书》合。"按：此处应读如"偕"，一道。析、郦，二县名，秦时之"析"即今河南西峡县；秦时之"郦"在今河南镇平东北。（《史记笺证·高祖本纪》）

㉛【汇校】

施之勉：《考证》：秘阁本、古钞本"皆"作"偕"，与《汉书》合。吴汝纶曰：皆，当依《汉书》作"偕"。"偕"句绝。（《史记会注考证订补·高祖本纪第八》）

【汇注】

裴　骃：如淳曰："持益反。"（《史记集解·高祖本纪》）

司马贞：邹诞生音锡。郦音历，苏林、如淳音掷。析属弘农，郦属南阳，出《地理志》。而《左传》云析一名白羽。颜师古云："析，今内乡县。郦，今菊潭县。"（《史记索隐·高祖本纪》）

胡三省：班《志》，南阳郡有湖阳县，故廖国。析县属弘农郡，本楚之白羽也。郦县属南阳郡。（《资治通鉴》卷八《秦纪三》注）

王先谦：析，弘农县，在今南阳府内乡县西北。郦，南阳县，在内乡县东北。（《汉书补注·高帝纪第一上》）

王　恢：《纪要》（五一）："淅阳城在内乡县治西，楚白羽地，亦曰析。左僖二十五年，秦晋伐鄀过析，即此。又昭十八年：许迁于析，实白羽。战国时，秦昭王发兵出武关，攻楚取析。秦曰中阳县，汉仍曰析，隋始曰内乡。"《清统志》（二一一）："《府志》：内乡有旧县城，在今县西北百二十里内乡保，即析县城也。"城在淅水西岸。（《史记本纪地理图考·高祖本纪》）

又：郦道元《湍水注》："湍水东南流迳郦县故城东。《史记》所谓下析郦也。又南、菊水注之。"《清统志》（二一一）："故城在今内乡县东北。《县志》，今县北十里有栗城，即郦城之为。"（同上）

后晓荣：析县，云梦睡虎地秦简《编年记》有"（秦昭襄王）九年，攻析"。西汉初年的张家山汉简《秩律》有"析"县，其上属郡应为南阳郡。《左传》僖公二十五年："秦晋伐鄀，过析。"又《左传》昭公十八年："许迁于析，实白羽。"战国时，楚旧县，秦昭王发兵出武关，攻楚取析设县。《史记·楚世家》：顷襄王横元年，"秦昭王怒，发兵出武关，攻楚，大败楚军，斩首五万，取析十五城而去"。《史记·六国年表》同年，"秦取我十六城"。《史记·高祖本纪》："还攻胡阳，遇番君别将梅鋗，与皆，降析、郦。"考古调查表明河南西峡县的莲花寺岗古城就是秦汉析县遗址，城址近方形，东西800米，南北850米，时代从战国楚析邑至秦汉析县。（《秦代政区地理》第五章《南阳郡》）

又：郦县，西汉初年的张家山汉简《秩律》有"郦"县，其上属郡应为南阳郡。《汉书·高祖纪》："还攻胡阳，遇番君别将梅鋗，与皆，降析、郦。"师古曰："析、郦，二县名。"又《史记·樊郦滕灌列传》："（樊哙）东攻宛城，先登，西至郦。"《汉志》南阳郡属县有郦。《正义》："在邓州新城县西北四十里。"从此简文看，秦时汉初郦即已置县，其故址在今河南省镇平县东北。（同上）

㉜【汇注】

方　苞：（《高祖本纪》遣魏人甯昌使秦，使者未来）因甯昌使秦未还而侧入章邯之降，因邯之降而追叙羽之救赵破秦，然后以赵高来约，遥承秦使未来；以袭攻武关，遥承攻胡阳、降析郦。参差断续，横纵如意，章法颇似《左传》邲与鄢陵之战。（《方望溪先生全集》外文补遗卷二《史记评语》）

翦伯赞：进抵武关之时，刘邦再"遣魏人甯昌使秦"。刘邦的使者到达咸阳以后，果然赵高立时发动政变，杀了二世，以响应刘邦的"扶义"之师。所以《史记·高祖本纪》记其事曰："使者未来，……赵高已杀二世，使人来，欲约分王关中。"（《秦汉史·西汉王朝的建立及其历史形势》）

㉝【汇注】

凌稚隆：王九思曰：怀王遣入关，当时救赵难于入关，秦大军在赵，既有当之者则入关差易为力。（《史记评林》卷八《高祖本纪》）

牛运震：叙王诸侯将相，独阙韩魏，孙鑛以为无新立王故。按：赵王歇亦非新立之王，何为亦记之邪？此自太史公偶然脱漏，不足为病，亦不必为之讳也。（《读史纠谬》卷一《史记·高祖本纪》）

程馀庆：陡插一句，又疾接入项羽，文法敏妙。（《历代名家评注史记集说·高祖本纪》）

  初，项羽与宋义北救赵，及项羽杀宋义，代为上将军，诸将黥布皆属①，破秦将王离军，降章邯②，诸侯皆附。及赵高已杀二世③，使人来，欲约分王关中④。沛公以为诈⑤，乃用张良计⑥，使郦生、陆贾往说秦将⑦，啖以利⑧，因袭攻武关⑨，破之。又与秦军战于蓝田南⑩，益张疑兵旗帜⑪，诸所过毋得掠卤⑫，秦人憙⑬，秦军解⑭，因大破之。又战其北，大破之。乘胜，遂破之⑮。

①【汇校】

[日]**泷川资言**：中井积德曰：黥布下脱"等"字，班史可证。（《史记会注考证附校补·高祖本纪第八》）

②【汇评】

傅　恒：章邯军棘原（在直隶顺德府平乡县南），项羽军漳南（漳水之南，《漳水注》见前），相持未战。二世使人让邯，邯恐，使长史欣请事，留司马门。（颜师古曰：宫垣之内，兵卫所在，四面皆有司马。司马主武事，故总谓宫之外门为司马门）三日，赵高不见欣，恐，走还。（不敢出故道，赵高果使人追之，不及。）至军报曰："赵高用事于中，下无可为者，今战胜，高疾吾功；不胜，不免于死。愿熟计之。"陈馀亦遗邯书，（书曰："将军为秦将，三岁所亡失已十数万，而诸侯并起兹益多。彼赵高素谀日久，今事急，亦恐二世诛之。故欲以法诛将军，以塞责，使人更代以脱其祸，将军有功亦诛，无功亦诛，且天之亡秦，无愚智皆知之。将军何不与诸侯为从，南面称孤，孰与身伏斧锧、妻子为戮乎？）章邯狐疑，阴使羽，约未成，羽遣蒲将军引兵渡三户（漳水津也，孟康曰在邺西）与秦战，再破之。羽又击败之汙水（在临漳县西南，出武安山入漳，今绝）上，邯遂请降羽，乃与盟于洹水（注见前），南立以为雍王，置楚军中，使长史欣将秦军行前（颜师古曰：谓居前而行）。（《通鉴辑览》卷十一"章邯以军降楚"）

翦伯赞：当此之时，秦将王离被俘，苏角被杀，涉间自焚，秦军大溃。楚军现在乘胜逐北，由三户（在今河北磁县西南古漳水上）渡过漳河，以雷霆万钧之力，再闪击章邯之军于汙水（在今河北临漳县西）之上。当时章邯一面因损兵折将，不见信于秦朝政府；另一面孤军远战，自度不能久持，于是率其残军二十余万，投降项羽于洹水（流经今河南安阳、内黄一带）之上。从此以后，秦朝的主力军，所谓"河北之军"，遂全部消灭。（《秦汉史·西汉王朝的建立及其历史形势》）

③【汇注】

郭嵩焘：案：《始皇本纪》言"沛公使人私于赵高"，此谓"遣甯昌使秦"，殆即其事也。而《始皇本纪》："沛公将数万人已屠武关，使人私于高。高恐二世怒，诛及其身。"以赵高行弑在沛公入武关之后，此则云"赵高已杀二世，使人来，欲约分王关中；沛公用张良计袭攻武关破之"，是沛公遣甯昌使秦，二世尚未弑也。赵高既弑二世，使人来约，即报甯昌之使也，高祖乘之袭破武关，故俞樾云："望夷之事，赵高固受计于沛公也。"是《高祖本纪》为得其实。（《史记札记·高祖本纪》）

俞樾：《始皇纪》"二世三年，沛公已屠武关，使人私于赵高。"按：《高帝纪》"遣魏人甯昌使秦"，然则望夷之事，高固受计于沛公也。高本赵之疏属，《索隐》谓高痛其国为秦所灭，誓欲报仇，卒杀秦子孙而亡其天下，未为无据，使子婴不杀赵高，高祖入关必有所以处之矣。东坡《始皇论》可为人主以刑余为周召之戒，而非所以论高也。然考《蒙恬传》赵高昆弟数人皆生隐宫，其母被刑僇，世世卑贱，则《索隐》谓高本赵公子自宫以进者，亦未必然耳。（《湖楼笔谈》卷三）

【汇评】

王夫之：秦之所殄灭而降辱者，六王之后也；戍之徒之而寡其妻、孤其子者，郡县之民也；而刎二世之首，欲灭宗室，约楚降而分王关中者，赵高也。故怨在敌国，而敌国或有所不能；怨在百姓，而百姓或有所不忍；狎及小人，而祸必发于小人。故曰

"唯女子与小人为难养也。"圣人且难之,况中主以降乎!(《读通鉴论》卷一《二世》)

吕思勉:案:赵高虽用事,位素卑,安有取秦而代之之望?且高之杀蒙恬,害李斯,戮诸公子,虽竟危秦,究不可谓不忠于二世;而二世亦素任高;此时忽生篡弑之谋,亦殊可怪。……李斯且死,何有于赵高?二世所患,特诸公子,宗室疏属,势非相逼,危急时安知不相仗?而秦立国数百年,当危急时,宗室中亦应有奋起自效者。疑章邯军败后,赵高或以去帝号、保关中进说,二世不说,且举前事悉以责之,宗室遂有乘间图之者,衅由是生,遂至弑二世而并欲尽灭秦之宗室,藉敌人之力以分王关中,亦所谓骑虎之势不得下也,然其不能为沛公所信,则势固然矣。(《秦汉史(上)·秦汉兴亡》)

④【汇注】

颜师古:自与沛公中分关中之地。(《汉书注·高帝纪第一上》)

王应麟:韩生曰:关中阻山带河,四塞之地。《三辅旧事》云:西以散关为限,东以函谷为界,二关之中谓之关中。《雍录》云:此说未尽。颜氏曰:自函谷关以西总名关中。徐广曰:东函谷,南武关,西散关,北萧关。其说是也。(《史记正义》东有函谷、蒲津;西有散关、陇山;南有嵚山、武关;北有萧关、黄河。在四关中,故曰关中。)(《通鉴地理通释》卷七"关中")

王子今:司马迁的《史记》是最早频繁使用"关中"这一概念的文献。其中所见"关中"凡92次。"关中"的区域地理定义,在西汉史学文献中已经有所不同,有学者指出,"西汉时的关中或泛指战国末秦国的故地,如《史记·货殖列传》:'关中之地,于天下三分之一。'或仅指今陕西关中盆地,如《史记·货殖列传》所述'关中,自汧、雍东至河、华'的范围"。而所谓"今陕西关中"地方,则是说后来通行的"关中"一语所代表的方域。关中,"有人说它是在四关之中,有人却说它是在两关之间。所谓四关是指的东函谷、南武关、西散关、北萧关。所谓两关之间也有两种不同的说法,一种是函谷关和散关,一种是函谷关和陇关"。其实四关之中也有不同的说法,如"西有陇关,东有函谷关,南有武关,北有临晋关,西南有散关"。正如史念海先生所说,"本来关中的名称只是表示函谷关以西的地方"。不过,"就'关'立论的说法虽说是后来才有的,却相当符合当时的情况"。(《秦汉区域地理学中的"大关中"概念》,载《秦汉史论丛》第9辑)

又:我们在司马迁笔下,就可以看到多种关于"关中"的地域界定:1."关中"指渭河平原,即后世所谓"秦川"。("关中,自汧、雍东至河、华","左殽函,右陇蜀","南有巴蜀之饶,北有胡苑之利")。2."关中"指秦岭以北的秦地,包括今天的陕北地区。("三分关中,王秦降将","三分关中,立秦三将","分关中为翟")。3."关中"指包括巴蜀在内的"殽函"以西的西部地区。("分关中为四国","分关中为

汉","巴、蜀亦关中地也"。)最后一种界定，可以称作"大关中"说。(同上)

又：《史记·高祖本纪》也记载："或说沛公曰：'秦富十倍天下，地形强。今闻章邯降项羽，项羽乃号为雍王，王关中。今则来，沛公恐不得有此。'"同样说明在当时的区域地理概念中，"关中"和"秦地"是大体一致的。又《项羽本纪》写道："项羽乃召黥布、蒲将军计曰：'秦吏卒尚众，其心不服，至关中不听，事必危，不如击杀之，而独与章邯、长史欣、都尉翳入秦。'于是楚军夜击坑秦卒二十余万人新安城南。"其中"至关中"和"入秦"的涵义也是基本相同的。"关中"的对应概念是"关外"……"关中"和"关外"，从用词的语气分析，应是秦人立场的体现。《战国策·秦策四》所谓"关中之侯""关内侯"之"关中""关内"，明显是说秦国。看来，"关中"，很可能是秦占据函谷关之后形成的区域地理概念。……"关中"的区界之所以在《史记》这样的史学名著中也未能明确不移，是由"秦地"在统一战争中迅速扩张的历史原因造成的。不同规模的"关中"地域，是与秦国疆土逐渐扩大的历史过程相关的。(同上)

【汇评】
程馀庆：沛公方欲入关，而章邯叛降于外，赵高弑主于内，秦无坚守矣。此盖天授也。(《历代名家评注史记集说·高祖本纪》)

⑤【汇注】
王鸣盛：《史记》于《高纪》"西略地入关"之下，叙至"赵高已杀二世，使人来，欲约分王关中，沛公以为诈，乃使郦生、陆贾往说秦将，啖以利，因袭破之"。"以为诈"三字，《汉书》改为"不许"，近儒遂云："不许贼臣。真可云扶义而西者。"考《始皇本纪》，沛公屠武关，"使人私于赵高"，然则沛公岂真扶义而不许高者乎？特"以为诈"耳，班之改马，非也。(《十七史商榷》卷二"不许赵高")

⑥【汇评】
易佩绅：秦人之苦其上亟矣。是时又正有弑逆之变，上下无制矣。即但以力攻之，亦易下矣。以仁义之声动之，前徒倒戈更必矣。张良既以计说秦将，而从之将者，秦所富贵者也，其不忍叛秦之义，自深于士卒也。但有士卒欲叛而将不从者，未有将既叛而士卒不从者。陈留下，宛城降，皆已然之事也。张良之言何其谬乎！何必为反覆变诈之举而始快于心乎！则战国权谋倾险，良习之最深也。习之深而遂必逞之为快也。夫沛公入关，当时之天下、后世之天下皆所深幸也。乃甫入而即为反覆变诈之举，则使沛公之不行仁义者，良其罪之首矣。(《通鉴触绪》卷三)

吕思勉：《史记·高祖本纪》：赵高已杀二世，使人来，欲约分王关中。沛公以为诈，乃用张良计，使郦生、陆贾往说秦将，啖以利，因袭攻武关，破之。《留侯世家》言沛公欲以兵二万人击秦峣下军，良说曰：秦兵尚强，未可轻，臣闻其将贾者子，贾竖易动以利，愿沛公且留壁，使人先行，为五万人具食，益张旗帜诸山上为疑兵，令郦食其持重宝啖秦将。秦将果叛，欲连和俱西袭咸阳。《高祖本纪》又言其击陈豨，闻豨将皆故贾人也，上曰：吾知所以与之矣。乃多以金啖豨将，豨将多降者。夫秦、汉时之轻贾人亦甚矣，安得以之为将？以之为将，人心安能服之？盖当时习以贾人为好利之徒，人有好利者则称之曰贾竖云耳，非真贾人也。（《论学集林·蒿庐札记·以贾人为将》）

⑦【汇注】

王叔岷：案："陆贾"二字，无缘致衍。说秦将以郦生为主，故陆贾之名，可存可略。然，此处之存，正可以补他处之略。不得轻"疑此与《汉书·高纪》并妄挽陆贾"也。《通鉴》亦存此"陆贾"二字，是也。（《史记斠证·高祖本纪第八》）

⑧【汇注】

胡三省：师古曰：啖者，本为食啖耳，音徒敢翻；以食喂人，令其啖食，音则改变为徒滥翻。今言以利诱之，取食为譬。（《资治通鉴》卷八《秦纪三》注）

【汇评】

方　回：沛公起于匹夫，所谓重宝者，攻城略地之所得也。何足道哉？沛公所欲者，灭秦而王关中也。赵高弑二世，使人语沛公，欲约分王关中，此弑君之贼，沛公不许，是矣。今从良计，以重宝啖秦将，必且令郦、贾二生说秦将以共击咸阳，分王关中之利。当是时，项羽封章邯，沛公封南阳守齮。彼贾竖之将，亦已心动，故叛而从沛公，殊不知张良之计，诈也。于是因其懈怠，从而击之，绕峣山，逾黄山，出蓝田，至霸上，秦将所得重宝，焉得而有之。身且即死，可谓愚矣。异时鸿沟之约，项羽懈而东归，张良劝汉王追击灭羽，亦出此策，曾谓三代王者之师而有是乎？……夫必先怠人之守备，而后急击之，张良又岂有真王佐之才哉？……啖之以小利，而包藏大祸之心，世道衰，人心危，久矣哉！（见《古今考》卷五"使郦食其陆贾往说秦将啖以利"）

⑨【汇注】

司马贞：《左传》云楚司马起（营所）[丰析]以临上雒，谓晋人曰"将通于少习"，杜预以为商县武关也。又《太康地理志》武关当冠军县西，峣关在武关西也。（《史记索隐·高祖本纪》）

方　回：武关，秦之南关，通南郡今邓州也。武关在淅县一百七十里，淅，今内乡县也。今邓州西北至商州六百二十五里，武关属商州。（《古今考》卷五"攻武关入秦峣关"）

王先谦：武关，秦之南关也，通南阳郡。京相璠云：楚通上雒陉道也。丹水下入淅。《一统志》故城在今商州东八十五里。（《汉书补注·地理志第八上》）

王　恢：武关，《丹水注》："丹水自商县东南流注，历少习，出武关。应邵曰：秦之南关也。京相璠曰：楚通上洛扼道也。汉祖下析、郦，攻武关，文颖曰：武关在析县西百七十里。"按：在今陕西商县东南八十里，昔为秦楚交通之要道。秦不得武关，则不足以制楚；楚且便易于犯秦。……历代用兵秦楚，必道武关。今关西龙驹寨，水陆交通，物货集散，盛于县城。（《史记本纪地理图考·秦始皇本纪》）

龚浩康：武关，在今陕西省丹凤县东南丹江上。（见王利器主编《史记注译》卷八《高祖本纪》）

⑩【汇注】

程馀庆：蓝田关在西安府蓝田县东南九十八里。（《历代名家评注史记集说·高祖本纪》）

王先谦：（编者按：蓝田）秦取楚汉中，再战于此。吕不韦为相，食蓝田。并见《国策》。……《一统志》：故城今蓝田县西三十里。（《汉书补注·地理志第八上》）

王　恢：蓝田，《清统志》（二二八）："《长安志》，故城在今县西三十里，后周徙废。"据《渭水注》，故城当在今县西北三十里，霸水西岸白鹿原上。今县治即故峣柳城。当堨水入霸之会。北周武帝徙治于此，故城周八里，今仅存东南隅。《渭水注》："堨水西迳峣关北，历峣柳城。魏置青堨军，世亦谓之青堨城。秦二世三年，汉高祖入自武关，攻秦，赵高遣将拒于峣关者也。《土地记》曰：蓝田县南有峣关，地名峣柳，道通荆。《晋地道记》（编者按：王隐《晋书地道记》）曰：关当上洛西北。堨水又西北流入霸。"按：峣关在今蓝田县城东南二十里蓝桥镇。北周明帝成武元年移于县南七里青泥故城侧，改名青泥关。武帝建德二年改名蓝田关。隋大业元年复徙回旧所。《汉书·高纪》："沛公引兵绕峣关，踰蒉山。"《元和志》（一），蒉山在县东二十五里。《纪要》（五三）："峣山在蓝田县南二十里，秦因以名关。又东南五里有蒉山，汉高祖引兵绕关踰山以击秦也。"《括地志》《寰宇记》《纪要》作县东南九十里或九十八里者，牧护关也，皆以旧蓝田县治计里程，盖相沿而不知改也。（《史记本纪地理图考·高祖本纪》）

⑪【汇注】

梁玉绳：按：《月表》《留侯世家》及《汉书纪》《传》，沛公以秦二世三年八月攻破武关，九月秦遣将距峣关（关在蓝田南武关之西），张良说沛公张旗帜为疑兵，使郦生啖秦将以利。秦军懈，因引兵绕峣关，逾蒉山击破之蓝田南。（《雍录》曰"逾蒉山者，绕出峣关之西"。又引《长安志》曰"蓝田关即峣关"）叙次甚明。此《纪》不书破武关及逾蒉山事，则"武关"乃"峣关"之误，当云"乃用张良计，益张疑兵旗帜。使郦生往说秦将，啖以利，因袭攻峣关，破之。又与秦军战于蓝田南"。而陆贾二字似衍文，《留侯世家》《陆贾传》及《汉书》张、陆两传、荀悦《汉纪》皆无之，疑

此与《汉书·高纪》并妄搀陆贾耳。(《史记志疑·高祖本纪第八》)

⑫【汇注】

裴　骃：应劭曰："卤与'虏'同。"(《史记集解·高祖本纪》)

⑬【汇注】

王叔岷：《考证》：秘阁本"憙"作"喜"。案：《汉纪》作"秦民喜"。景祐本"憙"亦"喜"，古字通用。(《史记斠证·高祖本纪第八》)

⑭【汇注】

李　笠："秦人憙，秦军解"：按："解"同"懈"。《吕后纪》："君知其解乎？"《正义》言："哭者情有所思也。"憙、懈俱就人心言。沛公既啖秦将以利，又令所过毋得掠卤，故秦人憙悦，而军心懈惰也。不然，秦军岂得无故解散哉！(《广史记订补·高祖本纪》)

⑮【汇评】

刘辰翁：两言"大破之"，又言"遂破之"，势如破竹。(见倪思编《班马异同》卷二《高祖》)

程馀庆：秦人已约降而复连战破之，犹项王之于章邯也。(《历代名家评注史记集说·高祖本纪》)

台湾三军大学：刘邦初起时其部属不满万人，力量甚为微弱。至楚怀王遣其向西略地，原不过牵制秦军扰乱其后方而已。至其后能侥幸入关受子婴之降，实由于秦廷政治混乱，人心离散，封疆守吏不事戒备所致。又项羽力战章邯，击溃秦军之武力而使秦廷基础根本动摇，致疆吏望风迎降，刘邦仅坐享其成而已。故刘邦之易于西进，实为项羽力战之功。否则秦廷疆吏如坚强守御，则刘邦岂能以所部仅数万之众轻率入秦耶？故司马迁之赞项羽曰："秦失其政，陈胜首难，豪杰蜂起。相与并争，不可胜数。然羽非有尺寸，乘势起陇亩之中，三年遂将五诸侯灭秦。……位虽不终，近古以来未尝有也。"司马迁以灭秦之功归于项羽，持论深得其平。故刘邦之成功，实由于彼之善于利用机会，然幸运亦有以助之。刘邦唯一之成功，在于能容纳人才。其行动之过误，能纳张良之谏，听郦食其之说，不自逞其智。故能使众人同心，贤智尽力，则其成功，亦自有道。(《中国历代战争史》第四卷第七章《秦之灭亡》)

汉元年十月①，沛公兵遂先诸侯至霸上②。秦王子婴素车白马③，系颈以组④，封皇帝玺、符、节⑤，降轵道旁⑥。诸将或言诛秦王⑦。沛公曰："始怀王遣我，固以能宽容；且人已服降，又杀之，不祥。"乃以秦王属吏⑧，遂西入咸阳⑨。欲止宫休舍⑩，樊哙、张良谏⑪，乃封秦重宝财物府库⑫，还军霸上⑬。召诸县父老豪桀曰⑭："父老苦秦苛法久矣⑮，诽谤者族⑯，偶语者弃市⑰。吾与诸侯约，先入关者王之，吾当王关中。与父老约⑱，法三章耳⑲：杀人者死，伤人及盗抵罪⑳。馀悉除去秦法㉑。诸吏人皆案堵如故㉒。凡吾所以来，为父老除害，非有所侵暴㉓，无恐㉔！且吾所以还军霸上，待诸侯至而定约束耳㉕。"乃使人与秦吏行县乡邑㉖，告谕之㉗。秦人大喜，争持牛羊酒食献飨军士。沛公又让不受㉘，曰："仓粟多，非乏㉙，不欲费人㉚。"人又益喜㉛，唯恐沛公不为秦王㉜。

① 【汇注】

裴　骃：如淳曰："《张苍传》云以高祖十月至霸上，故因秦以十月为岁首。"（《史记集解·高祖本纪》）

张守节：沛公乙未年十月至霸上。项羽封十八诸侯，沛公封汉王，后刘项五年战斗，汉遂灭楚，天下归汉，故却书初至霸上之月。（《史记正义·高祖本纪》）

魏了翁：鹤山先生曰：汉者何？高皇帝起汉中，即始王，以为代号也。自羲、昊以来，……至夏后氏、殷人、周人，以迄于嬴政，则皆以始封为代号。……而秦罢侯置守，于是始有由匹夫而有天下者，故往往无所因袭，一时如刘、如项、如陈，不得不以始王为号。至魏、晋、齐、梁、隋、唐以后，则率以初国寖成禅代，故又以封爵为号，亦与汉异。（《古今考》卷一"汉书"）

方　回：此汉元年冬十月也，因秦不改。孔子曰"行夏之时"，即建寅为岁首者。是商之建丑，周之建子者为非。先儒有天统、地统、人统之说，有改正朔之说，则岁首为子，而以子时为朔，朔者，旦也，一日之首也。建丑、建寅亦当然，故祭祀用所建之朔而分其日夜，若建亥则岂可以亥为一日之首乎？颜师古谓秦以十月为正月，即夏之正月；夏之四月，乃七月；夏之七月，乃十月。冬春夏秋皆缪矣。然《史记》书夏正月为端月，以为始皇讳政，而改为端，正本音政，而后改为平声，亦避讳也。则似未尝以十月为正月。师古谓史家追改秦正为汉冬十月，其果然乎？如淳谓张苍以高祖十月至霸上，故因秦以十月为岁首，然则汉武以太初二年夏五月正历，以正月为岁首，始用建寅为正，当矣。至今莫之敢改。然皆以子时为一日之首，寅月为一年之首，改正不改朔云。（见《古今考》卷五"汉元年冬十月"）

俞正燮：《史记·秦始皇本纪》云："方今水德之始，改年始朝贺，皆自十月朔。"《高祖本纪》云："汉元年十月，至霸上。"《赞》云："朝以十月。"《张苍传》云："绪正律历以高祖十月始，至霸上，因故秦时本以十月为岁首，弗革是也。"《封禅书》云："于是秦以冬十月为年首。"又云："高祖以十月至霸上，因以十月为年首。"此记事之词，以作者时所谓十月追名之，则易晓也。《封禅书》又云："高祖十年春，有司请令县常以春三月及时腊。"此记言之词，依其言，记之不失实也。《汉书·文帝纪》"二年十一月癸卯晦，日有食之。《诏曰》：'乃十一月晦，日有食之。'"此记言当云"乃二月晦"，而亦云"乃十一月晦"者，因上记事"十一月癸卯晦"改之也。《秦楚之际月表》云："二世二年十月，诛葛婴。十一月，周文死。十二月，陈涉死。"《陈涉世家》云："腊月，陈王至下城父，庄贾杀以降秦。"此记事之词，腊为亥正，记事之十二月为亥正，记言之春三月也。盖追述古事，《史记》之例如此。……时人各言其时之事，不得改之，则记言之体也。（《癸巳类稿》卷十一"秦汉亥正记事记言说"）

柳诒徵：问何以主在正统？……若夫史则不然。《史记》列项羽于纪，以羽为伯王，政由己出，是时汉未得天下，虽纪羽可也。班则本纪属之帝，而列羽为传矣。当沛公至霸上，秦王子婴降，羽入关屠咸阳而东，自立为西楚霸王，尊楚怀王孙心为义帝，《史记·羽纪》书汉元年四月诸侯罢戏下，而不以楚纪年。《高纪》则书汉元年冬十月沛公至霸上，秦王子婴素车白马，系颈以组，封皇帝玺符节，降轵道旁，是以子婴降为汉受命之元，而义帝之元置之不论矣。亦不独《史》《汉》，他史率多类此。（《国史要义·史例第八》）

王　恢：秦亡于二世三年（前207）九月，适为岁末。沛公即位于前202年，中间有四年不相连接。汉人以汉续秦统，即以前206年冬十月为汉高元年（其实政由霸王，汉王不过诸侯之一耳）。又楚汉历法，仍因秦制，归余于终——应置闰者，总于岁末，为"后九月"，以十月为岁首，故叙冬于前。至太初元年（前104），始用夏正，以正月秦为岁首。（《史记本纪地理图考·项羽本纪》）

② **【汇校】**

崔　适：按：《汉书》"十月"下有"五星聚于东井"句，幸未窜入此《纪》，得以证《史记》凡言分野者，皆非太史公原文。（《史记探源》卷三）

李人鉴：按：《汉书·高帝纪》"元年冬十月"下有"五星聚于东井"句，此《纪》无之。《汉书·高帝纪》于二世元年云"七月，大霖雨"，又云"时连雨，自七月至九月"，于汉三年云"冬十月甲戌朔，日有食之"，"十一月癸卯晦，日有食之"，"秋七月，有星孛于大角"，于汉九年云"夏六月乙未晦，日有食之"，此《纪》亦皆无之。观此则知史公于天象灾异多不书；其余《纪》《表》有书之不一书者，非出史公，乃后人所妄加附益也。（《太史公书校读记·高祖本纪》）

【汇注】

张守节：故霸陵在雍州万年县东北二十五里。汉霸陵，文帝之陵邑也，东南去霸陵十里。《地理志》云："霸陵故芷阳，文帝更名。"《三秦记》云："霸城，秦穆公筑为宫，因名霸城。汉于此置霸陵。"《庙记》云："霸城，汉文帝筑。沛公入关，遂至霸上，即此也。"（《史记正义·高祖本纪》）

方　回：元年冬十月，沛公至霸上。应劭曰：霸上，地名，在长安东三十里，古曰滋水，秦穆公更名霸。师古曰：霸水上故曰霸上，即今所谓霸头。……霸水之源出商州上洛县，西北行至蓝田县境，始出谷。谷即丽山之口，亦名蓝田山。浐水所合，在长安东廿里。霸水西至长安城二十里，水东至霸城十里。霸城东至新丰县五十里。蓝田县在长安东南七十里。盖霸水所行，谓之白鹿原。水行原上，居高临下，沛公屯兵在霸水之东，近秦霸城。（见《古今考》卷五"沛公至霸上"）

武伯伦：霸上是秦汉时代的一个亭名，在今霸桥附近，为拱卫长安的要冲……宋程大昌《雍录》说"此地最为长安要冲，凡自东西两方面而出入崤、潼两关者，路必由之"。《史记·王翦列传》，"秦欲伐楚，王翦将兵六十万人，始皇自送至霸上"，王翦带兵六十万，走的是崤关（在今蓝田南）这条路。此为霸上这个地名初见于记载。又《汉书·高祖纪》，"元年（前206）冬十月，……沛公至霸上"。秦王子婴投降。这里对霸上地名《汉书》有注：应邵曰："霸上地名，在长安东三十里。古曰滋水，秦穆公定名霸。师古曰，霸水上，故曰霸上，即今所谓霸头。"……霸水原名滋水，秦穆公为显示霸功，改滋水为霸水，并修筑了霸城宫。汉文帝死后，葬霸陵。《史记·文帝纪》：文帝节约，临死时诏令说："霸陵山川因其故。"下有唐司马贞等人的注解："固山为藏，不复起坟，山下川流，不遏绝也，因其水名，以为陵号。"司马贞《索隐》曰，"霸是水名，径于山下，亦曰霸山，即芷阳也"。王符《潜夫论》更直接说文帝"葬芷阳"。芷阳在先秦后期，是一个主要的墓葬区，如秦昭襄王、庄襄王、帝太后（始皇生母）都葬于芷阳境内。又昭襄王太子死在魏国，《秦本纪》也说"归葬芷阳"。下有注解曰"徐广曰，今霸陵。《正义》引《三秦纪》霸城，秦穆公筑为宫；因名霸城，汉于此置霸陵县"。关于霸上，前引《汉书·高祖纪》："元年至霸上。"后有颜师古注曰"霸上，即今所谓霸头"。《史记正义》引《庙记》："霸陵即霸上。"《咸宁县志》卷二亦说按《水经注》"霸上即芷阳"。由以上所引，可知霸上、芷阳、霸城、霸陵，时代名称不同，但实际是一个地方，即在今红庆乡境内，芷阳亦作滋阳。唐诗人王昌龄"鸿都有归客，偃卧滋阳村。"今临潼县尚有芷阳乡。考古工作者在骊山西南墓葬遗址中，亦常发现有铭曰芷阳的瓦片。（《"霸上"考》，载《文博》1994年第5期）

③【汇注】

陆唐老：素车白马，示丧服也。（《陆状元增节音注精议资治通鉴》卷二六《太祖

高皇帝》自注）

④【汇注】

　　颜师古：应劭曰："子婴不敢袭帝号，但称王耳。素车白马，丧人之服。组者，天子韨也。系颈者，言欲自杀也。"师古曰："此组谓绶也，所以带玺也。韨音弗。"（《汉书注·高帝纪第一上》）

　　陆唐老：系颈以组，组，绶、带之类，系颈，示降服。（《陆状元增节音注精议资治通鉴》卷二十六《太祖高皇帝上》自注）

　　胡三省：应劭曰：组者，天子韨也。系颈，言欲自杀也。师古曰：此组，谓绶也，所以带玺也。组，总五翻，今绶纷绦是也。（《资治通鉴》卷九《汉纪一》注）

　　沈钦韩：《楚策》：蔡圣侯不以国家为事，子发受命乎宣王，系以朱丝而见之，自后献俘者皆如此。《五代史·刘守光传》"晋王至太原，刘仁恭父子曳以组练献于太庙"是也。师古以为玺绶，谬。（《汉书疏证》卷一《高祖纪》）

⑤【汇注】

　　颜师古：应劭曰："玺，信也。古者尊卑共之。《左传》襄公在楚，季武子使公冶问玺书，追而与之。秦汉尊者以为信，群下乃避之。"师古曰："符谓诸所合符以为契者也。节以毛为之，上下相重，取象竹节，因以为名，将命者持之以为信。"（《汉书注·高帝纪第一上》）

　　司马贞：韦昭云："天子印称玺，又独以玉。符，发兵符也。节，使者所拥也。"《说文》云："符，信也。汉制以竹，长六寸，分而相合。"《释名》云："节为号令赏罚之节也。又节毛上下相重，取象竹节。"又《汉官仪》云："子婴上始皇玺，因服御之，代代传受，号曰'汉传国玺'也。"（《史记索隐·高祖本纪》）

　　张守节：按：天子有六玺，皇帝行玺、皇帝之玺、皇帝信玺、天子行玺、天子之玺、天子信玺。皇帝信玺凡事皆用之，玺令施行；天子信玺以迁拜封王侯；天子之玺以发兵。皆以武都紫泥封，青囊白素里，两端无缝。《三秦记》云紫泥水在今成州。《舆地志》云汉封诏玺用紫泥，则此水之泥也。（《史记正义·高祖本纪》）

　　陆唐老：玺，相氏反，印也，解见《秦纪》。颜师古又云：古者尊卑通用。至秦、汉，始专为王者印。符者，契也。节者，操也。谓持节者必尽人臣之节操。《二礼义宗》曰："长一尺二寸，秦、汉以下改为旌，幢之形。"（《陆状元增节音注精议资治通鉴》卷二六《太祖高皇帝上》自注）

　　陶宗仪：《篆文图说》曰：传国玺方四寸，其文文饰如前。楚以卞和所献之璞琢而成璧，后求昏于赵，以纳聘焉。秦昭王请以十城易之而不获。始皇并六国得之，命李斯篆其文，玉工孙寿刻之。《太平御览》又以为蓝田玉所刻。二世子婴奉玺降沛公于轵道旁，高祖即位，服其玺。因世传之，谓为传国玺。厥后孺子未立，藏于长乐宫。（见

唐顺之编《荆川稗编·传国玺考》)

龚浩康：玺，本为印的通称，从秦代起专指皇帝用的印。符，古代朝廷派遣使者传达命令、征调兵将用的凭证。以金玉或竹木制成，上书文字，剖而为二，双方各执一半，用时组合以验真假。节，古代使者用作凭证的信物，用金属或竹木制成，上加旄饰，外形如竹节。(见王利器主编《史记注译》卷八《高祖本纪》)

⑥【汇注】

司马贞：枳音只。《汉宫殿疏》云枳道亭东去霸城观四里，观东去霸水百步。苏林云在长安东十三里也。(《史记索隐·高祖本纪》)

张守节：枳音纸。《括地志》云："枳道在雍州万年县东北十六里苑中。"(《史记正义·高祖本纪》)

陆唐老：枳音只，《字书》云："车轮之穿为道。"(《陆状元增节音注精议资治通鉴》卷二六《太祖高皇帝上》自注)

程大昌：高帝入关之路自南阳(邓州)入武关(商州)，而叩峣关，逾蒉山，则蓝田县正为来路，已而自南徂北，至霸上立屯，故其屯在长安正东也。秦王子婴出降。枳道者，在长安城东十三里也。高帝军至霸上，则遂度霸水西向以趋咸阳。子婴自咸阳迎降，是从中渭桥度渭至长安东北而遇汉军，故枳道为降汉之地也。(《雍录》卷七《霸水杂名二》)

又：枳道，亭名也，即秦王子婴降沛公处，在汉长安城东十三里东都门外也。长安东面三门，此为北来第一门也，自长安而出东都必由此门。故西都之地而有门标以东都也，犹汴京东门名曹门，而临安余杭门外有湖州市也。《汉书》曰："有白蛾飞自东都门，经枳道入内苑。"则东都门名前汉已有之矣。(《雍录》卷七《霸水杂名四》)

方　回：秦王子婴降枳道旁。苏林曰："亭名也，在长安东十三里。"师古曰："枳，音轵。枳道亭在霸城观西四里。"《东汉书》长安霸陵有枳道亭。程泰之《雍录》"枳道亭在汉长安城东都门外十三里。长安东面三门，此为北来第一门。自长安而出东都，必由此门"，谓近世开封府有云陈州门、郑州门、曹门，其义相似。其曰秦王者，应劭曰："子婴不敢袭帝号，但称王耳。"东莱《大事记》按：《本纪》子婴为秦王四十六日，楚将沛公至霸上，使人约降子婴，子婴即奉天子玺、符节降枳道旁。回考之：秦，嬴姓，帝颛顼之苗裔栢翳(即伯益)之后，在西戎，保西垂。……子政立是为始皇，立二十六年并天下，称始皇帝。三十七年崩于沙丘，其生壬寅，其死辛卯，其年五十。子胡亥立，元年壬辰七月，陈涉起；九月，沛公、项梁起。三年甲午，二世为赵高所弑，子婴立四十六日。自非子至子婴三十四世而秦亡。汉王不杀子婴，以属吏。项羽至而杀之，嬴姓遂无后云。(见《古今考》卷五"秦王子婴降枳道")

王学理：枳道亭是秦咸阳南区东部一处重要的乡亭，位于今西安东北的辛家庙一带。《史记·高帝纪》："汉元年十月，沛公兵遂先诸侯至霸上。秦王子婴素车白马，系颈以组。封皇帝玺、符节，降轵道旁。""《索隐》引《汉宫殿疏》云'轵道亭东去霸城观四里，观东去霸水百步'。苏林云：'在长安东十三里'。"《括地志》："轵道亭在雍州万年县东北十六里苑中。""枳道"（《史记》）又作"轵道"（《汉书》），二者通用，秦汉亭名一地。由霸城观、霸水和万年县三者的相对位置看，轵道亭在霸水西岸。霸城观的取名当同在汉长安的霸城门外有关，与霸陵县无涉。《史记集解·苏秦列传》引徐广说"霸陵有轵道亭"，显然不确，只能认作是方位相近。苏林是三国时期魏人，其言轵道亭"在长安东十三里"，则合今5636.28米，地当今西安市东北郊的辛家庙。由此验证同霸城门、万年县治、霸水的位置距离皆合，也正处在唐禁苑之中。轵是车毂上的轴孔，轵道亭设在渭河南岸的驰道之侧，控咸阳东渡灞水的门户，位置重要，犹如轵对车与轮的不可或缺一样。（《咸阳帝都记·几处乡亭的位置考索》）

⑦【汇注】
　　司马贞：《楚汉春秋》曰："樊哙请杀之。"（《史记索隐·高祖本纪》）

⑧【汇注】
　　颜师古：属，委也。音之欲反。（《汉书注·高帝纪第一上》）
　　张守节：属，之欲反。属，付也。（《史记正义·高祖本纪》）
　　胡三省：属，付也。属吏者，付之于吏，使监守之也。（见《资治通鉴》卷九《汉纪一》注）

　　【汇评】
　　凌稚隆：按：沛公于所过毋房掠，入关不杀秦子婴，与封秦府库不取，皆王者作用。怀王诸老将谓"长者""扶义而西"，正以此。（《汉书评林·高帝纪》）
　　韩兆琦：凌稚隆曰：沛公不杀子婴，与约法三章，为义帝发丧三事，最系得天子根本。若项羽则一切反是矣。（《史记选注集说·高祖本纪》）

⑨【汇评】
　　赵文润：刘邦在秦末农民战争中起了一定的作用。公元前207年二月，刘邦受起义军首领楚怀王的派遣，率军西进击秦。他利用项羽起义军已经摧毁秦军主力的有利时机，率军过高阳，克陈留，下宛城，入武关，迅速攻进关中。十月至霸上，秦王子婴投降，秦亡。可见刘邦在反秦斗争中是乘虚入关，虽抢先占了咸阳，对于推翻秦暴政有一定的贡献，但并不曾同秦军主力决战，因此较之项羽的武功是大为逊色的。（《重评刘邦、项羽的成败原因及其是非功过》，载《人文杂志》1982年第6期）

⑩【汇注】
　　颜师古：舍，息也，于殿中休息也。一曰舍谓屋舍也。（《汉书注·高帝纪第一上》）

张守节：休，息也。言欲居止宫殿中而息也。（《史记正义·高祖本纪》）

王先谦：止即息也。训舍为息，于文为复。一说是也。已居秦宫而令军人居舍耳。（《汉书补注·高帝纪第一上》）

杨树达：树达按：颜前说是也。《史记·淮南王传》云："休舍，穿井未通，须士卒尽得水乃敢饮。"《说文七·篇上夕部》云："夜，舍也，天下休舍也。"知休舍为汉人通语。《韩信传》云："未至井陉口三十里，止舍。"颜亦训舍为息，此岂亦止屋舍乎！古人自有复语耳。王说凿空无据。《张良传》云"沛公入秦宫室，帷帐狗马重宝妇女以千数，意欲留居之"，即此所谓欲止宫休舍，亦可证也。（《汉书窥管·高帝纪上》）

⑪【汇注】

陆唐老：沛公见秦宫室帷帐狗马重宝妇女以千数，意欲留居之。樊哙谏曰："沛公欲有天下耶？将为富家翁耶？凡此奢丽之物，皆秦所以亡也。沛公何用焉！愿急还霸上，无留宫中。"沛公不听。张良曰："秦为无道，故沛公得至此。夫为天下除残贼，宜缟素为资。今始入秦，即安其乐，此所谓助桀为虐。且忠言逆耳利于行，毒药苦口利于病，愿沛公听樊哙言。"沛公乃还军霸上。（《陆状元增节音注精议资治通鉴》卷二六《太祖高皇帝上》）

【汇评】

王之望：西汉之兴，其大功臣虽出于刀笔之吏、贩缯屠狗之人，然皆一时豪杰、王佐之才，非遭逢际会侥幸而成功者也。史于萧何、曹参既以为一代宗臣，而以周勃为汉伊周，虽后世之论亦莫不然。至于樊将军不过以武勇为称，与郦商灌滕之徒等耳。以余观之，哙盖萧、曹之伦，出周勃之右，非郦商灌滕之徒所可望able。高帝初入咸阳，欲止宫休舍，哙谏以为不可，乃封秦重宝宫室府库，还军霸上。呜呼！此沛公之所以得天下，汉祚之所以长久者也。……独樊将军首发其端，留侯因而推之，高帝遂悟，三秦之民翕然皆愿以为君王，沛公之德结于民心，闻于天下。向使高帝入关，居秦宫室，收其子女、玉帛而有之，则无以异秦项之为。……（《汉滨集》卷十四《樊哙论》）

胡三省：樊哙起于狗屠，识见如此。余谓哙之功当以谏留秦宫为上，鸿门诮让项羽次之。（《资治通鉴》卷九《汉纪一》注）

易佩绅：夫哙，屠狗者也，何所见之卓而沛公不及也。盖身亲者昧，旁观者明，使沛公旁观亦能以此谏人也。亦惟其忽视哙，所以不听，良为其所重者，而遂听也。且夫一利一害之显，岂不待智者始见，但无如有所溺何耳。沛公终不溺，所以终能听也。天节取一能听言之人以为君，即节取群策群力以助之，而何择乎品类哉！（《通鉴触绪》卷四）

⑫【汇注】

沈钦韩：《西京杂记》：高祖初入咸阳，宫周行，府库金玉珍宝不可称言，其尤珍异者有：青玉五枝灯，高七尺五寸，作蟠螭以口衔灯，灯然则鳞甲皆动。复铸铜人十二人，坐皆高三尺，列在一筵上，琴、筑、笙、竽，各有所执，皆缀花采，俨若生人。筵下有二铜管，上口高数尺，出筵后，其一管空，一管内有绳大如指。使一人吹管，一人纽绳，则众乐皆作。有琴长六尺，安十三弦，二十六徽。铭曰"璠玙之乐"；玉管长二尺三寸，二十六孔。吹之则见车马山林，隐辚相次，吹息亦不复见。铭曰"昭华之琯"。有方镜广四尺、高五尺九寸，表里有明，人照之则见肠胃，五藏历然无硋。人有疾病在内，掩心而照之，则知病之所在。又女子有邪心，则胆张心动，秦始皇以照宫人，胆张心动者杀之。高祖悉封闭以待项羽，羽并将以东，后不知所在。（《汉书疏证》卷一《高祖纪》）

【汇评】

冯用之：汉祖入关，不行杀戮，善安人也；秦室宝货，悉分士卒，善利人也。卒收天下之心，享天下之福，此圣人之作也。项籍反是而亡，不亦宜乎！（见《全唐文》卷四〇四《机论》）

王　迈：高祖微时，贪财好色之心本锢其中，及至入秦之日，至玉帛子女曾不以动其痼疾，是何贪于前而廉于后也？其心今日之所欲，固甚于前日之所爱者也。前日之所爱者溺焉，今而能果敢决裂以求自出焉，此其所挟持者甚大，气量甚高，志趣甚远。秦关百二之险，帝固得而隘之矣。楚众百万之强，帝固得而弱之矣。范增之徒方且刮目于其旁，其敢以平昔在山东者而觑之哉？刘项成败，吾不决于垓下之围，固已决于项羽眷恋归楚之日，高帝入关无所取之时矣。何谓忍于其小而后能成其大，天下之大，非有以容之，则天下皆吾敌也。……藏贪于廉……帝之术神矣。（《臞轩集》卷三《高帝论一》）

⑬【汇评】

王应麟：或问：樊哙之谏，此兴亡之大机也，沛公待张良之言而后听，何欤？曰：哙非谋臣也，是以沛公忽而不听，微良之言，几于失天下矣。……沛公始入关，见宫室帷帐重宝妇女，遽有留居之意，此所谓怀与安，实败名者也，未有以收秦民之心，而先有富天下之意。此心一纵，与吴处楚宫何以异哉！不惟项羽攻之，诸侯谁不仰关而争者，纷华盛丽，以乐慆忧，志骄气惰，心醉智昏，其能战且守乎？孟子曰："是动天下之兵也。"沛公从谏如流，还军霸上，三章之约，除苛解娆，秦民献享，辞而不受，若时雨降，民大悦，人心之归，天命之集也。财物无所取，妇女无所幸，范增知其志不在小，盖定天下者存乎志。……樊哙，武夫也，见沛公之失而进谏，辞严义正，凛凛争臣之风，乃与子房不约而合，其识虑远矣。……汉有人而兴，楚无人而亡，于斯已决矣。虽然，人心惟危，至可惧也。高帝能纳谏于咸阳，不能不纵欲彭城，置酒高会，不备不虞，大弃其师，身危仅免。噫！罔游于逸，罔淫于乐，不役耳目，百度惟贞，此帝王正心之学也。惜汉之群臣，无能格君心者。（《通鉴答问》卷三"樊哙谏急还霸上无留宫中"）

张　宁：沛公入咸阳，无复私虑，辄留宫不去。项羽西入关，疑秦卒为变，因诈坑之，何其量之大小不同也。自古宽猛异功，疑信异效，刘项成败之端亦可见矣。（《方洲集》卷二十八《读史录》）

凌稚隆：刘辰翁曰：还军霸上本非初意，然谋臣之谋是，基帝王之业，息奸雄之心者，独借此耳。（《史记评林》卷八《高祖本纪》）

王夫之：汉王之入秦宫而有艳心，见不及此。樊哙曰："将欲为富家翁邪？"英达之君而见不及哙者多矣。范增曰："此其志不在小。"岂徒一时取天下之雄略乎！以垂训后嗣，而文、景之治，至于尽免天下田租而国不忧贫，数百年君民交裕之略，定于此矣。（《读通鉴论》卷二）

程馀庆：（编者按：樊哙、张良）此一谏，得力不少。有此一著，（编者按：还军霸上）乃可为后日鸿门谢羽退步。不然，事未可料也。（《历代名家评注史记集说·高祖本纪》）

⑭【汇评】

凌稚隆：陈仁子曰：高帝约法三章，为父兄除害，诛以所好而解其不堪，是非未见，利害了然，秦汉兴亡，决此数语矣。（《汉书评林·高帝纪》）

又：洪迈曰："高祖入关，与父老约法三章，秦民大喜。已而项羽所过残灭，民大失望，刘氏四百年基业，定于此矣。盖礼义感人心，其究至于浃肌肤而沦骨髓，不过语言造次之间，初非有怪奇卓诡之事也。（同上）

⑮【汇注】

颜师古：苛，细也，音何。（《汉书注·高帝纪第一上》）

⑯【汇注】

司马贞：刘伯庄、乐彦同音方未反。（《史记索隐·高祖本纪》）

⑰【汇注】

裴　骃：应劭曰："秦禁民聚语。偶，对也。"瓒曰："《始皇本纪》曰'偶语经书者弃市'。"（《史记集解·高祖本纪》）

颜师古：族谓诛及其族也。弃市者，取刑人于市，与众弃之。（《汉书注·高帝纪第一上》）

司马贞：按：《礼》云："刑人于市，与众弃之。"故今律谓绞刑为"弃市"是也。（《史记索隐·高祖本纪》）

⑱【汇注】

孙能传：《汉高帝纪》与父老约法三章耳。王厚斋"与父老约"作一读，因上文"与诸侯约"句法相类，遂解为要约之约。按：此句与上"父老苦秦苛"相应，约乃苛之对，当作省约之约，《文帝纪》云："汉兴，除秦烦苛，约法令。"颜师古注："约，省也。"是其义也。《过秦论》云："约法省刑以持其后，使天下之人皆得自新。"元帝诏云："今律令烦多而不约，自典文者不能分明。"成帝诏云"与中二千石、二千石、博士议，减死刑及可蠲除约省者"，其字义并同。宋钱易疏云：汉祖入关，萧相以文无害居宰相，约秦之法为三章语，益显明矣。近见《墨卿谈乘》亦如此作解，而辨证未邕。（《剡溪漫笔》卷二"约法三章"）

⑲**编者按**："与父老约，法三章耳"句，辛德勇认为应省去句中逗号，将其连读为"与父老约法三章耳"。中华书局《史记》点校本修订本已采其说。详见《史记新本校勘·高祖本纪》。

【汇注】

司马贞：杀人，伤人及盗。（《史记索隐·高祖本纪》）

徐天麟：汉兴之初，虽有约法三章，网漏吞舟之鱼，其大辟尚有夷三族之令，令曰：当三族者皆先黥劓，斩左右止，笞杀之，枭其首，菹其骨肉于市。其诽谤詈诅者，又先断舌，故谓之具五刑。彭越、韩信之属皆受此诛。至高后元年乃除三族罪妖言令。（《西汉会要》卷六一《刑法一》）

又：高祖约法三章，曰杀人者死，伤人及盗抵罪，蠲削繁苛，兆民大悦。其后四夷未附，兵革未息，三章之法不足以御奸，于是相国萧何捃摭秦法，取其宜于时者作律九章。（《刑法志》按：《晋书》《刑法志》云，萧何定律，益事律，《兴》《厩》《户》三篇，合为九篇）（同上）

余懋学：《汉书》"与父老约"作一句；"法三章耳"，作一句。今皆作"约法三章"，是何理也。近本大方《纲鉴》于"约"下分句，正得此义。（《丽事馆辨林》卷二"法三章"条）

梁玉绳：按：《汉书·刑法志》曰："汉兴约法三章，网漏吞舟之鱼，然其大辟尚有夷三族之令。"又考惠帝四年始除挟书律，吕后元年始除三族罪、妖言令，文帝元年始除收孥诸相坐律令，二年始除诽谤律，十三年除肉刑，然则秦法未尝悉除，三章徒为虚语，续《古今考》所谓"一时姑为大言以慰民"也。盖三章不足禁奸，萧何为相，采摭秦法作律九章，疑此等皆在九章之内，史公只载入关初约耳。（《史记志疑·高祖本纪第八》）

[日]**泷川资言**：王应麟曰："与父老约"为句，下云"约法三章"耳，何焯曰：王氏因《纪》末有"初顺民心，作三章之约"，改"约"字为读。此"约法"与上

"苛法"对，《文纪》中宋昌有约法令之语，《刑法志》言约法三章者非以一，当仍旧也。愚按：上文亦云"吾与诸侯约"，"约"字义同，王说不可易。(《史记会注考证附校补·高祖本纪第八》)

杨树达：何焯曰：此约法与上苛法对，因《纪》末有"初顺民心作三章之约"，改约字为读，始厚斋王氏。然《文纪》中宋昌有约法令之语，《刑法志》言约法三章者非一，当仍旧也。树达按：约当训要约、约束之约，是动字。何氏视约为苛之对文，说非是。如何说，此句无动字矣。(《汉书窥管·高帝纪上》)

孙文决：荀悦《汉纪》卷二高祖汉元年有这样的记述："十有一月，沛公与秦人约法三章：杀人者死，伤人者刑，及盗抵罪。"这是目前所见关于"约法三章"的惟一完整的记述。根据《汉纪》的写法，"约法三章"的内容应包括三项，三种罪行，三种处罚，即犯杀人罪的要处以死刑，致伤他人的要受肉刑惩罚，偷盗者则受与罪行相应的处罚。吕思勉《秦汉史》说："'与父老约：法三章耳'，当于约字句绝，法字又一读，谓于六篇之中，仅取杀人、伤人及盗三章，余悉除去也。"在断代的秦汉史里，吕先生是惟一一位对"约法三章"的本意作出正面解释的。……至于荀悦所据为何，是更早的《汉书》或《史记》，还是其他记载，已不得而知。我们今天所看到的《史记》《汉书》宋元善本及精校本、中华书局点校本等，已都是遗漏了"者刑"二字的版本。这"者刑"两字之差，不是可以忽略不计的。有这两个字，文意明晰，毫无歧义；没有这两个字，文意含混不清，如何解说都有些勉强。(《"约法三章"文本的复原》，载《首都师范大学史学研究》第3辑)

【汇评】

杨万里：汉高帝如此其宽仁也，入关之初，欲结天下之心如此其亟也；欲除秦法之苛如此其锐也。而其与民约法，亦曰杀人者死，帝不以为疑，民亦不以为请，何则？上下皆便其当然也。杀人而法不死，孰不相杀以至于大乱哉？……故高帝欲取天下之速，而不敢宥杀人之罪，以谄天下之心。虽秦民之苦于秦，而不以高帝之不宥杀人为帝之虐。然则古之立法之意可知已矣。(《诚斋集》卷九下《刑法下》)

张栻：惟仁义足以得天下之心，三王是也。高帝之兴，亦有合乎此，是以能剪暴秦、灭强项，而卒基汉业。方怀王遣将入关，诸老将固以为沛公素宽大长者而心归之。至于三章之约，其所以得乎民者深矣，此非其所谓仁义者欤！……然汉卒胜，楚卒亡者，良由于此：名正义立，故也。(《南轩集》卷一六《汉楚争战》)

方回：三章之法，何其简易明白也，而惜乎其易言难行也。秦之毒甚矣，今俗语谓"杀人偿命"，必杀人然后处死。而秦以偶语弃市，诽谤致族。伤人与盗财物，罪有轻重，不至于死，而秦法不告奸者腰斩，盖自秦文公始为三族之法。秦孝公得商鞅，又尽废周法，而肉刑上及公子师傅，令民为什伍而相收，司连坐，步过六尺者有罚，弃灰于道者被刑。一旦临渭论囚七百余人，渭水尽赤。秦惠王之立，鞅亡而莫敢舍，车裂之，民不恤也。沛公三章之约，仁矣，一时之言易，而久远行之则难。（见《古今考》卷六"约法三章"）

陈仁子：此非可言诏，亦告诏之始。唐仲友曰，不杀子婴，约法三章，此事全好，最得天下根本。楚汉得失全在于此。项羽一切反是。西山真德秀曰，告谕之语才百余言，而暴秦之弊为之一洗。所谓若时雨降，民大悦也。愚曰，圣王举兵别有一义，为公不为私，为天下不为一身。大要在解民所不堪，而投之其所好。是故君子论是非，小人论利害。伯夷不食周粟，以是非论也。商郊篚厥玄黄，以利害论也。胜、广所以纷纷者，皆不堪秦法故也。高帝约法三章，为父兄除害，诚以所好而解其不堪，是非未见，利害魇方瞭然。秦汉兴亡决此数语矣。或问周刑三千、汉约三章，何汉胜于周也。曰秦法以繁，汉法以简，此高帝反秦救弊之一术也。（《文选补遗》卷一《入关告谕》）

林剑鸣：对于刘邦的"约法三章"，历来在史学界有不同评价。有人认为：这一法令"安定关中的封建统治秩序，从而得到地主阶级的广泛欢迎和拥护"（郭沫若：《中国史稿》第二册第157页）；有人则认为：约法三章的宣布，"深得那些饱受残酷压迫的人民的欢迎"（漆侠：《秦汉农民战争史》第41页）。同是一个"约法三章"，却有这样截然相反的意见，正反映了它本身具有复杂性质。

实际上，"约法三章"正是刘邦由农民起义领袖向地主阶级代表转变的标志。首先，这道法令在于保护地主阶级的生命财产，所谓"杀人者死，伤人及盗抵罪"，乃是针对农民起义中"县杀其令丞，郡杀其守尉"（《汉书·张耳陈馀传》）的情况制定的。……"约法三章"公布后，这些行为都被视为"犯罪"，要处死或"抵罪"。而这些秩序又都靠原来秦朝地主政权的官吏维持，"诸吏人皆案堵如故"。可见"约法三章"在本质上是保护地主阶级利益的，说"得到地主阶级的广泛欢迎"，应当是符合事实的。……总之，"约法三章"是推翻秦王朝后，刘邦发布的第一道法令，这一法令的实质，是维护地主阶级利益的，但由于它较"秦苛法"对人民的束缚轻简得多，因此，也受到广大人民欢迎。然而，这毕竟是一个重要的信号：标志着刘邦已经成为地主阶级的代表人物。（《秦汉史》第五章）

韩兆琦：这段话有以下几方面的意思：其一，表现了刘邦全军上下秋毫无犯的纪律，的确是仁义之师；其二，刘邦废除了秦王朝的残暴法制，使百姓们有一种获得"解放"之感；其三，刘邦让关中地区的原有官吏各就各位，继续维持各地区各方面的秩序，这在占领一个新地区后是非常重要、非常及时的；其四，他让自己的部下跟着各地区的官吏到各地去进行宣传、安抚，讲清楚怀王的规定以及今后自己的施政方针，这对取得秦地黎民百姓的拥护起了巨大的作用。在整部《史记》中司马迁对刘邦倾心

赞美、倾心歌颂的文字，再没有超过这一段的了。（《史记新读·高祖本纪》）

⑳【汇注】

裴　骃：应劭曰："抵，至也，又当也。除秦酷政，但至于罪也。"李斐曰："伤人有曲直，盗臧有多少，罪名不可豫定，故凡言抵罪，未知抵何罪也。"张晏曰："秦法，一人犯罪，举家及邻伍坐之，今但当其身坐，合于《康诰》'父子兄弟罪不相及'也。"（《史记集解·高祖本纪》）

颜师古：服虔曰："随轻重制法也。"李奇曰："伤人有曲直，盗臧有多少，罪名不可予定，故凡言抵罪，未知抵何罪也。"师古曰："抵，至也，当也。服、李二说，意并得之，自外诸家，皆妄解释，故不取也。抵音丁礼反。"（《汉书注·高帝纪第一上》）

司马贞：韦昭云："抵，当也。谓使各当其罪。"今按：秦法有三族之刑，汉但约法三章耳，杀人者死，伤人及盗者使之抵罪，余并不论其辜，以言省刑也。则抵训为至，杀人以外，唯伤人及盗使至罪名耳。（《史记索隐·高祖本纪》）

沈钦韩：《管子·小问》篇"寡人之抵罪也久矣"，注：抵，当也。（《汉书疏证》卷一《高祖纪》）

王骏图、王骏观：李说"伤人有曲直，盗贼有多少，罪名不可预定"，是已。特以为未知抵何罪则非。且此二句，意是而词亦非。当云"伤人有轻重，盗贼有多寡耳。"张晏说更与此处无当，《索隐》说谓使人各当其罪是已。而又训抵为至，谓使至罪名，则仍非也。盖此句无甚深义，乃谓杀人者抵偿，伤人及盗者，计其所犯之轻重，以定其罪，使与其所犯适相抵而已。抵，当也。非至也。（《史记旧注平议·高祖本纪》）

㉑【汇评】

方　回：沛公约法三章，虽尝告喻父老，谓今悉除去秦法，然其所以不能尽除秦法。复周制者，沛公之佐，惟萧何、张良二杰。张良尚老子学，萧何乃刀笔吏，一时姑为大言以慰民心。其后奸宄不胜，何复撱秦法，作律《九章》三夷之诛，高帝以施之韩、彭，文帝以施之新垣平。文帝除肉刑，而笞箠过多，反以陷民于死，久之而后渐降渐轻。武帝之世，至于律令三百九章，大辟四百九条，千八百八十二事，死罪决事比万三千四百七十二事，文书盈于几阁，典者不能遍睹，具见班史《刑法志》。呜呼！使汉之相臣有孔子、孟子、周公、召公之俦，则秦之法可以悉除，二帝三王之法可以复行于天下后世矣。萧、张人品器识至此已极。《易》有"攸往夙吉"之训，岂容以此事望之？至今千五百年，君臣上下无一人悟秦之非，无一事不蹈秦之覆辙，其可痛也夫！其可痛也夫！（见《古今考》卷六"余悉除去秦法"）

吕思勉：汉高祖入关，却更做了一件违反进化趋势的事。他说："吾与父老约法三章耳：杀人者死，伤人及盗抵罪。余悉除去秦法。"因为"约法三章"四字，给人家用惯了，很有些人误会：这是汉高祖与人民立约三条。其实据陈群《魏律序》、李悝《法经》的体例，是"集类为篇，结事为章"的。每一篇之中，包含着许多章。"吾与父老约：法，三章耳"，当以约字断句，法字再一读。就是说六篇之法，只取三章，其余五篇多，都把它废掉了。秦时的民不聊生，实由于政治太不安静。专就法律立论，则由于当时的狱吏，自成一种风气，用法务取严酷。和法律条文的多少，实在没有关系。但此理是无从和群众说起的。约法三章，余悉除去，在群众听起来，自然是欢欣鼓舞的了。这事不过是一时收买人心之术，无足深论。其事自亦不能持久。所以《汉书·刑法志》说：天下既定，"三章之法，不足以御奸"。（《中国通史》第十章《刑法》）

韩国磐：总之，汉高祖刘邦初入关时的约法三章，除去秦朝苛法，或谓"余悉除去秦法"，只是一时的策略，用以安定社会秩序，收揽民心。实际上，刘邦既未除去秦朝苛法，许多苛法是在刘邦以后陆续除去，除而复行者亦复不少；抑且汉朝法律多系沿袭秦朝，秦法是汉法的蓝本，汉朝又如何能尽除去秦法！不过，刘邦初入关时约法三章的影响深远，不可低估，以后新起的封建王朝，往往采用此法，在巩固政权上起了至为重要的作用。（《中国古代法制史研究》第二章《刘邦未除秦苛法》）

㉒【汇注】

裴　骃：应劭曰："案，案次第；堵，墙堵也。"（《史记集解·高祖本纪》）

颜师古：言不迁动也，堵音睹。（《汉书注·高帝纪》）

程馀庆：案堵，如次第堵墙之安，谓吏仍其职，民仍其业，不为变置也。（《历代名家评注史记集说·高祖本纪》）

张家英：《集解》引应劭曰："案，案次第；堵，墙堵也。"《考证》（编者按：《史记会注考证》）："人"作"民"。下文"秦人大喜，不欲费人，人又益喜"，三"人"字亦作"民"，与《汉书》合，颜师古曰："案堵，言不迁动也。"谨按：应劭与颜师古说不确。"案"同"安"，"案堵"即"安堵"，实即"安居"之义。《史记·田单列传》：田单令即墨富豪遗燕将曰："即墨即降，愿无虏掠吾族家妻妾，令安堵。""安堵"后世习用，兹举二例。《全后汉文》卷九二陈琳《檄吴将校部曲文》："百姓安堵，四民反业。"此处"安堵"与"反业"对文，其义自见。《三国志·蜀书·诸葛亮传》：诸葛亮与司马懿对峙于渭南。"亮每患粮不继，使己志不申，是以分兵屯田，为久驻之基。耕者杂于渭滨居民之间，而百姓安堵，军无私焉。"此处之"安堵"，亦无须释义而自明。（《〈史记〉十二本纪疑诂·高祖本纪》）

【汇评】

刘辰翁："按堵如故"，非古语也，出于帝王之口如此，可谓简尽。（见倪思编《班马异同》卷二《高祖》）

㉓【汇评】

方　回：其所以谕之之辞，除约法三章外，曰："吾所以来者，为父兄除害，非有所侵暴，毋恐！且吾所以军霸上，待诸侯至而定要束耳。"何其温厚而明白也。（见《古今考》卷六"吏民皆案堵如故"）

计大受：仁义者三代之所以得天下也，惟设诚于内而致行之，斯民心归焉，天命属焉，王业成焉。高帝作用无非权术，然其取天下所谓仁义者，亦必有出之至诚以为感格天人之本也，在矣。夫所谓仁义，其大端有二，曰：除秦苛法。曰：为义帝发丧。帝初以宽大长者为楚怀王诸老将所服，遣西掠地，盖知其不嗜杀人有素矣。及入咸阳，召诸县父老豪杰曰："父老苦秦苛法久矣，吾与父老约，法三章耳，余悉除去秦法。吾所以来为父老除害，非有所侵暴，无恐。"视周武克殷反商，政绥士女何以异乎。至今读其辞，犹觉咨嗟怜恤之意恻恻动人，惟其诚也。于是而仁声义问暨天下，天下莫不延颈企踵欲以为君，得民心以得天命，卒灭强项而成汉业，岂不基于此哉。（《史林测义》卷七《高帝》）

程馀庆：林云铭曰：凡取天下，全在收取民心。关中经秦暴后，忽闻高帝此语，犹倒悬之解，惟恐其不为秦王，固实情矣。后河北除莽苛政，长安除隋苛禁，俱借此做粉本。原其始，亦从武王式闾、封墓、散财、发众脱化出来也。文之简朴，如说家常话，然动人处正在此，以其真态耳。（《历代名家评注史记集说·高祖本纪》）

[日]泷川资言：孟子云：武王之伐殷也，曰无畏，宁而也，非敌百姓也。高祖词气与此相似。（《史记会注考证附校补·高祖本纪第八》）

㉔【汇注】

程馀庆："害"即苛法，与上"苦"字对；"除害"结上"秦法"；"侵暴"结上"案堵"；"无恐"，单就"非有侵暴"上说。此言入关之意。（《历代名家评注史记集说·高祖本纪》）

㉕【汇注】

程馀庆：言所以不即居咸阳，而还军霸上者，待与诸侯定先入关之前约，再来为王，非舍此而去也。（《历代名家评注史记集说·高祖本纪》）

王先谦：何焯曰：此约法与上苛法对，因纪末有初顺民心，作三章之约，改约字为读……《刑法志》言"约法三章"者非一，当仍旧也。（《汉书补注·高帝纪第一上》）

【汇评】

程馀庆：此一诏已定汉家四百年规模。（《历代名家评注史记集说·高祖本纪》）

聂石樵：这自然是一项安民告示，但其中心在宣告了刘邦义军的政策：约法省禁，所谓"法三章耳"。这就把人民从严刑峻法之下解放出来。因此，得到人民的拥护：

"秦人大喜，争持牛羊酒食献飨军士。"刘邦再三推辞不受说："仓粟多，非乏，不欲费人。"则完全是一个"仁而爱人"的长者。(《司马迁论稿》第四章)

韩兆琦：待诸侯至而定约束，真德秀曰："告谕之语才百余言，而暴秦之弊为之一洗，此所谓'时雨降，民大悦'者也。"(《史记选注集说·高祖本纪》)

㉖【汇注】

胡三省：秦制：县大率方百里，十里一亭，十亭一乡，所封食邑。(《资治通鉴》卷九《汉纪一》注)

㉗【汇注】

颜师古：军中遣人与秦吏相随，遍至诸县乡邑而告谕也。(《汉书注·高帝纪第一上》)

㉘【汇评】

刘辰翁：此小节耳，亦不得不谨。(见倪思编《班马异同》卷二《高祖》)

凌稚隆：按：不受牛酒，虽小节耳，亦见沛公秋毫无犯处。然曰仓廪多，非乏，则萧何转输之功亦因可见。(《史记评林》卷八《高祖本纪》)

㉙【汇评】

凌稚隆：王维桢曰：前云非有所侵暴，此云非乏，皆用非字，亦字法也。(《史记评林》卷八《高祖本纪》)

㉚【汇校】

[日]水泽利忠：南化、枫、三、谦、中韩、狩、岩"人人"二字作"民民"。(《史记会注考证附校补·高祖本纪第八》)

编者按："费人"与下文"人又益喜"，两"人"字，《陆状元通鉴》皆作"民"。意"民"为本字，"人"或避唐讳改之耳。

㉛【汇评】

吴见思：先言秦人喜，后言秦人大喜，又益喜，步步紧入。(《史记论文·高祖本纪》)

㉜【汇评】

程馀庆：项王忌沛公在此。(《历代名家评注史记集说·高祖本纪》)

又：一句总收上数节。先言"秦人喜"，后言"秦人大喜"，"又益喜"，步步紧入，真所谓若时雨降，民大悦者也。(同上)

施　丁：这些内容值得注意和说明的是：1. 刘邦到了关中，已首先向吏民确定了"宽容"的方针，并贯彻始终。所谓宽容，不仅是待以宽大，还有笼络大多数，尽可能达到合而不离、亲而不仇的目的和效果。这意味着刘邦历史地位已开始转变，也是他能战胜项羽的决定性因素。2. 刘邦不止宫就舍，不掠取秦重宝财物府库，更不会抢劫民财，又不受秦民献飨，不扰民害民。3. 召集"诸县父老豪杰"，宣布"约法三章"。这是抚慰父老豪杰的法令。秦长期都于关中，秦始皇二十六年又把山东豪富十二万户徙来，故这里是秦豪族和富商集中的地方。三章之法代表谁的利益是显而易见的。4. 面对诸县父老豪杰声称"诸吏人皆案堵如故"，即宣布原班官吏照常工作，还派人与秦吏到各地广泛宣传，也就是明确地接受旧政权和录用旧官吏。这些都不是临时的权宜之计，而是在楚汉相争时期始终贯彻执行的。5. 因此之故，秦民热烈地欢迎和拥戴刘邦，唯恐他不为秦王。应该指出，所谓"秦人"，首先是关中的豪族、富商和官吏；这些人对于刘邦的一举一动是很敏感而有切身体会的。刘邦这时的受欢迎而无反抗，是后的节节胜利，都不是偶然的。(《陈下之战与垓下之战》，载《中国社会科学院研究生院学报》1998 年第 6 期)

或说沛公曰①："秦富十倍天下，地形强。今闻章邯降项羽，项羽乃号为雍王，王关中②。今则来③，沛公恐不得有此。可急使兵守函谷关④，无内诸侯军⑤，稍征关中兵以自益，距之⑥。"沛公然其计⑦，从之⑧。十一月中，项羽果率诸侯兵西⑨，欲入关，关门闭。闻沛公已定关中，大怒，使黥布等攻破函谷关⑩。十二月中，遂至戏⑪。沛公左司马曹无伤闻项王怒⑫，欲攻沛公，使人言项羽曰："沛公欲王关中，令子婴为相，珍宝尽有之。"欲以求封⑬。亚父劝项羽击沛公⑭。方飨士，旦日合战⑮。是时项羽兵四十万，号百万，沛公兵十万，号二十万⑯，力不敌。会项伯欲活张良⑰，夜往见良，因以文谕项羽⑱，项羽乃止。沛公从百馀骑，驱之鸿门⑲，见谢项羽⑳。项羽曰："此沛公左司马曹无伤言之。不然，籍何以生此㉑！"沛公以樊哙、张良故，得解归㉒。归，立诛曹无伤。

① 【汇校】

　　[日] 水泽利忠：《索隐》、金陵本同。各本"则鳅生是"四字作"言鳅下也"。(《史记会注考证附校补·高祖本纪第八》)

陈　直："张良曰：谁为大王为此计者？曰：鲰生说我曰：距关毋内诸侯，秦地可尽王也，故听之。"直按：《艺文类聚》引《楚汉春秋》作"解生"，盖解为鲰字之误。汉代从鱼之字，可写作从角，《曹全碑》"鳏寡"作"觲寡"，推此例鲰字写作觗，与解字形相近，因而致误。（《史记新证·项羽本纪第七》）

【汇注】

司马贞：按：《楚汉春秋》云解先生云"遣守函谷，无内项王"，而《张良系家》云"鲰生说我"，则鲰生是小生，即解生。（《史记索隐·高祖本纪》）

王汝璧：小鱼曰鲰，《史记货殖传》鲰，千石。《正义》谓杂小鱼也。此曰：鲰生说我，盖卑贱之意，亦嫚骂之词耳。服虔以为小人，未尽其义。瓒引《楚汉春秋》：鲰，姓，更不然。案：《高帝纪》或说沛公守函谷关，失其人姓名，故或之。如果鲰，姓也，马班何以俱略耶？（《芸簏偶存》卷二《鲰生》）

[日] 泷川资言：《艺文类聚》引《楚汉春秋》云：沛公西入武关，居于灞（解先生说"上"），遣将军守函谷关，无入项王。大将亚父至关，不得入，怒曰：沛公欲反耶。即令家发薪一束，欲烧关门，关门乃开。《索隐》节录。（《史记会注考证附校补·高祖本纪第八》）

② 【汇注】

方　回：秦三年七月，沛公受南阳守齮降，封为殷侯。是月章邯举军降项羽，封为雍王，时沛公未入关也。八月沛公攻武关入秦，乃在章邯已封之后。当是时，项羽之意必以沛公为未便能入关者，故指秦地封章邯，俾为先锋引己入关。不料沛公乃先己而入关也，沛公之闭关以距章邯耳。项羽盖欲于入关之后，移章邯以王地，然亦本有衣锦故乡之骄态，故舍秦而去。要之，刘项本无嫌隙，羽之封邯，沛公未入关也。则所以封邯者，不为恶沛公也。沛公已入关，而防邯之来亦人情之常。虽因曹无伤一言而怒，奈沛公理直词正，向使其鸿门一剑苟毙沛公，天下亦非项羽有也。移沛公王汉中，以三秦塞东路，焚秦宫室，掠秦府库，杀其降王，坑其子弟，此所以助汉之胜而卒自毙欤。（见《古今考》卷五"项羽封章邯为雍王"）

③ 【汇注】

王念孙：古者则与若同义。《高祖纪》曰："今闻章邯降项羽，项羽乃号为雍王，王关中。今则来，沛公恐不得有此。"言今若来也。（《读书杂志·史记第二》）

④ 【汇注】

颜师古：文颖曰："是时关在弘农县衡岭，今移东，在河南谷城县。"师古曰："今桃林县南有洪溜涧水，即古所谓函谷也。其水北流入河，夹河之岸尚有旧关余迹焉。谷城即新安。"（《汉书注·高帝纪第一上》）

张守节：颜师古曰："今桃林南有洪溜涧，古函谷也。其水北流入河，西岸犹有旧

关余迹。"《西征记》云："道形如函也。其水山原壁立数十仞，谷中容一车。"（《史记正义·高祖本纪》）

王应麟：秦函谷关，在陕州灵宝县西南十二里。函谷故城在县南十里。秦函谷关城，汉弘农县，隋桃林县也。《西征记》曰："关城路在谷中，深险如函，故以为名。其中劣通，上东西十五里，绝岸壁立，岩柏荫荫谷中，殆不见日。关去长安四百里，日入则闭，鸡鸣则开，秦法也。东自崤山，西至潼津，通名函谷，号曰天险，所谓秦得百二也。"桃林塞自县以西至潼关皆是也。春秋时晋侯使詹嘉处瑕守桃林之塞。《汉书注》颜氏曰："今桃林县南有洪溜涧水，即古所谓函谷也。其水北流入河，夹河之岸尚有旧关余迹焉。"武帝元鼎三年徙函谷关于新安县，属河南府。（《通鉴地理通释》卷八《七国形势考·秦》）

顾祖禹：函谷故关在县南十里，秦置关于此。汉初设关校尉，武帝置宏农郡及县治焉。文颖曰："秦关在宏农横岭。"师古曰："今桃林县有洪溜涧水，即古所谓函谷。其水北流入河，夹河之岸尚有旧关余迹。"荀卿子曰："秦有松柏之塞谓函谷关也。"《史记》齐湣王二十六年与韩、魏共攻秦至函谷关焉。又汉元年，沛公入秦，或说沛公守函谷关，无内诸侯兵，项羽欲入关，关门闭，羽怒，攻破函谷关，遂至戏。……《志》云：关旁有望气、鸡鸣二台遗址，以老聃、田文而传。望气台亦曰尹喜台，即关令尹喜候得老子处。唐天宝初，言得符宝处也。今详陕西重险潼关。（《读史方舆纪要》卷四十八《河南三·河南府》）

又：王氏曰：自灵宝以西（今河南灵宝县），潼关以东皆曰桃林。自崤山以西（崤山见河南名山三崤），潼津以南通称函谷。范睢谓："左关坂即崤函也。"苏秦曰："秦东有崤函之固。"贾生《过秦》亦曰"秦孝公据崤函之固"者也。《史记》："周慎靓王三年，楚、赵、魏、韩、燕同伐秦，攻函谷关。秦出兵逐之，五国之师皆败走。秦始皇六年，楚、赵、魏、韩、卫合兵伐秦，取寿陵（胡氏曰：寿陵在新安、宜阳间），至函谷败还。"林氏曰："春秋时崤函，晋有也，故能以制秦，秦得崤函而六国之亡始此矣。"当苏秦之约从也，山东六国共攻秦至函谷关。秦出兵击六国，六国皆引而归，岂非天险不可犯耶？沛公伐秦不从函谷入，乃引而还，袭攻武关，破之，诚畏其险也。及沛公军霸上，项羽引军而西。或说沛公亟守函谷关，既而项羽破守关兵至鸿门（《本纪》：时项羽至关不得入，使黥布先从间道破关下军，遂得入至咸阳鸿门。鸿门，今见临潼县），此非函关不足恃也。沛公方弱，阴欲贰于羽，而外不能与抗，虽守亦不固也。张良劝都关中，则云："关中左崤函。"《淮南子》："九塞，崤坂其一也。"《五行志》亦云："函谷关拒山东之险，地利乌可忽欤？"《括地志》："函谷故关在陕州桃林县南十一里（今河南灵宝县），有关城在谷中，深险如函，因名。其中劣通，东西十五里，绝岸壁立，其上柏林荫谷中，殆不见日。"荀卿谓之松柏之塞，西去长安四百里。

秦法日入则闭，鸡鸣则开。汉初因其制，置关都尉守之。……杜笃《论都赋》云："关函守峣，山东道穷（峣，峣关见蓝田县）。"此仍据故关言之。班固《西都赋》："左据函谷、二崤之阻。"张衡《西京赋》："左有崤函重险，桃林之塞。"此兼新故关言之也。（《读史方舆纪要》卷五十二《陕西一·西安府》）

史念海：战国时期东西分野的标志是在函谷关。函谷关在今河南省灵宝县东北，也就是在旧灵宝县西南的王垛村。东濒弘农涧，西倚稠桑原，在崤山和黄河之间。所以称为函谷，是因为"路在谷中，深险如函，故以为名。其中劣通，东西十五里，绝岸壁立，崖柏林荫谷中，殆不见日"。如果仅仅是这十五里，倒也罢了。其西其东，山道都是艰于跋涉的。其西就是所谓桃林之塞，其东则是二崤之险。由桃林之塞的西端，东至东崤，都是可以称为函谷的。据说这里是"邃岸天高，空谷幽深，涧道之峡，车不方轨，号曰天险"。不必远说桃林之塞，就是东西二崤，也会使人视为畏途的。自东崤至西崤，其间山路三十五里。东崤长坂数里，峻阜绝涧，车辆也是不得方轨。西崤竟然全是石坂路，其长十二里，险绝不异东崤。一般行旅之人往往都视为畏途，若是千军万马在这里行进，其间的艰难困苦是无待形容的。函谷关的建立当在战国初期，是秦国取得这里的土地以后才建立起来的。后来到汉武帝时，移函谷关于今河南省新安县，于是有了旧关和新关的差异。再后来由于函谷新关也失掉作用，潼关才代之而起。新函谷在崤山东端，潼关近于崤山的西端。可以说不论关址如何移徙，都离不开崤山，因而崤函往往并称。正是有这样险要的地势，位于函谷关西的秦国才能有所凭借，和关东诸国相对立。（《中国历史地理纲要》下册第七章《历史军事地理·东西的对立和攻守》）

王　恢：函谷关，时关在灵宝县旧治西南里许。东自崤山，西及潼关，深险如函，号曰天险。汉武帝元鼎三年（前141）冬，楼船将军杨仆，数有大功，耻为关外民（编者按：仆弘农人，居灵宝南四十里），乞徙东关，以家财给其用度。武帝亦好广阔，于是徙关于新安东北，去故关三百里（《汉书·武纪》注）。而以故关为弘农县，故属京兆尹。元鼎四年，分置弘农郡，治弘农。征和四年（前89）置司隶校尉部，与三辅、三河隶之。（《史记本纪地理图考·项羽本纪》）

⑤【汇注】

胡三省：内，音纳，又如字。今传内从"人"者奴对翻，从"入"者读为纳。（《资治通鉴》卷九《汉纪一》注）

王先谦：钱大昭曰：内，读若纳。（《汉书补注·高帝纪第一上》）

⑥【汇评】

程馀庆：此计不差，但节次欠安详耳。（《历代名家评注史记集说·高祖本纪》）

⑦【汇评】

凌稚隆：唐顺之曰：帝初入关，其势诚不足抗羽，何若且捐关中以与之，辟处一隅，蓄锐养威，以待其变之可乘，而后一举而毙之，大业可定也。胡为汲汲于守关，以犯项氏之怒，而侥幸于鸿门之谢耶？呜呼，此萧何劝王巴蜀之意也！（《汉书评林·高帝纪》）

台湾三军大学：刘邦恐不得王关中，乃从其计，派兵守函谷关，以拒项羽。按：刘邦入咸阳曾数变其计，始则欲据富丽堂皇之秦宫以自娱，继则还军霸上以待诸侯，复则遣兵拒关欲自王关中。盖刘邦之进入关中，其经过之顺利与疾速，实非其所预料，故未能制有定策；但关中之得失，甚为重要，故仓卒中遂不得不数易其计。（《中国历代战争史》第四卷第八章《楚汉战争》）

⑧【汇评】

吴见思：内而秦人归心，外而发兵守关，以为高祖王关中定矣，孰知其不然哉？此反剔法也。（《史记论文·高祖本纪》）

⑨【汇注】

吴见思："果"字直从项羽怨秦，欲与沛公入关；及沛公遂先，至"遂"字相应。（《史记论文·高祖本纪》）

⑩【汇注】

周寿昌：《艺文类聚》引《楚汉春秋》曰，沛公西入武关，居于灞，解先生说上，遣将军守函谷关，无内项王。大将亚父至关不得入，怒曰：沛公欲反邪？即令家发薪一束，欲烧关门，关门乃开。寿昌按：此即《张良传》沛公所称鲰生也。（《汉书注校补》卷一）

吴应箕：羽大怒攻破函谷关。欲攻沛公，以鸿门之谢乃解。予谓此其失不在楚也。当义帝西遣沛公时，已犯楚人之忌矣。且微楚救河北，汉岂能肆意入关而不虑章邯之还击哉。故汉之入关，楚非无功也。汉入关后，诚遣使还报，已无利之心，而羽来则内之，相与共定三秦以待怀王之报约。楚虽暴度亦罢矣。观之留饮而不杀沛公，可见也。奈何因人言距楚以自蹈于危，然则羽之残秦负约未必非汉有以激之也。（《楼山堂集》卷二《汉高帝论二》）

⑪【汇校】

梁玉绳：按："十一月"当移在上文"召诸县父老豪杰"句上，衍去"中"字。而"十二月中"四字当在"项羽果率诸侯兵西"句上。盖约法三章在十一月，羽破函谷在十二月，《月表》及《汉纪》可证也。（《史记志疑·高祖本纪第八》）

王叔岷：案：《通鉴》上文"召诸县父老豪杰"作"十一月，沛公悉召诸县父老豪杰"，亦可证此文"十一月"三字，当移在上文"召诸县父老豪杰"句上，衍去

"中"字；惟羽破函谷关在十二月。至戏，亦在十二月中。故"十二月中"四字，不必移在"项羽果率诸侯兵西"句上。《通鉴》作"十二月（下无'中'字），项羽进至戏"可证也。（《史记斠证·高祖本纪第八》）

【汇注】

张守节：许宜反。（《史记正义·高祖本纪》）

顾祖禹：戏亭，在县东。《鲁语》幽王灭于戏，是也。苏林曰：戏在新丰东南三十里，周幽王举烽燧征诸侯以悦褒姒处。秦二世二年，陈涉遣周文收兵入关至戏军焉，二世使章邯击却之，既而项羽破函谷关进至戏。西汉元年诸侯罢戏下，各就国是也。颜师古曰：今有戏水驿，盖唐置驿于此。（《读史方舆纪要》卷五十三《陕西二·西安府》）

方　回：十一月或说沛公，今闻章邯降项羽，号曰雍王，王关中。即来，可急使守函谷关。十二月项羽大怒，使黥布攻破关，遂至戏下。（此一"下"字可疑。戏，许宜反。戏，水也，不应言下。若他用为麾下之戏则可。）戏水也，在新丰县东北三十里，鸿门在新丰县东十七里，以此知戏水西十三里为鸿门。沛公时在霸上，《水经》曰："新丰县西五十里为霸城，城西十里为霸水，水西二十里为长安城。"此汉新丰县，长安城也。秦咸阳宫阙，夹渭而都，其朝廷在渭北之咸阳，其长乐宫、阿房宫在渭南。以今形势地理考之，沛公在霸上，西去汉长安三十里，东北去戏水约八十里。沛公往会项羽已离戏水十三里，即会项伯夜见张良往返百五十里。汉王诘朝见项羽驰七十余里也。所以考及此者，要知函谷关之险不足恃也。周文以陈胜之命车千乘，军十万入关，尝至戏矣，关不足恃也。章邯击周文，自戏败退出关，已入关亦不足恃也。沛公已入关而黥布破之，关不足恃也。项羽烧秦宫室不据关中，又恶背怀王约，王汉南郑及分王三降将，舍而东归，使羽不出此计，守关以令诸侯，天下之兵皆得而攻之，关亦不足恃也。戏字指水，言不当云戏下，当独书云戏。若项羽至鸿门，则当书云戏西。若罢戏下，各就国，此谓旌麾之，下则当书云"戏下"。然则沛公守关，闻章邯欲以雍王就国，故拒之耳。不意项羽率诸侯兵四十万而自来也，邯之来必不能敌沛公，羽之来兵多力强，非赖张良与项伯有故，宁不殆哉。然于仁义有一分之蒙乎？彼者即天理之所在，天理之所在即天命之所在，未可以区区陈迹为优劣也。（见《古今考》卷六"项羽破函谷关至戏"）

⑫【汇注】

梁玉绳：按：《高祖纪》书"项羽"，尊君之体宜然，况此时羽尚未王，尤不宜预呼之。下文云"项王使卒三万人从""项王北击齐""项王不听""项王归汉王父母妻子"，《纪》中前后皆称项羽，何忽呼王者五，皆当作"项羽"。（《史记志疑·高祖本纪第八》）

龚浩康：项王，《汉书·高帝纪》作"项羽"。这时项羽尚未称王，而且本篇此文之前各处都称"项羽"，惟独此处称"项王"，疑误。（见王利器主编《史记注译》卷八《高祖本纪》）

【汇评】

茅　坤：古者两军相垒，而士伍或以其情外泄于敌者，必其势困力讪，旦暮为虏矣，然后先之以自纳焉。不然，或犯军典于彼，故有不可释之怨者。沛公方拥诸侯之兵，先入关而破强秦，法所谓千里乘胜也。项王之兵，固称气倍沛公，而其势未得即衡决曹无伤，岂遽倍之？苟以间尝有怨怀沛公，何沛公立诛之时不以言？史传不以载也，然则项王何以言之。今匹夫相仇，往往匿名投之，有司论杀之，安知非无伤有怨于他将伍，而他将伍诈为无伤言之者？亚父辈每令望气，占沛公为天子，气文成五采。秦既灭，与项氏争天下者，独沛公也。当阳君既破沛公军，非乘间而驰之，殆不可复。而常患项王为人妇人之仁，多所不忍，又安知非亚父辈诈令他人言之，以激怒项王也？呜呼！古人覆亡于谗者之口而不能自言，抑多矣。独无伤尔耶？（《茅鹿门文集》卷三十杂著《论沛公诛曹无伤》）

⑬【汇注】

张守节：曹无伤欲就项羽求封。（《史记正义·高祖本纪》）

⑭【汇注】

司马贞：范增也。项羽得范增，号曰亚父，言尊之亚于父。犹管仲，齐谓仲父。父并音甫也。（《史记索隐·高祖本纪》）

王先谦：刘攽曰：管仲自字仲父耳，亚父亦甫音也。言敬之次父，是妄说。全祖望曰：然则吕不韦称仲父，何也？刘偶未之思耳！（《汉书补注·高帝纪第一上》）

【汇评】

陈仁子：观范增之疑沛公，何其善窥于人心者也。沛公之在山东也，最贪财也，最好色也，以平昔嗜好之素而一旦反之，至于妇女财物无所取，此固范增所窥而疑于后者也。今夫沛公之不好色也，不取财也，特其常常者也，增何独疑而惊焉者也。盖古之不殖货利，不迩声色者，汤也。汤，圣人也，为之也素行之也久，人固不以为奇且异而安之者也。沛公非汤比也，一时之所为，非出于平昔之素，此固敌国英雄之士所震慑而惊者矣。且帝之入关，尝见宫室帷帐之侈，狗马珍宝之异，其心亦欲专之矣。而樊哙切责于其前，留侯助成于其后，帝始退而军灞上，是增之所疑无怪也。何也？财与色人之所甚羡也，羡则争，争则谁肯俯而为之下，使帝迷于所羡而不之改，则当时起而与帝争者恐不止一羽也。帝惟舍之而绝天下之羡心，虽数百增安能为羽谋而与沛公角哉。此固增之所必惊而疑者也。呜呼！世有窥人主之心者，非特一增也。而世之善，反其所为者，非若高帝然。宜英雄窃窥而图之者纷纷也。（《牧莱脞语》卷八

《高帝论》）

⑮【汇注】

颜师古：飨谓饮食也。旦日，明旦也。（《汉书注·高帝纪第一上》）

⑯【汇注】

颜师古：兵家之法，不言实数，皆增之。（《汉书注·高帝纪第一上》）

方　回：高帝之解纵所送徒，壮士愿从者十余人，无异盗贼。沛令令樊哙召季，则已数百人。至立为沛公，则仅得此子弟三千人耳，而卒以亡秦，世变人事可畏也哉。沛公以此三千人攻胡陵、房与，守丰，破泗川监平，杀泗川守壮，见景驹与司马㝐战，拔砀郡，又得砀兵六千人，合九千人。见项梁于薛，又得兵五千人，五大夫将十人，则有兵一万四千人矣。其后又夺刚武侯军四千余人。自秦二世元年辛卯九月起沛，历二年，壬辰三年，癸巳汉元年，甲午冬十月入关，十二月与项羽会鸿门，则沛公兵十万，号二十万。（见《古今考》卷四"收沛子弟得三千人"）

⑰【汇注】

司马迁：楚左尹项伯者，项羽季父也。（《史记·项羽本纪第七》）

颜师古：伯者，其字也，名缠。（《汉书注·高帝纪第一上》）

杨树达：《张良传》云："居下邳，为任侠。项伯尝杀人，从良匿。"（《汉书窥管·高帝纪上》）

陈　直：《考证》：中井积德曰：季而字伯，不知何缘故。直按：项伯在同父兄弟中则为伯，在其祖兄弟则为季，故名季字伯，至今江南各地，风气犹然。（《史记新证·项羽本纪第七》）

⑱【汇校】

梁玉绳：按：《羽纪》及《汉书》乃项伯言之于羽，非以文谕也，此误。（《史记志疑·高祖本纪第八》）

【汇注】

张守节：《项羽本纪》云项伯曰"沛公不先破关中，公岂敢入乎？今人有大功，击之不义"。此以文谕之。（《史记正义·高祖本纪》）

⑲【汇注】

郦道元：渭水又东迳鸿门北，旧大道北下坂口名也，右有鸿亭，《汉书》高祖将见项羽。《楚汉春秋》曰：项王在鸿门，亚父曰：吾使人望沛公，其气冲天五色采相缪，或似龙，或似云，非人臣之气，可诛之。高祖会项羽，范增目羽，羽不应。樊哙杖盾撞人入，食豕肩于此，羽壮之。《郡国志》（编者按：《续汉书·郡国志》）曰：新丰县东有鸿门亭者也。郭缘生《述征记》或云霸城南门曰鸿门也。项羽将因会危高祖，羽仁而弗断。范增谋而不纳，项伯终护高祖以获免，既抵霸上，遂封汉王。按：《汉书注》：鸿门在新丰东十七里，则霸上应百里。按：《史记》项伯夜驰告张良，良与俱见，高祖仍使夜返，考其道里，不容得尔。今父老传在霸城南门数十里，于理为得。按：缘生此记虽历览《史》《汉》，述行途经见，可谓学而不思矣。今新丰县故城东三里有坂，长二里，余堑原通道，南北洞开，有同门状，谓之鸿门。（《水经注》卷十九《渭水》）

梁玉绳：按：鸿门者，鸿门亭也。霸上者，霸水上也。《汉书·高纪》孟康注谓鸿门在新丰东十七里。《水经注》十九卷谓自新丰至霸城五十里，自霸城西至霸水十里。然则霸上与鸿门相隔七十七里矣。沛公罢饮脱归，行七十七里，而项伯之夜来夜去，且驰一百五十四里，何以言"四十里耶"？《水经注》又谓鸿门在新丰城东三里，无十七里，是亦六十三里，不得称"四十里"。而芷阳即霸城，又奚云"二十里"乎？郭缘生《述征记》谓"鸿门在霸城南门数十里"，稍为近之。而郦道元讥其学而不思，则不足信也。（《史记志疑·项羽本纪第七》）

王　恢：鸿门，贾谊谓"楚师深入，战于鸿门"，即指"陈涉所遣周章等将西至戏"也。《渭水注》"始皇陵北对鸿门十里"，又云："渭水又东迳鸿门北，旧大道北下坂口名也。右有鸿门亭（原脱门字）。《郡国志》新丰县东有鸿门亭者也。郭缘生《述征记》曰：或云霸城南门曰鸿门也。按：《汉书》注鸿门在新丰东十七里，则霸上应百里。按：《史记》项伯夜驰告张良，良与俱见高祖，仍使夜返，考其道里，不容得尔。今父老传在霸城南数十里（十字疑衍），于理为得。按：缘生此记，虽历览《史》《汉》，述行途经见，可谓学而不思矣。今新丰县故城东三里有坂长二里余，堑原通道，南北洞开，有同门状，谓之鸿门。孟康言在新丰东十七里无之。盖指县治而言，非谓城也。（按：此二句语意不明。其时新丰治阴槃城，更在临潼县东三十二里之冷水西戏水东。）自新丰故城（今新丰镇）西至霸城五十里。霸城西十里则霸水，西二十里则长安城。应劭曰，霸水上地名，在长安东二十里，即霸城是也。高祖旧停车处。东去新丰既远，何由项伯夜与张良共见高祖乎？推此言之，知缘生此记乖矣。"

是鸿门不在新丰东，古人已言之。准之沛公军霸上，在轵道，依霸水连营，与羽军相去为四十里，则鸿门当在新丰西南、霸城东北，临潼县南。沛公赴鸿门，当从大道——约为今陇海路，略成弧形，约为四十里。而脱身驰归，抄小路，直由丽山下出芷阳，不过二十里耳。四十万、十万、四十里，二十里，皆约为相形数字，郭《札记》所谓："以见脱身急难匆遽之情"是也。《纪要》（五三）："《道里记》：自新丰古城西至霸城五十里，又西十里则霸水。《史记》云鸿门去霸上四十里，盖约言之也。"《史记》特详鸿门与霸上相去四十里，从丽山下道芷阳间行，不过二十里，则项伯一夜来去，沛公之逃席得归，方合情理。

今临潼县东北十五里新丰镇北门，题曰"古鸿门坂"，北门外丘陵上，康熙壬午

（一七〇二）三月立"汉代名区南原鸿门楚霸王宴汉高处"；鸿门堡西门外方约五丈土堆，谓即设宴台。恐世俗附会。（《史记本纪地理图考·项羽本纪》）

韩兆琦：鸿门，在今陕西省临潼县东，其地今曰项王营。（《史记选注集说·高祖本纪》）

⑳【汇评】

唐顺之：善制敌者，必有万全之谋，而不可侥一时之幸也。谋之臧不人也，幸不幸天也。人可必也，天不可必也。高帝汉之英主也。其始也以怀王命入关，闭关而守之，以拒项羽。羽怒，欲击汉。帝用留侯计，谢羽于鸿门以免。君子曰，此一时之幸，非万全之谋也。当是时，帝自度士卒与籍孰强，军法与籍孰练，喑哑叱咤之威与籍孰胜，籍之死命，吾能制之否。能制籍之死命也，守关之计可行也。其不能也，虽金城千里，彼且环而攻之，败可俟也。……不度德，不量力，以犯楚人之锋，而侥幸于鸿门之谢，天也，非人也，不可必也。儒者以成败论天下事，为之附会其说曰，柔能制刚，弱能制强，高帝之善藏其用也。夫柔制刚，弱制强者，谓其势可以无柔、可以无弱，而借之以骄其志，以夺其魄。……帝之此举，正不得不弱，不得不柔者。何也，夫楚人之怒已极，而其锋甚锐也。战则不克，守则不固，战不可，守不可，向不为鸿门之谢，则坐以待毙也。是故以鸿门之谢，非其运筹决胜，发而必中者也。势不得已也。计出不得已，非计之得也。……帝之初入关也，其势诚不足以抗羽。曷若且捐关中以与之，僻处一隅，养威蓄锐。先为不可胜，以观天下之变，彼喑哑叱咤之徒，必非久在人上者。一举而毙之，大业可定也。胡为乎汲汲于守关，以犯项氏之怒，而侥幸于鸿门之谢也？呜呼，此萧何劝王巴蜀之意也。惜也，帝既失之于鸿门未谢之前，何乃言之于鸿门既谢之后。辨之不早，是故履危蹈险，颠跌憾顿，出万死一生之计，而幸免于祸。（引自《增广古今人物论》卷六《谢羽鸿门》）

吴见思：《项传》千言，此则数语，彼既不减，此亦不增，而情事俱尽，岂非大手笔。（《史记论文·高祖本纪》）

㉑【汇校】

张文虎："生此"，"生"字南宋、中统、毛本同，与《汉书》合。王本作"玉"，亦"生"之讹。凌作"至"。按：疑"生"与"至"皆"出"之误。（《校刊史记集解索隐正义札记·高祖本纪》）

王先谦：钱大昭曰："生"，南监本、闽本皆作"至"。王念孙曰："生"当为"至"字之误也。《史记·项羽本纪》《高祖纪》并作"至"，《通鉴·汉纪一》同。周寿昌曰：宋景佑本，乾道本、明汪本俱作"生"。"生""至"字近而讹。（《汉书补注·高帝纪第一上》）

［日］水泽利忠："至"，景、井、绍、耿、庆、中统、彭、毛、金陵、韩、嵯

"生"。(《史记会注考证附校补·高祖本纪第八》)

【汇注】

司马贞：按：姚察云在新丰故城东，未至戏水，道南有断原、南北洞门是也。(《史记索隐·高祖本纪》)

李慈铭："项王曰：此沛公左司马曹无伤言之。不然。籍何以生此。"慈铭案："生此"一本作"至此"。《汉书》亦作"生此"，王氏念孙以"生"字为误。今案：王说非也。"生此"者谓"生此隙也"。项王未击沛公，事无伤害，安得云"何以至此"，以尝有相疑之心嫌隙已露，故沛公言将军与臣有隙，而项王对之，以此也。(《越缦堂读史札记·史记札记卷一》)

张家英："生此"三家无注。《考证》作"至此"。谨按："生此"费解。王念孙《读书杂志·汉书第一》："念孙案：'生'当为'至'字之误也。《史记·项羽纪》《高祖纪》并作'至'，《通鉴·汉纪一》同。"今见武英殿本《史记》《史记会注考证》本并作"至"，标点本《史记·项羽本纪》《资治通鉴·汉纪一》并同。今标点本《汉书》亦改"生"为"至"，而独标点本《史记》用"生"不改，似为不妥。

又：张文虎《校刊史记集解索隐正义札记》卷一张氏加案语曰："疑'生'与'至'皆'出'之讹。"(中华书局版上册92页)今谓古籍中"出"讹为"生"之例罕见，而"至"讹为"生"之例则有之。《读书杂志·史记第三·赵世家》"五世而生赵夙"，王念孙以为"'至'与'生'草书相似"，此处之"'生'当为'至'"。标点本《史记·赵世家》亦据以标"至"。同一标点本，同一讹字，一改一不改，似为不伦。(《〈史记〉十二本纪疑诂·高祖本纪》)

【汇评】

程馀庆：鸿门事，高祖大吃亏处，故约略序去，放倒项羽，不说坏高祖，得体。(《历代名家评注史记集说·高祖本纪》)

[日] 泷川资言：方苞曰：《项羽本纪》：高祖、留侯、项伯相语，凡数百言，而此以三语括之，盖其事与言不可没，而于《帝纪》则不必详也。陆瑞蒙曰：减缩作数语，大意备矣，不厌其简。(《史记会注考证附校补·高祖本纪第八》)

㉒【汇评】

王　迈：方其入关之初，羽以百万之师，叱咤长驱，目中已无关中矣。项伯，羽之季父，以张良之故为帝缓颊于羽，羽至陆梁且降心忍气与帝周旋于杯酒间，及亚父之谋一发，项庄之剑已跳踯而不可禁，吁亦危矣。伯独以身翼蔽于前，未几，樊哙得以攘臂而入，一怒之余羽气已索。帝得脱身于项氏垂涎之口。羽之君臣始彷徨四顾，吾属为虏之言始不知其所从出。人谓鸿门之围项伯实脱之，吾谓寡助之至亲戚畔之。天之夺项氏之鉴而丧其魄也久矣。(《臞轩集》卷三《高帝论三》)

王应麟：淮阴侯羞与樊哙伍，然哙亦未易轻谏留居秦宫。鸿门譙项羽，排闼入见，一狗屠能之，汉廷诸公不及也。（《困学纪闻》卷一二《考史》）

于慎行：鸿门事，以为"是日微哙奔入营譙让项羽，沛公几殆"。此耳食也。总之，项王本无杀沛公之心，直为范增纵臾，及沛公一见，固已冰释。使羽真有杀沛公之心，虽百樊哙，徒膏斧钺，何益于汉？太史公好奇，大都抑扬太过，如四皓羽翼太子，正与此类。（《读史漫录》卷二）

贺贻孙：项羽夜坑秦兵二十万人，屠咸阳，火三月不绝，及汉王身在掌握者数矣，怜而不杀，忍于降卒而不忍于仇敌，忍于二十万人而不忍于一人，此其所以为妇人之仁也。身败名灭为后世笑，岂不宜哉。……鸿门之会，项羽不忍杀高帝，而高帝忍之于垓下。刘项成败之机固于忍不忍之间决之矣。（《水田居文集》卷一《项羽论一》）

王鸣盛：汉始终惟利是视，顽钝无耻，其言曰："吾与项羽俱北面受命，怀王约为兄弟。"（羽少汉王十五岁，《项羽本纪》初起时年二十四，时高祖年三十九。又徐广注：项王以始皇十五年己巳岁生，汉五年之十二月死，时年三十一，时高祖四十六。）如其言，则汉王为兄，项王弟矣。鸿门之会，自知力弱，将为羽所灭，即亲赴军门谢罪，其言至卑屈，让项王上坐，己乃居范增之下，为末坐。纵反间以去，范增用随何，以下黥布有急，则使纪信代死；不顾子女，推堕车下；鸿沟既画，旋即背之，屡败穷蹙不以为辱，失信废义不以为愧也。若以沛公居项羽之地，在鸿门必取人于杯酒之间，在垓下必渡乌江而王江东矣。（《十七史商榷》卷二"汉惟利是视"）

凌稚隆：陆瑞蒙曰：鸿门之会，减缩作数语，大意备矣，不厌其简。（《史记评林》卷八《高祖本纪》）

梁玉绳：董份曰："当时鸿门之宴必有禁卫之士诃讯出入，沛公恐不能辄自逃酒。且疾走二十里亦已移时，沛公、良、哙三人俱出良久，羽在内何为竟不一问，而在外竟无一人为羽之耳目者？矧范增欲击沛公，惟恐失之，岂容在外良久而不亟召之耶？此皆可疑。"徐氏《测议》曰："汉祖脱身至军，浔阳疑之固当。然观《史记》叙汉人饮，中坐多有更衣或如厕，竟去，而主人不知者。意当时之饮与今少异，又间有良骏行四十里而酒杯犹温者，汉祖之能疾行，得此力也。其所云'步走'或史迁误。"董、徐二君之辨，俱不必疑，余所疑者鸿门、霸上之里数不合耳。里数定，则时之久暂可知矣。当日沛公借如厕得出，与良、哙数语即去，为时元不甚久。而古人饮酒与今殊礼，宁以出外为嫌。车骑犹在，更复何猜？况羽已使陈平召之，何尝竟置不问。若论禁卫诃讯，则彼尚不能御樊哙之入，乌能止沛公之出乎？度至军乃入，亦约略之词，想张良必祇度其追不可及而即入焉。壮士步走数十里，固事之常，不得以史公为误也。（《史记志疑·项羽本纪第七》）

韩兆琦："鸿门宴"，司马迁把以项羽、刘邦为首的"诸侯反秦"向"楚汉战争"

转变的这一重大关键时刻的尖锐复杂矛盾，把矛盾双方的心思手段都围绕这场宴会表现出来，这是作者高度概括剪裁的结果。事实的真相应该是怎样的呢？项羽想杀刘邦是事实，就像刘邦也想杀项羽一样。但是项羽能否杀得了刘邦呢？一、项羽虽有40万人，刘邦也有10万，还不到"十则围之"的程度；二、关中地区是刘邦有了基础的地方，极得民心拥护，"唯恐刘邦不为关中王"；三、项羽是先杀了20万关中子弟而后进入这个地区的，这个地区的所有人都是项羽不共戴天的仇敌；四、各路诸侯都知道楚怀王当初的约定是"先入关者为关中王"，如果项羽不仅不让刘邦为关中王，还要将刘邦杀死，这就要在各路诸侯面前失信，甚至在自己的地区、自己部下的军民中丧失人心，他的失败就会更快。作为刘邦一方，眼下势力明显不如项羽，也不敢轻而向项羽硬抗。因此双方都有妥协让步的可能，其关键一点是刘邦让出关中，而这一点刘邦又做到了。（《司马迁如何写项羽，感动读者两千年》，载《信阳师范学院学报》2009年第1期）

编者按："驱之鸿门，见谢项羽"，即赴鸿门之宴，其事详见《项羽本纪》。此宴非同寻常，实乃历史关节处的标志性事件，其意义有三：其一，此前刘、项相继进入关中，宣布了秦王朝的灭亡，天下的主要矛盾随之发生转化，即由各路义军与秦王朝的矛盾转化为刘、项之间的斗争。明乎此者胜，昧乎此者败；明乎此者生，昧乎此者亡。鸿门宴即正式揭开了楚汉相争的序幕。对此，在巨鹿之战中建立了反秦奇功、奠定了其不容抹杀的历史地位、确立了叱咤风云的英雄形象的项羽却浑然无悟，从进入关中之前坑秦降卒、进入关中之后一路纵火、杀秦降王子婴，人心失尽、背关怀楚、分封诸侯……屡屡失招。而刘邦则化险为夷、处处得手。项羽既无战略眼光，又无战术智慧，应招乏术，对政治斗争可谓一窍不通。刘邦则反是，以最低的成本付出率先进入关中姑且不论，进入关中之后，即深会民意，与关中父老"约法三章"，争取民心，致使关中父老"唯恐沛公不为秦王"。它如"封秦重宝财物府库，还军霸上"、鸿门脱险，集纳善言，从谏如流，反映机敏，从容应对，其胸怀、其眼光、其政治智慧直使项王难以望其项背。其二，鸿门宴也是刘、项二人命运的转折点。鸿门宴后，项羽唯一的理想就是荣归故里，"富贵不归故乡如衣绣夜行"，全然无以天下为念，庸碌浅薄，古今无两。匆匆离开关中，就等于放弃了反秦斗争的胜利成果，他前脚离开关中，天下随即大乱，其此前此后一切所为皆可谓为刘邦取得天下之前驱耳！而刘邦则头脑清醒，广纳善言，集众部下之智慧，行恰切之举动，为东向角逐天下之稳健脚步处处可见。其三，《高祖本纪》于此处尽力突显刘邦之个人性格，或谓个人魅力：如作为一个平民英雄对民情民心之洞悉与争取；关键时刻能放弃一己之私欲，以天下为念；深谙政治斗争之术，策略灵活，刚柔相济，能屈能伸等，皆可见其胸怀、抱负之非同凡响，甚或难能可贵。参之《项纪》，两相对较，与项羽之迥异益彰益显矣！尤可值得注意的是太史公涉及鸿门宴前后之文字，平易简略之中富蕴精警深刻之意，历史转折之玄机，个人命运发展之内因，尽在其中。太史公不做一字评论，不着一字褒贬，其弘旨深意自见，斯亦《春秋》妙笔矣。

项羽遂西，屠烧咸阳秦宫室，所过无不残破①。秦人大失望②，然恐，不敢不服耳③。

① 【汇注】
　　司马迁：项羽引兵西屠咸阳，杀秦降王子婴，烧秦宫室，火三月不灭；收其货宝妇女而东。（《史记·项羽本纪第七》）
　　【汇评】
　　程馀庆：序帝所过，无得掠虏，以起帝始；序羽所过，无不残破，以该羽终。（《历代名家评注史记集说·高祖本纪》）

② 【汇评】
　　凌稚隆：同一入关也，《史》次高祖所过禁勿虏掠，不杀子婴，封府库，而以秦人大喜，又益喜结之；次项羽，一一与沛公相反，而以"秦民大失望"结之，楚汉兴亡，已决于此。（《汉书评林·高帝纪》）
　　程馀庆：羽第一失著。（《历代名家评注史记集说·高祖本纪》）

③ 【汇评】
　　钱　时：项羽可君乎？曰：残暴忍人也，屠城坑卒，如毙狐鼠，安能为君！可臣乎？曰：从卿子冠军，则斩卿子冠军；事义帝，则杀义帝，安能为臣！然则斯人也，奚施而可？曰：是特助汉平荡之具耳。春秋而下，用兵争强，英雄豪杰不闻义理之训，而惟富强之是尚。风声气习，举世讻然，皆战场也。至秦极杀伐之祸而仅胜之，又不能教化以善其心，而惟束之以法律。忿郁惨毒之气，久遏而不得逞，一旦溃裂，如虎豹脱圈槛，爪牙竞奋，所在为群，莫不皆有出类之才，绝人之力。自非有大才力者雄于其间，相与收拾，而归诸汉；则天下纷纷，岂一沛公所能独办也。是故，有沛公而又不能无项羽，使之百战百胜，而终不使之保有尺寸之地。若羽者，真助汉平荡之具也欤！（《两汉笔记》卷一《高祖》）
　　方　回："西屠咸阳，殺秦降王子婴，烧秦宫室"。此《汉纪》语也。《项籍传》下文云："火三月不灭，收其宝货掠妇女而东，秦民失望。"秦惠王诱楚怀王会武关而执之，秦始皇以蒉蒙武虏楚王负刍而灭之。诸侯兵起秦，章邯又击杀项梁，春秋复九世之仇，项羽以复仇为事乎？则秦亦灭矣，子婴已降楚矣，以子婴归之，令楚怀王待其自毙可也，杀之亦何益于威武？屠咸阳则秦之百姓何罪焉？秦之宫室奢侈已甚，存其可存者，而毁其材以赐贫民可也，焚之则亦暴殄天物而已。至如收货宝掠妇女而东，则无异盗贼之所为也。意者迁沛公于汉中，封章邯、董翳、司马欣之谋已定，不欲留此以遗他人也。残忍贪婪，褊隘缪戾而无远图，不待垓下之围，而败证已见矣。（见《古今考》卷九"西屠咸阳杀秦降王子婴烧秦宫室"）

凌稚隆：杨维桢曰：孟子云："为天下驱民者，桀与纣也。"籍亦为汉驱者耳，其能与汉争天下哉？迹其彪悍猾贼之性，嗜杀如嗜食，如起会稽，即诱杀守者。其后矫杀宋义，屠咸阳，残灭襄城，杀秦降王子婴，斩韩王成、王陵母，甚至于杀义帝，此真天下之桀也。项欲举大事，霸西楚，其可得乎？（《史记评林》卷八《高祖本纪》）

又：徐孚远曰：汉祖以怀王之约，欲收秦父老之心，故行宽厚，项王已坑降秦卒，又从诸侯入关，欲报数世之怨，不得不行屠戮，虽仁暴不同，亦处势然也。（《史记评林》卷七《项羽本纪》）

夏之蓉：得天下以得民心为本，得民心以宽大为本。高祖入关，怀王以为长者，郦生以为长者，王陵之母以为长者，皆宽大之谓也。即其不斩子婴，自谓怀王遣我以能宽容，故约法三章，除秦苛法，父老争持牛酒劳师，得天下之本实在于是。若项羽在新安城南坑降卒二十万，至咸阳焚烧宫室火三月不灭，虐焰如此，安得不失天下之望。此乃刘项兴亡大关键也。（《读史提要录》卷一《西汉》）

［日］泷川资言：项羽楚人，既失其祖，又失其季父，怨秦入骨。其入咸阳，犹伍子胥入郢，杀王、屠民、烧宫殿，以快其心者，亦不足异。谓之无深谋远虑可也，谓之残虐非道者，未解重瞳子心事。（《史记会注考证·项羽本纪》）

林剑鸣：鸿门宴后数日，项羽率兵入咸阳。在这里，他大肆烧杀，"屠咸阳，杀降王子婴，烧秦宫室，所过无不残灭"（《汉书·高祖本纪》），他放的大火"三月不灭"（《史记·项羽本纪》）。项羽的野蛮行径，留下严重后果，将这座自商鞅变法以来营建的城市，烧成一堆瓦砾，从目前考古发掘的情况可以证明。整个咸阳的全部宫殿、陵墓以及其它一切建筑，均焚于项羽的这把大火，很少有幸免者。……不仅劳动人民创造的无数宝贵的物质财富和艺术珍品被这场大火焚光，而且自古流传下来的许多重要图书古籍也毁于这场浩劫之中。……正如一位学者所说："项羽入关，杀秦王子婴，收其宝货妇女，烧秦宫室，火三月不灭，而后唐虞三代之法制，古先圣人之微言，乃始荡为灭烬。"（刘大櫆：《焚书辩》）这对中国文化所造成的损失，是无法弥补的。项羽的烧、杀是不得人心的，使"秦民大失望"（《汉书·高帝纪》）。这就埋下了项羽日后失败的种子。（《秦汉史》第五章）

项羽使人还报怀王。怀王曰:"如约①。"项羽怨怀王不肯令与沛公俱西入关,而北救赵,后天下约②。乃曰:"怀王者,吾家项梁所立耳③,非有功伐④,何以得主约⑤!本定天下,诸将及籍也。"乃详尊怀王为义帝⑥,实不用其命⑦。

① 【汇注】

颜师古:谓令沛公王关中。(《汉书注·高帝纪第一上》)

韩兆琦:如约,按照原来的约定办事,即"先入关者王之"。于此可知怀王亦有脊骨之人也,其不满项氏之意毫不掩盖。(《史记评注·高祖本纪》)

李开元:怀王之约,定于秦二世二年后九月。《史记》卷十六《秦楚之际月表》后九月条:"怀王封沛公为武安侯,将砀郡兵西,约先至咸阳王之。"《汉书》卷一《高帝纪》也叙其事于秦二世二年后九月,曰:"初,怀王与诸将约,先入定关中者王之。"其文稍异,内容则完全相同。……"初,怀王与诸将约","初",即秦二世二年九月,"诸将",乃泛指参与定约之楚国臣属,当时之楚臣,除刘邦项羽外,有名者尚有宋义、吕臣、吕青、范增、陈婴、桓楚、英布、龙且、共敖等人。怀王之约,首先是楚国君臣间的君臣之约。"先入定关中者王之",不管何人,只要首先攻占秦都所在的关中,就将成为旧秦王国的合法统治者。从此内容来看,则并不局限于楚军楚将,而是有效于整个反秦阵营,即各诸侯国的。其时,楚国为反秦诸国盟主,楚王所主持制订的内容涉及整个反秦阵营的盟约,自然应被视为反秦各国间的公约。《汉书》卷一《高帝纪》记刘邦攻入关中与秦父老言时说:"吾与诸侯约,先入关者王之,吾当王关中。"即视怀王之约为自己"与诸侯"所订之约,即诸侯国间的公约。同卷又记项羽因为北上救赵而晚于刘邦进入关中,后怀王之约时说,项羽自以为"后天下约",也视怀王之约为天下之公约。(《汉帝国的建立与刘邦集团:军功受益阶层研究·怀王之约与汉国王政》)

【汇评】

吕祖谦:义帝初为项梁所立,特从民望耳。梁名为臣,实则君也。章邯既击杀梁,遂以为楚不足虑,虽楚国之众亦皆惴恐不知死所矣。帝乃并吕臣、项羽军以收主权,自盱台进都彭城以张国势,置宋义诸将之上而不敢不服,拒项羽入关之请而不敢不从。至于独遣沛公仗义而西,则所见又有大者焉,可谓天下之英主矣。不幸宋义得志而骄,为羽所乘。羽既得志,存钜鹿,降章邯,拥诸侯四十万之众入咸阳,威震天下。帝块然寄坐,虽庸人亦数日而知亡矣。及项羽使人致命,使汉献、唐昭处之,必低首下心,惟羽是听。帝不慑不屈报之曰"如约",帝岂不知羽之不从哉,执其义而已矣,此真主。天下之约者也，死生祸福，帝如彼何哉！（《大事记解题》卷八"怀王曰如约"）

凌稚隆：当羽既存钜鹿，降章邯，拥四十万众入咸阳，怀王特块然寄坐于楚者耳，而于羽致命之日，独毅然曰"如约"，而漫无瞻顾，讵不谓英君哉！而卒不免灭亡者，特以处势单弱，且无腹心股肱之助耳，惜太史公不为立世家言，而班掾因之，遂与当时景驹，韩广辈埒耳，可悼哉！（《汉书评林·高帝纪》）

② 【汇注】

张守节：怀王初约先入咸阳者王之，令羽北救赵，故失约在后也。（《史记正义·高祖本纪》）

郭嵩焘：项羽怨怀王不肯令与沛公俱西入关，而北救赵，后天下约。案：此却是实情。其初遣救赵者势也，亦项羽之所乐为也；迨闻高祖西定咸阳，而忮心生焉，因追以为怨，亦人情之应然者也。史公因以附之怀王诸老将之谋，则非事实矣。（《史记札记·高祖本纪》）

程馀庆：长句。遥接前事，一并提来。（《历代名家评注史记集说·高祖本纪》）

【汇评】

方　回：按：楚怀王以二世二年六月立，九月项梁死，项羽、吕臣徙怀王都彭城，其在盱台也。以陈婴为上柱国，出于项梁之命。其至彭城也，并吕臣、项羽军，始出于怀王之独断。以羽为长安侯，以沛公为砀郡长、武安侯。以吕臣为司徒，其父吕青为令尹，又以宋义为上将，项羽为次将，范增为末将，北救赵。遣沛公西入关，此皆怀王号令也。羽杀宋义而后大权旁落，因立羽为上将军，此一着亦如汉王因立韩信为齐王，中心实亦不平。至羽破降章邯入关，至戏则不可复制矣。沛公入关在汉元年十月，怀王当于此时遣人立沛公为秦王，王关中。召还项羽论救赵破秦功，亦有以封之可也。然羽擅已封章邯为雍王，不禀君命，则无忌惮甚矣。怀王于是受制强臣，徙国。二年正月遇弑，为王一年半，为帝一年，无后。其人品才地恐亦不为十分英迈，如秦王子婴岂不能诛赵高，亦非大段不才。天之废秦废楚久矣，虽有高才，亦不足以胜恶运也。（见《古今考》卷九"怀王曰如约"）

赵生群：项羽失败的原因是多方面的。这其中，他与怀王（义帝）存在矛盾是一个重要的因素。由于怀王（义帝）不信任项羽，因而产生了"入关之约"，使项羽在战略上处于不利的地位。也因为"入关之约"，项羽犯下了一系列严重的错误——包括分封不公、放杀义帝等，从而加速了他的败亡。（《楚怀王的兴废与项羽的败亡》，载《乌江论坛·楚怀王的兴废与项羽的败亡》）

③ 【汇校】

梁玉绳：按：《评林》董份云"项羽不宜自称季父之名，沛公于羽前亦必不名其季父，'项梁'字误也"。《史诠》云"当作'武信君'。余谓《高纪》项羽曰'怀王者，

吾家项梁所立'",与此同误。(《史记志疑·项羽本纪第七》)

【汇评】

程馀庆：孩子气，市井语，与霍氏诸子所云"吾家将军"何异！(《历代名家评注史记集说·高祖本纪》)

韩兆琦：吾家项梁，按：项羽对其叔不得作如此称呼。梁玉绳曰："'项梁'，当作'武安君'。"《汉书》则删去"项梁"二字，直作"怀王者，吾家所立耳"。后二者皆通。(《史记选注集说·高祖本纪》)

④ **【汇注】**

颜师古：积功曰伐。《春秋左氏传》曰"大夫称伐"。(《汉书注·高帝纪第一上》)

⑤ **【汇评】**

凌稚隆：王维桢曰：羽怨怀王云云，是史氏揣篡其意，了入关一案，而项羽异日遂弑义帝，已胚胎于此云。(《汉书评林·高帝纪》)

吕思勉：当时分封，就《史记》所言功状，所以迁徙或不封之故观之，实颇公平。封定而后各罢兵，则其事实非出项羽一人，《自序》所以称为"诸侯之相王"也。《高祖本纪》曰：项羽使人还报怀王。怀王曰："如约。"项羽怨怀王不肯令与沛公俱西入关而北救赵，后天下约，乃曰："怀王者，吾家项梁所立耳，非有功伐，何以得主约？本定天下，诸将及籍也。"此实极公平之言。且怀王特楚王，即谓项王、沛公当听其命，诸侯何缘听之？此理所不可，亦势所不行，其不得出于相王者势也。(《秦汉史》第三章《秦汉兴亡》)

⑥ **【汇注】**

龚浩康：详，通"佯"，假装，假意。义帝，有两种解释：一说"义"即"假"，义帝就是假皇帝；一说义帝即名义上的皇帝，相当于说"名誉皇帝"。二者都说明，项羽把怀王只是当作傀儡。(见王利器主编《史记注译》卷八《高祖本纪》)

⑦ **【汇评】**

凌稚隆：按："佯"字下用"实"字，得一正一反法。(《史记评林》卷八《高祖本纪》)

吴非：项羽曰：怀王者，吾家项梁所立，尔非有功伐，何以得主约。佯尊义帝而自欲为天下主。命封十八王，权虽自羽，然义帝之名犹诸侯共主也。无其名何以号令天下，而慓悍猾贼可终恃乎。(《楚汉帝月表》)

正月①，项羽自立为西楚霸王②，王梁、楚地九郡③，都彭城④。负约⑤，更立沛公为汉王⑥，王巴、蜀、汉中⑦，都南郑⑧。三分关中，立秦三将：章邯为雍王⑨，都废丘⑩；司马欣为塞王⑪，都栎阳⑫；董翳为翟王⑬，都高奴⑭。楚将瑕丘申阳为河南王⑮，都洛阳⑯。赵将司马卬为殷王⑰，都朝歌⑱。赵王歇徙王代⑲。赵相张耳为常山王⑳，都襄国㉑。当阳君黥布为九江王㉒，都六㉓。怀王柱国共敖为临江王㉔，都江陵㉕。番君吴芮为衡山王，都邾㉖。燕将臧荼为燕王㉗，都蓟㉘。故燕王韩广徙王辽东㉙。广不听，臧荼攻杀之无终㉚。封成安君陈馀河间三县㉛，居南皮㉜。封梅鋗十万户㉝。

① 【汇校】
梁玉绳：按："正月"当在"乃佯尊怀王"上，"命"字下当书"二月"，《汉·纪》《表》与《月表》可证。（《史记志疑·高祖本纪第八》）
【汇注】
张守节：崔浩云："史官以正月纪四时，故书正月也。"荀悦云："先春后正月也。"颜师古云："凡此诸月号，皆太初正历之后记事者追改之，非当时本称也。以十月为岁首，即以十月为正月。今此正月，当时谓之四月也。他皆放此。"（《史记正义·高祖本纪》）
凌稚隆：余有丁曰：按：古者改朔不改月，据《尚书·伊训》称：元祀十有二月，《史·秦纪》亦曰"冬十月至建寅之月则曰一月"，而不曰正，考《武成》可见，惟周人则改月。颜氏以为寅月为四月，非是。（《史记评林》卷八《高祖本纪》）
［日］泷川资言：中井积德曰：秦特以十月为岁首耳，其月数用夏正，而汉初沿之也，非追改。颜说非。愚按：正月即建寅之月也。（《史记会注考证附校补·高祖本纪第八》）

② 【汇校】
班　固：《汉书》云："二月，羽自立为西楚霸王……。"（《汉书·高帝纪第一上》）
【汇注】
马端临：楚汉元年正月，项羽分天下，王诸将，自立为西楚霸王，王梁、楚地九郡，都彭城。五年十二月，汉灭之。自立至灭凡五年。（《文献通考·楚汉之际诸侯王》）
钱大昕：《史记·货殖传》："自淮北沛、陈、汝南、南郡，此西楚也。彭城以东，东海、吴、广陵,此东楚也。衡山、九江、江南、豫章、长沙,此南楚也。"据此文,彭城是东楚,非西楚矣。项羽都彭城,而东有吴、广陵、会稽郡,乃以西楚霸王自号者,羽兼有梁楚地。梁在楚西,言西楚,则梁地亦在其中也。又考三楚之分,大率以淮为界:淮北为西楚,淮南为南楚,唯东楚跨淮南北。吴、广陵在淮南,东海在淮北,彭城亦在淮北,而介乎东西之间,故彭城以东可称东楚,彭城以西亦可称西楚也。又孟康《汉书注》:"旧名江陵为南楚,吴为东楚,彭城为西楚。"(《高帝纪》)《太平寰宇记》:"楚文王徙都于郢。"故江陵是为西楚,汉封元王交于彭城,是为东楚;又封属王胥于广陵,是为南楚,此又一说,与《史记·货殖传》不合。(《十驾斋养新录附余录》卷十一"三楚")

顾颉刚:羽自立为西楚霸王,王梁、楚地九郡,都彭城。胡注:文颖曰:"《货殖传》云淮以北,沛郡、汝南郡为西楚也。彭城以东,吴、广陵为东楚。衡山、九江、江南、长沙为南楚。羽欲都彭城,故自称西楚。"孟康曰:"旧名江陵为南楚,吴为东楚,彭城为西楚。"师古曰:"孟说是也。"按:如文说,是淮北为一区,淮南为一区,偏西江南为一区。孟说非与文说冲突,惟指出三区中之都会耳。淮北为西楚,其都为彭城。淮南为东楚,都为吴。江南为南楚,都为江陵。(《顾颉刚读书笔记》卷七"三楚")

吴树平、吕宗力:据《货殖列传》所载,淮北沛、陈、汝南、南郡为西楚,彭城以东,东海、吴、广陵为东楚,衡山、九江、江南、豫章、长沙为南楚。是西楚包举今河南东部、安徽北部、江苏西北部一带。其实项羽自封的地域并不局限于此。项羽之都彭城在西楚界内,所以封国以西楚为号。又张守节《正义》引孟康云:"旧名江陵为南楚,吴为东楚,彭城为西楚。"可备一说。"霸王",诸侯王的盟主,与春秋时的霸主相同。(《全注全译史记·项羽本纪》)

③【汇注】

全祖望:问:项王自据梁、楚地九郡,是何九郡也?答:九郡从无数之者,其中须大有考正。据班《志》数秦置三十六郡之目,秦于楚地置十郡,则项王所得楚地凡六郡,曰:汉中以封高祖,曰九江以封英布,曰南郡以封共敖,曰长沙以为义帝都,而项王所得曰东海、曰泗水、曰薛、曰会稽、曰南阳、曰黔中是也。秦于梁地置三郡,则项王所得梁地,凡二郡:曰河东以封魏豹,而项王所得曰东郡,曰砀是也。然则仅得郡八,不得九矣。及考《史记》秦初灭楚,置楚郡。次年,置会稽郡。而班《志》于楚郡不书,乃知其有漏也。盖秦之先得楚地而置郡者,曰汉中、曰黔中、曰南郡、曰南阳,在未灭时。及灭楚,但置楚郡,所统甚大。次年乃尽定百越,而置会稽,然楚郡所统过广,故分而为九江,为长沙,为东海,为泗水,为薛,而楚郡但统淮阳一带,班《志》失之,则九郡之数不足。今以楚郡益之,适得九郡之目。胡梅磵曰:"秦置楚郡，班《志》不见，盖分为九江、鄣、会稽三郡。"其实大谬。会稽不在楚郡之内，《史记》甚明。而鄣郡并非秦置。秦之所分凡得郡五，而楚郡亦未尝废。盖三十六郡之数，京师为内史，本不在其内。班《志》误以内史，亦当三十六郡之一，故失去楚郡而不知也。（《经史问答》卷八《诸史问目答郭景兆》）

姚　鼐：史言项羽分割天下，自王梁、楚地九郡，而不载九郡之名。余考之：盖为砀、陈、东郡、泗川、薛、东海、东阳、鄣、会稽，是云九郡。砀与东郡，故梁地也；自陈以东，故楚地也，故曰王梁、楚。大抵西界故韩，东至海，北界上则距河，下则距泰山。南界上则距淮，下则包逾江东，固天下之膏腴平壤矣。（《惜抱轩诗文集》文集卷三《项羽王九郡考》）

钱大昕：羽自立为西楚霸王，王梁、楚地九郡。按：本纪与《项籍传》俱有"王梁楚地九郡"之文，而九郡之名，注家罕能详之。考：战国之际，楚地最广，羽既以长沙奉义帝，九江王英布，衡山王吴芮，南郡王共敖，而梁之河内、河东，亦不在羽封域之内，则羽所有者，于秦三十六郡中，实得泗水、砀、薛、会稽四郡。而史称"九郡"者，据当时分置郡名数之也。高帝六年，以故东阳郡、鄣郡、吴郡五十三县立荆王，以砀郡、薛郡、郯郡三十六县立楚王，此二国即项羽故地。然则九郡者，泗水也，东阳也，东海也（即郯郡），砀也，薛也，鄣也，吴也，会稽也，东郡也。《灌婴传》："度江，破吴郡长吴下，遂定吴、豫章、会稽郡。"（豫章当作"鄣"）《吴王濞传》"上患吴、会稽轻悍"，是会稽之外，更有吴郡矣。《水经注》："广陵城，楚汉之间为东阳郡。"《晋志》："汉武帝分沛、东阳置临淮郡。"是楚、汉之间，有东阳郡也。文颖云：东阳今下邳，盖因后汉改临淮郡属下邳国，故云。非谓即汉下邳也。（《廿二史考异·汉书》）

沈钦韩：按：吴未尝分为郡，会稽治吴，即郡治名之东郡，亦不属楚，钱（编者按：钱大昕）说稍牵合，姑备一说耳。（《汉书疏证》卷一《高祖纪》）

刘文淇：《史记·项羽本纪》云：项王自立为西楚霸王，王九郡，都彭城。《高祖本纪》云：项王自立为西楚霸王，王梁楚地九郡，都彭城。《汉书·高祖纪》及《项羽列传》俱云：羽自立为西楚霸王，王梁楚地九郡，都彭城。自来注《史记》《汉书》者，俱不释九郡所在。余按：羽所王之九郡，谓会稽郡、故鄣郡、故东阳郡、泗水郡、郯郡、薛郡、砀郡、颍川郡、东郡是也。……夫高祖所分之巴、蜀、汉中三郡之地，仅四十一县。而项羽所王之九郡，综计二百四十八县，亦足见项氏之强盛。而卒为高祖所灭。太史公所谓非大圣，孰能当此受命而帝者，其信然已。今举项氏所王之九郡，依《汉书·地理志》表之于左，虽郡邑分并不必尽与《志》同。（如彭越所攻下之睢阳、外黄十七城。睢阳于汉属梁国，外黄于汉属陈留。《地理志》武帝元狩元年始置陈留郡，其未置郡之先，又隶别郡矣。）然亦可觇识其崖略矣。（《楚汉诸侯疆域志》卷

一 《项羽九郡》)

王国维：浙江之地，自秦亡之后，至刘贾受封之前，果属何国？自唐宋以来，地志均未言及。愚谓楚汉之际，当属西楚；项氏亡后，则属韩信，何以证之？《史记·高祖纪》："项羽自立为西楚霸王，王梁楚地九郡。"九郡之目，史无明文，异说滋多，迄无定论。然汉灭项氏，分其地以王彭越、韩信。彭越王梁、韩信王楚，信、越所得郡数，史亦无文，然《汉书·高祖纪》，六年，废楚王信，以东阳郡（兼有《汉志》临淮郡、广陵国之地）、鄣郡、吴郡立刘贾为荆王，以砀郡、薛郡、郯郡三十六县（《汉书·楚元王传》作王薛郡、东海、彭城三十六县，彭城即砀郡、东海即郯郡，其薛郡则后之鲁郡也）立弟文信侯交为楚王，皆因韩信故地，是楚地六郡也。十一年诛梁王彭越，始立子恢为梁王、子友为淮阳王。梁兼有故定陶、泗水二郡。淮阳故陈郡，皆彭越故地，是梁地三郡也。项羽所王梁楚地九郡，即此。故会稽、鄣郡，楚、汉间当属西楚，韩信王楚因之。《前志》（按：指《汉书·地理志》）未言，附识于此。（《王国维全集》第七卷《乾隆浙江通志考异残稿卷一》）

谭其骧：项羽自立为西楚霸王，王梁楚地九郡。九郡之目，《史》《汉》缺载，自来考史者遂不一其说，当以姚鼐《项羽王九郡考》之说为是，梁地二郡，砀一、东二；楚地七郡，陈三、薛四、泗水五、东海六、东阳七、鄣八、会稽九（《惜抱轩文集》卷二）。程一枝《史诠》无东、陈而有临淮、彭城，按：彭城，汉景帝时分泗水所置；临淮，武帝时分广陵所置。全祖望《经史问答》无东阳、鄣而有南阳、黔中，然其时南阳实为王陵所据，黔中僻在边隅，北有临江，东有长沙、义帝，长沙之东又有衡山、九江，羽不得悬隔数国而有之。刘文淇《楚汉诸侯疆域志》无陈而代以颍川之半，至十八王中之韩，但有颍川之又一半，盖由刘不知秦有陈郡，故强为分割，以求足数也。钱大昕《廿二史考异》无陈而代以吴郡，梁玉绳《史记志疑》、汪之昌《青学斋集》皆从之。按：《灌婴列传》，既破项籍，渡江破吴郡，及吴下，得吴守，遂定吴、豫章、会稽郡。是为项羽有吴郡，且非会稽之别称（何焯《义门读书记》、姚鼐斯篇俱有此误解）之明征。然秦之陈郡于十八王无所属，则必属西楚，而楚既有陈，若更有吴，便不止九数，因疑吴郡之分置，当在西楚既建之后，方其分封之初，犹未得有之也。（《长水集·西汉地理杂考·西楚九郡》）

王　恢：九郡，羽王九郡，《史》《汉》不详。实则羽王九郡，汉兵即东，既无一定之鸿沟，不过短暂之霸业，要其所指，盖以秦郡而言：东郡、砀郡、薛郡、泗水、楚郡、东海、会稽、鄣郡、闽中也。后又夺韩王地。而说者各异，如下表：

陈仁锡	全祖望	姚　鼐	钱大昕	张茂炯	刘文淇	恽　敬
泗水	√	√	√	√	√	√
砀	√	√	√	√	√	√

陈仁锡	全祖望	姚 鼐	钱大昕	张茂炯	刘文淇	恽 敬
薛	√	√	√	√	√	√
东海	√	√	√	√	郯	东海
临淮			东阳	√	√	
彭城						
广陵						
会稽	√	√	√	√	√	√
郯						
	南阳	√				
	黔中					
	东郡	√	√		√	√
	楚郡	√				√
		吴	√			√
				颍川	√	
				淮南		
						琅邪

(《史记本纪地理图考·项羽本纪》)

周振鹤：项羽以梁楚地九郡自封为西楚霸王。九郡之目，历来聚讼不休，现举清人四种观点以作比较。

全祖望	东海	泗水	会稽	东郡	砀郡	薛郡	楚郡	南阳	黔中	
钱大昕	√	√	√	√	√	√		东阳	吴郡	郯郡
姚 鼐	√	√	√	√	√	√	陈郡	√		√
刘文淇	郯郡	√	√	√	√	√		√	颍川	√
今 定	东海	√	√	√	√	√	陈郡	南阳		

（表中全氏所谓楚郡，即姚氏的陈郡，秦灭六国后无以旧六国名称新置郡者，当以陈郡名为是）。

由上表可见，有六郡之目，四家见解皆同。但东海的含义实有差别。全氏东海是秦郡，钱、姚、刘三家之东海（或郯郡）却是秦东海郡分南部置东阳郡以后的新东海郡。据《水经注》东阳郡置于楚汉之际（其实恐置于高帝六年），因此，汉元年不得有东阳郡，至为明显。钱、刘、姚三家皆以之实九郡之数，不妥。

项羽九郡与十八王封地一样，需以秦郡数，而不能以汉郡计。六国故楚地幅员辽阔，相当秦黔中、南郡、长沙、南阳、陈郡、薛郡、泗水、东海、会稽（吴郡）、郯郡、衡山、九江、庐江十三郡。《秦楚之际月表》云"分楚为四"，衡山封吴芮，九江、庐江封黥布九江国，南郡、长沙、黔中封共敖临江国，故项羽西楚国应得其余七郡：南阳、陈郡、泗水、薛郡、东海、会稽、鄣郡，加上梁地东、砀二郡，成九郡之数。

鄣郡当为秦郡。裴骃《史记集解》数秦三十六郡，有鄣郡之目；《续汉书·郡国志》丹阳郡刘注曰"秦鄣郡"，可以为据。鄣郡乃分会稽郡西部置，其后会稽或仍旧称，或称吴郡。

又：钱、姚、刘三家皆不数南阳，钱、刘不数陈郡，不知此二郡虚以待何人？至若刘文淇举颍川聊充一郡，钱大昕氏既数会稽，复举吴郡，尤属不伦。顾钱、姚、刘三家皆不可取。比较起来，唯全氏最为高明，看出项羽之封须数秦郡。但他以为鄣郡乃楚汉之际置，故举黔中以实九郡，其实黔中属临江国所有（见上文），而且即使不为临江所有，也为其所隔，而与其他八郡不相联系，于义未安。只要以鄣郡代替黔中，则九郡之疑义涣然冰释，所以本文所定九郡之目，实受全氏之启发而来。（《楚汉诸侯疆域考》，载《中华文史论丛》1984年第4辑总第32辑）

编者按：项羽九郡，迄无定论。除上述诸家之外，王先谦从全祖望说，以为九郡为：东海、泗水、会稽、南阳、黔中、东郡、砀郡、楚郡、薛郡，且以上九郡"皆秦立郡名，又梁楚故地"，较诸说为得其实。张家英先生以为王说未确，而以陈郡、颍川代王说之楚郡、黔中（《〈史记〉十二本纪疑诂·高祖本纪》），其说节引如下：

但是，王先谦所说的仍有一些问题：

一、关于陈郡。《陈涉世家》："攻陈，陈守令皆不在，独守丞与战谯门中。"《索隐》："按：《地理志》云秦三十六郡并无陈郡，则陈止是县。言守令，则守非官也，与下守丞同也，则'皆'是衍字。"据《汉书·地理志》无陈郡来推断秦无陈郡，《索隐》的说法是错误的。王氏以"姚据《陈涉世家》'陈守令'一语以为陈是郡名，自是误证"来否定陈郡，亦未免轻率。姚鼐《项羽王九郡考》中，首云："砀与东郡，故梁地也；自陈以东，故楚地也：故曰王梁楚。"又谓："楚襄王始都陈，后为秦得，故陈为郡。《陈涉世家》云'陈守、令皆不在'，则秦有陈郡明矣。"末复引《货殖列传》中"自淮北沛、陈、汝南、南郡，此西楚也"语，以证明"武帝时尚有陈郡"。

二、关于楚郡。《楚世家》之末有："[王负刍]五年，秦将王翦、蒙武遂破楚国，虏楚王负刍，灭楚名为（楚）郡云。"《集解》引孙检曰："秦虏楚王负刍，灭去楚名，以楚地为三郡。"此三郡有人以为是鄣、九江与会稽，全祖望以为秦灭楚所置者为楚、泗水、九江、薛、东海五郡（《汉书地理志稽疑》卷一），其实这楚郡正是陈郡。中华标点本将"灭楚名为（楚）郡"之后一个"楚"判为衍字，即是认为，所谓楚郡是并不存在的。

三、关于黔中郡。项羽王梁楚九郡，其地多以长江为限，在长江北部：惟有会稽地处江南，属一例外。今黔中不惟远在江南，且与其它各郡不相连接（其北部为南郡，其东部为长沙郡），这在情理上无论如何是说不过去的。

四、关于颍川郡。《项羽本纪》："韩王成因故都，都阳翟。"《高祖本纪》中无此句。《汉书·高帝纪》："初，项梁立韩后公子成为韩王，张良为韩司徒。羽以良从汉王，韩王成又无功，故不遣就国，与俱至彭城，杀之。"《史记·秦楚之际月表》于韩王成"都阳翟"句下，《索隐》亦言及此。刘文淇《楚汉诸侯疆域志》以颍川列于九郡之内，且以汉初韩信封楚王、彭越封梁王，二人共分楚地一事以证成之，颇为有力。刘文淇又以为韩王成仅有颍川部分土地。项羽既不使其就国，"与俱至彭城，废以为侯，已，又杀之"。这说明项羽对颍川是有野心的。

综合上述，项羽所王之梁楚九郡应为：东海、会稽、泗水、薛郡、东郡、砀郡、颍川、陈郡、南阳。

王子今：关于西楚霸王"王梁楚地九郡"的具体考证，始终没有十分确定的意见。周振鹤先生《西汉政区地理》附篇有"楚汉诸侯疆域新志"，关于"项羽西楚国封域"，分析了以往多种见解，论定项羽所王九郡应为东海、泗水、会稽、东郡、砀郡、薛郡、陈郡、南阳、郯郡，使认识推进了一大步。然而，考虑到湖南龙山里耶秦简首见"洞庭郡"等郡名的现象，可以知道我们对秦郡的设置，知识很可能依然是不完全的。也许关于项羽"王九郡"的讨论，待新的历史地理资料的获得方能定论。不过，有一点是明确的。这就是"项王自立为西楚霸王，王九郡"所控制的地方，大体包括司马迁所说的"西楚"和"东楚"，同时据有部分梁地，实际上实现了"西楚"进一步向西的扩展。而"南楚"，被项羽一部分规划为楚怀王居地，一部分分割为九江国、衡山国、临江国地方。这可能也是"西楚霸王"之所以以"西楚"为名号的原因之一。（《战国秦汉交通格局与区域行政·战国秦汉时期楚文化重心的移动》）

④【汇注】

陈　直：直按：《秦楚之际月表》，"义帝元年二月，项羽都彭城。同年又都江都（武英殿本，据宋刻）。此条重要史料，细字夹杂在《表》文内，学者多不注意。仪征刘毓崧先生有《西楚霸王都江都考》"。见《青溪旧屋集》。（《史记新证·项羽本纪第七》）

王　恢：彭城，即今江苏铜山县，通称徐州。《汉志》："楚国彭城，古彭祖国。"《泗水注》："泗水南迳彭城县故城东，周显王四十三年，九鼎沦没泗渊。秦始皇时，而鼎见于斯水。始皇自以德合三代，大喜，使数千人没水求之，不得。"后百余年（前113），汾阴巫锦得之于后土祠旁，因改元元鼎，真"神物"矣。（《封禅书》《汉书·武帝纪》）又《获水注》："彭城于春秋为宋地，楚伐宋，并之以封鱼石。文颖曰：彭城故东楚也，项羽都焉，谓之西楚。汉祖定天下以为楚郡，封弟交为楚王，都之。宣帝地节元年更为彭城郡。"彭城自春秋以来为即为东方之重镇，亦四战之地，北走齐鲁，西通汴洛，南屏江淮。城北五里有九里山，东南十八里有寒山，西二十里有赭土山，东南六十里有吕梁山，东北九十里有盘马山；岗峦环合，汴泗交流，为古今战略之据点。(《史记本纪地理图考·秦始皇本纪》)

后晓荣：彭城，秦封泥有"彭城丞印"。彭城，古国名，春秋属宋，后归楚，秦置县，秦末楚怀王和项羽都彭城。《史记·秦始皇本纪》："始皇还，过彭城，斋戒祷祠，欲出周鼎泗水。"《史记·项羽本纪》："项羽自立为西楚霸王，王九郡，都彭城。"《读史》卷二十九："彭城废县，今州治。春秋为宋地，成十八年，楚伐宋，拔之，以纳鱼石。襄元年，诸侯之师救宋，围彭城，彭城降晋。《史记》：楚共王拔宋彭城，以封宋左师鱼石。四年，诸侯共诛鱼石，而归彭城于宋。又《韩世家》：文侯二年，伐宋至彭城，执宋君。秦置彭城县，属泗水郡。始皇二十八年，自琅邪还，过彭城，欲出周鼎泗水。二世二年，秦嘉立景驹为楚王，军彭城东，既而楚怀王都此。《史记》：沛公、项羽，闻项梁军破，乃与吕臣军俱引而东，吕臣军彭城东，项羽军彭城西，沛公军砀。是也。及项羽自立为西楚霸王，亦都此。汉三年，汉王入彭城，项王西从萧，晨击汉，东至彭城，大破汉军。汉六年，为楚国治。后汉为彭城国治，初平中，陶谦为徐州牧，曹操击谦，败之于彭城。建安三年，操击吕布于下邳，屠彭城。"《汉书补注》："《世本》：尧封彭祖于彭城。""号为大彭氏。彭城春秋宋邑，见《左成传》。战国韩执宋君于此，见《韩世家》。秦县，始皇过之，见《本纪》。项羽败秦嘉于此，见《项羽传》。项羽为西楚霸王都此，见《高纪》。"秦彭城故城在今江苏省铜山县。(《秦代政区地理》第五章《四川郡》)

【汇评】

苏 轼：及移守徐州，览观山川之形势，察其风俗之所上，而考之于载籍，然后又知徐州为南北之襟要，而京东诸郡安危所寄也。昔项羽入关，既烧咸阳，而东归则都彭城。夫以羽之雄略，舍咸阳而取彭城，则彭城之险固形便，足以得志于诸侯者，可知矣。(《苏文忠公全集·东坡奏议》卷二《上皇帝书》)

王 袆：项籍之兵，足以百战百胜，非汉高及也。高帝已入长安，而籍复据有之，既迁高帝汉中，则宜定以为守矣。不知出此，而乃东都彭城。彭城者，山东之要害，而非天下之势之所系也。故使高帝卒以还定三秦，而天下之势已在汉而不在楚。楚虽百战百胜，何益于事为哉？故其事之无成，非不幸也，宜也。故吾谓项籍之力，足以夺天下；诸葛亮之才，足以治天下，而皆不善于审天下之势者也。不善于审天下之势，而欲以有天下，亦惑矣。(《王忠文公集》卷一《兵论中》)

冯 琦：按：自古帝王之建都，或居中原，以朝万邦；或阻一面，以制天下，未有思还故乡徒夸一时者也。项羽既去形胜之邦，又杀忠谋之士，终以覆灭，不亦宜乎。

怀王虽项氏所立，然君臣之分已定，却乃擅自迁徙，阴谋杀害，后来曹操迁献帝于许而篡汉，朱温迁昭宗于汴而篡唐，皆羽之余谋也。（《宗伯集》卷三十二）

顾祖禹： 项羽率诸侯兵而入咸阳也，天下大势已在掌握中，乃不用韩生之说，还都彭城，譬犹操戈而授人以柄。然犹虑关中之能为天下患也，分王三降王，欲以拒塞沛公。夫以三晋之强不足以当一秦，而三秦之弱乃欲以当一汉，则羽之计亦左矣。（《读史方舆纪要·陕西方舆纪要序》）

恽　敬： 自淮阴侯斥项王不居关中而都彭城，史家亦持此说，后之言地利者祖之，以为项王失计无有大于此者。恽子居曰：项王之失计在不救雍、塞、翟三王而东击齐，不在都彭城。何也？……吾尝深推其故而知项王都彭城，盖以通三川之险也，通三川盖以救三秦之祸也。以彭城控三川，即以三川控三秦，是故都彭城者，项王不得不然之计也。何以知其然也？乃者项王自王，盖九郡焉，自淮以北为泗水、为薛、为郯、为琅邪、为陈，皆故楚地；为砀、为东郡，皆故梁地，是时彭越未国，地属西楚；自淮以南为会稽，会稽之分为吴。《灌婴传》得吴守是也，亦故楚地。九郡者，项王所手定也。军于手定之地，不患其不安；民于手定之地，不患其不习；国于手定之地，则诸侯不得以地大而指为不均。据天下三分之一以争中原于腹心之间，此三代以来未有之势也。彭城者，居九郡之中，举天下南北之脊，关外之形胜，必争之地也。故曰都彭城者，项王不得不然之计也。（《大云山房文稿》初集卷一《西楚都彭城论》）

夏曾佑： 项王之弃关中而归也，非真欲归故乡也，盖以已新残破关中，留都之，民必不安，乃以三降将居之，而自居彭城，以遥制三秦，为待时而动之计，其所以策汉王者周矣。（《中国古代史·楚汉相争（上）》）

业衍璋： 汉之胜楚，萧何为守关中，厥功最伟。盖汉得萧何为守汉中，遂有不可动摇之根本。……至于关中，虽有转饷之劳苦，而无兵燹之警，收其粟储、教其子弟，东向以争天下，虽有劳苦，不致敝坏。项氏则不然，虽起江东，然而无人为之经营，不足以为根本。虽都彭城，适四冲之地，烽警时兴，袭夺时虞，不可以为根本。故以飘忽之楚，视磐石之汉，虽勇决若不可当，然而时日既久，亦强弩之末耳，宜乎不能相颉颃。（《业衍璋集·读〈史记〉杂议一》）

史念海： 都城的形成……还应该考虑到社会的基础。都城所在地的地方势力和民族关系都是不能不加以注意的。……这个问题不妨从项羽的西楚国说起。秦亡之后，项羽兵力最强，分封诸侯，自立为西楚霸王，王梁楚九郡，建都于彭城。彭城就是现在江苏徐州市。……彭城是楚地，所以就被选为都城。咸阳的秦宫室皆已被烧毁残破，也使项羽感到无足留恋。如果再事推求，项羽这样决策，显示着项羽对秦人还有相当的顾虑。当项羽行将入关之时，曾在新安（今河南新安县）坑秦降卒20余万人。……何况坑这20余万人之后，对秦人就有更多的结怨。因而就舍弃关中，东归彭城。项羽以楚人治楚，自谓是万无一失的。后来在垓下决战时，听到汉军四面皆楚歌，遂谓："汉皆已得楚乎？是何楚人之多也！"这一点就足以说明项羽对于楚人的重视，而不都于关中是有他的顾虑的。（《中国古都和文化》第三章《中国古都形成的因素》）

⑤【汇注】

龚浩康：指违背楚怀王关于先入关破秦者做关中王的约定。（见王利器主编《史记注译》卷八《高祖本纪》）

⑥【汇注】

张守节：梁州本汉中郡，以汉水为名。（《史记正义·高祖本纪》）

【汇评】

魏了翁：鹤山先生曰：汉者何？高皇帝起汉中，即始王以为代号也。自羲昊以来，书志可考者皆有始祖，舜虽侧微，然自颛帝以来有国至瞽瞍失之。至夏后氏、殷人、周人以讫于嬴政，则皆以始封为代号。夏之后为杞，至楚悼王而后息；殷之后为宋，至齐湣王而后息，周自后稷迄于赧王，大抵三代之宗庙血食皆二千余年。自秦罢侯置守，于是始有由匹夫而有天下者，故往往无所因袭。一时如刘如项如陈不得不以始王为号。至魏晋齐梁隋唐以后，则率以枋国浸成禅代，故又封爵为号，亦与汉异。（《古今考》卷一《汉书》）

吴见思：于"立沛公"上，明著"负约"二字，正为沛公不平也。（《史记论文·高祖本纪》）

⑦【汇校】

张文虎：王巴、蜀、汉中。《集解》三十二县：旧刻作"四十二县"，《汉书》云"四十一县"，《汉纪》同。据《汉志》，汉中郡十二县，蜀郡十五县，巴郡十一县，则共三十八县。（《校刊史记集解索隐正义札记·高祖本纪》）

【汇注】

裴　骃：徐广曰："三十二县。"（《史记集解·高祖本纪》）

方　回：沛公为汉王，王巴、蜀、汉中四十一县，都南郑。今兴元府，秦置汉中郡，治南郑。后为梁州。唐德宗奉天之难，自骆谷南入梁州，改为兴元府，以至于今。秦有巴郡、蜀郡，如益州犍为、牂牁、沈黎等郡。汉武帝通西南夷始有之，则沛公所封汉中、巴蜀仅四十一县，亦甚狭矣。而遂有天下，然则地大其可恃乎？（见《古今考》卷九"项羽分天下一帝十九王"）

胡三省：巴、蜀、汉中，秦所置三郡地也。班《志》，南郑县属汉中。《括地志》：南郑县，今梁州治所。近世有李文子者，蜀人也，著《蜀鉴》曰：南郑自南郑，汉中自汉中。南郑乃古褒国，秦未得蜀以前，先取之。汉中乃金、洋、均、房等州六百里是也。秦既得汉中，乃分南郑以隶之而置郡焉。南郑与汉中为一自此始。《春秋》"楚

人、巴人灭庸"，即今均、房两州地。班《志》，汉中郡治西城，今金州上庸郡是也。（《资治通鉴》卷九《汉纪一》注）

全祖望：汉中，故楚置，惠文王后十三年因之，汉因之。蜀郡，故蜀国，惠文王后十四年因之，汉因之。（《水经注》以为二十七年，盖连前十三年数之）巴郡，故巴国，惠文王后十四年置，汉因之。又分巴、蜀、汉中三郡地为广汉。（《汉书地理志稽疑》卷一）

刘文淇：《项羽本纪》云："项王、范增疑沛公之有天下，业已讲解，又恶负约，恐诸侯叛之，乃阴谋曰：'巴、蜀道险，秦之迁人居蜀。'乃曰：'巴、蜀亦关中地也。'故立沛公为汉王，王巴、蜀、汉中，都南郑。"……是项羽之分地不平，史有明文。顾《月表》《本纪》于所分之地，第载其大凡，而自来注《史》《汉》者，又未之缕析，则亦无以知其所分之多少，与其地之善恶也。今详考其地，依《史记·项羽本纪》之次，表之于左。《月表》沛公为汉王，都南郑。《羽本纪》云："立沛公为汉王、王巴、蜀、汉中，都南郑。"《汉书·高祖纪》："王巴、蜀、汉中四十一县，都南郑。"按：《地理志》巴郡十一县，蜀郡十五县，汉中十二县，共三十八县，尚少三县。而广汉、犍为二郡系从巴、蜀二郡割出者，则所少之三县，必在广汉、犍为之中，然不可考矣。又按：《张良传》汉元年沛公为汉王，王巴、蜀，赐良金百镒，珠二斗，良具以献项伯，汉王亦因良厚遗项伯，使请汉中地，项王许之。服虔云：本不尽与汉中，故请求之。（《楚汉疆域志》卷二《十八王分地上》）

王先谦：巴、蜀、汉中三郡，皆秦置。（《汉书补注·高帝纪第一上》）

杨树达：初止王巴、蜀，张良请之项伯，始得汉中，见《张良传》。（《汉书窥管·高帝纪上》）

周振鹤：汉，《羽本纪》："立沛公为汉王，王巴、蜀、汉中，都南郑。"《汉书·高纪》："王巴、蜀、汉中四十一县。"秦之巴、蜀、汉中三郡，相当于《汉志》巴、蜀、汉中、广汉四郡及犍为北部、武都东部。《华阳国志》云："分巴割蜀以成犍、广。"《后汉书·西南夷传》曰："白马氏者，武帝元鼎六年开，分广汉西部合以为武都。"可资证明。具体而言，汉国的界地为：东、北两面循《汉志》巴郡、汉中之界，东南无巴郡之涪陵（汉五年才来属），南以江水南岸为境，西南至邛来山，西循《汉志》蜀郡西界，西北无《汉志》广汉西北三道，而有武都东部嘉陵、沮县地。这一地区于《汉志》共领五十四县，是汉初四十一县经过析置的结果。据《华阳国志》明确后置的县有：广都，元朔二年；符县、牛鞞，元鼎二年；褒中，元凤六年。尚有近十县不知其置年（什方，高帝六年封雍齿，颇疑该县即置于其时）。刘文淇氏以为刘邦汉国全有《汉志》犍为郡，不确。犍为郡江以南地为武帝时所开，其时不当属汉国。又刘氏以《汉志》巴、蜀、汉中三郡三十八县来解说汉初四十一县，谓尚有三县当在广

汉、犍为之中，不通之至。（《楚汉诸侯疆域考》，载《中华文史论丛》（1984年）第4辑总第32辑）

后晓荣：随着秦统一战争的深入，领土的扩大，人口的增多，秦置县也逐步得到推广和增加，并发展为郡下领县的郡县制。秦昭襄王灭巴、蜀国后，在其地设巴郡、蜀郡、汉中郡，三郡共统属三十一县。《华阳国志·巴志》："周慎王五年……秦惠王遣张仪、司马错救苴、巴，遂伐蜀，灭之。仪贪巴、苴之富，因取巴，执王以归，置巴、蜀及汉中郡，分其地为（三十）一县。"秦末时，三郡统属县四十一县。《汉书·高祖纪》："（项羽）背约，更立沛公为汉王，王巴、蜀、汉中四十一县，都南郑。"汉王的巴、蜀、汉中三郡地应为秦巴、蜀、汉中三郡之旧地。此四十一县也应为秦此三郡置县之概数。此即为人口增多不断增设县的一例。秦统一六国后，在原六国所置县邑基础上，设县更多，并在全国范围展开。（《秦代政区地理》第四章《关中诸郡置县》）

又：秦巴郡原为巴国地，因巴国而得名，其境较汉巴郡较小。《华阳国志·巴志》："巴子之国，北接汉中，南极黔涪。"故马非百曰："秦置郡当因巴子故国置郡，是江南至今涪陵以东，黔江下流之地亦不得在界内。"马氏此说极是。今涪陵以东，黔江下流之地应属秦巫黔郡地，也即楚巫郡地。其辖境有今四川阆中以东，重庆市涪陵以西之间。郡治江县，今重庆市北。（《秦代政区地理》第七章《巴郡》）

又：秦蜀郡原为蜀地，秦灭蜀，初封侯国，后改设郡，因蜀国而得名。辖境有今四川省阆中以西，松潘、天全以东，宜宾、石棉以北地。郡治成都，今四川省成都市。（《秦代政区地理》第七章《蜀郡》）

【汇评】

陆唐老：林曰：高祖与项羽争天下，其势力才气相去远甚，然项羽所以终失天下，而为高祖之所毙者，羽能勇而不能怯故也。夫能勇而不能怯，则其力有时而毙，能勇而又能怯，则其力无时而穷。高祖之封于汉中也，周勃、灌婴、樊哙乃欲劝之以攻羽，曾不知势力弗敌，而与之抗，则是蠚之亡耳。故萧何以为能诎一人之下，而信于万乘之上者，汤、武是也。高祖隐忍从之，卒以巴（属）[蜀]之众，远取三秦，以成汉家四百年之社稷，此则能勇而能怯之效也。（《陆状元增节音注精议资治通鉴》卷二十六《太祖高皇帝上》）

凌稚隆：郝经曰：高帝不与项羽校，蠖屈汉中，知退也；还定三秦，以讨羽，知进也。故后世称帝王知进退之理者，以高祖为首。（《汉书评林·高帝纪》）

汪　琬：项羽立沛公为汉王，王巴、蜀、汉中。汉王怒，欲攻羽。萧何谏曰："臣愿大王养其民以致贤人，收用巴、蜀，还定三秦，天下可图也。"汉王曰："善"。汪子曰：刘备之入蜀，与高祖同。然高祖遂定天下，而备不敢越汉中以讫于亡者，何也？天下之势不在蜀，而在秦。曹氏能守关中，而羽不能守，此废兴之所系，而谋国者有

善有不善也。(《尧峰文钞》卷八《高祖一》)

辛德勇：巴、蜀大致即今四川盆地。这里虽然足以自成一独立王国，但与中原悬隔太远，向外发展实在不容易，要想实现据有关中的目标，必须首先控制与关中仅有秦岭一山之隔的巴、蜀，北邻汉中。为此，刘邦不惜动用巨金，安排张良去"厚遗项伯，使请汉中地"(《史记·留侯世家》)。……萧何在劝谏刘邦屈就汉中时云："愿大王王汉中，养其民以致贤人，收用巴、蜀，还定三秦，天下可图也。"可以说，这段话充分反映了刘邦出汉中而据关中以取天下的战略目标。从当时的形势来看，取得汉中作为封地，不能不说是刘邦的一大胜算的成功。假若一如项羽之初衷，不给刘邦汉中，只封给他巴、蜀，那么刘邦能否如此顺利地取得关中并进而与项羽逐鹿中原，则都将成为很大的疑问。(《历史的空间与空间的历史·论刘邦进出汉中的地理意义及其行军路线》)

⑧【汇注】

颜师古：即今之梁州南郑县。(《汉书注·高帝纪第一上》)

王先谦：南郑，汉中县，在今汉中府南郑县东。(《汉书补注·高帝纪第一上》)

钱　穆：南郑，案：故城今陕西南郑县东。《水经注》："县故褒之附庸。南郑之号，始于郑桓公。桓公死于犬戎，其民南奔，故以南郑为称。"据此，则秦中与南郑之交通，其来夙矣。(《史记地名考·秦地名》)

【汇评】

方　恬：高帝之为汉王也，项羽夺其关中而不敢争，驱之南郑而不敢怒，帝非真能下人也。而隐忍不较以就蜀汉之封者，所以安羽而求出于其不意也。逮夫汉中之席未温而三秦之师已举，鸿沟之约方成而垓下之围已合，帝于此何其锐也。夫惟其始也不锐，故其终也独勇。帝之始非真不锐，所以养其锐而就大事也。故夫人主之为天下，不病其怯而病其勇，不取其锐而取其坚。盖锐者其气也，坚者其志也。高帝曰，吾亦欲东耳，安能郁郁久居此乎？此高帝之志也。天下之事无必为之志而特恃其轻为之勇，无先定之谋而欲求速成之效，愚未见其能济也。(引自《十先生奥论注》前集卷四《机论》)

⑨【汇注】

张守节：以歧州雍县为名。(《史记正义·高祖本纪》)

方　回：章邯为雍王，王咸阳以西，取雍州之名以号其国，都废丘。周懿王所都之犬丘也，秦欲废之，更名废丘。汉之槐里县。汉元年八月，汉王从故道袭雍，大破章邯于陈仓，今凤翔府宝鸡县，邯走守废丘，不下，围之。二年及十一月汉拔雍、陇西。六月引水灌废丘，邯自杀。置中地、北地、陇西郡。王一年半。(见《古今考》卷九"项羽分天下一帝十九王")

马端临：雍，秦将章邯降项羽，羽立为雍王，王咸阳以西，都废丘。汉二年二月，汉王取雍地，杀邯。自立至亡凡一年零五月。（《文献通考·封建考六·楚汉之际诸侯王》）

周振鹤：雍，《羽本纪》："立章邯为雍王，王咸阳以西，都废丘。"《高纪》："二年六月，雍地定八十余县。"《月表》：二年七月，雍地"属汉为陇西、北地、中地郡"。章邯封地为秦内史西部与陇西、北地两郡。高帝二年灭雍，以内史西部置中地郡，于《汉志》相当于右扶风。陇西、北地于武帝元鼎三年各分置天水、安定郡，元鼎六年，陇西又分南部数县以成武都郡。又，昭帝始元六年取陇西、天水、张掖各二县置金城郡。所以章邯雍国于《汉志》相当于右扶风、陇西、天水、北地、安定五郡全部及金城郡四县，武都郡七县之地，予汉末总共领县九十九。其中明确后置四县：北地灵州，惠帝四年置；右扶风安陵，惠帝置；茂陵，武帝置；平陵，昭帝置，又安定月支道，疑武帝置以居内属之月支人，另外，高帝二年时，故塞（秦昭襄王长城）以外地已属匈奴，这一块地方亦包含数县之建制。除去上述这些县，刘邦所定雍地正为八十余县，与《高纪》合。（《楚汉诸侯疆域考》，载《中华文史论丛》1984年第4辑）

又：刘文淇以为陇西、北地二百年间毫无变化，竟以《汉志》陇西、北地、右扶风三郡当雍地，若据其说以制图，则雍国将成为支离破碎之地，因为右扶风与汉末陇西郡并不相连，中间还隔着天水郡，岂不荒唐？（同上）

【汇评】

王鸣盛：章邯破灭项梁，羽之仇也，乃许之盟，与之和好，立之为王，此事秦民已不服，又诈坑降卒二十万，失秦民心。（《十七史商榷》卷二《项氏谬计四》）

⑩【汇注】

颜师古：孟康曰："县名，今槐里是。"韦昭曰："即周时犬丘，懿王所都，秦欲废之，更名废丘。"（《汉书注·高帝纪第一上》）

胡三省：班《志》：扶风槐里县，周曰犬丘，懿王所都也；秦曰废丘；高祖三年更名。韦昭曰：犬丘，周懿王所都；秦欲废周，故曰废丘。《括地志》：废丘故城，在雍州始平县东南一十里。（《资治通鉴》卷九《汉纪一》注）

刘文淇：《月表》：章邯为雍王，都废丘。……右扶风，故秦内史，高帝元年属雍国，二年更为中地郡。……是章邯分得右扶风地。……又按：《汉书·高祖纪》，元年四月，汉王至南郑，五月引兵从故道出，袭雍，雍王邯迎击汉陈仓，雍兵败，还走，战好畤，又大败，走废丘（《地理志》右扶风槐里，周曰犬丘，秦更名废丘），汉王遂定雍地，东如咸阳（《地理志》右扶风渭城，故咸阳），引兵围雍王废丘……六月引水灌废丘，废丘降，章邯自杀。……《高祖纪》所云，引兵从故道袭雍，故道在汉属武都郡,《元和郡县志》云,凤州,秦并天下为陇西郡。武帝分广汉、陇西,置武都郡。两当县,本汉故道县地,然则汉王从故道袭雍,殆由陇西以攻邯,则陇西亦章邯所封地也。《汉书·地理志》京兆尹,县十二;左冯翊,县二十四;右扶风,县二十一;上郡,县二十三;陇西郡,县十一。凡九十一县。除后置之十二县,实止七十九县,与《高祖纪》所云八十余县之言略相合矣。又《汉书·高祖纪》,二年春正月,诸将拔北地,虏雍王弟章平,赦罪人。《月表》汉杀邯,废丘属汉,为陇西、北地、中地郡。则北地郡亦章邯所分地也(《高祖纪》不言置北地郡,故止八十余县。《表》言置陇西、北地、中地郡,《表》详《纪》略)。(《楚汉诸侯疆域志》卷二《十八王分地上》)

陈　直:直按:《窭斋集古录》卷二十六,五页,有废丘鼎。《十钟山房印举》举二,四十五页,有"瀍丘左尉"印,瀍丘即废丘之假借字,四周有界格,与废丘鼎皆秦末时物。高祖二年,即改废丘为槐里,即今之兴平县也。(《史记新证·项羽本纪第七》)

后晓荣:槐里,西北大学历史博物馆藏有秦陶文"槐里市久",《关中秦汉陶文录》收录。同例的秦陶文有"咸阳市久""临淄市久"。槐里,古地名,通常认为汉代改秦废丘而得名。《汉志》曰:"槐里,周曰犬丘,懿王都之。秦更名废丘,高祖三年更名。"《括地志》:"犬丘故城,一名槐里,亦曰废丘,在雍州始平县东南十里。《史记》引水灌废丘,废丘降,章邯自杀,更名废丘为槐里。"文献和文物表明槐里秦时就有,而并非高祖三年更名。《史记·绛侯周勃世家》:"攻槐里、好畤……围章邯废丘。"又《史记·樊郦滕灌列传》:"(樊哙)攻赵贲,下郿、槐里、柳中、咸阳,灌废丘,最。"二者都是槐里、废丘并称,应是秦槐里、废丘二地都置县。故《集解》李奇存疑曰:"废丘即槐里。上有槐里,此又言者,疑此是小槐里。"又汉将李广的先人秦将李信,"故槐里,徙成纪"。"故槐里"一词,即言秦时槐里已经存在。《读史》卷五十三陕西西安府兴平县:"槐里城,县东南十一里。周曰犬丘,懿王所都,后更曰废丘。志云,以其地久废于戎也。项羽封章邯为秦王,都废丘。汉元年章邯迎击汉军于陈仓。兵败还走,止战好畤,复败走废丘。汉王引水灌之,废丘降,章邯自杀。"今秦传世的"槐里市久"陶文证之。秦置槐里县,估计是秦孝公置四十一县之一。《图集》(编者按:谭其骧主编《中国历史地图集》)秦内史属县武功在今陕西眉县东南,今证秦并无此县。其地今名槐芽,或也证其即秦之槐里。秦末,废丘城因灌水而废,故汉合秦槐里、废丘二县为槐里县,所以有"高祖三年更名"一说。(《秦代政区地理》第四章《内史》)

⑪【汇注】

张守节:塞,先代反。韦昭云:"在长安东,名桃林塞。"按:桃林塞今华州潼关也。颜师古云"取河华之固为阨塞耳,非桃林"。(《史记正义·高祖本纪》)

方　回：长史司马欣，故栎阳狱吏，为塞王，王咸阳以东至河。塞为国号者，取河、华阨塞之义，都栎阳（栎音乐）。秦献公所都，后孝公徙都咸阳。汉左冯翊栎阳郡，高祖初尝都之。汉元年秋八月，欣降汉。二年四月，从汉王入彭城，汉王败，欣降楚。四年冬十月，汉王破楚成皋，欣自颈。十一月枭其头于栎阳市。王仅五月，地为河上渭南郡。（见《古今考》卷九"项羽分天下一帝十九王"）

马端临：塞，秦长史司马欣故为栎阳狱掾，尝有德于项梁，故羽立为塞王，王咸阳以东至河，都栎阳。汉元年八月，汉王袭雍，遣诸将略地，塞王欣降。自立至亡凡七月。（《文献通考·楚汉之际诸侯王》）

周振鹤：塞，《羽本纪》："立司马欣为塞王，王咸阳以东至河，都栎阳。"《汉志》："京兆尹，故秦内史，高帝元年属塞国，二年（实元年）更为渭南郡"，"左冯翊，故秦内史，高帝元年属塞国，二年（亦元年）更名河上郡。"可见塞国有秦内史东部地，于高帝元年末为渭南、河上两郡，相当于《汉志》之京兆尹及左冯翊二郡。不过，京兆尹并不全等于渭南郡，因为武帝元鼎六年徙函谷关于新安，以故关为弘农县，并割右内史（后更名京兆尹）、南阳、河南三郡部分地置弘农郡。所以汉初渭南郡实有《汉志》京兆尹全部及弘农郡之弘农、上雒、商县三县地。刘氏以为弘农全由秦三川郡（即汉河南郡）所分置，不确。左冯翊则由河上郡—左内史更名而来，汉初至汉末领域不变。（《楚汉诸侯疆域考》，载《中华文史论丛》1984 年第 4 辑）

⑫【汇注】

颜师古：即今之栎阳县是其地。（《汉书注·高帝纪第一上》）

司马贞：因葬太上皇，改曰万年。（《史记索隐·高祖本纪》）

胡三省：栎阳县属冯翊。《括地志》：汉七年，分栎阳城内为万年县，隋改为大兴县；唐复万年。秦献公所城栎阳故城，在今雍州栎阳县东北二十五里。项梁尝有栎阳逮，请蕲狱掾曹咎书以抵欣而事得已，所谓"有德于梁"也。栎，音药。（《资治通鉴》卷九《汉纪一》注）

顾祖禹：栎阳城在县北三十里，渭水北。或曰本晋之栎邑，晋倬公十一年"秦取我栎"是也。杜氏《释例》（编者按：杜预《春秋释例》）云："栎，盖在河北。"《史记》："秦献公二年，自雍徙都栎阳，因城之。"项羽入秦，封司马欣为塞王，都栎阳。颜氏曰："国以塞名者，取河、华之固为阨塞也。"汉高祖初都此。二年，令太子守栎阳，诸侯子在关中者，皆集栎阳为卫，即而葬太上皇于城北原，谓之万年陵。因分置万年县于城中为陵邑。武帝以后属左冯翊。后汉建武二年，封景丹为栎阳侯，寻废栎阳入万年县。晋属京兆郡，后魏属冯翊郡，后周徙万年县于长安。隋又改万年曰大兴县，寻分置万年县于此。唐初又改大兴曰万年，而改隋之万年曰栎阳。天授初改隶鸿州，大足初还隶雍州。宋属京兆府。元省栎阳县入临潼。今亦曰万年镇。（《读史方舆

纪要》卷五十三《陕西二·西安府》）

刘文淇：《项羽本纪》云："……而三分关中，王秦降将以距塞汉王。……长史欣者，故为栎阳狱掾，尝有德于项梁。……故立司马欣为塞王，王咸阳以东至河，都栎阳。"又，《汉书·地理志》云，京兆尹，故秦内史，高帝元年属塞国，二年更为渭南郡。左冯翊，故秦内史，高帝元年属塞国，二年更名河上郡。……司马欣分得京兆尹、左冯翊地。（《楚汉诸侯疆域志》卷二《十八王分地上》）

王　恢：《沮水注》："漆沮水绝白渠，东迳万年县故城北，为栎阳渠。城即栎阳宫也。汉高葬皇考于是县，起坟陵，署邑号，改曰万年也。"（《史记本纪地理图考·高祖本纪》）

后晓荣：栎阳，秦封泥有"栎阳右工室丞""栎阳丞印"；秦陶文"栎亭"，临潼鱼池秦遗址出土秦陶文有"栎市"，此外陕西渭南市也出土"栎市"秦陶文，为栎阳市亭之省文。《史记·秦本纪》："献公元年，止从死。二年，城栎阳。"《集解》引徐广曰："徙都之，今万年是也。"秦献公曾迁都于此，并设县，后孝公又徙都咸阳。又《史记·六国年表》："献公十一年，县栎阳。"秦栎阳故城在战国时一度为秦都，秦末，项羽封司马欣为塞王，都栎阳。汉初，刘邦亦曾都于此，西汉为万年邑。《元和》卷二："栎阳县，本秦旧县。献公自雍徙居焉，属左冯翊。"《读史》卷五十三："栎阳城在临潼县北三十里渭水北。或曰，本晋之栎邑。晋倬公十一年，秦取我栎是也。"现在考古表明，秦栎阳故城在今西安市阎良区武屯乡，城址为长方形，东西约2500米，南北1600米，面积约200万平方米。（《秦代政区地理》第四章《内史》）

⑬【汇注】

张守节：文颖云："本上郡，秦所置，项羽以董翳为王，更名曰翟也。"（《史记正义·高祖本纪》）

胡三省：以上郡北近戎、翟，因以名国。（《资治通鉴》卷九《汉纪一》注）

方　回：秦都尉董翳，劝章邯降项羽，为翟王。翟本秦上郡，都高奴，在今之鄜州界。汉元年八月翳降汉。二年四月，同司马欣降楚王，仅五月。地为上郡。司马迁《月表》《汉·表》并不书其后所以死。（见《古今考》卷九"项羽分天下一帝十九王"）

马端临：翟，秦都尉董翳本劝章邯降楚，故羽立翳为翟王，王上郡，都高奴。汉元年八月，汉王遣兵至咸阳，翟王翳降。自立至亡凡七月。（《文献通考·楚汉之际诸侯王》）

周振鹤：翟，《羽本纪》："立董翳为翟王，王上郡，都高奴。"秦至汉初，上郡相沿不变，东境以河水与太原郡相邻。至汉武帝元朔三年，因纳入九个代王子侯国，领域扩大，翌年遂分置西河郡。因此，秦之上郡（即翟地）相当于《汉志》上郡加上西

河郡的河西部分地。刘氏以为翟国仅有《汉志》上郡地，不确。(《楚汉诸侯疆域考》，载《中华文史论丛》1984年第4辑)

【汇评】

王鸣盛：弃关中不都而东归，乃三分关中，王章邯及其长史司马欣、都尉董翳以距汉。岂知三人诈，秦民降诸侯被坑，民怨之刺骨，安肯为守。坐使汉还定三秦如反掌。(《十七史商榷》卷二"项氏谬计四")

⑭【汇注】

颜师古：今在鄜州界。(《汉书注·高帝纪第一上》)

胡三省：班《志》，高奴县属上郡。《索隐》曰：今鄜州有高奴城。《括地志》：延州城即汉高奴县。杜佑曰：延州，春秋白翟之地；汉为肤施、高奴、临河县地；后魏置东夏州，后改延州，以界内延水为名。董翳都高奴，今金明县是。(《资治通鉴》卷九《汉纪一》注)

刘文淇：《项羽本纪》云："……都尉董翳者，本劝章邯降楚。……立董翳为翟王，王上郡，都高奴。"……董翳分得上郡地。［翟］上郡，汉县二十三：肤施、独乐、阳周、木禾、平都、浅水、京室、洛都、白土、襄洛、原都、漆垣、奢延、雕阴、推邪、桢林、高望、雕阴道、龟兹、定阳、高奴、望松、宜都。(《楚汉诸侯疆域志》卷二《十八王分地上》)

沈钦韩：《元和郡县志》：鄜州为上郡雕阴县地，延州为上郡高奴县地，今州里即高奴城。《明统志》高奴故城在延安府城东五里。师古云，在鄜州界，非也。(《汉书疏证》卷一《高帝纪》)

王先谦：高奴，上郡县，在今延安府肤施县东。(《汉书补注·高帝纪第一上》)

后晓荣：高奴，20世纪西安市西郊阿房宫遗址出土秦高奴铜权，背面加刻始皇二十六年诏书及"高奴石"三个字，为高奴县所用之标准度量衡器；又秦惠文王时"王五年上郡疾"戈，铭文："王五年，上郡疾造，高奴工□。"《水经·河水注》："(高奴)县有洧水，肥可煮，水上有肥，可接取用之。"秦末项羽以封董翳为翟王，都高奴，为三秦之一也。《史记·项羽本纪》："(羽)立董翳为翟王，王上郡，都高奴。"《正义》引《括地志》云："延州州城即汉高奴县。"《清一统志》卷二百三十四："肤施附郭，秦置高奴县。"《读史》卷五十七："故城在(延安)府西北百里，杜佑曰：古高奴也。项羽封董翳为翟王，都高奴。汉为县，属上郡。文帝三年，匈奴入居河南地，侵盗上郡。遣丞相灌婴发车骑诣高奴，击之。匈奴走出塞，上自甘泉之高奴，因幸太原。后汉亦为高奴县。"秦汉高奴故址即今陕西省延安市。(《秦代政区地理》第四章《上郡》)

⑮【汇注】

张守节：在黄河之南，故曰河南，即今河南府。（《史记正义·高祖本纪》）

马端临：河南瑕丘申阳者，张耳嬖臣也。先下河南郡，迎楚河上，故羽分韩地，立申阳为河南王，都洛阳。汉二年十月，河南王申阳降汉，为河南郡。自立至亡凡九月。（《文献通考·楚汉之际诸侯王》）

方　回：楚将瑕丘申阳为河南王，都洛阳。汉二年冬十月降汉，地为河南郡。王仅七月。史不书所终。（见《古今考》卷九"项羽分天下一帝十九王"）

刘文淇：《月表》申阳为河南王，都洛阳。《羽本纪》云：申阳者，张耳嬖臣也，先下河南郡，迎楚河上，故立申阳为河南王，都洛阳。《汉书·高祖纪》："二年冬十月，河南王申阳降，置河南郡。"《汉书·地理志》："河南郡，故秦三川郡，又云弘农郡。武帝元鼎四年置。"《元和郡县志》云："虢州，秦兼天下属三川郡，至武帝元鼎四年置弘农郡。"则汉之弘农郡地，亦秦之三川郡也。［河南］三川郡，汉为河南郡，县二十二（除后置之新成，实二十一县）：洛阳（光武改雒阳），荥阳，偃师，京，平阴，中牟，平，阳武，河南，缑氏，卷，原武，巩，穀城，故市，密，新成（惠帝置），开封，成皋，苑陵，梁，新郑。汉分为弘农郡，县十一：弘农，卢氏，陕，宜阳，黾池（高帝八年复黾池中乡民），丹水，新安，商，析，陆浑，上雒。（《楚汉诸侯疆域志》卷二《十八王分地上》）

王先谦：《史记·月表》韩分为河南。（《汉书补注·高帝纪第一上》）

周振鹤：河南，《羽本纪》："立申阳为河南王，都洛阳。"《高纪》："二年冬十月河南王申阳降，置河南郡。"《汉志》："河南郡，故秦三川郡，高帝更名。"故申阳之河南国乃以秦三川郡置。秦三川郡（即汉初河南郡）当有《汉志》河南郡（无密县、新郑、苑陵）及弘农郡东北部陕县、黾池、新安、宜阳、陆浑、卢氏六县地。新郑一带汉初原为颍川郡属，弘农六县地乃元鼎间分自河南郡。（参见塞国一节）刘文淇以为河南国全有河南、弘农二郡，不当。（《楚汉诸侯疆域考》，载《中华文史论丛》1984年第4辑）

⑯【汇校】

张文虎：都洛阳，南宋、中统、游本"洛"作"雒"。（《校刊史记集解索隐正义札记·高祖本纪》）

【汇注】

胡三省：《括地志》：洛阳故城，在洛州洛阳县东北二十六里，周公所筑，即成周城也。《舆地志》：成周之地，秦庄襄王以为洛阳县，三川守治焉。后汉都雒阳，改为"雒"。汉以火德，忌水，故去"洛"旁水而加"隹"。魏于行次为土，土，水之忌也，水得土而流，土得水而柔，故除"隹"而加"水"。（见《资治通鉴》卷九《汉纪一》

注）

后晓荣：雒阳，秦封泥有"雒阳丞印"。战国时为西周七县之一。《史记·周本纪》："后七岁，秦庄襄王灭东周，东西周皆入于秦，周既不祀。"《集解》引徐广曰："周比亡之时，凡七县：河南、雒阳、谷城、平阴、偃师、巩、缑氏。"《史记·苏秦列传》："苏秦者，东周雒阳人也。"《正义》："敬王以子朝之乱从王城东迁雒阳故城，乃号东周，以王城为西周。"秦末，项羽封申阳为河南王，都雒阳。《史记·项羽本纪》："立申阳为河南王，都雒阳。"《正义》引《括地志》云："洛阳故城在洛州洛阳县东：阳县东北二十六里，周公所筑，即成周城也。《舆地志》云城周之地，秦庄襄王以为洛阳县，三川守理之。"《水经·洛水注》："又东过洛阳县南。""洛阳，周公所营洛邑也。故《洛诰》曰：我卜瀍水东，亦惟洛食。其城方七百二十丈，南系于洛水，北因于郏山，以为天下之凑。方六百里，因西八百里，为千里。《春秋》昭公三十二年，晋合诸侯大夫成成周之城，故亦曰成周也。司马迁《自序》云：太史公留滞周南。挚仲治曰：古之周南，今之洛阳。汉高祖始欲都之，感娄敬之言，不日而驾行矣。"《元和》卷五河南道河南府："洛阳县，本秦旧县，历代相因。""故洛阳城，在县东二十里。"《读史》卷四十八"河南府"："洛阳县，附郭。周下都也，在洛水北，故曰洛阳，秦为三川郡置。""河南故城，在府城西北，周之王城，亦曰郏邑。《春秋》桓七年，'王迁盟、向之民于郏'，襄二十四年'齐人城郏'是也。自平王以后十二年皆都此，敬王始迁洛阳，至赧王复居王城。秦置三川郡。"《汉志》河南郡领县有"洛阳，周公迁殷民，是为成周"。秦雒阳属三川郡，为郡治所在，其县治及领地在今河南省洛阳市附近，即今汉魏洛阳故城的前身。（《秦代政区地理》第五章《三川郡》）

⑰【汇注】

张守节：以商帝盘庚国殷中之地，改商为殷，在相州安阳县，即北蒙殷墟，南去朝歌百三十六里，故号殷王，都朝歌。（《史记正义·高祖本纪》）

方　回：赵将司马卬为殷王，都朝歌。商帝盘庚国殷中之地，改商为殷。在相州安阳县，即比干冢。殷墟南去朝歌北三十六里。羽号卬为殷王而都朝歌，汉河内郡，今河阳怀州、相州之地。汉二年三月，《汉·纪》书："虏殷王卬置河内郡。"《史记·月表》书："降汉。"《司马迁叙传》：卬其族人也。赵刺客司马蒯聩之玄孙，为武信君。将拔朝歌，诸侯之相王，王卬于殷，汉之伐楚，卬归汉，地为河内郡。《汉·纪》："睢水之败，塞王欣、翟王翳降楚，殷王卬死。"为王一年。（见《古今考》卷九"项羽分天下一帝十九王"）

马端临：殷，赵将司马卬定河内，数有功，故羽立卬为殷王，王河内，都朝歌。二年春三月，汉王自临晋渡河，魏王豹降，将兵从下河内，虏殷王卬，置河内郡。自立至亡凡十四月。（《文献通考·楚汉之际诸侯王》）

周振鹤：殷，《羽本纪》："赵将司马卬为殷王，王河内，都朝歌。"《汉志》："河内郡，高帝元年为殷国，二年更名。"河内秦郡，相沿至汉末不变。唯其不变，故刘《志》（编者按：刘文淇《楚汉诸侯疆域志》）所考十八诸侯国，只有殷国与下文辽东国不误。（《楚汉诸侯疆域考》，载《中华文史论丛》1984年第4辑）

陈　直：直按：《史记·自序》，卬为司马蒯聩之玄孙。《晋书·宣帝本纪》"自卬八世生征西将军钧字叔平"云云，《元和姓纂》《唐书·宰相世系表》并同。（《史记新证·项羽本纪第七》）

⑱【汇注】

颜师古：即今之朝歌县也。（《汉书注·高帝纪第一上》）

胡三省：河内郡朝歌县，故殷都也，因以名国。（《资治通鉴》卷九《汉纪一》注）

刘文淇：《月表》："司马卬为殷王，都朝歌。"《羽本纪》："赵将司马卬定河内，数有功，故立卬为殷王，王河内，都朝歌。"《汉书·高祖纪》："二年三月，魏王豹降，将兵从下河内，虏殷王卬，置河内郡。四月，殷王卬死。"《汉书·地理志》："河内郡，高帝元年为殷国，二年更名，县十七。"《元和郡县志》云："怀州属县有河内、武德、修武、获嘉。秦兼天下，灭韩为三川郡，灭魏为河东郡。今州为三川郡之北境，河东郡之东境。楚汉之际，项羽立司马卬为殷王，王河内。高帝二年卬降，以其地为河内郡，领县一十八。"（《楚汉诸侯疆域志》卷二《十八王分地上》）

王先谦：《月表》魏分为殷。朝歌，河内县，在今卫辉府淇县东北。（《汉书补注·高帝纪第一上》）

后晓荣：朝歌，传世战国魏兵器有"朝坷右库戈"，铭文"朝坷右库工师𨟻"，又西汉初年的张家山汉简《秩律》有"朝歌"县，其上属郡应为河内郡。朝歌为殷纣王别都，春秋时属晋。《左传》襄王二十二年，"齐伐晋取朝歌"。战国属魏。《史记·魏世家》："文侯十七年，子击逢文侯之师田子方于朝歌。""景湣王二年，秦拔我朝歌。"此事在《史记·秦本纪》为："始皇六年伐魏，取朝歌。"自此魏朝歌始入于秦。秦末项羽分封殷王司马卬都朝歌。《史记·项羽本纪》："赵将司马卬定河内，数有功，故立卬为殷王，王河内，都朝歌。"《汉志》河内郡朝歌，"纣所都"。《竹书纪年》："商乙自河北迁沬。"《清一统志》卷二百："故城在（卫辉府）淇县东北。"故城据《淇县志》"在今县北关西社"，即今河南淇县东北。考古调查表明今河南淇县东北朝歌故城为长方形，东西1750米，南北2500米，时代从春秋战国为卫国都城，秦汉朝歌县。（《秦代政区地理》第六章《河内郡》）

⑲【汇校】

[日]**水泽利忠**：桃古"徙王代"三字作"为王代"。（《史记会注考证附校补·高

祖本纪第八》)

【汇注】

刘文淇：《月表》："赵王歇为代王，都代。"《羽本纪》云："徙赵王歇为代王。"《汉书·高祖纪》，二年冬十月，陈馀迎歇还赵。三年韩信、张耳击赵，获赵王歇，置常山、代郡。《月表》又云："张耳为常山王，都襄国。"《羽本纪》云："赵相张耳素贤，又从入关，故立耳为常山王，王赵地，都襄国。"则赵王歇初封地得代郡，张耳初封地得常山郡也。《元和郡县志》：蔚州云，战国时属赵，襄子杀代王有其地。后武灵王置云中、雁门、代郡。秦亦为代郡。汉元年，项羽徙赵王歇为代王，然则云中、雁门，亦代郡也。《汉书·张耳传》：与韩信击破赵井陉，斩馀泜水上，追杀赵王歇襄国。四年立耳为赵王，是时代地当并属耳。《高祖纪》五年七月，燕王臧荼反，九月虏荼，立卢绾为燕王，使丞相哙将兵平代地。（燕代相邻，燕反代地亦叛，故平之）六年以云中、雁门、代郡五十三县立兄宜信侯喜为代王。七年韩王信亡走匈奴，与其将曼丘臣、王黄共立故赵后赵利为王，收信散兵，与匈奴共距汉。上从晋阳连战，乘胜逐北，至楼烦（属雁门郡），遂至平城（亦雁门郡），为匈奴所围，用陈平秘计得出，使樊哙留定代地。是月匈奴攻代，代王喜弃国自归雒阳。九年废赵王敖为宣平侯，徙代王如意为赵王，王赵国。十年九月，代相国陈豨反，上曰，豨常为吾使甚有信，代地吾所急，故封豨为列侯以相国，守代。今乃与王黄等劫掠代地。吏民非有罪也，能去豨、黄来归者，皆赦之。上自东至邯郸，赵相周昌奏，常山二十五城，亡其二十城，请诛守尉。……上还雒阳，诏曰，代地居常山之北，与夷狄边，赵乃从山南有之。（据此知张耳为赵王时，兼有代地）远数有胡寇，难以为国，颇取山南太原之地益属代。代之云中以西为云中郡，则代受边寇益少矣，择可立为代王者，燕王绾、相国何等三十三人皆曰子恒贤知温良，请立为代王，都晋阳。此楚汉间赵代之沿革也。（《楚汉诸侯疆域志》卷二）

周振鹤：代，《羽本纪》："徙赵王歇为代王。"《月表》："赵王歇为代王，都代。"代县即秦代郡郡治。广义的代地包括云中、雁门、代、太原四郡，四郡均为旧六国赵之故地。秦楚之际，匈奴南侵燕代，云中、雁门、代郡地多没入匈奴。代地中心实移至太原。故汉六年徙韩王信王太原，《史记·月表》系之于代国之下；十一年，刘恒王代，实居太原；景帝三年以后代国仅有太原一郡。但名义上赵歇汉元年所封代国仍有代、雁门、云中、太原四郡之地。

《汉书·高纪》："二年冬十月，陈馀迎代王歇还赵，歇立馀为代王。"《史纪·陈馀传》："赵王德陈馀，立以为代王，陈馀为赵王弱，国初立，不之国，留傅赵王，而使夏说以相国守代。"夏说所守之代实则太原，已见上面西魏国所述。（《楚汉诸侯疆域考》，载《中华文史论丛》1984年第4辑）

⑳ 【汇注】

方　回：赵相张耳为常山王，都襄国。项羽更名赵为常山，不使都邯郸、钜鹿，使都襄国，今河北邢州城是也。汉二年十月，陈馀籍田荣兵击耳常山，耳败，降汉，复迎代王歇为赵王。而歇立馀为代王，号成安君。三年冬十月，韩信张耳下井陉，击杀赵王歇襄国，斩陈馀，地为常山郡、代郡。四年夏，立耳为赵王。（《史记·表》书在四年十月）《汉书·表》亦是四年十一月，而《耳传》不同。《汉·表》书五年十二月乙丑，耳薨。而《传》书五年秋，耳薨。《汉书》往往龃龉如此。（见《古今考》卷九"项羽分天下一帝十九王"）

马端临：常山，羽以赵相张耳素贤，从入关，故立耳为常山王，王赵地，治襄国。汉二年十月，陈馀以赵兵与齐共袭常山王张耳。耳败走归汉。自立至败凡九月（《后汉》以耳为赵王）。（《文献通考·楚汉之际诸侯王》）

钱大昕：常山郡，高帝置。按：项羽封张耳为常山王，都襄国，是常山之名不始于高帝，盖赵歇既灭，遂因为郡耳。《高帝纪》称常山二十五城，《志》止十八县，盖后来稍分析之，襄国本王都所在，而《志》隶赵国，亦一证也。（《廿二史考异·汉书》）

周振鹤：常山，《羽本纪》："赵相张耳素贤，又从入关，故立耳为常山王，王赵地，都襄国。"秦灭赵，以其地置邯郸、巨鹿郡，后又分邯郸置常山。张耳之常山国有此三郡之地。相当于《汉志》之赵国、魏郡、常山、中山、真定、巨鹿、广平、清河、河间、信都十郡国及县以南之涿郡、东平舒至大河之间的渤海郡地。

刘氏以为常山国得秦之邯郸、赵郡、巨鹿三郡，不确。邯郸郡与赵郡之名不得两立。秦灭赵，既以赵都邯郸为中心置邯郸郡，不得反称故赵国别郡为赵郡。秦之邯郸、巨鹿、常山三郡领域在西汉二百年间变化很大，详见前引《王国考》之第八章赵国考，此处不赘。（《楚汉诸侯疆域考》，载《中华文史论丛》1984年第4辑）

㉑ 【汇注】

胡三省：《括地志》：邢州本汉襄国县；秦置三十六郡，于此置信都县，属钜鹿郡；项羽改曰襄国。予据班《志》，襄国县属赵国，信都县属信都国，汉盖又分为二县。宋白曰：赵王歇都襄国，今邢州所理龙冈县城是也。（《资治通鉴》卷九《汉纪一》注）

刘文淇：《汉书·高祖纪》：二年冬十月，陈馀迎歇还赵，三年韩信、张耳击赵，获赵王歇，置常山、代郡。《月表》又云：张耳为常山王，都襄国。《羽本纪》云：赵相张耳素贤，又从入关，故立耳为常山王，王赵地，都襄国。则赵王歇初封地得代郡，张耳初封地得常山郡也。……《元和郡县志》又云：邢州，秦置钜鹿郡。项羽改曰襄国。恒州，秦为钜鹿郡之地，汉以钜鹿之北境置恒山郡（即常山郡）。贝州，秦兼天下为钜鹿郡。汉文又分钜鹿，置清河郡。洺州，秦邯郸郡，汉分置广平国。冀州，秦属钜鹿，汉分赵钜鹿，立清河、信都、常山。文帝又分立河间、广平二郡。定州，秦为赵郡。钜鹿二郡之地，汉分赵钜鹿，置常山、中山二郡。又恒州真定县，本名东垣，属中山国，高帝改曰真定，属恒山郡，武帝改为真定国。魏州，汉高祖使韩信定河北，以秦邯郸郡南部，东郡之边县置魏郡。《汉书·地理志》云：赵地南至浮水（《地理志》魏郡武始县，漳水东至邯郸入漳。钱坫云：此当作滏水。按：《志》所云南至浮水，或亦滏水之误欤？）、繁阳、内黄、斥丘。则钜鹿、常山、清河、信都、赵国、河间、广平、中山、真定、魏郡之繁阳、内黄、斥丘，皆张耳所封地也。（《楚汉诸侯疆域志》卷二《十八王分地上》）

后晓荣：信都，河北临城县东柏畅村柏畅城遗址的战国兵器窖藏出土赵国兵器"二年邢令戈"，铭文"二年型（邢）命（令）孟柬庆，囗库工巿（师）乐参，治明执齐（剂）"又北京市也曾分拣出战国赵"十七年邢令戈"。"邢"，地名，西周至春秋前期为邢侯国，今河北邢台。《元和》卷十五："周成王封周公旦子为邢侯，后为狄所灭，齐桓公迁邢于夷仪。按：故邢国，今州城内西南隅小城是也。夷仪，今龙冈县界夷仪城是也。春秋时属晋，后三家分晋属赵。秦兼天下，于此置信都县，属钜鹿郡，项羽改曰襄国，盖以赵襄子谥名也。赵歇为赵王，张耳为常山王，并理信都襄国，今州理龙冈城是也。"从此兵器铭文可知，战国赵置县有邢县，其地在《汉志》赵国属县襄国。《史记·项羽本纪》："赵相张耳素贤，又从入关，故立耳为常山王，王赵地，都襄国。"《史记·张耳陈馀列传》："乃求得赵歇，立为赵王，居信都。""项羽亦素闻张耳贤，乃分赵立张耳为常山王，治信都。信都更名襄国。"《正义》引《括地志》云："邢州城，本汉襄国县，秦三十六郡，于此置信都县，属钜鹿郡，项羽改曰襄国，立张耳为常山王，理信都也。"王先谦《汉书补注》"赵国""襄国"下云："常山王张耳都，见《项羽纪》。后汉因，《续志》秦为信都，项羽更名。"从以上考证知其名顺序是战国赵邢县——秦信都——汉襄国，秦信都县故址地望在今河北省邢台市。（《秦代政区地理》第六章《河内郡》）

㉒【汇注】

司马贞：韦昭云：（编者按：当阳）"南郡县名。"（《史记索隐·高祖本纪》）

胡三省：班《志》，当阳县属南郡。九江，应劭曰：江自庐江寻阳分为九。《地理志》：九江在寻阳县南，皆东合为大江。《史记正义》曰：九江郡即寿州。楚自陈徙寿春，号曰郢。秦灭楚，于此置九江郡。（《资治通鉴》卷九《汉纪一》注）

方　回：当阳君英布为九江王，都六，今之江州，误称九江，误称寻阳，误作虎渡亭于江滨，皆非也。汉九江郡在今淮西蕲州之北，治寻阳，故晋宋以后，江州刺史所统有寻阳郡，尝移治寻阳，皆在江北，又其后迁刺史治于今之湓城，而九江、寻阳皆因误呼。盖英布所王之九江在江北淮西，所都之六在今安丰军，南所谓六安军是也。

六安国名偃姓，皋陶之后，而英布亦皋陶之后而家于六，故项羽封之于其家也。其起灭有本传。（见《古今考》卷九"项羽分天下一帝十九王"）

马端临：九江，当阳君黥布为楚将，常冠军，故羽立布为九江王，都六。汉三年十一月，使谒者随何说布叛楚，间行归汉。楚收九江兵，杀布妻子。自立至归汉凡一年零十月。（《文献通考·楚汉之际诸侯王》）

全祖望：九江，始皇二十四年置，汉因之，又分衡山、庐江、豫章、江夏。（《汉书地理志稽疑》卷一）

周振鹤：九江，《羽本纪》："当阳君黥布为楚将，常冠军，故立布为九江王，都六。"九江国当以秦九江郡置。《秦始皇本纪》曰："二十三年……荆将项燕立昌平君为荆王，反秦于淮南。二十四年，王翦、蒙武攻荆，破荆军。"九江郡之置当于秦始皇二十四年平淮南地以后，九江后又分出衡山郡和庐江郡。项羽即以衡山郡封吴芮为衡山王，以秦末之九江郡、庐江郡王黥布。汉五年，又分庐江郡置豫章郡。高帝即以九江、庐江、豫章、衡山四郡封英布（即黥布）。汉元年时之九江国境即相当汉五年之九江、庐江、豫章三郡，于《汉志》则为九江郡、六安国全部，汝南郡弋阳、期思二县，庐江郡东部舒县、临湖、襄安、枞阳四县地，丹阳郡西部宣城、春谷、泾县、陵阳四县地及豫章郡大部（无艾县、宜春、建成三县，原长沙国属）。（《楚汉诸侯疆域考》，载《中华文史论丛》1984年第4辑）

㉓【汇注】

颜师古：六者，县名，本古国，皋陶之后。（《汉书注·高帝纪第一上》）

司马贞：《地理志》云六县属六安国。（《史记索隐·高祖本纪》）

全祖望：九江郡，秦置，高帝四年更名为淮南国，武帝元狩元年复故。莽曰延平，属扬州。当云故秦郡，楚汉之际为九江国，高帝三年复属楚国。五年更名淮南国。文帝六年为九江郡。十六年复为淮南国。武帝元狩元年复故。属扬州，莽曰延平。（《汉书地理志稽疑》卷二）

刘文淇：《月表》：英布为九江王，都六。《羽本纪》云："当阳君黥布为楚将，常冠军，故立布为九江王，都六。"《汉书·高祖纪》：三年"随何既说黥布，布起兵攻楚，楚使项声、龙且攻布，布战不胜，十二月，布与随何间行归汉"。四年"秋七月，立黥布为淮南王"。（布前所分之地，已为楚有，是时汉封布，仅虚号耳。五年灭项羽，乃还就国。）五年十一月，刘贾入楚地，围寿春，汉亦遣人诱楚大司马周殷，殷畔楚，以舒、屠、六，举九江兵迎黥布，并行屠城父。《黥布传》：布与随何俱归汉，于是乃使人之九江，楚已使项伯收九江兵，尽杀布妻子。四年，立布为淮南王，与击项籍。布使人之九江，得数县。五年布与刘贾入九江，诱大司马周殷，殷反楚，遂举九江兵与汉击楚，项籍死。布遂剖符为淮南王，都六。九江、庐江、衡山、豫章郡皆属焉。

按：项羽封吴芮为衡山王，汉徙芮为长沙王，都临湘，因以芮旧封之衡山益英布，其九江、庐江、豫章等郡，皆项羽时所封布之旧地也。然衡山虽属吴芮，而六为英布所都，则六当属英布矣。庐江、豫章皆属秦九江郡地。《元和郡县志》：蕲州，春秋战国并属九江郡。在汉为蕲春县地，属江夏郡。光州在秦属九江郡，在汉为西阳，属江夏。洪州，七国时全为楚地，秦灭楚，为九江郡。南昌县，汉高六年置（唐属洪州，汉属豫章郡）。饶州，本秦鄱阳县也，属九江郡（汉属豫章）。《太平寰宇记》：舒州，秦置九江郡，自舒县徙居晥县。又云，庐州、秦置三十六郡，此为庐江，九江王郡地（按：庐山，非秦所置，《寰宇记》以为在三十六郡中，误矣）。是江夏之蕲春、西陵及庐江、豫章，皆秦之九江郡地，《汉书·地理志》云：九江郡，秦置，高帝四年更名为淮南国。武帝元狩元年复故，县十五。庐江郡，故淮南，县十二。豫章郡，高帝置，县十八。（《楚汉诸侯疆域志》卷三《十八王分地下》）

王先谦：六，六安县，在今六安州北十二里。《月表》分楚为四：西楚、衡山、临江、九江也。（《汉书补注·高帝纪第一上》）

后晓荣：六县，战国楚系官印有"六行府之玺"，《史记·黥布列传》："黥布者，六人也。项羽封诸将，立黥布为淮南王，都六。"《索隐》引《地理志》云："庐江郡有六县，苏林曰：'今为六安州治。'秦为六县，属九江郡。"《正义》："故六城在寿州丰安县西南百三十里。"考古调查表明，安徽六安市西古城为秦汉六县故址，城址为长方形，东西229米，南北471米，面积10.8万平方米，时代从东周六国一直延至秦汉六县。（《秦代政区地理》第七章《九江郡》）

㉔【汇注】

颜师古：应劭曰："柱国，上卿官也，若相国矣。共敖，其姓名也。"孟康曰："本南郡，改为临江国。"师古曰："共音龚。"（《汉书注·高帝纪第一上》）

张守节：孟康云"本南郡，改为临江国"是也。（《史记正义·高祖本纪》）

刘文淇：《月表》：共敖为临江王，都江陵。《羽本纪》："义帝柱国共敖将兵击南郡，功多，因立敖为临江王，都江陵。"《汉书·高祖纪》：五年初，项羽所立临江王共敖前死，子尉嗣立为王，不降，遣卢绾、刘贾击，虏尉。《荆王贾传》：尉死，以临江为南郡。《地理志》：南郡，秦置，高帝元年更为临江郡，五年复故，县十八。《元和郡县志》：秦兼天下，自汉以北为南阳郡，今邓州南阳县是也。汉以南为南郡，今荆州是也。又云复州。《史记》：白起拔郢，东至竟陵，即此是也。秦属南郡。在汉即江夏郡之竟陵县也。沔阳县，本汉云杜县地。安州，春秋时郧国，后为楚所灭，汉为安陆县。高帝六年分南郡，置江夏郡于此。鄂州武昌县，旧名鄂汉，以为县属江夏郡。建安二十五年，吴大帝以下雉、寻阳、新城、柴桑、沙羡、武昌六县为武昌郡。（《楚汉诸侯疆域志》卷三《十八王分地下》）

胡三省：共，音龚，人姓也。《姓谱》：共，商诸侯之国。晋有左行共华。又云：郑共叔段后。临江，孟康曰：本南郡，汉改为临江国，江陵县属焉。（《资治通鉴》卷九《汉纪一》注）

方　回：怀王柱国共敖为临江王，都江陵。柱国，楚上卿名。相国（编者按："相国"二字似衍）本秦南郡，项羽改为临江国，江陵，今荆湖北路江陵府，其地去江十余里，有沙市迫江。汉三年秋十月，敖卒，子尉嗣。五年十二月诛项羽。羽所立临江王共敖子尉不降，遣卢绾、刘贾击，虏尉，地为南郡。十九王除汉高外，惟吴芮、张耳、共敖三人善终。芮称忠于汉者，耳之子为汉婿，而敖之子亦为虏也。余皆败亡不善终。（见《古今考》卷九"项羽分天下一帝十九王"）

马端临：临江，义帝柱国共敖将兵击南郡，功多，故羽立敖为临江王，都江陵。汉三年八月薨，子尉嗣。五年，汉既定天下，尉不降，遣卢绾、刘贾击，虏尉。凡再传共五年。（《文献通考·楚汉之际诸侯王》）

周振鹤：临江，《羽本纪》："义帝柱国共敖将兵击南郡功多，因立敖为临江王，都江陵。"《月表》：汉五年十二月"汉虏驩（共敖子）"，"正月属汉为南郡"，"分临江为长沙国"。可见临江国相当于汉五年时的南郡和长沙国之和，长沙国乃以长沙郡与武陵郡组成，武陵郡之前身即秦黔中郡。因此汉元年之临江国实以秦之南郡、长沙、黔中三郡置。相当于《汉志》长沙国、南郡全部，江夏郡西部之安陆、云杜、竟陵、沙羡四县地，武陵郡、桂阳郡、零陵郡大部（无镡城、始安、阳山、含洭、滇阳、曲江诸县地，时为赵佗所据），及豫章郡之艾县、宜春、建成三县地。刘文淇未细读《月表》，故不知临江国含有长沙地。（《楚汉诸侯疆域考》，载《中华文史论丛》1984年第4辑）

㉕【汇注】

颜师古：即今之荆州江陵县。（《汉书注·高帝纪第一上》）

后晓荣：江陵，湘西里耶秦简[16] 52简文："销到江陵二百四十里，江陵到屖陵百一十四里……"江陵，地名，战国时为楚郢都，也见秦《云梦秦简》和《云梦龙岗秦简》。《汉志》："江陵，故楚郢都，楚文王自丹阳徙此。后九世平王城之。后十世秦拔我郢，徙陈。"楚玺有"江陵行邑大夫玺"。说明江陵在楚国时就设县。秦拔楚郢，置江陵县，南郡治，秦末为临江王都。《史记·项羽本纪》："共敖为临江王，都江陵。"又《史记·傅靳蒯成列传》："（靳歙）别定江陵，降江陵柱国、大司马以下八人，身得江陵王。"江陵地理位置优越，《史记·货殖列传》："江陵故郢都，西通巫、巴，东有云梦之饶。"《清一统志》卷二百四十四："江陵故城即今荆州府治。"其故址在今湖北省荆州市境内。（《秦代政区地理》第七章《南郡》）

㉖【汇校】

[日]水泽利忠：南化、枫、三、狩"番君"二字作"六婆"。(《史记会注考证附校补·高祖本纪第八》)

【汇注】

颜师古：文颖曰："邾音朱，县名，属江夏。"(《汉书注·高帝纪第一上》)

司马贞：《太康地理志》云："楚灭邾，迁其人于江南，因名县也。"(《史记索隐·高祖本纪》)

胡三省：班《志》，邾县属江夏郡。《括地志》：邾故城，在黄州黄冈县东南二十里。(《资治通鉴》卷九《汉纪一》注)

方　回：番君吴芮为衡山王，都邾。项羽分楚为四，《史记·月表》所书也。西楚、衡山、临江、九江是也。然当书曰："分楚为五。"盖义帝之长沙、郴亦楚地也。《汉书·月表》削义帝不书，则亦不书"分楚为四"，以《汉书》五年二月改封长沙治考之，则知吴芮为项羽夺其地不得就国。故诸侯尊汉王为皇帝，上疏芮但称故衡山王。想芮数年，尝以兵佐汉王者，故与以长沙之封也。《括地志》称邾城在黄州黄冈县东南，春秋时邾国。所谓衡山者，非今之衡州之衡山也。汉以今舒州之灊山为南岳，故以今舒、蕲黄（编者按：疑为蕲春之误）为衡山国，而今之庐州、寿州、安丰军、光州、濠州、六安军、镇巢军等处皆九江国也。后九江又改曰淮南。又改曰庐江王也。芮为黥布妇翁，有本传，改封长沙，都临湘，今之临湘县。传国为异姓王者，五世最绵远。(见《古今考》卷九"项羽分天下一帝十九王")

马端临：衡山，番君吴芮率百越佐诸侯，又从入关，故羽立芮为衡山王，都邾。项籍死，高祖以芮将梅鋗有功，从入武关，故德芮，徙为长沙王，都临湘。二年薨，谥文王。成王臣、哀王回、共王右、靖王差，孝文后七年薨，无子国除，凡五传共五十年。(《文献通考·楚汉之际诸侯王》)

沈钦韩：《一统志》：邾县故城今黄州府黄冈县治。(《汉书疏证》卷一《高帝纪》)

刘文淇：《月表》：吴芮为衡山王，都邾。《羽本纪》："鄱君吴芮率百越佐诸侯，又从入关，故立芮为衡山王，都邾。"《汉书·高祖纪》：五年诏曰：故衡山王吴芮，项羽侵夺之地，谓之番君，其以长沙、豫章、象郡、桂林、南海立番君，芮为长沙王。《吴芮传》：项羽立芮为衡山王，都邾。汉徙为长沙王，都临湘。高祖诏谓之"故衡山王"者，张晏注云：汉元年项羽立芮为衡山王，后又夺之地，谓之番君，是以曰故。按：衡山王，都邾，邾在汉属江夏郡，秦属九江郡，《汉书·地理志》：六安国，故楚，高帝元年别为衡山国，五年属淮南，武帝元狩二年，别为六安国，县五。而六又为英布所都，则是羽初封芮时，仅六安国之四县，及江夏郡之一县也。高祖徙之长沙、豫章、象郡、桂林、南海时，属南粤王佗，汉并未得其地，芮仅得长沙及豫章郡数县耳。

《太平寰宇记》云，寿州，秦为九江郡，汉为淮南国（据高祖封英布而言，其实羽先以之封芮也）。有安封等县，则秦之九江地也。（《楚汉诸侯疆域志》卷三《十八王分地下》）

周振鹤：衡山，《羽本纪》："番君吴芮率百越佐诸侯，又从入关，故立芮为衡山王，都邾。"衡山国封地即秦与汉初之衡山郡，说见上。相当于《汉志》江夏郡东半及庐江郡西半。江夏郡西半属临江国，见下文，庐江郡东半属九江国，已见上文。刘文淇九江、衡山两国所考全错。（《楚汉诸侯疆域考》，载《中华文史论丛》1984年第4辑）

后晓荣：邾县，上海博物馆藏战国楚封泥有"邾□"。《史记·项羽本纪》："鄱君吴芮率百越佐诸侯，又从入关，故立芮为衡山王，都邾。"《水经·沔水注》："江水又东迳邾县故城南。楚宣王伐邾，徙其君于此，故曰邾也。项羽封吴芮为衡山王，都此。"《汉志》江夏郡，"邾，衡山王吴芮都"。《括地志》云："邾故城在黄州黄冈县东南二十里。"《清一统志》卷三百四十："邾县，故城在今黄州府治。"黄州即今湖北省黄冈市。（《秦代政区地理》第七章《衡山郡》）

㉗【汇注】

颜师古：郑氏曰："荼音荼毒之荼。"如淳曰："音舒。"师古曰："郑音是也，音大胡反。"（《汉书注·高帝纪第一上》）

方　回：燕将臧荼王燕，都蓟。今燕京大兴府东北有蓟县，即渔阳郡也。陶渊明《咏荆轲》曰："提剑出燕京。"即燕之名京久矣。汉五年七月荼反，九月虏荼。《汉书·纪》同《史记·月表》，而班之《月表》误书为四年九月。（见《古今考》卷九"项羽分天下一帝十九王"）

马端临：燕，燕将臧荼从楚救赵，因从入关，故羽立荼为燕王，都蓟。五年，汉既诛项籍，荼反，使卢绾、刘贾击荼取燕。自立至亡凡五年。（《文献通考·楚汉之际诸侯王》）

周振鹤：燕，《羽本纪》："燕将臧荼从楚救赵，因从入关，故立荼为燕王，都蓟。"秦于故燕地当置有广阳一郡，故燕又原置有边郡五：上谷、渔阳、辽东、辽西、右北平，后三郡属辽东国，是臧荼之燕国当有广阳、上谷、渔阳三郡。其中广阳郡相当于《汉志》广阳国及涿郡北半部，并有中山国之北新成、渤海之安次、文安等县地。渔阳汉初至汉末不变，上谷元朔间弃造阳地于匈奴，略有缩小。（《楚汉诸侯疆域考》，载《中华文史论丛》1984年第4辑）

㉘【汇注】

颜师古："蓟即幽州蓟县。"（《汉书注·高帝纪第一上》）

胡三省：班《志》，蓟县属广阳国。师古曰：今幽州县。《水经注》：蓟城西北隅

有蓟丘，故名蓟，音计。(《资治通鉴》卷九《汉纪一》注)

刘文淇：《羽本纪》云："……燕将臧荼从救赵，因从入关，故立荼为燕王，都蓟。"《汉书·高祖纪》：元年燕王韩广亦不肯徙辽东，臧荼杀韩广，并其地。五年荼反，虏荼，立卢绾为燕王。……《元和郡县志》云：易州，秦置三十六郡以为上谷郡，汉分置涿郡。《太平寰宇记》云：幽州，始皇灭燕，置三十六郡，以燕都及燕之西陲为上谷郡。楚汉之际，项羽封臧荼为燕王，都蓟，昭帝改燕国为广阳郡、蓟州云，春秋战国属燕，秦于此置渔阳郡。则上谷、渔阳及汉之涿郡、广阳，皆燕王臧荼所分地也。(《楚汉诸侯疆域志》卷三《十八王分地下》)

王先谦：蓟，广阳县，在今顺天府大兴县西南。(《汉书补注·高帝纪第一上》)

后晓荣：蓟县，《史记·秦始皇本纪》："二十一年，王贲攻蓟。乃益发卒诣王翦军，遂破燕太子军，取燕蓟城，得太子丹之首。"《史记·项羽本纪》："燕将臧荼从楚救赵，因从入关，故立荼为燕王，都蓟。"蓟县为秦广阳郡治，是这一地区的中心城市。《水经·㶟水注》："㶟水又东北迳蓟县故城南。昔周武王封尧后于蓟。今城内西北隅有蓟丘，因丘以名邑也，犹鲁之曲阜、齐之营丘矣，武王封召公之故国也。"《清一统志》卷八："蓟县故城在顺天府大兴县西南。"考古从秦汉蓟城遗址出土"陶井群的分布情况，说明春秋战国至两汉时期，发现陶井最密集的宣武门至和平门一带地方，是蓟城的城区范围"。蓟城故址在今北京城西南。(《秦代政区地理》第六章《广阳郡》)

㉙【汇注】

方　回：徙燕王韩广为辽东王，都无终，广不肯徙国，汉元年八月臧荼杀广并其地。汉北平郡有无终县，故无终子国。上谷、渔阳、北平、辽西、辽东郡皆秦灭燕所置。今分为二，而王韩广于辽东，僻远之地，宜其不服也。岂止田荣、陈馀独不平哉！(见《古今考》卷九"项羽分天下一帝十九王")

马端临：韩广，赵人，为赵王武臣将兵徇燕。二世元年九月至蓟，自立为燕王。汉王元年正月，项羽分燕为二，徙广为辽东王，都无终；以臧荼为燕王。广不肯徙，臧荼杀广，并其地。自立至亡，凡二年零十一月。(《文献通考·秦楚之际起兵自立者凡六国》)

刘文淇：《月表》：燕王韩广为辽东王，都无终。《羽本纪》云："徙燕王韩广为辽东王。燕将臧荼从楚救赵，因从入关，故立荼为燕王，都蓟。"《汉书·高祖纪》：元年燕王韩广亦不肯徙辽东，臧荼杀韩广，并其地。五年荼反，虏荼，立卢绾为燕王。十二年陈豨降将言豨反，时燕王卢绾使人之豨所阴谋，上使辟阳侯审食其迎绾，绾称疾，遂亡入匈奴。《周勃传》：破绾军，追至长城，定上谷十二县，右北平十六县，辽东二十九县，渔阳二十二县。《月表》又云：臧荼反，九月虏荼，立卢绾为燕王。按：辽东为韩广所封之号，而所都之无终，属右北平。则辽东、右北平俱当属广，而辽西一郡，即今奉天及永平府地，与辽东、北平相接，则辽西疑亦广所分地也。《地理志》：辽东郡领县十八，辽西郡领县十四。而《周勃传》云：定辽东二十九县，或合辽西言之，二郡计三十二县，《勃传》言二十九县，或汉时有所增益也。（《楚汉诸侯疆域志》卷三《十八王分地下》）

又：以上皆十八王所分地也，汉得巴、蜀、汉中三郡；章邯得陇西、北地二郡；董翳得上郡（京兆、冯翊、扶风，本秦京师内史，不在三十六郡之数）；魏豹得河东、太原、上党三郡；申阳得三川郡；赵歇得代郡、云中、雁门三郡；张耳得钜鹿、邯郸二郡；黥布、吴芮共得九江郡；共敖得南郡；韩广得右北平、辽东、辽西三郡；臧荼得上谷、渔阳二郡；田都、田安、田市共得齐、琅邪二郡；司马卬得三川郡之北境，河东郡之东境；韩王成仅得颍川十县，且其地即为项羽夺，故不复计。诸王所分凡二十三郡，加以项羽所得之东郡、颍川、泗水、郯郡、会稽、鄣郡、薛郡、砀郡，凡八郡，（项羽王九郡，其东阳一郡，乃楚汉之间所置，亦不在三十六郡之中，汉分东郡、砀郡为泰山郡，其地曾属田安。）共三十二郡。余有南阳、九原、黔中、长沙四郡。九原界边黔中、长沙，与尉佗之南海、桂林相近，故不以封人。其后项羽迁义帝于长沙郴县（郴县在汉属桂阳郡，秦属长沙郡），正以其迫近南海，数被寇害，（武帝时，路博德由桂阳至番禺，平南粤。）所谓恶地也。若秦之南阳郡本属韩地，《汉书·地理志》云：韩分晋，得南阳郡，及颍川之父城、定陵、襄城、颍阳、颍阴、长社、阳翟、郏。而南阳一郡不以之封韩成者，《汉书·王陵传》云：高祖起沛，入咸阳，陵亦聚党数千人居南阳，不肯从沛公，及汉王之还击项籍，陵乃以兵属汉，项羽取陵母置军中。《高祖纪》元年九月，汉王遣将军薛欧、王吸出武关，因"王陵兵"，如淳注云：王陵亦聚党数千人，居南阳。即据《王陵传》而言，然则王陵未从汉王之先，独据南阳，既不从汉，又不附楚，故项羽不得以南阳封人欤。又按：《汉书·地理志》云：本秦京师，为内史，分天下作三十六郡，汉兴，以其郡太大，稍复开置，又立诸侯王国，武帝开广三边，故自高祖增二十六，文、景各六，武帝二十八，昭帝一，讫于孝平，凡郡国一百三，县邑千三百一十四。分郡既多，则所增置之县亦必不少。《本纪》《列传》所载各郡属县之数，与《地理志》互有增减，读者当以此求之。今据《元和郡县志》《太平寰宇记》，凡汉之某郡，从秦之某郡分出者，皆详载之，其有疏漏，亦冀博雅君子有以匡其不逮焉。（同上）

周振鹤：辽东，《羽本纪》："徙燕王韩广为辽东王。"《月表》："燕王韩广为辽东王，都无终。"无终为北平郡治，故辽东国当有《汉志》辽东、辽西、右北平三郡，此三郡自六国故燕—秦—汉三代相沿不变。（《楚汉诸侯疆域考》，载《中华文史论丛》1984年第4辑）

㉚【汇校】

梁玉绳：按：燕王臧荼攻杀辽东王韩广在八月，此并书于二月分封时，非也。（《史记志疑·高祖本纪第八》）

【汇注】

胡三省：无终，故无终子之国。班《志》，无终县属北平郡，非辽东郡界。盖羽令韩广都于无终，而令并王辽之地故也。（《资治通鉴》卷九《汉纪一》注）

后晓荣：无终，秦封泥有"无终丞印""无终□□"。无终，原为赵地，秦末臧荼曾在此地击杀辽东王韩广。《史记·项羽本纪》"徙燕王韩广为辽东王"，《集解》引徐广曰"都无终"；又"臧荼之国，因逐韩广之辽东，广弗听，荼击杀广无终，并王其地"。此事在《史记·高祖本纪》中也有记载。《汉志》右北平郡无终县，"故无终子国，浭水西至雍奴入海"。《水经·鲍丘水注》："始皇二十二年，灭燕，置右北平郡，治此。《魏氏土地记》曰，右北平郡西北三十里，有无终城。"《读史》卷十一："秦置无终县，项羽封韩广为辽东王，都无终。"《清一统志》卷六："无终故城今蓟州治。"考古调查表明，秦无终县今在天津市蓟县，无终县故城为马蹄形，东西最宽1100米，南北最长1250米，时代从秦右北平郡治，汉无终县城，隋渔阳郡治，唐置蓟州，民国三年为蓟县治。（《秦代政区地理》第六章《右北平郡》）

㉛【汇注】

徐朔方：《史记》："故燕王韩广徙王辽东，广不听。臧荼攻杀之无终。封成安君陈馀河间三县，居南皮，封梅鋗十万户。"《汉书》删"广不听"以下二十九字，以事不同时，而陈馀、梅鋗非诸王之比。《汉书》增补"故齐王建孙田安为济北王；徙魏王豹为西魏王，都平阳"；"徙齐王田市为胶东王；齐将田都为齐王，都临"。而《史记》已详于《项羽本纪》，不重见。（《史汉论稿·刘邦》）

陈晓婕、周晓陆：河间本为地区名，《史记·张仪列传》："割河间以事秦。"《索隐》："谓河漳之间邑，暂割以事秦耳。"又"效河间以事秦"。《樗里子甘茂列传》："秦使攻唐往相燕，欲与燕共伐赵以广河间之地。""赵王自五城以广河间。"河间又为郡名。《高祖本纪》："封成安君陈馀河间三县，居南皮。"《樊滕灌郦列传》："（樊哙）击秦军，出亳南。河间守军于杠里，破之。"《汉志》有河间国，本注："故赵，文帝二年别为国。莽曰朔定。"应劭曰："在两河之间。"《秦封》有秦封泥"河间太守"。（《新见秦封泥五十例考略》，载《碑林集刊》2005年第11期）

㉜【汇注】

胡三省：班《志》，南皮县属勃海郡。阚骃曰：章武有北皮亭，故此云南。《括地志》：南皮故城，在沧州南皮县北四里。（《资治通鉴》卷九《汉纪一》注）

后晓荣：南皮，《史记·项羽本纪》："成安君陈馀弃将印去，不从入关。然素闻其贤，有功于赵。闻其在南皮，故因环封三县。"《史记·张耳陈馀列传》："项羽以陈馀不从入关，闻其在南皮，即以南皮旁三县以封之。"《正义》引《括地志》云："故南皮城在沧州南皮县北四里。"《清一统志》卷二十五："故城在今（天津府）南皮县东北，秦置县。"秦南皮县故址在今河北省南皮市北。《水经·滱水注》引《十三州志》曰："章武有北皮亭，故此曰南皮也。"（《秦代政区地理》第六章《河间郡》）

㉝【汇注】

编者按：《史记·项羽本纪》《汉书·高帝纪》全记项羽所分十八王，无一阙漏。《汉书·项羽传》唯少韩王成。《史记·高祖本纪》仅举其十三。于西魏王魏豹、韩王成、胶东王田市、齐王田都、济北王田安无记焉。关于西魏王豹，刘文淇《楚汉诸侯疆志》考之甚详，节引如下：《羽本纪》云："徙魏王豹为西魏王，都平阳。"《汉书·魏豹传》：其兄魏咎，秦灭魏，为庶人。陈胜之王也，咎往从之，胜使魏人周市徇魏地，立咎为魏王。章邯击魏王于临济，咎自杀。魏豹亡走楚，楚怀王予豹数千人，复徇魏地。项羽已破秦，降章邯，豹下魏二十余城，立为魏王。豹引精兵从项羽入关，羽封诸侯，欲有梁地，乃徙豹于河东，都平阳。……（西魏）河东郡，汉县二十四：安邑、大阳、猗氏、解、蒲反、河北、左邑、汾阴、曲沃（汉闻喜）、濩泽、端氏、临汾、垣、皮氏、长修、平阳、襄陵、㲄、杨、北屈、蒲子、绛、狐讘、骐。太原郡，汉县二十一：晋阳、葰人、介休、榆次、中都、于离、兹氏、狼孟、邬、孟、平陶、汾阳、京陵、阳曲、大陵、原平、祁、上艾、虑虒、阳邑、广武。上党郡，汉县十四：长子、屯留、余吾、铜鞮、沾、涅氏、襄垣、壶关、泫氏、高都、潞、猗氏、阳阿、榖远。

关于韩王成，刘氏云：《月表》"韩王成为韩王，都阳翟"。《羽本纪》云："韩王成因故都，都阳翟。"《汉书·高帝纪》：元年秋八月，项羽以韩王成无功，故不遣就国，与俱至彭城，杀之。及闻汉王并关中，而齐梁畔之，羽大怒，乃以故吴令郑昌为韩王，距汉。令萧公角击彭越。十月，使韩大尉韩信击韩，韩王郑昌降。十一月，立韩太尉信为韩王。三年六月，羽拔荥阳，虏韩王信。《韩王信传》：五年春剖符，王颍川，六年乃更以太原郡为韩国。按：韩王信，先都颍川，即因韩王成故都。《汉书·地理志》：韩分晋，都南阳郡，及颍川之父城、定陵、襄城、颍阳、颍阴、长社、阳翟、郏。又云：郑国今河南之新郑，及成皋、荥阳、颍川之崇高、阳城，皆郑分也。后为韩所灭，是韩之得地颇广。而《韩王信传》云：……上以为信壮武，北近巩、雒，南迫宛、叶……既云近，则韩王信所封之地无巩、雒及宛、叶二县矣。淮阳本属颍川，项羽既灭之后，淮阳四县始属韩信，未灭之前地不属韩，然则韩王成所封之地，得颍川之父城、定陵、襄城、颍阳、颍阴、长社、阳翟、郏、崇高、阳城十城而已。（韩）颍川郡，汉县十二（除昆阳、新汲、郾、舞阳、许、傿陵、临颍、成安、周承休、纶氏十县，在项羽所王九郡之颍川郡内实十县)：阳翟、颍阳、定陵、长社、襄城、郏、颍阴、崈高、父城、阳城。

关于胶东王田市，刘氏云：《项羽本纪》云：徙齐王田市为胶东王。……《汉书·高祖纪》：……六月，田荣杀田市，自立为齐王。……服虔曰，齐与济北，胶东也。……田市所都之即墨，在汉属高密国，又封号为胶东，则汉之胶东、高密二国，皆属田市矣。又按：《元和郡县志》云：莱州，汉高帝四年，韩信虏齐王广，分齐郡，置东莱郡，属县有即墨，本汉旧县，属胶东国；有胶水县，本汉胶东国之地。又有掖县，胶水西去县七十五里。则东莱郡亦当为市所分地。（胶东）齐郡，汉分为胶东国，县八：即墨、昌武、下密、壮武、郁秩、挺、观阳、邹卢。汉分为东莱郡，县十七：掖、腄、平度、黄、临朐、曲成、牟平、东牟、㡉、育犁、昌阳、不夜、当利、卢乡、阳乐、阳石、徐乡。汉分为高密国，县五：高密、昌安、石泉、夷安、成乡。

关于齐王田都，刘氏云：……《羽本纪》云……齐将田都从共救赵，因从入关，故立都为齐王，都临淄。……《汉书·高祖纪》：元年五月，田荣以齐兵迎击田都，都走，降楚。六月，田荣杀田市，自立为齐王。……二年……四月，田荣弟横收得数万人，立荣子广为齐王。四年冬十月，韩信袭破齐，齐王东走高密，楚使龙且救之，十一月，韩信杀楚将龙且，追至城阳，虏齐王广，齐相田横自立为齐王。……《曹参传》（韩信）定齐郡，凡得七十县，韩信立为齐王。……《高祖纪》五年，以齐王信王楚，六年以胶东、胶西、临淄、济北、博阳、城阳郡七十三县立子肥为齐王。按：《元和郡县志》"青州"云：田和子孙强盛，五世至建，为秦所灭，分齐地，置齐、琅琊二郡。汉元年冬更为临淄。项羽立田都为王，都临淄。其属县有临淄、临朐，属汉齐郡。千乘、博昌，属汉千乘郡。"齐州"云：秦并天下，为齐郡。即汉分齐郡，立济南国。景帝三年，为济南郡，其属县有历城、阳丘、全节、章丘、临济，属济南郡。……元朔中，齐国绝悼王后，唯有城阳、淄川，淄川地比齐……既云淄川地比齐，则淄川未封之先当属齐国。然则田都所封，得汉之齐郡、琅琊、济南、千乘、淄川五郡地也。……（齐）齐郡，汉县十二：临淄、昌国、利、西安、钜定、广、广饶、昭南、临朐、北乡、平广、台乡。汉分为千乘郡，县十五：千乘、东邹、湿沃、平安（当作安平）、博昌、蓼城、建信、狄、琅槐、乐安、被阳、高昌、繁安、高苑、延乡。汉分为济南郡，县十四（著属田安，实十三县)：东平陵、邹平、台、梁邹、土鼓、於陵、阳丘、般阳、菅、朝阳、历城、猇、宜成。汉分为淄川国，县三：剧、东安平、楼乡。琅邪郡，汉县五十一：东武、不其、海曲、赣榆、朱虚、诸、梧城、灵门、姑幕、虚水、临原、琅邪、祓、柜、缾、邞、雩叚、黔陬、云、计斤、稻、皋虞、平昌、长广、横、东莞、魏其、昌、兹乡、箕、椑、高广、高乡、柔、即来、丽、武乡、伊乡、新山、高阳、昆山、参封、折泉、博石、房山、慎乡、驷望、安丘、高陵、临安、石山。

关于济北王田安：刘氏云，《月表》：田安为济北王，都博阳。……《羽本纪》云：……故秦所灭齐王建孙田安，项羽方渡河救赵，田安下济北数城，引其兵降项羽，故立安为济北王，都博阳。《汉书·高祖纪》元年……六月，田荣杀田市，自立为齐王，时彭越在钜野，众万余人，无所属。荣与越将军印，因令返梁地，越击杀济北王安，荣遂并三齐之地。……《汉书·曹参传》云：……还定济北郡，……师古云："时未有济北郡，史追书之耳。"《邹阳传》云："城阳顾于庐博。"孟康曰，城阳王喜也，喜父章与弟兴居，讨诸吕有功，本当尽以赵地王章，梁地王兴居，文帝闻其欲立齐王，更以二郡王之（章为城阳王，兴居为济北王）。章失职，岁余薨，兴居诛死。庐博，济北王治处。喜顾念而怨也。城阳与济北地比，然则田安所封，得济南郡之著县及泰山、平原、城阳三郡地也。……"（济北）东郡，砀郡：汉分此郡及东郡地为泰山郡，县二十四。其秦郡所隶县，舆地之书未析言，今无以考：奉高、博阳、茌、庐、肥城、蛇丘、刚、柴、盖、梁父、东平阳、南武阳、莱芜、钜平、嬴、牟、蒙阴、华、宁阳、乘丘、富阳、桃山、桃乡、式。齐郡，汉分为平原郡，县十九：平原、鬲、高唐、重丘、平昌、羽、般、乐陵、祝阿、瑗、阿阳、漯阴、朸、富平、安慎、合阳、楼虚、龙额、安。汉分为济南郡，县十四：（田都得十三县，实一县）著。汉分为城阳国，县四：莒、阳都、东安、虑。

【汇评】

凌稚隆：倪思曰：此直项世家事，子长欲见羽负入关约，又不用怀王命，故直叙诸将，以见沛公之屈，故特详如此。（《史记评林》卷八《高祖本纪》）

吴见思：分封事，《羽传》亦如此写，然羽传是为项羽称快，此纪是为沛公声屈，字句如一，而看去神理自是不同。（《史记论文·高祖本纪》）

黄淳耀：项王立六国后树秦敌，此入关以前事，非入关以后事也。项羽破秦为西楚霸王矣，复封诸侯王将相，此正与郦生立六国后之策暗合，后著用前著所以败也。景陵钟氏论羽如此，愚谓不然。羽率诸侯兵西入关，不过以破章邯军为诸侯冠耳。此时诸侯所推戴之怀王尚在楚，先入关有功之沛公不可杀，从入关之诸侯各有功，不分王之将置何地乎？盗亦有道，羽既称诸侯长，能一切以无道行之乎？羽失天下正坐背约宰割不平，故田荣、陈馀首发兵端，而沛公乘之于外，不可云失在分封也。（《陶庵全集》卷四《项羽本纪》）

吕思勉：这一件事，《史记》的《自序》称为"诸侯之相王"，可见形式上是取决于公议的。其所封的：为（一）六国之后，（二）亡秦有功之人，（三）而楚怀王则以空名尊为义帝，（四）实权则在称西楚霸王的项籍（都彭城，当时称其地为西楚。江陵为南楚，吴为东楚）。这是摹仿东周以后，天子仅拥虚名，而实权在于霸主的。分封的办法，我们看《史记》所载，并不能说它不公平。汉朝人说：楚怀王遣诸将入关时，与之约，先入关者王之，所以汉高祖当王关中，项籍把他改封在巴、蜀、汉中为背约。姑无论这话的真假，即使是真的，楚怀王的命令，安能约束楚国以外的人呢？这且不必论他。前文业经说过：人的思想，总是落后的，观于秦、汉之间而益信。封建政体既已不能维持，于是分封甫定，而叛乱即起于东方。(《中国通史·秦汉间封建政体的反动》)

周振鹤：纵观项羽及十八诸侯之封域，无一不以秦郡作为分封的依据。除以故秦内史分属雍、塞二国外，项羽未曾增设一新郡，悉因故秦之旧郡以划定封域。这种做法与当时"天下未定"只能因袭，无遑变革的形势是完全一致的。除了刘邦以外，其他诸侯只想占地为王而已，没有一统天下的打算。因此在楚汉之际，他们也不可能重新疆理旧秦版图。自汉元年八月塞王司马欣降，刘邦以其地置渭南、河上郡开始，秦郡之建置方才正式被打破，所谓"汉兴，以其郡太大，稍复开置。"应从此时算起，故如东阳、豫章、胶西、城阳、博阳等郡皆为高帝由秦郡所析置，前人多疑其为楚汉之际其他诸侯所置，恐未必然也。(《楚汉诸侯疆域考》，载《中华文史论丛》1984年第4辑)

何兹全：项羽出身贵族，他所代表的是旧的贵族阶级，他所怀抱的理想，是恢复战国时期诸侯分立的局面。秦亡之后，项羽尊奉楚怀王为帝，自立为西楚霸王，王九郡，都彭城（今江苏铜山），分封作战有功的将领为王，并把齐、赵、魏等国的封地也加以调整。公元前206年四月，诸侯各就国。项羽满以为他这样一安排，封国局面就可以再建，天下就可以大定。他不知道，在当时的条件下，破坏统一的分封制是违反历史发展的要求的。这就注定他要失败。《何兹全文集·秦汉史略·楚汉相争和汉帝国的建立》

台湾三军大学：按：项羽之分封诸侯，分析言之，有如次之特点：一、地域之变更：就新封域与战国七雄时比较，则多有分割。最显明者为：将秦分为雍、塞、翟，楚分为西楚、九江、临江、衡山，齐分为胶东、齐、济北，魏分为西魏与殷，赵分为代与常山。二、人事之安排：第一，原有各诸侯王，除韩王成仍保留原地外（但项羽始终羁留成于彭城不使就国，伺并杀害之），其余西魏王豹、赵王歇、燕王韩广与齐王田市等均改易疆界，使其仅领有原来国土之一部分。第二，除章邯、司马欣、董翳为秦降将外，其余各王，多为诸侯中有战功之将领。第三，齐将田荣数负项梁，又不将兵从入关。在敌后游击之巨野彭越，亦未将兵从入关，故均未受封。(《中国历代战争史》第三册第五卷《楚汉战争》)

林剑鸣：于是，秦统一前的割据局面又重新出现了。这是一次历史的倒退！不少史学家认为项羽的分封是无可非议的，如清人恽敬说："陈涉首难，诸侯各收其地而王之矣。三王秦人也，以秦之地付三王，此秦汉之际诸侯之法也。"(《大云山房集》初集，卷一）现代的一些史学家也认为："项羽的分封，基本上是承认既成事实。是'恐诸侯叛之'的实际形势所决定，而不得不分。"应当说，这种看法是难以成立的。从当时的形势分析，分封并非"不得不分"，割据的形势是可以避免的。因为各路诸侯虽各自拥兵据地，但毕竟皆尊义帝为共主，若项羽能拥义帝而建立统一的封建王朝，并非不可能。项羽之急于分封，实出于不甘居人下，又念念不忘"富贵"而"归故乡"，可见其目光短浅，心胸狭隘，不能成大业。(《秦汉史》第五章)

又：分封的必然结果就是割据战争，尤其是项羽的分封，乃是按照亲疏关系和利害程度为标准进行分封的，这就加速了割据战争的出现。(同上)

　　四月，兵罢戏下①，诸侯各就国②。汉王之国，项王使卒三万人从③，楚与诸侯之慕从者数万人④，从杜南入蚀中⑤。去辄烧绝栈道⑥，以备诸侯盗兵袭之，亦示项羽无东意⑦。至南郑，诸将及士卒多道亡归，士卒皆歌思东归。韩信说汉王曰⑧："项羽王诸将之有功者，而王独居南郑，是迁也⑨。军吏士卒皆山东之人也⑩，日夜跂而望归⑪，及其锋而用之，可以有大功⑫。天下已定⑬，人皆自宁⑭，不可复用⑮。不如决策东乡⑯，争权天下⑰。"

① **【汇注】**

颜师古：戏谓军之旌麾也，音许宜反，亦读曰麾。先是，诸侯从项羽入关者，各帅其军，听命于羽，今既受封爵，各使就国，故总言罢戏下也。一说云时从项羽在戏水之上，故言罢戏下，此说非也。项羽见高祖于鸿门，已过戏矣。又入秦烧秦宫室，不复在戏也。《汉书》通以戏为麾字，义见《窦田灌韩传》。(《汉书注·高帝纪第一上》)

张守节：戏音麾。许慎注《淮南子》云："戏，大旗也。"(《史记正义·高祖本纪》)

王观国：颜师古注皆曰："戏，大将之旗也，读与麾同。又音许宜反。"观国案：颜师古每注皆存两音者，非也。今以史辞考之，则戏下读音麾是也，其音许宜反者，非麾旗之戏，盖秦中自有地名戏者。《汉·高帝纪》曰："陈涉之将周章西入关，至戏。"颜师古注曰："戏，许宜反。戏在新丰县东，今有戏水驿。"案：《后汉·郡国志》京兆新丰县东有戏亭，此即颜师古所谓许宜反者也。师古注此新丰之戏，已得当矣。而于戏下之注，又每引许宜反，何耶？盖师古牵于疑似而不能痛决之也。《灌夫传》又曰："坐乃起，稍稍去。婴去，戏夫。"又曰："蚡乃戏骑缚夫。"案：此二戏字，皆读音麾。"婴去，戏夫"者，窦婴去而招麾，令灌夫亦去也。"戏骑缚夫"者，田蚡指麾其从骑收缚灌夫也，与"戏下"之"戏"同意。（《学林》卷十《戏下》）

吴　曾：王观国《学林新编》云：戏下有两音。……余按：《左氏》《国语》里革曰："幽灭于戏。"韦氏注曰："幽王为西戎所杀。戏山在西周。"孔颖达曰："戏，骊山之北，水名也。"皇甫谧曰："今京兆新丰东二十里，戏亭是也。"《汲冢书纪年》云："平王奔西申，而立伯盘以为太子，与幽王俱死于戏。"然则戏之得名，春秋时已著，不始于秦汉间也。据韦、孔所引，虽山水不同。要之，以戏而兼名山水，古来诚多有之，不可以一为是也。至观国谓师古不当以旗戏与地名同音，此不足咎，第班固不当称戏而以下继之。（《能改斋漫录》卷九《地理·戏下有两音》）

王先谦：宋祁曰：南本无下字。阳夏公云：案：前言陈涉之将周章西入关至戏，此不合有下字，证以下文"诸侯罢戏下"，故于此误衍。此戏，水名。下文注戏，旌麾也。王先慎曰，宋说非也。戏下谓戏水之下。上云军霸上，与此云至戏下文相对。此云至戏下与下兵罢戏下文正同，下文戏亦水名。（《汉书补注·高帝纪第一上》）

王骏图、王骏观："兵罢戏下"：戏乃水名，非大旗也。《水经注》云：戏水出骊山冯公谷，东北流，今新丰县东北十一里戏水，当官道，即其处。《括地志》云：戏水源出雍州新丰县西南骊山。文颖曰：戏在新丰东二十里，戏亭北，水名也。又姚察云：鸿门在新丰东，戏水西，道南有断原，南北洞门是也。是戏下即是新丰鸿门。新丰鸿门即是戏下。上文明云项羽攻破函谷关，遂至戏西新丰鸿门，又云入秦烧宫室，掳其妇女宝货而东，是项羽入关后本皆屯兵于戏水之下，封王既毕，故诸侯皆自戏下罢归，而羽亦于是时定计东都彭城也。地形史义，昭然若揭，而注家昧焉罔察，似因戏字有大旗一解，妄相掇拾，竟置上下史文于不顾，不知兵罢大旗下，成何文义耶？亦可怪已！（《史记旧注平义·高祖本纪》）

又："韩信说汉王曰"此下一段，皆韩登坛对汉王之语，《汉书》历历可考，下并云：汉王大说，遂听信策，部署诸将。此等大谋，岂碌碌一韩太尉所能建哉？淮阴登坛数语，古今艳称，今乃移属他人，此冤当更甚于钟室。按：《韩王信传》亦有此语，然自是史家附会，或后人增附，凡本传皆多取其长，如《晋书·谢逸传》为帝刊削手诏，而《儒林传》又谓为徐邈，度亦因同名而两传并书也。此谋似当以淮阴为正。（同上）

杨树达：按：戏水之说是也。《樊哙传》云："项羽在戏下，欲攻沛公。"按：羽欲攻沛公时实在鸿门，而《哙传》称在戏下，则鸿门虽已过戏，无妨称戏下也。（《汉书窥管·高帝纪上》）

陆宗达：《史记·项羽本纪》"诸侯罢戏下"，近人或谓戏为戏水，戏下是戏水之下。这个解释，我认为是不正确的。戏在这里应该是军旗。《说文》十二卷下《戈部》："戏，三军之偏也。"偏就是《左传》桓公五年"先偏后伍"的偏，是战车的编制，杜预注引《司马法》曰："车战，二十五乘为偏。以车居前，以伍次之。"春秋时代是以车战为主的，所以偏是作战的主力。元帅将中军，车上有旗有鼓，是指挥作战的号令。如《左传》桓公五年记郑庄公对抗周桓王的战役中，郑庄公将中军，在临战时，"命二拒（左军右军摆成的两个方阵）曰：'旝动而鼓。'"杜预注："旝，旃也，通帛为之，盖今大将之麾也，执以为号令。"所以"旝动而鼓"就是看我的大旗一动就鸣鼓进攻。《说文》"戏"字训三军之偏，就是这种在作战时立在战车上的大旗。那么，在军营中，这种大旗就立于军门。所以颜师古说："戏，谓军之旌麾也。"（《汉书·高帝纪》注）又说："戏，大将之旗也。读与麾同。"（《汉书·窦田灌韩传》注）可证戏字有两读，一读 xì，是嬉戏的戏；一读 huī，如"于戏"就读"乌乎"。戏读（huī）时等于麾字。麾，《说文》作摩。十二卷上《手部》："摩，旌旗所以指麾也。"大将用军旗指挥军队谓之，立军旗于军门作为大将的标志谓之戏，实际上都是一回事。所以《史记》上的"诸侯罢戏下"，"戏下"就是军门的军旗所在，在这里作为代指，代主将的军营。（《陆宗达语言学论文集·论"戏"与"麾"》）

张家英：《项羽本纪》作"诸侯罢戏下，各就国"。《索隐》云："戏音羲，水名也。言'下'者，如许下、洛下然也。按：上文云项羽入至戏西鸿门，沛公还军霸上，是羽初停军于戏水之下。后虽引兵西屠咸阳，烧秦宫室，则亦还戏下。今言'诸侯罢戏下'是各受封邑号令讫，自戏下各就国。何须假借文字，以为旌麾之下乎？颜师古、刘伯庄之说皆非。"

《史记》中"至戏""在戏"之类，出现十余次，绝大部分指戏水。《秦始皇本纪》：（二世）"二年冬，陈涉所遣周章等将西至戏，兵数十万。"《项羽本纪》："项羽遂入，至于戏西。""汉之元年四月，诸侯罢戏下，各就国。"《高祖本纪》："秦二世二年，陈涉之将周章军西至戏而还。""十二月中，（项羽）遂至戏。"《六国年表》："楚兵至戏，章邯击却之。"《秦楚之际月表》："楚兵至戏。"又，"周文兵至戏，败。""与项羽有郄，见之戏下，讲解。""诸侯罢戏下兵，皆之国。"《陈涉世家》："周文……至戏，军焉。"《张耳陈馀列传》："至邯郸，张耳、陈馀闻周章军入关，至戏却。"《黥布列传》："汉元年四月，诸侯皆罢戏下，各就国。"《樊郦滕灌列传》："项羽在戏下，欲攻沛公。"《淮南衡山列传》："陈胜、吴广……起于大泽，……西至于戏而兵百二十万。"这些"戏"字，连同本例共十六次，统指戏水而言。其中含"戏下"者四次，亦指戏水之旁，而非将旗之下。

有两例"戏下"与以上诸例不同，而均见于《淮阴侯列传》中："彼前不得斗，退不得还，吾奇兵绝其后，使野无所掠，不至十日，而两将之头可致于戏下。""于是有缚广武君而致戏下者，信乃解其缚，东乡坐，西乡对，师事之。"这两例中的"戏"，三家均未注，其实都应该读 huī，解"戏下"为"麾下"的。"戏"为一多音字，huī 为其读音之一。《集韵·支韵》："麾，旗属。《周礼》：'建大麾以田。'或作戏。"可证。（《〈史记〉十二本纪疑诂·高祖本纪》）

② 【汇校】

梁玉绳：按：十八王已见《项羽纪》，此处可省。乃祗叙十三王，而无魏豹、田安、田市、田都、韩成。又诸国皆言所都之地，而代王独缺，其故何耶？（《史记志疑·高祖本纪第八》）

③ 【汇评】

方　回：项羽此策，恐汉王不就国或有他谋，以此防之也。必有某将以统此众而受之策，然天下成败之势，方如反掌。将吏士大夫之心视其主之可否，而为去就也。此暴彼宽，则羽之兵，实所以为汉王之资耳。……范增为羽腹心之臣，岂全不致思入虑而以一切苟且行之，尊一帝，封诸侯，以三万人护汉王就国，谓姑如此而可以无后患。呜呼！亦愚而已矣！（见《古今考》卷九"羽使卒三万人从汉王"）

凌稚隆：按：项王使卒三万人从，所以暗制汉王，然楚与诸侯之慕从者数万人，则人心归附，已有一天下气象矣。（《史记评林》卷八《高祖本纪》）

龚浩康：使卒三万人从，刘邦入咸阳时有兵十万，这时仅使卒三万人从，说明项羽已剥夺刘邦的兵力。（见王利器主编《史记注译》卷八《高祖本纪》）

④ 【汇注】

王念孙：羽使卒三万人从汉王，楚子诸侯人之慕从者数万人。文颖曰："楚子，犹言楚人也。诸侯人，犹诸侯国人。"念孙案：训"楚子"为"楚人"于义未安。"子"当为"予"字之误也，"予"即"与"字，言楚国与诸国之人皆慕从汉王也。《史记》作"楚与诸侯之慕从者数万人"，是其明证矣。（《读书杂志·汉书第一·楚子诸侯人》）

吴汝纶：楚与诸侯之慕从者，"与"，当依《汉书》作"子"，"诸侯"下依补"人"字。文颖注："'楚子'，犹言楚人。"是也，云"楚子"者，谓楚之弟子也。后云"诸侯子在关中者，皆集栎阳为卫"，又云"诸侯子在关中者，复之十二岁"。《汉书》载五年五月诏，曰"诸侯子及从军归者，甚多高爵"，凡言"诸侯子"，即此文所谓"诸侯人"也。此因上已言"楚子"，故变文言"诸侯人"耳。王怀祖乃据《史记》改《汉书》"楚子"为"楚予"，失之矣。（《吴汝纶全集·史学下》）

李开元：据《汉书》卷一《高帝纪》，其时，项羽"使卒三万人从汉王，楚子，诸侯人之慕从者数万人"，与刘邦俱入汉中。又称刘邦军"吏卒皆山东人，日夜企而望归（《汉书》卷一《高帝纪》韩信语）"。也就是说，刘邦之汉中就国时，其军队之人数为三万人，皆关东人，另外有数万人的楚以及关东各国籍之人士跟随。以此来看，刘邦之汉中时，其下南阳以来所收编的秦军并未跟从。……汉元年四月，跟随刘邦之汉中就国的三万人的军队，基本上就是刘邦进入南阳前的那支约三万人的军队，其地域构成如下：沛县兵三千，砀郡兵一万余，楚军一万数千，余为泗水、砀之各邻郡所加入之散卒。这支三万人的军队，构成了刘邦集团的中坚层。从地域构成之角度着眼，笔者将此时之刘邦集团称为砀泗楚人集团，即以砀、泗水郡人为核心的，主要由旧楚国人士组成的军事集团。（《汉帝国的建立与刘邦集团：军功受益阶层研究》第五章《刘邦集团之地域构成》）

又：随同刘邦进入汉中的楚子和诸侯人之问题，历来多有争论，笔者曾经提出，诸侯人即诸侯子，就是户籍在诸侯国之人，楚子，即户籍在楚国而当随项羽东归之人。想来，项羽裂土分封天下，确立新的政治秩序，对于各国之领土体制，军政民籍，皆有明确之规定限制。刘邦最初仅封有巴蜀，后经张良通过项伯说动项羽，得到汉中。然而，其军队则被限制于旧部三万人，下南阳入关中后所收编的秦军，或是遣散归籍，或是编入本籍所在的诸国军队，即籍在关中者遣归雍、翟、塞三秦，籍在南阳者，则随南阳之划归楚而遣归入楚。入汉之三万刘邦军，本籍皆在关东，且多为楚，此时，因楚之令，当断楚籍归汉，故不称楚子，诸侯子。这三万汉军以外，跟随入汉中者，不在汉之编制当中，以法令而言，当是私从亡归，其籍仍在楚或关东诸国，故称楚子，诸侯子（人）。举例言之，淮阴侯韩信本为楚郎中，籍在东海淮阴，他于关中亡楚归汉，从入汉中，当为楚子之例。韩王信本为韩王族，为韩将将韩兵从刘邦入武关，又从入汉中，当为诸侯子之韩国籍人例。这批人的数量，以不超过其时汉军之人数计，笔者估计在两万人左右。（同上）

【汇评】

［日］泷川资言：林伯桐曰：高祖为汉王，楚与诸侯之慕从者数万人，可谓得人和矣。然至南郑，而诸将及士卒多道亡归，何耶？意此为项王所使之卒，故思归耶。（《史记会注考证·高祖本纪》）

⑤【汇注】

裴　骃：李奇曰："蚀音力，在杜南。"如淳曰："蚀，入汉中道川谷名。"（《史记集解·高祖本纪》）

司马贞：李奇音力，孟康音食。王劭按：《说文》作"鎠"，器名也。地形似器，故名之，音力也。（《史记索隐·高祖本纪》）

张守节：韦昭云："杜，今陵邑。"《括地志》云："杜陵故城在雍州万年县东南十五里。汉杜陵县，宣帝陵邑也，北去宣帝陵五里。《庙记》云故杜伯国。"（《史记正

义·高祖本纪》）

方　回：李奇曰：蚀，（音力）在杜南。如淳曰：蚀，入汉中道，川谷名。程泰之《雍录》谓蚀中之名，地书皆不载，以地望求之，关中南面皆碍南山，不可直达，其有微径可达汉中者，惟子午关。子午关在长安正南。其次向西则有骆谷关。关之又西，则褒斜也。此之蚀中，若非骆谷，即是子午。回谓：《汉·纪下》文：张良辞归韩，汉王送至褒中。《张良传》：初，汉王之国，良送至褒中。汉王送良，良送汉王，两说不同，然必是斜谷度终南入褒谷以至汉中无疑也。斜水出武功县衙岭山，北至湄入渭。褒水亦出衙岭，至南郑入沔（自有沔水入于江，而后世总称汉沔一也），终南山横亘长安、南郑之间，而东西数千里，亦曰太白山，亦曰惇物。若衙岭者，又褒谷、斜谷南北分水之岭也。汉王之往复必由此矣。其曰杜南者，周之岐山，在今之凤翔府，亦曰周原，亦曰杜阳山，在岐山之阳。《九域志》谓地属杜阳，地形险阻，原田肥美，有杜水南入渭。《大雅·绵诗》："自土漆沮。"（土作杜）自汉右扶风有杜阳县，秦内史地，今凤翔府东至京兆府二百八十三里。蚀中之名虽不可考，汉王往复必由骆谷、子午可考也。（见《古今考》卷九"汉王从杜南入蚀中"）

沈钦韩：《元和志》：骆谷路在今洋州西北二十里，州至谷四百二十里，晋司马勋出骆谷破赵，戍壁于悬钩，去长安二百里。按：骆谷在长安西，南口曰傥谷，北口曰骆谷。此则入汉之道。《索隐》云：王劭按：《说文》作蚀，器名。地形如器，故名之。按此则字当从金，《说文》：鈰，枱属也，从金、虫，省声，徒冬反。（《玉篇》：鈰，鉏大兒，《广雅》鉿鑈谓之鈰，曹宪音肜盖即鈰字。）司马勋壁悬钩者，或其地与《方舆纪要》子午谷或曰即古蚀中，非。（《汉书疏证》卷一《高帝纪》）

程馀庆：杜陵故城在西安府东南十五里，蚀中，即子午谷，入汉中之道也。南口曰午，在汉中府洋县东百三十里，北口曰子，在西安府西南百里，谷长六百六十里。（《历代名家评注史记集说·高祖本纪》）

王先谦：《方舆纪要》：子午谷，或曰即古蚀中。先谦按：《秦纪》武公县杜，汉为杜陵县，此时但称杜，在今西安府咸宁县东南。（《汉书补注·高帝纪第一上》）

钱　穆：案：《读史兵略》云："杜县在长安县西南。《通鉴》胡注引子午、骆谷二道证蚀中。然从杜南入，则子午谷也。"今考子午谷南口，尚在洋县东一百六十里，自此径赴南郑，无缘更至褒城。《史》言张良送至褒中，此乃褒斜连云栈，至是始已也。其后沛公引兵从故道出袭雍。汉虽有故道县，疑本云从故所从道，即烧绝栈道处出袭雍耳。然则沛公当时盖自杜南沿南山北麓西行而入褒斜也。（《史记地名考·关中地名》）

王　恢：蚀中不见他书。程大昌《雍录》云："以地望求之，关中南面背碍南山，其中微径可达汉中者，惟子午谷在长安正南，其次向西则骆谷。此蚀中若非骆谷，即是子午谷。"(《汉书·高纪》王补引官本考证)按:汉明帝永平四年,《杨孟文石门颂》(石门在褒县北三公里)曰"高祖受命,兴于汉中。道由子午,出散入秦,"此为汉王入汉中从子午、出秦川由散关之最好注脚。

又:《纪要》五三:"子午谷在西安府西南百里,南达汉中,或谓之蚀中。汉王之国,从杜南入蚀中。元始五年,王莽始通子午道,从杜陵南直绝南山,径汉中,置子午关于谷内。魏延谓诸葛武侯,当子午而北,即此。"又(五六)云:"子午道南口曰午,在洋县东百六十里。北口曰子,在西安府南百里。谷长六百六十里。或曰,即古蚀中也(蚀音力)。汉王之国,从杜南入蚀中,去,辄烧栈道,盖即此。"蚀中即子午道,应无可疑。(《史记本纪地理图考·高祖本纪》)

史念海:蚀中,如淳曰,蚀入汉中道川谷名。《雍录》云,以地望求之,此蚀中非子午即骆谷。杜县于长安为西南,由杜南行,则其所入之蚀中,盖子午谷也。《司隶校尉杨孟文颂》:"高帝受命,兴于汉中,道由子午,出散入秦。"此颂刻于东汉明帝时,上距西京,为时无多,所言自是实录。考王莽执政时,曾"通子午道,子午道从杜陵直绝南山,径汉中"。即因高帝所经之道而重修之,疑高帝烧绝栈道之后未再葺补,直至莽时始复通之。(《秦汉时期国内之交通路线·秦汉之际刘项兵争之路线》)

李之勤:按:汉元年为公元前206年。杜南当解释为杜县之南。杜县在今西安市南郊十余里杜城村,为古杜伯国地,秦武公十一年(前687)设县。西汉宣帝于长安东南乐游原上建坟墓,称杜陵,设杜陵县于杜陵南五里而杜县遂废。唐张守节《史记正义》引韦昭的注释,认为杜就是杜陵县,不一定符合事实。因为那将使子午道的北段在关中平原上不必要的向东绕道,增加里程十余里。蚀,如淳解释为从长安经南山入汉中的一条谷道,李奇说这条谷道在杜县之南,王劭说它的形状象一个名蚀的钟类器具。而子午道的入山之口子午谷和杜城村都在长安的正南方。所以,虽然也有一些学者认为汉王刘邦之国的路线是走褒斜道,但更多的学者认为走的是子午道。并由此推断子午道的开辟利用,时间至少也应在秦代以至秦代以前。至于子午道北段的走向,大致当为从子午谷北口向正北,经杜城村以达秦都城咸阳和西汉都城长安。刘邦此次行军取灞上、杜南、子午谷,即从东北而西南方向的路线,是因为他和他统领的军队在进入关中灭亡秦朝之后,一直到"之国",也就是前往南郑作汉王以前,始终是屯驻在咸阳以东的灞上地区的缘故。(《子午道历史资料校释》)

辛德勇:唐司马贞《史记索隐》,在注释汉王由杜南入蚀中一事时,引有隋人王劭的一条按语,一向没有引起人们注意,而这条按语正是解决这一问题的关键资料:王劭按:《说文》(蚀)作"鎕",器名也;地形似器,故名之。音力也……据王劭按语,亦可知《说文》本释有"鎕中"这一地名,是许氏所见未经舛讹之《史记》旧本,"蚀中"本作"鎕中"。按鎕应为"鎕錞"之略语,本来是一种铜器的名称,见称于

《集韵》卷三豪韵下。王劭云地形似此铜器，因以为名，所释极合情理。这也从侧面说明了"鎩中"作为这一地名，要比"蚀中"更为可信。王劭这条按语，疑即出自其"采摘经史谬误"的"读书记"中，旨在订正通行本《史记》的讹误，可惜除司马贞之外，未曾引起任何人的理会。

如果采用王劭的说法，把"蚀中"订正为"鎩中"，就可以合理地解释《史记·留侯世家》中"褒中"致误的由来。……《集韵》鎩、褒同部，读音相近，因褒中西汉设立为县，又是一方军事重镇，名声较著于鎩中，故辗转传写之间，讹鎩为褒，自在情理之中。至若鎩中之讹变为蚀中，则系因蚀字本作"蝕"（说见《说文》），字形与"鎩"字颇为相似。如此，依据王劭所见《说文》旧本所本之别本《史记》，不仅可以合理地说明今本《史记》褒中、蚀中歧异的由来，而且还可以订正长期以来用"蚀中"来称呼王莽以前的子午道的错误，还这条古道以本来的名称——鎩中。

这样来解释这一问题，可以澄清有关刘邦南行路线的所有疑窦。据此可知：刘邦系取道鎩中谷道南入汉中，张良送别刘邦也一直送到鎩中道上，并在此劝说刘邦烧毁了所经过的栈道。至于今本《史记·高祖本纪》的"蚀中"和《史记·留侯世家》的"褒中"，都不过是文字传写之讹而已。此说虽别无强证，迹涉穿凿，但亦自信较旧有诸说要更为顺情合理，庶几可发此前人未解之覆。（《历史的空间与空间的历史·论刘邦进出汉中的地理意义及其行军路线》）

⑥【汇注】

颜师古：言令羽知汉王更无东出之意也。（《汉书注·高帝纪第一上》）

司马贞：按：系家，是用张良计也。栈道，阁道也。音士谏反。包恺音士版反。崔浩云："险绝之处，傍凿山岩，而施版梁为阁。"（《史记索隐·高祖本纪》）

顾祖禹：张良送高祖至褒中，说之以烧绝栈道，备盗兵且示项羽无东意。盖栈道秦时已有之，所谓范雎相秦栈道，千里通于蜀汉者也。汉高烧绝栈道，因别开西路从故道北出以袭陈仓，而栈道遂废。（《读史方舆纪要》卷五十六《汉中府》）

毛凤枝：又西为子午谷，在长安县南六十里，有子午谷水，北流会交水注沣入渭。《通典》云：由汉中入长安取子午谷路凡八百四十一里。（唐天宝中，涪州贡生荔枝，取西乡驿入子午谷，不三日至长安。）顾氏景范曰：子午道南口曰午，在汉中府洋县东百六十里；北口曰子，在西安府城南百里。（按：今由省城至子午谷口仅六十里耳。）谷长六百六十里，或曰即古蚀中也（蚀读力）。谷南通梁洑，孔道四出，与傥（见洋县）骆（见周至）褒（见褒城）斜（见眉县）称六大谷。汉元年，汉王之国南郑，从杜南入蚀中，去辄烧绝栈道。（按：两汉栈道皆以木为之，后人始沿山开路，谓之碥路。夫古人之智，岂果不若今人哉！盖天生之险，不可以人力躐之也。故刜为栈道，以通往来。有警即烧绝之，使我不能往，彼亦不能来。敌人即欲开径自行，亦已大费工力矣！此古人保险之微意也。自后人沿山开路，于是天生之险，辟为坦途，而防不胜防矣。古人似拙而实巧，今人似巧而实拙，皆此类也。）盖如此，汉元始五年，王莽通子午道，从杜南直绝南山，迳汉中。（《南山谷口考校注》）

【汇评】

凌稚隆：沛公因张良说之，烧绝栈道以示项羽无东意；而项羽遂北击齐，且与彭越陈馀等方争衡。沛公因得用韩信之计以定三秦，及其锋以东向，天下之势遂定矣。譬之两人对弈，沛公已得胜局。（《史记评林》卷八《高祖本纪》）

魏裔介：盖汉王之王蜀，即有欲攻羽之心，特以势力不敌，乃听萧何之言，养民致贤，收用巴蜀，还定三秦。张良自无不与其谋者，烧绝栈道，愚楚也，岂绝汉哉！若烧绝而不可复出，汉王虽愚，必不听其计矣。况良之归韩，亦汉王遣之，盖欲待还定三秦之日为汉羽翼耳。良欲辅成以助汉，则有之。谓成之儜弱，遂足以定大计而王天下，良不若是之昧也！（《兼济堂文集》卷十四《留侯论》）

刘鸿翱：良独劝汉王所过栈道烧绝，是诚何心哉？噫是正良之所以为杰，而吾以忠且知许之也。管仲相桓公，欲伯天下，而内政之作，寓于军令，此齐之所以盛也。勾践欲灭吴，十年生聚，十年教训，可经给兵，此越人所以入郢也。良固忠且智者，岂不虑及于此乎。盖以羽之慓悍猾贼，其心未尝一日忘汉也。苟不示之意，则我可以往，彼可以来，日相寻于干戈扰攘之中，殆自救之不暇，尚可以为自治之谋，以与项羽东向而争天下哉。良也劝王烧绝栈道，则羽之疑我者，不暇辩说而自释。羽之所以备我者，不假于离间而自疏。由此而养威蓄锐。岂不可以伯汉而弱项乎？由此而生息休养，岂不可以越汉而吴楚乎？此固良之所以忠于为谋也，此固良之所以智于自效也。未几返其汉中之行，而三秦且糜卷矣。孰非此栈道之烧，有以始之乎。又未几驰骋于中原之内，而鸿沟且为界矣。孰非此栈道之烧，有以致之乎。又未几追羽于固陵之会，而乌江自刎矣。又孰非此栈道之烧，有以基之乎。故曰鸷鸟将击必匿其形，谋国者几不密而害成。又曰将欲取之，必固与之。良之谓也。（见《历代史事论海》卷九《张良烧绝栈道论》）

⑦【汇校】

颜师古：《汉书》多以"视"为"示"，古通用字。（《汉书·高帝纪第一上》）

沈钦韩：《毛诗》、三《礼》通作视字，郑云：视古示字，不独《汉书》为然。（《汉书疏证》卷一《高帝纪》）

【汇注】

王云度：师古曰："言令羽知汉王更无东出之意也。《汉书》多以'视'为'示'，古通用字。"（《秦汉史编年（上）·汉高帝》）

程馀庆：用张良计也。（《历代名家评注史记集说·高祖本纪》）

【汇评】

钱　时：使项羽而先入关，则必责怀王以如约矣，关中之地，岂他人所得有哉？盖其为人负气尚勇，不肯出沛公之后，是以屠咸阳，杀子婴，烧宫室，收货宝妇女而动东归之思，非其本心然也。及闻怀王如约之言，即怒而徙之，如逐奴隶，自王梁楚，而迁沛公汉中，一旦发露，不可得而掩矣。使沛公不忍小忿，遽起而与之角，其不至于自毙者几希。是故羽之粗暴，每每见容于沛公，凡委靡退逊，敛然而不敢较者，皆沛公之所以胜，而项羽之所以败也。沛公当时亦几不能忍，赖萧何以济，有功多矣。惜乎未免出于诈术，非王者之所尚云。（《两汉笔记·高祖》）

李　蕊：蕊按：入关之初，汉非楚敌。识时务者为俊杰。王之怒激于气，何之谏审乎势。役大役强皆天也，顺乎天以尽人事，何之为汉谋者，在养民以致贤。而栈道之烧，示羽无东意，在良亦欲其养晦待时耳。苟逞王欲，攻之怒，安知久大雄图不隳于意气之愤激哉？（《兵镜类编·卓识上》）

⑧【汇注】

裴　骃：徐广曰："韩王信，非淮阴侯信也。"（《史记集解·高祖本纪》）

王益之：《史记·高纪·考异》曰：《汉书·帝纪》以为淮阴之言。按：其辞与《韩王信传》所载韩王信说汉王语合，兼《史记·帝纪》亦不载登坛拜将事，徐广以为韩王信是也，今从之。按：《楚汉春秋》韩王本名信都，刘氏《史通》及小颜《功臣表》俱引之。"信"，通作申，与韩信之"信"有别。司马迁削去"都"字，班掾因误读去声，混作淮阴侯名而附入拜将一节。《考异》所辨甚当。（《西汉年纪·高祖》）

梁玉绳：附按：说汉王之韩信，据《韩信传》以为韩王信，据《汉书·高纪》以为淮阴侯，盖缘名姓无殊，遂彼此双载。师古两疑之，曰："岂史家谬错乎？"将二人所劝大指实同也，因生斯疑。后竟有以韩王信为误，而实指淮阴侯者，不知徐广明云"韩王信非淮阴侯信"，师古岂未检徐广《史记》本耶？《汉书评林》明王慎中曰："是时淮阴尚未知名，班掾认为淮阴信，故特为补出拜将一节，而以此说为问计之词。及其传韩王信，仍以此说入之，何自相矛盾？合从《史记》元注。"（《史记志疑·高祖本纪第八》）

崔　适：按：《汉书·高帝纪》云"拜信为大将军，问以计策，信对曰"，以下文与此同，则为淮阴侯韩信明矣。后人又窜此数语入《韩王信传》，故徐广云然。颜师古注《汉书·韩王信传》以为谬错，是也。（《史记探源》卷三）

［日］泷川资言：中井积德曰：韩王信骁将已，谋略非其所长，《韩王信传》以此为韩王语，史迁偶误耳。《汉书》亦沿之。顾炎武曰：以同姓名而误。愚按：下文云"立韩太尉信为韩王"，亦见此韩信非韩王信。（《史记会注考证附校补·高祖本纪第八》）

杨树达：《史记》卷八《高祖纪》云：韩信说汉王曰："项羽王诸将之有功者，……不如决策东乡，争权天下。"树达按：此文第云韩信，不知其究何指。（《中国修辞学》第六章《混淆》）

又：卷九十三《韩王信传》云：信说汉王曰："项王王诸将近地而王独远居，此左迁也。士卒皆山东人，跂而望归。及其锋东乡，可以争天下。"树达按：《高祖纪》第云韩信，未加别白。但《淮阴侯传》不载其事，而《韩王信传》纪之，则《高祖纪》之韩信为韩王信，非淮阴侯明矣。故徐广注《高纪》之韩信云"韩王信，非淮阴侯信"，是也。（同上）

又：《汉书》卷三十三《韩王信传》云：沛公为汉王，信从入汉中，乃说汉王曰："项王王诸将，王独居此，迁也。士卒皆山东人，竦而望归。及其蜂东乡，可以争天下。"树达按：此沿用《史记·韩王信传》原文，以说事属韩王信。（同上）

又：卷一《高帝纪》云：汉王既至南郑，诸将及士卒皆歌讴，思东归，多道亡还者。韩信为治粟都尉，亦亡去，萧何追还之，因荐于汉王曰："必欲争天下，非信无可与计事者。"于是汉王斋戒，设坛场，拜信为大将军，问以计策。信对曰："项羽背约而王君王于南郑，是迁也。吏卒皆山东之人，日夜企而望归，及其锋而用之，可以有大功。天下已定，民皆自宁，不可复用，不如决策东向。"树达按：此又以说事属淮阴侯，与《韩王信传》自相矛盾。此固由于班氏未曾细勘《史记》纪传，而《史记》纪文但书韩信，不加别白，实为致误之总因也。《汉书·淮阴侯韩信传》仍无其事，与《史记》同，故知全由《史记》纪文误会也。（同上）

徐朔方：……《高祖本纪》及《淮阴侯列传》都说到将士逃亡事，《高祖本纪》这一段显然是《淮阴侯列传》的压缩，而且在《高祖本纪》中一个叫韩信，一个叫韩太尉信，韩信明明白白指的是淮阴侯。《史记集解》引的徐广说，不足信。《史记》卷九三《韩王信传》这一番话显然是司马迁写作时，因两个人姓名相同而弄错的。班固作《汉书·高帝纪》发现这个问题，所以在《高帝纪》特别写明，不使人误会，而在韩王信的传记中则仍旧沿用《史记》原文，未加改动。（《史汉论稿·〈史记·淮阴侯列传〉的史实错入〈韩信列传〉》）

韩兆琦：刘邦部下有两个韩信，一为韩国之旧贵族，历史上称之为"韩王信"，事迹见《韩信卢绾列传》；一为淮阴侯，事迹见《淮阴侯列传》。此"韩信"究竟指谁？《集解》引徐广曰："韩王信，非淮阴侯信也。"按：《韩信卢绾列传》云："韩信从入汉中，乃说汉王曰：'项王王诸将，而王独远居此，此左迁也。士卒皆山东人，跂而望归，及其锋东向，可以争天下。'"与此《纪》全同，梁玉绳从之，并引王慎中语以为"是时淮阴尚未知名"。（《史记笺证·高祖本记》）

【汇评】

凌稚隆：吴宽曰：向也张良有卓越之见，而始劝沛公之入。今也韩信乘鏬漏之余，而径劝沛公之出。二人之智谋略同，故其蹙楚之效亦同。(《史记评林》卷八《高祖本纪》)

⑨【汇注】

裴　骃：韦昭曰："若有罪见迁徙。"(《史记集解·高祖本纪》)

颜师古：如淳曰："秦法，有罪迁徙之于蜀汉。"(《汉书注·高帝纪第一上》)

【汇评】

程馀庆：看破阴谋。(《历代名家评注史记集说·高祖本纪》)

⑩【汇注】

韩兆琦：山东，崤山(今河南灵宝县东南)以东，古代用以泛指今河南以及河北南部、安徽、江苏北部，以及山东等广大地区。(《史记笺证·高祖本纪》)

龚浩康：山东，泛指崤山或华山、函谷关以东广大地区。(见王利器主编《史记注译》卷八《高祖本纪》)

⑪【汇注】

张守节：跂音丘赐反。《说文》云："跂，举踵也。"司马彪云："跂，望也。"(《史记正义·高祖本纪》)

王先谦：《宋书·乐志》载汉《铙歌十八曲》，其一《巫山高》云：巫山高，高以大，淮水深，难以逝。我欲东归，害梁不为？我集无高曳，水何梁，汤汤回回。临水远望，泣下沾衣。远道之人心思归，谓之何！"此歌盖将士所作，曰"淮水深"者，其家在淮上耳。(《汉书补注·高帝纪第一上》)

陈　直：直按：汉《铙歌十八曲》，有《巫山高》篇……余昔撰《铙歌十八曲解诂》，疑此诗即写此事，高祖王巴蜀汉中，都南郑，故以巫山为代表，军士多江淮人，故以淮水为代表。(《史记新证·高祖本纪第八》)

⑫【汇校】

张文虎：有大功，《御览》二百八十三引"有"作"成"。(《校刊史记集解索隐正义札记·高祖本纪》)

⑬【汇评】

凌稚隆：倪思曰："天下已定"数语，此最识时知势之论，虽萧何辈亦不曾念到此。(《史记评林》卷八《高祖本纪》)

⑭【汇注】

颜师古：宁，安也，各安其处。(《汉书注·高帝纪第一上》)

⑮【汇评】
　　刘辰翁："天下已定，皆自宁，不复可用"，此最识时知势之论，儒生姑息，安足以知此！（见倪思编《班马异同》卷二《高祖》）

⑯【汇注】
　　吴汝纶：此为汉王东向之转关，即用以提挈后文。（《吴汝纶全集·史学下》）
　　王叔岷：《考证》：秘阁本"策"作"筴"。案："筴"乃"策"之隶变。（《史记斠证·高祖本纪第八》）

⑰【汇评】
　　凌稚隆：杨维桢曰：韩信登坛之日，毕陈平生之画略，论楚之所以失，汉之所以得，此三秦还定之谋卒定于韩信之手也。（《史记评林》卷九十二《淮阴侯列传》）
　　又：董份曰：观信智略如此，真有掀揭天下之心，不但兵谋而已。（同上）
　　又：唐顺之曰：孔明之初见昭烈论三国，亦不能过，予故曰淮阴侯非特将略也。（同上）
　　吴见思：韩信说词，亦只略写，重本纪也，忽又顿住。（《史记论文·高祖本纪》）
　　程馀庆：数语真识时知势之论。（《历代名家评注史记集说·高祖本纪》）
　　台湾三军大学：韩信袭秦之策略，据史载其言云："（汉）吏卒皆山东之人，日夜企而望归，及其锋而用之，可以有大功。天下已定，民皆自宁，不可复用，不如决策东向。"虽寥寥数语，实已洞中当时天下大势与时机矣。其言前者着重汉兵士气之运用，因其皆思东归而用之，则自锐气百倍。后者着重于大势与时机之掌握：第一，若汉兵在汉中久安之后，则人皆求自宁苟安，士气必日趋惰怠；第二，关中经项羽所率诸侯兵数十万之蹂躏，与项羽火焚咸阳之大破坏，以及二十万壮丁在新安被坑杀后，关中人民生命财产之损失至为惨重，社会人心已极混乱，乘三秦王始就国而情势尚甚混乱之时起而袭之，自可迅速奏功；第三，天下诸侯已就国，若予项羽以时间，使其稳定宰制天下之局势，则此局势已定之后，必不易于动摇，故当乘其各地情势不安之时而进击之。凡此，实为韩信进军策略之中心。由于此项策略之卓越与刘邦之毅然采纳，故汉军一出袭雍后即迅速进展，而着着获得辉煌之成果。（《中国历代战争史》第四卷第八章《楚汉战争》）

　　项羽出关，使人徙义帝①。曰："古之帝者地方千里，必居上游②。"乃使使徙义帝长沙郴县③，趣义帝行④，群臣稍倍叛之，乃阴令衡山王、临江王击之⑤，杀义帝江南⑥。项羽怨田荣⑦，立齐将田都为齐王⑧。田荣怒⑨，因自立为齐王，杀田都而反楚⑩；予彭越将军印，令反梁地⑪。楚令萧公角击彭越⑫。彭越大破之⑬。陈馀怨项羽之弗王己也⑭，令夏说说田荣⑮，请兵击张耳。齐予陈馀兵，击破常山王张耳，张耳亡归汉。迎赵王歇于代⑯，复立为赵王。赵王因立陈馀为代王。项羽大怒，北击齐⑰。

① 【汇评】
　　吴见思：韩信说词未完，紧接项羽失策。事机适凑，文机亦适凑。（《史记论文·高祖本纪》）
② 【汇注】
　　裴　骃：文颖曰："居水之上流也。游，或作'流'。"（《史记集解·项羽本纪》）
　　张守节：音流。（《史记正义·高祖本纪》）
③ 【汇校】
　　[日] **水泽利忠**：各本"彬"字作"郴"（泷本"彬"，"郴"讹）。（《史记会注考证附校补·高祖本纪第八》）
【汇注】
　　全祖望：长沙，始皇二十五年置，汉因之。（《汉书地理志稽疑》卷一）
　　顾祖禹：《禹贡》荆州地，春秋战国时楚地。秦属长沙郡。（项羽徙义帝于长沙，都郴，即此）汉初置桂阳郡，后汉因之。（治郴）……州北瞻衡岳之秀，南当五岭之冲，控引交广，屏蔽湖湘。项羽谓怀王曰："古之帝者必居上游。"乃徙义帝于郴。《形胜记》曰：州在五岭以北，万山之内，湘楚上游也。（《读史方舆纪要》卷八十二《郴州》）
　　赵　翼：项羽分王诸将，《史记》先叙诸将分王毕，方叙徙楚怀王于长沙，《汉书》则先叙徙怀王，然后分王诸将。（《廿二史札记》卷一《史汉不同处》）
　　王　恢：郴县，《汉志》："桂阳郡，郴，项羽所立义帝都此。"即今湖南郴县。
　　按：楚怀王孙心之立，在秦二世二年（前208）六月。同月，张良亦请项梁立韩成为韩王，西略韩地，游击秦军。九月，怀王徙都彭城。汉之元年（前206）正月，诸侯尊怀王为义帝。项羽自为西楚霸王，徙义帝于郴，十月，羽使衡山、临江王弑之江中。而《黥布传》云："其八月，九江王布弑义帝于郴。"（《汉书·项籍传》同）是《本纪》"江中"，当依《高纪》作"江南"。《清统志》（八七三）："义帝陵在县西南。《水经注》冢在县南。《元和志》在县西一里。《州志》陵在旧儒学后，大而圆，高可二丈余。"（《史记本纪地理图考·项羽本纪》）

陈　直：直按：项羽置义帝于郴县，取义在楚地疆域之内。（《史记新证·项羽本纪第七》）

④【汇注】

张守节：趣音促。（《史记正义·高祖本纪》）

⑤【汇注】

胡三省：衡山王，吴芮；临江王，共敖。（《资治通鉴》卷九《汉纪一》注）

洪亮吉：乃阴令衡山、临江王击杀之江中。案：义帝徙长沙，道盖出九江、衡山、临江。故羽阴令二王及九江王布杀之。《黥布传》言遣将追杀之郴县，明二王虽受羽命而不奉行，故布独遣将击杀耳。使二国欲杀义帝，当其道出衡山、临江时，何以不杀而使之至郴县乎？《布传》从事后实书，故《汉书·高帝本纪》等皆从之，此纪及下《高帝纪》，本羽之始谋而言，皆史法之可以互见者。（《四史发伏》卷一《史记》）

⑥【汇注】

颜师古：文颖曰："郴，县名，属桂阳。"如淳曰："郴音綝。"师古曰："说者或以为《史记·本纪》及《汉注》云衡山、临江王杀之江中，谓《汉书》言黥布杀之为错。然今据《史记·黥布传》四月阴令九江王等行击义帝，其八月布使将追杀之郴，又与《汉书·项羽》《英布传》相合，是则衡山、临江与布同受羽命，而杀之者布也。非班氏之错。郴、綝二字并音丑林反。"（《汉书注·高帝纪第一上》）

赵　翼：《史记·项纪》《高纪》皆言项羽徙义帝长沙，都郴，使衡山王、临江王击杀义帝。《汉书·高纪》则云：羽使九江王布击杀义帝于郴。（颜师古注：谓衡山、临江、九江三王，羽皆使杀义帝，而击杀者乃九江王也。）（《廿二史札记》卷一《史汉不同处》）

王云度：《史记》《汉书》各篇说法不一。义帝徙都，《月表》列于二月。义帝被杀，《史记·黥布列传》云：四月，"阴令九江王布等行击之。其八月，布使将击义帝。追杀之郴县"。《月表》云："十月，项羽灭义帝。"《高帝纪》云："二年冬十月，项羽使九江王布杀义帝于郴。"《史记志疑》云："义帝以元年四月自临淮盱台徙桂阳之郴，使人趣其行。不及一月可到，英布等追而杀之，则甫及郴即被弑矣，疑'四月'为是。"（《秦汉史编年（上）·汉高纪》）

龚浩康："杀义帝江南"二句，这里说项羽暗令衡山王吴芮与临江王共敖杀义帝于江南。与《黥布列传》所说项羽"乃阴令九江王布等行击之。其八月，布使将击义帝，追杀之郴县"不合。《汉书·高帝纪》也作"项羽使九江王布杀义帝于郴"。又《项羽本纪》作"江中"，也与此处作"江南"不合。疑此处史文有误。（见王利器主编《史记注译》卷八《高祖本纪》）

【汇评】

苏　轼：吾尝论义帝，天下之贤主也，独遣沛公入关，而不遣项羽；识卿子冠军于稠人之中，而擢以为上将，不贤而能如是乎？羽既矫杀卿子冠军，义帝必不能堪，非羽弑帝，则帝杀羽，不待智者而后知也。（《苏文忠公全集·东坡后集》卷十一《范增论》）

凌稚隆：凌约言曰：此而参看《羽纪》，则见重轻宾主之得体，转换应接之无痕矣。（《史记评林》卷八《高祖本纪》）

吴应箕：然则增计独无得者乎？其大者无过于劝项梁之立义帝，而孰知楚之失策，即以此也，何也？秦之亡固矣，六国之不可复兴，此亦不待智者知也，即以为秦亡六国，楚最无罪，立之以从民望。然天下豪杰俱起，诸国各以自立。楚于诸国非素相臣服，而天下之民，非尽讴吟思楚德也。立楚国之后，可矣。执一牧竖之子，素无功德之在民间者，一旦尊为共主，吾不知秦亡，而义帝果能君临天下乎？楚即固守臣节，果能令暴起之诸侯，不必角材斗智，遂相与听约束无二乎？夫羽即不弑义帝，义帝必不能有天下，此理也，势也。若刘、项既有天下，而义帝尚存，君之则不终，臣之复不可，吾不知此何以处？故羽之弑义帝者，徒资汉以名。若楚亡而义帝在，则杀之于郴者，能必汉之不为楚续耶？不然。杀帝者，九江王布也。发丧诛羽，而乃遣使说布，此安在其为义帝发愤也哉？是故义帝之不能终，当其立而已知之矣。不知其不终，而立之为不智。知其不终，姑借之以举事一旦。若曰：此后吾何知焉？则成羽之弑者，增也。（《楼山堂集》卷二《范增论》）

赵　翼：《史记》不立楚怀王孙心"传"，殊为缺笔。陈涉已"世家"矣，项羽已"本纪"矣，心虽起牧羊，然汉高与项羽尝北面事之，汉高之入关实奉其命以行，后又与诸侯王共尊为义帝。而汉高之击项羽也，并为之发丧，则心固当时共主。且其人亦非碌碌不足数者，因项梁败于定陶，即并项羽、吕臣军自将之；因宋义预识项梁之将败，即拜为上将军；因项羽残暴即令汉高扶义而西；及汉高先入关，羽以强兵继至，亦居灭秦之功，使人报心，心仍守"先入关者王之"之旧约，而略不瞻徇，是其智略信义亦有足称者，非刘圣公辈所可及也。自当专立一传，乃《史记》逸之，岂以其事附见项羽诸传中，故不复叙耶？然律以史法究未杨（扬）也。班史但改陈胜、项羽为列传，而怀王心亦遗之，终属疏漏。（《陔余丛考》卷五《史记四》）

吕思勉：《汉书·高帝纪》则云："二年，冬，十月，项羽使九江王布杀义帝于郴。"郴在楚极南，项羽即欲放逐义帝，亦不得至此，然则《黥布传》云都长沙者是也。《项羽本纪》之郴县二字，盖后人侧注，误入本文。义帝殆见迫逐，自长沙南走至郴而死也。义帝在当时，既无足忌，项羽杀之何为？衡山、临江、九江，主名尚无一定，则义帝死事，实已不传，史之所书，皆传闻诬妄之说耳。（《秦汉史》第三章《秦

汉兴亡》）

⑦【汇注】

方　回：秦二世元年九月，田儋与从弟田荣、横起齐，自立为齐王。秦二年六月，章邯破杀齐王田儋于临济（恐当作临淄），儋为王仅十月。沛公、项梁救田荣，共解东阿之围。八月田荣立田儋子市为齐王。初，田儋之破也，田假复自立为齐王。田荣至，是逐田假而立田市，田假亡走楚，相田角亡走赵，角弟间，故齐将，居赵，不敢归。项梁数使使趣田荣兵俱西追秦军，田荣欲使楚杀田假，赵杀角、间，乃发兵。项梁不肯杀假，赵亦不肯杀角、间，以故田荣不肯发兵，遂与赵氏有隙。（见《古今考》卷四"齐复立王九"）

又：其后齐王建孙田安下济北，从项羽救赵，大破秦军。汉元年正月，项羽徙义帝，分裂一十九王，分齐为三，徙齐王田市为胶东王，都即墨；封齐将田都为齐王，居临淄；田安为济北王，都博阳。四月，诸侯各就国。田荣大怒，不肯遣田市之胶东，迎击田都，都走楚。市畏羽，亡之胶东，荣怒追杀之，自立为齐王。令彭越击杀济北王田安，田荣遂并王三齐之地。田市为王凡一年。（同上）

【汇评】

黄淳耀：楚汉之际，六国蜂起自立，惟田氏最与楚龃龉，而阴德于汉甚大。初，田儋救魏，为章邯所杀，儋从弟荣收兵走东阿，邯追围之。项梁闻荣急，乃引兵击破章邯，邯走而西。是荣之复振，皆项氏力也，微梁、荣且虫出矣。及梁追章邯，邯兵益盛，梁使促齐兵共击章邯，荣乃要楚、赵杀田假一门三人。楚、赵义不忍杀，则终不出兵。夫假，固齐王建弟也，齐人以儋死，故立之。既已逐之矣，又必欲杀之；又以楚之义不忍杀也，复用为仇，坐视项梁之败，不义甚矣。项羽由此怨荣，入关后分王田都、田安，荣距都杀安，尽并三齐之地。羽北伐，而汉遂得劫五诸侯兵乘间东向矣。虽荣之举事非以为汉，而实阴为汉用也。吾故曰"田氏最与楚龃龉，而阴德于汉甚大"。（《陶庵全集》卷四《项羽本纪》）

王鸣盛：田儋定齐自立，与其从弟荣、荣弟横俱起，为章邯破杀。荣收余兵走东阿，邯追围之，赖项梁救之，击邯，邯走而西，荣乃得免。齐人因儋死，国无主，乃立故齐王建之弟假，未为大谬也。而荣甫脱大厄，旋击逐假，假亡走楚，乃立田儋子市为王，荣相之，亦可已矣。及项梁以东阿之役追章邯，而邯兵益盛，乞兵于荣，荣乃邀之，使杀田假乃出兵，楚以义不忍杀，则遂坐视章邯败杀项梁而不救。其后，项羽灭秦，分立诸侯王，乃徙田市王即墨，更封田都于临淄、田安于济北，而以田荣负项梁，不肯出兵助楚，不得王。羽之主约，人皆称其不平，而此事则未可非。荣逐田都，杀田安，且击杀田市于即墨，而并有三齐以自王，何其戾也？夫儋与荣、横三人为从昆弟，实齐之疏族，而假为故齐王建之弟，假之当立甚于儋。其立也又非取之儋手，荣必欲杀之，悖暴已极，乃因此仇项氏，以德为怨，又并儋子市而杀之，何哉？诚丧心害理之尤者。（《十七史商榷》卷五"田荣击杀田市"）

⑧【汇注】

龚浩康：田都，田假部将。曾随项羽救赵，入关，被项羽封为齐王。项羽同时又封原齐王田建的孙子田安为济北王，而改封田荣所立的齐王田市为胶东王，使齐地一分为三。（见王利器主编《史记注译》卷八《高祖本纪》）

【汇评】

程馀庆：又抽出一事，是羽之树敌处。（《历代名家评注史记集说·高祖本纪》）

⑨【汇校】

赵　翼：《史记》：项羽立田都为齐王，田荣怒，乃杀都自立为齐王。《汉书》谓荣攻都，都走降楚。（《廿二史札记》卷一《史汉不同处》）

【汇评】

凌稚隆：羽之分王，一任爱憎，此田荣所以怒而自立，陈馀所以怨而归齐也。羽盖自树敌矣。（《汉书评林·高帝纪》）

⑩【汇注】

梁玉绳：按：田都走楚，非被田荣杀之也，此误。（《史记志疑·高祖本纪第八》）

王叔岷：案：《汉书·项籍传》称"都走楚"，又《田儋传》及《汉纪》并称"都亡走楚"，并可证都非被田荣所杀。参看王先谦《汉书补注》。（《史记斠证·高祖本纪第八》）

⑪【汇校】

龚浩康：《汉书·彭越传》作"汉乃使人赐越将军印"，与此处记载不一。项羽封诸侯时，彭越不得封，故怨项羽而反楚。（见王利器主编《史记注译》卷八《高祖本纪》）

⑫【汇注】

［日］泷川资言：孟康曰：萧公，萧令也。时令皆称公。（《史记会注考证附校补·高祖本纪第八》）

⑬【汇评】

程馀庆：又牵连出彭越，遂为楚大患。（《历代名家评注史记集说·高祖本纪》）

⑭【汇注】

韩兆琦：陈馀怨项羽弗王己，陈馀原是陈涉的将领，奉命与武臣、张耳北定赵地。武臣死，陈馀与张耳共立赵歇为王。章邯攻赵，围赵歇、张耳于钜鹿。陈馀率兵在外，因势小不敢击秦。张耳派张黡、陈泽出城促陈馀击秦，陈馀不得已，分兵予之。张黡、陈泽战死。项羽救钜鹿后，张耳责陈馀不救，并疑张黡、陈泽乃被陈馀所杀，陈馀大怒而去。后来张耳随项羽入关，被封为常山王；陈馀未入关，故仅得南皮附近之三县，因此怨项羽。详见《张耳陈馀列传》。(《史记选注集说·高祖本纪》)

【汇评】

凌稚隆：羽之树敌处。(《史记评林》卷八《高祖本纪》)

⑮【汇注】

张守节：上音悦，下音税。(《史记三家注·高祖本纪·正义》)

王叔岷：案：《项羽本纪》《汉书·项籍传》并云："使张同、夏说"，此略张同，盖说田荣以夏说为主耳。(《史记斠证·高祖本纪第八》)

⑯【汇注】

梁玉绳：附案：破常山迎赵歇等事在二年十月，而此与《羽纪》皆书于元年者，盖馀之说荣，在元年荣并三齐之时，观《陈馀田儋传》自明。史遂顺摭以终其事，不复另叙，非他处误乱比也，故二年但书曰"张耳来见，汉王厚遇之"。(《史记志疑·高祖本纪第八》)

⑰【汇评】

方　回：自击田荣，则是天以田荣牵制项羽于东北，而汉王乃得东向而击之。(见《古今考》卷十三"南渡平阴津三老董公遮说")

凌稚隆：羽之失着处。(《史记评林》卷八《高祖本纪》)

王鸣盛：项氏之败，半为田氏牵缀，不西忧汉，而北击齐，以此致亡。(《十七史商榷》卷五"田荣击杀田市")

程馀庆：此羽之失著处。韩信之计未成，而项羽之事齐起，四面纷拏，正为韩信之地，故一齐叙入。(《历代名家评注史记集说·高祖本纪》)

吕思勉：楚汉相争，汉卒成而楚卒败，其道或多端，然汉尝一入彭城，后虽败退，终据荥阳、成皋，楚迄不能下，而汉之后路安定，且可使韩信下齐、赵，彭越扰梁地，以犄楚后，要其大焉者也。然谓汉王夙有覆楚之计则非也。《项羽本纪》言：羽闻汉王皆已并关中，且东；齐、赵叛之，大怒。乃以故吴令郑昌为韩王以距汉，汉使张良徇韩，乃遗项王书曰：汉王失职，欲得关中，如约即止，不敢东。又以齐、梁反，书遗羽曰：齐欲与赵并灭楚。楚以此故无西意而北击齐。论者皆以此为楚之失策，为汉所欺，其实非也。汉之降申阳，使韩太尉信降郑昌，在其二年十月。十一月，立信为韩王。汉王还归，都栎阳。至三月，乃复出兵，降魏王豹，虏殷王卬，劫五诸侯兵东伐楚。其间相距凡三阅月，盖闻项羽不能定齐地而然？然则张良谓汉王欲得关中即止，殆非虚语。《高祖本纪》云：汉王之国，项王使卒三万人从，楚与诸侯之慕从者数万人，从杜南入蚀中，去辄烧绝栈道，以备诸侯盗兵袭之，亦示项羽无东意。当是时，项羽安知汉王之欲东？使其知之，相王时何不置诸东方，地近易制御，乃置之巴蜀、汉中，成鞭长莫及之势哉？（汉王所以敢并三秦者，亦以关中距东方远，项羽不易再至。韩信故襄王孽孙，王诸韩，距楚为有辞也。）且汉王果欲东，安有烧栈道自绝其路之理？《淮阴侯列传》载其说汉王之辞，谓秦民怨三秦王，痛入骨髓，无不欲得大王王秦，今大王举而东，三秦可传檄而定。此附会之辞，非实录。汉王以其元年四月就国，五月即出袭雍。章邯盖出不意，故败走。然犹据废丘。司马欣、董翳至八月乃降。章邯则明年六月，汉王自彭城败归，引水灌废丘，乃自杀。然则谓三秦可传檄而定者安在也？情势如此，汉王岂能以一身孤居秦民之上？其烧栈道盖所以防楚诸侯人附从者之逃亡？抑或以诈三秦王而还袭之也。汉王之入彭城，收其货宝美人，日置酒高会，此岂入咸阳，封府库，还军霸上者之所为？而为之者，所谓思东归之士，所愿固不过如此，既至其地，则不可抑止矣。此等兵，可以千里而袭人乎？汉王亦岂不知之？而犹冒险为之，而亦足以害楚，况乎齐、赵之怨深而地近者哉？安得不释汉而先以齐为事也？（《论学集林·蒿庐札记·楚释汉击齐》）

韩兆琦：按：张良烧绝栈道及以齐王反书遗项王二事，促成项羽北征田荣，于是刘邦乃有乘隙回取三秦之举，二者关系至大。凌稚隆曰："汉之所以王，楚之所以亡，在此一着。"（《史记笺证·留侯世家》）

　　八月①，汉王用韩信之计②，从故道还③，袭雍王章邯④。邯迎击汉陈仓⑤，雍兵败，还走；止战好畤⑥，又复败，走废丘⑦。汉王遂定雍地⑧。东至咸阳，引兵围雍王废丘⑨，而遣诸将略定陇西、北地、上郡⑩。令将军薛欧、王吸出武关⑪，因王陵兵南阳⑫，以迎太公、吕后于沛。楚闻之，发兵距之阳夏⑬，不得前。令故吴令郑昌为韩王⑭，距汉兵。

① 【汇注】

梁玉绳：附按：汉王定三秦，当以此《纪》在八月为是，《月表》《淮阴传》皆云八月，《将相名臣表》亦云秋也。《汉书》袭雍围废丘，于《纪》在五月，于《表》在七月，自相牴牾而均非事实。盖四月罢兵就国，未必逾月即出兵袭雍。《汉书·萧何传》言何谏汉王"愿王汉中养其民以致贤人，收用巴、蜀，还定三秦。汉王善之"。则是时汉方暂务休息，宁有坐不暖席，便尔东伐乎？况自戏下罢兵至南郑，自南郑至雍，往返辽远，非旬日可遍者哉。当是七月起兵，至八月而袭雍也。（《史记志疑·高祖本

纪第八》）

沈钦韩：按：汉王以四月就国，决策东向、部署将帅，非一月所能办，云八月者是。（《汉书疏证》卷一《高帝纪》）

王荣商：五月，汉王引兵从故道出，袭雍。梁玉绳曰：汉王以四月就国，未必逾月即出兵袭雍，当从《史记》在八月为是。荣商案：《异姓诸侯王表》汉围章邯在七月，《表》以二月为一月，是七月即八月也。此在五月，盖就起兵之时而连叙之。（《汉书补注》卷一《高帝纪上》）

韩兆琦：汉元年四月，诸侯兵自戏下罢归，刘邦经"蚀中"往南郑；至此八月，遂又杀回关中。中间连带往返途程，总共四个月。梁玉绳以为此时间之记录准确无误，而《汉书·高纪》乃叙此于"五月"，事实上绝不可能。（《史记笺证·高祖本记》）

② 【汇评】

程馀庆：此汉之得著处。间接说辞，直泻而下，势如破竹。（《历代名家评注史记集说·高祖本纪》）

郭嵩焘：案：高祖任韩信为大将，实为楚、汉兴亡一大关键。以关中形胜，开一面以临东诸侯，而汉之拒楚专在荥阳、成皋，而自临晋以东至河内，齐、赵、梁、韩连兵争胜，魏王又数反，高祖一任之韩信，以临制东诸侯，而得其全力与项羽相持，所以屡败而无齐、魏之患，关中晏然，专任转输者，韩信之力也。项羽与汉相持，梁叛则北击梁，齐反又东击齐；奔命之不遑，而其力亦潜矣。高祖乃以其全力制项羽，而属韩信以东诸侯，其任以为大将者，举东方之事一以委之。高祖自度其坚忍之力，足以与项羽相持，而深恐者诸侯之旁挠之，此所以有天下之大略也。史公但一著之《淮阴侯传》以俟后人之推考，而于《本纪》不一及之，皆其好奇之征也。而当时经营天下之大略，二千余年，无有能辨而知之者，亦疑叙述之未尽其节要也。（《史记札记·高祖本纪》）

③ 【汇注】

裴骃：《地理志》武都有故道县。（《史记集解·高祖本纪》）

胡三省：班《志》，故道县属武都郡。《括地志》：故道，今凤州两当县。杜佑《通典》曰：故道，凤州梁泉、两当县地。（《资治通鉴》卷九《汉纪一》注）

沈钦韩：《方舆纪要》：故道城即今凤县治，在汉中府西北三百八十里，北至凤翔府二百六十里。《一统志》：故道故城在汉中府凤县西北。（《汉书疏证》卷一《高帝纪》）

程馀庆：今汉中府凤县，汉故道县。（《历代名家评注史记集说·高祖本纪》）

王骏观、王骏图：从故道，故道即两当县，非武都也。《曹相国世家》"还定三秦，初攻下辩故道"，《正义》引《括地志》云：凤州两当县，本汉故道县。考两当在陈仓之南，故下文章邯迎击汉兵于陈仓，若武都在陈仓之北而又东，则汉兵已过陈仓矣，安有复战陈仓之理，裴氏之说，盖不可从。又或谓此故字，义如古，即陈仓古道也，理亦可通。（《史记旧注平义·高祖本纪》）

[日]**泷川资言**：中井积德曰：故道，元非地名，盖是处旧有秦蜀相通之道，而栈道张良所烧者为今道，今道已烧残不通，故从故道而往也。后世因为县名耳。愚按：汉中府凤县西北。（《史记会注考证附校补·高祖本纪第八》）

王　恢：故道南段褒城至甘亭关百里，与褒斜道同，呈"Y"字形：东北逾衙岭，出郿县，即上述之褒斜道；西北经回车戍，出散关，即故道，也称褒斜道、陈仓道——自宝鸡（陈仓）县西南大散关沿故道水至凤县，折而东南经留坝会于褒谷，较褒斜回远四百里。（今陵川公路即依旧道。留坝上下尚利用其危崖孔穴架设。）故道之名，严耕望《汉唐褒斜道考》推断："盖秦旧都雍，即今凤翔县。其时秦时交通或本由陈仓西南经凤县、两当东南至汉中。后都咸阳，遂复开斜与褒两谷连络之褒斜道。史以'栈道千里通于蜀汉'（《秦策》三）为范雎功，或者即雎时事欤？褒斜道开而陈仓旧道废。高祖已烧褒斜道，乃复从旧道出兵矣。"汉置故道县盖以道受名也。（《史记本纪地理图考·高祖本纪》）

史念海：陈仓道也就是故道，这显示出其间经过废置，故道所经过的故道县（今宝鸡市西南）也因此而得名。这条道路也经过陈仓县（今宝鸡市东），故也称为陈仓道。刘邦自汉中北归，用韩信计，从故道还袭雍王章邯。见《史记》八《高祖纪》。（《河山集·关中的历史军事地理》）

编者按：故道之含义、得名之缘由，诸家之说颇难断定。李之勤先生《"故道"释名与考地》（载《西北历史研究》1989年）一文，考证颇详，摄其要言之：故道之名，一种以王国维、黄盛璋为代表，认为"故道"一词系由"周道"演变而来，"周道即《水经注》周道谷之周道……汉初因称此道北部为故道，我们现统叫嘉陵道"。一种以日本学者中井积德为代表，认为"故道原非地名，盖是处有秦蜀相通之道，而栈道张良所烧者为今道，今道已烧坏不通，故从故道而往也。后世因名县名耳"（《史记会注考证·高祖本纪》"故道还"注）。后严耕望、谭宗义亦申此说。李之勤先生认为中井、严、谭之说须以"秦蜀相通道路只有两条为先决条件"，然此点目前"难以确证"。反之，在秦代关中、汉中相通道路已有故道、子午、褒斜三道，因此，中井、严、谭之说"根据并不充分，因而其可靠性和说服力，亦不免大受影响"。

史党社、田静：我们以为，关于秦汉故道县的位置，应以《括地志》记载为是，就在今两当县东北的杨店镇一带。第一，前引《高祖本纪》说汉王刘邦"从故道还"，《曹相国世家》说的更加详细，所经道路，是汉中—下辨—故道—雍—鏊。汉中即今汉中。下辨，《正义》引《括地志》云："成州同谷县，本汉下辨道。"《汉书·地理志》

下辨道属武都郡，唐时为同谷县，地在今甘肃陇南地区成县西北。秦汉下辨县既在今成县西北，如从汉中由此路返还关中，则所经必是今徽县—两当—凤县一路，并非从汉中向西北至于今凤县东北的凤州古城，直接沿嘉陵江至于关中。第二，《史记·河渠书》说"抵蜀从故道，故道多阪，回远"，似乎"回远"的故道，若从今凤县折向东南至今汉中，并不"多阪"，只有在从今凤县西南行，经略阳至蜀，才可曰回远而多阪。途中所经的两当、徽县、略阳以及川北地形，也与之符合。这说明秦汉故道的走向，是经过了秦汉故道县——今两当县的。故道县因故道得名，两相互证，说明秦汉故道县就在今天的两当县境内，故道也是经过了今两当县一带的。（《考古资料所见先秦时期秦人交通陕甘的几条路线》，载《秦汉史论丛》第九辑）

【汇评】

陆唐老：吴曰：汉取天下，其征伐次序，大抵如秦。秦人先据咸阳，以为形胜之势，后取巴、蜀，以为富饶之本，遂用范雎远交近攻之策，先灭韩、魏，次及楚，次及燕，然后并齐，以一天下。高祖始居巴蜀，由蜀而取三秦。然后韩信引兵取赵、取燕、取齐，与高祖会垓下，以挫羽而灭之。大抵先易而后难，先小而后大，先据形势而后进取，此用兵之道也。（《陆状元增节音注精议资治通鉴》卷二六《太祖高皇帝上》）

凌稚隆：茅坤曰：沛公因张良说之烧绝栈道，以示项羽无东意。而项羽遂北击齐，且与彭越、陈馀等方争衡，沛公因得用韩信之计以定三秦，及其锋以东向，天下之势遂定矣。譬之两人对奕，沛公已得胜局。（《史记评林》卷八《高祖本纪》）

④【汇注】

胡三省：《春秋释例》：掩其不备曰袭。（《资治通鉴》卷九《汉纪一》注）

⑤【汇注】

张守节：今歧州县也。（《史记正义·高祖本纪》）

胡三省：班《志》，陈仓县属扶风；唐之岐州宝鸡县是也。杜佑曰：故城在县东二十里。（《资治通鉴》卷九《汉纪一》注）

吴卓信：陈仓，《史记·高祖纪》汉王从故道还，袭章邯，邯迎击汉陈仓。又《封禅书》秦文公十九年，得陈宝于陈仓北阪。《三秦记》秦武公都雍，陈仓城是也。《水经》渭水又东过陈仓县西，注云：县有陈仓山，山上有陈宝鸡祠。应劭曰：县氏陈山。姚睦曰：黄帝都陈，言在此。荣氏《开山图》注曰：伏羲生成纪，徙治陈仓，非陈国所建也。陈仓水出于陈仓山下，东南流注于渭水。《元和志》今凤翔府宝鸡县，本秦陈仓县，故城在今县东二十里，即秦文公所筑，因山以为名也。山在县东十里，接梁凤二州界。《寰宇记》陈仓山在今宝鸡县南十里。陈仓故城在今宝鸡县东二十里。《路史·国名记》陈，黄帝之后，姬姓国，今宝鸡。故陈仓有陈山，非宛丘也。《明统志》陈仓山在今宝鸡县东四十里，亦名宝鸡山，一名鸡峰山。《大清一统志》陈仓故城在今凤翔府宝鸡县东，陈仓山在县南。按：陈仓在周初为畿内地，文王弟虢叔封于此，即西虢也。东迁后入于秦，名陈仓。汉始为县，故城在今宝鸡县东北二十里，有二城相连，上城秦文公筑，下城三国时魏将郝昭所筑。汉初韩信劝汉王东出陈仓，还定三秦，遂败章邯军于陈仓，引兵北出，即此。（《汉书地理志补注》卷三"陈仓"）

❻【汇注】

裴　骃：孟康曰："畤音止，神灵之所在也。县名，属右扶风。"（《史记集解·高祖本纪》）

胡三省：班《志》，好畤县属扶风。孟康曰：畤，音止，神灵之所止也。师古曰：即今雍州好畤县。宋白曰：汉好畤故县，在今县东南四十三里奉天县界好畤故城是也。李文子曰：在今凤翔天兴县界。（《资治通鉴》卷九《汉纪一》注）

吴卓信：好畤，《史记·封禅书》雍东有好畤，久废无祠。又《吕不韦传》嫪毐败亡走，追斩之好畤。又《曹相国世家》击章平军于好畤，南破之。又《绛侯世家》攻好畤，最（蕞）。本书《郊祀志》雍东有好畤，故县得名。孟康曰："畤音止，神灵之所止也。师古曰：即今雍州好畤县。"《水经注》莫谷水东有好畤县故城。《元和志》好畤县，本汉旧县，在今县理东南十三里。畤者，神明所依止，以雍州积高神明之隩，故立畤以郊上帝诸神也。《通典》今京兆府好畤县，本汉旧县，因古好畤祠为名，故城在今县南十三里。《寰宇记》好畤故城在今乾州东岑阳乡十五里，今县东南四十三里。《长安志》汉好畤故城在今奉天县东北七里岑阳乡，周二里五十步，崇三丈。郭允蹈《蜀鉴》好畤，今凤翔府天兴县。《大清一统志》好畤故城在今乾州东北。《州志》云今州东十里有村名好畤，即汉县所在。《方舆纪要》好畤废县在今乾州东南四十里，盖秦文公时作，所谓雍东有好畤者也。（《汉书地理志补注》卷三"好畤"）

韩兆琦：按："还走止战好畤"，谓章邯军败向好畤，到好畤时，又停下来与汉军进行了一次战斗。"还""走""止""战"四字连用，共统"好畤"一个补语，字法略生，而水流山倒，溃败不可收拾之状如见。（《史记评议赏析·史记的特殊修辞与畸形句例》）

后晓荣：好畤，秦封泥有"好畤丞印"；秦陶文有"好畤工伙"。《史记·吕不韦列传》："嫪毐败走，追斩之好畤。"《史记·高祖本纪》："雍兵败，还走，止战好畤。"《史记·曹相国世家》："击章邯军好畤。"《史记·樊郦滕灌列传》："（樊哙）击章邯军好畤，攻城先登，斩县令、丞各一人。"《汉书补注》："秦邑，嫪毐斩此，见《吕不韦传》。雍东有好畤，故县得名，见《郊祀志》。曹参破章平于此，周勃攻之，见《参》《勃传》。"《读史》卷五十四陕西西安府乾州好畤废县，"在州东南四十里，自古以雍州为神明之奥，故立畤以郊上帝，诸神明皆聚焉。好畤盖秦文公时作，所谓'雍东有好畤'者也。汉王定三秦，败雍王章邯于好畤，后因置县，属右扶风"。考古调查表

明，今陕西省乾县东南地秦好畤故城南北1500米，东西不详，时代从战国至汉，北周省。(《秦代政区地理》第四章《内史》)

⑦【汇评】

程馀庆：秦民怨秦久矣，而使秦将王之，欲使之拒敌，此羽之拙也，故邯善战而辄败。(《历代名家评注史记集说·高祖本纪》)

⑧【汇注】

方　回：汉元年夏四月就国，五月引兵从故道袭雍，雍王邯迎击汉陈仓，雍兵败，还走战好畤。又大败走废丘，汉王遂定雍地。东如咸阳，引兵围雍，雍王降，而遣诸将略地。秋八月，塞王欣、翟王翳皆降汉。章邯善用兵，然不能当汉王与项羽，始则为沛公、项羽大破于东阿，一败也；次则秦三年十二月，项羽大破邯于钜鹿下，二败也；邯军棘原，羽军漳南，又进军两破之，四败也；邯降，羽以黥布、蒲将军夜击坑秦降军二十余万人，计邯之四败失十余万人，并此计失，三十余万人邯杀之也。杀秦子弟三十余万，家之父兄怨邯入骨髓，而欲享雍王之封，可乎？愚亦甚矣！项羽不禀请楚怀王，擅封邯雍王，羽自王之渐也。就国未及一月，邯迎击汉王，又两大败，计邯六败矣。当是之时，秦子弟岂肯为邯致死。以失人心之雍王敌得人心之汉王，而汉又有大将军韩信任兵事宜，邯之狼狈而被围于废丘也。孤城将终拔于汉，是以塞、翟皆降。(见《古今考》卷十"汉王还定三秦")

朱东润：以《功臣表》校之，事不若是之易。按：《须昌侯赵衍功状》："汉王元年初起汉中，雍军塞陈谒上，上计欲还，衍言从他道，道通。"雍军塞陈谒上，《汉·表》作"塞渭上"，形近，"谒"字误。是则章邯军威赫然，故高祖狐疑，有欲还之意也。又按：《平棘侯执功状》："故章邯所署蜀守。"是则邯不特能守，且有功汉之势也。其他以降翟王、虏章邯名者则有都昌侯朱轸，以破废丘名者则有戚侯季必。以得雍王邯家属名者则有松滋侯徐厉，别见《惠景间侯者年表》。凡以定三秦名者二十五人：靳歙、傅宽、吕泽、吕释之、郦商、周勃、樊哙、灌婴、董渫、丁复、郭蒙、贳侯吕、摇毋余、蛊逢、芒侯昭、戎赐、周定、单宁、丙倩、丁义、华无害、刘钊、丁礼、周緤、纪成。他如郭亭，《汉·表》功状述其定三秦之事，而《史·表》无之，是则传写有所遗漏，又在此二十五人之外者也。(《史记考索·读〈高祖功臣侯者年表〉书后》)

【汇评】

苏　洵：籍虽迁沛公汉中，而卒都彭城，使沛公得还定三秦，则天下之势在汉不在楚。楚虽百战百胜，尚何益哉。(引自《增广古今人物论》卷六)

罗　璧：事无大小，皆须先定规模。规模立则意向坚，意向坚则事功成。若泛图浪谋，断无有成之理。矧争帝王之资者乎？汉高争天下，先据关中为根本，任三杰司谋战，更无迁就。唐兴晋阳，亦先掩取关中，征战乃出。太宗规模，都不出据形胜、拣人材之外，宜其光启二代也。(《罗氏识遗》卷四《兴创规模》)

⑨【汇校】

[日] 泷川资言：秘阁本"引"作"别"。(《史记会注考证附校补·高祖本纪第八》)

[日] 水泽利忠：忠、南化、三、谦、狩、岩、中韩、庆"引"作"别"。(《史记会注考证附校补·高祖本纪第八》)

【汇注】

司马贞：按：荀悦《汉纪》，令樊哙围之。(《史记索隐·高祖本纪》)

⑩【汇注】

方　回：诸将略地陇西，以万人若一郡降者，封万户。二年十一月也。"使诸将略地陇西"为一句，"以万人若一郡降者，封万户"为一句，盖二事也。《史记·帝纪》无上一句，不独关中、陇西、关外、河南亦然也。春正月，（阙）略北地，虏雍王弟章平。此章邯以弟守北地郡而平已拔，邯犹未也。三月汉王自临晋渡河。临晋，今同州朝邑，关中之西。魏王豹降，从下河内，虏殷王卬，置河内郡，与旧有郡五，而河东未置郡。东莱《大事记》书此郡时，本有六月废丘降，章邯自杀，置陇西、河上、渭南、北地、上郡。班史书此五郡。《史记》多北地，与旧有郡凡十一。彭城败之后，秋八月，韩信虏魏王豹，置河东、太原、上党郡，与旧有郡凡十四，此汉王拔国置郡次第也。(见《古今考》卷十"诸将略地陇西以万人若一郡降者封万户")

吴卓信：陇西郡，《史记·秦本纪》昭王二十七年，司马错发陇西，因蜀攻楚黔中。应劭曰：有陇坻在其东，故曰陇西也。荀悦《汉纪》陇西、天水、安定，以及北地、上郡、西河，皆环列畿辅，而宿卫之士多取给焉，所谓六郡良家子也。《晋书地道记》汉阳有阪名陇坻，亦曰陇山，郡处其西，故曰陇西。其山堆旁崩，声闻数百里，扬雄所谓响若坻颓者也。师古曰：陇坻谓陇阪，即今之陇山也。此郡在陇之西，故曰陇西。坻音丁计反，又音底。《后书·光武纪》注陇西郡，今渭州。《方舆纪要》陇西郡，秦郡也，今临洮府至巩昌府西境，是其地。按：汉陇西，今甘肃兰州府之渭源县及河州、狄道州，巩昌府之陇西县及岷州暨秦州州治，皆其地。(《汉书地理志补注》卷五十三)

又：《史记·匈奴传》秦昭王伐残义渠，于是有北地郡。《括地志》宁、原、庆三州，秦北地郡。战国及春秋时为义渠戎国之地，周之先公刘、不窋居之，古西戎也。《地理志稽疑》北地郡，故义渠、大荔诸戎地。秦昭襄王置，不知其年。楚汉之际属雍国，高帝二年属汉。(《汉书地理志补注》卷六十一)

又：……《括地志》秦上郡故城在今绥州上县东南五十里，即肤施城也。《通典》

汉上郡故城在今绥州龙泉县东南。《方舆纪要》上郡，秦郡，今延安府榆林镇。按：汉上郡，今陕西延安府之肤施、安定、宜川三县，榆林府之榆林、怀远二县，鄜州州治，邠州之长武县，绥德州之米脂县，暨鄂尔多斯左翼中旗、右翼前旗界，又甘肃庆阳府之宁州皆其地。（《汉书地理志补注》卷六十二）

郭嵩焘：案：《高祖本纪》："用韩信之计，从故道还，袭雍王章邯。雍兵败，还走，止战好畤。"此高祖始由故道袭雍事也。《地理志》故道属武都郡，哙于是时别出陇西折而至雍，南与高祖会。又《周勃世家》"围章邯废丘，攻西丞"，则又与周勃合军，非哙一人别将也。高祖定三秦，首击章邯，不宜遽及陇西……（《史记札记·樊郦滕灌列传》）

龚浩康：陇西，郡名，辖今甘肃省东南部地区，郡治在狄道（今甘肃省临洮县）。北地，郡名，辖今内蒙古自治区、宁夏回族自治区和甘肃省、陕西省的部分地区，郡治在义渠（今甘肃省镇宁县西北）。上郡，郡名。辖今陕西省北部和内蒙古自治区西南部地区，郡治在肤施（今陕西省榆林县东南）。（见王利器主编《史记注译》卷八《高祖本纪》）

后晓荣：陇西郡，陕西宝鸡陇县凤阁岭出土秦昭襄王"廿六年陇西守"戈，铭文"廿六年□栖（西）守□造，西工室奄，工□（内背面），武库（内正面）"。（《编年》81）。李学勤隶作"□栖（西）守造"，并说"□栖"即"陇西"，器作于始皇二十六年。李仲操先生也隶定"陇西"，但时代定为昭襄王廿六年器。陇西原为义渠地，通常以为公元前279年设郡，《水经·河水注》："狄道故城……汉陇西郡治，秦昭襄王二十八年置。"但《史记·秦本纪》："昭王二十七年，使司马错发陇西，因蜀攻楚黔中，拔之。"则秦陇西置郡，当在昭王二十八年以前，郦氏说似有误。秦人李崇曾为陇西郡。《新唐书·宗室世系表》："李崇，字伯祐，陇西守，南郑公。"郡治狄道，今在甘肃临洮县。（《秦代政区地理》第三章《统一初年置郡考》）

又：北地郡，原为义渠地，秦昭襄王时征服此地设郡。《史记·匈奴列传》："秦昭王时……起兵伐残义渠，于是秦有陇西、北地、上郡，筑长城以拒胡。"北地置郡年月，文献记载其事于周赧王四十三年，即秦昭王三十五年。《后汉书·西羌传》："至赧王四十三年，宣太后诱杀义渠王于甘泉宫，因起兵灭之，始置陇西、北地、上郡焉。"秦北地郡治义渠，今在甘肃宁县西北。（同上）

又：上郡，有关秦上郡的文物资料丰富，其中传世和出土的秦兵器"上郡守"戈就有多件，如秦惠文王五年上郡守疾戈、惠文王六年上郡守疾戈、秦昭襄王七年上郡守间戈、秦昭襄王十二年上郡守寿戈、秦庄襄王二年上郡守冰戈等（《编年》59、60、67、68、101）；秦封泥有"上郡太守"和"上郡侯丞"等。秦上郡原为魏上郡地，公元前328年，魏被迫献上郡十五县，秦始有上郡地。《史记·秦本纪》："惠文王十年，张仪相秦，魏纳上郡十五县。""二十年，王（嬴政）之汉中，又之上郡北河。"公元前312年，魏尽献上郡给秦。《史记·魏世家》："魏襄王七年，魏尽献上郡于秦。"公元前304年，秦设置上郡。但从秦兵器铭文看，特别是陕西历史博物馆藏秦惠文王五年上郡守疾戈等，秦上郡设置较早。又《史记·张仪列传》："仪相秦四岁，立惠王为王，居一岁，为秦将，取陕，筑上郡塞。"故陈平以为"秦之上郡始置之年，不应晚于秦惠文王后之元年"。始皇长子扶苏和秦将蒙恬曾长期驻守边地上郡。《史记·秦始皇本纪》："三十五年……始皇怒，使扶苏北监蒙恬于上郡。"《史记·李斯列传》："始皇有二十余子，长子扶苏以数直谏上，上使监兵上郡，蒙恬为将。"秦上郡郡治肤施，在今陕西榆林县东南。《水经·河水注》："奢延水又东迳肤施县南，秦昭王三年，置上郡治，汉高祖并三秦，复以为郡。"（同上）

【汇评】

程馀庆：未出关争衡，而先收边地，立根本，自固之策也。（《历代名家评注史记集说·高祖本纪》）

⑪【汇注】

裴　骃：音恶后反。（《史记集解·高祖本纪》）

司马贞：按：《表》欧以舍人从，为将军，封广平侯也。（《史记索隐·高祖本纪》）

又：按：《表》吸以中涓从，为将军，封清阳侯。（同上）

⑫【汇注】

裴　骃：如淳曰："王陵亦聚党数千人，居南阳。"（《史记集解·高祖本纪》）

张守节：《括地志》云："王陵故城在商州上洛县南三十一里。《荆州记》云昔汉高祖入秦，王陵起兵丹水以应之。此城王陵所筑，因名。"（《史记正义·高祖本纪》）

牟庭相：齐次风曰：王陵之初从，《传》与《表》判然不同。据《陵传》则在汉王定三秦、战彭城之后，故下文云："陵本无从汉之意也。"但《张苍传》言陵解苍厄，乃在沛公初定南阳未入武关以前，何耶？余按：《表》云"以自聚党定南阳"，即此《传》云"聚党数千人居南阳，不肯从沛公"是也。《表》云："汉王还击项籍，以兵属从，定天下。"即此《传》云"及汉王还击项籍，陵乃以兵属汉，卒从汉王定天下"是也。《表》《传》正同而齐以为判，然何也？至于张苍蒙救，即在陵居南阳不肯从沛公之日，此亦无所乖异也。本是兄事之人，南阳相遇，虽不相从，自足救一张苍，何所疑哉？（《雪泥书屋杂志》卷三）

王荣商：注如淳曰：王陵亦聚党数千人，居南阳。荣商案：王陵前居南阳，与戚鳃俱降，及汉王入汉，陵还南阳，至是复从汉。（《汉书补注》卷一）

王骏图、王骏观：因王陵兵南阳：此谓王陵有兵屯于南阳，使薛欧、王吸等，因

之以迎太公吕后耳。安得以王陵为地名，而考其新城故城耶？此真《正义》极大之弊也。（《史记旧注平义·高祖本纪》）

⑬【汇注】

司马贞：韦昭云："县名，属淮阳，后属陈。夏音更雅反。"（《史记索隐·高祖本纪》）

吴卓信：阳夏，应劭曰：夏音贾。郑德音假借。韦昭音更雅反。《正义》音古雅反。《史记·始皇纪》二世二年，阳夏人吴广起兵。又《项羽纪》汉王乃追项王至阳夏南，止军，与韩信、彭越期会而击楚军。《水经注》涡水又东南迳阳夏县西。又云涉水又东迳阳夏县故城西。又云鲁沟水又东南至阳夏县故城西。《隋志·淮阳郡》太康县旧曰阳夏，开皇七年更名。《元和志》陈州太康县，本汉阳夏县，其城夏后太康所筑。《寰宇记》太康县汉为阳夏县，县有南拒台、北拒台。汉王追项羽至阳夏南，止军。今此南北二台相去一里，是楚汉相拒之处。《大清一统志》阳夏故城，即今陈州府太康县治。（《汉书地理志补注》卷九十五）

后晓荣：阳夏，秦封泥有"阳夏丞印"。秦末吴广为阳夏人。《史记·陈涉世家》："吴广，阳夏人也。"《史记·项羽本纪》："汉五年，汉王乃追项王至阳夏南。"《史记·高祖本纪》："楚闻之，发兵距之阳夏，不得前。"汉王"乃进兵追项羽，至阳夏南止军"。《史记·留侯世家》："汉王追楚至阳夏南。"《史记·魏豹彭越列传》："汉五年秋，项王之南走阳夏。"《史记·樊郦滕灌列传》："从高祖击项籍，下阳夏。"《汉志》淮阳国有阳夏县。《郡国志》云："阳夏县属陈国。"按："太康县城夏后太康所筑，隋改阳夏为太康。"又《正义》引《括地志》云："陈州太康县，本汉阳夏县也。"《读史》卷四十七"河南开封府太康县阳夏城"，"即今治，汉县也"。《清一统志》卷一百九十一："故城即今太康县治，秦县也。"秦阳夏县故址即今河南省太康县。（《秦代政区地理》第五章《淮阳郡》）

⑭【汇注】

马端临：项羽既杀韩王成，以故吴令郑昌为韩王，时汉元年八月也。二年十月，汉以韩襄王孙信为韩太尉，将兵略韩地，击韩王昌于阳城，昌降，自立至亡凡三月。（《文献通考》卷二百六十五）

【汇评】

方　回：汉王四月就国汉中，五月即从故道出，袭三秦。先是项羽尝令成随至彭城，已有废成之意。及闻汉王东伐，故杀成而立郑昌为韩王，以距汉也。吕东莱曰：项羽自逐其君而据其地，亦令诸侯之臣逐其君而据其地，主约如此，虽微田荣、陈馀亦岂得奠居乎？（见《古今考》卷九"项羽分天下一帝十九王"）

二年①，汉王东略地，塞王欣、翟王翳、河南王申阳皆降②。韩王昌不听③，使韩信击破之④。于是置陇西、北地、上郡、渭南、河上、中地郡⑤；关外置河南郡⑥。更立韩太尉信为韩王⑦。诸将以万人若以一郡降者⑧，封万户⑨。缮治河上塞⑩。诸故秦苑囿园池⑪，皆令人得田之⑫。正月，虏雍王弟章平。大赦罪人。

① 【汇注】

齐召南：二年，王出关，河南王、韩王降，立韩信为韩王。三月，王渡河，魏王降，虏殷王卬，至洛阳为义帝发丧。四月，率五诸侯入彭城，为籍所破，还至荥阳。魏王豹叛。王还栎阳，立太子盈。八月，王如荥阳，命萧何守关中。遣韩信击魏虏豹，遂北击赵、代。又：（霸王项籍）……二年：弑义帝，陈馀袭走张耳，复立歇为赵王，馀为代王。正月，击齐田荣，走，死，复立田假为齐王。四月，田横立荣子广，破汉军，以汉太公、吕后归。（《历代帝王年表·秦年表》）

钱谦益：班氏父子踵太史公纪作书，以谓慎核其事，整齐其文而其体例各有不同。《史》于汉元年诸侯罢戏下就国之后，历举楚之所以失天下，汉之所以得者，使后世了然见其全局。楚之杀义帝，不义之大者也，故首举之；并次年江中贼杀之事而终言之，不复系之某年也。废韩王成为侯，已又杀之，而诸侯心离矣。臧荼因此击杀韩广，而诸侯不用命矣。田荣以怒楚，故杀三田并王三齐，而齐叛矣。荣与彭越印，令反梁地，而梁叛矣。陈馀说田荣击常山以复赵，而赵叛矣。是时汉还定三秦，起而乘其敝，复以征兵怨英布，而九江亦将叛矣。所至残灭，齐人相聚而叛，而田横亦反城阳矣。撮项王举事，失人心局势之大者，总序于汉元二之间，提纲挈领，较如指掌，此太史公作《史》之大法也。（《牧斋初学集》卷八十三题跋一《书史记项羽高祖本纪后》）

② 【汇注】

吴仁杰：元年八月，塞王欣、翟王翳皆降汉。二年六月，废丘降，置河上、渭南、上郡，与《史记》所书不同。仁杰曰：汉所为，不即以两王地为郡者，以三秦同功一体之，入雍未下，而翟、塞降，故使之王故地以诱雍耳。太史公乃于二年始书翟、塞降，便书以其地置郡，殊失。当时废置先后之意，班氏所书于义为长。（《两汉刊误补遗》卷一《塞翟》）

刘宝楠：据此，则塞、翟之降并在二年。《汉兴将相年表》高皇帝二年春，定塞、翟、魏、河南、韩、殷国，是也。《汉书·高帝纪》元年秋八月，塞王欣、翟王翳皆降汉。此言塞、翟元年已降，汉二年其国始定，故《史记》统叙于二年也。（《愈愚录》

卷四《汉五诸侯兵》注）

  周寿昌：《西汉年纪考异》云："《汉书·本纪》云：雍州定八十余县，置河上、渭南、中地、陇西、上郡。案：塞王欣、翟王翳降，置河上、渭南、上郡，已见于欣、翳初降时，不当重出，今从《通鉴》。"寿昌案：《本纪》元年云：秋八月，塞王欣、翟王翳皆降汉，下并无置郡语，惟《通鉴》有之，《年纪》自从《通鉴》，不得谓班《纪》为重出也。（《汉书注校补》卷一《高帝纪》）

  杨树达：定塞地者为刘贾，见《贾传》。（《汉书窥管·高帝纪上》）

  又：据《项籍传》，[申]阳本张耳嬖臣，此盖因耳已降汉，故亦降也。他日三秦王复叛，阳始终助汉，盖亦以此。（同上）

③【汇注】

  郭嵩焘：韩王昌不听，使韩信击破之。案：孙铲谓韩信乃韩王信，考《淮阴侯传》云："部署诸将所击，收魏河南，韩、殷王皆降。"《韩王信传》云："汉遣信略韩地十余城，击韩王昌阳城；昌降，汉王乃立信为韩王。"据此，是击破韩王郑昌者，韩王信也。而《淮阴传》于此部署诸将，则所云"使韩信击破之"者，为韩王信无疑矣。下文"更立韩太尉信为韩王"，又似与韩信击破之者为二人。史公于此两人事迹，多未分明。（《史记札记·高祖本纪》）

  程馀庆：接上郑昌距汉兵。（《历代名家评注史记集说·高祖本纪》）

④【汇校】

  崔　适：按："韩王昌"上当有"使某人说"数字，不知所使何人，无从增订；下复有"昌"字，属"不听"为句，各本皆脱，今补。"三年，魏王豹反为楚。汉王使郦生说豹，豹不听。汉王遣将军韩信击，大破之。"此其例也。（《史记探源》卷三）

【汇注】

  方　回：二年十月，以韩太尉韩信击韩，考《史记》恐是韩信。"韩王郑昌降汉"，史书昌降。《史记》书："韩王昌不听，韩信击破之。"此一月而降两王，寻又虏魏王豹、殷王卬，凡四王，并三秦。计之拔七王国，皆韩信之功，神兵也。不私其地，就以王韩太尉信，此淮阴侯。所谓以天下城邑封功臣，何所不服也。（见《古今考》卷十"韩王郑昌降"）

  程馀庆：韩信，韩王信。（《历代名家评注史记集说·高祖本纪》）

⑤【汇注】

  裴　骃：徐广曰：（渭南）"后曰京兆。"（《史记集解·高祖本纪》）

  又：徐广曰：（河上）"冯翊。"（同上）

  又：徐广曰：（中地郡）"扶风。"（同上）

  全祖望：陇西，秦故封，不知其置郡之年，汉因之，又分天水。（《汉书地理志稽

疑》卷一）

又：北地，故义渠、大荔诸戎地。昭襄王置，不知其年，汉因之，又分安定。（同上）

又：上郡，故魏置，惠文王十年因之，汉因之，又分西河。（同上）

又：上郡，秦置，高帝元年更为翟国，十月复故，属并州。当云故秦郡，楚汉之际为翟国，高帝元年八月属汉，本属凉州，武帝后属并州，莽曰增山。（《汉书地理志稽疑》卷二）

又：北地郡，秦置，莽曰威戎。当云故秦郡，楚汉之际属雍国。高帝二年属汉，属凉州，莽曰威戎。（同上）

程馀庆：渭南，今西安府。（《历代名家评注史记集说·高祖本纪》）

又：河上，今同州府。（同上）

又：中地郡，今同州府。（同上）

吕祖谦：按：《史记·本纪》，项王立章邯为雍王，王咸阳以西；立司马欣为塞王，王咸阳以东至河；立董翳为翟王，王上郡，三分关中以距塞汉王。汉二年，汉王定三秦，置陇西、北地、上郡、渭南、河上、中地郡。又按：《汉·地理志》《百官表》，渭南、河上郡属塞国，中地郡属雍国，皆故秦内史地。高帝定三秦，分为三郡，渭南即景帝右内史，武帝京兆尹之地也。河上即景帝左内史，武帝左冯翊之地也。中地即景帝右内史，武帝右扶风之地也。颜师古曰："《地理志》云武帝建元六年置左、右内史，而《表》云景帝二年分置，《表》《志》不同。又据《史记》，知《志》误矣。"盖秦内史掌治京师，项羽分其地以为雍、塞二国，高帝分以为渭南、河上、中地三郡，至是定都关中，故复秦治，合而为一焉。陇西、北地、上郡皆秦郡。上郡固翟王所封，至于陇西、北地，亦分隶三秦，但其封域不可得而详也。（《大事记解题》卷九）

王　恢：按：高帝初无意都关中，开国制亦草创，故分秦内史为渭南、河上、中地三郡。定都后规模已具，乃复秦制。其后民物日益繁庶，又分为京兆尹、左冯翊、右扶风：谓之"三辅"。（《史纪本纪地理图考·高祖本纪》）

⑥【汇校】

梁玉绳：按：塞、翟之降在元年八月，盖慑于雍王之败，望风而降也。此书于二年之首，殊非事实。至陇西、北地、上郡、渭南、河上皆元年八月置，是时因重正五郡之疆界，复总言之，故《将相表》云"二年春，定塞、翟、魏、河南、韩、殷国"，非至是塞、翟始降而置郡也。且上年《纪》中有"略定上郡"语，上郡是翟国，若二年始降，何以元年八月有"略定上郡"之文乎？塞与翟偕降，可互证也。惟中地属雍，章邯杀后始置，事在六月，此言与陇西等郡同置，误矣。又《月表》及《汉·纪》以拔陇西在二年十一月，拔北地在正月。《汉·异姓表》以拔陇西在十月，拔北地在十二

月，并谬。元年八月已定雍地，故有"略定陇西、北地"语，时章邯只守废丘耳。（《史记志疑·高祖本纪第八》）

【汇注】

裴　骃：徐广曰："十月，汉王至陕。"（《史记集解·高祖本纪》）

方　回：二年十月，河南王申阳降，置河南郡。此汉王出关所拔第一国也。先是去年九月，遣薛欧、王吸出武关，因王陵兵迎太公、吕后于沛。项羽发兵阳夏，距之不得前。《纪》书申阳降，但云汉王如陕镇抚关中父老，不言用兵，殆亦如塞王、翟王降之望风畏服也。关中发兵，未下，虽得雍地，都栎阳，未皆郡之。惟有故巴、蜀、汉中三郡耳。至此置河南郡，为郡者四。（见《古今考》卷十"河南王申阳降置河南郡"）

周振鹤：河南，《羽本纪》："立申阳为河南王，都洛阳。"《高纪》："二年冬十月河南王申阳降，置河南郡。"《汉志》："河南郡，故秦三川郡，高帝更名。"故申阳之河南国乃以秦三川郡置。秦三川郡（即汉初河南郡）当有《汉志》河南郡（无密县、新郑、苑陵）及弘农郡东北部陕县、黾池、新安、宜阳、陆浑、卢氏六县地。新郑一带汉初原为颍川郡属，弘农六县地乃元鼎间分自河南郡（参见塞国一节）。刘文淇以为河南国全有河南、弘农二郡，不当。（《楚汉诸侯疆域考》，载《中华文史论丛》1984年第4辑）

【汇评】

方　回：汉王初有巴、蜀郡、汉中郡，降河南王申阳，置河南郡，虏殷王卬，置河内郡。废丘章邯自杀，置河上、渭南、中地、陇西、上郡，《史记》多北地郡。至魏豹之虏，又置河东、太原、上党郡。明年，获赵王歇，又置常山郡、代郡。栎阳为都之外，凡十五郡，几于有天下之半，还定三秦，二年间耳，东向以争天下，大势已成，而项羽皆无此规模。（见《古今考》卷一六"虏魏王豹置河东太原上党郡"）

程馀庆：汉因秦旧，每下城邑，必先立郡，所以拓境自强也。（《历代名家评注史记集说·高祖本纪》）

⑦【汇校】

[日]泷川资言：考证：《汉书·高纪》"韩王"下有"汉王还归都栎阳使诸将略地拔陇西"十五字。（《史记会注考证附校补·高祖本纪第八》）

【汇注】

吴见思：韩王昌已破也。（《史记论文·高祖本纪》）

杨树达：使韩太尉韩信击韩，韩王郑昌降。十一月，立韩太尉信为韩王。又卷三十三《韩王信传》云：韩王信，故韩襄王孽孙也。又卷三十四《韩信传》云：韩信，淮阴人也。树达按：《韩王信传补注》齐召南云：信与淮阴侯两人姓名偶同，故称韩王信以别之。树达按：信已封王之后，则称韩王信；未王之前，则称韩太尉信，而于淮阴侯则但称韩信。(《中国修辞学》第六章《嫌疑·别白》)

【汇评】
凌稚隆：茅坤曰：立韩太尉信为韩王，以西向争权者，信本谋也。(《史记评林》卷八《高祖本纪》)

⑧【汇校】
[日]水泽利忠：彭、韩、嵯无"以万人"三字。三、狩、野、高，校补"以万人"。(《史记会注考证附校补·高祖本纪第八》)

【汇注】
凌稚隆：按：若即或字意。(《史记评林》卷八《高祖本纪》)

⑨【汇注】
颜师古：若者，予及之辞，言以万人或以一郡降者，皆封万户。(《汉书注·高帝纪第一上》)

⑩【汇注】
裴　骃：晋灼曰："《晁错传》秦时北攻胡，筑河上塞。"(《史记集解·高祖本纪》)

何　焯：拔陇缮塞，关中安固而后东兵。(《义门读书记》卷一)

郭嵩焘：缮治河上塞。《集解》曰："晋灼曰：'《晁错传》"秦时北攻胡，筑河上塞"'。"案：《汉书》："高帝二年，汉王归，还都栎阳，缮治河上塞。"栎阳属左冯翊，高帝二年更名河上郡，本属塞国，是年塞王降，高帝徙都栎阳，因治塞河上，阨险自守，并无防胡之文。始皇三十二年，使蒙恬击胡取河南地，自榆中并河以东属之阴山，城河上为塞。则《汉书》朔方、五原诸郡地，即蒙恬所筑长城也。高帝时方经营关东，无由远及朔方，颜师古《汉书注》："司马欣为塞王，取河、华之固为扼塞耳。"则因河为塞可知，晋灼据《始皇纪》筑河上塞为言，误矣。(《史记札记·高祖本纪》)

王荣商：齐召南曰：河上塞，即河上郡之北境，非秦时蒙恬所取河南地，因河为塞者也。盖自诸侯畔秦，匈奴复稍度河南，与中国界于故塞，《匈奴传》可证也。河上郡后为冯翊，前即塞王国，此时初得其地，即复缮治障塞耳。晋氏以远在朔方五原者解之，非也。荣商案：齐说非也。河上郡之北境为北地、上郡。北地，章平所居；上郡，即翟王翳国，翳已降汉。《匈奴传》所云故塞，当在二郡西北边，不得南至冯翊也。《史义》谓北河宁夏州地，此说近之。(《汉书补注》卷一《高帝纪》)

[日]泷川资言：愚按：未出关争衡，而先修边备，立本自固之道也。(《史记会注考证附校补·高祖本纪第八》)

韩兆琦：缮治河上塞，整修与匈奴人交界线上的防御工事。师古曰："缮：补也。"

据王先谦说，此"河上塞"乃约指今陕西中北部之黄陵、洛川、宜川一线。(《史记笺证·高祖本纪》)

王　恢：按：晋注固非，齐说亦未尽安。盖河上郡北境为翟国，同时略定复为上郡，如为防胡，当云"上郡塞"。郭《札记》以为"高帝徙都栎阳，因治塞河上，扼险自守，并无防胡之文。时方经营关东，无由远及朔方，颜师古《汉书注》：'司马欣为塞王，取河、华之固为阨塞耳。'则因河为塞可知"是也。《后书·马成传》"河上自安邑皆筑堡壁"，注曰"《前书》曰，河上，地名，高帝二年改为河上郡"云云，亦略得其旨。(《史记本纪地理图考·高祖本纪》)

辛德勇：汉高祖二年，刘邦初由汉中北入关中，即兴工"缮治河上塞"，刘宋裴骃引述晋灼语云："《晁错传》：秦时北攻胡，筑河上塞。"即谓"河上塞"为垒筑在黄河岸边的塞垣。元人方回复进一步明确阐释说"塞垣即长城也"，"此之缮河上塞，乃大河西北界匈奴处也"。这时刘邦在关中尚且立足未稳，无力出兵黄河以北，所修缮的塞垣，应当就是黄河南岸这段战国以来的长城。(《秦汉政区与边界地理研究》第二章《张家山汉简所示汉初西北隅边境解析》)

⑪【汇注】

王叔岷：案：《御览》一九六引"人"作"民"，《汉书》同。《萧相国世家》："相国因为民请曰：'长安地狭，上林中多空地，弃。愿令民得入田。毋收藁，为禽兽食。'上大怒，曰：'相国多受贾人财物，乃为请吾苑！'乃下相国廷尉械系之。"(又见《汉书·萧何传》《汉·纪四》)天下未定，则令民得田故秦苑囿园池；天下已定，则禁民入田上林苑。刘季之心，可以知矣。(《史记斠证·高祖本纪第八》)

【汇评】

何　焯：故秦苑囿园池，令民得田之，既反暴政且益足关中食。施恩德至复勿繇成，稍休息其民，使有乐生之心。又略知礼教，而后用之。此当日萧何治关中规模也。(《义门读书记》卷十五)

⑫【汇注】

颜师古：养鸟兽曰苑，苑有垣曰囿，所以种植谓之园。田谓耕作也。囿音宥。(《汉书注·高帝纪第一上》)

汉王之出关至陕①，抚关外父老②，还，张耳来见③，汉王厚遇之④。

① 【汇注】

吕祖谦：延平陈氏曰：汉王如陕，填抚关中父老，其德东渐矣。（《大事记解题》卷八）

龚浩康：陕，县名，治所在今河南省三门峡市西。（见王利器主编《史记注译》卷八《高祖本纪》）

② 【汇评】

程馀庆：汉之收人心处。（《历代名家评注史记集说·高祖本纪》）

③ 【汇注】

龚浩康：张耳来见，指张耳被陈馀打败后，前来归附刘邦。（见王利器主编《史记注译》卷八《高祖本纪》）

④ 【汇校】

梁玉绳：按：至陕在十月，还在十一月，张耳来亦在十月，此《纪》皆书于正月，非。（《史记志疑·高祖本纪第八》）

王叔岷：案：梁说盖据《月表》《汉书》。《通鉴》亦合。《汉·纪》亦称"十月，张耳间行归汉"。（《张耳陈馀列传》："故耳走汉。"《集解》引徐广亦云："二年十月也。"）上文"正月，虏雍王弟章平，大赦罪人"十二字，《考证》引秘阁本在此文"汉王厚遇之"下。盖存此《纪》之旧。彼十二字错在"汉王之出关"上，则至陕；还；张耳来，皆误属于正月矣。陈槃庵兄云："'陕'，水泽利忠《考证校补》引庆、殿本并亦如此作。唯凌、金陵两本作'陕'，从'入'不从'人'，案：从'入'者是也。《说文》十四下《阜》部：'陕，隘也。从自，夹声。'段注：'侯夹切，八部。俗作陿、峡、狭'。又：'陋，陿陕也'。又：'陕，弘农陕也。……从自，夹声'。段注：'《地理志》，弘农郡陕县。《后志》同。今河南直隶陕州有废陕县'；'十篇《亦》部下曰，弘农陕字从此，失冄切，八部'。案：陕为形容词，陕为地名，音义亦异。段注所谓陕州，即今河南陕县，函谷关在其西七十里，此所谓'出关至陕'也。宋置陕西路，元置陕西行省，明置陕西布政使司，清曰陕西省，民国仍之。以其地在今陕县以西，故曰陕西也。"（《史记斠证·高祖本纪第八》）

【汇注】

王先谦：师古曰：《高纪》云：元年五月，汉王定雍地，东如咸阳，引兵围雍王废丘，而遣诸将略地。八月，塞王欣、翟王翳皆降汉。二年十月，陈馀击常山王张耳，耳败，走，降汉。而此《传》乃言方围废丘，时耳谒汉王，隔以他事，于后始云汉二年东击楚，则与《帝纪》前后参错不同，疑《传》误也。先谦曰：《高纪》元年五月，围章邯废丘。二年十月，耳降汉，废丘尚未破，至六月方破废丘。《纪》《传》并无参错，颜说误。（《汉书补注》三十二《张耳陈馀传第二》）

程馀庆：间接张耳亡归汉。(《历代名家评注史记集说·高祖本纪》)

【汇评】

刘辰翁："汉王之出关，……厚遇之"，如特笔粘出，意见具见。作史如此，自不多得也。(见倪思编《班马异同》卷二《高祖》)

二月，令除秦社稷①，更立汉社稷②。

①【汇注】

方　回：《白虎通》曰：天子社，广五丈；诸侯半之。其色东方青，南方赤，西方白，北方黑，冒以黄土，此社稷广狭之制，与夫土之五色也。……《月令》：仲春，命民社。《月令》，秦书也。秦民得立社稷，可考也已。先儒谓自秦以下，民始得立社，然礼书有大夫以下，成群立社之文，则民许立社稷，不始于秦。秦法，十里一亭，十亭一乡，有三老、有秩、啬夫、游徼，而县大率方百里，县宜有社稷矣。或者十亭之乡，许民自立社稷也。秦之民之社稷，其制未详，以郑玄所见之民社注《礼》之民社，百家一社，可推而知也。秦尚黑，汉尚赤。令民除秦立汉，革故鼎新，所谓变置社稷是也。秦于古制，无往不废，惟许民立社稷，有古意。然未闻左宗庙，右社稷，如先王之礼焉，汉祖修丰枌榆社，即秦许民立社稷之社稷欤！(见《古今考》卷一一"令民除秦社稷立汉社稷")

②【汇注】

罗　璧：《礼》：社，祭土其神曰勾龙，以治平水土也；稷，祭谷其神曰后弃，以教稼穑也。地广不能遍敬，故封五土为坛而祭之；谷多不能尽祀，故聚五谷为坛而祭之。然独祀稷者以首种为百谷长。《尔雅·粢盛》亦释稷土神之祠于家曰中霤，其形皆如陶灶，《诗》曰"陶复陶穴"是也。其中穴明雨四霤之，因名室中曰中霤，后世易为屋漏。朱文公谓当于屋中祭之。(《罗氏识遗》卷十《社稷》)

梁玉绳：刘辰翁曰："《汉书》此处有复关中，除租税，置三老，举行能，赐酒肉等，正是兵间规模宏大，收拾人心处，子长失之。"(《史记志疑·高祖本纪第八》)

王叔岷：案：《汉纪》此下亦云："施恩惠，赐人爵。蜀、汉人从军者，家复租税二岁。关中人从军者，复租一岁。人年五十已上能善道教训者，复徭役。常以十月赐民牛酒。"与《汉书》略同。(《史记斠证·高祖本纪第八》)

陈　直：《后汉·祭祀志》云：《黄图》载元始仪甚悉，今本无，合入。元始四年，宰衡莽奏曰：帝天之义，莫大于承天；承天之序，莫重于郊祀。祭天于南就阳位，祠地于北就阴位。圜丘象天，方泽象地，圆方因体，南北从位，燔燎升气，瘗埋就类。

牲欲茧栗，味尚清玄，器成匏勺，贵诚因质。天地神所统，故类乎上，则禋于六宗，望秩山川，班于群神，皇天后土，随王所在而事佑焉。甘泉太阳，河东少阳，咸失厥位，不合礼制。圣王之制，必上当天心，下合地意，中考人事。故曰恺悌君子，求福不回，回而求福，厥路不通。在易（原作"正月"，从毕本、孙本改）泰卦，乾坤合体，天地交通，万物聚出，其律太簇。天子亲郊天地，先祖配天，先妣配地。阴阳之别，以日冬至祀天，夏至祀后土。君不省方而使有司。六宗，日月星山川海。星则北辰，川即河，山岱宗，三光众明，山阜百川众流，淳汙皋泽，以类相属，各数秩望相序。于是定郊祀，祀长安南北郊，罢甘泉河东祀。直按：本段文源出于《汉书·平帝纪》元始三年臣瓒注。又《独断》卷上云："天子社稷土坛方广五丈，诸侯半之。"又按：原注载元始五年宰衡莽奏文，系《续汉书·祭祀志》刘昭注文所引。（《三辅黄图校证》卷之五《社稷》）

编者按： 徐卫民在《秦都城中礼制建筑研究》一文中（载《秦汉历史文化研究》）《三辅黄图》云："汉初除秦社稷，立汉社稷。"《汉书·郊祀志》颜师古注引臣瓒曰："帝除秦社稷，立汉社稷，《礼》所谓太社也。"关于秦代社稷的情况，由于资料的缺乏，我们所知甚少。秦代立有社稷，秦亡后为汉社稷所取代。刘庆柱先生推测"汉初之社可能是在咸阳的秦社基础上建成的"，也就是说秦社的位置，可能就在西汉社稷所在的汉长安南郊。

【汇评】

冯　椅： 李季辨曰：宗庙者，人心所系。武王伐商，载主而行；高帝初兴，立汉社稷；皆以系人心也。（《厚斋易学》卷二十三）

　　三月，汉王从临晋渡①，魏王豹将兵从②。下河内，虏殷王，置河内郡③。南渡平阴津④，至雒阳。新城三老董公遮说汉王以义帝死故⑤。汉王闻之，袒而大哭⑥。遂为义帝发丧⑦，临三日⑧。发使者告诸侯曰⑨："天下共立义帝⑩，北面事之⑪。今项羽放杀义帝于江南⑫，大逆无道⑬。寡人亲为发丧，诸侯皆缟素⑭。悉发关内兵，收三河士⑮，南浮江汉以下⑯，愿从诸侯王击楚之杀义帝者⑰。"

① 【汇注】

颜师古： 旧县名，其地居河之西滨，东临晋境，本列国时秦所名也，即今之同州

朝邑县界也。(《汉书注·高帝纪第一上》)

方　回：汉王二年冬十一月，还都栎阳，留至春三月，自临晋渡河。师古曰：旧县名，其地居河西滨，东临晋境，本列国时秦所名也，即今之同州朝邑县界也。按：黄河一直一曲千里，河西五郡：瓜、沙、甘肃、凉（即汉所开酒泉）、张掖等五郡。其河北流出塞而东，东而又南，所以临晋在河西。晋之太原，为河东，河至潼关过华山，然后又东流也。韩信陈船欲渡临晋，而伏兵从夏阳以木罂缶渡军，袭安邑，虏魏王豹，即此地。汉王此行自关中渡河，降魏王豹，虏殷王卬。以殷王卬之地置为河内郡，而不郡魏王豹之地者，以其降也，故使将其国之兵，从下河内。异时归谒亲畔为楚，故遣韩信击豹，定魏地，置河东、太原、上党郡。(见《古今考》卷十二"汉王自临晋渡")

王　恢：汉临晋县，即今大荔，属左冯翊。《清统志》二四四："大庆关在朝邑县东，即古蒲津关。《史记》曹参以中尉从汉王出临晋关，《正义》即蒲津关也。在临晋县，故言临晋关。自河东而言，亦曰蒲坂津；自关中而言，亦曰夏阳津（按：龙门渡或当此称。《淮阴传》："陈船欲渡临晋，而伏兵从夏阳以木罂渡军。"）。《旧志》宋大中祥符四年，改蒲津关为大庆关，在朝邑县东三十里黄河西岸，久圯，明嘉靖二十年复筑。万历后河决城毁，故关反在东岸。今河西亦称新大庆关，在县东七里。"(《史记本纪地理图志·高祖本纪》)

② 【汇校】

[日] 泷川资言：《汉书》"豹"下补"降"字。(《史记会注考证附校补·高祖本纪第八》)

【汇注】

方　回：汉元年二月，项羽分魏为二，徙魏王豹于河东，为西魏。以赵将司马卬为殷王，都朝歌。汉二年二月，殷王司马卬叛西楚。二月，汉王渡河西，魏王豹降，将兵从汉击楚，又下河内，虏殷王卬，置河内郡。(见《古今考》卷四"魏复立王三")

③ 【汇注】

吕祖谦：汉王降申阳，而置河南郡；降魏豹而得河东郡；虏司马卬而置河内郡。三河之地，皆为汉有矣。故告诸侯之辞，所以有悉发关中兵收三河士之语也。(古帝王皆郡三河，汉始因秦都关中，故东方朔曰："汉兴去三河之地，都泾渭之南。")(《大事记解题》卷八"置河内郡")

吴卓信：河内郡，本《志》论十二国风俗，晋文公伯诸侯，尊周室，始有河内之土。师古曰：《左氏传》所谓始启南阳者。《史记正义》河内即怀州也，在河南之北，西河之东，东河之西。《方舆纪要》晋人自山以东谓之东阳，自山以南谓之南阳。应劭曰：河内，殷国也，周曰南阳。又曰：河内郡，今怀庆卫辉以至彰德府南境。《禹贡锥指》古者河北之地皆谓之河内，自战国魏始有河内、河东之别，而秦汉因之，以置郡。《周礼》所谓河内不止河内郡地也。《史记正义》云：古帝王之都多在河东、河北，故呼河北为河内，河南为河外。又云：河从龙门南至华阴，东至卫州，东北入海，曲绕冀州，故言河内。盖自大河以北总谓之河内，而非若今之但以怀州为河内也。又云：河内西阻王屋诸山，其北又有太行蔽之，与河东隔绝。《地理志稽疑》王厚斋云：秦三川郡，汉之河南及河内也。顾宛溪亦同。然考河内在秦似属河东，故《太史公序》十八王云：魏分为殷，则不属三川矣。按：汉河内郡，今河南怀庆府之河内、济源、修武、武陟、孟、温六县，卫辉府之汲乡、获、嘉、淇、辉五县，彰德府之汤阴、林二县，皆其地。(《汉书地理志补注》卷八)

后晓荣：河内郡，相家巷出土秦封泥有"河内邸丞"和"河内左工"，前者是河内郡派驻首都的办事官署，后者是河内郡工官印。此郡为《史记》《汉书》等文献所没有记载的秦郡。河内一词，出现较早。《史记·周本纪》："襄王乃赐晋文公珪圭鬯弓矢，为伯，以河内地与晋。"《正义》："贾逵云：晋有功，赏之以地，杨樊、温、原、攒茅之田也。"战国时期，魏国按自然区划，习惯上分为河内、河东、河西、河外四个地区。河内指魏国东部黄河以北地区，大体上包括今河南省中部、东北部和河北东南角的一部。北与赵为界，东与齐为界。故马王堆汉墓出土《战国纵横家书》中"苏秦自赵献书于齐王章"言："梁氏先反，齐、赵攻梁，齐必取大梁以东，赵必取河内，秦案不约而应。"又"朱己谓魏王"章言："秦固有怀、茅、邢丘，城垝津，以临河内，河内共、汲必危。"《正义》："古帝王之都多在河东、河北，故呼河北为河内，河南为河外。""河从龙门南至华阴，东至卫州，折东北入海，曲绕冀州，故言河内云也。"(《秦代政区地理》第三章《秦置郡新证》)

又：《史记·秦本纪》："拔卫，迫东郡，其君角率其支属徙居野王，阻其山以保魏之河内。"《孟子·梁惠王上》梁惠王曰，"河内凶，则移其民于河东，移其粟于河内。河东凶亦然"。《史记·秦本纪》："（昭襄王）二十一年，错攻魏河内。魏献安邑，秦出其人，募徙河东赐爵，赦罪人迁之。"《史记·秦始皇本纪》："（始皇）十八年，端和将河内，羌瘣伐赵。"《史记·张耳陈馀列传》二世元年，张耳、陈馀说赵王曰"愿王毋西兵，北徇燕、代，南收河内以自广"。又二年，"章邯引兵至邯郸，皆徙其民河内，夷其城郭"。秦末，项羽封司马卬为殷王，王河内；高祖二年，虏殷王，置河内郡。此皆当因秦旧。故姚鼐曰："盖秦有河内郡也，准以济北、胶东建国因于故郡之例。"其说可信。故谭其骧曰："河内西阻王屋、析城诸山，本与河东隔绝，自为一区；昭襄王三十三年魏入南阳，秦始有其地，时东不得邢丘、怀，北不得宁新中，地狭不足以立郡，卒以并属河东；其后襄地虽拓，军机倥偬，未遑建置；始皇即并天下，始依山川形便，更加区画；此衡情度势，可推而知者。"……谭其骧推之秦河内郡"分河东郡置"，可从。河内，原与河东同属魏国的疆土，联系密切，秦代时是关东东北出太行山东地区的交通要道，战略地位重要，故分出，独立设郡，有利于秦朝廷掌握控制。（同上）

④【汇注】

颜师古：苏林曰："在河阴。"（《汉书注·高帝纪第一上》）

王子今：平阴津，在小平津东。《史记·高祖本纪》载汉王"下河内，虏殷王，置河内郡。南渡平阴津，至雒阳"。史籍又屡见秦末至楚汉相争时在这一带。"绝河津"的记载（见《史记》之《高祖本纪》《曹相国世家》《周勃世家》等），《史记·高祖本纪》载"赵别将司马卬方欲渡河入关，沛公乃北攻平阴，绝河津"。已把所谓"河津"与"平阴"直接联系在一起，《史记正义·绛侯周勃世家》则径云河津"即古平阴津"。可见平阴津通称"河津"，是当时黄河上最重要的南北渡口。（《秦汉黄河津渡考》，载《中国历史地理论丛》1989 年第 3 期）

⑤【汇校】

梁玉绳：按：董公乃乡三老也，新城是乡名，其名旧矣，至惠帝四年遂置为县，此时新城尚未为县也。但考《汉·百官表》言乡有三老，不言县也有三老，而《汉书·高纪》二年有择乡三老一人为县三老之令，《大事记》据之直书"置县乡三老"，不知《表》中何以不载，可疑也。《隶释》亦有《县三老杨信碑》。又《潓南集·辨惑》曰"董公遮说汉王，殊切于义理，故孟坚全载其说，而迁但云说以'义帝死故'，太简而不备。且止于义帝死故，则谓之告可也，何必云说哉？"（《史记志疑·高祖本纪第八》）

【汇注】

班　固：举民年五十以上，有修行，能帅众为善，置以为三老，乡一人。择乡三老一人为县三老，与县令、丞、尉以事相教，复勿繇戍。以十月赐酒肉。（《汉书·高帝纪第一上》）

又：至洛阳，新城三老董公遮说汉王曰："臣闻'顺德者昌，逆德者亡'，'兵出无名，事故不成'。故曰：'明其为贼，敌乃可服。'项羽为无道，放杀其主，天下之贼也。夫仁不以勇，义不以力，三军之众为之素服，以告之诸侯，为此东伐，四海之内莫不仰德。此三王之举也。"（同上）

张守节：《括地志》云："洛州伊阙县在州南七十里，本汉新城也。隋文帝改新城为伊阙，伊阙山名也。"（《史记正义·高祖本纪》）

又：《百官表》云："十里一亭，亭有长。十亭一乡，乡有三老，三老掌教化。"皆秦制也。又乐产云："横道自言曰遮。"《楚汉春秋》云："董公八十二，遂封为成

侯。"（同上）

方　回：一年二月，举民年五十以上，有修行，能率众为善，置以三老，乡一人。秦制：县十里一亭，亭有长，十亭一乡，乡有三老，有秩、啬夫、游徼，三老掌教化，啬夫职讼听、收赋税，游徼，徼巡禁贼盗……今汉承秦制，举民年五十以上，修行率善，为三老，乡一人。其选不太轻乎？三老之称，古以对五更。人主执酱执爵，奉上养老之盛而隆其名也。（见《古今考》卷一二"乡三老"）

凌稚隆：王祎曰：三老古秦之旧法，而厚其恩礼，责以教化，则汉祖萧何之规模也。（《汉书评林·高帝纪》）

顾祖禹：南村关，在县西北九十七里，今有巡简司义昌镇，在县东四十里，《志》云：汉三老董公于此遮说汉王为义帝发丧，因名。今为义昌驿。（《读史方舆纪要》卷四十八《河南三·河南府》）

沈自南：《研北杂志》：程义文云：三老五更，更字当作"叟"，今嫂字或作媭，可以验知其故。（《艺林汇考·称号篇》卷四《尊长类》）

又：《丹铅录》：《列子》云：禾生子伯出行，经坰外，宿于田更。更训老，老而更事也。汉立三老五更，更义取此。张湛注《列子》，乃云更当作叟，误矣。（同上）

又：宋均曰：三老，老人知天、地、人事者。五更，老人知五行更代之事者。……《汉官仪》曰：三老五更，三代所尊也。《史正义》云：《百官表》云："十里一亭，亭有长，十亭一乡，乡有三老，掌教化，皆秦制也。"曰：汉立三老五更，当别有见。蔡邕曰：更当为叟，叟，老人之称也。（同上）

沈钦韩：《仓颉碑》，阴衡县三老上官，凤衡乡三老时勤，此有县三老、乡三老之证也。又有郡三老、国三老（王国即郡），见《袁良碑》及《后书·王景传》。（《汉书疏证》卷一《高帝纪》）

龚浩康：新城，汉改为县，治所在今河南省伊川县西南。（见王利器主编《史记注译》卷八《高祖本纪》）

【汇评】

张　栻：予每爱三老董公之言，以为顺德者昌，逆德者亡。兵出无名，事故不成，名其为贼，敌乃可服。三军之众为义帝缟素，声项羽之罪而讨之，于是五十六万之师不谋而来，从义之感也。使斯时高帝不入彭城置酒高会，率诸侯穷羽所至而诛之，天下即定矣。惜其诚意不笃，不能遂收汤武之功。然汉卒胜，楚卒亡者，良由于此名正义立故也。董公盖深知其理，故其言又曰仁不以勇，义不以力。自留侯而下陈谋虽多，而皆未之及。呜呼，董公其一时之逸民欤！（见《十先生奥论注》后集卷三《汉晋论·汉高帝》）

徐一夔：予读《太史公书》，至三老董公说汉之事，作而言曰：三老董公，其秦汉间有道而隐者乎？不然，何其言之符机际会，而粹然一出于仁义道德也。公之说汉高祖也，其言曰："顺德者昌，逆德者亡。兵出无名，事故不成。明其为贼，敌乃可服。"又曰："仁不以勇、义不以力。"至哉言乎！不意文献斨丧之后，兵戈抢攘之日有此人也。盖方是时，项羽放弒义帝，公以此说高帝讨之，时高帝左右，称读书如郦生不及此，称文学如叔孙通不及此，称智术如张良、陈平不及此，而公独及之。意者公在草野，冥思天下之故，项强而暴，刘弱而仁，莫有急于此者，以故发愤为高帝陈之不疑也。公之始末，史阙之，即其言，想其人，必秦汉间有道而隐者。惜乎汉用其言，而遗其人也，爰叙而铭之。铭曰：秦政不纲，义旗四举，纷纷籍籍，孰为义主？缅彼有道，鸿飞冥冥，不闻其声，矧见其形。猗嗟董公，时止时作。怀宝在躬，不迷而觉。刘弱项强，公有深忧，讨逆致顺，公有远猷。一言之出，万钧不拔，仆项兴刘，此机之发。维此董公，其执不猗，维兹之言，允也其时。公言既用，公迹愈邈。推公之蕴，可兴礼乐。汉虽公遗，公言不陨。公言不陨，大道之维。（见程敏政辑《明文衡》卷六五《汉三老董公碑》）

凌稚隆：霍韬曰：三老董公隐者也，四皓之俦也。为义帝发丧也，犹夫叩马之谏也，异言同心者也。帝纳用之，从谏弗咈之明验也，群策所以毕收也。（《史记评林》卷八《高祖本纪》）

又：隆按：董公揭羽之不义于天下，使天下昭然知其为逆，而汉卒席以定天下，功岂萧曹下哉！今考《楚汉春秋》，则已载董公封成侯矣，及《史记》《汉书》《功臣表》所载若而人，并不及董公，何欤？脱既封之，则史氏必不佚其名矣。（同上）

吴应箕：汉王既厝置关中，自临晋渡河，下河内，至修武。南渡平阴，至洛阳新城。三老董公遮说汉王曰："臣闻顺德者昌，逆德者亡。兵出无名，事故不成。故曰明其为贼，敌乃可服。项羽为无道，放杀其主，天下之贼也。夫仁不以勇，义不以力，三军之众，为之素服，以告之诸侯，为此东伐，四海之内，莫不向德，此三王之举也。"大哉！春秋以来不复闻此正论矣。彼三杰者，乌足以知此邪？明强弱之势，审成败之数，察得失之机，其为张、韩所算者，已无遗策。然使无董公数语，楚汉之存亡不过形势智力之不敌耳。以智力得天下，此犹桓文之伯所羞称，乌足与三代比隆哉！汉王为义帝发丧，袒哭哀临，即非发于至诚，然已足激发忠臣义士之心，而使放杀其主者丧气。故三代以后取天下者，其所以收拾人心之法不必尽同也。要未有不假仁义而能成者，孟子谓假仁者伯，不仁者亡。呜呼！汉唐之王，所谓霸也，不仁而亡，古今未有能易之者矣。（《楼山堂集》卷二《高帝论三》）

杨锡绂：汉高祖得天下，固酂侯、留侯、淮阴等群策之力，然其要著，尤在纳三老董公之说，军皆缟素为义帝发丧，使天下晓然知君臣之义，而项羽遂为万世罪人矣。其后论功行赏而不及董公，岂以其未尝身历行间欤！（《四知堂文集》卷二十八《明志

居中偶笔》）

又：董公一乡三老耳，而其识见乃出郑侯等之右，可见人才无类不有，只在人君能用与不能用耳。故知非高祖虚心大度，董公亦不肯轻易遮说也。（同上）

⑥【汇注】

裴　骃：如淳曰："袒亦如礼袒踊。"（《史记集解·高祖本纪》）

颜师古：袒谓脱衣之袖也，音徒旱反。（《汉书注·高帝纪第一上》）

程馀庆：袒，脱衣之袖，亦如礼之袒踊也。（《历代名家评注史记集说·高祖本纪》）

【汇评】

凌稚隆：汉王袒而大哭，特借此以激怒天下，非真哀痛之也，不然入关之谕止曰："吾与诸侯约，不曰义帝约乎。"要知项羽不杀义帝，汉王岂能出义帝下者。项羽特为汉驱除耳。（《史记评林》卷七《项羽本纪》）

夏之蓉：为义帝发丧，假此名以倾羽，其名甚正。董公所说，乃激发天下大机括，子房号为帝者师，亦未有此大计。然高帝于太公则分其羹，于义帝则袒而大哭，将谁欺乎？缟素一举，虽仿佛汤、武，而非其真也。假令义帝无恙，高祖能久出其下乎？（《读史提要录》卷一《西汉》）

又：董公遮说汉王，谓项羽无道，放杀其主，乃天下之贼也。此语最挈要领。盖天下苦秦，并起亡之。秦亡，而构兵以争中原，刘项曲直未有分也。明其为贼，而后民望归刘不归项。（同上）

程馀庆：借羽失著，以为兵端，好题目送与汉矣。（《历代名家评注史记集说·高祖本纪》）

⑦【汇评】

胡　宏：秦以酷急失人心，项羽又所过残灭，所谓以火救火。沛公素宽大长者，一时便有首出庶物气象，譬如奕棋，此第一著胜羽也；沛公若不能还军灞上，则必与羽斗于关中，是以桀攻桀，兵强者胜，一还灞上，不为利欲所昏，清明在躬，便志气如神，应对皆当，此第二著胜羽也。至于第三著，以羽弑共主，举军缟素，告诸侯而伐之，此著正是。（《五峰集》卷三《刘项》）

张　栻：自高祖取天下，固以天下为己利，而非若汤武吊民伐罪之心。故其即位之后，反者数起而莫之禁。利之所在，固其所趋也。至其立国，规模大抵皆因秦旧，而无复三代封建井田公共天下之心矣。其合于王道者，如约法三章，为义帝发丧，要亦未免有假之之意，其诚不孚也。（《南轩集》卷十六史论《汉家杂伯》）

吕祖谦：致堂胡氏曰：秦失其鹿，天下竞逐，名其师者谓"诛无道秦"可矣！秦灭，诸侯各有分地，而又起兵，虽曰项羽为政不平，主约不信，顾亦伸己私忿而伐羽耳，此非制胜之几，百全之计也。及三老献言，请暴项羽弑君之恶，汉王大临，三军缟素，从诸侯王击楚之杀义帝者，然后项羽无所容于天地之间。汉王虽折北于彭城，而必知天下之归己矣。(《汉书详节·高帝纪》)

陈　埴：汉高祖为义帝发丧，与曹操挟天子以令天下，未审如何？为义帝发丧，因人之短而执之；挟天子以令天下，负己之有而挟之。虽皆诡之为名，但一则豪杰起事，举动光明；一则奸雄不轨，踪迹暗昧。为义帝发丧，无君之罪在项羽；挟天子以令诸侯，无君之责在曹操。义帝已立，纵使羽不杀之，下来汉高将如何区处？要之，天运在汉，所以项羽自杀了义帝，小人枉了做小人；汉高因之为资，缟素发丧，君子赢得做君子。(《木钟集》卷十一)

何孟春：汉鼓大义之名，义不以力，董公之计，缟素三军，于此乎得以击楚之杀义帝者。……虽然，吾不能尽许汉也，隆准公新城发丧，祖哭三日，义兵加贼，何所向而足诛。而爱于彭城，置酒高会，销感慨流涕之气，遣随何私约九江王，用杀义帝者，击楚之杀义帝者，此不足为名矣。(见《增广古今人物论》卷六《义帝》)

秦笃辉：沛公入关告谕，吾与诸侯约，先入关者王之，吾当王关中，初不言义帝也。及帝死，亦不闻有一言也。闻董公教乃为发丧，特为讨羽之名耳，其心岂真有义帝哉。核实论之，义帝特诸侯之长，非真有共主之实。以不学无术之项羽杀之受恶名耳，使沛公一天下，义帝而在，其能存者几希。(《读史賸言》卷一)

⑧【汇校】

[日] 水泽利忠：秘阁本"哀临三日"。(《史记会注考证附校补·高祖本纪第八》)

王叔岷：案：《汉书》《通鉴》"临"上并用"哀"字。师古注："众哭曰临。"(《史记斠证·高祖本纪第八》)

【汇注】

颜师古：众哭曰临，音力禁反。(《汉书注·高帝纪第一上》)

龚浩康：临，聚众举哀，祭吊死者。(见王利器主编《史记注译》卷八《高祖本纪》)

蒋礼鸿：颜注：众哭曰临。礼鸿案：《苏武传》："武闻上崩，南乡号哭呕血，旦夕临。"颜注曰："临，哭也。"然则哭死为临，无众独之别，颜前注非。《纪》又云："以鲁公葬羽于谷城，汉王为发丧，哭临而去。"亦无待众哭也。(《蒋礼鸿语言文字学论丛·读汉书补注》)

⑨【汇评】

王世贞：汤、武放伐，孔子存其誓，为世训；汉祖告谕诸侯，虽仅数语，犹宛有古风，史迁存之，著汉业所由兴也。(引自《百大家评注史记·高祖本纪》)

凌稚隆：刘会孟曰：告发丧语至善，先秦以来，初见此。(《汉书评林·高帝纪》)

又：何景明曰：高祖为义帝发丧，举其所不当也。举其所不当而白之天下，然后天下之重在我。（同上）

汪　琬：帝王之师，未有无名者也，故能一战而成大功。若狼狈举事，而不合于义，则资贼而已矣。安禄山、朱泚之流，虽与之天下，岂能一朝居哉？（《尧峰文钞》卷八《高祖二》）

⑩【汇评】

程馀庆：君臣之分凛然。义帝实项氏所立，偏言天下共立，妙！（《历代名家评注史记集说·高祖本纪》）

吕思勉：汉高之为义帝发丧也，告诸侯曰："天下共立义帝，北面事之。"此乃诬罔之辞。南面而政诸侯，当有实力，义帝岂足以堪之？三代之王，固尝号令天下矣，及其后，政由五霸。然则义帝拥帝名，而政由羽出，亦可云前有所承。既不袭秦郡县之制，不得谓称帝者。实权皆当如秦之皇帝也。立章邯在羽入关前，当时形势，安知沛公能先入关？且秦吏卒尚众，非此无以镇之，此亦事势使然也。（《秦汉史》第三章《秦汉兴亡》）

⑪【汇注】

龚浩康：北面，古代君主面南而坐，臣下北面朝见。北面事之即以臣礼服事君主的意思。（见王利器主编《史记注译》卷八《高祖本纪》）

⑫【汇校】

王叔岷：案：《御览》引"项羽"作"项王"，无"于"字。《汉书》《通鉴》亦并无"于"字。（《史记斠证·高祖本纪第八》）

【汇评】

程馀庆：义帝之弑，项羽假手于衡山、临江，独斥言项羽，妙！（《历代名家评注史记集说·高祖本纪》）

⑬【汇注】

程馀庆："大逆无道"，四字断案。（《历代名家评注史记集说·高祖本纪》）

⑭【汇校】

程馀庆：诸侯皆缟素，《汉书》作"兵皆缟素"，是。自尽臣礼。（《历代名家评注史记集说·高祖本纪》）

【汇注】

颜师古：缟，白素也，音工老反。（《汉书注·高帝纪第一上》）

【汇评】

凌稚隆：刘凤曰：君之视父奚若？汉王弃其父若敝屣，于义帝何有，而为之缟素？（《汉书评林·高帝纪》）

又：隆按："缟素"一举，仿佛汤武放伐矣，然而非真也。假令义帝亡恙，汉王能久出其下乎？要不过假羽失着，因以迫取天下云尔。观异日者，秦王、楚隐、魏安釐之属，皆为置守冢，即田横亦为改葬，则何以于义帝而顾寥寥耶？（同上）

⑮【汇注】

裴　骃：韦昭曰："河南、河东、河内。"（《史记集解·高祖本纪》）

方　回：悉发关中兵，即巴、蜀、汉中之众与夫三秦之众，皆在行；三河者，师古注谓河南、河东、河内，乃河南王瑕丘申阳、河东魏王豹、河内殷王司马卬之众亦皆在行。又韩王信韩国之众，张耳常山王国之降者亦在行，惟大将军韩信不在行。想在萧何守国，韩信留镇关河之间。（见《古今考》卷一三"悉发关中兵收三河士"）

⑯【汇校】

梁玉绳：《经史问答》曰："《史记》注皆不得其说，师古略之。梅磵以为一军由三河以攻其北，一军浮江，汉以攻其南，是矣。然《本纪》不载南下之军，则竟失之也。《水经注》高祖二年置长沙郡，又置黔中郡。盖南下之军自汉中出，先定二郡而有之。长沙乃义帝之都，而黔中则项王南境，乘虚取之，所谓南浮江、汉也。是足以补遗。"（梅磵乃胡三省身之也）（《史记志疑·高祖本纪第八》）

【汇注】

张守节：南收三河士，发关内兵，从雍州入子午道，至汉中，历汉水而下，从是东行，至徐州，击楚。（《史记正义·高祖本纪》）

胡三省：余谓《正义》之说迂矣！三河在彭城之北，已不可谓南收三河士。若发关内兵，南浮江、汉，独不能出武关而浮江、汉，而必入子午道至汉中而下汉水邪！况子午谷此时亦未通凿，其可引之而为说乎！此特言发三河士以攻其北，又南浮江、汉，下兵以夹攻之也。（《资治通鉴》卷九《汉纪一》注）

全祖望：予校《地志》而叹高帝之兵法，岂项王之冢突所能当也。元年即置渭南、河上诸郡，困章邯于围中，楚救不能飞渡河渭之间矣。二年即因王陵以得楚之南阳，东兵不得窥武关矣。故项王遣兵距汉于阳夏，而阳夏以西入汉矣。义帝之亡也，高帝告诸侯曰："寡人悉发关中兵，收三河士，南浮江、汉以下击楚。"胡楳磵曰："谓由三河以攻其北，又南下江汉以夹攻之也。"及考汉兵之出，未闻有由江汉以下者。近考《水经注》，则高帝之置长沙、黔中，皆在二年。乃知高帝全师以出彭城，而一旅之乘虚者，已掩二郡之地而有之，所谓南浮江汉之军，史失载之，可以道元书补其缺也。项王弑义帝而不能使诸将守其地，反以资汉，愚矣。况长沙、黔中入汉，则江汉间震动，而共敖辈日不暇给。楚人三面受敌，何以自支。故曰，即《地志》而悟张良、韩信之兵法，所以佐高帝者精矣。（《汉书地理志稽疑》卷二）

王先谦：全祖望曰：此文《史记》注不得其说，颜氏略之，胡三省以为一军由三河以攻其北，一军浮江汉以攻其南，是矣。然《本纪》不载南下之军。《水经注》云：高祖二年，置长沙、黔中郡，是盖南下之军，自汉中出，先定二郡而有之。长沙乃义帝都，黔中则项王南境，乘虚取之，所谓"南浮江、汉"也。江汉之地，过此二郡。共敖守南郡，汉兵尚未得至其境。是足以补遗。（《汉书补注·高帝纪第一上》）

王　恢：江汉，《正义》："南收三河士，发关内兵，从雍州入子午道，至汉中，历汉水而下，从是东行，至徐州，击楚。"全祖望《经史问答》，以"注不得其说"，而以胡三省"一军由三河以攻其北，一军浮江、汉以攻其南"为是。亦以"南下之军自汉中出，先定长沙、黔中二郡而有之。长沙乃义帝都，黔中则项王南境，乘虚取之，所谓南浮江汉也"。

三家臆说，未之深考：（一）其时大敌唯楚，东事正急，何暇与力南进。而所谓出汉中之南军，何人帅领？见于何传？未闻有若韩信之下齐赵，随何之说九江。（二）长沙、黔中，临江国南疆，须经南郡（全氏于此郡国似不甚了然），《本纪》五年正月，"天下大定，高祖都洛阳，诸侯皆臣属，故临江王骥，为项羽叛汉，令卢绾、刘贾围之，不下，数月而降"（并见《卢传》《荆燕世家》）。又信武侯靳歙，台侯戴野，在破项羽之后，盖属卢绾，得临江王骥，因定南郡也（见《靳传》《侯表》《月表》）。（三）即汉高语气，所谓"悉发关内兵，收三河士，南浮江汉"者，不过虚声恫吓，号召江汉间义勇响应耳。三家以为实有其事，汉高有知，恐难免"竖儒"之骂也！（《史记本纪地理图考·高祖本纪》）

［日］泷川资言：《考证》：胡三省曰：《正义》说非。此特言发三河士以攻其北，又南浮江、汉，下兵以夹攻之也。愚按：全祖望《经史问答》亦申胡说。本文唯言浮江、汉南下，以攻楚耳。未有夹攻之义。胡说凿。（《史记会注考证·高祖本纪第八》）

辛德勇：其实所谓"南浮江、汉以下"，指的就是薛欧、王吸、王陵所统领的这一路兵马。薛欧、王吸出自武关，要循丹水（今丹江）谷地南下。丹水是汉水的支流，而汉水又是江水的支流，按照古书"以大名代小名"的通例，自然可举江、汉以代丹水。刘邦急于灭楚，需要诸侯的支持（至少要促使其保持中立），所以在檄文中难免要虚张声势，举江、汉以代丹水，就是为了增强威慑的力量。（《历史的空间与空间的历史·楚汉彭城地理考述》）

⑰【汇注】

颜师古：服虔曰："汉名王为诸侯王。"师古曰："服说非也。当时汉未有此称号，直言诸侯及王耳。自谦言随诸侯王之后也。"（《汉书注·高帝纪第一上》）

王叔岷：案：《御览》引此下更有"于是诸侯多从之"七字。或约举下文言之与？（《史记斠证·高祖本纪第八》）

【汇评】

陈　埴：高帝之为义帝发丧也，三军缟素，天下之士归心焉。虽然，帝亦诡而用之耳。夫帝之于怀王也，君臣之分未定也，生则未尝以天下之义主而事之，死则以为天下之义主而丧之，此盖项氏之短，而大其辞以执之，是三老董公之善谋，岂出于帝之本情哉？古今之名义，有不本于夫人之本情，而英雄豪杰或诡之以济事者多矣。齐威会王世子于首止，情不出于世子也；晋文朝天王于河阳，情不在于天王也。利在世子则尊世子，利在天王则尊天王，利在义帝则尊义帝，其诡而用之则一耳。（《木钟集》卷一一《史》）

陆唐老：林曰：高祖之迁于南郑，以萧何谏之，故隐忍就国，而其心岂一日忘羽哉？既得韩信东向以定三秦，羽虽大怒，而一见张良之书，以为汉欲得关中，如约即止，不敢复东，则是高祖之还定三秦者为有辞，而羽亦不得以责汉也。及夫三秦既定而如约矣，又自陕而之河内，而之洛阳，迄逦为此东伐，使羽得以大义责汉曰：汝之所以定三秦者，以吾背前日之约也，约既还矣，又何为兴此无名之师？则是直在楚而曲在汉，其将何辞以争之哉？惟正其弑逆之罪以为之名，则天下诸侯知高祖之此举，非贪其土地，觊其人民，乃所以正其君臣之义，此项羽所以屡战屡胜而终于必败；高祖所以屡战屡败而终于必胜也。然则高祖之得天下，虽三杰与诸侯辅佐之功，至于天下之人知大义所向而归心于汉者，董公之力为多。（《陆状元增节音注精议资治通鉴》卷二十六《前汉纪·太祖高皇帝》）

刘辰翁：义帝死兵间日月，本无分晓。《史记》自去年如先事张本，最有笔力。至此但云"以义帝死故"。汉王闻之，若惊绝，出于本心之哀痛，袒哭发丧。三老董公不过当时报事者，虽"遮说"两字，必有何语，然不害高帝大宜感发，是为造汉之本。……告发丧语至善，先秦以来初见此耳。（见倪思编《班马异同》卷二《高祖》）

徐孚远：真德秀曰：不曰"率诸侯王"，而曰"愿从诸侯王"，不曰"击项羽"，而曰"击楚之杀义帝者"，词不迫切，而意已独至，犹有古词命气象。（《史记测议·高祖本纪》）

凌稚隆：邵经邦曰：有汉四百余年天下，其宏纲大义昭如日星者，端在此举。惜乎新城之功不录而使泯泯于今也。（《史记评林》卷八《高祖本纪》）

又：霍韬曰：汤武放伐，孔子存其誓，为世训。汉祖告谕诸侯，虽仅数语，犹宛有古风，史迁存之，著汉业所由兴也。（同上）

又：王文濡曰：利用义帝之死，以动义兵。义正词严，已夺愤王之气。（《同上》）

程馀庆：林云铭曰：项氏立怀王，本是个假，高帝此番为义帝发丧，亦未始非假。彼一牧羊匹夫，何关重轻！乃生前既能为楚亡秦，死后又能为汉覆楚，于以见名义长存人心不死也。（《历代名家评注史记集说·高祖本纪》）

又：义帝为天下之君，被羽所杀，诸侯王必无不致讨者，言我悉兵愿从之。乃以大义破坐诸侯王身上，并非示己非为争天下而用兵也。立言最为深远。寥寥数语耳，而刘项兴亡关头全在此，可谓一纸书贤于十万兵矣。（同上）

是时项王北击齐①，田荣与战城阳②。田荣败，走平原③，平原民杀之。齐皆降楚。楚因焚烧其城郭，系虏其子女。齐人叛之。田荣弟横立荣子广为齐王④，齐王反楚城阳⑤。项羽虽闻汉东⑥，既已连齐兵⑦，欲遂破之而击汉⑧。汉王以故得劫五诸侯兵⑨，遂入彭城⑩。项羽闻之，乃引兵去齐，从鲁出胡陵⑪，至萧⑫，与汉大战彭城灵壁东睢水上⑬，大破汉军⑭，多杀士卒⑮，睢水为之不流⑯。乃取汉王父母妻子于沛⑰，置之军中以为质⑱。当是时，诸侯见楚强汉败，还皆去汉复为楚。塞王欣亡入楚⑲。

①【汇评】
吴见思：汉王正欲发兵布告天下，正匆忙时，忽然放去，重接入项羽，章法神化。（《史记论文·高祖本纪》）

②【汇注】
胡三省：《史记正义》曰：城阳，濮州雷泽是。余考《正义》所谓城阳，乃班《志》济阴郡之城阳县，田荣初与项羽会战之地。荣既败而北走，死于平原，羽遂至北海，烧夷城廓、室屋，则济阴之城阳已隔在羽军之后。田横所起，盖班《志》城阳国之地，春秋莒之故墟也。羽既连战未能克横，而汉入彭城，遂南从鲁出胡陵至萧以击汉。莒、鲁旧为临国，则此城阳为莒之故墟明矣。（《资治通鉴》卷九《汉纪一》注）

顾祖禹：成阳城，州东北六十里。战国时齐邑。成亦作"郕"。《秦纪》："昭襄十七年，成阳君入朝，秦因置郕阳县。"亦曰城阳。二世二年，项梁使沛公及项羽别攻城阳，屠之。汉二年，项羽北至城阳，田荣将兵会战，不胜，走至平原，为平原民所杀。《汉纪》："沛公西略地，道砀至城阳与杠里，攻秦壁，破其二军。"《曹参世家》："参击王离于城阳南，复及之杠里，破之。"又樊哙从击秦河间守军于杠里，破之。杠里在城阳西，皆此成阳也。汉曰成阳县，属济阴郡。高祖封功臣奚意为侯邑，后汉仍为成阳县。晋属济阳郡。后魏属濮阳郡，后齐省。隋开皇十六年，改置雷泽县，属郓州。

③【汇注】

　　张守节：德州平原县是。（《史记正义·高祖本纪》）

　　方　回：汉二年春正月，项羽击田荣城阳，荣败走平阳，平阳民杀之，齐尽降楚。田荣为王凡七月。（见《古今考》卷四"齐复立王九"）

　　后晓荣：平原，平原原为赵地，平原君赵胜始封之地，战国赵置县。《战国策·秦策五》："武安君死五月，赵亡，平原令见诸公。""司空马去赵，渡平原。"《史记·曹相国世家》："还定济北郡，攻著、漯阴、平原、鬲、卢。"《史记·项羽本纪》："田荣败，走平原，平原民杀之。"《读史》卷三十一："平原城，旧城在平原县西南五十里。秦置县于此。汉二年，齐王田荣与项羽会战于城阳，败走平原，为平原民所杀。汉县亦治此。"《正义》引《括地志》云："平原故城在德州平原县东南十里。"秦平原县故城在今山东平原县西南50里。（《秦代政区地理》第五章《济北郡》）

④【汇评】

　　方　回：二年春正月，项羽击齐王田荣，走平原，平原民杀之，齐皆降楚，此项羽之胜势也。楚人焚其城郭，齐人复畔之，《史记》"多系累（虏）其子女"一句，尤切于事，羽所过残贼，所以得之难而失之易也。三月，汉王兴缟素之师，夏四月，田横收得数万人立荣子广为齐王，羽虽闻汉东，欲遂破齐而后击汉，然则始终为羽之痛疽之害者，齐也。（见《古今考》卷一三"田横立田荣子广为齐王"）

⑤【汇校】

　　[日] 水泽利忠：秘阁无"齐王"二字。（《史记会注考证附校补·高祖本纪第八》）

【汇注】

　　程馀庆：项羽又生出一事。（《历代名家评注史记集说·高祖本纪》）

⑥【汇注】

　　程馀庆：反对上"示项羽无东意"句。（《历代名家评注史记集说·高祖本纪》）

⑦【汇注】

　　龚浩康：连齐兵，指与齐兵交战。（见王利器主编《史记注译》卷八《高祖本纪》

⑧【汇评】

　　吴见思：从项羽心上写，即乘便接入汉事，敏妙如此。（《史记论文·高祖本纪》）

　　程馀庆：羽让先著于汉，自处后著，虽胜，何救于亡！（《历代名家评注史记集说·高祖本纪》）

⑨【汇注】

　　颜师古：应劭曰："雍、翟、塞、殷、韩也。"如淳曰："塞、翟、魏、殷、河南也。"韦昭曰:"塞、翟、韩、殷、魏也。雍时已败。"师古曰:诸家之说皆非也。张良遗羽书云:"汉欲得关中,如约即止,不敢复东。"东谓出关之东。今羽闻汉东之时,汉固已得三秦矣。五诸侯者,谓常山、河南、韩、魏、殷也。此年十月,常山王张耳降,河南王申阳降,韩王郑昌降。三月魏王豹降,虏殷王卬。皆在汉东之后,故知谓此为五诸侯。时虽未得常山之地,据《功臣表》云张耳弃国,与大臣归汉,则亦有士卒也。又《叔孙通传》云二年汉王从五诸侯入彭城。尔时雍王犹在废丘被围,即非五诸侯之数也。寻此纪文昭然可晓,前贤注释,并失指趣。(《汉书注·高帝纪第一上》)

吴仁杰:汉王以故得劫五诸侯之兵,诸家释"五诸侯"不同。……《刊误》曰:常山安得有兵五诸侯者,陈馀其一也。仁杰曰:《刊误》去常山而取陈馀之兵,固然他从颜氏,则犹未之尽也。按:元年,塞、翟降。二年,常山王耳、河南王申阳、韩王昌、魏王豹相继皆降。又虏商王卬,诸侯之归汉者凡七。申阳之降,即以其国为河南郡。郑昌之降,即以其国封韩王信。而司马卬被虏,其地自为河内郡。此三人皆已国除,不得与诸侯并。张耳与大臣归汉,不言与兵俱,唯塞、翟、魏有国如故,而韩王信常将韩兵从,并赵相陈馀所遣兵,是为五诸侯兵。(《两汉刊误补遗》卷一《五诸侯一》)

又:《魏王豹传》"汉王定三秦,豹以国属焉,遂从击楚于彭城。"《异姓王表》"韩王信以从伐楚功封。"《陈馀传》:"汉击楚使,使告赵,求类张耳者,持其头遗馀,乃遣兵。"而塞、翟两王固各以其赋从,此五诸侯兵可考见于史者。《淮阴侯传》曰:"汉之败彭城,塞王、翟王亡降楚,赵亦与楚和。魏王至国,亦反。"至是五诸侯其不背汉者,独韩王一人,故《纪》言"诸侯见汉败皆叛去"是也。且史称劫五诸侯兵,则以兵为主,故赵以遣兵助汉,在五诸侯之数。而常山王不与焉,然《叔孙通传》言"汉王从五诸侯入彭城",不言兵者,殆史氏之省文也。《通鉴》于此但云"率诸侯兵",恐有脱字。至《项羽本纪·赞》将五诸侯兵灭秦,此举山东六国言之,与高帝劫五诸侯兵不同。(《两汉刊误补遗》卷一《五诸侯二》)

赵　翼:颜、吴二说相较,吴说似更为有据。然塞王欣、翟王翳既降后,即以其地置陇西、北地等郡,与申阳、郑昌等同,非仍使之王其地,则不得尚谓之诸侯也。且彭城败后,二王即走降楚,则其在汉军中并未必将兵。而《淮阴侯传》云:汉定三秦,出关,收魏、河南、韩(即郑昌)、殷(即司马卬)王,皆降,合齐、赵共击楚彭城。是五诸侯内又有齐、赵矣。然则汉所劫五诸侯,乃魏、河南、韩、齐、赵也。(《陔余丛考》卷五《楚汉五诸侯》)

沈钦韩:董教增曰:此处五诸侯有河南、韩、殷、魏等,而《项籍传·赞》云"遂将五诸侯灭秦",又系何人?寻其条贯,当据故七国以其地言,不以其王言也。汉定三秦,即故秦地。项羽王楚,即故楚地。其余韩、魏、赵、燕、齐为五诸侯。劫五诸侯兵犹言引天下兵耳。故汉伐楚、楚灭秦，并可言五诸侯也。按：楚灭秦，除项羽本楚，自可云五国，如董说汉劫五诸侯兵，时燕、齐、赵未尝以兵付汉也。当从韦昭说。（《汉书疏证》卷一《高帝纪》）

洪颐煊：颐煊案：上文明言"悉发关中兵，收三河士，南浮江汉以下，愿从诸侯王击楚之杀义帝者"。关中谓塞、翟，三河谓魏、殷、河南，此所谓五诸侯也。雍时在废丘被围，张耳虽降，未得常山之地。韩本属汉，不得云"劫"，皆不在数中，当以如淳之言为正。（《读书丛录》卷十九《五诸侯》）

周寿昌：按：《项羽传》同。劫，《史记》作部。王益之《西汉年纪》从之。五诸侯，应劭曰雍、翟、塞、殷、韩也；如氏曰塞、翟、魏、殷、河南也；韦昭曰塞、翟、韩、殷、魏也。颜注皆驳之，以为河南、常山、殷、韩、魏。刘攽《刊误》曰，常山安得有兵，五诸侯者，陈馀其一也。《西汉年纪·考异》略同，谓是时陈馀遣兵助汉，兼赵为五耳。吴仁杰《刊误补遗》曰，诸侯之归汉者凡七，申阳之降，即以其国为河南郡；郑昌之降，即以其国封韩王信；而司马卬被虏，其地自为河内郡。此三人皆已国除，不得与诸侯并。张耳与大臣归汉，不言与兵俱。惟塞、翟、魏有国如故，而韩王信常将韩兵从。并赵相陈馀所遣兵，是为五诸侯兵。寿昌按：此则塞、翟、魏、韩、赵也。较颜注为审，较刘、王二说亦详。按：荀悦《汉纪》止云"汉王率诸侯之师，凡五十六万人"，无"五诸侯"三字，盖以其难确指也。《通鉴》云汉王以故得率诸侯兵，凡五十六万人。吴氏谓恐有脱字，非也。……《通鉴》从荀《纪》，不从《汉书》也。李慈铭曰，按：全氏祖望谓《功臣表》云，二年三月，棘丘侯襄以上郡守击西魏。四月，敬市侯阎泽赤以河上守迁殷相，则塞、翟之不得有其国可见。洪氏颐煊谓：上文明言悉发关中兵，收三河士，关中谓塞、翟，三河谓魏、殷、河南。当以如说为正。今按：洪说是也。劫，《史记》作部，荀《纪》作率，非必劫胁之谓也，劫有制义，可通作挈。所云五诸侯者，谓本皆诸侯国耳，不必其国见存也。云五诸侯兵，不云五诸侯，文义可见。（《汉书注校补》卷一）

王先谦：先谦曰：董以五诸侯为即天下兵，古籍既无是义，此与《项籍传》五诸侯亦不同。雍、塞、翟、常山、河南不在诸侯之列，诸说允矣。全说前后两歧，而臧荼听命在韩信破赵之后，吴芮在军，并无确证。据理考实，前说为近。劫有制持之义，如项羽为上将军，诸将黥布皆属，而下文汉王数羽罪云：擅劫诸侯兵入关，意与此同。（《汉书补注·高帝纪第一上》）

吴汝纶：汉二年三月，史载汉王"劫五诸侯兵"东伐楚。应劭曰："五诸侯雍、塞、翟、殷、韩也。"如淳不数殷、韩，易以魏、河南；韦昭数韩易雍以魏；颜监则不数三秦。据此年十月，常山、河南、韩降，三月魏、殷降，而以此五国当之。小司马又谓韩王昌拒汉，汉使韩信击破之，是韩兵未下而已破散也，韩不在此数，爰左颜监而右如淳。聚讼啾啾，迄无定论，大抵皆主降汉者为言耳。愚按：当时诸侯与汉王并驾中原，裂地而王，势均分匹，非声罪讨贼，迫以大义，使之不得不从，而欲左提右挈，指挥如意，其势不能，故明其为"劫"，见非汉王之能用诸侯，实诸侯之不能不为汉王用也。盖即所云"愿从诸侯王击楚之杀义帝者"一语，其劫之之意明甚。（《吴汝纶全集》文集卷四《汉王劫王诸侯兵考》）

俞　樾：项王将五诸侯灭秦，汉王部五诸侯伐楚，楚汉之兴，皆以五诸侯，非偶然也。《高纪》五诸侯说各不同。……今按：《月表》雍王章邯都废丘，为汉所围，凡十一月，始终不降，而死未尝从汉也。应劭之说，非矣。常山王张耳为陈馀所逐，走归汉。据《功臣表》张耳弃国与大臣归汉，则与陈平、韩信之来固当不同。然亦不过如九江王英布与随何间行而至者等，耳未必以兵从也。师古之说亦非矣。徐广、韦昭二说未知孰是。然《月表》明言韩王信从汉伐楚。信本传亦云汉复立以为韩王，竟从击破项羽，则韩王必在五诸侯之数。韦昭之说疑得之矣。《淮阴侯传》乃云：汉二年出关合齐赵共击楚。按：是时田荣击杀齐王市自立，项王击之，荣败死，荣弟横收齐散兵，得数万人，反击项羽。羽闻汉王东伐楚，即令诸将击齐而自以精兵还击汉于彭城。然则齐方为楚所击，无缘得从汉，故诸家说五诸侯均不数齐。《淮阴侯传》误耳。（《宾萌集·释篇三·释楚汉五诸侯》）

吕思勉：案：《淮阴侯列传》：汉二年，出关，收魏、河南，韩、殷王皆降，合齐、赵共击楚。时张耳已走归汉，齐兵则自距项羽，但与汉合势耳，颜说是也。（《秦汉史》第三章）

王　恢：友人李震《汉王劫五诸侯伐彭城考实》，考析最详。谓五诸侯说起于后汉、三国，至东晋徐广前后而实，至唐宋而纷，至清而益紊。李震以如淳、徐广等之塞、翟、魏、殷、河南为最实。认为本问题之中心关键，在"劫"字与"发兵关中，收三河士"，及汉王建郡国之时代背景。依此原则论证，大要：（一）徐广云："部"，作"劫"，《史记·高纪》《汉书·高纪》《项籍传》皆作"劫"字。王念孙云："《陆贾传》亦曰汉王鞭笞天下，劫略诸侯。隶书劫部形相近，故劫误为部。"王先谦亦谓"劫，有制持之义"。恢按：张守节所谓"凡兵初降，士本未有自指麾，故须劫略而行"。汉高数羽罪，亦云"擅劫诸侯兵"，劫义远而旨微。（二）三河为河南、河东、河内。河南王申阳，汉王出关首先胁降之；次河东魏王豹，再次河内殷王卬。遂据山河之险以临楚。（三）其时有为者莫不以得地称王为追求之目标，而汉之建国，则以继秦之郡县为原则；但为笼络群雄，郡国时置时废，则为其势所必需的变则。如《功臣表》云："二年三月，虏殷王卬，置河山郡；四月，敬市侯阎以河上守迁殷相，击项籍。"则废后，置郡，越月，为伐楚，又复王卬，而以泽为其相；泽以河上守迁殷相，则河上郡亦废，塞、翟二王亦复位矣。故是年六月，塞翟二王叛汉从楚，乃再置河上等五郡也。《汉书·高纪》："诸侯见汉败,皆亡去,塞王欣、翟王翳降楚,殷王卬死。"魏王豹则彭城败后,藉"归视亲疾"还国,"至则绝河津,反为楚。"(汉王以彭越为魏相)此更是五诸侯中四诸侯之铁证,其中唯河南王申阳于彭城战后无纪录;但汉王自洛阳进兵东伐楚,则申阳必在五诸侯之列,可无疑也。(施之勉《汉书补注辩证》,以诸说皆非,唯韦说为是。以河南申阳降,即以其地置郡)。(《史记本纪地理图考·项羽本纪》)

杨树达:五诸侯之说,据《颜注》及《补注》所引凡九说,而梁玉绳、赵绍祖说尚不与焉。按:实考之,刘攽说是也。《韩信传》云:"二年,出关,收魏、河南,韩、殷王皆降,合齐赵共击楚彭城。"王益之云:"楚方击齐于城阳,齐安得助汉入彭城?齐字后人妄加耳。"树达按:王说是也。以彼证此,五诸侯为魏、河南、韩、殷、赵,殆无疑义。(《汉书窥管·高帝纪上》)

辛德勇:归纳诸家旧解,截止到民国时期,主要有十八家十二说。为清眉目,列表如下:

注解诸家	五诸侯名								资料出处
应劭	雍	翟	塞	殷	韩				《汉书》卷一《高帝纪》颜注
如淳、徐广、司马贞		翟	塞	殷		魏	河南		同上。《史记》卷七《项羽本纪》集解、索隐
韦昭		翟	塞	殷	韩	魏			《汉书》卷一《高帝纪》颜注、《史记》卷七《项羽本纪》集解
颜师古、张守节、吕思勉				殷	韩	魏	河南	常山	同上。吕思勉《秦汉史》第三章
顾胤、刘攽				殷	韩	魏	河南	赵(陈馀)	《史记》卷七《项羽本纪》索隐、吴仁杰《两汉刊误补遗》卷一《五诸侯》条引刘攽《两汉刊误》语
吴仁杰		翟	塞		韩	魏		赵(陈馀)	吴仁杰《两汉刊误补遗》卷一《五诸侯》条

注解诸家	五诸侯名							资料出处
全祖望（甲）、王先谦			殷	韩	魏	陈馀	齐	全祖望《经史问答》卷九、《汉书》卷一，《高帝纪》王先谦补注
全祖望（乙）			韩	魏	赵	燕	衡山	全祖望《鲒埼亭集》外编卷四〇《彭城五诸侯考》
赵翼			韩	魏	河南	赵	齐	赵翼《陔余丛考》卷五《楚汉五诸侯》
董教增			韩	魏	赵	齐	燕	《汉书》卷一《高帝纪》王先谦补注引董教增语
汪中、朱希祖	翟	塞	韩	魏	河南			汪中《述学·别录》"五诸侯释名"条、朱希祖《史记汉王劫五诸侯兵考》
吴汝纶			韩	魏	赵	燕	代	《桐城吴先生文集》卷四《汉王劫五诸侯兵考》

　　由上表可以看出，诸家旧注，共涉及十三位诸侯王，彼此参差，出入很大。……其实所谓"五诸侯兵"问题本来并不复杂，只要弄清到底有哪些诸侯王直接随从刘邦参与了这场战役，就可以顺利地解决这一问题。（《历史的空间与空间的历史·楚汉彭城地理考述》）

　　又：上述塞、翟、殷、魏、韩五王都有确切的记载，可以证明他们亲自率兵直接参与了彭城之战。除此之外，还有齐、赵、代三王的军队也以不同形式投入了这场大战。齐国反楚，最为积极。……其性质也与完全受汉王刘邦摆布（"劫"）的各路诸侯不同，不得列入"在劫"诸侯数内。……从上引《张耳陈馀列传》中可以看出，赵军助汉攻楚，完全出于自主自愿，是汉王勉强请来的盟友，而不是强力"劫"下的附庸。在这一点上，它与齐军具有同样的性质。《史记·高祖本纪》云汉王"劫"五诸侯兵，朱希祖云"劫有强制之义"，而齐、赵两国之兵仍属"独立自主，不为汉王所劫持"，所以这两个诸侯国"不应在五诸侯之列"，所论自属允当。

　　《史记·淮阴侯列传》谓刘邦"合齐、赵共击楚"而不提从击彭城的塞、翟、殷、魏、韩诸王，事实上已经说明齐、赵二王（包括代王）与汉王的关系，同塞、翟等诸侯王截然不同。因此，尽管齐、赵、代三王在楚汉彭城会战时都不同程度地加入了对楚作战的行列，但他们并不是受汉王劫持的"五诸侯"中的一员。排除了齐、赵、代三国之后，只有塞、翟、殷、魏、韩五个诸侯王随同刘邦征伐彭城具有确实可信的记载，因此我认为所谓汉王劫五诸侯兵，指的就是这五个诸侯。前人旧说当中只有孙吴

韦昭的解释最为允当，可惜却从未被后人采纳。（同上）

⑩【汇注】

方　回：夏四月，汉王劫五诸侯兵伐楚，遂入彭城。应劭、韦昭、如淳所注皆非，师古注五诸侯者谓常山、河南、韩、魏、殷也，吕东莱取此说。按：此年十月，常山王张耳降，河南王申阳降，韩王郑昌降，三月魏王豹降，房殷王卬。时虽未得常山之地，据《功臣表》云，张耳弃国与大臣归汉，则亦有士卒也。尔时雍王邯被围，犹在废丘，然则巴、蜀汉中、三郡、三秦国及张耳、三河、郑五国，凡十一项，大军皆在行，《史记》《汉书·纪》不书军数，惟项籍纪传云五十六万人。（见《古今考》卷一三"劫五诸侯兵入彭城"）

⑪【汇注】

张守节：（鲁）兖州曲阜也。（《史记正义·高祖本纪》）

又：《地理志》云胡陵在山阳郡。（同上）

胡三省：鲁，即伯禽所都，秦置鲁县，属薛郡，汉后以薛郡为鲁国。《史记正义》曰：鲁，今兖州曲阜县。（《资治通鉴》卷九《汉纪一》注）

刘文淇：（胡陵）属山阳郡，楚汉之间亦属东郡。（《楚汉诸侯疆域志》卷一《项羽九郡》）

后晓荣：胡陵，《战国策·秦策四》："魏氏将出兵而攻留、方与、铚、胡陵、砀、萧、相。故宋必尽。"《史记·项羽本纪》："秦嘉军败走，追至胡陵"；又"项王闻之……南从鲁出胡陵。"《史记·曹相国世家》："参将击胡陵、方与，攻秦监公军，大破之。""复攻胡陵，取之。"《太平寰宇记》："胡陵故城，秦汉魏县，今废城在（鱼台）县东南一里。""胡陵"在明、清文献中为"湖陵"。《读史》卷二十九："湖陵城，县北五十里，与山东鱼台县接界。故宋邑。秦置县。《史记》：项梁击败秦嘉，进至湖陵，既而并嘉军，军湖陵。又沛公攻湖陵，下之。汉二年，东伐楚，入彭城，项羽释伐齐还救，从鲁出湖陵，是也。寻亦曰湖陵县，属山阳郡。王莽时，改曰湖陆。《清一统志》卷一百八十三："湖陵，故城在（济宁州）鱼台县东南六十里。秦置县。"秦胡陵县故址在今山东省鱼台县东南。（《秦代政区地理》第五章《薛郡》）

【汇评】

何　焯：羽不急争关中者，以汉去彭城远。齐梁逼处也，故击田荣，则留久而汉入彭城，击彭越则再行，而汉破荥阳。东骛西驰，使汉得乘其敝，不知轻重先后故耳。（《义门读书记》卷十七）

胡林翼：按：从鲁出胡陵至萧，似当云从鲁南出胡陵。鲁在城阳西，不在南也。至萧者，自兖州府南，至鱼台沛县铜山而后至萧。萧在彭城西，所以绝汉后路也。（《读兵史略》卷三）

⑫【汇注】

张守节：徐州萧县。（《史记正义·高祖本纪》）

胡三省：萧县，秦属泗水郡；唐徐州萧县是也。（《资治通鉴》卷九《汉纪一》注）

刘文淇：属沛郡，秦属泗水郡。（《楚汉诸侯疆域志》卷一）

后晓荣：萧县，《史记·项羽本纪》："项羽乃西从萧晨击汉军。"《史记·高祖本纪》："沛公引兵西与战萧西。"《史记·魏豹彭越列传》："楚命萧公角将兵击越，彭越大破之。""萧公"即如"沛公"，可知秦已置其县。又《史记·樊郦滕灌列传》："（灌婴）降留、薛、沛、鄐、萧、相。"《读史》卷二十九："萧县，州西南四十五里，南至宿州百五十里，西南至河南永城县百八十里。古萧国。春秋时宋邑。秦置萧县。汉属沛郡。更始初，封光武为萧王，即此。后还属沛国。"《清一统志》卷一百零一："萧县故城在今徐州府萧县西北。……秦置萧县。"秦萧县故址在今江苏省萧县东南。（《秦代政区地理》第五章《四川郡》）

⑬【汇注】

张守节：在徐州符离县西北九十里。（《史记正义·高祖本纪》）

胡三省：《水经注》睢水出陈留县西蒗荡渠，东过沛郡相县；又迳彭城郡之灵壁东而东南流，项羽败汉王处也。（《资治通鉴》卷九《汉纪一》注）

又：孟康曰：灵壁故小县，在彭城南。《史记正义》曰：灵壁在徐州符离县西北九十里。（同上）

沈钦韩：《一统志》：睢水自河南归德府永城县东南流入，经宿州北与徐州府萧县接界，又东流经灵壁县六十里，又东入睢宁县界。（《汉书疏证》卷一《高帝纪》）

又：《史记》云追至灵壁为是。《一统志》灵壁城在宿州西北。《元和志》灵壁故城在宿州离符县东北九十里。盖其时当在萧县界，不得与彭城相连。《晋书》豫州刺史刘乔遣其子祐拒东海王越于萧县之灵壁。（同上）

顾祖禹：灵壁城也。杜佑曰：符离北有灵壁，项羽击汉军于彭城，汉卒南走山，楚又追击至灵壁东睢水上，汉军却，为楚所挤，多杀，汉卒十余万人皆入睢水，睢水为之不流，即此处。（《读史方舆纪要》卷二十一（《江南三·凤阳府》）

[日] 泷川资言：中井积德曰：据《项纪》，已晨战，又日中战于彭城，又追战于灵壁东也，此文似粗。沈钦韩曰：《通鉴》作"楚又追击至灵壁东"，为是。愚按：灵壁，安徽凤阳府灵壁县治。（《史记会注考证附校补·高祖本纪第八》）

龚浩康：灵壁，邑名，在今安徽省淮北市西南。睢水，鸿沟支流之一，故道自今河南省开封县东由鸿沟分出，东流经灵壁附近，至安徽省宿迁县西南注入泗水。它是当时勾通黄河与淮水的重要水道。（见王利器主编《史记注译》卷八《高祖本纪》）

⑭【汇评】

钱　时：汉王与项羽比肩而事义帝，义帝遭弑而汉王发兵以讨贼，此人心之公愤、万世之大法也，是故义旗一举而诸侯五十六万之众西面而响应之。暨入彭城乃收其货宝美人，日置酒高会，此何为者哉？且前日之祖而大哭者谁也？今日之置酒高会者又谁也？缟素哀临曾几何时，货宝美人辄据其窟穴而乐之，王者之师顾如是乎？使汉王之讨贼也，发于中心，激于大义，则入其境，践其宫，戚然常若。义帝之冤乎其上，而哀伤恻怛所在乎见之？项羽虽悍亦且运魂褫魄丧而不能武矣，安有五十六万之众而摧拉于三万者，惟其信不由中而托名于义帝，是山东贪财好色之习虽能强遏于入关之始，而终不能自禁于入彭城之时。然则项羽者，义帝之贼。而汉王者，又项羽之贼也。汉王之得不死已幸矣。诸侯背汉，与楚岂待睢水狼狈而后见乎？孟子曰：今之诸侯五霸之罪人也，愚是以于汉王而三叹。（《两汉笔记》卷一）

方　回：彭城之败，《史记·项籍纪》所书特详，《汉书·高帝纪》最略。精兵三万人从鲁出胡陵、泗水，士卒之死与睢水士卒之死，两大阵也，《汉·纪》合而一之。《史》《汉·纪》传一事，两三处复说，可厌。围汉王三匝，大风从西北起，折木发屋，扬沙走石，昼晦，汉王乃得与数十骑遁去。以五十六万之众大败，而以数十骑遁，哀哉！天欲兴数百年之汉以养天下之民，故有大风之异，虽太公、吕后间行为楚所得，而孝惠得脱，又天所以相汉也。项羽终不闻有子，苟有子，高帝不诛项氏，当亦赦之。（见《古今考》卷十三"彭城之败"）

唐顺之：一入彭城，酗酒嗜色，真情露矣，故五十万人解体而侯之。平勃辈亦相与共为逸乐，初不计项羽之来，故一败而几不可支。史氏恶之，故侈陈其兵之多，而乐书其败之速云尔。迨其后楚失而汉得之，何也？汉犹知假仁义，楚惟有杀戮也，此得失之机也。至律以"春秋"之义，则可断之曰：汉刘季谲而不正，楚项羽正而不谲。（《两汉解疑》上）

吕思勉：（汉高）入彭城后，何为收货宝美人，日置酒高会哉？岂不知项羽之众尚在齐，将兼程还救乎？故知史所称汉之仁，项羽之暴，讳饰诬诋之辞多矣。（《秦汉史》第三章《秦汉兴亡》）

台湾三军大学：彭城会战，刘邦之所以惨败者，其主要原因有二；而项羽之所以能以绝对劣势兵力取胜者，其主因亦有二。兹略论之于次。刘邦失败之主因：（一）刘邦袭取彭城后，以为项羽之根据地——都城已破，则羽已失其凭借，彼殊不知项羽力量之重心乃在军队，而不在彭城，若不能击毁项羽之军队，即不能解决战争。（二）由于刘邦对上一原因之认识不清，故入彭城后竟日日置酒高会，略取项羽之美人宝货而有之。因此，乃产生心理上之懈怠，与备战上之松弛，遂使握有绝对优势之军力，竟毁于半日之作战中。本来彼在河南为义帝发丧以号召诸侯击楚之举，其着眼与作法实极为优越；但由此优越之举所成之优越形势，竟毁于会战战败之一旦。可知明晓大势与掌握大势，而不知战争对象及其特质者，亦仍不免招致败北之厄运。（《中国历代战争史》第四卷第七章《秦之灭亡》）

⑮【汇注】

司马光：死者十余万人。（《资治通鉴》卷九《汉纪一》）

杨树达：《项籍传》云：多杀汉卒十余万。（《汉书窥管·高帝纪上》）

⑯【汇注】

颜师古：杀人既多，填于睢水。（《汉书注·高帝纪第一上》）

司马光：汉军却，为楚所挤，卒十余万人皆入睢水，水为之不流。（《资治通鉴》卷九《汉纪一》）

【汇评】

凌稚隆：刘会孟曰：《汉书》有复关中，除租税，置三老，赐酒肉等政，是兵间规模宏大，收拾人心处，子长失之一；睢水不流之后，若无大雨，扬沙昼晦，楚安得乱？高帝安得走？子长失之二。（《汉书评林·高帝纪》）

又：茅坤曰：高帝与项羽战，几不免者数矣，而卒无他恙，信谓陛下天授，非人力，正谓此耳。（《史记评林》卷八《高祖本纪》）

⑰【汇校】

梁玉绳：按：《月表》及《王陵传》称"太公吕后"，较之此与《高纪》作"父母妻子"为妥。且是时孝惠未为楚虏，而如淳、晋灼《汉书》注引《汉仪注》言高帝母兵起时死陈留小黄，则此时亦不得有母媪也。《文选》陆士衡《高祖功臣颂》"侯公伏轼，皇媪来归"，亦非。（《史记志疑·项羽本纪第七》）

【汇注】

赵翼：按：《史记·项羽本纪》：羽取汉王父母妻子于沛，置之军中为质。及鸿沟之约，羽又归汉王父母妻子。虽父母妻子者不过家属泛词，然果无母，则何必曰父母乎？陆机作《汉高祖功臣颂》亦云：侯公伏轼，皇媪来归。谓侯公说羽，乃以其父母归也。又《楚元王交传》：交，高祖同父弟也。师古曰：言同父而不言同母者，异母弟也。然则太公是时盖有后妻矣。为质于楚军时，必与太公同在军中，故曰项王取汉王父母为质也。（《陔余丛考》卷五《汉高祖有后母》）

郭嵩焘：乃取汉王父母妻子于沛，置之军中以为质。案：高祖起沛攻胡陵、方与，还守丰；及引兵之薛，而雍齿以丰叛降魏；屡攻丰不下，而从项梁于薛。其后怀王徙都彭城，而沛公居砀，怀王因以沛公为砀郡长，遂西略地入关，未尝一至沛也。吕后尝从沛公隐芒、砀山泽中，是沛公吕后居砀之日多而居沛无几。高祖入关而王汉中，吕后自当从入汉中，何至还定三秦，出关而东，始迎太公、吕后于沛？项羽距之阳夏，使不得前，岂专为太公、吕后发兵拒之耶？既能拒之，又何不可攻沛袭而掳之？其明年，项羽东攻田广，高祖引兵至彭城，阳夏之兵解矣，何以尚不一迎吕后，直至军败睢水上乃迎太公、吕后于沛，反使项羽遇而取之？证以当时情事，无一合者。而史公前后叙述井井，竟似高祖起兵至入关，太公、吕后皆居沛，未尝一与从高祖者。当楚、汉之争，沛固冲邑也，果何所恃以自全耶？疑太公、吕后实从高祖军中，军败而相失耳。是时章邯尚在废丘，秦地未定，高祖引兵东行，亦不敢恃汉中为安，太公、吕后相从军中宜也。（《史记札记·高祖本纪》）

【汇评】

刘统勋：彭城去沛不二百里，汉王既入，即当迎取太公，乃亟亟于宝货美人，置酒高会，此与项羽入秦何异？卒至家室俱亡，几陷其亲于鼎俎，而分羹之语，虽出权变，实非君子所忍闻也。（《评鉴阐要》卷一）

⑱【汇评】

［日］泷川资言：项羽向质王陵母以招陵，今又取汉王家属置之军中，盖其惯用手段。（《史记会注考证·高祖本纪第八》）

⑲【汇注】

梁玉绳：按：《汉·纪》云塞王欣、翟王翳降楚，殷王卬死，此缺不具。（《史记志疑·高祖本纪第八》）

徐孚远：塞王欣，楚之所立，汉兵至降汉，及是汉败又降楚，项羽不之责也。故汜水之败，自刭以谢楚。（《史记测议·高祖本纪》）

王叔岷：案：《淮阴侯列传》《汉书·韩信传》并云："塞王欣、翟王翳亡汉降楚。"又见《通鉴》（无"汉"字），不言"殷王卬死"。（《史记斠证·高祖本纪第八》）

吕后兄周吕侯为汉将兵①，居下邑②。汉王从之，稍收士卒，军砀。汉王乃西过梁地，至虞③。使谒者随何之九江王布所④，曰："公能令布举兵叛楚⑤，项羽必留击之。得留数月，吾取天下必矣⑥。"随何往说九江王布，布果背楚⑦。楚使龙且往击之。

①【汇注】

颜师古：苏林曰："以姓名侯也。"晋灼曰："《外戚表》周吕令武侯泽也。吕，县

名，封于吕以为国。"师古曰："周吕，封名；令武，其谥也。苏云以姓名侯，非也。"（《汉书注·高帝纪第一上》）

梁玉绳：按：《水经注》二十三云：楚汉彭城之战，吕后弟周军于下邑，而《史》《汉》俱作吕后兄，未知孰是？但道元误以泽名周，安知不又误以兄为弟耶？吕泽是时未封，依史法不当预称周吕侯。（《史记志疑·项羽本纪第七》）

② 【汇注】

裴　骃：徐广曰："在梁。"（《史记集解·高祖本纪》）

颜师古：县名也。（《汉书注·高帝纪第一上》）

胡三省：班《志》，下邑县属梁国。梁国，秦砀郡，汉改焉。宋白曰：今宋州砀山县即古下邑城。（见《资治通鉴》卷九《汉纪一》注）

吴卓信：下邑，《史记·鲁世家》楚考烈王灭鲁，顷公亡迁下邑。又《项羽本纪》吕后兄周吕侯为汉将，兵居下邑，汉王间往从之。又《周勃世家》下邑先登。《水经注·获水》又东南迳下邑县故城北。高祖败还，从昌泽军。子房肇捐地之策，收垓下之师。陆机所谓，即谋下邑者也。《括地志》宋州砀山县，本汉下邑县也，在宋州东一百二十里。《寰宇记》宋州下邑县，即战国时下邑地，或以为即陈之株邑。《方舆纪要》下邑故城，在今归德府夏邑县西南。《一统志》下邑故城在今徐州府砀山县东。《河南通志》夏邑县，战国时为下邑地，因其地洼下故名。历代因之。金始改曰夏邑，以华夏为名，至今因之。（《汉书地理志补注》卷九十六）

沈家本：项王留而攻下邑。师古曰："县名也，在梁地。"《地埋志》下邑县属梁国，梁国故秦砀郡。按：《高纪》是时周吕侯将兵居下邑，汉王往从之，稍收士卒，军砀，故项王留而攻之也。上文出梁地至虞。虞县，《地理志》亦属梁。刘氏敞谓此时汉与楚相持荥阳，《传》云"留而攻下邑"非事理。盖未考《纪》文而妄疑之。（《诸史琐言》卷七）

施之勉：按：《水经·获水注》：楚汉彭城之战，吕后弟周军于下邑。高祖败，还从周军。杨守敬曰：全氏谓是吕后兄。且是周吕侯，名泽。按："弟"字诚误。《汉书注》苏林曰：以姓名侯。则是谓吕姓，而周名也。郦盖从苏说，不必改。《一统志》"下邑旧城在今江苏徐州府砀山县东。（《史记会注考证订补·高祖本纪第八》）

后晓荣：下邑，秦封泥有"下邑丞印"。《史记·高祖本纪》："沛公，攻下邑，拔之。"《史记·项羽本纪》："是时吕后兄周吕侯为汉将兵，居下邑。"《汉志》梁国下邑县，"莽曰下洽"。《读史》卷五十河南归德府夏邑县："在府东百二十里。北至山东单县七十里。战国时下邑地，秦属砀郡。汉置下邑县，属梁国"；"下邑故城在县西南，战国时为楚邑，楚考烈王灭鲁，顷公亡迁下邑是也。秦二世二年沛公取砀，攻下邑，拔之。又彭城之战吕后兄周吕侯军于此，高祖败还，从周军于下邑。寻置下邑县。"

《清一统志》卷一百零一："故城在徐州府砀山县东，秦置下邑县。"秦下邑县故址今在安徽省砀山县。（《秦代政区地理》第五章《砀郡》）

③【汇注】

裴　骃：徐广曰："在梁。"（《史记集解·高祖本纪》）

颜师古：即今宋州虞城县。（《汉书注·高帝纪第一上》）

胡三省：班《志》，虞县属梁国。师古曰：今宋州虞城县。宋白曰：古虞国。舜禅禹，封其子商均于虞；少康奔虞即此。（《资治通鉴》卷九《汉纪一》注）

王先谦：虞，梁国县。在今归德府虞城县西南三里。（《汉书补注·高帝纪第一上》）

程馀庆：故城在归德府虞城县南三里。（《历代名家评注史记集说·高祖本纪》）

④【汇注】

王先谦：刘攽曰：上文云汉之败楚彭城，此文又云汉与楚大战彭城，不利，出梁。案：随何说前后殊参差。云汉王大战彭城不利，出梁地至虞，是则项王已去齐矣，安得复言留项王于齐？及随何自明己功，亦云陛下攻彭城，楚王未去齐也。然则汉王使随何，在未至彭城之前明矣。实说项王伐齐，召兵黥布，汉王度羽得布共伐齐，西方有变，必留布，而羽自至，故欲使人说布叛楚；布叛楚，则项王必自终齐事，故必数月留，而汉可取天下矣。及随何说布归汉，汉果得入彭城也。然则说辞差错，或楚汉初纪事者各不同，班氏合之，不能无误耳。又：检《高纪》，二年败彭城，三年布方归汉，此时汉与楚相持荥阳矣。此《传》文云：项王留而攻下邑，非事理也。及随何说词亦自不伦，疑汉之辩士寓言如此，非本语也。先谦曰：案：下文留项王于齐数月，《高纪》改为"项王必留击之，得留数月"，班氏亦知《史记》之不合也。此传全用《史记》，故未改其文，刘氏疑为寓言，过矣。上文汉之败楚彭城，是实事；此言汉王与楚大战彭城不利，乃追溯之词，非谓两次会战也。（《汉书补注·韩彭英卢吴传第四》）

沈家本：按：刘氏所言与随何语合，而与《本纪》不合。《本纪》何之说布在汉败彭城之后，至次年而布始归汉，恐当以《纪》为是也。传文于齐字有误，随何之语或经删削而失其真耳。如在未至彭城之前，则上文不当言"汉王出梁地至虞"，下文不当言"项王留而攻下邑"矣，刘说未确。（《张良传》亦言此事在彭城之后）（《诸史琐言》卷七）

徐朔方：《汉书·高帝纪》以为随何游说英布在汉二年，归汉在三年。……这里有两个疑点：一、汉二年四月，刘邦在彭城被项羽打败，妻离子散，处境很坏。英布和项羽之间当时又没有重大矛盾。在这样情况下，刘邦凭什么去说服项羽的大将英布归汉呢？二、《史记》《汉书》明白记载，随何游说毕，就直入项羽使者所居的地方，追使英布杀害他，起兵攻楚。项羽派项声、龙且打败英布，英布、随何同时归汉。照《汉书》说法，随何在二年四月进行游说，到三年十二月归汉（照后代历法，实际上是同一年），先后经过八个月。当时战争紧张，项羽和英布相距又近，时间不可能拖得这么久。

《汉书》根据《史记·秦楚之际月表》。三年十二月，"布身降汉，地属项籍"。但是随何什么时候去游说呢？《史记》只有两条记载可以作为《汉书》的依据。一、《高祖本纪》："当是时（指二年四月刘邦彭城之败）……汉王乃西过梁地至虞。使谒者随何之九江王布所，曰：'公能令布举兵叛楚，项羽必留击之。得留数月，吾取天下必矣。'随何往说九江王布，布果背楚。楚使龙且往击之……"以上所记并不是都是二年四至六月的事。这是《汉书》也承认的。它以"使谒者随何之九江王布所"到"布果背楚"作为二年四月事，而以紧密相连的"楚使龙且往击之"句记在三年十一二月之间。下面《史记》的原文"是时九江王布，与龙且战不胜，与随何间行归汉"，又记在二年六月之后，三年之前。可见这段文字很混乱，可能有错简。二、《史记·黥布列传》："汉三年，汉王击楚，大战彭城，不利，出梁地至虞。谓左右曰：……（随何）乃与二十人俱使淮南。"按："大战彭城"是二年事，这里补叙一笔，是为了说明刘邦"谓左右曰"的形势和背景。"谓左右曰"，即随何奉命出使到英布那里去，是在三年。作这样解释，"汉三年"这三个字就一点不错。但是《汉书》作者以为"汉三年"指"大战彭城"，而"大战彭城"是二年事，因此作者袭用《史记》列传原文时就把这三个字去掉，得出随何游说在二年，归汉在三年的结论。

本文根据《史记·秦楚之际月表》和上引《黥布列传》的记载，随何游说的时间定在汉三年初——十月、十一月间。那时上距彭城之败虽只半年多，刘邦已经平定魏地，韩信、张耳又击斩陈馀，俘获赵王，形势变好，说服英布归汉的客观条件才算具备。这样，前面所提的两个疑点也都不存在了。（《史汉论稿·随何游说英布在汉三年，不在二年》）

龚浩康：谒者，官名，为国君掌管传达等事务的侍从官。随何，刘邦的谋士，任护军中尉。项羽攻田荣时，曾要英布出兵，布称病不往，双方因此有隙，故张良劝说刘邦乘隙说布。（见王利器主编《史记注译》卷八《高祖本纪》）

【汇评】

王　迈：英布负九江之险，身虽楚臣而附楚之心则未坚也。及汉兴兵，不利于彭城，而后随何缓颊于布，彼乃仗剑来归帝。于一见之，顷以王者之礼待之，正所以饵之也。（《臞轩集》卷三《论·高帝论五》）

凌稚隆：汉之得着处。（《史记评林》卷八《高祖本纪》）

⑤【汇评】

凌稚隆：齐与九江是与国也，汉王遗齐反书，使楚皆（背）无所倚，则羽果北击齐，而汉因得定三秦，出成皋。已复说九江叛楚，断其右臂，则羽果留击九江，而汉因得收兵，复大振京、索间。他日汉与楚相距荥阳，汉王又令彭越为游兵攻其必救，使其瞻顾不暇，而汉因得绝其粮于梁地，此皆汉王得着处，而楚竟以此毙矣。汉王自谓"吾宁斗智，不能斗力"，正此之类。（《汉书评林·高帝纪》）

⑥【汇注】

杨树达：《张良传》云"汉王下马，据鞍而问曰：'吾欲捐关以东弃之，谁可与共功者？'良曰：'九江王布，楚枭将，与项王有隙。'"云云，汉王乃遣随何说九江王布。据此，则此事亦良倡之。（《汉书窥管·高帝纪上》）

【汇评】

胡　寅：史记人诮刘季多大言，少成事。彭城之败，几于亡矣，诸溃军犹未集，其于自保尚未敢必，而汉王遽谓得黥布，则取天下可以百全，不几于大言乎？且当时兴亡之决，独系于布之归汉耶？曰：秦失其鹿，四海竞逐，名其师者，谓诛无道秦可矣。秦灭，诸侯各有分地，而又起兵，虽曰项羽为政不平，主约不信，顾亦伸己私忿而伐之耳，此非制胜之机、百全之计也。及三老董公献言，请暴项羽弑君之恶，汉王大临，三军缟素，从诸侯王击楚之杀义帝者，于是项羽无所容于天地之间。汉王虽折北于彭城，而必知天下之归己矣。于是随何陈此义而下九江，郦生陈此义而下全齐。夫楚都彭城，独齐与九江其与国也。南失九江，背无所倚，东失齐，断其右臂，竟以是亡。高祖之言，岂欺世哉？（《致堂读史管见》卷一）

⑦【汇评】

方　回：考《布传》，项王征兵击齐，称病不往，遣将将数千人行。汉之败楚彭城，布又称病不佐楚，项王由此怨布。随何所以说布之言，亦皆明白。"背盟约而杀义帝"，此一句断尽项王之罪，然此谋乃张良为之也。不考《良传》，又焉得知汉王兵败还至下邑？当是时，董翳、司马欣皆降楚，不足为汉轻重也。殷王卬死，一降王亦不足惜也。其大者田横，为项王之梗，一也；陈馀以不王怨羽，又以张耳归汉而两立，然亦不助项，二也；彭越归汉，外黄为羽患，三也；章邯在废丘，将破，亦非汉之所患，四也。独九江王布与羽有隙，而犹豫未决，张良实主此谋。下邑之间，汉王下马踞鞍曰："吾欲捐关以东等弃之，谁可与共功者？"张良曰："九江王布，此枭将与项王有隙，彭越与齐王反梁地，此两人可急使。而汉王之将，独有韩信可属大事，当一面。即欲捐之，捐之此三人，则楚可破也。"汉王乃遣随何说九江王布，而使人连彭越。及魏王豹反，使韩信特将北击之，因举燕伐齐、赵。然卒破楚者，此三人力也。良多病，未尝将兵，常常为画策，……而三人之所以建立，又非良不能知也。（见《古今考》卷

一三 "随何说九江王布叛楚")

[日]泷川资言：考证：陈子龙曰：齐反楚，而汉得彭城。九江反楚，而汉得从容归关中。楚之自屈者在此。(《史记会注考证附校补·高祖本纪第八》)

汉王之败彭城而西，行使人求家室，家室亦亡，不相得。败后乃独得孝惠，六月，立为太子①，大赦罪人。令太子守栎阳②，诸侯子在关中者皆集栎阳为卫③。引水灌废丘，废丘降，章邯自杀④。更名废丘为槐里⑤。于是令祠官祀天地四方上帝山川⑥，以时祀之⑦。兴关内卒乘塞⑧。

① 【汇评】

刘辰翁：惠帝六岁耳。汉以前亦无立孺子之例，一时权宜。系诸侯之子在关中者，即与劫五诸侯兵意似。谓即位，立太子，本此。(见倪思编《班马异同》卷二《高祖》)

凌稚隆：何孟春曰：汉王败彭城下，诸侯叛汉归楚，王至荥阳，楚攻之急，乃迁栎阳，立子盈为太子，以系人心，知有国之本矣。复如荥阳命萧何侍太子，守关中，立宗庙社稷。史称帝规模宏远，岂待定天下后而始见之。帝此举萃聚天下于涣散之时，使根深本固，可战可守，于取天下盖万全矣。彼喑哑扛鼎之徒，挟妻子欲与决一战之雌雄者，固非其对也。(《史记评林》卷八《高祖本纪》)

冯琦：夫汉王当侘傺之际，先立太子，建宗庙社稷，留重臣以居守，规模可谓宏远矣。(《宗伯集》卷三十二)

尤侗：汉王败于荥阳，立子盈为太子。立太子者，承平事也。此时丧师宵遁，身且不保，何有于储副，正以太公、吕后被掳，万一身为楚杀，则以太子入关，尚足自王，所以固其根本，即唐灵武之计也。(《看鉴偶评》卷二)

[日]泷川资言：兵败人背如此，在常人忧惧不知所措，而汉王修祭祀，定储贰，从容安详，绰有余裕，亦足以观其"规模宏远"矣。(《史记会注考证·高祖本纪第八》)

林剑鸣：公元前205年，刘邦亲自回到栎阳，宣布刘盈为太子，并大赦罪人，以此来安定人心，表示汉政权的"稳固"。……两个月后，当刘邦从栎阳返回荥阳前线之前，萧何已被正式委以建立后方根据地的重任：侍太子，守关中，制定法令，主宗庙、社稷，修整宫室，组织县邑，事有不及奏者，得以全权便宜行事。从此以后，汉军有了一个较为巩固、安定的后方。萧何在这里，计户口，征粮饷，转漕、调兵，源源不断地将物资、兵员运往前方，有力地支援了前线。对根据地的建设，显示出刘邦的深谋远虑。（《秦汉史》第五章第三节《楚汉战争的全面展开》）

② 【汇注】

王益之：按：前二月，萧何守关中节，《考异》云：自侍太子以下载于立太子之后，则此上当有萧何侍太子治栎阳事，今本不载，似属脱落。（《西汉年纪》卷一）

方　回：二年六月，汉王自荥阳还栎阳，立太子，令诸侯子在关中者皆集栎阳为卫。四月，彭城之败，汉王道逢孝惠、鲁元，楚骑追汉王。（见《古今考》卷十三"还栎阳立太子"）

王先谦：刘攽曰：诸侯子，谓诸侯国人，若上言楚子矣。（《汉书补注》卷一《高帝纪第一上》）

史念海：栎阳，《史记·高祖纪》：二年，"令太子守栎阳，诸侯子在关中者皆集栎阳为卫。"是以栎阳为都。……是时长安尚未建立，故当仍以栎阳为都，至高帝七年（前200）始徙都长安。由高祖二年（前205）至高祖七年，前后共六年。栎阳在今陕西临潼县渭水北。（《中国古都和文化·中国古都的数目及其建都的年代》）

③ 【汇评】

凌稚隆：刘辰翁曰：集诸侯［子］于此，与劫五诸侯意同。（《汉书评林·高帝纪》）

程馀庆：汉之收人心处。（《历代名家评注史记集说·高祖本纪》）

韩兆琦：按：此所谓"诸侯"即指刘邦部下的各个将领。刘邦此举一方面为加强临时都城的守卫，同时也是将诸将的子弟聚于手下以为人质。（《史记笺证·高祖本纪》）

李开元：汉二年八月，刘邦领军队再次进入关中。其时，跟随刘邦进入汉中的楚及各诸侯国人也到了关中，正是他们，成了"诸侯子在关中者"，即身在关中的诸侯国人。据《史记》卷八《高祖本纪》，汉二年六月，刘邦于彭城战败后，撤退至关中，发布诏令"令诸侯子在关中者、皆集栎阳为卫。"乃是于紧急时，招集可以依靠信赖的"诸侯子在关中者"共同保卫首都栎阳。（《汉帝国的建立与刘邦集团：军功受益阶层研究·诸侯子之解读》）

④ 【汇评】

凌稚隆：杨慎曰："高祖自汉中东出，司马欣、董翳望风稽颡，独章邯坚守废丘，逾年不下，至于引水灌之然后破，此岂脆敌哉？惜其不知所事，身名俱灭。（《汉书评林·高帝纪》）

又：按：当陈胜遣数十万师入函谷关，非邯率骊山之徒击之，则长驱直捣咸阳，秦亡旦暮间矣。所以能支撑两岁，犹克陈胜，降李良，焚魏咎，困张耳，杀项梁者，皆邯力也。此其将略，岂蒙恬下哉？惜其助桀为害，不免身名俱灭耳。（同上）

⑤【汇校】

梁玉绳：附按：秦之废丘，周之犬丘也。更名槐里，《汉志》云在三年，非也。当依《史》二年为是。但《竹书》"周懿王十五年，王自宗周迁于槐里"，则槐里之名久矣，岂高祖复其旧欤？抑《竹书》不足凭也？（《史记志疑·高祖本纪第八》）

【汇注】

吴卓信：槐里，周曰犬丘，懿王都之，秦更名废丘。高祖三年更名。《竹书纪年》懿王十五年，自宗周迁于槐里。《世本》懿王二年，自镐徙都犬丘。《史记·秦本纪》秦自中潏以后，世保西垂。至非子，别居于犬丘。又《项羽本纪》立章邯为雍王，都废丘。又《高祖本纪》三年，废丘降，章邯自杀，更名废丘为槐里。又《绛侯世家》攻槐里、好畤，最。又围章邯废丘。又《樊哙传》攻赵贲、下郿、槐里、柳中、咸阳，灌废丘，最。本书《王莽传》居摄二年，槐里男子赵明、霍鸿等起兵，以和翟义。韦昭曰：周时犬丘，秦欲废之，故更名废丘。《水经注》渭水又东迳槐里县故城南，县南对渭水，北背通渠。其城递带防陆，旧渠尚存，即《汉书》所谓槐里环隄者也。世目之谓大槐里，又有小槐里。李奇曰：即槐里之西城矣。《括地志》犬丘故城，一名废丘，亦名槐里，在今雍州始平县东南十里。《通典·京兆府》金城县，即汉槐里县。《元和志》槐里故城在今兴平县东南十里。《长安志》槐里故城即犬丘城，在兴平县东南十里，周十二里，崇二丈五尺。《雍录》槐里县，古名犬丘，则为畜牧之地。秦改废丘，则以示周世不复兴也。《大清一统志》槐里故城在今西安府兴平县东南。小槐里城在县西接武功县界。按：《竹书纪年》所云，则周时已名槐里，周既自镐迁此，岂有天子所都而尚仍犬丘之名乎？据《史记·周勃世家》及《樊哙传》所云，是汉初有废丘，又有槐里，其后置县，乃统之谓槐里耳。本《志》以为高祖三年更名，未必然也。（《汉书地理志补注》卷三）

⑥【汇注】

杨华：汉高祖在未统一天下之前，夺取废丘（槐里）之后，便"令祠官祀天地、四方、上帝、山川，以时祀之"，开始建立一整套官方祭祀系统。同时"悉召故秦祀官，复置太祝、太宰，如其故仪礼，因令县为公社"，所谓"公社"即"官社"。汉高祖的这个祭祀系统，不仅在中央王朝继承了秦朝的四畤（另增加黑畤而形成五畤），而且继承了秦朝的从中央到地方的各级官祀系统。（《秦汉帝国的神权统一》，载《历史研究》2011年第5期）

⑦【汇注】

徐天麟：汉王二年冬，东击项籍而还，入关，问："故秦时上帝祠何帝也？"对曰：

"四帝有白、青、黄、赤帝之祠。"高祖曰："吾闻天有五帝，而四何也？"莫知其说，于是高祖曰："吾知之矣，乃待我而具五也。"乃立黑帝祠，名曰北畤。有司进祠，上不亲往，悉召故秦祀官，复置太祝太宰如其故仪礼。下诏曰："吾甚重祠而敬祭，今上帝之祭及山川诸神当祠者，各以其时礼祠之如故。"（《西汉会要》卷九）

⑧【汇注】

　　裴　骃：李奇曰："乘，守也。"（《史记集解·高祖本纪》）

　　王骏图、王骏观：《字书》云：乘，登也，谓登塞而守耳。（《史记旧注平义·高祖本纪》）

　　杨　建：《史记》卷八《高祖本纪》记汉二年刘邦入关中，"兴关内卒乘塞"，《汉书》卷一上《高帝纪上》记作"兴关中卒乘边塞"。《高祖本纪》又记"汉二年，缮治河上塞"。此"塞"即秦始皇时期蒙恬在西北边修筑的防御工事。……汉初刘邦初占关中，就继承已有的秦之边防设施，兴兵戍守边塞，所防备的对象当是匈奴。……楚汉相争时，"中国罢于兵革，以故冒顿得自强，控弦之士三十余万"，并且"悉复收秦所使蒙恬所夺匈奴地者，与汉关故河南塞，至朝那、肤施，遂侵燕、代"。其兵锋所指几乎深入到关中的中心地区。故此，刘邦在全力与项羽争夺关东中原时，对西部和北部之匈奴的威胁也不得不严加防范。（《西汉初期津关制度研究·津关构成及其管理》）

　　　　是时九江王布与龙且战①，不胜，与随何间行归汉②。汉王稍收士卒，与诸将及关中卒益出③，是以兵大振荥阳④，破楚京、索间⑤。

①【汇评】

　　凌稚隆：刘辰翁曰：此用两九江王布，郑重有精采。（《史记评林》卷八《高祖本纪》）

　　吴见思：重回笔写英布、龙且战事，笔法如龙。（《史记论文·高祖本纪》）

②【汇校】

　　梁玉绳：按：布之归汉在三年十二月，独此书于二年六月已后，误。（《史记志疑·高祖本纪第八》）

【汇注】

　　王叔岷：案：布归汉在三年十二月，见《月表》《汉书》及《汉纪》。《黥布列传》亦书于三年，《集解》引徐广曰：三年十二月。《通鉴》书布三年十一月归汉，十二月至汉。（《史记斠证·高祖本纪第八》）

③【汇校】

[日] 水泽利忠：秘阁"与诸侯、将及关中卒益出"。(《史记会注考证附校补·高祖本纪第八》)

【汇评】

程馀庆：又汉之转败得著处。(《历代名家评注史记集说·高祖本纪》)

④【汇注】

司马光：五月，汉王至荥阳，诸败军皆会，萧何亦发关中老弱未傅者悉诣荥阳，汉军复大振。(《资治通鉴》卷九《汉纪一》)

后晓荣：荥阳，清代陈介祺旧藏传世秦陶文有"荥市"，荥市即荥阳县市亭之省文。荥阳，战国时属韩地，《史记·六国年表》："秦庄襄元年，拔韩成皋、荥阳。"故《史记·秦始皇本纪》始皇即位时，"有河东、太原、上党郡；东至荥阳，灭二周，置三川郡"。又《史记·陈涉世家》："李由为三川守，守荥阳，吴叔弗能下。"《史记·萧相国世家》："夫汉与楚相守荥阳数年。"《索隐》韦昭云："故卫地，河南县也。"《清一统志》卷一百八十七："故城在今（开封府）荥泽县西南十七里。"今河南郑州市西北六十里外。现代考古调查表明，荥阳故城为不规则梯形，东 1860 米，西 2016 米，南 2012 米，北 1286 米，时代从战国至秦汉。(《秦代政区地理》第五章《三川郡》)

⑤【汇校】

梁玉绳：按：破楚事《汉·纪》书于二年五月，在六月立太子前，与《羽纪》合，此误在后。(《史记志疑·高祖本纪第八》)

张　燧："汉王……兵大振荥阳，破楚京、索间。"按：《汉书》在"六月，立为太子"上，为是。(《读史举正》卷一《史记·高祖本纪》)

【汇注】

颜师古：应劭曰："京，县名。今有大索、小索亭。"晋灼曰："音册。"师古曰："音求索之索。"(《汉书注·高帝纪第一上》)

胡三省：京县，秦属三川郡；汉改曰河南郡，即郑共叔所居京城也。应劭曰：京县今有大索、小索亭。《括地志》：京县城在郑州荥阳县东南二十里，荥阳县即大索城。杜预曰：成皋城东有大索城，又有小索，故城在荥阳县北四里。宋白曰：荥阳县故城在郑州荥泽县南十七里平原上，索水迳其东，即项羽围汉王处；秦三川郡亦曾移理于此。《括地志》所谓荥阳县即大索城，乃唐之荥阳县。晋灼曰：索，音册。师古音求索之索。(《资治通鉴》卷九《汉纪一》注)

方　回：二年五月，汉王屯荥阳，荥阳之险始见于此。周室东迁封郑伯于溱、洧之间，而此为制邑，郑之岩邑也，共叔段所食。而郑庄公顺母之欲养弟恶至于成而后败之事，见《左传》。秦混天下，其地属三川守李由。虽堕天下城，而荥阳之北有敖仓，有成皋之城，有大索城，小索城在其南。荥阳城南又有所谓京城，亦太叔段之城也。汉王彭城之败至于荥阳，固是得地险。然《汉书·高纪》所书有云："韩信亦收兵与汉王会，兵复大振，与楚战荥阳南京、索间，大破之。"《史记》下文云"楚以故不能过荥阳而西"。《史》当互看，意义方足。此虽险地，乃韩信兵力也。呜呼！秦函谷关之险，汉以后无称焉。河北井陉之险，韩信以后无称焉。汉荥阳之险，吕后之变，犹以灌婴屯。七国反时，犹以周亚夫屯，乃后无闻焉。蜀以剑阁为险，有邓艾则无之。吴以大江为险，有王濬、韩擒虎、贺若弼、曹彬则无之。险岂可恃哉！汉之已败而再奋，非荥阳之险也，乃韩信之兵力为之。

又：东莱《大事记》曰：京故城在郑州荥阳县东。《史记正义》曰：京县有大索城、小索城。楚汉战荥阳、京、索间，即此三城耳。《通鉴》书曰：楚乘胜逐北，与汉战荥阳南京、索间，楚骑乘众，汉王择军中可为骑将者，皆推故秦骑士李必、骆甲。必、甲愿得左右善骑者傅之，拜灌婴为中大夫，必、甲为左右校尉，将骑兵击楚骑，荥阳大破之，楚以故不能过而西。此东西争天下之势在乎成皋、荥阳、京、大、小索五城以阻楚，与南北争天下之势不司（同），观者未必悟也。又骑将得灌婴、李必、骆甲力，地险将才，汉得之矣。（见《古今考》卷十三"汉王屯荥阳，韩信收兵与汉王会，兵复大振"）

王先谦：京，河南县。解详《地理志》，在今荥阳县东南。（《汉书补注·高帝纪第一上》）

杨树达：按：《刘敬传》云："与项籍战荥阳，大战七十，小战四十。"盖通前后言之，非一时事也。又按：《水经注》卷七引《风俗通》云："俗说：高祖与项羽战，败于京索间，遁丛薄中，羽追求之。时鸠正鸣其上，追者以为必无人，遂得脱。"按：汉时传说固未足深信，然亦可知京、索间战事非一，楚汉互有胜负，史文第记其最著者耳。（《汉书窥管·高帝纪》）

王 恢：京、索，京即《左》隐元年郑共叔段所居之京城。《清统志》（一八七）："故城在今荥阳县东南二十一里。"《括地志》："今荥阳县即大索城。又有小索城在县北。"《济水注》："济水东迳荥阳县北，又东，索水注之。水出京县西南嵩渚山，与东关水同源分流，即古旃然水也。东北流合器难水，北迳小索亭西，又为索水。又北迳大栅城（晋灼曰："索音栅，故郦注又作栅也。"），又屈而西流，与梧桐水合。又北屈东迳大索城南。《晋地道记》所谓京有大索、小索亭。《汉书》京、索之间也。索水又东迳虢亭南，应劭曰：故虢公之国也。《风俗通》曰：汉高与羽战于京、索，遁于薄中，羽追求之弗得。索水又东北流，须水右入焉。索水又东迳荥阳故城南，汉王之困荥阳也，纪信诈降，王与数十骑出西门得免。羽烹信。信冢在城西北三里。索水又东迳周苛冢北。索水又东流北屈西转,北迳城东而北注济。济水又东迳敖山北,其山上有城,即殷帝仲丁之所迁也。秦置仓于其中,故亦曰敖仓城。"(《史记本纪地理图考·项羽本纪》)

龚浩康:京,县名,治所在今河南省荥阳县东南。索,城名,故址在今荥阳县境内。(见王利器主编《史记注译》卷八《高祖本纪》)

后晓荣:京县,河南荥阳故城出土秦陶文"京斛";郑州商城也出土先秦陶文"京囗"。《史记·韩非子列传》:"申不害者,京人也,故郑之贱臣。"《史记·项羽本纪》:"楚起于彭城,常乘胜逐北,与汉战荥阳南京、索间。汉败楚,楚以故不能过荥阳而西。"《集解》应劭曰:京,县名,属河南,有索亭。秦汉京县实为战国韩之京县之延续。传世战国三晋韩兵器有九年京令戈,铭文"九年京令囗……工师泱冶囗"。此物原加拿大明义士旧藏,现藏加拿大安大略皇家博物馆。又1973年山东潍县望留公社麓台村出土战国"京"戈,原文定为春秋郑国铜戈,今据研究可知应为战国时器物。《正义》引《括地志》云:"京县城在郑州荥阳县东南二十里。"《清一统志》卷一百八十七:"京县故城在今(开封府)荥阳县东南。"其故址即今河南省荥阳县的京襄故城,城址为长方形,周长6300米,时代从春秋郑国城邑至汉京县。(《秦代政区地理》第五章《三川郡》)

【汇评】

陈　渊:臣闻兵以强弱多寡为轻重,常使内重而外轻,则王室尊而诸夏安矣。昔楚、汉相距于荥阳、京、索之间,天下之势如提衡,然未知所轩轾也。高帝始得萧何、张良,又得陈平,犹以为未足。又得韩信,属之以数十万之兵,战胜攻取无不如意,然后天下之势,其重在汉。项氏已衰,汉业未成,昔之蹑足而封者,已据千里之地。汉虽灭楚,而轻重之势又变矣。故信之王,高帝之所深忧也。(《默堂集·默堂先生文集》卷第十四《卫兵》)

陈耆卿:自高帝彭城置酒之骄,而其事几败。盖是时,欣、翳已降楚,而齐、赵、魏亦皆与楚和矣。非信发兵与帝破楚京、索,而以身下诸国,亦曰殆哉。夫荥阳、京、索乃汉与羽相持之地,而诸国之下,专藉信力。前辈谓韩信将兵,惜不与项羽一战,不知信以不战战羽,而帝以不用用信。夫欲拔大木,不先去其枝叶,则根本亦未易摇。楚者,根本;诸国者,枝叶也。故信专为帝一意下诸国,以孤羽之援。而帝独与羽相持于荥阳、成皋,以扼羽之冲,然后羽可图。盖非信无以下诸国,有信而不使之下诸国,帝虽与羽相持,其气索矣。(《筼窗集》卷一《韩信论》)

三年①,魏王豹谒归视亲疾②,至即绝河津③,反为楚④。汉王使郦生说豹，豹不听。汉王遣将军韩信击，大破之，虏豹⑤。遂定魏地，置三郡，曰河东、太原、上党⑥。汉王乃令张耳与韩信遂东下井陉击赵⑦，斩陈馀、赵王歇。其明年，立张耳为赵王。

① 【汇注】

齐召南：三年冬十月。信破赵，禽歇，斩代王馀，遣使下燕。十二月，九江王英布来归；彭越破楚军下梁地。四月，楚围荥阳，拔之；王走渡河，令韩信伐齐。八月，遣人烧楚积聚。

又：（霸王）三年，九江王英布叛归于汉，四月，围汉王于荥阳，范增死，汉王走，彭越破我军。六月，击破越；拔荥阳、成皋，汉王走，复定梁地，走彭越。（《历代帝王年表·秦年表》）

② 【汇校】

［日］泷川资言：秘阁本无"疾"字。（《史记会注考证附校补·高祖本纪第八》）

【汇注】

颜师古：谒，请也。亲谓母也。（《汉书注·高帝纪第一上》）

③ 【汇注】

［日］泷川资言：《正义》曰：绝，断也。河津，即蒲州蒲津关也。蒲津桥即此。豹从同州由桥至河东，即断之而叛汉也。（《史记会注考证附校补·高祖本纪第八》）

④ 【汇校】

沈钦韩：《史记·月表》与此同，《帝纪》次在三年，非也。盖楚破汉，豹归国，即从楚。汉以九月虏豹至三年十月，韩信已东下井陉击赵。（《汉书疏证》卷一《高帝纪》）

【汇注】

颜师古：断其津济以距汉军。为音于伪反。（《汉书注·高帝纪第一上》）

⑤ 【汇注】

方　回：魏豹之兄魏咎，故魏时宁陵君，秦灭魏为庶人。（《史记》云迁咎为家人。）陈胜之起，咎往从之。周市下魏地而不肯为王，贤者也，迎咎为王。章邯破之，豹降，咎自烧杀以全其民，亦贤者也。项羽后立豹王魏，寻移豹河东为西魏王，其以国属汉，而从汉王击羽彭城，怨之也。自彭城还，请视母病，归国畔汉，韩信遂击，虏之，乃反覆之人。考之《薄姬传》，许负相薄，当生天子。豹以是叛汉，愚矣哉！（说已见前。）（见《古今考》卷十六"虏魏王豹置河东太原上党郡"）

又：《薄姬传》班固《汉书》使曹参等虏魏王豹，以其国为郡。虏豹之役，韩信为左丞相，骑将灌婴，步将曹参，班固曲笔不一。垓下之围，信以三十万众，自当项羽，伪少却，而左右翼包羽之阵，信乘之大败羽，班固亦全削之不书。然《史记·外戚传》《太后世家》亦已改韩信为曹参。（见《古今考》十三"班固削韩信功"）

杨树达：按：今山西安邑县治相去里许有古城，名魏豹城，相传为信虏豹处也。（《汉书窥管·韩彭英卢吴传》）

⑥【汇校】

梁玉绳：按：豹之反在汉二年五月，《淮阴传》作二年六月已误，此《纪》及《曹相国世家》作三年尤误。汉使郦生说豹与遣韩信击豹，皆在二年八月，虏豹在二年九月，此《纪》并书于三年，亦误。又太原郡属赵地，汉灭赵王歇始置，乃连入魏地，更为误矣。《月表》言河东、上党是，《淮阴传》又失言上党也。《汉·纪》亦误仍《史》，连言太原。（《史记志疑·高祖本纪第八》）

【汇注】

张守节：（编者按：河东）今蒲州也。（《史记正义·高祖本纪》）

又：（并州）今并州。（同上）

又：（上党）今潞州。（同上）

全祖望：河东，昭襄王二十一年置，汉因之，又分河内。魏，胡楳磵曰"河东郡、河内郡皆魏置"，不知其何所据，不可信。（《汉书地理志稽疑》卷一）

又：太原，庄襄王四年置，汉因之。（同上）

又：上党，故韩置，后入赵，庄襄王四年因之，汉因之。（同上）

吴卓信：《史记·秦本纪》昭襄王二十一年，置河东郡。又《始皇本纪》北收上郡以东，有河东、太原、上党郡。本书《高帝纪》二年九月，韩信等虏魏王豹，定魏地，置河东、太原、上党郡。《地理志稽疑》胡梅磵以河东、河内二郡为皆魏置，不知其何所据。《廿二史考异》凡《汉志》称秦置者，谓因其名而不改者也。如河东、太原、上党、东郡、颍川、南阳、南郡、九江、钜鹿、齐郡、琅邪、会稽、汉中、蜀郡、巴郡、陇西、北地、上郡、云中、雁门、代郡、上谷、渔阳、右北平、辽西、辽东、南海，二十七郡是也。（《汉书地理志补注》卷五）

王荣商：定魏地，置河东、太原、上党郡。荣商案：《异姓诸侯王表》是时置河东、上党郡。明年灭赵王歇，属汉，为太原郡，与《纪》不同。盖太原本赵地，时为魏豹所有，故《纪》《表》互言之。（《汉书补注》卷一）

龚浩康：河东，郡名，辖今山西省阳城县以西、石楼县以南地区，郡治在安邑（今山西省夏县西北）。太原，郡名，辖今山西省雁门关以南、吕梁山与太行山之间一带，郡治在晋阳（今山西省太原市西南）。上党，郡名，辖今山西省沁源县与河北省涉

县以西地区，郡治汉时在长子（今山西省长子县西）。（见王利器主编《史记注译》卷八《高祖本纪》）

【汇评】

凌稚隆：定魏、下楚及食敖仓，益汉之得着处。（《史记评林》卷八《高祖本纪》）

⑦【汇注】

方　回：三年冬十月，韩信张耳东下井陉，击赵，斩陈馀，获赵王歇，置常山、代郡。此《汉书·高纪》也。《史记》书虏魏王豹在此年，于置河东、太原、上党郡之下文，书曰："汉王乃令张耳与韩信遂东下井陉，击赵，斩陈馀、赵王歇。其明年，立张耳为赵王。"不书置常山、代郡。《汉·纪》不书立张耳为赵王，意者信耳。初破赵，汉置常山、代郡矣。四年夏，韩信请立张耳为赵王，则常山、代郡又为赵国。耳之为王仅一年，死，子敖嗣。以贯高谋反，子敖免王为侯，乃复为常山、代郡。而文帝又为代王，更革不常。《汉·地理志》无代郡，而有赵国。故秦邯郸郡不过四县八万四千户，则张耳之王赵，非赵全地也。井陉，《史记索隐》曰：常山石邑县，井陉山在西。又《穆天子传》云"至于陉山之隧，升于三道之上"，是也。吕东莱曰：今为真定府井陉县。《地理志》常山郡井陉县。应劭曰：井陉山在南。（陉音形。）韩信、曹参、灌婴三将击赵，汉王又益以失国之张耳与陈馀为雠者同击之，其必取无疑矣。高祖可谓善用人也。韩信用广武君之计，留赵一年而后请张耳为王，使人说燕王臧荼下之，而未伐齐，则项羽之所助者，仅有田广耳。（此以后高祖置郡，《纪》不再书。）（《续古今考》卷十六"置常山代郡"）

顾祖禹：井陉关在真定府获鹿县西十里，山西平定州东九十里。《吕氏春秋》："天下九塞，井陉其一。"亦曰土门关。《地记》："太行八陉，其第五陉曰土门关。"今山势自西南而东北，层峦迭岭，参差环列，方数百里。至井陉县东北五十里曰陉山（《穆天子传》谓之铆山），其山四面高平，中下如井，故曰井陉。燕赵之间，亦谓山脊为陉也。徐广曰：陉，山绝之名。赵武灵王二十年，使赵希并将胡、代、赵与之陉，盖并将胡、代、赵之兵与诸军向井陉之侧也。始皇十八年，王翦攻赵，下井陉。三十七年，始皇死，行，遂从井陉抵九原。二世二年，赵王武臣使李良略太原，至石邑，秦兵塞井陉，未能前。汉三年，命韩信、张耳东下井陉击赵。赵聚兵井陉口，广武君李左车谓陈馀曰："信、耳乘胜远斗，其锋不可当。今井陉之道，车不得方轨，骑不得成列，其势粮食必在后，愿假臣奇兵三万，从间道绝其辎重。足下深沟高垒，勿与战。彼前不得斗，退不得返，野无所掠，不十日而两将之头可致麾下。否则，必为二子所擒矣。"馀不听，信遂下井陉，斩陈馀。《汉志》亦谓之石研关，上党三关之一也。（《读史方舆纪要》卷十《直隶一·历代州域形势七》）

韩兆琦：井陉，即井陉口，太行山的险隘之一，是山西与河北之间的交通要道，在今河北井陉县西北。崔金亮曰：在获鹿县（即今鹿泉市）西五里，左海螺、右抱犊两山间，现井获公路路北有一村庄，即古代的土门村（现分两个村，即东土门、西土门），这就是小有名气的土门关，也就是古代的井陉口，即井陉东口。土门关，自古为东西必经之道，遗留到现在三座门楼上仍保留有"三省通衢""晋陕通衢""土门关"等字样，史称"土门重地"也，东扼滹水燕赵疆焉。其西南万峰插天，羊肠一线，而远通秦晋，诚东西之咽喉，而往来之冲要也。土门关，实际是井陉关，又名土门关。而井陉关实有狭义和广义之分，广义的井陉关是指地域而言，指的是井陉全境，它包括东土门关，即井陉关的东口，和西故关、娘子关，即西口。而在井陉境内的古道，即史载的"井陉之道，车不得方轨，骑不能成列"的羊肠一线之通道。韩信破赵之战，就基本发生在以土门关为中心，以西到今井陉微水，东到获鹿县城，其间约三十华里的范围之内。（《史记笺证·淮阴侯列传》）

　　汉王军荥阳南，筑甬道属之河①，以取敖仓②。与项羽相距岁馀。项羽数侵夺汉甬道，汉军乏食，遂围汉王。汉王请和，割荥阳以西者为汉。项王不听。汉王患之，乃用陈平之计③，予陈平金四万斤④，以间疏楚君臣⑤。于是项羽乃疑亚父。亚父是时劝项羽遂下荥阳⑥，及其见疑，乃怒，辞老，愿赐骸骨归卒伍⑦，未至彭城而死⑧。

① 【汇注】
　　张守节：甬音勇。韦昭云："起土筑墙，中间为道。"应劭云："恐敌抄辎重，故筑垣墙如街巷。"（《史记正义·高祖本纪》）
　　胡三省：属，之欲翻。（《资治通鉴》卷九《汉纪一》注）
　　龚浩康：属之河，指从荥阳一直连接通到黄河边上。属，连接。（见王利器主编《史记注译》卷八《高祖本纪》）

② 【汇校】
　　崔　适：按：各本脱"粟"字，今依《项羽本纪》补。（《史记探源》卷三）
【汇注】
　　张守节：孟康云："敖，地名，在荥阳西北，山上河临有大仓。"《太康地理志》云："秦建敖仓于成皋。"（《史记正义·高祖本纪》）
　　胡三省：《括地志》：敖仓在郑州荥阳西北十五里。县门之东北临汴水，南带三皇

山。(《资治通鉴》卷九《汉纪一》注)

吴卓信：敖仓在荥阳。《史记·殷本纪》仲丁迁于隞。《帝王世纪》仲丁自亳迁于嚣，今河南敖仓是。《诗·小雅》"搏兽于敖"。《左传》宣十二年，晋师在敖、鄗之间。杜注：敖、鄗，二山名。敖山在荥阳县西北。《史记·项羽本纪》"汉军荥阳筑甬道，属之河，以取敖仓粟"。臣瓒曰：敖，地名，在荥阳西北，山临河有大仓。薛综《东都赋》注：敖，郑地，今之河南荥阳也。《续郡国志》荥阳有敖亭。《宋武北征记》敖山，秦时筑仓于其下。汉高祖亦因敖仓傍山筑甬道，下汴水。《水经注》济水又东迳敖山北，其山上有城，即仲丁所迁。秦置仓其中，故曰敖仓。《括地志》敖仓在荥泽县西北十五里石门之东，北临汴水，南带三皇山。《大清一统志》敖山在荥泽县西北与河阴县接界。(《汉书地理志补注》卷九)

方　回：初，汉彭城之败，退屯荥阳，今郑州荥阳县。韩信收兵来会，与楚战荥阳南京、索间，破之。筑甬道属河，以取敖仓粟。应劭曰：恐敌钞辎重，故筑垣墙如街巷也。吕东莱曰："京故城在郑州荥阳县东。京县有大索城、小索城。楚汉战荥阳、京、索间，即此城耳。楚以故终不能过荥阳而西。秦建敖仓于成皋。敖，地名，在荥阳西北。山上临河有谷仓。郦食其曰：'敖仓，天下转输久矣，闻其下乃有藏粟甚多。'荥阳、成皋控南北之冲，故秦积粟于此。《通典》曰：'钜桥盈而殷丧，成皋溢而秦亡。'"回今考：……汉高败于彭城，退屯荥阳，赖韩信共力战，楚不能西过京索间。信乎其为险矣。相拒一年而敖仓之甬道绝，荥阳受围以诈得出跳，走成皋，入关收兵。成皋又被围，急甚，又自小修武渡河夺韩信、张耳之军。军复大振，荥阳、成皋皆破，而再复项羽，终不为河南洛阳之害。汉之战守亦甚劳矣。特此数县为大战场，"丁壮苦军旅，老弱疲转饷"，此十字尽之矣。卒赖韩信定燕、齐，黥布、彭越扰楚腹心，南北夹攻，汉高身当一面风寒，全护关河，而后楚卒以亡，故略考地书此。(见《古今考》卷十六"项羽数侵夺汉甬道汉军乏食")

【汇评】

王应麟：或曰：辕生出武关之计，郦生取敖仓之策，皆所以困楚，而使之力分食尽也，良、平之智不及此，何欤？曰：天下有无穷之才，人才有无穷之智，惟不自用，而能用人者，乃能合群才以为才，兼众智以为智。赵奢解阏与之围而先据北山之谋，乃出于军士之许历；条侯会荥阳之兵而右走蓝田之谋，乃出于道旁之赵涉。信乎才智之无穷，古之人所以稽于众、谋及庶人、询于刍荛也。方楚汉雌雄未决，竞逐于荥阳、成皋间，迭为胜负，谋臣如云，猛士如雨，未知制楚之策也。出宛、叶，掩不备，以分其力，其谋发于辕生；取敖仓，绝粮饷，以饥其师，其谋发于郦生。于是坚壁不战，养锐以待其敝，东驰西鹜，使之疲于奔命，则辕生之为也；鸿沟之分，太公、吕后之归，因其食尽，遂收垓下之功，则郦生之为也。二生之纳说非难，高帝之能听为难，楚兵困而汉业成，始于是矣。天下固多奇士哉！然而郦生冯轼下齐，不免临淄之鼎，工于谋国，而拙于自谋，固无憾也。若辕生说行而身隐，鸿飞鱼潜，脱屣圭组，远希鲁连，近慕董公，亦古之逸民欤！高于郦生远矣。贤者一言济时救民，而爵禄不缨其心，不可与辩士说客并论也。尝观《集古录·后汉袁良碑》叙其世系云："当秦之乱，殷居河洛，高祖破项，实从其策，天下既定，还宅扶乐。"盖辕生，陈人涛涂之后，良之远祖也，史失其名，碑亦阙焉，并书以补班史之遗。（《通鉴答问》卷三《辕生郦生》）

③【汇评】

苏　轼：汉用陈平计，间疏楚君臣。项羽疑范增与汉有私，稍夺其权，增大怒曰：天下事大定矣。君王自为之，愿赐骸骨归卒伍，归未至彭城，疽发背死。苏子曰：增之去善矣，不去，羽必杀增。独恨其不蚤耳。……且义帝之立，增为谋主矣，义帝之存亡，岂独为楚之盛衰，亦增之所与同祸福也。未有义帝亡而增独能久存者也。羽之杀卿子冠军也，是弑义帝之兆也。其弑义帝，则疑增之本心也，岂必待陈平哉。物必先腐也，而后蠹生之。人必先疑也，而后谗入之。陈平虽智，安能间无疑之主哉？……不用其言，而杀其所立，羽之疑增，必自是始矣。方羽杀卿子冠军，增与羽比肩而事义帝，君臣之分未定也。为增计者，力能诛羽则诛之，不能则去之，岂不毅然大丈夫也哉。增年已七十，合则留，不合则去。不以此时明去就之分，而欲依羽以成功，陋矣。（《苏文忠公全集·东坡续集》卷八《论项羽范增》）

④【汇校】

梁玉绳：附按：《史》《汉》皆言"四万斤"，而唐李嗣真谏武后用来俊臣疏作"五万斤"。（《史记志疑·高祖本纪第八》）

【汇评】

韩　愈：昔汉高祖出黄金四万斤与陈平，恣其所为，不问出入，令谋项羽。平用金间楚，数年之间，汉得天下。论者皆言汉高祖深达于利，能以金四万斤致得天下。以此观之：自古以来，未有不信其言而能有大功者；亦未有不费少财而能收大利者也。（《昌黎先生文集》卷三十九《谕捕贼行赏状》）

李　纲：古之创业拨乱之主，必有一世之英材起而辅翼之。卒然相遇于草昧之中，非知之难，用之为难，而能尽其用为尤难也。知而不能用，与不知同；用而不能尽，与不用同；知其材而能尽用之，惟高祖为然。高祖因萧何而知韩信，设坛场拜以为大将，中分麾下之兵，使之定三秦，虏魏豹，擒夏说，破赵二十万众，胁燕平齐，卒灭项羽，岂特信之功哉？高祖能尽其用也。因魏无知而知陈平，以为护军，尽护诸将，捐黄金四万斤，使间楚之君臣，不问出入，而楚之君臣果以疑疏，遂至于亡。出六奇计，而天下遂定，岂特平之智哉？高祖能尽其用也。至于子房、萧、曹，则高祖素所自知也。何守笺籥，(给)馈调兵；参从征伐，攻城略池；而子房运筹帷幄之中，决胜千里之外，谋合志从，无不尽其用者；彼韩信、陈平皆尝从楚，以策干羽，弗能用也。而羽之骨鲠之臣如亚父、钟离昧之徒，一为汉所间，遂疑远之，用而弗能尽也。楚汉之所以兴亡，虽其故多端，而大要在此。故高祖置酒雒阳南宫，使通侯诸将言己之所以得天下，而项氏所以失之者。高起、王陵言其故。而高祖推明子房、萧何、韩信之功，以谓彼皆人杰，吾能用之，此吾所以取天下也。项羽有一范增而不能用，此所以为我禽也。呜呼！若高祖者，其可谓知所以取天下之要欤。(《梁溪集》卷一百四十五《论创业拨乱之主用人》)

刘辰翁：高祖初兴，在关中无所取。可见者，唯彭城所得货赂耳。以泗上亭长视万斤金如粪土，委一夫不疑，其志气吞羽数倍，岂涕泣饭食间比哉？愚意谢羽之白璧，谢亚夫之玉斗，师入关无所取，所谓封府库，还军霸上者，特不如燕之迁齐重器耳，非全无所取也。彭城取货赂，睢水之败，危急如此，虽孝惠、鲁元推之者三，又岂有重爱于子女者？观此，恐不可如此拘。万斤者，高祖一时口语，四万斤者，《史》所记实也。(见倪思编《班马异同》卷二《高祖》)

沈长卿：穷措大谓汉王不惜千金行反间，啧啧称羡。按：《史记·陈丞相世家》盖出黄金四万斤也。间楚相亚父、间楚将钟离昧，悉藉此金。事前恣所为，事后置不问，沐猴已就槛矣。天下事有所穷，智有所困，力有所窘，非财不通。后世忌功者以钱谷诬才臣，忌品者以簠簋汙廉吏，皆寒陋之小人也。(《沈氏日旦》卷六)

⑤【汇评】

冯 琦：按：自古欲败人之国者，必先离间其君臣。秦间李牧而赵亡，汉间范增而楚破。盖君臣之际，有间则离，有疑则败。若项羽能推诚任人，则虽有反间，何从而入哉。陈平此计，虽是诡诈，然楚汉兴亡实决于此。捐金四万不问出入，盖务大计者不惜小费也。(《宗伯集》卷三十二)

秦笃辉：汉高之胜项羽，在豁达大度，知人善任固已，亦在善用间与不吝金宝。故以四万金听陈平用之。知秦将为屠者子，而以重宝啖之而致连和。知陈豨将皆故贾人，则以金啖之遂多降者。固胜刓印弊而不忍予者矣。虽然，此汉之必不可为三代哉。(《读史賸言》卷一)

⑥【汇评】

王鸣盛：项氏谬计凡四……汉之败彭城，诸侯皆与楚背汉，范增劝急围汉王荥阳。范增诸所为项王计划，惟此最得。乃又听汉反间逐增，使军心懈散，失汉王。谬四。(《十七史商榷》卷二《项氏谬计四》)

⑦【汇注】

龚浩康：卒伍，古代乡间基层编制。以五家为一伍，二百家为一卒。归卒伍，即

辞职为民。(见王利器主编《史记注译》卷八《高祖本纪》)

⑧【汇评】

黄 晞：或问："使项羽之始终于范增，而楚可兴乎？"聱隅子曰："守之不以其道，行之不以其义，虽至尧舜为之而臣不能扶，矧一悠悠之夫乎？"又曰："范增何如人也？"聱隅子曰："狩人之人也。"曰："何以然也？"曰："贪利而不止，好杀而不节，蹈不测之薮，遇逸材之兽，前不制，后无援，果自伤矣！"(《聱隅子歔欷琐微论》卷二《战克篇第七》)

王懋竑：东坡苏公《范增论》以义帝之存亡，增之所与共祸福，而惜增之不早去。又谓增不去则羽不亡。其说既详矣，余为综其本末则皆不然。……羽之杀卿子冠军也，已贰于义帝矣。义帝虽生于牧竖，而其人庸庸者，假令自立国，后必率诸侯以讨羽，不然诸侯中亦必有挟之以令天下者。故义帝之存非楚之利，其击杀之江中，纵非增谋亦必与闻焉，非特羽意也。羽乘战胜之威视汉王如无有，而增之疑忌特甚。其迁之巴、蜀而分秦三降将以距塞汉，史固明著其出增之计。羽与汉相距荥阳仅三载，陈平以计间增而羽始稍夺其权，增即大怒绝去。则前此委任之专而增之竭忠尽智以为羽谋者概可见矣。其未至彭城而疽发背以死也，度其心犹惓惓不忘于羽焉，是增固始终于项而于义帝毫无所与也。而谓义帝之存亡乃增之所与共祸福，岂其然哉。……《史》言增年七十，居家好奇计，而以劝立楚后系之，是时六国之亡未久也，强宗大族所在多有，如秦嘉之立景驹，周市之立魏咎，张耳、陈馀之立赵歇，大抵皆然，不独增为奇计也。假使羽不疑增，终听增言，不过急攻荥阳，荥阳下而汉王未必可得。后此羽尝拔荥阳矣，拔成皋矣，而汉王固自若也。增虽不去，亦无救于羽之亡，东城之事增幸不及见之耳。自汉定三秦，萧何守关中，根本已固。韩信下魏收齐赵，黥布、彭越皆为汉用，羽虽未亡而亡形决矣。增即在焉，岂能以独抗哉？故谓增不去羽不亡者，此亦不然之论也。苏公文章之宗岂敢轻议，而一得之，愚有未能释然者，姑记于此，以俟世之君子考而质焉。(《白田杂著》卷三《书范增论后》)

戴名世：彼范增者，项氏骨鲠之臣也，其劝羽杀沛公，羽不听，则羽之过也。其立义帝则可谓不明于天下之大势者也。汉王与郦食其谋挠楚权，食其请复立六国后，张子房以为不可。由此观之，夫有所立以自辅且不可，乃欲有所立以自制，夫岂明于势而熟于计者哉。呜呼！势有可行有不可行，视乎所遭之变，所遇之时，而势出乎其间。吾独恤夫后之举事者，有可以用增之计而不能用，而自取灭亡为天下笑。而增用之楚，而项王又以失其天下。呜呼！苟非明者，乌能视势之所在而图之，以定天下之大计也哉。(《南山集·论说·范增论》)

汉军绝食，乃夜出女子东门二千馀人，被甲，楚因四面击之。将军纪信乃乘王驾，诈为汉王，诳楚①，楚皆呼万岁②，之城东观③，以故汉王得与数十骑出西门遁。令御史大夫周苛、魏豹、枞公守荥阳④。诸将卒不能从者，尽在城中。周苛、枞公相谓曰："反国之王⑤，难与守城⑥。"因杀魏豹⑦。

① 【汇注】
方　回：夫项羽学兵法而实无所得，贪婪一也，残暴二也，疑忌三也。荥阳围急，"陈平夜出女子东门二千余人，被甲"，班固删"被甲"字。楚因四面击之，项羽不察其为误我之计，四面奋击，屠妇女二千余人，此乃陈平欲宽西面走路耳，羽何等兵法。纪信之出，项羽以为真汉王降我也。问探略不审细，羽何等兵法。假如城东真受降，南北西三面军士岂可擅离所部皆呼万岁之城东，观羽何等兵法。羽是时，盖愚不可言，不知其胸中何以处汉王也。下车而汉王非是，乃纪信耳，虽纵一时之怒，烧杀之，汉王遁矣。诸军定发一笑也。（见《古今考》卷十六"羽烧杀信"）

曹学佺：纪信，西充人。高祖王汉中，信从，定三秦有功，拜将军。高祖与楚相持荥阳，欲取敖仓粟，乃筑甬道，属之河，军得无乏。项王恶之，侵夺甬道。汉军食尽，楚军昼夜攻围，城将陷，信曰："事急矣！臣请诳楚。"汉王不忍，信强取汉王袍服著之，王泣，群臣皆泣。遂行乘王车，黄屋左纛，遣人前语曰："汉兵食尽，王出降。"楚军皆呼万岁，开东门出，楚军尽往东城观汉王。汉王得从数十骑自西开门出而逸去，楚人焚信死。（《蜀中广记》卷四十四《人物记四》）

【汇评】
王　迈：荥阳一战，羽听增言，兵围愈急。是时汉之援兵未至，楚全而汉孤，事势缓急不问可知。纪信在军中时碌碌无闻，非有智谋勇略出诸臣之右者，一旦乃能奋不顾身，称降诳楚。帝既突骑而归，而信之肝脑已膏于楚人之斧钺矣。信之此举，谁实使之？或者天心眷眷于赤帝之子，则必假手于草莽之臣。不然，汉事去矣。信之一死，刘氏四百年社稷于此乎决，是岂可以易言哉。（《臞轩集》卷三论《高帝论三》）

凌稚隆：唐顺之曰：兵法云：多方以误之。（《史记评林》卷八《高祖本纪》）

又：李德裕曰：杀身成仁，代有豪杰莫不显一身之义烈，未有系一国之存亡，惟纪信乘黄屋以诳楚，赴丹焰而存汉，数千年间一人而已。余谓汉祖封建纪氏宜在萧、曹之上。报德未称，良可悲夫。（同上）

又：按：信之忠诚，一至是乎。信不烧，由帝不脱，而汉之大事去矣。厥功讵不

伟哉。而胡帝不录其功，史家亦莫为之列传，遂使信之忠诚，不自于天下后世，而临危顾身者踵相接也。(《汉书评林·高祖本纪》)

王世贞：帝之诸功臣，孰有大于纪信者。毋论忠也，而帝卒不录，何也？即无后，侯之可也。即不侯，祠之可也。而不然者，旌信而成其成皋之降也。非《史》几乎泯矣。故其于信也，耻之变而泯者也。于丁公也，羞之变而怒者也。(《弇州四部稿》卷一百十文部《高帝》)

[日]**泷川资言**：荥阳之围，汉王如釜鱼，微纪信诳楚，则汉之为汉未可知也。信之功大矣，而史公不为信立传者，盖此一事之外，无可记者，故见之高祖、项羽两纪，以致丁宁之意焉。(《史记会注考证·高祖本纪第八》)

② 【汇注】

刘壎：万岁之呼，世以为起于汉武帝登嵩山，从官奏。人有呼万岁者三，自此遂以为祝君之礼。然齐田单守即墨，遣使诈约降于燕，燕军皆呼万岁，则此礼非起于汉矣。又相如奉璧入秦，秦人皆呼万岁。纪信诈降，楚皆呼万岁之城东观。(《隐居通议》卷二十五《经史二·万岁》)

邵泰衢：汉非楚主，安得争呼万岁？楚兵敌汉，安得骤聚东城？或曰：呼万岁者，楚人贺项王也。时范增已去，故汉计得行，不然，成擒易耳。(《史记疑问》卷上)

③ 【汇评】

田一侨：楚汉之争，楚可以杀汉王者凡三。饮于鸿门，一剑之力耳，而项王不忍。彭城高会，楚军围汉王三匝，赖大风旦晦，始得遁去。荥阳之困，纪信黄屋左纛诳楚，楚兵之城东观，而汉王乃出西门。后世读史者，未尝不称汉王死而能生，亡而能存，谓为天授。然汉王之得天下，从此决矣。(见《历代史事论海》卷九《高帝灭楚论》)

④ 【汇注】

叶梦得：初从高祖者，又有肃公、薛公、枞公。史皆失其名，知高祖之养士以待缓急之用者，非一途也。(《避暑录话》卷下)

邓名世：谨按：《前汉·高祖纪》"高祖命枞公与周苛守荥阳"。师古曰："枞，千容反。"则枞人氏也。《地里志》有枞阳，必其先以地为氏。(《古今姓氏书辩证》卷三《枞》)

王先谦：应劭曰："枞公者，不知其名，故曰公。"苏林曰："音枞，木之枞。"师古曰"音千容反"。(《汉书补注·高帝纪第一上》)

王叔岷：案：下文称"乃复引兵西拔荥阳，诛周苛、枞公，而虏韩王信"。则此"守荥阳"当书"韩王信"，文乃相应(《项羽本纪》《汉书·高纪》《项籍传》《汉纪》皆失书韩王信)。《韩信传》作"韩王信、周苛等守荥阳"，《通鉴》本之，作"令韩王信与周苛、魏豹、枞公守荥阳"是也。(《史记斠证·高祖本纪第八》)

龚浩康：御史大夫，官名，是主管监察的最高长官，职位相当于副丞相，与丞相、太尉合称三公。枞公，姓枞，名字不详。（见王利器主编《史记注译》卷八《高祖本纪》）

⑤【汇注】

司马光：魏王豹谒归视亲疾，至则绝河津，反为楚。（《资治通鉴》卷九《汉纪一》）

胡三省：豹都平阳，在河东，故断其津济以拒汉军。（《资治通鉴》卷九《汉纪一》注）

⑥【汇注】

陈　直：《考证》：王城二字为韵，盖当时有此成语。直按：此非"语曰""谚曰"，无所谓用韵。（《史记新证·项羽本纪第七》）

⑦【汇校】

裴　骃：徐广曰："按：《月表》，三年七月，王出荥阳。八月，杀魏豹。而又云四年三月，周苛死。四月，魏豹死。二者不同。项羽杀纪信、周苛、枞公，皆是三年中。"（《史记集解·高祖本纪》）

洪颐煊：八月，周苛、枞公杀魏豹。四年三月，周苛入楚。四月，王出荥阳，豹死。《集解》徐广曰："《项羽纪》曰：ّ王出成皋。'"颐煊案：《表》以四年之出成皋为出荥阳，故重言豹死。周苛未尝入楚，项羽拔荥阳，杀周苛、枞公亦是三年事，皆《表》误。（《读书丛录》卷十七《周苛枞公》）

汉王之出荥阳入关①，收兵欲复东。袁生说汉王曰②："汉与楚相距荥阳数岁③，汉常困④。愿君王出武关⑤，项羽必引兵南走，王深壁⑥，令荥阳、成皋间且得休⑦。使韩信等辑河北赵地⑧，连燕、齐⑨，君王乃复走荥阳，未晚也。如此，则楚所备者多，力分⑩，汉得休⑪，复与之战，破楚必矣⑫。"汉王从其计⑬，出军宛、叶间⑭，与黥布行收兵。

①【汇评】

吴见思：汉王既遁，内写城中一笔，即回写汉王出荥阳一笔，两边夹写。写者笔不停挥，读者目不暇转。（《史记论文·高祖本纪》）

② 【汇注】

　　王应麟：《集古录·汉袁良碑》云："当秦之乱，隐居河洛。高祖破项，实从其册。天下既定，还宅扶乐。"欧阳公云：盖不知为何人也。愚按：《高祖纪》三年汉王自成皋入关收兵，欲复东，辕生说汉王曰："汉与楚相距荥阳数岁，汉常困。愿君王出武关，项王必引兵南走。王深壁，令荥阳、成皋间且得休息，使韩信等得辑河北赵地，连燕齐，君王乃复走荥阳。如此则楚所备者多，力分，汉得休息，复与之战，破之必矣。"汉王从其计，出军宛、叶间，此即辕生也。（辕与袁同）（《困学纪闻》卷二十《杂识》）

　　胡三省：辕，姓也。《姓谱》：陈大夫辕涛涂之后。以其所本考之，亦与爰、袁二姓通。（《资治通鉴》卷一〇《汉纪二》注）

　　赵　翼：《史记》汉王败入关，又东出。袁生说汉王出武关，令荥阳、成皋间且得休息。《汉书》作辕生。（《廿二史札记》卷一《高祖本纪》）

③ 【汇校】

　　梁玉绳：按：汉以二年五月屯荥阳，三年五月出荥阳（《月表》作七月出，误），连闰计之，首尾才十四月，何言数岁乎？当作"岁余"为是，上文固有"相距岁余"之语也。（《史记志疑·高祖本纪第八》）

　　王叔岷：案：《长短经》注作"汉与楚相拒与荥阳、成皋数月"。距、拒古今字，《殷本纪》已有说。"数岁"作"数月"，亦不合。惟较近之耳。梁氏所称"汉以二年五月屯荥阳，三年五月出荥阳"，见《汉书》，《通鉴》同。《月表》书"二年五月王走荥阳，三年六月王出荥阳"。（本《纪》上文"因杀魏豹"下，《集解》引徐广注称"《月表》：三年七月王出荥阳"。）据《汉纪》，则汉王如荥阳在二年八月，出荥阳亦在三年五月。（《史记斠证·高祖本纪第八》）

④ 【汇校】

　　张文虎：汉常困，《御览》引"困"上有"中"字。（《校刊史记集解索隐正义札记·高祖本纪》）

⑤ 【汇评】

　　凌稚隆：又汉之胜着处也。（《史记评林》卷八《高祖本纪》）

⑥ 【汇注】

　　龚浩康：深壁，深沟高垒，指坚守不战。（见王利器主编《史记注译》卷八《高祖本纪》）

⑦ 【汇校】

　　张文虎：且得休，《御览》引下有"息"字，疑依《汉书》增。（《校刊史记集解索隐正义札记·高祖本纪》）

【汇注】

王恢：按：成皋固洛阳之险塞，而荥阳又成皋之门户也。负嵩山余脉之斜坡，面河淮千里之平原，楚汉以此决兴亡。其后陈平、灌婴屯十万之众以扼东西之冲；七国反，窦婴、周亚夫以荥阳为司令台。汉初平，晋永兴、永嘉、太和，梁大通，隋大业，无不争此以壮声势。（《史记本纪地理图考·秦始皇本纪》）

⑧【汇校】

张文虎：辑河北，《御览》引"辑"作"平"。（《校刊史记集解索隐正义札记·高祖本纪》）

【汇注】

颜师古：辑与集同，谓和合也。《诗序》曰"劳来还定安集之"。《春秋左氏传》曰"群臣辑睦"。他皆类此。（《汉书注·高帝纪第一上》）

⑨【汇注】

龚浩康：以赵地为纽带，把燕地和齐地连成一片。（见王利器主编《史记注译》卷八《高祖本纪》）

⑩【汇评】

凌稚隆：按：备多力分之说，正胜楚之要机也。楚卒以此困，袁生其善谋哉。他日报功之典无闻焉，惜矣。（《史记评林》卷八《高祖本纪》）

徐孚远：唐顺之曰：兵法云："多方以误之。"（《史记测议·高祖本纪》）

⑪【汇校】

张文虎：汉得休，《御览》引，下有"息"字，盖亦依《汉书》。（《校刊史记集解索隐正义札记·高祖本纪》）

⑫【汇评】

范浚：虽以弱敌强，以寡敌众，犹相持也。故以弱而持强者，汉高之持项籍是也。以寡而持众者，曹操之持袁绍是也。汉高与项籍相距荥阳数岁，汉义而籍不义，故汉虽数困而不为弱。然卒所以胜籍者，奇也。高祖出军宛、叶，缀籍兵而不战，令荥阳、成皋间得休息，使韩信等得辑河北赵地，连燕、齐，因复走荥阳，使籍备多而力分，此高祖之用奇也。（《香溪集·范香溪先生文集》卷十二《揆策下》）

刘辰翁：此袁生大是知士，他人入关而守，独劝之出关，弃荥阳以全荥阳；又开之以分军河北，着数甚远，死中得活，良、平所未及也。（见倪思编《班马异同》卷二《高祖》）

何焯：项王必引兵南走，至破之必矣。项王既引而南，不能骤为河北声援，取赵亦可以万全矣。辕生之计，即伍子胥所以覆楚也。（《义门读书记》卷十五）

⑬【汇评】

钟　惺：袁生此策，亦汉得天下要著，楚虽胜汉，力疲而神乱矣。所备者多一语，尤为居要，可悟兵家分合劳逸之故。(《史怀》卷五)

⑭【汇注】

颜师古：叶，县名，古叶公之国，音式涉反。宛县、叶县之间也。(《汉书注·高帝纪第一上》)

张守节：宛，於元反。叶，式涉反。宛，邓州县也。叶，汝州县。《水经注》云："本楚惠王封诸梁子兼，号曰叶城，即子高之故邑也。"(《史记正义·高祖本纪》)

胡三省：宛、叶，班《志》，二县属南阳郡。《史记正义》曰：宛，邓州县。叶，汝州县。宛，于元翻。叶，式涉翻。(《资治通鉴》卷一〇《汉纪二》注)

后晓荣：宛县，相家巷出土秦封泥有"宛丞之印"；西汉初年的张家山汉简《秩律》有"宛"县，其上属郡应为南阳郡。《史记·秦本纪》："百里奚亡秦走宛。"昭王十五年，白起"攻楚，取宛"。"十六年，封公子市于宛"。又《史记·韩世家》："釐王五年，秦拔我宛。"马非百按语："釐王五年为昭王十六年，岂秦取宛后，韩又得之，故复取之耶？昭王三十五年，置南阳郡，治宛。陈恢云：宛，大郡之都也，连城数十。"又《史记·项羽本纪》："汉王之出荥阳，南走宛、叶。"《史记·高祖本纪》："(沛公)略南阳郡，南阳守齮走，保城守宛。"《水经·淯水注》："淯水，又东过宛县南。""秦昭襄王使白起为将，伐楚取郢，即以此地为南阳郡，改县曰宛。"《读史》卷五十一河南南阳府南阳县，"秦为宛县，南阳郡治焉"。宛城，"今府治，春秋时楚邑，百里奚亡秦走宛，楚鄀人执之也，《秦纪》：'昭王十五年白起攻楚去宛，十六年封公子市于宛。'市即泾阳君也。又《韩世家》'釐王五年秦拔我宛'，《年表》釐王五年为秦昭王十六年，意者韩邑近宛，秦取之以广市之封邑欤？又昭王十二年与楚顷襄王好会于宛。二十七年使司马错攻楚，赦罪人迁之南阳，宛于是始兼南阳。三十五年秦置南阳郡，治宛。二世三年沛公略南阳郡守齮保宛，沛公引兵过而西，从张良谏，夜引兵从他道出，黎明围宛城三匝，宛降。""汉三年，汉王出荥阳南走宛，寻出兵宛叶间，后亦为南阳郡治。"今河南南阳市宛城故城为长方形，东西2500米，南北1600米，时代从周代申国、战国楚宛郡治，至秦汉南阳郡治宛县。(《秦代政区地理》第五章《南阳郡》)

又：叶县，秦封泥有"叶丞之印"。叶，春秋时为楚国叶公子高封邑，孔子曾至叶，叶公向孔子问政，秦末刘邦也曾败走叶县。《史记·孔子世家》："孔子自蔡如叶，叶公问政。"《史记·项羽本纪》："汉王之出荥阳，南走宛、叶，得九江王布，行收兵。"《汉志》南阳郡叶县，"楚叶公邑，有长城，号为方城"。《水经·灊水注》盛宏之曰："叶东界有故城，至灊水，达比阳界。南北联数百里，号为方城。"《元和》卷七："叶县，本楚之叶县，春秋楚人迁许于此。其后楚使沈诸梁尹之，僭号称公，谓之叶公。秦置郡县，隶于南阳。"叶县故城在今河南叶县西南三十里，故城为长方形，东西500米，南北2000米，面积100平方米，时代从春秋楚国封君邑，至秦汉叶县。（同上）

【汇评】

凌稚隆：王应麟曰：出宛叶以分其力，其谋发于辕生，取敖仓以饥其师，其谋发于郦生，于是坚壁不战，养锐以待其敝，郦、辕生之为也。太公、吕后之归，因其食尽，遂收垓下之功，用郦生之为也。然而郦生工于谋国，而拙于自谋，固无憾也。若辕生说行而身隐，鸿飞鱼潜，脱屣圭组，高于郦生远矣。（《汉书评林·高帝纪》）

业衍璋：汉之胜楚，不在荥阳相距数岁而终可以敌楚也，而在首出宛、叶，引楚兵而南，继而彭赵入梁楚，捣其心腹，韩信破燕齐，拊其背脊，于是扼塞于内之势一变而为冲决纵荡于外，布围合击之势已成，羽虽勇锐，然而回旋之地日狭，驰骋往复，一任牵引，垓下之覆，已不可得而免矣。（《业衍璋集·读史记杂议一·高祖本纪》）

项羽闻汉王在宛，果引兵南。汉王坚壁不与战①。是时彭越渡睢水，与项声、薛公战下邳②，彭越大破楚军。项羽乃引兵东击彭越。汉王亦引兵北军成皋③。项羽已破走彭越，闻汉王复军成皋，乃复引兵西④，拔荥阳，诛周苛、枞公，而虏韩王信，遂围成皋⑤。

① **【汇校】**

梁玉绳：附按："汉"下当有"王"字，《史诠》曰"湖本缺也"。（《史记志疑·高祖本纪第八》）

［日］水泽利忠：井、耿、庆、彭、毛、凌、游无"王"字。"坚"，秘阁"深"。（《史记会注考证附校补·高祖本纪第八》）

② **【汇校】**

［日］泷川资言：秘阁本"睢"下无"水"。（《史记会注考证附校补·高祖本纪第八》）

王叔岷：案：景祐本、殿本并作"汉王"，《御览》引同。《汉书》《通鉴》亦同。黄善夫本脱"王"字。《御览》引"坚壁"作"深壁"（又引"战"下有注云"终以此弊楚"），《汉纪》作"深垒"。（《史记斠证·高祖本纪第八》）

【汇注】

龚浩康：项声，项羽部将。薛公，原为楚国令尹，后归附刘邦。黥布叛汉时，他曾为刘邦献策，因而被封为千户侯。下邳，县名，治所在今江苏省邳县东。（见王利器主编《史记注译》卷八《高祖本纪》）

后晓荣：下邳，相家巷出土秦封泥有"下邳""下邳丞印"。《史记·田敬仲完世家》："居期年，封（驺忌）以下邳，号曰成侯。"《史记·高祖本纪》："齐王韩信习楚风俗，徙为楚王，都下邳。"《正义》："泗州下邳县是，楚王韩信之都。"《史记·留侯世家》："良乃更姓名，亡匿下邳。良尝间从容，步游下邳圯上。"《史记·项羽本纪》："项梁渡淮，黥布、蒲将军亦以兵属焉。凡六七万人，军下邳。"《正义》："下邳，泗水县也，应劭云：'邳在薛，徙此，故曰下邳。'按：有上邳，故曰下邳。"《水经·泗水注》："泗水又东南迳下邳县故城西……故东海属县也。"《元和》卷九："下邳县，本夏时邳国，后属薛，《左传》薛之祖奚仲迁于邳是也。春秋并于宋，战国时属楚，后属齐。至秦曰下邳县，汉属东海郡。"《读史》卷二十二南直隶四邳州下邳城，"州治东，古邳国也。《左传》昭元年'赵文子曰：商有女先邳'，此即邳国矣。应劭曰：'邳在薛，后徙此，故曰下邳。'薛瓒曰：'有上邳，故云下。'《春秋》定元年传云'薛祖奚仲迁于邳'，或以白北迁出，故谓之下邳。秦置下邳县，属薛郡。二世二年项梁西渡淮，军下邳是也。汉初封韩信为楚王，都下邳。后为县，属东海郡。"邳州即今江苏省邳县。（《秦代政区地理》第五章《东海郡》）

③【汇注】

沈钦韩：《一统志》：成皋故城在开封府汜水县西北郑制邑，亦名虎牢。（《汉书疏证》卷一《高帝纪》）

④【汇评】

凌稚隆：苏洵曰：虎方捕鹿，罴据其穴捕其子，虎安得不置鹿而还，还则辟于罴明矣。军志所谓攻其必救也。（《史记评林》卷八《高祖本纪》）

⑤【汇校】

凌稚隆：与《羽纪》不合。（《史记评林》卷八《高祖本纪》）

编者按：《史记·项羽本纪》作"使刘贾将兵佐彭越，烧楚积聚。项王东击破之，走彭越。汉王则引兵渡河，复取成皋，军广武，就敖仓食。项王已定东海来，西，与汉俱临广武而军，相守数月"，并未"遂围成皋"，故凌稚隆云："与《羽纪》不合。"

【汇评】

凌稚隆：董份曰：善战者致人，项羽每为汉致，其败也固宜。（《史记评林》卷八《高祖本纪》）

汉王跳①，独与滕公共车出成皋玉门②，北渡河，驰宿脩武③。自称使者，晨驰入张耳、韩信壁，而夺之军④。乃使张耳北益收兵赵地⑤，使韩信东击齐⑥。汉王得韩信军，则复振。引兵临河，南飨军小脩武南⑦，欲复战。郎中郑忠乃说止汉王⑧，使高垒深堑，勿与战。汉王听其计⑨，使卢绾、刘贾将卒二万人⑩，骑数百，渡白马津⑪，入楚地，与彭越复击破楚军燕郭西⑫，遂复下梁地十馀城⑬。

① 【汇注】

裴骃：徐广曰："音逃。"（《史记集解·高祖本纪》）

司马贞：如淳曰："跳，走也。"晋灼按：《刘泽传》"跳驱至长安"。《说文》音徒调反。《通俗文》云"超通为跳。"（《史记索隐·高祖本纪》）

李笠：案：《汉书》注如淳曰："跳，音逃，谓走也。"与徐说合。又云《史记》作"逃"。今据《集解》《索隐》并当作"跳"，岂如所见本与二家所见异耶？又《荆燕世家》"泽还官兵备西界，遂跳驱至长安"。《集解》引《汉书音义》曰"跳，驱驰至长安也"。《索隐》"跳，他彫反，脱独去也。又音条，谓疾去也"。驱驰疾去，盖即"逃"义。……（《广史记订补·高祖本纪》）

钱锺书：凡轻装减从而疾走皆可曰"跳。"只身脱逃特"跳"之一端。（《管锥编·高祖本纪》）

又："遂围成皋，汉王跳。"……《汉书·陈胜项籍传》师古注"轻身而急走也"，较为得之。（同上）

[日] 泷川资言：《项羽纪》"跳"作"逃"，朱子文曰："跳"当从如淳之音。（《史记会注考证附校补·高祖本纪第八》）

王叔岷：案：《通鉴》"跳"亦作"逃"。《汉书》如淳注："跳音逃，谓走也。"（《史记斠证·高祖本纪第八》）

杨树达：师古曰：跳身，谓轻身走出也。周寿昌曰：跳，《史》作逃，据文下有遁字，作跳为是。树达按：《高纪》汉三年，羽围成皋，汉王跳，是其一事也。（《汉书窥管·萧何曹参传》）

张家英：谨按：《史记·项羽本纪》叙此事与《高祖本纪》同，惟"跳"直作"逃"。《集解》引晋灼曰："独出意。"《荆燕世家》：吕后崩，刘泽"欲诛诸吕。至梁，闻汉遣灌将军屯荥阳，泽还兵备西界，遂跳驱至长安"。《索隐》："跳，他彫反，脱独去也。又音条，谓疾去也。"《集解》引《汉书音义》曰："跳，驱驰至长安也。"《汉书·高帝纪》《项籍传》并作"汉王跳"。《项籍传》师古曰:"轻身而急走也。跳音徒彫反。"

以上诸说,读音与释义不一。现代字书,如《辞源(修订本)》第四册 2997 页、《汉语大字典》第六册 3704 页均定此"跳"同"逃",音 táo。关于它的释义,当代学者钱钟书先生有一解说:"凡轻装减从而疾走皆可曰'跳',只身脱逃特'跳'之一端。"(《管锥编》第一册 280 页,中华书局 1979 年版)钱先生的解说简明扼要,画龙点睛,道出了汉王摆脱围困、仓皇出走时的具体情态。(《〈史记〉十二本纪疑诂·高祖本纪》)

② 【汇校】

张文虎:"玉门,《集解》徐广曰"。警云:"'曰'当作'注'。"按:如钱说,疑此是后人旁注,非《集解》文。(《校刊史记集解索隐正义札记·高祖本纪》)

张　熷:"出成皋玉门"注,张晏曰:"成皋北门。"按:玉门乃成皋西门,武王有玉门之难,即此。注误。(《读史举正》卷一《汉书·高帝纪》)

【汇注】

裴　骃:徐广曰:"《项羽纪》云北门名玉门。"(《史记集解·高祖本纪》)

司马贞:夏侯婴为滕令,故曰滕公也。(《史记索隐·高祖本纪》)

沈钦韩:《水经注》:河水南对玉门。《方舆纪要》:玉门,成皋西门也。宋时西关门亦曰玉关。张晏云北门,误。(《汉书疏证》卷一《高帝纪》)

顾祖禹:古崤关,即虎牢也,在县西二里。《志》(编者按:《汉书·地理志》)云:一名车从关,又玉门成皋西门也。宋时西关门亦曰玉关。《战国策》周武王有玉门之难。汉三年,汉王自荥阳收兵复保成皋,项羽进兵围之。汉王跳,独与滕公出玉门,渡河走修武,楚遂拔成皋。张晏曰:玉门,成皋北门,误也。又有厄井在县东南七十里。汉高祖与项羽战,败于京、索,尝遁入此,因名。详见重险虎牢。(《读史方舆纪要》卷四十八《河南二·开封府》)

陈万卿:《史记·高祖本纪》记"汉王跳,独与滕公共车出成皋玉门,北渡河,驰宿修武"。《史记·项羽本纪》"汉王四年,项羽进兵围成皋。汉王逃,独与滕公出成皋北门,渡河走修武"。同一事件,一曰成皋玉门,一曰成皋北门,则成皋北门为玉门明矣。此太史公互见足义之法,学人甚悉之。后世不察,名汜水入河之口门为玉门,鸠占鹊巢,冒玉门之名耳!荥阳学者张明申先生认为,韩建之成皋城乃一军垒,其目的是扼东西通道,不当有北门。观今成皋城之残存,只有东西向沟,无南北向沟,而其沟原为城中道路,为数千年雨水冲流而成者。又成皋城依山就势,非正东正西、正南正北方向,人初至此,多有迷向者,往往认西北为北,以至将西门误作北门耳。(《汜水源流考》,载《史记论丛》第 6 辑)

③【汇注】

后晓荣：修武，秦传世官印有"修武库印"，又咸阳博物馆藏塔尔坡秦青铜器窖藏出土秦战国晚期的"修武府"铜耳杯。修武，地名，战国时属魏地。《史记·陈丞相世家》："平遂至修武降汉，因魏无知求见汉王，汉王召入。"《史记·曹相国世家》："至河内，下修武。"《正义》："今怀州获嘉县，故修武也。"《汉志》河内郡修武县，应劭曰："晋始启南阳，今南阳城是也，秦改曰修武。"臣瓒曰："韩非书，秦昭王越赵长平，西伐修武，时秦末兼天下，修武之名久矣。"今河南获嘉县有秦汉修武故城址，大小、形制不详，时代从战国至汉。(《秦代政区地理》第六章《河内郡》)

④【汇评】

范　浚：昔汉高祖与楚战，出成皋至小修武，自称使者，晨驰入张耳、韩信壁，而收其军，兵遂大振。因令耳备守赵地，令信废赵兵，未废者击齐。高祖必先取二人兵以自振，故能使之俯首听命，惟所指使。不然，则信、耳万有一骄蹇，不受约束，且无以制之，此实将将之术，安危之机。(《香溪集·范香溪先生文集》卷十三"巡幸")

冯　琦：按：汉王屡战屡败，意气不挠，驰入赵壁夺韩信之军，一以益己之弱，一以防信之强。驾驭操纵，何其神也。当韩信破赵时已说驱市人而用之，及其既胜，辄为汉王所夺。而又别发兵以战，战又辄胜。盖汉王之将将，信之将兵，并可谓高出千古者矣。(《宗伯集》卷三十二)

王世贞：午后抵修武，汉高帝夺张耳、韩信兵处也。信雄武多智，然一为帝诈而夺赵兵，再为帝诈而夺齐兵，一绐而失国，再绐而失族，何也？信笃于信高帝谓不我负乃尔，然此正所谓天授，非人力也。(《弇州四部稿》卷七十八文部《适晋纪行》)

程馀庆：卖弄手段。此时信等胆落矣，其不反以此。(《历代名家评注史记集说·高祖本纪》)

施之勉：洪迈曰：高祖用信为大将，而三以诈临之。信既定赵，高祖入信壁，夺其印符。信既灭羽，则又袭夺其军。卒之伪游云梦，而缚信。然则信之终于谋逆，高祖盖有以启之。(《汉书集释·韩彭英卢吴传》)

又：茅坤曰：予疑信知兵，何以令沛公与滕公，得诈称汉使驰入壁。且即其卧，夺其印符。岂信之用兵多大略，而于此独疏耶？(同上)

又：茅坤曰：汉王之间入张耳、韩信壁，而夺其军，何也？岂窦身出成皋，后兵已散。一则欲收耳、信兵，以南抗楚。一则恐耳、信瞰其兵折于楚，而生离心，故为此计，易置诸将以示武耶？(同上)

又：杨时曰：以韩信之才，又辅以张耳，二人皆勇略盖世。余窃怪汉王入壁夺印，召易诸将，而信未之知也。此其禁防阔疏，与棘门霸上之军何异耶？使敌人投间窃发，

则二人者何得而虏也。岂古所谓有制之兵者，信亦有未逮焉？（同上）

⑤【汇注】

何　焯："晨驰入张耳、韩信壁，而夺之军，乃使张耳北收兵赵地。"已举燕、赵，则前所请益三万人可收之以自将。若尽夺其军，则张耳所北收赵地之兵，岂足以东击齐哉？（《义门读书记》卷十五）

⑥【汇评】

刘辰翁：使韩信东击齐，本是不切。齐本叛楚，收之为与国可也。敌方对垒，又增敌；激使归楚，皆未为得。袁生为帝区画，张皇分表，知韩信可用。举齐于楚所不能得，则楚复乘间兼并，齐、楚俱出不意，信方扬规地以自利。故兵虽夺取，出兵间道，实甘心焉。以情而言，所掌兵骤夺，又使人收兵击齐，为用事之莫难者也。帝虽屡败，其英雄不衰。观其自称使者入壁，能使二人失措，信虽桀悍，耳复以厚，故却也，如臂使指。最是败后所生收兵而人从之，不待抚循教习，秦汉间事岂可以人耳目坐论哉！（见倪思编《班马异同》卷二《高祖》）

⑦【汇校】

梁玉绳：附按："饗"字一本作"鄉"，是也。《汉书》作"鄉"，师古云"鄉读曰饗"。（《史记志疑·高祖本纪第八》）

【汇注】

裴　骃：晋灼曰："在大修武城东。"（《史记集解·高祖本纪》）

沈钦韩：《一统志》：小修武聚在卫辉府获嘉县境。修武故城今获嘉县治。（《汉书疏证》卷一《高帝纪》）

吴　恂：师古曰"鄉"读曰"饗"。钱大昭曰："'鄉'当读为'饗'，《汉纪》作'王饗师河南'。"先谦曰：钱说是也。《史记》亦云："引兵临河南，饗军小修武南。此文临河南句，鄉军小修武句。"恂按：《史记》《汉纪》"饗"当作"鄉"。《汉纪》："王鄉师河南。"言汉王之师鄉大河之南耳，是时汉王犹在河北，焉能饗师河南？且《史记》两《汉书》唯有饗士卒、饗卫士之文，而似未见有饗军、饗师之文。王氏读临河南为句，不知所谓河南者何指？若以县邑言之，由河南在雒阳之西，势不得临也，苟以斥郡，则亦泛而于义无当；盖汉王既得韩信、张耳军，故还师于河南鄉，而屯于小修武（修武在今河南获嘉县，于汉属河内郡，地近大河，今河南徙，犹濮阳本在河南，今反在其西北矣），伺机欲南渡收复成皋耳。（《汉书注商·高帝纪第一（上）》）

⑧【汇注】

胡三省：汉制：议郎，中郎，秩比六百石；侍郎，比四百石；郎中，比三百石；皆属郎中令。说，式芮翻。（《资治通鉴》卷一〇《汉纪二》注）

⑨【汇注】

徐孚远：按：郑忠之说，即袁生所谓"备多力分"也。（《史记测议·高祖本纪》）

【汇评】

凌稚隆：汉之得着处。（《史记评林》卷八《高祖本纪》）

吴见思：正欲与战，又顿住。下复插入梁破齐事，文如织锦。（《史记论文·高祖本纪》）

黄恩彤：汉王用郑忠策，高垒不战，更以奇兵入楚，佐彭越烧其积聚，俾项羽不得不还而自救，卒至兵疲食尽而收垓下之功，亦可谓发踪指示者矣。长平之战以强秦摧弱赵，兹以弱汉困强楚，均不外断其军食之一策，后之为将者可以鉴矣。（《鉴评别录》卷三《汉纪一》）

⑩【汇注】

裴骃：苏林曰："绾音以绳绾结物之'绾'"。（《史记集解·高祖本纪》）

方回：项羽欲西，汉遣兵拒之巩，不得西。使刘贾将兵二万人渡白马津，烧楚积聚，破楚军燕郭西。《索隐》曰故南燕国在东郡，秦以为县。合《汉书本纪》《史记高帝》《项羽本纪》考之：始见此年丙申五月六日，楚汉互胜互负之势，大抵汉之势似弱而强，楚之势似强而弱。汉王身护河南郡，连河内郡，以郑之荥阳、虎牢为藩蔽，项羽不能过。而韩信北辑燕赵以窥齐，黥布、彭越、刘贾偏师在南。今汴梁、下邳、东平之地内为之梗，所谓常山蛇势也。项羽备多力分，而汉有左、有右、有中三军相应也。（见《古今考》卷十六"刘贾焚楚积聚"）

何焯：使卢绾、刘贾将卒二万人至，佐彭越，烧楚积聚。既夺信军，乃可分二万人与刘贾，助彭越绝楚粮道矣。（《义门读书记》卷十五）

龚浩康：卢绾，刘邦的同乡好友。跟随刘邦起兵，汉初封长安侯，后封燕王。因谋反逃入匈奴。刘贾，刘邦堂兄。汉初封荆王，后为黥布所杀。（见王利器主编《史记注译》卷八《高祖本纪》）

⑪【汇注】

司马贞：即黎阳津也。南界东郡白马县。（《史记索隐·高祖本纪》）

王应麟：白马之津，汉白马县属东郡。《战国策》张仪曰："决白马之口，以流魏氏。"苏代说燕曰："决白马之口，魏无黄济阳。"楚伐魏，决白马之口。高诱曰："白马，津名。"《水经注》："河过黎阳县南，为白马津。津之东南有白马城。"唐滑州黎阳津，即此也。今属滑州白马县。本卫之曹邑，（黄河去外城十二步。《郡县志》白马故关，在卫州黎阳县东一里。郦食其说高祖曰：杜白马之津，即此地。后更名黎阳津。黎阳津，一名白马津，在白马县北三十里鹿鸣城之西南隅。《通典》后魏改为黎阳津。）张耳、陈馀从白马渡河，刘贾击楚，度白马津入楚地，（颜氏曰：即今滑州白马县河津。）袁绍遣颜良攻刘延于白马。（《郡县志》白马山在白马县东北三十二里。《开山图》曰：有白马群行山上，悲鸣则河决，驰走则山崩，津与县盖取此山为名。慕容德改黎阳津为天桥津。）（《通鉴地理通释》卷七《郦食其画取楚之策》）

　　程馀庆：在卫辉府滑县西。（《历代名家评注史记集说·高祖本纪》）

　　韩兆琦：白马津，黄河渡口名，在今河南省滑县东北的旧黄河南岸，与当时北岸的黎阳津隔河相对。（《史记选注集说·高祖本纪》）

⑫【汇校】

　　梁玉绳：按：此以下叙事倒乱，几不可读，当云"与彭越复击破楚军燕郭西（此处似缺"烧楚积聚"四字），遂复下梁地十余城。项羽乃谓海春侯大司马曹曰：'谨守成皋，若汉挑战，慎勿与战，无令得东而已。我十五日必定梁地，复从将军。'乃行。淮阴已受命东（"淮阴"字误，当作"韩信"），未渡平原，汉王使郦生往说齐王田广，广叛楚与汉和，共击项羽。四年，韩信用蒯通计，遂袭破齐。齐王烹郦生，东走高密。项羽击陈留、外黄、睢阳，下之，闻韩信已举河北兵破齐、赵（"赵"字衍，说见《羽纪》），且欲击楚，则使龙且、周兰往击之（不书主将项它，说在《羽纪》）。汉果数挑楚军（"军"字下倪本、《史》《汉》俱有"战"字），楚军不出，使人辱之五六日，大司马怒，度兵汜水。士卒半渡，汉击之，大破楚军，尽得楚国金玉货赂。大司马曹、长史欣皆自刭汜水上（不曰"故塞王"而曰"长史"，与《羽纪》同）。项羽在睢阳（"在"字依《羽纪》，此讹为"至"字）闻海春侯破，乃引兵还。汉军方围钟离眛于荥阳东，项羽至，尽走险阻。楚、汉久相持未决，丁壮苦军旅，老弱罢转饷。汉王、项羽相与临广武之间而语（"间"当作"涧"，说在《羽纪》），项羽欲与汉王独身挑战。汉王数项羽曰：始与项羽俱受命怀王，曰先入定关中者王之。至病甚，因驰入成皋。韩信与战（"战"字衍，说在《羽纪》），骑将灌婴击大破楚军（《汉书》无"大"字）。杀龙且，齐王广奔彭越（"奔彭越"上缺"田横"二字）。当此时，彭越将兵居梁地，往来苦楚兵，绝其粮食，汉王病愈（"病愈"上从《汉书》补"汉王"二字），西入关，至关中兵益出。韩信已破齐，使人言曰：齐边楚，至立韩信为齐王。项羽闻龙且军破，则恐，使盱台人武涉往说韩信。韩信不听。当此时，彭越将兵居梁地，往来苦楚兵，绝其粮食（刘辰翁曰："越苦楚兵，此汉事将成也，子长重出此语，未必无意。"辰翁说是。《汉书》谓"彭越、田横苦楚"，似孟坚误）。田横往从之。项羽数击彭越等。"（《史记志疑·高祖本纪第八》）

【汇注】

　　司马贞：故南燕国也。在东郡，秦以为县。（《史记索隐·高祖本纪》）

　　程馀庆：故南燕城在汲县西。（《历代名家评注史记集说·高祖本纪》）

　　王先谦：宋祁曰：越本无"破"字。先谦曰：燕东郡县在今卫辉府延津县东三十

五里。(《汉书补注·高帝纪第一上》)

后晓荣：燕县，西汉初年的张家山汉简《秩律》有"燕"县，其上属郡为东郡。《史记·秦始皇本纪》："五年，将军骜攻魏，定酸枣、燕、虚、长平、雍丘、山阳城，皆拔之，取二十城。"《史记·高祖本纪》："与彭越复击楚军燕郭西。"《索隐》："故南燕国也，在东郡，秦以为县。"《清一统志》卷二百："南燕故城在卫辉府延津县北，故胙城东。"秦燕县故址在今河南省延津县东北。(《秦代政区地理》第五章《东郡》)

⑬【汇注】

司马光：彭越攻徇梁地，下睢阳、外黄等地十七城。(《资治通鉴》卷十《汉纪二》)

【汇评】

凌稚隆：倪思曰：当此时，彭越将兵居梁地，往来苦楚兵，绝其粮食。正此正汉事将成处，子长重出此语，未必无意。按此，彭越功最大。(《史记评林》卷八《高祖本纪》)

程馀庆：汉之得著处。(《历代名家评注史记集说·高祖本纪》)

陈子龙：汉之大势在联河北之军以拒楚，然不使楚疲于南，则齐、赵之地未可得也，故出武关，用彭越虚着耳。(《史记测义》)

淮阴已受命东①，未渡平原②。汉王使郦生往说齐王田广③，广叛楚④，与汉和，共击项羽。韩信用蒯通计⑤，遂袭破齐。齐王烹郦生⑥，东走高密⑦。项羽闻韩信已举河北兵破齐、赵，且欲击楚⑧，则使龙且、周兰往击之⑨。韩信与战，骑将灌婴击⑩，大破楚军，杀龙且。齐王广奔彭越⑪。当此时，彭越将兵居梁地，往来苦楚兵，绝其粮食⑫。

①【汇校】

[日] **泷川资言**：淮阴，当作"韩信"，枫山本"阴"下有"侯"字。(《史记会注考证附校补·高祖本纪第八》)

王叔岷：梁玉绳云：淮阴字误，当作"韩信"。案：《淮阴侯列传》《汉书·韩信传》"淮阴"并作"信"，《通鉴》作"韩信"，盖梁说所本。(《史记斠证·高祖本纪第八》)

② 【汇注】

王叔岷：《汉书》《通鉴》"渡"并作"度"，渡、度正假字（《殷本纪》已有说），作"度"是故书。下文"张春渡河"，《汉书》《通鉴》《汉纪》四"渡"并作"度"，与此同例。（《史记斠证·高祖本纪第八》）

③ 【汇注】

司马光：郦生说齐王曰："王知天下之所归乎？"王曰："不知也。天下何所归？"郦生曰："归汉！"曰："先生何以言之？"曰："汉王先入咸阳，项王负约，王之汉中。项王迁杀义帝；汉王闻之，起蜀、汉之兵击三秦，出关而责义帝之处。收天下之兵，立诸侯之后；降城即以侯其将，得赂即以分其士；与天下共其利，豪英贤才皆乐为之用。项王有倍约之名，杀义帝之负；于人之功无所记，于人之罪无所忘；战胜而不得其赏，拔城而不得其封，非项氏莫得用事；天下叛之，贤才怨之，而莫为之用。故天下之事归于汉王，可坐而策也！夫汉王发蜀、汉，定三秦；涉西河，破北魏；出井陉，诛成安君；此非人之力也，天之福也！今已据敖仓之粟，塞成皋之险，守白马之津，杜太行之阪，距蜚狐之口；天下后服者先亡矣。王疾先下汉王，齐国可得而保也；不然，危亡可立而待也！"先是，齐闻韩信且东兵，使华无伤、田解将重兵屯历下，军以距汉。及纳郦生之言，遣使与汉平，乃罢历下守战备，与郦生日纵酒为乐。（《资治通鉴》卷十《汉纪二》）

【汇评】

胡三省：郦生之说，形格势禁之说也。盖据敖仓，塞成皋，则项羽不能西。守白马，杜太行，距蜚狐，则河北燕赵之地尽为汉有，齐、楚将安归乎！（《资治通鉴》卷十一《汉纪二》注）

李如箎：详究广野君之说，当时说汉王之时，汉已得燕、赵，韩信将东击齐。楚、汉相距于荥阳，其言杜太行之道，距飞狐之口者，盖欲以固燕赵之心也。塞成皋之险，守白马之津者，盖欲以断齐楚之路也，愚故谓其言实关当世之大计者。又观郦生之说，齐王言今汉已据敖仓之粟，塞成皋之险，守白马之津，杜太行之阨，距飞狐之口，天下后服者先亡。是时汉王已用郦生之言，分兵诸处矣。抑知高祖之善用谋而识兵势也。（《东园丛说》卷下）

④ 【汇注】

韩兆琦：按：言田广"与汉和"可以；言"广叛楚"则不当，因田氏向来未曾归楚。（《史记笺证·高祖本记》）

⑤ 【汇注】

龚浩康：蒯通，当时著名的说客，范阳（在今河北定兴县西南）人，原名蒯彻，司马迁为避汉武帝刘彻名讳，改为"蒯通"。（见王利器主编《史记注译》卷八《高祖

本纪》）

【汇评】

方　回：三年九月，汉王使郦食其说齐王田广罢守备与汉连和。四年冬十月，韩信用蒯通计袭破齐，齐王烹郦生，东走高密。《史记》书蒯通说语在《淮阴侯传》，《汉书》特立《蒯通传》书之："将军受诏击齐，而汉独发间使下之，宁有诏止将军乎？"于是有为将军数载，反不如一竖儒之言以激，韩信真巇险士也。且韩信已知汉王间下齐矣，佯为不知进兵击之，持此之心以事君，即不可言忠臣矣。（见《古今考》卷十七"郦食其说齐连和韩信袭破齐自立为王"）

⑥ **【汇注】**

司马光：韩信引兵东，未度平原，闻郦食其已说下齐，欲止。辩士蒯彻说信曰："将军受诏击齐，而汉独发间使下齐，宁有诏止将军乎，何以得毋行也？且郦生，一士，伏轼掉三寸之舌，下齐七十余城；将军以数万众，岁余乃下赵五十余城。为将数岁，反不如一竖儒之功乎！"于是信然之，遂渡河。冬，十月，信袭破齐历下军，遂至临淄。齐王以郦生卖己，乃烹之。（《资治通鉴》卷十《汉纪二》）

[日] 泷川资言：韩信袭齐，齐烹郦生，事在汉四年。（《史记会注考证附校补·高祖本纪第八》）

【汇评】

周紫芝：汉王遣韩信以击齐，而间遣郦生以说之。信欲止军而不行，则未有命。欲乘锐而往，则齐已服。此蒯通之说，所以易摇也。为信计与其全郦生，则不若杀郦生而获罪于高祖哉。（《太仓稊米集》卷六十五）

凌稚隆：倪思曰：以淮阴之勇略击齐，虽微蒯通，亦岂肯出食其下，徒手而反哉。（《史记评林》卷八《高祖本纪》）

唐顺之：郦生下齐，韩信举兵，遂致齐烹郦而信不之恤，何哉？解曰：信之杀郦生，实所以自杀也。贪一时之功，不顾违高祖之命，是自取猜忌也。信贪谗之口，而辄杀有功之人，是干天诛也。迨其夷族之后，人皆言汉高没淮阴之功，孰知淮阴已先没郦生之功也。人皆言汉高以无辜而戮淮阴，岂知淮阴以无辜而烹郦生也。天道好还，岂偶然哉！吾于是而益信报复之不爽矣。当沛公过高阳时，陈留令何罪而生杀之。嗟嗟！郦生一自反焉，当亦无憾于地下矣。（《两汉解疑（上）·郦食其》）

王夫之：毒天下而以自毒者，其唯贪功之人乎！郦生说下齐，齐已受命，而汉东北之虑纾，项羽右臂之援绝矣。黥布盗也，一从汉背楚而终不可以叛。况诸田之耿介，可以保其安枕于汉也亡疑。乃韩信一启贪功之心，从蒯彻之说，疾击已降，而郦生烹，历下之军，蹀血盈野，诸田卒以殄其宗。惨矣哉！贪功之念发于隐微，而血已漂卤也。（《读通鉴论》卷二）

查慎行：《汉书·郦食其传》多袭《史记》之旧，间或删改一二字，"骑士从容言，如郦生所戒者"《汉书》去之……按：《史记》郦生于齐受烹时，犹有迂阔大言，足见狂生故态，被《汉书》删却，遂觉食其一生至此，索然气尽。(《得树楼杂钞》卷十二)

⑦【汇注】

胡三省：高密县在胶西，宣帝本始元年为高密国。宋白曰：高密，春秋时晏平仲所食邑。(《资治通鉴》卷十《汉纪二》注)

后晓荣：高密，秦封泥有"高密丞印"。秦末齐王烹说客郦生，之后逃往高密。《史记·高祖本纪》："齐王烹郦生，东走高密。"《史记·樊郦滕灌列传》："东从韩信攻龙且，留公旋于高密。"《汉志》高密国高密县，莽曰章牟。《水经·潍水注》："(潍水)又北过高密县西。应劭曰，县有密水，故有高密之名也。"《读史》卷三十六："秦为高密县，属齐郡。汉初属齐国。文帝十六年分齐地置胶西国。宣帝本始初更为高密国，皆治高密县"；"高密城，县西南四十里，县本治此，汉三年齐田横烹郦生于高密。明年韩信破临淄，齐王广也走高密，文帝封齐悼惠王子卬为胶西王，都高密是也，后汉仍为高密县。"秦高密县故址今在山东省高密县西南。考古调查表明，高密城阴古城为长方形，东西1950米，南北1850米，时代从周代齐国的高密，秦高密县，至西汉高密国都。(《秦代政区地理》第五章《胶西郡》)

⑧【汇评】

刘辰翁：此史家揣摩语。(见倪思编《班马异同》卷二《高祖》)

⑨【汇校】

裴　骃：徐广曰："(兰)一作'简'。"(《史记集解·高祖本纪》)

【汇评】

黄淳耀：拔兴于楚而败者项梁，梁之才非胜广武臣及也；为秦将而败者章邯，邯之才非司马欣、董翳及也；为项籍将而败者龙且，且之才非薛公、曹咎及也。梁骄章邯，邯破之；章邯骄楚，楚破之；龙且骄韩信，信破之。骄者，败之媒哉。(《陶庵全集》卷四)

吕思勉：郦食其说齐王，言项羽非项氏莫得用事；陈平亦言：项王不信人，其所任爱，非诸项，即妻之昆弟；此项羽之所以败也。《史记·项羽本纪》言：项王闻淮阴侯已举河北，破齐、赵，且欲击楚，乃使龙且往击之。淮阴侯与战，骑将灌婴击之，大破楚军，杀龙且。《汉书·高帝纪》略同。《项籍传》则云：羽使从兄子项它为大将，龙且为裨将救齐。《史记·曹相国世家》云：从韩信击龙且军于上假密，大破之，斩龙且，虏其将军周兰。《汉书·曹参传》作亚将周兰。《史记·灌婴列传》亦以周兰为亚将，《汉书》同。师古曰：亚将，次将也。然则龙且乃末将耳。诸文所以多言龙且者，盖以其为名将，当时人争指目之，而不数项它及周兰也。龙且乃破淮南之人，其劲悍可知。陈平又称为骨鲠之臣，使项王专任之，韩信或不易得志于齐邪？（《论学集林·蒿庐札记·楚将龙且》）

⑩【汇校】

何　焯：一本无"击"字。（《义门读书记》卷十五）

【汇注】

［日］泷川资言：梁玉绳曰："楚救齐之役，此及《淮阴》《田儋》传止言'龙且'为将，而《高纪》兼言'周兰'，《灌婴传》兼言'留公'，盖纪传互见也。但《汉书·籍传》谓'羽使从兄子项它为大将，龙且为裨将救齐'，舍主将而书偏裨，何也？"又曰："此与《高纪》骑将上多一'战'字，当衍之。《汉书》无'战骑将'三字。"中井积德曰："《高纪》杀龙且在汉三年，而汉王伤走入成皋，在四年曹咎死之后。"崔适曰："汜水在成皋西，广武在成皋东，汉渡汜水然后入成皋，复东临广武。若汉王先临广武，曹咎何由西守成皋乎？"此当依《高纪》及《汉书·高纪》《羽传》正。（《史记会注考证·项羽本纪第八》）

⑪【汇校】

李慈铭：慈铭案："广"当作"横"，广已与龙且同死矣。（《越缦堂读史札记·史记札记卷一》）

沈家本：《纪》云"齐王广奔彭越"，与此合。《田儋传》则云："虏齐王广。"《表》又云"击杀广"，并异《儋传》。又言"田横亡走梁，归彭越"。则亡去乃横，非广，此事《纪》在三年，《表》在四年十一月，《表》是。下文云"汉四年，遂皆降平齐"。盖与《表》合。信之破齐，实在三年之秋至四年冬始，皆降平齐耳。（《诸史琐言》卷三）

崔　适：按：各本误作"齐王广"。广亦为韩信所虏，安得奔彭越？奔越者横也，今依《田儋传》正。（《史记探源》卷三）

徐朔方：《史记》："……皆虏楚卒。汉四年，遂皆降，平齐。"《汉书》作："……虏广，楚卒皆降，遂平齐。"按：《史记·高祖本纪》作"齐王广奔彭越"，而两书《田儋传》及《汉书·高帝纪》都说是田广被俘。（《史汉论稿·韩信》）

【汇注】

［日］泷川资言：考证：陈仁锡曰：《田儋传》信虏齐王广，田横奔彭越。此《纪》误。愚按：《淮阴侯传》云：齐王广亡去，此《纪》非"广"下脱"田横"二字，则"奔"下衍"彭越"二字。又按：韩信取齐，事在汉四年。又按：据《灌婴传》，周蘭为灌婴所生得。（《史记会注考证附校补·高祖本纪第八》）

吴汝纶：齐王广奔彭越。《汉书》云："追至城阳，虏齐王广。"与《田儋》传合，此云"奔"彭越，似误。然此句下即接言彭越"往来苦楚兵"，因广奔彭越乘势及之，非文字夺误也，殆是记异闻耳。(《吴汝纶全集·日记卷第三·史学下》)

韩兆琦：齐王广奔彭越，按：《田儋列传》作"韩信与曹参破杀龙且，虏齐王广。田横亡走梁，归彭越"，与此不同，似应指田横。徐孚远曰："彭越为汉击楚，而田横失国往从之，横心未尝不附汉，特与淮阴有隙耳，故汉祖后召横欲王之也。"(《史记笺证·高祖本纪》)

【汇评】

程馀庆：齐王奔彭越，此自与上走高密相对耳，下遂因奔彭越，接入彭越事，奇文。(《历代名家评注史记集说·高祖本纪》)

⑫【汇评】

章如愚：又令卢绾、刘贾入楚烧积聚而移越、田横居梁地。往来苦楚兵，绝其粮食，垓下之战卒以食尽而亡。(《山堂考索》后集卷四十三兵制门《兵食》)

林　纾：《汉高本纪》注重首在荥阳、成皋，其能灭项而兴刘者，韩、越同功也。顾韩信之功，震耀耳目，引易辨也。其写彭越处，每于军事艰窘时插入"彭越将兵居梁地，往来苦楚兵，绝其粮食"，如是者再，俾读者知韩、彭同功。着眼于此，是于回光返照中虚写彭越，即是实写彭越。魏善伯论文尝曰"筋骨插穿处不落小家"，史公其足以当之矣！(《春觉斋论文·筋脉》)

徐朔方：总起来说，在楚汉争霸的决战前夕，当项羽和刘邦在荥阳、成皋一带对峙时，彭越部队在项羽后方作战，或者打击他的后卫如项声、薛公部，或者占领土地，一次十七座城邑，一次二十余。汉三年，两度迫使项羽离开前线，对付后方。在荥阳的主要战线上，就给刘邦以可乘之机，先后消灭了项羽的终公和大司马曹咎的主力。汉三、四两年，彭越在项羽后方的另一个重要作战任务，就是切断并夺取项羽的粮食给养，用以供应刘邦，其中一次就达谷物十余万斛。从上面战绩可以想见彭越部已经成为一支强大的力量，这就是他和韩信的参战被张良看作成败关键的原因。刘邦从固陵失败到垓下取得最后胜利，时间只差两个月，军事上的转机就在于韩信、彭越的参战。(《史汉论稿·彭越的战绩》)

四年①，项羽乃谓海春侯大司马曹咎曰②："谨守成皋。若汉挑战③，慎勿与战，无令得东而已。我十五日必定梁地，复从将军④。"乃行击陈留、外黄、睢阳⑤，下之。汉果数挑楚军，楚军不出，使人辱之五六日，大司马怒，度兵汜水⑥。士卒半渡，汉击之，大破楚军，尽得楚国金玉货赂⑦。大司马咎、长史欣皆自刭汜水上⑧。项羽至睢阳，闻海春侯破，乃引兵还。汉军方围钟离眛于荥阳东⑨，项羽至，尽走险阻⑩。

① 【汇注】
牛运震：《汉书》载四年八月"初为算赋，下令军士不幸死者，吏为衣衾棺殓，转送其家"。亦要事，《史记》不书。（《读史纠谬》卷一《史记·高祖本纪》）
【汇注】
齐召南：四年，韩信袭破齐，王复取成皋与楚军广武，韩信击斩楚将龙且，虏齐王广，其弟田横，立为齐王，复败，齐地定。立张耳为赵王，立信为齐王，立英布为淮南王。八月与楚约中分天下。九月太公、吕后自楚归。楚师东归，张良、陈平劝王急击之。又：（霸王）四年：与汉并军广武。遣龙且救齐，为汉将韩信所斩。八月与汉约中分天下，九月归汉太公、吕后于汉。（《历代帝王年表·秦年表》）

② 【汇注】
姚　范："使刘贾将兵佐彭越，烧楚积聚。"归熙甫云：按：高祖使刘贾佐彭越，烧楚积聚。羽乃令曹咎守成皋，而引兵定梁地。汉破咎兵汜水上，复取成皋是一事，而此纪前后倒置，遂作两事。若汉先取成皋，楚无缘复令咎守之也。考《汉书》，纪传自明。（《援鹑堂笔记》卷十五史部）

③ 【汇注】
张守节：挑，田吊反。下同。（《史记正义·高祖本纪》）
吴　恂：恂案：《孙子·地形篇》曰："远形者势均，难以挑战。"曹注："挑战，延敌也。"挑之义，与《司马相如传》"以琴心挑之"之挑同，其本字作"誂"，《说文》誂字解曰"相呼诱也"。《秦策》："楚人有两妻，人誂其长者，长者詈之；誂其少者，少者许之。"《史记·吴王濞传》"乃使中大夫应高誂胶西王"是也。（《汉书注商·高帝纪上》）
郭嵩焘：案：前叙项王围成皋，汉王逃，楚遂拔成皋。项王东击彭越，汉王引兵渡河，复取成皋，军广武，项王乃即汉王相与临广武而语，是成皋已属汉矣，此复云"项王乃谓海春侯、大司马曹咎等曰谨守成皋"，成皋属楚、属汉？疑不能明。《高祖本纪》叙汜水之战于前，项羽闻海春侯破，乃引兵还，俱临广武而军，所以临广武间相语者，为楚、汉皆军广武故也。《项羽本纪》叙失次，当以《高祖本纪》为得其实。（《史记札记·项羽本纪》）
李慈铭：慈铭案：挑战之"挑"，各家皆音上声。惟《史记正义》田吊反，必有所本。此字盖可两音。（《越缦堂读史札记·汉书札记卷一》）

【汇评】

李 蕊：蕊按："勿令得东"，以兵缀之也。缀之而戒以"慎勿与战"，其持重之意可想矣。定梁地而必于十五日者，彭越新下睢阳等城，下之易，故定之亦不难也。(《兵镜类编》卷二十六《持重》)

④【汇注】

[日]泷川资言：项羽东击彭越，《汉书》以为三年九月事。(《史记会注考证附校补·高祖本纪第八》)

⑤【汇注】

后晓荣：睢阳，西汉初年的张家山汉简《秩律》有"睢"县，汉代无睢县，疑或为睢阳之省文。在《秩律》简文中，"睢"为第一等县，属大县，而汉睢阳为汉梁孝王之都，确为大县，二者暗合。《史记·项羽本纪》："东至睢阳；闻之皆争下项王。"《史记·魏豹彭越列传》："（彭越）攻下外黄、睢阳十七城。"《史记·樊郦滕灌列传》："（灌）婴者，睢阳贩缯者也。"《水经·睢水注》："睢水又东迳睢阳县故城南。周成王封微子启于宋，以嗣殷后，为宋都也。秦始皇二十二年，以为砀郡。"《括地志》："睢阳故城在宋州治南三里外城中，秦县治此。"《读史》卷五十："商丘县，附郭。古商丘，为阏伯之墟。春秋宋国都也。秦置睢阳县。汉因之，梁国都于此。"考古调查表明，河南省商丘市睢阳故城略呈平行四边形，东2900米，西3010米，南3550米，北3252米，周长12985米，时代从东周至汉代，汉代城墙下叠压春秋宋国都城，汉代为梁孝王之都。(《秦代政区地理》第五章《砀郡》)

⑥【汇注】

颜师古：张晏曰："汜水在济阴界。"如淳曰："汜音祀。《左传》曰'郧在郑地汜'。"臣瓒曰："高祖攻曹咎于成皋，咎度汜水而战，今成皋城东汜水是也。"师古曰："瓒说得之，此水不在济阴也。'郧在郑地汜'，释者又云在襄城，则非此也。此水旧读音凡，今彼乡人呼之音祀。"(《汉书注·高帝纪第一上》)

张守节：汜音祀，在成皋故城东。(《史记正义·高祖本纪》)

胡三省：张晏曰：……《索隐》曰：此水今见名汜水，音似；臣瓒说是。张晏曰：在济阴亦未全失。按：古济水当此截河而南，又东流溢为荥泽。水南曰阴，此亦在济之阴，非彼济阴郡耳。《括地志》：汜水源出洛州汜水县东南三十二里方山。《山海经》：浮戏之山，汜水出焉。(《资治通鉴》卷十《汉纪二》注)

方 回："曹咎渡兵汜水"，《汉书》《史记》注音义互有异同。吕东莱曰："颜师古曰：'臣瓒以汜水在成皋城东，此说得之音杞，高帝即位于汜水之阳，此水在济阴，音敷剑反。'"回曰：地名有单称济阴者，有专称济阴郡者。张晏谓：汜水在济阴界。如淳曰："汜"音"杞"，师古以臣瓒为是，张晏为非。《索隐》谓张晏亦未全失。古济水截河而南，东流溢为荥泽，则成皋之汜水亦在济水之阴。水南为阴，但非济阴郡耳。臣瓒之说尤明白也。然字画已已微不同。（见《古今考》卷十七"汜水有二不同音"）

姚　范：三十年《传》：秦军汜南。按：此及前二十四年，天王适郑，居于汜，陆氏并音。凡惟江有"汜"，以韵读之音"祀"。又《汉书·高纪》破曹咎兵于汜水，即东汜水也。小颜云：旧读音"凡"，今彼乡人呼之"祀"，然则此字音读有殊，而非二字也。（《援鹑堂笔记》卷十二经部）

沈钦韩：《水经注》：汜水北迳虎牢城东，又北流注于河。《左传》有东汜水、南汜水。僖二十四年"王处于汜"。杜预云："南汜也。"僖三十年"秦军汜南"。杜云："此东汜也。"按：东汜即今汜水县。南汜许州襄城县也（《元和志》：襄王出居此，因名襄城）。（《汉书疏证》卷一《高帝纪》）

吴　恂：恂案：汜、汜二字，形似易淆，范书《郡国志》：成皋有汜水。《水经·河水注》：汜水又北迳虎牢城东，汉破司马欣、曹咎于是水之上，汜水又北流，注于河。字皆作汜，且如淳音祀，而颜氏亦谓今彼乡人呼之音祀，然则其字作汜不作汜。下五年，汉王即皇帝位于汜水之阳。张晏注云："在济阴界，取其泛爱弘大而润下也。"师古云："据《叔孙通传》曰：为皇帝于定陶。"则此水在济阴是也。以斯言之，则成皋之水不当与之同名审矣。（《汉书注商·高帝纪上》）

⑦【汇评】

刘辰翁：羽于是尽失金货，力再屈矣。彭城、成皋，立于四战之地，而守非其人，前出后空，巢破迹削，利害如此，安得不以丞相何功为第一哉！（见倪思编《班马异同》卷二《高祖》）

⑧【汇注】

[日]**泷川资言**：长史欣，宜作塞王欣。《通鉴》改作"司马欣"，而不知司马为秦官名也。（《史记会注考证附校补·高祖本纪第八》）

王叔岷：案：《汉书·高纪》《项籍传》"长史欣"并同。《汉纪》作"长史忻"，欣、忻古通。《通鉴》作"司马欣"，疑涉上文"大司马咎"而误。《考证》谓"宜作'塞王欣'"，盖本下文"枭故塞王欣头栎阳市"言之。惟与他书皆不合。（《史记斠证·高祖本纪第八》）

【汇评】

施子美：忿速者而后可侮。彼惟激而怒，故可得而挠之。高祖使人辱曹咎，而曹咎果出战，此因其怒而挠之也。乃若诸葛亮以巾帼遗宣王，而宣王不动，又安得而挠之耶。（《施氏七书讲义》卷一《孙子·怒而挠之》）

凌稚隆：按：咎与欣二狱掾耳，成皋所系何如者，而可徒以旧恩任耶？（《史记评

林》卷八《高祖本纪》）

⑨【汇注】

王叔岷：黄善夫本"眛"作"昧"，《汉书·项籍传》《通鉴》并同（王先谦《项籍传》《补注》云：官本"昧"皆"眛"），《汉书·高纪》作"眛"（王先谦云：官本"眛"作"昧"）。眛、昧并"眯"之误，《项羽本纪》已有说。（《史记斠证·高祖本纪第八》）

⑩【汇注】

凌稚隆：亦深沟高垒以相拒之意。（《史记评林》卷八《高祖本纪》）

韩信已破齐①，使人言曰："齐边楚②，权轻，不为假王，恐不能安齐③。"汉王欲攻之，留侯曰："不如因而立之，使自为守④。"乃遣张良操印绶立韩信为齐王⑤。

---

①【汇注】

全祖望：齐郡，始皇二十六年置，汉因之。又分济南、泰山、东平、甾川、北海、千乘、平原。齐之平原与赵分境，赵之勃海与齐分境，盖互相错也。兹特举其概。（《汉书地理志稽疑》卷一）

②【汇注】

裴骃：文颖曰："边，近也。"（《史记集解·高祖本纪》）

颜师古：边，共为边界。（《汉书注·高帝纪第一上》）

③【汇评】

王夫之：抑信之为此言也，欲以胁高帝而市之也。故齐地甫定，即请王齐，信之怀来见矣。挟市心以市主，主且窥见其心，货已雠而有余怨。云梦之俘，未央之斩，伏于请王齐之日，而几动于登坛之数语。刀械发于志欲之妄动，未有爽焉者也。信之言曰："以天下城邑封功臣，何所不服？"为人主者可有是心，而臣子且不可有是语。况乎人主之固不可以是心市天乎！言不必信，行不必果。宋祖之慎，曹彬之明，保泰居盈之得道矣。奚必践姑许之言而亵天之景命哉！（《读通鉴论》卷二）

王鸣盛：信定齐后，若不自请立为假王以镇之，高帝之忌而必欲杀之，犹未必如此之甚也。然张耳定赵，自请立为赵王以镇之，而高帝殊不介意。耳庸材，因人成事，不足忌耳。（《十七史商榷》卷五"信自立为假王"）

钱 时：天无二日，民无二王，王者天下归往之谓也。古之封国，公侯伯子男，凡五等。周衰，礼乐征伐不出于上，而后诸侯强大僭号。此岂天下一家爵命之名也哉？

项羽袭战国之陋，裂地而王诸侯，此其举措已大可笑。安有人臣奉命出征得国，自请为王以镇之，而上不疑者？是破赵而请王张耳，此韩信欲王之机也。破齐而请为假王，此高祖伪游云梦之机也。观书至此，可为痛心。（《两汉笔记》卷一）

沈长卿：淮阴侯之请假王，说者咎良、平谋无遗谓，不预为请封，而俟其自请。高帝怒动颜色，乃始蹑足附耳焉。得智予曰：非也，高帝猜主也。良、平与信虽有帷幄握汗马之分，总同功一体人也。信不自请而良、平代为之请，则帝不疑信而疑良、平。良、平皆以智自完者，辞三万户而受留侯封，竟从赤松子游；不背魏无知以示不忘本，此何如识量哉。而冒嫌疑，以犯帝所深忌耶。侯雍齿而沙中之偶语，息其计画，出于良、平。然雍齿有仇于帝，非有功于帝者，形迹与己不类，以故己之说售，而帝亦无猜无忌，听且从也。世之冤淮阴侯者百喙白其不反，而予观信之为人，漫无成算，反不反彼亦不能自主。汉之君臣，孰从而测之哉。（《沈氏弋说》卷二"张良陈平"）

④【汇评】

凌稚隆：汉之得着处。（《史记评林》卷八《高祖本纪》）

程馀庆：一语弄信于掌中。及劝分地，又曰"使自为战"，子房一生学问，只在用人。（《历代名家评注史记集说·高祖本纪》）

⑤【汇注】

裴　骃：徐广曰："三月。"（《史记集解·高祖本纪》）

王叔岷：案：徐注"三月"乃"二月"之误。《月表》《汉书·高纪》《汉纪》《通鉴》皆作"二月"，《淮阴侯列传》："乃遣张良，往立信为齐王，征其兵击楚。"《集解》引徐广曰"四年二月"是也。韩信请为齐假王，《汉纪》《通鉴》亦并在汉王病创驰入成皋之后。（《史记斠证·高祖本纪第八》）

【汇评】

凌稚隆：罗大经曰：功盖天下者不赏，从古有之，韩信请假王，坐不知此。然高帝之忌心，未必缘此而遂萌也。良、平自处以厚，即当说帝以王镇多变之齐，以齐王有功之信，帝素乐于纳谏，必欣然从之，而信可高枕矣。何乃云："汉方不利，宁能禁信之自王乎？"斯言出而帝起群疑，虽王信以真王，而征兵击楚，是持太阿而执其柄也，信盖岌岌矣。然则淮阴诛族之祸，胎于良平之蹑附也哉！（《史记评林》卷九十二《淮阴侯列传》）

蒋励常：功高不赏，千古同患。淮阴既挟震主之威，益宜深自贬损，以其功悉归诸帝，而自处于因人成事者。有征召无不先人而至，及其事定功成，辞齐、楚之封，受瘠土而居之，优悠以终老，此明哲保身之术也。汉祖虽忌，胡为而杀之哉？乃不知出此，而一则贪功王齐，置郦生于死，一则征兵不至，要帝于危。挟胁若此，虽宽仁之主将疑之，况猜忌如帝者乎。识者于此，早知其有赤族之祸矣。至将兵之对，纵如陶氏所云，谓是区区数语，即足以释从前之疑，而免异时之祸哉。甚矣其迂也。（天台陶氏曰：高帝与韩信论将兵，信宜直对曰：天生圣人，为天下主，天下之智勇皆一人之智勇也，不当与臣下争能。臣之事君，唯君所命，夙夜匪懈，臣之职也。如此，则帝心释然。乃较量彼此长短，忘君臣大分，斯言一出，众恶皆起，启赤族之祸云云。）（《岳麓文集·三评史（上）》）

郭嵩焘：高祖之王张耳、黥布，皆因项羽之故而王之，其王韩王信，则以韩故子孙，与田荣、燕广等耳。其诸将有功若韩信者，亦至矣，韩信平齐自请为齐王，必待张良、陈平以深机相感悟而后许之。于是知高祖经营天下之心，固将芟夷天下豪杰，总而操之于己，其规划早定矣。（《史记札记·淮阴侯列传》）

李 蕊：蕊按：请为假王，信固自取辱耳。使汉即怒而辱之，亦未必反也，蹑足附耳胡为乎？汉君臣相尚以诈。信之死，君子谓良、平实有以启之。（《兵镜类编》卷三十七《远虑（上）》）

项羽闻龙且军破，则恐①，使盱台人武涉往说韩信。韩信不听②。

① 【汇评】
吴见思：因韩信插入项羽说信事，何等轻便。（《史记论文·高祖本纪》）

② 【汇评】
易佩绅：是时韩信果不忍倍汉，则径绝蒯彻耳，或即杀之耳。何为始则念之，继则犹豫哉。其念之而犹豫也，盖欲背汉则恐力不能支，欲不倍则恐终夺我齐而杀之也。以忠义之士处此，则不必汉终不夺我齐而始不倍，即知汉终杀我而亦不倍也。以明决之人处此，则彻言可听即听之，不可听即早绝之。汉终可事即竭诚事之，终不可事则功成之日辞其土地爵位而退避之，皆无所谓犹豫也。其犹豫者一，利害之私耳。即使有不忍倍汉之一念，亦只感于汉之以利予我耳。嗟乎！功名富贵之士本止知有利害也。因利害而生忠义，其忠义亦不可恃也。同一利害之私，惟明决者多利，犹豫者多害耳。明决而利者，高帝之类是也；犹豫而害者，信之类是也。（《通鉴触绪》卷四）

方 苞：其详载武涉、蒯通之言，则微文以志痛也。方信据全齐，军锋震楚汉，不忍向利倍义，乃谋畔于天下既集之后乎？其始被诬，以行县陈兵出入耳，终则见绐被缚，斩于宫禁。未闻谳狱而明征其辞，所据乃告变之诬耳。其与陈豨辟人挈手之语，孰闻之乎？列侯就第无符玺节篆，而欲与家臣夜诈诏发诸官徒奴，孰听之乎？信之过独在请假王，与约分地而后会兵垓下。然秦失其鹿，欲逐而得之者多矣，蒯通教信以反，罪尚可释，况定齐而求自王、灭楚而利得地，乃不可末减乎？故以通之语终焉。（《方望溪先生全集》文集卷二《书淮阴侯列传后》）

楚汉久相持未决，丁壮苦军旅，老弱罢转饷①。汉王项羽相与临广武之间而语②。项羽欲与汉王独身挑战。汉王数项羽曰③："始与项羽俱受命怀王，曰先入定关中者王之，项羽负约④，王我于蜀汉，罪一⑤。项羽矫杀卿子冠军而自尊，罪二⑥。项羽已救赵，当还报⑦，而擅劫诸侯兵入关，罪三。怀王约入秦无暴掠，项羽烧秦宫室，掘始皇帝冢⑧，私收其财物⑨，罪四⑩。又强杀秦降王子婴，罪五。诈阬秦子弟新安二十万，王其将⑪，罪六。项羽皆王诸将善地⑫，而徙逐故主⑬，令臣下争叛逆，罪七。项羽出逐义帝彭城，自都之，夺韩王地⑭，并王梁、楚，多自予，罪八。项羽使人阴弑义帝江南，罪九⑮。夫为人臣而弑其主，杀已降，为政不平，主约不信，天下所不容，大逆无道，罪十也⑯。吾以义兵从诸侯诛残贼，使刑馀罪人击杀项羽⑰，何苦乃与公挑战⑱！"项羽大怒，伏弩射中汉王⑲。汉王伤匈，乃扪足曰⑳："虏中吾指㉑！"汉王病创卧㉒，张良强请汉王起行劳军㉓，以安士卒，毋令楚乘胜于汉㉔。汉王出行军㉕，病甚㉖，因驰入成皋㉗。

① 【汇注】

王叔岷：《考证》：秘阁本、枫、三本"持"作"支"。案："枝"与"支"同，"支"亦"持"也。《后汉书·苏竟传》："天之所坏，人不得支。"李贤注："支，持也。"《项羽本纪》"饷"作"漕"。《汉书·高纪》作"饷"，饟、饷古今字。《说文》："饟，周人谓饷曰饟。"《淮南子·览冥篇》"辀车奉饟"，高诱注："饟，资粮也。"《平准书》："丈夫从军旅，老弱转粮饟。"（《史记斠证·高祖本纪第八》）

② 【汇校】

王先谦：何焯曰：按：《艺文类聚》"间"当作"涧"。周寿昌曰：《御览》六十九引本书《项籍传》云:"沛公与项籍临广武涧而语,数籍十罪。"今亦作"间",不作"涧"。《西征记》曰:"有三皇山,或谓三室山。山上有二城,东者曰东广武,西者曰西广武。各在山一头,相去二百余步,其间隔深涧。汉祖与项籍语处。"据此,作"涧"为胜。(《汉书补注·高帝纪第一上》)

梁玉绳:附按:《义门读书记》云"间",《艺文类聚》引作"涧",然以孟注两城相对观之,则如字也。余考《水经注》七曰:"西广武,汉所城也。高祖与项羽临绝涧对语,责羽十罪,羽射汉祖中胸处。东广武,项羽城之。夹城之间有绝涧断山,谓之广武涧。项羽叱娄烦于其上矣。"故《艺文类聚》九引作"涧",则今本《史》《汉》俱讹。《义门》见《史》《汉》并作"间"字,遂以孟康注实之,而不知孟注乃指广武城言也。又《范雎传》言"秦昭王四十三年城河上广武",则广武城恐不尽是楚、汉所筑。(《史记志疑·项羽本纪第七》)

【汇注】

胡三省:孟康曰:于荥阳筑两城相对为广武,在敖仓西三皇山上。《括地志》:东广武、西广武在郑州荥阳县西二十里。戴延之《西征记》曰:三皇山上有二城,东曰东广武,西曰西广武,各在一山头,相去百步。汴水从广涧中东南流,今涸无水。城各有三面,在敖仓西。郭缘生《述征记》曰:一涧横绝上过,名曰广武,相对皆立城堑,遂号东、西广武。(《资治通鉴》卷十《汉纪二》注)

沈钦韩:《史记·秦本纪》:昭王四十三年攻韩汾陉,拔之,因城河上广武。《水经注》:济水过西广武、东广武城北,夹城之间有绝涧断山,谓之广武涧。《元和志》:郑州荥泽县东广武、西广武二城各在一山头,相去二百余步。(《汉书疏证》卷一《高帝纪》)

周寿昌:寿昌案:之间二字,《艺文类聚》引作涧。《太平御览》六十九引本书《项籍传》曰:"沛公与项籍,临广武涧而语,数籍十罪。"今亦作间,不作涧。……《十道志》曰,广武涧在今荥泽县西,据此作涧为胜也。(《汉书注校补》卷一)

王　恢:广武,《郡国志》:"河南尹荥阳,有广武,有敖仓。"刘《注》引《西征记》曰:"有三皇山,或谓三室(按:《荥阳县志》:'三皇山、广武山俱在河阴县北十三里,二山相连'),山上有二城,东者曰东广武,西者曰广武,各在一山头,相去二百余步,其间隔深涧,汉祖与项籍语处。"《济水注》:"济水又东迳西广武城,城在山上,汉所城也(按:《范雎传》昭王城广武,即在此)。高祖与项羽临涧对语,责羽十罪,羽射汉祖中胸处也。山下有水,北流入济,世谓之柳泉。济水又东迳东广武城北,楚项羽城之。汉破曹咎,羽还广武为高坛,置太公其上,今名项羽堆。夹城之间,有绝涧断山,谓之广武涧。项羽叱娄烦于其上。济水又东迳敖山北。"近年汉王城、楚王城初步调查:二王城在荥阳县东北四十七华里广武山上,距旧广武城十二华里。广武山东西绵亘，北滨十余华里宽的黄河，南为千里平川。此地的荥阳关、虎牢关、黑石关、函谷关以至潼关，是通往关中咽喉要道的前哨据点。（《史记本纪地理图考·项羽本纪》）

【汇评】

郭嵩焘：案：此段绝是闲笔，非正文，史公偏以余力曲曲叙出，亦是惊怪绝人，直至项王、汉王相与临广武而语，遂成千古英雄第一会合。（《史记札记·项羽本纪》）

③【汇注】

颜师古：数，责其罪也。音所具反。（《汉书注·高帝纪第一上》）

【汇评】

王　迈：逾年而有广武之役，羽张其抚剑疾视之威，帝非不知力非其敌，而乃致辞问罪，从容暇豫如平时。今观其责羽之辞，义气激烈，天如不闻则已，如其闻之，宁不为之感动乎？（《臒轩集》卷三论《高帝论三》）

凌稚隆：陈沂曰：数羽十罪，要是汉得算多，不然则良、平之筹必不画矣。（《史记评林》卷八《高祖本纪》）

又：王九思曰：项羽势衰在弑义帝一节，而高祖数羽十罪，顾置之末，盖据事之先后次第叙之，非轻弑逆也。（同上）

④【汇注】

司马贞：负音佩也。（《史记索隐·高祖本纪》）

编者按：刘邦数羽十罪，可谓自举义旗，声讨羽之檄文。十罪之中，有些确系项羽之罪，有些却未必可信，张子侠《刘邦数项羽"十罪"考评》（《淮北煤师院学报》，1992年第4期）以为"怀王之约""掘始皇冢""坑秦卒""弑义帝"等皆为刘邦杜撰之词，未可信也。

【汇评】

凌稚隆：凌约言曰："负约"是本情，固宜首及之，阴弑义帝，罪莫大焉，而数之为十，盖据事之先后言耳。（《汉书评林·高帝纪》）

⑤【汇评】

程馀庆：第一罪，即说负约事，足见豁达。（《历代名家评注史记集说·高祖本纪》）

杨树达：高祖为义帝发丧，告诸侯曰："击楚之杀义帝者。"此以君臣之义为言也。及数羽罪，则以背约王己蜀、汉为首，盖一时假借之计，固不能敌其对己愤恨之深也。（《汉书窥管·高帝纪上》）

⑥【汇校】

裴　骃：徐广曰："卿，一作'庆'。"（《史记集解·高祖本纪》）

【汇注】

颜师古：……文颖曰："卿子，时人相褒尊之辞，犹言公子也。时上将，故言冠军。"师古曰："矫，托也，托怀王命而杀之也。卿子冠军，文说是也。"（《汉书注·高帝纪第一上》）

司马贞：韦昭云："宋义之号。"如淳曰："卿者，大夫之尊；子者，子男之爵；冠军，人之首也。尊宋义，故加此号。"（《史记索隐·高祖本纪》）

⑦【汇注】

颜师古：李奇曰："前受命于怀王往救赵，当还反报。"（《汉书注·高帝纪第一上》）

⑧【汇注】

凌稚隆：刘会孟曰：掘始皇帝墓，独见于此。（《汉书评林·高帝纪》）

龚浩康：掘始皇帝冢，据《光明日报》1985年3月29日报道，秦始皇帝陵考古队历时十二年，通过大面积调查钻探，在始皇陵"只发现两个盗洞，位于陵西铜车马坑道部位，直径九十厘米至一米，深不到九米，未能接近地宫，整个封土的土层为秦时原状。考古队认为，封土堆的土层未被掘动，地宫宫墙没有被破坏痕迹，地宫水银分布有规律，均可成为地宫未被盗毁的证明"。从两个盗洞的广度和深度判断，盗洞似非项羽及其部下所为。所以，"掘始皇帝冢"之说，有待证实。（见王利器主编《史记注译》卷八《高祖本纪》）

⑨【汇校】

[日]**泷川资言**：秘阁本、枫、三本"私收"作"收私"。（《史记会注考证附校补·高祖本纪第八》）

【汇注】

胡三省：收取其财物以为私有。（《资治通鉴》卷十《汉纪二》注）

王叔岷：《汉书》《通鉴》亦并作"收私"。师古注："收取其财以私自有也。"（《史记斠证·高祖本纪第八》）

⑩【汇注】

程馀庆：项羽掘始皇冢，以三十万人运物，三十日不能尽。（《历代名家评注史记集说·高祖本纪》）

⑪【汇注】

颜师古：李奇曰："章邯等为王。"（《汉书注·高帝纪第一上》）

龚浩康：王其将，指项羽封秦降将章邯、司马欣为王，而将秦降卒二十万坑杀于新安。（见王利器主编《史记注译》卷八《高祖本纪》）

⑫【汇注】

　　司马贞：谓章邯等。（《史记索隐·高祖本纪》）

　　[日]**泷川资言**：考证：中井积德曰：诸将，指从项羽有功者，申阳、张耳、臧荼、田都等也。愚按：《索隐》当移上文"王其将"下。（《史记会注考证附校补·高祖本纪第八》）

　　王骏图、王骏观：项羽皆王诸将善地，观下文令臣下争叛逆，则此诸将乃指臧荼、司马卬等也。（《史记旧注平义·高祖本纪》）

⑬【汇注】

　　司马贞：谓田市、赵歇、韩广之属。（《史记索隐·高祖本纪》）

　　王先谦：宋祁曰："'王诸将善地'，谓章邯等。'徙逐故主'，谓田市、赵歇、韩广之属。"王先慎曰："宋说非也。'诸将'谓燕将臧荼、齐将田都、赵相张耳之属。下文云'令臣下争畔逆'正指数人徙逐故主，致起争端。若章邯等为王，已数人六罪矣。"此宋沿《索隐》之说而误。（《汉书补注·高帝纪第一上》）

⑭【汇注】

　　龚浩康：夺韩王地，在熊心被立为楚怀王后，原韩国王族后代韩成曾先后被项梁、项羽封为韩王。项羽入关称霸王后，因韩成无军功，不许回封国，却将他带到彭城杀掉。（见王利器主编《史记注译》卷八《高祖本纪》）

⑮【汇评】

　　刘辰翁：罪八、九，皆不用"也"字，是骂口。此八、九者，惟第一句负约是本情，余属收拾坐罪，亦不见项羽何语。"临广武之间而语"，此一段，《史》增饰之耳。掘始皇冢独见于此。当是事以为罪，亦厚；强杀子婴，尤厚。"令臣下争叛逆"，是人君语。（见倪思编《班马异同》卷二《高祖》）

⑯【汇校】

　　王叔岷：《考证》：秘阁本无"大"字、"也"字。案：景祐本、黄善夫本、殿本皆有"大""也"二字，《汉书》《汉纪》《通鉴》皆同。秘阁本无此二字，盖误脱也。（《史记斠证·高祖本纪第八》）

【汇注】

　　方　回：高祖异时临广武数羽十罪，辞严义正，羽之肺肠幽隐洞见无余，可谓知彼知己。（见《古今考》卷六"沛公约项伯谢项羽"）

　　凌稚隆：吴国伦曰：议者汉业之兴在于数羽十罪。予曰羽即罪不十。羽即不罪楚，宁不汉也。首无若弑义帝，弑义帝罪不赦，即羽不弑义帝，阳尊而阴耆之。而羽咄嗟叱咤，民且口噤心悸。民亦何乐楚，楚亦何能不汉？再无若坑赵卒，坑赵卒罪不赦。即羽不坑赵卒，阳生而阴饵之，而羽千人自齐，民且重足汗背，民亦何乐楚，楚亦何能不汉？三无若背约自王，自王罪不赦，即罪不自王阳却而阴据之，而羽睢眦叱咤，民且目骇胆落，民亦何乐楚，楚亦何能不汉？舍三罪外，姑弗罪而羽必非汉对。何十之为？（《史记评林》卷八《高祖本纪》）

吴见思：第一罪即说负约事，足见豁达。而第十罪即总数事，用"也"字作结，奇文。（《史记论文·高祖本纪》）

计大受：又籍之罪莫重于弑义帝，丁氏奉以汉王与临广武间数其十罪，不以杀义帝为罪一，而曰负约，王我于汉，先一己之私忿，非天下之公论，不知称俱受命怀王而之是，开口便责以不奉主命，非先已私也。由是次第事之先后，皆无非声其渐积无君，故阴弑列之第九，乃总结以罪十。而天下不容大逆无道，则首揭为人臣而弑其主，此铺叙之法，断制之义也，丁识疏矣。（引自《史林测议》卷七"西楚霸王籍"）

程馀庆：总上说一番，成十罪，得指数不休之势。（《历代名家评注史记集说·高祖本纪》）

［日］泷川资言：中井积德曰：羽唯九罪矣。夫为人臣一条，见总计之语，其事皆在前条，虽别为一罪，窃疑罪十也。"三"字为衍文，则下文意亦顺。（《史记会注考证附校补·高祖本纪第八》）

刘咸炘："汉王数项羽曰"云云：十罪，弑义帝反居末。王九思谓据事之先后，非轻弑逆。按：矫杀卿子，在负约王蜀、汉前，而反居二，岂据先后哉？高祖心独以负约为罪，其为义帝发丧，特激诸侯耳。故第一即言"负约"，其情可知。王拯以为至末乃点正意，亦非。（《太史公书知意·项羽本纪》）

业衍璋：汉王数项羽十罪，亦故意足成十条以激其怒耳，其实罪十可概其余，初无待烦言也。（《业衍璋集·读史记杂议一·高祖本纪》）

⑰【汇注】

颜师古：言轻贱也。（《汉书注·高帝纪第一上》）

【汇评】

吴见思：用刑余罪人，更添色泽。（《史记论文·高祖本纪》）

⑱【汇校】

张文虎：乃与公，"乃与"疑当乙。（《校刊史记集解索隐正义札记·高祖本纪》）

【汇注】

陈昌强：此处之"公"绝无可能指项羽，而称自己又绝无称"公"之例。那么，问题到底在哪儿呢？余以为《史记》此处实有文字讹误，"乃与公"当作"与乃公"。据《史记》《汉书》记载，刘邦轻士善骂，临人常自称"而公""乃公"，"而"与"乃"皆是第二人称代词，可以互用。如：例一：《史记·留侯世家》："汉王辍食吐哺，骂曰：'竖儒，几败而公事！'"《索隐》："而公，高祖自谓也。汉书作'乃公'，乃亦汝也。"例二：《史记·陆贾列传》："陆生时时前说称诗书。高帝骂之曰：'乃公居马上而得之，安事诗书！'"例三：《汉书·张良传》："上曰：'吾惟之，竖子固不足遣，乃公自行耳。'"又"乃公"本为汉人习用之语，如：例四：《史记·淮南列传》："淮南王谓侍者曰：'谁谓乃公勇者？吾以骄不闻过，故至此。'"按：此条《汉书·淮南王传》同之。例五：《汉书·陈万年传》："万年大怒，欲杖之，曰：'乃公教戒汝，汝反睡，不听吾言，何也？'"上述之五条例证可以分为二类：一类为骂人的话，如例一、二、四；另一类即实指，如例三及例五。然而不管如何，"乃公"一词为刘邦乃至汉人之习语当无疑义。

两军对阵之时，刘邦自当极尽贬损项羽之能事，"乃公"一词之出口正当其宜。并且，"乃公"二字连用，既可以用于实指，复可以作为市井谩骂之语。刘邦使用市井中最粗俗的语言来骂"为人臣而杀其主，杀其已降，为政不平，主约不信，天下所不容，大逆无道"（《汉书·高帝纪上》）的项羽，已经将心中对项羽的蔑视完全抒发了出来。

《史记》"乃与公"之扞格不通，前已明辨。今以"与乃公"读之，则前此所述的种种疑碍，皆可涣然冰释。此盖数百年的传抄中，手民不慎将"与乃公"误倒成"乃与公"；或者因为句中语词近似，而将"乃与乃公"（后一"乃"字也可作"而""若"等）误脱成"乃与公"。班固未细究文意，遂沿袭误文，而更发生误会，复改前称"项羽"之名为"公"。其后，荀悦《前汉纪》、司马光《资治通鉴》又沿班固误文而不察，遂使《史记》"乃与公"云云传千百年而不之疑，或虽疑之而复强为之解，此亦殊可怪也欤！（《史记·高祖本纪"乃与公挑战"辨误》，载《古典文献研究》总第9辑》）

【汇评】

凌稚隆：许相卿曰：至此破楚之势成矣，乃敢大言。（《史记评林》卷八《高祖本纪》）

⑲【汇评】

李德裕：又曰：一人之身，兼有英雄，高祖、项羽是也。其下虽曰项羽英分少，有范增不能用，陈平去之，然称羽能合变，斯言谬矣。项羽坑秦卒以结怨关中，弃咸阳而眷怀旧土，所谓倒持太阿，授人以柄，岂得谓之合变乎？又愿与汉王挑战，汉王笑曰："吾宁斗智，不能斗力。"及将败也，自为歌曰："力拔山兮气盖世。"其所恃者，气力而已矣。可谓雄于韩信，气又过之，所以能为汉王敌。聪明睿知，不足称之。（见《全唐文》卷七〇九《人物志论》）

方　回：（项羽）语欲与汉王独身挑战，古之帝王有亲征矣，岂有独身挑战之事，项羽可谓匹夫之勇耳。汉王数羽十罪，可谓知彼知己。羽大罪杀主、杀降，信乎天下所不容，所谓不战而气已索也。至于伏弩射中汉王，又不过区区盗贼之智。（见《古今考》卷十七"项羽亦军广武钟离眛相与临广武之间而语")

　　凌稚隆：高祖数羽十罪，断则有余矣，然竟为飞镞所中，其于料敌之智或浅也。因以见楚子投袂而起，孟明焚舟而前，是皆幸而成功耳。(《汉书评林·高帝纪》)

⑳【汇注】

　　司马贞：扪，摸也。中匈而扪足者，盖以矢初中痛闷，不知所在故尔。或者中胸而扪足，权以安士卒之心也。(《史记索隐·高祖本纪》)

　　颜师古：扪，摸也。伤胸而扪足者，以安众也。扪音门，中音竹仲反。(《汉书注·高帝纪第一上》)

㉑【汇评】

　　程馀庆：捷甚！伤胸要害，仓卒中极未易矫。(《历代名家评注史记集说·高祖本纪》)

　　韩兆琦：虏中吾指，犹言"这个囚徒射中了我的脚趾！"《正义》曰："恐士卒怀散，故言中吾足指。"泷川曰："变起仓猝，而举止泰然如此，汉皇非徒木强人也。"(《史记选注集说·高祖本纪》)

㉒【汇注】

　　程馀庆：创音疮，伤也。(《历代名家评注史记集说·高祖本纪》)

㉓【汇校】

　　王先谦：朱子文曰："此句中多'汉王'二字。当曰'汉王病创卧，张良强请起行劳军'。"(《汉书补注·高帝纪第一上》)

㉔【汇评】

　　刘辰翁：虏伤胸，要害；仓卒扪足语，极未易矫；"毋令楚乘胜于汉"，语重有力。(见倪思编《班马异同》卷二《高祖》)

　　程馀庆：此一语甚有力。(《历代名家评注史记集说·高祖本纪》)

㉕【汇注】

　　张守节：行，寒孟反。(《史记正义·高祖本纪》)

㉖【汇注】

　　司马贞：按：《三辅故事》曰："楚汉相距于京、索间六年，身被大创十二，矢石通中过者有四。"言汉王病创也。(《史记索隐·高祖本纪》)

㉗【汇评】

　　冯梦龙：小白不僵而僵，汉王伤而不伤，一时之计，俱造百世之业。(《智囊补》捷智部灵变卷十三《汉高帝》)

病愈①，西入关，至栎阳，存问父老②，置酒③，枭故塞王欣头栎阳市④。留四日，复如军⑤，军广武。关中兵益出⑥。

① 【汇注】
颜师古：（《汉书》作"瘳"）瘳与愈同，愈，差也。（《汉书注·高帝纪第一上》）

② 【汇评】
韩兆琦：存问，慰问。（《史记选注集说·高祖本纪》）

③ 【汇评】
刘辰翁：汲汲入关，置酒，留四日，安父老心，盖惧传闻之讹也。（见倪思编《班马异同》卷二《高祖》）

④ 【汇注】
司马贞：枭，悬首于木也。欣自到于汜水上，今枭之于栎阳者，以旧都，故枭以示之也。（《史记索隐·高祖本纪》）
凌稚隆：宋祁曰：欣自到汜水上死矣，今枭于此，以欣旧都故示之。（《汉书评林·高帝纪》）

⑤ 【汇评】
程馀庆：汉王可谓不敢自逸矣，虽禹之辛壬癸甲，何以过之。光武于颍川盗，还宫六日，讨平之。二祖创业之初，其勤如此，后世犹有幸冯石府留饮十日者。（《历代名家评注史记集说·高祖本纪》）

⑥ 【汇评】
刘辰翁：高帝始终得关中之力，关中民心所以不忘者，秋毫无犯，约法三章之效也。（见倪思编《班马异同》卷二《高祖》）
朱东润：汉王之在霸上，有兵十万，及之国，项王使卒三万人从，与诸侯之慕从者数万，则其兵众。其后还定三秦，尽有内史、陇西、上郡、北地，此皆六国之时秦之故地也。除去苛政，约法三章，复召故秦祝官如其故仪礼，因令县为公社，下诏曰："吾甚重祠而敬祭。"则秦之民附。然后用秦之众以东征，故《高祖本纪》，一则曰"兴关中卒乘塞"，再则曰"稍征关中兵以自益"，三则曰"诸将及关中卒益出"。萧何为丞相，亦以兴关中卒，转漕给军，功居诸将上。遂以是东征，南连南越，北拊齐、赵，而项氏亡矣。故项氏之兴，以全楚率天下而亡秦，及其败也，汉高以全秦之众，抚有九江、淮南、衡山、豫章之地，重之以诸侯之师，而羽以楚之半当之，罢疲困顿，其不能济，势也。（《史记考索·楚人建置考》）

当此时，彭越将兵居梁地，往来苦楚兵①，绝其粮食②。田横往从之③。项羽数击彭越等，齐王信又进击楚④。项羽恐，乃与汉王约，中分天下，割鸿沟而西者为汉⑤，鸿沟而东者为楚⑥。项王归汉王父母妻子⑦，军中皆呼万岁，乃归而别去⑧。

① 【汇评】
凌稚隆：许相卿曰：叙（彭）越苦楚兵，前后重出，不易一字，妙甚。（《史记评林》卷八《高祖本纪》）
夏之蓉：彭越虽非信比，然数以游兵击楚，为羽心腹之疾，其功居多。向使无越议羽之后，羽之锋沛公不能当也。越遇羽多败，然韩信以胜为功，彭越以败为功。汉之功臣，并称韩、彭，有以也。后吕后告越谋反，族诛之，由吕后阴谋篡汉，忌信、越两人，故皆不免于祸。（《读史提要录》卷一《西汉》）
郭嵩焘：案：史公于汉三年叙述"彭越将兵居梁地，往来苦楚兵"，此又重申前语，所以著楚、汉兴亡之实，由彭越居梁地故也。是乃史公极着意处。（《史记札记·高祖本纪》）

② 【汇评】
刘咸炘：倪思曰：此正汉事将成处，子长重出此语，未必无意。按：此固是挈明大势之言，然何必重书。史公文本多不整，无庸曲为之说。此类曲说亦多，今不具驳。（《太史公书知意·高祖本纪》）

③ 【汇校】
崔适：按：各本中云"彭越将兵居梁地"，至"田横往从之"，此皆三年之重文也。（《史记探源》卷三）

【汇注】
方回：汉王遣间使郦食其说齐连和矣，而韩信进兵虏齐王田广。齐实无罪，汉不诏止韩信，又不赦齐王，无乃怒其烹郦食其而然乎。韩信既立为齐王，田横亦自立为齐王，而无措足之地。奔就彭越，在梁地，且为汉，且为楚，然烧楚积聚为汉常多。田横为无土之王，汉是时，遣使召之，即归汉可也。《汉纪》书"关中兵出益多，而彭越、田横居梁地，往来苦楚"，则田横亦为矣。汉王既即皇帝位，横犹惧诛，亡入海，何也？得非以烹郦食其之故，而高帝终怒之欤。《史记·高纪》不书田横自王事，不书彭越、田横往来苦楚，但曰"彭越往来苦楚，田横往从之"。（见《古今考》卷十七"田横自立为齐王奔彭越"）

王先谦：全（全祖望）说是也。《史记》："当此时，彭越将兵居梁地，往来苦楚兵，绝其粮食。"《通鉴》亦云："汉王之败彭城，解而西也，彭越皆亡其所下城，独将其兵，北居河上，常往来为汉游兵击楚，绝其后粮。"并不及田横，是其证。(《汉书补注·高帝纪第一上》)

龚浩康：田横（？—前202），田荣之弟。狄县（今山东省高青县东南）人。本齐国贵族。秦末随兄田儋起兵反秦。田儋死后，他立田荣之子田广为齐王，自任齐相。韩信破齐后，他自立为齐王。败投彭越，后率领部属五百人逃往海岛（今山东省即墨县东田横岛）。刘邦称帝后，派使者召田横来洛阳。他羞为汉臣，在途中自杀。留居岛上的徒众，闻讯全部自杀。按：自"当此时"至"田横往从之"几句，与前文重复。《史记探源》认为当删。（见王利器主编《史记注译》卷八《高祖本纪》)

④【汇评】

[日]**泷川资言**：全祖望曰：鸿沟之约，因项王兵少食尽，韩信又进兵击之，项羽之兵少，由龙且二十万众之败，而食尽，则以彭越绝其粮道，皆有可考。韩信进兵，独不详其始末，盖项羽与汉争于荥阳、敖仓之间，虽兵少食尽，尚可支持，而韩信已王齐，故自淮北捣其国都。观《灌婴传》，则其兵攻彭城，又越彭城而南，直渡广陵，纵横蹂躏，项王安得不议和乎？（《史记会注考证附校补·高祖本纪第八》)

韩兆琦：田横往从之，崔适曰："'彭越将兵'至'田横往从之'，三年重文也。宜删。"刘辰翁曰："越苦楚兵，此汉事将成也，子长重出此语，未必无意。"按：崔说是也，刘说强为之辞。（《史记选注集说·高祖本纪》)

⑤【汇注】

胡三省：杜佑曰：郑州荥阳县西有鸿沟，楚、汉分界之境。（《资治通鉴》卷一《汉纪二》注）

顾祖禹：鸿沟，《通典》在县南，楚汉分境处。《史记·河渠书》于东方则通鸿沟，江、淮之间。应劭曰：鸿沟在荥阳县东南二十里。《水经注》尉氏有鸿沟乡、鸿沟亭，睢阳东有鸿口亭，萧县西又有鸿沟亭。苏秦所云：南有鸿沟者，非欤。然则楚汉所分特，就荥阳东西言之耳。《方舆纪胜》鸿沟在河阴县东北，接广武山，与荥泽连。（《读史方舆纪要》卷四十七《河南二·开封府》)

周寿昌：注引文颖曰，于荥阳下引河东南为鸿沟，以通宋、郑、陈、蔡、曹、卫，与济、汝、淮、泗会于楚。即今官渡水也。寿昌按：文此注全引《沟洫志》，而误读者也。故地势水道，多不可通。考《志》本从会字断句，于楚字则属之下文，文氏误读。而尤误在以官渡水为鸿沟，漫无区别。观《史记索隐》云，为二渠，一南经阳武，为官渡水；一东经大梁城，即鸿沟，今之汴河是也。是明二渠为一南一东也。《宋史·河渠志》云，禹于荥阳下分大河为阴沟，至大梁浚仪县西北，复分为二渠，一经阳武县中牟台下为官渡水，其一为鸿沟蒗蓎渠。语尤详晰。文氏奈何混举官渡与鸿沟而一之乎？《后书·郡国志》"鸿沟"下，刘昭引文颖语作注，颜氏复据以注鸿沟，皆失于未考也。至"会于楚"误读，寿昌有校语在《沟洫志》较详。（《汉书注校补》卷一）

钱　穆：案：鸿沟为楚、汉分界者，在今荥阳县境。《水经注》："故尉氏有鸿沟乡、鸿沟亭。今萧县西亦有鸿沟亭，睢阳东有鸿口亭。"苏秦所云"南有鸿沟"也。秦始皇引河水灌大梁，即今贾鲁河，古汴水之分流，亦名鸿沟。（《史记地名考·魏地名》）

王　恢：鸿沟，始见于苏秦说魏："大王之地，南有鸿沟。"《河渠书》："自是（指春秋）之后，荥阳下引河东南为鸿沟，以通宋、郑、陈、曹、卫，与济、汝、淮、泗会。"文颖以楚汉中分之界，即官渡水。《索隐》谓："为二渠：一南经阳武为官渡水；一东经大梁城即鸿沟，今之汴河。"如《河渠书》，众水皆鸿沟之分流，《锥指》（四二）所谓"皆以下流之目追被上源"也。盖石门渠（当今广武西北）首受河，名鸿沟，又名蒗荡渠、汴渠、通济渠，名称互见，实皆源于出河之济。而楚汉一时之约——八月约，十月汉王即追羽至阳夏，十一月而羽卒，并无明确的相关考证。或曰荥阳东南之水，或曰当今贾鲁河，皆以臆测。其时灌婴已下彭城，彭越又断睢阳转输，羽兵少食尽，进退失据，不得不约中分天下，归太公、吕后，所谓鸿沟者，当时亦未必详确也。（《史》称"归汉王父母妻子"，《汉书》晋灼引《汉仪注》，母于兵起时死陈留小黄北。孝惠未被虏。当依《月表》及《王陵传》称太公、吕后。）（《史记本纪地理图考·项羽本纪》）

又：鸿沟，广武山山顶平缓，山的中间有一条南北方向的大深沟，沟宽八百米，自沟底至山顶高二百米，沟身弯转折曲，悬崖陡壁，岩石高低杂错其间，是一处天然险境，这即有名于史的"鸿沟"。沟的东西二城均为方形。由于年代久远，黄河向南滚移，二城的北部大半被冲塌入河中。汉王城比楚王城面积略大，东西长千二百米，今南北方向仅存三百米。城的南墙西端向北斜去约百余米，而与楚王城南墙不是一条直线。墙体塌落处宽三十米左右，残存高六米、七米不等，其间以西端部分较高，在东墙紧临黄河悬崖最高点，约十米多，如按河水面计算高达二百余米。自鸿沟入城必走此端，磴道尚有痕迹。楚王城东西长一千米，南北长残留四百米，城墙宽二十六米多，城角部分宽约七十米左右。墙体一般高六米至七米不等，其中西南城角为最高，高达十五米——是二城中最高之一点。城内平坦，自西墙外沿河边有一山峰，西墙紧逼其侧，当年筑城时，是有意利用这个地形的。二城的形象大致相同。从塌落的断面看，城墙均用黄土逐层分段夯实，夯层十分明显，夯窝犹有印痕。二王城比现存一些较完整的汉代故城不同，二城的墙身每隔十数米整段塌掉，出现一些缺口，是因年代久远，水土流失所造成。二城的城门位置无迹象可寻，亦无文献可考。从地面考察，并未拾到陶片，也不见砖瓦等残片，也未拾到任何文物。据霸王城村民说，常拾到一些三棱尖锐呈青绿色的铜镞。(《史记本纪地理图考·项羽本纪》)

⑥【汇注】

司马贞：应劭云："在荥阳东南三十里，盖引河东南入淮、泗也。"张华云："一渠东南流，经浚仪，是始皇所凿，引河灌大梁，谓之鸿沟。一渠东经阳武南，为官渡水。"《北征记》云中牟台下临汴水，是为官渡水也。(《史记索隐·高祖本纪》)

龚浩康：鸿沟，一作大沟，战国魏惠王时开凿沟通黄河与淮水的运河。北起荥阳，东经中牟，至开封，折南流至淮阳县南入颍水。后来人们常以鸿沟比喻界限分明，即来源于楚汉的划鸿沟为界。(见王利器主编《史记注译》卷八《高祖本纪》)

⑦【汇注】

班　固：汉遣陆贾说羽，请太公，羽弗听。汉复使侯公说羽，羽乃与汉约，中分天下，割鸿沟以西为汉，以东为楚。九月，归太公、吕后，军皆称万岁。乃封侯公为平国君。(《汉书·高帝纪第一上》)

赵　翼：《高祖纪》称汉王之二年，定三秦，将五诸侯兵破彭城，寻为项羽所败，西奔过沛，使人求家室，家室已亡去。道遇孝惠、鲁元公主，载以行，而家属反遇楚军，为羽所得，常置军中为质。据《史记》谓是时羽取汉王父、母、妻、子置军中，《汉书》则但谓取太公、吕后，而不言父母妻子。其后羽与汉王约：中分天下，以鸿沟为界。遂归汉王家属。据《史记》谓归汉王父母妻子，而班书亦但言归太公、吕后，而不言父母妻子。盖以高祖之母久已前死（高祖起兵时，母死于小黄），羽所得者，但有太公、吕后，而以《史记》所云父母妻子者不过家属之通称，非真有母与子在项羽军中，故改言太公、吕后也。不知高祖母虽已前死，而楚元王为高祖异母弟，则高祖尚有庶母也。（《史记》谓同母少弟，《汉书》则谓同父少弟。颜师古注："言同父则知其异母也。"按：《吴王濞传》：晁错曰："高帝大封同姓，庶弟元王王楚四十余城。"则元王乃异母弟无疑。陆机《汉高功臣颂》："侯公伏轼，皇媪来归。"正指侯公说项羽，羽归汉王家属之事。曰皇媪来归，明言汉高之母也。）孝惠帝尚有庶兄肥，后封齐，为悼惠王。当高祖道遇孝惠时，与孝惠偕行者但有鲁元公主，则悼惠未偕行可知也。悼惠既未偕行，又别无投归高祖之事，则必与太公、吕后同为羽所得，故高祖有子在项军也。然则《史记》所谓父、母、妻、子，乃无一字虚设，而《汉书》改云太公、吕后，转疏漏矣。(《廿二史札记》卷一"汉王父母妻子")

梁玉绳：案：《月表》及《王陵传》称"太公吕后"，较之此与《高纪》作"父母妻子"为妥。且是时孝惠未为楚虏，而如淳、晋灼《汉书注》引《汉仪注》言高帝母兵起时死陈留小黄，则此时亦不得有母媪也。《文选》陆士衡《高祖功臣颂》"侯公伏轼，皇媪来归"，亦非。(《史记志疑·项羽本纪》)

易佩绅：其临广武而数羽十罪，盖使羽自知其曲已为天下所不容，故不敢复杀太公，益为天下指名也。其不敢战也，固力不逮，或亦但欲以理之曲直折羽之气，而不欲以力战激羽之气也。其使信、越诸人力战各地，盖亦使羽知天下助汉者已多，汉终不可下，则留太公以为讲和地也。……是时项羽已自知其少助矣。未几，韩信又进兵击楚，羽益患之矣。汉遂遣人说羽请太公，羽乃与汉约，中分天下。于是四年九月归太公矣，是刘季之可稍赎其罪者也，是天柱将绝而未尽绝，地维将灭而未尽灭也。然而危矣。（《通鉴触绪》卷四）

陈　垣：《札记》"汉王父母妻子"条，为赵先生最得意之笔。盖曾以《史》《汉》两《高纪》汉王二年、四年事对读，发现汉王家属被楚军所得者，《汉书》称"太公吕后"，《史记》称"父母妻子"，遂疑高祖母虽死，尚有庶母，孝惠帝尚有庶兄肥，必同为羽所得。《史记》所谓"父母妻子"，乃无一字虚设；《汉书》改为"太公吕后"，转疏漏矣。

《日知录》二十一"陆机文误"条，曾据《史记·高纪》《正义》引《汉仪注》，高帝母兵起时已死于小黄，《汉书·高纪》，侯公说羽，羽归太公、吕后，并无皇媪，证明陆机《汉高功臣颂》"侯公伏轼，皇媪来归"，为"不考史书之误"。今《札记》又据"皇媪来归"及"父母妻子"句，证明高祖实有母在楚军。二说对立，人将谁从？

然此乃《史》《汉》用语不同问题，非高祖有无母子在楚军问题。试观下表，则"太公吕后"，"父母妻子"，二语随意使用。《史》亦有称"太公吕后"者，则非《汉书》所改也；《汉》亦有称"父母妻子"者，则此乃家属通称，非必各有其人也。

汉	《史》七《项纪》	《史》八《高纪》	《史》一六《月表》	《史》五六《汉》四零《审食其传》	《汉》一《高纪》	《汉》三一《项传》
元年		迎太公吕后于沛				
二年	太公吕后遇楚军	取汉王父母妻子		取太上皇吕后为质	太公吕后遇楚军	太公吕后遇楚军
四年	归汉王父母妻子	归汉王父母妻子	太公吕后归自楚		归太公吕后	归汉王父母妻子

《日知录》据"太公、吕后"句，以为并无皇媪；《札记》据"父母妻子"句，以为无一字虚设。皆仅据两书片面之词，未统观两书全面也。以此表释两家之说，不几如以汤沃雪乎？（《校勘学释例》"汉王父母妻子"注）

成庆华：按：赵氏此条（汉王父母妻子），所据以为立论之本者，仅为《史》《汉》高祖本纪，而略不及其他。是根基之失也。旁证曲说，明汉王所谓父母妻子者俱全。因定《史记》所谓"父母妻子",无一字虚设。而《汉书》改云"太公吕后",转为疏漏。殊不知所知所述,尚仍不足以证汉王家属无一逃脱于楚军。是结论之误也。试申论之。《史记·项羽本纪》记太公吕后间行求汉王,反遇楚军。《秦楚之际月表》于高祖四年九月,亦书太公吕后归自楚。则太史公所谓父母妻子者,乃太公吕后之统称。《汉书·高帝纪》改父母妻子为太公吕后。虽较为准确,然于《项羽传》则又书归汉王父母妻子。则班氏所谓太公吕后者,举其要而已。或统称,或略举,相得而益彰。即班马本人尚未能划一,奚遑我后!而赵氏必欲详之,因不免牵强附会,徒为赘词,详其末而失其本也。(《成庆华史学文存·廿二史札记卷一·汉王父母妻子条书后》)

⑧【汇评】

刘辰翁:"归而别去"与下"西归"不是重,下两句是重起。得父母妻子,即归而别去,复何求哉?此高祖最是处,虽天下不与易也。故"归而别去",有愧感不忘之心焉。(见倪思编《班马异同》卷二《高祖》)

项羽解而东归。汉王欲引而西归,用留侯、陈平计①,乃进兵追项羽②,至阳夏南止军③,与齐王信、建成侯彭越期会而击楚军。至固陵④,不会⑤。楚击汉军,大破之。汉王复入壁,深堑而守之⑥。用张良计⑦,于是韩信、彭越皆往⑧。及刘贾入楚地,围寿春⑨,汉王败固陵⑩,乃使使者召大司马周殷举九江兵而迎(之)武王⑪,行屠城父⑫,随(何)刘贾、齐梁诸侯皆大会垓下⑬。立武王布为淮南王⑭。

①【汇注】

班 固:汉王欲西归,张良、陈平谏曰:"今汉有天下大半,而诸侯皆附,楚兵罢食尽,此天亡之时,不因其几而遂取之,所谓养虎自遗患也。"汉王从之。(《汉书·高帝纪第一上》)

【汇评】

方 回:读此一句,知汉之君臣议中分天下之时未有权从和议,随即进兵之心。不知汉王亦尝思之乎?中分之后,每年如何聘使往来保得决无违盟战争否?想是项羽知有不善之心,暂解东归,调停韩信,收拾兵食,至于给足再举,未可知也?故张良、陈平有养虎自遗患之谏，汉王始决策追项羽云。（见《古今考》卷二十一"汉王欲西归"）

杨　慎：项羽兵少食尽，乃约中分天下，汉王欲西归，张良谏曰，今释弗击，是养虎自遗患也。程子曰，张良才识高远，有儒者气象。而亦以此说汉王不义甚矣。升庵杨子曰，程子之言迂矣。张良此言，正所以为义也。且张良之佐汉，本为报韩仇，韩仇者谁先，则无道之秦，后则不仁之羽也。且秦之无道甚于商纣，羽之不仁埒于嬴秦。高祖之诛秦灭项，何异于《书》所谓兼弱攻昧、取乱侮亡，《易》所谓汤武革命、顺天应人。乘此机不取，则大事去矣。天下何时而息肩乎？程子之所谓义，必欲汉王守小信而西归，项羽复炽，则天下生灵死于干戈又不止长平四十万而已，儒者立论，何其迂哉。（《升庵集》卷四十七"张良鸿沟之谏"）

郭嵩焘：案：此亦是史公烘染之辞。项羽之东归，灌婴已尽收淮南、北也，东入彭城，项羽之势已穷；高祖之与项羽约者，欲因项羽解兵而东，击其惰耳。史公于此及《项羽纪》并云汉王亦欲引而西归，张良、陈平谏，乃使进兵追项羽；史公文专以顿跌取势，于此亦但自取其文势跌宕耳。（《史记札记·高祖本纪》）

又：案：是时天下已归汉，高祖所以与项羽约中分天下，为欲得太公、吕后而已，岂能纵项羽东归，待张良、陈平之说而始追击之哉？此史家烘托之辞，非事实也。（《史记札记·项羽本纪》）

台湾三军大学："兵者，诡道也"。楚汉为鸿沟之约，而张良、陈平教刘邦违背之。盖此时已至楚汉最后存亡斗争之关键，汉若乘此时机以击灭之，实较信守和约为更有利，晋文公伐原守信而兴霸业，刘邦用"诡道"而灭项楚，此乃因彼此内外情势不同，因而用之亦异。故"诡"与"信"，用兵时皆可施也。（《中国历代战争史》第四编第八章《楚汉战争》）

② 【汇评】

凌稚隆：罗大经曰：吴请成于越，勾践欲许之，范蠡不可；楚求和于汉，帝欲许之，张良不可。此霸王成否之机也，二子亦明决矣哉！故曰：需者事之贼，又曰：当断不断，反受其乱。（《汉书评林·高帝纪》）

王鸣盛：汉始终惟利是视，顽钝无耻。其言曰："吾与项羽俱北面受命怀王，约为兄弟。"羽少汉王十五岁。（《项羽本纪》初起时年二十四，时高祖年三十九。又徐广注，项王以始皇十五年己巳岁生，汉五年之十二月死，时年三十一，时高祖四十六。）如其言，则汉王为兄，项王弟矣。鸿门之会，自知力弱，将为羽所灭，即亲赴军门谢罪，其言至卑屈，让项王上坐，己乃居范增之下为末坐，纵反间以去范增，用随何以下黥布。有急则使纪信代死，不顾子女，推堕车下。鸿沟既画，旋即背之，屡败穷蹙，不以为辱。失信废义，不以为愧也。若以沛公居项羽之地，在鸿门必取人于杯酒之间，在垓下必渡江而王江东矣。(《十七史商榷》卷二"汉惟利是视")

储方庆：汉高初起时属项梁，梁死始能自成军，与项羽比肩事义帝，约为兄弟。当是时，秦军常乘胜逐北，诸将莫利先入关，独汉高与项羽，奋顾西击秦。汉高、项羽，固情相亲而志相合也。及项羽负约，东归彭城，汉高举巴、蜀，定三秦，率诸侯之师以伐楚，荥阳、成皋间，相距数年。卒以诛项羽，并天下。汉高亦忍人也哉！君子曰：汉高惟以忍得天下，项羽惟以不忍失天下。汉高之忍，汉高取天下之术也。……鸿沟讲解之后，汉高亦欲引而西归，张良、陈平说曰："今释弗击，此养虎自遗患也。"遂引兵蹑之。汉高之忍，亦良、平赞之也。此范增之所以痛恨于不杀汉高也。(《储遁庵文集》卷四"高帝灭楚论")

③ 【汇校】

梁玉绳：案：自此至大会垓下，皆五年冬事，误在四年也。(《史记志疑·高祖本纪第八》)

王叔岷：《考证》："梁玉绳曰：自此至大会垓下，皆五年冬事，误在四年也。"案：自此至大会垓下，《汉书·高纪》《汉纪》并书在五年冬。《项羽本纪》亦书在五年。《通鉴》无此文，而下文直至大会垓下，亦书在五年冬。(《史记斠证·高祖本纪第八》)

【汇注】

刘文淇：属淮阳国，楚汉之间属颍川郡。(《楚汉诸侯疆域志》卷一)

④ 【汇注】

胡三省：徐广曰：固陵在阳夏。晋灼曰：即固始县。余据班《志》，固始与阳夏为两县，皆属淮阳国。刘昭《志》：陈国阳夏县有固陵聚。《括地志》：固陵，县名，在陈州宛丘县西北四十二里。(《资治通鉴》卷十一《汉纪三》注)

沈钦韩：按：改名固始乃寝丘，非固陵也。上云汉王追项羽至阳夏南，则固陵在阳夏矣。彪《续志》：阳夏有固陵聚。《元和志》在陈州宛丘县西北四十三里。(《汉书疏证》卷一《高帝纪》)

刘文淇：晋灼以为即固始，属淮阳国。(《楚汉诸侯疆域志》卷一)

王先谦：前汉阳夏、固始为两县，并属淮阳国。后汉并固始入阳夏，《续志》云：阳夏有固陵聚。胡三省《通鉴》注引徐广云：固陵在阳夏也。在今陈州府太康县西。(《汉书补注·高帝纪第一下》)

后晓荣：固陵，《史记·项羽本纪》："汉五年，汉王乃追项王至阳夏南，止军，与淮阴侯韩信、建成侯彭越期会而击楚军，至固陵。"此事也见于《史记·魏豹彭越列传》《史记·高祖本纪》《史记·荆燕世家》等。又《史记·高祖功臣侯者年表》："(丁义)破钟离眛军固陵，侯六百七十户。"《正义》引《括地志》云："固陵，县名也。在陈州宛丘县西北四十二里。"钱穆注曰:"在今淮阳县西北。"秦固陵县故址在今河南省淮阳市西北。(《秦代政区地理》第五章《淮阳郡》)

⑤【汇注】

刘文淇:又按:《史记·项羽本纪》,汉王至固陵,而信、越之兵不会,汉王谓张子房曰,诸侯不从约,奈何?对曰,楚兵且破,信、越未有分地,其不至固宜,君王能自陈以东傅海尽与韩信,睢阳以北至谷城以与彭越(睢阳,汉属梁国,秦属砀郡;谷城即项羽所葬之谷城山,汉属济阴郡,后汉始立谷城县),使各自为战,则楚易败也。汉王曰:善。(《楚汉诸侯疆域志》卷一)

⑥【汇评】

程馀庆:又汉之得著处。(《历代名家评注史记集说·高祖本纪》)

⑦【汇注】

龚浩康:张良计,张良认为韩信、彭越失约,是因为分地的欲望未得到满足,因此劝刘邦答应将陈县至海滨之地、睢阳至谷城之地分别封给韩信、彭越,让他们为自己的封地而战。刘邦依计行事,韩信、彭越果然立即进兵。详见《项羽本纪》。(见王利器主编《史记注译》卷八《高祖本纪》)

⑧【汇评】

凌稚隆:按:期之则不会,封之则皆来,为人臣而当如是耶?只自速祸尔!(《汉书评林·高帝纪》)

易佩绅:君臣之分不定则已,既定则惟性情相结,利害俱忘,而后可全其终始矣。臣以利要君,君以利诱臣;臣以市侩事君,君以劫盗待臣,如此而尚有能全者哉?韩信取死之道自王齐始也,此又加甚矣。彭越则自此始矣。(《通鉴触绪》卷五)

⑨【汇注】

张守节:今寿州。(《史记正义·高祖本纪》)

姚范:韩信彭越皆往及刘贾入楚地,围寿春。按:此处当有脱误。《黥布传》:五年,布使人入九江,得数县。六年,布与刘贾入九江,诱大司马周殷,殷反楚。《汉书·高帝纪》:"汉遣人诱大司马周殷,殷畔楚,以舒屠六,举九江兵迎黥布,布并行屠城父。"《荆王刘贾传》"使贾南渡淮,围寿春,还至使人间招楚大司马殷,殷反楚,佐贾举九江迎英布兵。"据诸文则"此及"字上当有"黥布",故下云"武王行屠城父"也。寿春属九江郡,黥布之称武王,《传》及《汉书》不载。(《援鹑堂笔记》卷十五史部)

王先谦:寿春,九江县,今凤阳府寿州治。(《汉书补注·高帝纪第一下》)

龚浩康:寿春,县名,即今安徽省寿县,当时为九江郡治。(见王利器主编《史记注译》卷八《高祖本纪》)

⑩【汇注】

裴　骃：晋灼曰："即固始。"（《史记集解·高祖本纪》）

瞿方梅：方梅案：《地理志》固始属淮阳国，即楚叔孙敖所封寝丘地。李申耆曰：在今河南陈州府淮宁县西北，非光州固始。（《史记三家注补正·高祖本纪第八》）

⑪【汇校】

张文虎：举九江兵而迎之，《志疑》云"之"字衍。（《校刊史记集解索隐正义札记·高祖本纪》）

【汇注】

裴　骃：徐广曰："周殷以兵随刘贾。"（《史记集解·高祖本纪》）

韩兆琦：武王，指黥布。徐孚远曰："黥布称为武王，当是叛楚以后，未归汉以前假为此号。"按：黥布原为九江王，后叛楚只身归汉；今周殷亦叛，故迎其故主而使之仍统九江之众。（《史记选注集说·高祖本纪》）

⑫【汇注】

张守节：父音甫，今亳州县。（《史记正义·高祖本纪》）

沈钦韩：《一统志》：城父故城在颖州府亳州东南。《元和县志》：西北至州七十九里，明初废，今名城父村。（《汉书疏证》卷一《高帝纪》）

后晓荣：城父，《史记·秦始皇本纪》："二世益遣长史司马欣、董翳佐章邯击盗，杀陈胜城父。"《史记·项羽本纪》："刘贾军从寿春并行，屠城父，至垓下。"《史记·陈涉世家》："胜之汝阴，还至下城父。"师古曰："下城父，地名，在城父县东。"《读史》卷二十一南直隶城父城，"州东南七十里。春秋时陈邑"。"秦二世二年，遣长史司马欣、董翳击盗，杀陈胜于城父"。下城父聚，"在县西北八十里。秦二世二年，陈王涉之汝阴，还至下城父，其御庄贾杀之以降秦"。《清一统志》卷一百二十八："城父故城在（颖州府）亳州东南。"秦城父故址在今安徽省亳州市东南。（《秦代政区地理》第五章《四川郡》）

⑬【汇校】

梁玉绳：按：此事各处所书不同，当云"汉王（衍'败固陵'三字）乃使使者召大司马周殷举九江兵而迎（衍之字）武王，行屠城父，随（衍'何'字）刘贾齐、梁诸侯皆大会垓下"。随何不过谒者，仅说九江王一见，此时诸侯大会，无缘置身其间也，《史》《汉》各处元无"何"字。（《史记志疑·高祖本纪第八》）

张文虎：随何，《志疑》云"何"字衍，《汉书》无。按：《项羽纪》亦作"随刘贾"。（《校刊史记集解索隐正义札记·高祖本纪》）

王先谦：钱大昭曰：闽本"随"下有"何"字。先谦曰：《史记》作"随何、刘贾、齐、梁诸侯皆大会垓下"。按：随何无战功，不当列刘贾之上。疑《史》"何"字本衍文。但谓殷、布随刘贾及信、越来会耳。《项籍传》"周殷举九江兵随刘贾迎黥布",与此随刘贾义同。《贾传》"周殷反楚佐贾举九江,迎英布兵,皆会垓下"。佐字与随义亦合,皆其证。随下不当有何字明矣。(《汉书补注·高帝纪第一下》)

【汇注】

裴　骃:徐广曰:"七月。"(《史记集解·高祖本纪》)

胡三省:李奇曰:沛洨县聚邑名。洨,下交翻。张揖《三苍注》:垓,堤名,在沛郡,《史记正义》曰:按:垓下是高冈绝岩,今犹高三四丈,其聚邑及堤在垓之侧,因取名焉;今在亳州真源县东十里。垓,音该。(《资治通鉴》卷十一《汉纪三》注)

施　丁:《汉书·高帝纪》"随刘贾皆会"一语,是值得注意和分析的。我以为:1. 刘邦在固陵时,"使刘贾南渡淮围寿春。(贾)还至,使人间大司马周殷。周殷反楚,佐刘贾举九江,迎武王英布兵,皆会垓下"。说明刘贾是汉王的特使,往来于汉王与淮南间,有穿针引线及负责南线的特殊使命。2. 刘贾长期活动于梁楚之地,了解该地的全局形势和地理状况。3. 刘贾是刘邦的"从父兄",这种与君王的特殊关系,在那个时代颇有资格代表作用。屠城父,刘邦没有亲临,但是由他部署的。(《陈下之战与垓下之战》,载《中国社会科学院研究生院学报》1998年第6期)

【汇评】

吴见思:写其气势,为下困羽地。(《史记论文·高祖本纪》)

⑭【汇校】

梁玉绳:按:布王在四年七月,此误书于四年之末,应在归太公、吕后前。徐氏《测议》曰:"黥布称武王,本传不载,当是叛楚以后未归汉以前假为此号,犹项羽自称霸王耶?(楚熊达及赵佗并称武王)(《史记志疑·高祖本纪第八》)

崔　适:按:称布为武王,亦见《荆燕世家》,而《布传》无之。此语必不承"二年九江王布"为文,中有脱文故也。(《史记探源》卷三)

五年①,高祖与诸侯兵共击楚军②,与项羽决胜垓下③。淮阴侯将三十万自当之④,孔将军居左⑤,费将军居右⑥,皇帝在后⑦,绛侯、柴将军在皇帝后⑧。项羽之卒可十万。淮阴先合,不利,却。孔将军、费将军纵⑨,楚兵不利⑩,淮阴侯复乘之⑪,大败垓下⑫。项羽卒闻汉军之楚歌⑬,以为汉尽得楚地⑭,项羽乃败而走,是以兵大败⑮。使骑将灌婴追杀项羽东城⑯,斩首八万⑰,遂略定楚地⑱。

鲁为楚坚守不下⑲。汉王引诸侯兵北，示鲁父老项羽头，鲁乃降⑳。遂以鲁公号葬项羽穀城㉑。还至定陶㉒，驰入齐王壁，夺其军㉓。

① 【汇注】
　　齐召南：五年，冬十月灭项籍，楚地悉定，虏临江王共尉。正月徙韩信为楚王、封彭越为梁王。二月即皇帝位于汜水之阳，立吴芮为长沙王，无诸为闽越王。西都洛阳。五月兵罢归家。召故齐王田横，未至自杀。自洛阳西都关中。张良谢病。秋，燕王臧荼反，帝自将击之。立卢绾为燕王。利几反，帝自将击破之。治长乐宫。赵王张耳卒，张敖嗣。（《历代帝王年表·汉年表》）

② 【汇校】
　　朱　熹：《史记》亦疑当时不曾得删改脱稿。《高祖纪》记迎太公处称高祖，此样处甚多。高祖未崩，安得高祖之号？《汉书》尽改之矣。（引自黎靖德编《朱子语类》卷一三四）
　　张文虎：高祖，《御览》引作"汉王"，与《汉书》合。（《校刊史记集解索隐正义札记·高祖本纪》）

③ 【汇注】
　　颜师古：应劭曰："垓音该。"李奇曰："沛洨县聚邑名也。"师古曰："洨音衡交反。"（《汉书注·高帝纪第一上》）
　　沈钦韩：《元和志》：垓下聚在宿州虹县西南五十四里。旧志在凤阳府灵壁县东南阴陵山之南。（《汉书疏证》卷一《高帝纪》）
　　王先谦：《续志》洨有垓下聚。高祖破项羽在今凤阳府灵壁县东南。（《汉书补注·高帝纪第一下》）

④ 【汇注】
　　程馀庆：前军。极写韩信。（《历代名家评注史记集说·高祖本纪》）
【汇评】
　　刘辰翁：淮阴将三十万，盛甚。燕貉之骑必在焉，皆前此所未有也。（见倪思编《班马异同》卷二《高祖》）
　　吴见思：独单写一句，极予韩信也。（《史记论文·高祖本纪》）

⑤ 【汇注】
　　程馀庆：蓼侯孔熙。左翼。（《历代名家评注史记集说·高祖本纪》）

⑥ 【汇注】
　　梁玉绳：孔将军、费将军即《功臣表》蓼侯、费侯也。陈贺封费亦在六年，乃不

曰陈将军而曰"费将军",非但与孔将军之称姓异,抑且古无以国冠官而称之者。至《西京杂记》谓孔、费二将军皆假为名,恐不可信。(《史记志疑·高祖本纪第八》)

  程馀庆：费侯陈贺。右翼。(《历代名家评注史记集说·高祖本纪》)

【汇评】

  刘辰翁：孔将军、费将军复自何来？何汉初人物之多？何一时得助之多？《史记》此处,部分如画图,一却一纵,皆可观。(见倪思编《班马异同》卷二《高祖》)

⑦【汇校】

  何 焯：皇帝在后,"皇帝"二字,《史》驳文也,时高祖尚未即皇帝位。(《义门读书记》卷十五)

【汇注】

  程馀庆：中军。(《历代名家评注史记集说·高祖本纪》)

  龚浩康：皇帝,即汉王刘邦。刘邦与项羽决战垓下时尚未称帝,且此以前均称"沛公""汉王"等,因此,这里与下文的"皇帝"都应作"汉王"。(见王利器主编《史记注译》卷八《高祖本纪》)

⑧【汇校】

  梁玉绳：按：《续古今考》云："太史公岂信笔乎？韩信是时为齐王书曰'淮阴侯',汉王未为皇帝书曰'皇帝',追书人臣则从轻,人主则从重乎？"董份云"至下方尊皇帝,则不宜即着此二字。"余谓"高祖"二字,亦错出,皆当作"汉王"。"淮阴侯"当作"齐王信"。又：是时周勃为将军,其封绛侯在六年,何以不与柴武称将军而书曰绛侯耶？(《史记志疑·高祖本纪第八》)

【汇注】

  程馀庆：后军：绛侯周勃,柴将军柴武。(《历代名家评注史记集说·高祖本纪》)

  龚浩康：绛侯,即周勃(？—前169),刘邦同乡。曾以编织蚕箔为业,后随刘邦起兵反秦,率军转战各地,成为刘邦的重要将领,汉初封绛侯。事详《绛侯周勃世家》。(见王利器主编《史记注译》卷八《高祖本纪》)

  又：柴将军,即柴武,后封棘蒲侯,封地在今河北省赵县境内。(同上)

【汇评】

  吴见思：叙置明白,皇帝在中军耳,两"后"字作致。(《史记论文》卷二《高祖本纪》)

  程馀庆：此五花阵也,即马隆所谓鲁公莫测者。用鸿门序坐次法,明晰如画。(《历代名家评注史记集说·高祖本纪》)

⑨【汇注】

  张守节：二人韩信将也。纵兵击项羽也。以"纵"字为绝句。孔将军,蓼侯孔熙。

费将军，费侯陈贺也。(《史记正义·高祖本纪》)

【汇评】

程馀庆：一"却"一"纵"，每用一字，而进退迭用之势宛然在目。(《历代名家评注史记集说·高祖本纪》)

⑩【汇校】

张文虎：楚兵不利，《御览》引作"楚兵退"。(《校刊史记集解索隐正义札记·高祖本纪》)

【汇评】

程馀庆：以上战法。项王大敌，虽兵少食尽，致死于我，胜负未可知。先合不利者，骄之使惰也；却者，迁延徐退，诱之使疲也。纵是左右夹击，使之应接不暇也。然后因其弊而悉众以乘之，项王虽勇，岂能支乎？故不利也。绛侯、柴将军之军最后，所以备不虞也。淮阴真善将兵哉！(《历代名家评注史记集说·高祖本纪》)

又：上序阵法只三十二字，序战法只二十四字，如此一大战，用五十七字写之，而明白无遗，又从容不迫，绝无嚣尘之气，自是神力。(同上)

⑪【汇校】

张文虎：淮阴侯复乘之，《御览》引作"信复乘之"。(《校刊史记集解索隐正义札记·高祖本纪》)

【汇注】

张守节：复，扶富反。乘犹登也，进也。(《史记正义·高祖本纪》)

吴见思：垓下之战，淮阴侯自当前阵，必以为一战破楚，偏写不利而却，孔、费再战，淮阴复乘，作三层写。(《史记论文·高祖本纪》)

王骏图、王骏观：淮阴侯复乘之，乘，加也，陵也。《周语》"乘人不义"是也。谓淮阴侯复乘势以兵加之也。训登非是，复应音扶富反，侯字误。(《史记旧注平义·高祖本纪》)

【汇评】

陆可教：叙高祖与羽决胜垓下，仅六十字，而阵法、战法之奇，皆具。柴将军在皇帝后，此以上阵法也；淮阴侯先合，不利，以下战法也。曰不利，用奇也；既却，而左右兵纵，因其不利而乘之，此战法奇正相生也。(引自《百大家评注史记·高祖本纪》)

牛运震：《史记》淮阴侯将三十万自当之，孔将军居左云云。按：此一段叙垓下之战阵法、战法，极奇。《汉书》削去之大为减色矣。(《读史纠谬》卷二《前汉书·高帝纪》)

⑫【汇评】

吕祖谦：此阵即马隆所谓鲁公不识者也。阵者，兵之末。羽以不仁失天下，亦不在一战利钝之间。然羽少学兵法，略知其意，即不肯学，负其雄才高气，而无深沉缜密之度，其病卒见于此时。是故骛大而忽小者，君子惧焉。（引自《古今考》卷二十一"十二月围羽垓下班固汉纪削韩信功"）

何焯：项王大敌，虽兵少食尽，致死于我，胜负未可知。先合不利者，骄之使惰也。却者，迁延徐退，诱之使疲也。纵则夹击之，使不能前后相救，楚兵横断，故不利也。然后因其乱而以众乘之，项王虽勇，岂能支乎？绛侯、柴将军之兵则游兵也，当楚人既动，则绕出其后矣。《汉书》无之。（《义门读书记》卷十五）

郭嵩焘：韩信与项羽始终未一交战，独垓下一战，收楚汉兴亡之全局。云"淮阴将三十万自当之"，以项羽劲敌，韩信自操全算以临之。先为小却，以待左右两翼之夹击，而后回军三面蹙之，是以项羽十万之众一败无余。（《史记札记·高祖本纪》）

⑬【汇校】

梁玉绳：按："之"字当衍。（《史记志疑·高祖本纪第八》）

张文虎："项羽卒闻汉军楚歌"，《汉书》作"羽夜闻汉军四面皆楚歌"，《项羽本纪》亦作"夜"，疑此"卒"字误。"汉军"下各本有"之"字，凌云"一本无"，《志疑》云"衍"，今删（编者按：中华本不删"之"字）。（《校刊史记集解索隐正义札记·高祖本纪》）

【汇注】

颜师古：应劭曰："楚歌者，鸡鸣歌也。汉已略得其地，故楚歌者多鸡鸣时歌也。"师古曰："楚歌者，为楚人之歌，犹言吴歈越吟耳。若以鸡鸣为歌曲之名，于理则可，不得云鸡鸣时也。高祖令戚夫人楚舞，自为作楚歌，岂亦鸡鸣时乎？"（《汉书注·高帝纪第一上》）

司马贞：应劭云："今《鸡鸣歌》也。"颜游秦云："楚歌犹吴讴也。"按：高祖令戚夫人楚舞，自为楚歌，是楚人之歌声也。（《史记索隐·高祖本纪》）

⑭【汇评】

刘辰翁：项羽卒闻楚歌，以为汉尽得楚地，极是。此军相疑所致。自反间以来，在在处处宜有，此深得情状。谓"羽夜闻汉军楚歌，则非其下"解，本羽之愚，不至此。（见倪思编《班马异同》卷二《高祖》）

⑮【汇评】

徐孚远：楚兵虽败，犹尚全军，项王乃弃之而走。书法曰"是以兵大败"，著其失也。盖楚兵轻[佻]，能胜不能负也。（《史记测议·高祖本纪》）

⑯【汇注】

裴　骃：徐广曰："十二月。"（《史记集解·高祖本纪》）

颜师古：晋灼曰："九江县。"（《汉书注·高帝纪第一上》）

胡三省：班《志》，东城县属九江郡。《括地志》：东城故城，在定远东南五十里。（见《资治通鉴》卷十《汉纪三》注）

刘文淇：属临淮郡，楚汉之间属东阳郡。（《楚汉诸侯疆域志》卷一）

王先谦：东城，在今凤阳府定远县东南。（《汉书补注·高帝纪第一下》）

冯其庸：我认为项羽是自刎于东城而不是乌江。《项羽本纪》最后这一段文字可能有错简，因为现存的文字本身前后有矛盾，且容易引起误解。"乌江自刎"是误解这段文字的结果。但只要认真研读《史记》对这一问题相关的记载，就可以看到，项羽"身死东城"是无可怀疑的，在《史记》本身找不出一点与此矛盾的地方。我认为项羽乌江自刎，是民间传说，后来形成了杂剧，这样就广泛传播开来了，但它毕竟不是史实。（《项羽不死于乌江考》，载《中华文史论丛》2007年第2期）

编者按：冯文刊发后，引起学界广泛关注。袁传璋、施丁、汪受宽、可永雪、吕锡生、徐兴海、徐日辉、田志勇等先生都对冯文提出批驳，认为冯文主要存在着无妄假设，大胆求证；断章取义，误读史料；无视实际，以假乱真等问题，并对冯文的主要观点及研究方法进行了质疑与否定。

【汇评】

王　迈：何谓忍于其小而后能成其大？天下之大，非有以容之，则天下皆吾敌也。少年豪杰之徒拔剑而起，挺身而斗，此不足以言勇也。天下有大勇者，有上人之志而能甘心以下人，有集事之谋而未尝与事争势，忍小忿而成大谋，屈一时而伸于后日。此则勇者之所畏也。方天下发难之初，秦兵常胜逐北，羽独破秦军、虏王离、走章邯、降欣、翳，兵锋所加至必糜溃。及闻高帝先入关，则瞋目裂眦，忿如骄鹰猛虎之不可犯。是故每与汉战，有胜无负，吁亦壮矣。而高帝则惟恐其战之不力而胜之不亟也。鸿门之役，锋刃蹈前而不之忿也；彭城之败，睢水不流而不之骇也。失众于荥阳、跳身于鸿门、中弩于广武，生死患难迫其前而其心则休休如也。置太公于高俎而不以为辱，弃二子于后车而不以为憾。南郑之迁屈节从之，鸿沟之约强颜受之。宁为之摧挫困踬而不愿较其是非曲直也。宽之使不吾疾，狃之使不吾虑，豢之以饱其欲，骄之以昏其智，示其弱而杀其怒，待其间而乘其蔽，然后全其锋而破之于垓下。雍容谈笑遂置羽于死地，前日之摧挫困辱者于是乎一洒之矣。嗟夫！惟天下之至廉者为能贪，惟天下之至怯者为能勇。帝居项氏于贪而自处于廉，故彼之贪反为我所利。帝居项氏于勇而自处于怯，故彼之勇反为我所败。藏贪于廉、藏勇于怯，帝之术神矣，其事伟矣。（《臞轩集》卷三论《高帝论一》）

王鸣盛：两敌相争，此兴彼败，恒有之事。从无藉彼之力以起事，后又步步资彼，乃反噬之，如刘之于项者。项起吴中，以精兵八千人渡江，并陈婴数千人，黥布、蒲将军亦以兵属，凡六七万人。又并秦嘉军，其势强盛。项梁闻陈王死，召诸别将会薛计事，沛公亦起沛往焉。此时沛公甚弱，未能成军，项梁益沛公卒五千人，五大夫将十人，始得攻丰，拔之。此后凡所攻伐，《史》每以沛公、项羽并称，两人相倚如左右手。非项借刘，乃刘依项。项氏之失策，在立楚怀王而听命焉。羽欲西入关，怀王不许，而以命沛公。乃使羽北救赵，约先入关者王也，其后羽乃得负约名。此项之失策也。然当日若非羽破秦兵于钜鹿、虏王离、杀涉间、使章邯震恐乞降，沛公安能入关乎？羽不救赵破秦兵，秦得举赵，则关中声势转壮，沛公入秦，何如此之易乎？沛公始终藉项之力以成事，而反噬项者也。故曰："吾能斗智不斗力。"其自道如此，若使夫子评之，必曰"谲而不正"。（《十七史商榷》卷二"刘藉项噬项"）

台湾三军大学：垓下会战为楚汉最后兴废存亡之决战。综察其成败得失，可得如下数项结论：（一）战略上陷于绝对劣势时，虽战术战斗上屡获胜利，亦不能挽救大局。反之，战略上能占绝对优势时，虽战术战斗上屡遭挫败，最后仍可获得胜利。此于项羽刘邦四年之长期作战，可以知之。（二）"兵者，诡道也"。楚汉为鸿沟之约，而张良、陈平教刘邦违背之。盖此时已至楚汉最后存亡斗争之关键，汉若乘此时机以击灭之，实较信守和约为更有利，晋文公伐原守信而兴霸业，刘邦用"诡道"而灭项楚，此乃因彼此内外情势不同，因而用之亦异。故"诡"与"信"，用兵时皆可施之。（三）对战斗力精强之敌作战，重在智取，而不可以力敌。刘邦对项羽之作战，即运用此原则而获全胜。刘邦军战斗力远不如项羽，故始终用疲敌、困敌之战法，以企达战胜之目的。此战法，可为以弱敌强之典型。（四）战法之运用，贵"因敌而制胜"。韩信用兵深得此种妙诀，观其袭魏、破赵、袭齐、破龙且，实皆极尽其"因敌制胜"之能事。至垓下会战，韩信用三十万之兵力对项羽九万之兵力，因在平原地区作战，乃先用诱敌战法，然后由两翼包围击破之，以达到完全包围歼灭之目的。韩信用兵之神妙，可谓叹观止矣！（五）追击为获取战胜最后结果之唯一战法。项羽突围而走后，韩信使灌婴率五千骑兵，紧随尾追，其用意全在穷追而尽歼灭之。设非如此，而使项羽得以率其八百骑南渡江东，重整兵力，以与刘邦斗争，则历史上是否有统一之汉国出现，恐成问题。（六）当机立断，得策辄行，乃为创造事功之基本条件。刘邦于下鲁及葬项羽之后，回军至定陶时，立夺韩信之军，此种勇于决断，及手段之敏捷，皆足见刘邦之异于常人。（七）项羽临毁灭之顷，犹逞其武勇，以快一时之心。可知项羽不过一十足勇将之流耳。太史公评曰："谓霸王之业，欲以力征经营天下，五年卒亡其国，身死东城，尚不觉悟，而不自责，过矣。乃引天亡我，非用兵之罪也，岂不谬哉？"（《中国历代战争史》第四卷第八章《楚汉战争》）

又：楚汉战争之成败，其关于战略运用之得失至巨。以汉兵之弱，对楚兵之强，在战斗上实不堪为对手。然刘邦在屡战屡败之余，竟终能胜楚者，乃在战略运用上获得绝对优势之故。反之，项羽在屡战屡胜之下，所以终于被击灭者，由于战略上陷于绝对劣势之故。（同上）

又：项羽乃楚将项燕之孙（秦将王翦灭楚时项燕被杀），为贵族之遗裔，故其贵族之英雄色彩特为浓厚。刘邦乃一平民出身，且曾为秦最基层之地方官（亭长，治理十里之地）；幼时又好与"屠狗之辈"为伍，喜酒好色，故其"亡命"之本质甚深。因此，项刘二人之德行与作风，大相悬绝。……又项羽在政治上之作风，仍沿袭贵族之政治思想；而刘邦则一仍秦代之政治思想，此亦二人成败之主要关键也。（同上）

又：综上以观，战争之成败，首须以政治为主。而政治之主张，又须顺应社会发展之趋势；顺应者成，违逆者败。其次，则在人才之延用；得人才者胜，失人才者败。再次，则为战争优劣形势之争取；居优者胜，处劣者败。然而，此三者之运用，又须相互连系而结为一体，始能发挥宏伟之功效。细一检讨刘邦在楚汉战争中，其诸所运用，颇合于此一原则，故终能成功，而统一天下，研究战争者，对此其深加注意焉。（同上）

⑰【汇注】

郭嵩焘：斩首八万，遂略定楚地。案：灌婴之追项王五千骑耳，项羽之溃围南出，亦不应尚有数万之众，此统合垓下之战言之。（《史记札记·高祖本纪》）

[日] **泷川资言**：中井积德曰：项羽出走，而余军犹在原处。诸纪传皆不记其战。然此斩首八万，并余军战死者数之也，不然，从项王出者，唯八百骑已，焉得八万首。（《史记会注考证·高祖本纪》）

⑱【汇评】

林慎思：宰稼先生曰："吾闻昔者嬴噬六国，刘剪一项，较其功孰难？"伸蒙子曰："嬴难。"曰："六国误于仪、秦之辩，嬴因其敝而取之，奚其难？"曰："吾闻秦原有鹿，猎师不能获焉。一旦猛虎杀而弃之，然后猎师争而取之矣。且杀之者，生鹿也，争之者，死鹿也。嬴噬六国，是虎杀生鹿；刘剪一项，是猎师争死鹿也。与其得死鹿于刘，孰若得生鹿于嬴之难乎？然嬴不二世，而刘四百年，得生鹿之虎，又孰如得死鹿之猎师乎？"（《伸蒙子》卷上槐里辨三篇《较功》）

⑲【汇注】

胡三省：秦，鲁县属薛郡，项羽初封于此；汉为鲁国。（《资治通鉴》卷十一《汉纪三》注）

杨树达：《儒林传》：高皇帝引兵围鲁，鲁中诸儒尚讲诵习礼，弦歌之音不绝。（《汉书窥管·高帝纪下》）

⑳【汇评】

凌稚隆：郑樵曰：观项羽既亡之后，而鲁为守节礼义之国。则知秦时未尝废儒，而始皇所坑者，盖一时议论不合者耳。（《汉书评林·高帝纪下》）

㉑【汇注】

班　固：初，怀王封羽为鲁公，及死，鲁又为之坚守，故以鲁公葬羽于榖城。（《汉书·高帝纪第一下》）

颜师古：即济北榖城。（《汉书注·高帝纪第一上》）

张守节：《括地志》云：项羽墓在济州东阿县东二十七里，榖城西三里。《述征记》项羽墓在榖城西北三里半许，毁坏，有碣石"项王之墓"。（《史记正义·项羽本纪》）

胡三省：宋白曰：宋州谷熟县，古榖城也，汉于此置薄县，又改为榖阳县。（《资治通鉴》卷十一《汉纪三》注）

吴见思：三年军荥阳以来，至此楚汉之战乃毕。（《史记论文·高祖本纪》）

刘文淇：《皇览》曰，项羽冢在东郡榖城东，去县十五里。《太平寰宇记》，郓州寿张县，汉为寿良县，属东郡。谷城山在邑界。又东阿县有故谷城，在今县东。汉于此立县，后废，故城存焉。项羽墓在县东二十七里。（《楚侯诸侯疆域志》卷一）

王先谦：《续志》榖城下云：春秋时小榖。刘注有项羽冢。……在今泰安府东阿县北。《水经·济水注》云：城西北三里有项王之冢，半许毁坏，石碣尚存，题云"项王之墓"。《皇览》云：冢去县十五里。谬也。今彭城榖阳城西南又有项羽冢，非也。（《汉书补注·高帝纪第一下》）

王　恢：榖城，《郡国志》："东郡榖城，春秋时小榖。"故治在今东阿县南十二里。榖有二：此言自睢阳以北至榖城，当从今商丘以北达于东阿。其后鲁人礼葬项羽谷城，应为鲁之小榖。而旧说皆说在东阿。《水经》："济水又北，过榖城县西。"郦注："故春秋之榖地，齐桓公以鲁庄公二十三年城之，邑管仲焉。《魏土地记》曰：县有谷城山，阳榖之地，春秋齐侯宋公会于此。县有黄山台、黄石公与张子房期处。城西北三里，有项羽冢，半许毁坏，石碣尚存，题云'项王之墓'。《皇览》云：冢去县十五里，谬也。今彭城，榖阳城西南又有项羽冢，非也。余按：史迁《记》，鲁为楚守，汉王示羽首，鲁乃降，遂以鲁公礼葬羽于榖城，宁得言彼也。"彭城固非，以鲁公葬齐地，亦违情理。《日知录》（四）"城小榖"："城小榖，为管仲也。据《经》文小榖不系于齐，疑左氏之误。（孙氏云：今经传及注，及后人注二传妄加。）范宁解《榖梁传》曰：小榖，鲁邑。《春秋发微》曰：曲阜西北有故小榖城。按：《史记》，汉高帝以鲁公礼葬项王榖城，当即此地。"（《史记本纪地理图考·项羽本纪》）

龚浩康：榖城，邑名，在今山东省平阴县西南东阿镇。一说认为当在曲阜西北的

小榖城。(见王利器主编《史记注译》卷八《高祖本纪》)

【汇评】

胡　寅：或谓高帝之围项羽，无靳智，无遗力，惟恐毙之不速也。羽死，封以本国而葬之，哀哭乃去，诚欤？曰：诚也。帝与羽俱起布衣，受命怀王，约为兄弟。鸿门之隙，自沛公左司马曹无伤为之，亦既讲解矣。及羽背关怀楚，放杀义帝而自立，汉王假仁仗正以讨罪人，于是雌雄之势分。然而云扰风驱，雷轰电击，龙蛇交斗，山岳振摇一时，角逐胜败，智伸力屈之迹既已消散，无事则追念当时杖剑并起相与图秦，兄弟约言，辅车敦好，慨然有动于中而不可遏者。此固英雄之人，心事落落之态，而史称其大度者也。诛则诛之，哭则哭之，道并行而不相悖，其斯之类欤！(《致堂读史管见》卷一)

王鸣盛：为义帝发丧，袒而大哭，此犹自可。杀项羽以鲁公礼葬，为发哀，泣之而去，天下岂有我杀之即我哭之者？不知何处办此一副急泪，千载下读之笑来。(《十七史商榷》卷二"为羽发哀")

易佩绅：幸哉！周公所开、孔子所家之国至天下泯棼之余，而声灵不坠也。君臣之分一定，虽于暴主而犹为之守也。汉王礼葬项羽，亲为发丧，项氏枝属皆不诛，固汉王之本心犹存，而亦岂非鲁之礼义有以感之欤？吾既幸周公、孔子有灵，而愈惜汉王无仁贤之臣以教之也。然则汉王非不仁也，争心胜则仁心没，争心遂则仁心见矣。使有人焉常导其仁心，以融其争心，孰谓汉王不可为汤武哉！(《通鉴触绪》卷五)

㉒【汇注】

胡三省：班《志》，定陶县属济阴郡，古之陶邑，宋为广济军理所。(《资治通鉴》卷十一《汉纪三》注)

㉓【汇评】

洪　迈：汉高祖用韩信为大将，而三以诈临之：信既定赵，高祖自成皋度河，晨自称汉使驰入信壁，信未起，即其卧夺其印符，麾召诸将易置之；项羽死，则又袭夺其军；卒之伪游云梦而缚信。夫以豁达大度开基之主，所行乃如是，信之终于谋逆，盖有以启之矣。(《容斋随笔》卷第十四"汉祖三诈")

刘辰翁：天下才定，还至定陶，便驰信壁，夺其军，英君远识，万世赫如也。(见倪思编《班马异同》卷二《高祖》)

王夫之：汉王甫破项羽，还至定陶，即驰夺韩信军，天下自此宁矣。大敌已平，信且拥强兵也何为？故无所挟以为名而抗不听命，既夺之后，弗能怨也。如姑缓之，使四方卒有不虞之事，有名可据，信兵不可夺矣。夺之速而安，以奠宗社，以息父老子弟，以敛天地之杀机，而持征伐之权于一王，乃以顺天休命，而人得以生。(《读通鉴论》卷二)

凌稚隆：按：项羽方灭，即驰夺信军，功臣自危始此。按：《纪》中凡夺军者三，帝未尝一日忘信也，信可以见几矣。（《史记评林》卷八《高祖本纪》）

正月，诸侯及将相相与共请尊汉王为皇帝①。汉王曰："吾闻帝贤者有也②，空言虚语，非所守也③，吾不敢当帝位④。"群臣皆曰："大王起微细，诛暴逆，平定四海，有功者辄裂地而封为王侯。大王不尊号，皆疑不信⑤。臣等以死守之。"汉王三让，不得已，曰："诸君必以为便，便国家⑥。"甲午⑦，乃即皇帝位氾水之阳⑧。

① 【汇校】

梁玉绳：《汉书评林》曰："高祖初上尊号，以开四百年丕基，自宜郑重其事，以故班书载诸侯王两疏及高祖两让之词，盖帝王之规模如是哉，《史记》失之略矣。"（《史记志疑·高祖本纪第八》）

【汇注】

班　固：诸侯上疏曰："楚王韩信、韩王信、淮南王英布、梁王彭越、故衡山王吴芮、赵王张敖、燕王臧荼昧死再拜言，大王陛下：先时秦为亡道，天下诛之。大王先得秦王，定关中，于天下功最多。存亡定危，救败继绝，以安万民，功盛德厚。又加惠于诸侯王有功者，使得立社稷。地分已定，而位号比拟，亡上下之分，大王功德之著，于后世不宣。昧死再拜上皇帝尊号。"（《汉书·高帝纪第一下》）

徐天麟：汉五年，"诸侯上疏曰：'楚王韩信、韩王信、淮南王英布、梁王彭越、故衡山王吴芮、赵王张敖、燕王臧荼，昧死再拜言大王陛下，……上皇帝尊号。'汉王曰……诸侯王皆曰……于是诸侯王及太尉长安侯臣绾等三百人，与博士稷嗣君叔孙通，谨择良日二月甲午，上尊号，汉王即皇帝位氾水之阳。"（《西汉会要》卷一五礼九《上尊号》）

【汇评】

陆唐老：胡曰：以冬十月追羽至固陵，十一月克之。至春二月，则又累月矣。虽神器归汉，理在无疑，亦见高帝意气雍容，若固有之。与夫大事未集而遽自称尊，如袁术、孙权、公孙之徒，终不克济者，其度量岂直霄壤之远哉！（《陆状元增节音注精议资治通鉴》卷二六《太祖高皇帝上》）

又：陈曰：光武、唐高祖未得天下，先即大位，而高祖平定事毕，乃即位，各有意。盖曰：高祖以前未尝有此等事，天下未大定，则人心不服，光武则以汉氏苗裔，故宜先即位以系人心，自魏、晋以后，始以为尝事耳。（同上）

魏了翁：人主自号皇帝自秦政始而汉因之。谥曰高皇帝，则亦袭始皇之陋也。三皇五帝之称号圣人未尝言，虽三王五伯亦未尝言，仅见于孟氏书、戴氏礼，而禹之为王亦未尝见。凡书之言夏王者皆祭也。殷人、周人始说自陋儒俗师强为差等，矜抗皇号于过高，而妄意帝称，羞与王伍，盖春秋时吴楚越皆称王矣。至于战国则齐魏韩赵诸君亦称王，王号既卑，则强者不得不帝，于是秦昭王称西帝，齐闵王称东帝，寻惧而皆去之复称王，至秦政二十六年，遂兼皇帝之号。然犹迟之以二十六年之久，亦见其有未慊于心者。汉初大抵反秦以从民望，而于典章法度猥袭秦余，如皇帝之称最为固陋，而因仍不改。……（《古今考·高帝纪第一》）

刘咸炘：共请尊汉王为皇帝，凌稚隆《汉书评林》曰："高祖初上尊号，开四百年之基，自当郑重。故班书载诸侯王两疏及高祖两让之词，《史记》失之略矣。"按：此不明断代、通史不同体之言也。断代所应详，通史所应略。（《太史公书知意·高祖本纪》）

② 【汇注】

韩兆琦：帝贤者有也，犹言"皇帝之号，唯贤者方能享有之"。（《史记选注集说·高祖本纪》）

③ 【汇评】

钟　惺：真英雄真皇帝之言，收尽后世劝进者之兴。（《史怀》卷五）

④ 【汇评】

吕祖谦：致堂胡氏曰："古之圣人，应时称号，故曰'皇'、曰'帝'、曰'王'而止矣。非帝贬于皇，王贬于帝也。惟不知此义，遂以皇帝为首称，而以自居；以王为降等，而以封其臣子，失之甚矣！王之为名，继天抚世之谓也，曾是而可使臣子称之乎？吴、楚僭王，《春秋》比之夷狄，六国用夷礼，乃周公之所膺也，岂可以比之？故谓王卑于帝而不称哉。仲尼祖述唐虞，宪章三代，尊周立号，系王于天，其礼隆极，于秦何取焉？有天下者，必法孔子称天王，其列爵诸侯，自公而降，则名正言顺，百世以俟而不惑矣。"（《大事记解题》卷九自注）

程馀庆：此何时而犹不敢当帝位！然立汉社稷，立太子，则汉二年事也，其意向局面久定矣。盖所可自许者，有天下之才，故未为天子之前，自视常若有余，所不敢自信者，有天下之心。故既为天子之后，自视反若不足。（《历代名家评注史记集说·高祖本纪》）

⑤ 【汇评】

刘辰翁："大王不尊号，皆疑不信"，虽写得疏卤，直是到便如大夫与之大夫，何

尊宠之有？（见倪思编《班马异同》卷二《高祖》）

施之勉：班氏作《汉书》，乃改曰"诸侯幸以为便于天下之民则可矣"。取高祖未竟之语而补足之，当时高祖之态度，不可得而见矣。（《史记会注考证订补·高祖本纪第八》）

⑥【汇注】

班　固：汉王曰："诸侯王幸以为便于天下之民，则可矣。"于是诸侯王及太尉、长安侯臣绾等三百人，与博士稷嗣君叔孙通谨择良日二月甲午，上尊号。汉王即皇帝位于汜水之阳，尊王后曰皇后，太子曰皇太子，追尊先媪曰昭灵夫人。（《汉书·高帝纪第一下》）

刘辰翁：便国家，如不可解，是高祖口语。（见倪思编《班马异同》卷二《高祖》）

【汇评】

章太炎：余谓草莽之人，初登帝位，羞愧流汗，事所恒有。《史记·高祖本纪》言诸侯将相尊汉王为皇帝，汉王三让，不得已，曰："诸君必以为便，便国家。"观此一语，当时局促不安之状居然如画。又袁项城洪宪元年元旦，命妇人贺，项城立，曰："不敢当，不敢当。"夫以汉高、项城之雄鸷，骤当尊位，犹有此惶愧之状，则无怪乎更始之羞愧流汗、刮席不敢视矣。（《章太炎国学讲演录·史学略说》）

⑦【汇校】

梁玉绳：按：《汉书》是"二月甲午"，此缺"二月"两字。（《史记志疑·高祖本纪第八》）

【汇注】

裴　骃：徐广曰："二月甲午。"（《史记集解·高祖本纪》）

⑧【汇注】

裴　骃：蔡邕曰："上古天子称皇，其次称帝，其次称王。秦承三王之末，为汉驱除，自以德兼三皇、五帝，故并以为号。汉高祖受命，功德宜之，因而不改。"（《史记集解·高祖本纪》）

颜师古：据《叔孙通传》曰为皇帝于定陶，则此水在济阴是也。音敷剑反。（《汉书注·高帝纪第一上》）

张守节：汜音敷剑反。《括地志》云："高祖即位坛在曹州济阴县界。张晏曰：'汜水在济阴界，取其汜爱弘大而润下。'"（《史记正义·高祖本纪》）

吕祖谦：《汉书·地理志》，定陶属济阴郡，今兴仁府济阴县。（《大事记解题》卷九自注）

胡三省：项羽之分天下，王诸将也，王沛公于巴、蜀、汉中，曰汉王。王怒，欲攻羽,萧何谏曰:"语曰'天汉',其称甚美。"于是就国。及灭项羽,有天下,遂因始封国名,而号曰"汉"。(《资治通鉴》卷九《汉纪一》注)

沈钦韩:《一统志》:氾水在曹州府曹县北四十里。与定陶县分界。(《汉书疏证》卷一《高帝纪》)

王先谦:《补注》先谦曰:《济水注》菏水东北出于定陶县,北屈,左合氾水。氾水西,分济渎,东北迳济阴郡南。《尔雅》曰:"济别为濋。"吕忱曰:"水决复入为氾,广异名也。氾水又东,合于菏渎。昔汉祖既定天下,即帝位于定陶氾水之阳。氾水之名于是乎在矣。(《汉书补注·高帝纪第一下》)

【汇评】

吕祖谦:五峰胡氏曰:桀纣秦政,皆穷天下之恶,百姓之所同恶,故商、周、刘汉因天下之心伐而代之,百姓亲附,居之安久,所谓仁义之兵也。魏晋以来,莫不假人之柄,而有戮三纲之罪。仁义不立,纲纪不张,无以缔固民心,而欲居之安久,可乎?(《大事记解题》卷九)

程馀庆:自三代而下,唯汉得天下为正。诛无道秦,一也。讨项籍罪,二也。天下已定,始即帝位,三也。后世得蕞尔地,而妄自尊大者,视此可以少愧矣。(《历代名家评注史记集说·高祖本纪》)

钱　穆:汉高祖何以能以平民身份一跃而为天子呢?第一是当时东方民众普通反对秦政权,第二是战国以来,社会大变动,贵族阶级崩溃,平民势力崛起,汉高祖正凭此两大潮流之会合而成功。(《国史新论·中国传统政治》)

吕思勉:汉王即皇帝位于氾水之阳。自义帝亡,惟项羽称霸王,为诸侯长,然诸侯多叛之至此,天下始复有共主矣。(《秦汉史(上)·汉初事迹》)

皇帝曰义帝无后①。齐王韩信习楚风俗②,徙为楚王③,都下邳④。立建成侯彭越为梁王⑤,都定陶⑥。故韩王信为韩王,都阳翟⑦。徙衡山王吴芮为长沙王⑧,都临湘⑨。番君之将梅鋗有功⑩,从入武关,故德番君⑪。淮南王布、燕王臧荼、赵王敖皆如故⑫。"

① 【汇评】

凌稚隆:真德秀曰:按:祠祭诏及今此令,才数语,而事理曲尽。陈长方曰:《汉高纪》诏令雄健,《孝文纪》诏令温润,去先秦古法不远。至孝武诏令,始事文采,亦

寝衰矣。(《史记评林》卷八《高祖本纪》)

又：杨慎曰：皇帝曰义帝无后，读至此，使人神观顿改，庶几哉，缟素之有本末也。(同上)

又：项羽既灭，即下"义帝无后"之令，所以终前缟素一说。(《汉书评林·高帝纪下》)

牛运震：《史记》"皇帝曰：义帝无后"，此处特提"义帝无后"真令人耸观动听。以"皇帝曰"三字冠之，政于即位之始正名称号，何等肃重。杨慎所云："读至此，使人神观顿改，庶几缟素之有本末者也。"《汉书》改"曰下令。曰：'楚地已定，义帝亡后。'"只如平常语叙去，顿令神色减败。此《汉书》之逊于《史记》处不可以道里计者也。即位在先，分封诸王在后，乃有次第，《汉书》倒置之，亦非。(《读史纠谬》卷二《前汉书·高帝纪》)

韩兆琦：义帝无后，按：此处语气未完。其意盖谓，义帝虽死，其后亦当受封；今乃无后，而不得封之，深以为憾事。(《史记选注集说·高祖本纪》)

② 【汇注】

龚浩康：齐王韩信习楚习俗，这是刘邦迁调韩信以孤立他的托辞。习，熟悉。(见王利器主编《史记注译》卷八《高祖本纪》)

③ 【汇注】

吕祖谦："春正月，遂立齐王信为楚王。"《解题》曰：令曰："楚地已定。义帝亡后，欲存恤楚众，以定其主。齐王信习楚风俗，更立为楚王。"(《大事记解题》卷九)

④ 【汇注】

张守节：音被悲反，泗州下邳县是，楚王韩信之都。(《史记正义·高祖本纪》)

⑤ 【汇评】

凌稚陵：卢舜治曰：封信于楚，封越于魏，所以践固陵之遣使，从张良之计画也。史文前后相顾周匝。(《汉书评林·高帝纪》)

⑥ 【汇注】

张守节：曹州济阴县城是，梁王彭越之都。(《史记正义·高祖本记》)

刘文淇：《汉书·高祖纪》五年春正月，下令曰，楚地已定，义帝亡后，欲存恤楚众，以定其主。齐王信习楚风俗，更立为楚王，王淮北，都下邳。魏相国建成侯彭越，勤劳魏民，卑下士卒，常以少击众，数破楚军，其以魏故地王之，号曰梁王，都定陶。夫项羽王梁楚地九郡，今以项羽所分楚地王韩信，梁地王彭越，则项氏所得之九郡，皆分与信、越。而信地又大于越。信得会稽、东阳、鄣郡、泗水、薛郡、郯郡凡六郡。越得砀郡、颍川、东郡凡三郡。故贾谊对文帝云，大抵强者先反。淮阴王楚最强，则最先反是也。(《楚汉诸侯疆域志》卷一)

⑦【汇注】

张守节：洛州阳翟县是，韩王信之都。（《史记正义·高祖本纪》）

⑧【汇注】

吕祖谦：芮为项羽所废。至是以长沙、豫章、象郡、桂林、南海立芮为长沙王。是时，豫章属黥布，象郡、桂林、南海皆属赵佗，芮之所有者，独长沙耳。（《大事记解题》卷九）

王　恢：上凡七国八王，《惠景间侯者年表》云："高祖定天下，功臣非同姓疆土而王者八国。"《集解》："吴芮、英布、张耳、臧荼、韩王信、彭越、卢绾、韩信。"《索隐》则举"齐王韩信、韩王韩信、燕王卢绾、梁王彭越、赵王张耳、淮南王英布、临江王共敖、长沙王吴芮，凡八国"。裴骃并数臧荼、卢绾以为八王。司马贞不数臧荼而数共敖以为八国。但共敖三年七月卒，子驩嗣，为楚叛汉，五年十二月即为汉所诛，国且除为南郡矣。高帝亦不数临江，实为七国，后王卢绾，并为八王。裴说是。又即位之初，韩信即徙王楚，不当仍曰齐王。

又《东越传》："汉击项籍，无诸、摇率越人佐汉。汉五年，复立无诸为闽越王，王闽中故地，都东冶"（福州。《高帝功臣表》有阳都侯丁复、贳侯傅无害、海阳侯摇毋余，於陵侯华毋害：皆以越将从起丰沛，入关，破秦灭楚，侯）。又《南越传》：十一年五月立赵佗为南越王。又《汉书·高纪》，十二年二月立南武侯织为南海王，实又不止八国也。（《史记本纪地理图考·高祖本纪》）

【汇评】

王　恢：汉高以平民成帝业，为争取最后胜利，安定新得广大土地，不得不因应时势，悬殊爵以励功臣。果也，王齐、梁、淮南以灭楚。楚灭，乃于郡县之外，复剖裂疆土，异姓王者七国。实则各据其手定之地，不得已而即封之也。其处心积虑必欲废之，不待白马之盟也。以故数年间，诛灭殆尽，更封子弟，广强庶孽。七国乱后，众建推恩，疆土日削，无异列侯矣。（《史记本纪地理图考·高祖本纪》）

⑨【汇注】

张守节：《括地志》云："潭州长沙县，本汉临湘县，长沙王吴芮都之。芮墓在长沙县北四里。"（《史记正义·高祖本纪》）

司马光：诏曰："故衡山王吴芮，从百粤之兵，佐诸侯，诛暴秦，有大功；诸侯立以为王，项羽侵夺之地，谓之番君。其以芮为长沙王。"（《资治通鉴》卷一一《汉纪三》）

胡三省：吴芮封衡山王，都邾；今封长沙王，都临湘。（《资治通鉴》卷一一《汉纪三》注）

梁玉绳：按：秦改命为制，令为诏，汉遂因之，故《汉书》于高祖未即帝位称令，已即帝位称诏。是时封韩、彭在正月，《汉书》称令，以未即帝位也。封吴芮在二月，《汉书》称诏，以已即帝位也。乃此以封韩、彭在即位后，而又并诏令两词为一端，毋乃乖乎？至韩信久封韩王，不烦重叙，盖十字是衍文，《汉书》无之，但当于后文"淮南王布"之上补"韩王信"三字耳。抑更有疑者，《本纪》以制诏为重，自宜详载，今观汉诸《纪》，高祖、文帝之诏不载颇多，景帝则不载一诏，而其所载诏书复不若班史概以诏称之，或称"高祖曰"，或称"皇帝曰"，或称"帝曰"，或称"上曰"，体例亦太错杂矣。王应麟《汉书艺文志考证》云"《文帝纪》凡诏皆称'上曰'，以其出于帝之实意也"。此论殊非，《纪》中赦天下赐酺、赦济北吏民及除肉刑、议郊祀，何以称"诏"不称"上"，岂不出于实意耶？而诏词每与《汉书》不同，甚且撮举数言而不全录，增损字句而非元文，去取之情，固不可晓，擅改之咎，尚复何辞？《史通·点繁篇》谓撰史不妨减略诏书，以武后时史官写制诰一字不遗为訾。斯偏说也，且亦因后世诏语冗长，故为此论。汉诏简古，奚须裁削哉。至《汉书》载封吴芮之诏，谓以长沙、豫章、象郡、桂林、南海封之，尤疑而莫解。盖是时豫章属淮南王英布，象郡、桂林、南海属南粤赵佗，则芮独有长沙耳，诏何以言五郡？又高祖后以南海封南武侯织为王，不知当日分封之制若何，文颖皆谓虚夺以封之，恐未然。(《史记志疑·高祖本纪第八》)

程馀庆：今长沙府治。(《历代名家评注史记集说·高祖本纪》)

⑩【汇注】

沈钦韩：《寰宇记》：饶州鄱阳县。《史记》：楚昭王时，吴伐楚，取番，是也。郡城即吴芮为番君所筑。(《汉书疏证》卷一《高帝纪》)

⑪【汇校】

张文虎：故德番君，旧刻"德"作"封"。(《校刊史记集解索隐正义札记·高祖本纪》)

【汇评】

王夫之：汉王初即皇帝位，未封子弟功臣，而首以长沙王吴芮、闽粤王无诸，此之谓"大略"。二子者，非有功于灭项者也，追原破秦之功而封之。以天下之功为功，而不功其功，此之谓"大公"。楚、汉争于北，而南方无事，久于安则乱易起，立王以镇抚之，此之谓"制治于未乱"。以项羽宰天下不公为罪而讨之，反其道而首录不显之绩，此之谓"不遐遗，得尚于中行"。若此者，内断之心，非留侯所得与。况萧何、陈平之小智乎！量周天下者，事出于人所不虑，若迂远而实协于人心，此之谓"不测"。(《读通鉴论》卷二)

⑫【汇注】

王应麟：《楚汉春秋》曰，高帝初封侯者，皆赐丹书铁券曰"使黄河如带，太山如

砺，汉有宗庙，尔无绝世"。(《困学纪闻》卷一二《考史》)

【汇评】

陈　武：高祖封建，班孟坚终始理会不得，孟坚《诸侯王表·序》云："高帝惩戒亡秦孤立之弊，大启九国，可谓矫枉过正。"说高帝错处正在此。高帝之意其实不然。当时固陵之会用张良谋，取睢阳以北至穀城王彭越，从陈以东傅海王韩信，要之除了河济之北，荥阳以西，汉所得者不以封国，自荥阳以西、南河以南尽以封诸大将，将如今京西、湖北封英布，将如今京东、开封所治与宋亳之地尽封彭越，将淮东、淮北、山东尽封韩信，尽将河南之南、荥阳之东封三大将，裂天下大半。当时急于灭项籍，固陵之会不可无此三人，故尽将羽地封此三人。及十二月，既灭羽，正月便理会此一项。遂下令曰："楚地已定，更立信为楚王，王淮北，都下邳。"……盖高祖既夺三大将地了，思量未有人去镇服之，因且分一二同姓去，其实亦不在大封同姓也。……要之，此事惠帝以后合当理会，只缘不识高祖之意，一向不整理。所以文帝时贾生出来献言，欲分王子弟地。人议论高祖当封国太广者，已失高祖意。至武帝时用主父偃之谋，夺诸侯王地封王子弟而诸侯大弱，亦失高帝之意。大抵创业之君这些规模人不得尽识，所以其治班驳而不可考。昔武王下车之初，便封舜之后，周公深识此意，后来却立三监。周公可为深识武王意。太史公《表·序》曰："天下已定，骨肉同姓少，故广疆庶孽，以镇抚四海，用承卫天子。郡八九十，形错诸侯，犬牙相临，乘其扼塞地利，强本干，弱枝叶之势。"此稍得高祖意。后人议论高祖，道他王诸将地稍广，后皆诛灭，不如汉光武诸将地不过列侯，能保全功臣。人都道伊议论好，然高祖本意不如此。(见《十先生奥论注》续集卷一一《考古论》)

黄省曾：汉之封建，病于太滥而无检，不广之于帝王之后及大德之贤，又无周家田宅狩朝司马之制，班固所谓汉兴惩戒亡秦孤立，大启九国，跨州兼郡连城，数十宫室，百官制同京师，矫枉过其正矣。此其纷纭多故，非封建之罪也。(《五岳山人集》卷二十八《难柳宗元封建论》)

王夫之：汉高天下既定之后，侈于封矣，反者数起，武帝夺之而六宇始安。承六王之敝，人思为君，而亟予之土地人民以恣其所欲为，管、蔡之亲不相保，而况他人乎！以天下市天下而已。乃为天子，君臣相贸，而期报已速，固不足以一朝居矣。(《读通鉴论》卷二)

钱大昕：自秦始皇废封建，分天下为三十六郡，尽领于天子，有郡无国者凡十三岁。及二世嗣立，而陈涉起事，豪杰响应，仍复六国之名，各自分立郡县，非复秦三十六郡之旧矣。汉既并天下，惩秦之弊，大封齐、赵、燕、代、吴、楚、淮南、梁、淮阳、长沙诸国。其时天子自领者，仅三河、内史等十五郡，而诸侯王国亦各有所领之郡，《志》所载高帝置郡二十六，其十之八皆属于王国者也，故其时国大而郡小。

(《潜研堂集》文集卷十六《汉百三郡国考》)

龚自珍：汉有大善之制一，为万世法，关内侯是矣。汉既用秦之郡县，又兼慕周之封建；侯王之国，与守令之郡县，相错处乎禹之九州，是以大乱繁兴。封建似文家法，郡县似质家法，天不两立；天不两立，何废何立，天必有所趋。天之废封建而趋一统也，昭昭矣。……关内侯者，汉之虚爵也。虚爵如何？其人揖让乎？汉天子之朝，其汤沐邑之人，稍稍厚乎汉相公卿，无社稷之祭，无兵权，无自辟官属，虽有百主父偃、贾谊、晁错之谋，无所用；汉待功臣尽如此，无韩彭矣；待宗室尽如此，无吴楚七国矣。(《龚定庵全集类编》文集卷上《答人问关内侯》)

吴见思：前写项羽分封一段，此又写汉王分封一段，两处照耀，不见重沓。(《史记论文·高祖本纪》)

牛运震：高祖即位以来，诏书凡十八九道，皆封侯王、尊高爵、复诸侯子、赦天下、求贤士等大事也，当依《汉书》一一详载之。(《读史纠谬》卷一《史记·高祖本纪》)

梁启超：及楚汉相持，而郦食其说汉王复立六国后，印已铸矣，张良一言而解，岂所谓天之所废，谁能兴之者耶！项羽以宰割分封而亡，汉高以力征混一而帝，一顺时势，一逆时势而已。然高帝既定天下，犹且裂地以王韩、彭，分国以侯绛、灌，盖人情习见前世故事，未得而遽易也。(《饮冰室文集点校》卷三《中国专制政治进化史论》)

　　天下大定①。高祖都雒阳②，诸侯皆臣属。故临江王欢为项羽叛汉③，令卢绾、刘贾围之，不下。数月而降，杀之雒阳④。

①【汇校】
张文虎：天下大定，旧刻"大"作"悉"。(《校刊史记集解索隐正义札记·高祖本纪》)

②【汇注】
吕祖谦：按：《史记·本纪》高祖欲长都雒阳，齐人刘敬说及留侯劝上，入都关中。(《大事记解题》卷九)

【汇评】
刘辰翁：蠢甚！(见倪思编《班马异同》卷二《高祖》)

③【汇注】

　　裴　骃：徐广曰："一作'尉'。"（《史记集解·高祖本纪》）

　　程馀庆："临江王骧"，一作"尉"，共敖子。（《历代名家评注史记集说·高祖本纪》）

　　韩兆琦：临江王尉，即共敖，项羽所立临江王共敖之子。骧，一作尉。为项羽叛汉，忠于项羽，反对刘邦。泷川曰："项王败死，而鲁人守节不辄下，临江王、燕王、利幾相踵叛汉，皆其遗臣；高祖使诸项氏臣名籍（以名称呼项籍），郑君独不奉诏，亦其旧将，亦足以见项王仁而爱人也。"（《史记选注集说·高祖本纪》）

④【汇校】

　　梁玉绳：按：临江之杀在十二月，《汉书》与《月表》甚明，此误书于二月即帝位后。又：临江王之名，徐广一作"尉"，是《荆燕世家》《卢绾传》及《汉书》纪、表、传并作尉，惟《月表》读为"骧"，此必后人因《表》妄改也。（《史记志疑·高祖本纪第八》）

　　施之勉：按：围羽垓下，灌婴追斩羽东城，在十二月。此云临江王骧为项羽叛汉，当在十二月羽死之后也。又云：围之不下，数月而降。则临江之杀，决不在十二月矣。是当以此《纪》为正，未可据《汉书》与《月表》，而谓此书于二月即帝位后为误也。（《史记会注考证订补·高祖本纪第八》）

　　　　五月，兵皆罢归家①。诸侯子在关中者复之十二岁②，其归者复之六岁③，食之一岁④。

①【汇注】

　　吕祖谦：自屯卫之外，各还农亩也。（《大事记解题》卷九）

【汇评】

　　程馀庆：高帝之得天下，书"兵罢归家"；光武之中兴也，书"罢郡国车骑材官，复还民伍"，其广大气象，与秦隋之销兵器、毁兵仗者，大不侔矣。（《历代名家评注史记·高祖本纪》）

②【汇注】

　　吕祖谦：即汉二年集栎阳为卫者也。诏曰："诸侯子在关中者，复之十二岁。其归者，半之。"又曰："诸侯子及从军归者，甚多高爵。"然则诸侯子为卫，意者亦有更代矣。（《大事记解题》卷九）

　　王先谦：诸侯人曰诸侯子，犹今汉人曰汉子，回人曰回子，番人曰番子耳。（《汉

书补注·高帝纪第一下》）

③【汇注】

颜师古：各已还其本土者，复六岁也。（《汉书注·高帝纪第一上》）

④【汇校】

梁玉绳：按：《汉书》详述此诏无"食之一岁"之语。而诏语数百字，史公止摘"复诸侯子"四句，何也？（《史记志疑·高祖本纪第八》）

【汇注】

张守节：食音寺。（《史记正义·高祖本纪》）

　　高祖置酒雒阳南宫①。高祖曰："列侯诸将无敢隐朕②，皆言其情。吾所以有天下者何③？项氏之所以失天下者何④？"高起、王陵对曰⑤："陛下慢而侮人⑥，项羽仁而爱人⑦。然陛下使人攻城略地，所降下者因以予之，与天下同利也⑧。项羽妒贤嫉能，有功者害之，贤者疑之，战胜而不予人功，得地而不与人利，此所以失天下也⑨。"高祖曰："公知其一，未知其二。夫运筹策帷帐之中⑩，决胜于千里之外⑪，吾不如子房⑫。镇国家⑬，抚百姓，给馈饷，不绝粮道，吾不如萧何⑭。连百万之军，战必胜，攻必取⑮，吾不如韩信⑯。此三者⑰，皆人杰也⑱，吾能用之⑲，此吾所以取天下也⑳。项羽有一范增而不能用㉑，此其所以为我擒也㉒。"

①【汇注】

张守节：《括地志》云："南宫在雒州雒阳县东北二十六里洛阳故城中。《舆地志》云秦时已有南北宫。"（《史记正义·高祖本纪》）

王先谦：《舆地志》云：秦时已有南北宫。沈钦韩云：更始自洛阳而西，马奔触北宫铁柱门。光武幸南宫却非殿。盖秦虽都关中，犹放周东都之制。（《汉书补注·高帝纪第一下》）

【汇评】

吕祖谦：皋陶之陈谟曰："在知人，在安民。"高帝论得天下之由，独以用三杰自许。而自起丰、沛以来，与民休息之志，贯于幽明，其大略可谓合矣。《史记正义》曰：《括地志》云：南宫在雒州雒阳县东北二十六里洛阳故城中。《舆地志》云秦时已有南、北宫。以此考之，秦虽都关中，犹仿周东都之制，建宫阙于洛阳。高帝之西洛阳名为郡，而终西京之世，实以为别都。赵涉劝周亚夫出武关，抵雒阳，直入武库，击鸣鼓，霍光以丞相车千秋子为雒阳武库令，更始自雒阳而西初发，李松奉引，马惊，奔触北宫铁柱门。光武降朱鲔，入洛阳，幸南宫却非殿，遂定都。然则自高帝迄于王莽，洛阳南、北宫、武库，皆未尝废。周召卜宅之意，固非后世所能喻。至于天下之形势，则始皇、李斯、高帝、张良盖深识之矣。（引自《古今考》卷二十三"置酒雒阳南宫"）

彭龟年：汉高祖乘时崛兴，不由积累，五年而成帝业。自非英资绝人，孰能至是？知人善任使，尤其所长，所以灭秦扫项，若此甚易。然资高而不学，气充而志卑，承周秦更变之余，先王法制虽悉破坏，未至如后世影灭迹绝不可考寻，而乃安于小成，自甘浅陋。司马迁《史记》，高祖大事，多舍不录，而独载其置酒洛阳南宫，盖伤其志，以此为至足而遂已也。使后世不复见三代之治，非高祖之罪乎！（《止堂集》卷十《汉高帝论》）

② 【汇校】

王先谦：应劭曰："旧曰彻侯，避武帝讳曰通侯。通亦彻也。通者，言其功德通于王室也。"张晏曰："后改为列侯。列者，见序列也。"《补注》：先谦曰：《通鉴》作彻侯，盖宋人回改《史记》作列侯。（《汉书补注·高帝纪第一下》）

【汇注】

颜师古：如淳曰："朕，我也。"蔡邕曰："古者，上下共之。咎繇与帝舜言称朕，屈原曰'朕皇考'，至秦独以为尊称，汉遂因之而不改也。"（《汉书注·高帝纪第一下》）

【汇评】

程馀庆：他人语末，此却先出，雄爽在目。（《历代名家评注史记集说·高祖本纪》）

③ 【汇评】

班　彪：盖在高祖，其兴也有五：一曰帝尧之苗裔，二曰体貌多奇异，三曰神武有征应，四曰宽明而仁恕，五曰知人善任使。加之以信诚好谋，达于听受，见善如不及，用人如由己，从谏如顺流，趣时如响起。当食吐哺，纳子房之策；拔足挥洗，揖郦生之说；悟戍卒之言，断怀土之情；高四皓之名，割肌肤之爱；举韩信于行阵，收陈平于亡命。英雄陈力，群策毕举，此高祖之大略，所以成帝业也。（见《文选》卷五二《王命论》）

苏　辙：昔高祖之所以自用其才者，其道有三焉耳：先据势胜之地，以示天下之形；广收信、越出奇之将，以自辅其所不逮；有果锐刚猛之气而不用，以深折项籍猖狂之势。……夫古之英雄，唯汉高帝为不可及也夫！（《栾城应诏集》卷二《三国论》）

④【汇评】

胡应麟：将之道，曰智、曰勇而已。古今圣于勇，其项籍乎？圣于智，其韩信乎？勇而困于智，虽万钧犹匹夫也。羽之勇，无所事谋；而敌之谋，亦无所施。智而藉乎勇，虽百胜犹恒技也。信之智无所事力，而敌之力亦无所用。而汉高者又能使籍失其勇，信失其智。才愈高，衷愈隐，业愈盛，德愈衰矣。（《少室山房笔丛》乙部外篇）

⑤【汇校】

王先谦：张晏曰："诏使高官者起，故陵先对。"孟康曰："姓高名起。"臣瓒曰："《汉帝年纪》：高帝时有信平侯臣陵，都武侯臣起，魏相邴吉。高帝时奏事，有将军臣陵、臣起。"师古曰："张说非也。若言高官者起，则丞相萧何、太尉卢绾及张良、陈平之属，时皆在陵上，陵不得先对也。"《补注》：钱大昭曰："《汉纪》无'高起'二字，张、孟说皆不了。当是衍文。周寿昌曰：《汉帝年纪》一书，不传王陵，封安国侯，非信平。《高祖功臣表》无都武侯起其人，惟南鄐侯起，孝文时以信平君侯。则信平属之起，而高帝时尚未侯也。"又云："魏相邴吉奏。高帝时奏事，有将军臣陵、臣起。考《魏相传》好观汉故事，及便宜章奏数条，汉兴以来便宜行事，引高皇所述书，有云相国臣何，御史大夫臣昌，谨与将军臣陵、太子太傅臣通等议，而无臣起。盖奏事所辑不止一条，孟注或有据。张云'诏使高官者起'语为不经也。"先谦曰：此条所当阙疑。邴吉下脱"奏"字。官本有。陈浩云：监本魏相邴吉奏下衍"事"字，盖涉于下文"奏事"而误也。今从宋本删之。邴吉依本书当作"丙"。（《汉书补注·高纪第一下》）

【汇注】

裴　骃：孟康曰："姓高，名起。"瓒曰："《汉帝年纪》：高帝时有信平侯臣陵、都武侯臣起。《魏相丙吉奏事》高帝时奏事有将军臣陵、臣起。"（《史记集解·高祖本纪》）

颜师古：张晏曰："诏使高官者起，故陵先对。"……师古曰："张说非也。若言高官者起，则丞相萧何、太尉卢绾及张良、陈平之属，时皆在陵上，陵不得先对也。"（《汉书注·高帝纪第一下》）

胡三省：《姓谱》：齐太公之后，食采于高，因氏焉。（《资治通鉴》卷一一《汉纪三》注）

周寿昌：臣瓒注曰，《汉帝年纪》帝时有信平侯陵，都武侯起。寿昌按：《汉帝年纪》一书，惜不传。王陵封安国侯，非信平。检《高祖功臣表》，无都武侯起其人，惟南郡侯起。是孝文时以信平君侯，则信平属之起，而高帝时尚未侯也。又云：魏相邴吉奏高帝，时奏事有将军臣陵臣起。考《魏相传》"好观汉故事及便宜章奏"数条，汉兴以来便宜行事，引高皇所述书，有云相国臣何，御史大夫臣昌，谨与将军臣陵，太子太傅臣通等议，而无臣起。盖奏事所辑，原不止一条也。孟康注，姓高名起，必有据。而张晏云，诏使高官者起，语为不经也。（《汉书注校补》卷一）

龚浩康：高起，人名。孟康说："姓高名起。"据钱大昭考证，"《魏相传》述高祖时受诏长乐宫者，但有将军陵，无臣起；《汉纪》亦无'高起'二字，二字当衍文"。又《史记会注考证》认为："对语七十余言二人一辞，于理所无；高祖亦唯言公，不言公等，钱说近是。"（见王利器主编《史记注译》卷八《高祖本纪》）

⑥【汇注】

沈自南：《古今考》《史记·留侯世家》《汉书·张良传》郦食其欲立六国后两称陛下，张良发八难称陛下者凡十一，《史记·秦始皇纪》丞相绾御史大夫劫廷尉斯合议尊号秦始皇称陛下，蔡邕曰，陛，阶也，所由升堂也。天子必有近臣立于陛侧以戒不虞，谓之陛下者，群臣与天子言不敢指斥，故呼在陛下者与之言，因卑达尊之意也。上书亦如之。按：此天子称陛下自秦政始也。汉王未即天子位而郦食其、张良已称陛下，此司马迁之笔而班固因之，当时未必果耳，后世天子皆称皇帝陛下，非二帝三王之旧制也。（《艺林汇考·称号篇》卷之一）

【汇评】

王懋竑：汉高帝嫚而侮人，然于留侯不敢轻也，称之必曰"子房"。尤惮周昌，后亦称王陵，四皓之来乃大惊曰："吾求公数岁，公避逃我。"其重之如此。然则高帝所嫚侮者叔孙通、随何辈耳。汉廷无一儒者，所以不足启高帝之敬畏也。（《白田杂著》卷五《读史漫记》）

⑦【汇评】

刘辰翁："陛下嫚而侮人，项羽仁而敬人"两句，惊异，犹有先秦策士之风。其发明仁敬之无益，亦后人所不能及也。（见倪思编《班马异同》卷二《高祖》）

⑧【汇注】

龚浩康：天下，这里指刘邦的部属，相当于说"大家"。（见王利器主编《史记注译》卷八《高祖本纪》）

⑨【汇评】

王鸣盛：项王之失，不在粗疏无谋，乃在苛细多猜疑，不任人。韩信、陈平皆弃以资汉，至于屡坑降卒，嗜杀失人心，更不待言。（《十七史商榷》卷二）

吕思勉：刘、项成败，汉得萧何以守关中，韩信以下赵、代、燕、齐，而楚后路为彭越所扰，兵少食尽，固为其大原因。然汉何以得萧何、信、越等，而楚亲信如英布、周殷等，且纷纷以叛乎？高祖置酒洛阳宫，曰："……此三者，皆人杰也；吾能用之，此吾所以取天下也。项羽有一范增而不能用，此其所以为我擒也。"高祖所言，与高起、王陵所说，其实是一。韩信曰："项王使人，有功当封爵者，印刓弊，忍不能予。"陈平言："项王不能信人，其所任爱，非诸项，即妻之昆弟，虽有奇士不能用。"郦食其说齐王，亦言项羽非项氏莫得用事。盖项氏故楚世家，其用人犹沿封建之世卑不逾尊、疏不逾戚之旧，汉高起于氓庶，则不然也。然是时知勇之士，固不出于世禄之家，此其所以一多助、一寡助乎？然则刘、项之兴亡，实社会之变迁为之矣。（《秦汉史（上）·秦汉兴亡》）

⑩【汇校】

梁玉绳：附按：《汉书》无"策"字，《御览》八十七引《史》作"於"字，疑"策"字讹，然《留侯世家》亦作"筹策"也。（《史记志疑·高祖本纪第八》）

张文虎：夫运筹策，《御览》八十七引"策"作"於"，《志疑》云《留侯世家》亦作"策"。（《校刊史记集解索隐正义札记·高祖本纪》）

李景星："夫运筹策帷帐之中"，按：《汉书》无"策"字。"帷帐"作"帷幄"。（《四史评议·史记评议·高祖本纪》）

【汇注】

陆唐老：帷，于龟反；幄，乙角反。在旁曰帷，悉周曰幄。（《陆状元增节音注精议资治通鉴》卷二七《太祖高皇帝下》自注）

⑪【汇校】

陈　直：直按：《汉张迁碑》文，叙张良事作"运筹帷幕之内，决胜千里之外。"虽用《史》《汉》语，与今本却不同。（《史记新证·高祖本纪第八》）

⑫【汇评】

王　迈：子房，高帝之蓍龟也。……至于临大事、决大疑、处大缓急，未尝不以质之子房。甚矣，子房之大有造于汉也。自今观之，南阳之捷，帝意欲西，良乃力陈危道之谏，遂得以败秦拔宛，设无良言，则秦攻其前，宛制其后，能无失机之悔耶？武关方入，帝欲击秦，良乃设为益帜之计，于是大破秦师。设无良言，则以我之寡，犯敌之众，能无覆师之惧耶？既败秦兵，西入咸阳，即欲止宫休舍，樊哙之谏不从，遂以问良，良则曰"愿听哙言"。是以灞上之师遽还，否则，蛊于声色，沮挠军气，祸孰甚耶？众口盈庭，请都雒邑，帝乃唯唯从之，娄敬之言未入，遂以问良，良则曰"敬言是也"。是以关中之都遂定，否则形胜一失，进退无据，危孰甚耶？楚兵方张，力非其敌，关东之地孰与守之？使帝不以问良，则遣三大将之计无所闻，将恐咽喉之地，先为敌据，天下安知为我有耶？刻印茸茅，封六国后，事已垂成，谁敢言者？使帝不以问良，则八不可之说无所闻，恐贤士解体，劲敌并兴，安保其不长乱耶？韩信跋扈难制，守地于齐，假王之请，骄色可掬，帝之怒极矣，使良不悟于蹑足之顷，则信不轨之谋，立谈而泄，况肯终身为帝用耶？封赏方行，人怀怨望，沙上聚首，良可寒心，帝之虑深矣，使良不出先封雍齿之言，则此曹机械日深，或有倒戈震主之事，何以制之耶？凡此数端，皆切于成败存亡之大计者，子房能为帝言群臣之所难言，知群臣之所不知，故曰子房者，高帝之蓍龟也。（《瞿轩集》卷三论《高帝论二》）

又：伊川尝曰：高祖几曾用张良，良用高祖耳。吁，有旨哉！（同上）

⑬【汇注】

颜师古：镇，安也。（《汉书注·高帝纪第一下》）

⑭【汇评】

陆唐老：张曰：萧何佐高帝定一代规模，亦宏远矣，高帝征伐多在外，何守关中，营缉根本，汉所以得天下者，以关中根本先壮故也。此何相业之大者。又何为相之初，首荐韩信为大将，而三秦之计遂定，此亦得为相用人之体。（《陆状元增节音注精议资治通鉴》卷二十六《前汉纪·太祖高皇帝》）

夏之蓉：萧何转漕关中，军食不乏，其功甚大，乃其知人之明最不可及。沛公初起，未见头角，而何辄率沛人奉之。识韩信于立谈之顷，许为国士，告高帝骤用为大将，其识鉴有过人者。至养民致贤之说，尤培护根本之至计也。按何治关中时，施恩德，除繇税，举五十以上能修行者为乡三老，既休息其民，又略知礼教而后用之，此其措画甚远，汉室四百年之业基于此矣。（《读史提要录》卷一《西汉》）

⑮【汇校】

王先谦：宋祁曰：南本作"战必取胜，攻必取捷"。先谦曰：《史记》《汉纪》《通鉴》与此同，南本不足据。（《汉书补注·汉纪下》）

⑯【汇评】

刘辰翁：三"吾不如"，不独君臣相知之深，其推明切实，折服诸将，总在是矣。以子房在何上，复非他人所及。（见倪思编《班马异同》卷二《高祖》）

夏之蓉：韩信将数十万兵，驰驱齐、魏、燕、赵之郊，奇正变幻疑鬼神，古名将所未有也。高帝谓"连百万之兵，战必胜，攻必取，吾不如韩信"，而信取夷灭之祸即在乎是。盖自假王蹑足，期会不至之时，信已死矣。追伪游云梦，缚信归，赦为淮阴侯，为信者，正宜韬晦自敛，以保其身，顾怏怏曰："生乃与哙等为伍！"夫哙不过椎埋屠狗之雄耳！当槛车反接之后，帝固有未能释于中者，信虽伍哙，犹不得生，而况乎其不屑也！（《读史提要录》卷一《西汉》）

⑰【汇评】

凌稚隆：陈塏曰：沛公有三杰，故虽迁汉中，而卒定三秦；项羽无三杰，故虽王三将，终不能有三秦。（《汉书评林·高帝纪》）

⑱【汇注】

颜师古：杰言桀然独出也。（《汉书注·高帝纪第一下》）

【汇评】

苏　洵：汉高帝挟数用术以制，一时之利害不如陈平，揣摩天下之势、举指摇目以劫制项羽不如张良。微此二人，则天下不归汉，而高帝乃木强之人而止耳。然天下已定，后世子孙之计，陈平、张良智之所及。（《嘉祐集笺注》卷三《高祖》）

方　回：吕东莱曰：皋陶之陈谟曰："在知人，在安民。"高帝论得天下之由，独以三杰自许。而自起丰沛以来，与民休息之志，贯于幽明，其大略可谓合矣。（见《古今考》卷二三"置酒雒阳南宫"》）

⑲【汇评】

赵　蕤：知人者王道也，知事者臣道也。……君守其道，官知其事，有自来矣。先王知其如此也，故用非其有，如己有之，通乎君道者也。（《长短经》卷一《大体第一》）

苏　籀：汉高祖以天授绝人之智，倚萧何，听子房，自谓不及信而重之，数年间登韩信大将坛，又令子房封信齐王，此非常之举措，知人之甚大者也。（《双溪集》卷十《知人》）

⑳【汇评】

傅　玄：古之明君，简天下之良材，举天下之贤人，岂家至而户阅之乎！开至公之路，秉至平之心，执大象而致之，亦云诚而已矣。夫任诚天地可感，而况于人乎。……陈平，项氏之亡臣也，高祖以为腹心。四君不以小疵忘大德，三臣不以疏贱而自疑，其建帝王之业，不亦宜乎！……君莫贤于高祖，臣莫奇于韩信。高祖在巴，汉困矣；韩信去楚而亡，穷矣。夫以高祖之明，困而思士。信之奇材，穷而愿进。其相遭也，宜万里响应，不移景而相取矣。然信归汉，历时而不见知，非徒不见知而已，又将案法而诛之。向不遇滕公，则身不免于戮死；不值萧何，则终不离于亡命。幸而得存，固水滨之饿夫，市中之怯子，又安得市人可驱而立半天下之功也哉！萧何一言，而不世之交合，定倾之功立；岂萧何知人之明绝于高祖、而韩信求进之意曲于萧何乎！尊卑之势异，而高下之处殊也。高祖势尊而处高，故思进者难；萧何势卑而处下，故自纳者易。（见《全上古三代秦汉三国六朝文》卷四十七《举贤》）

王禹偁：天命高祖，革秦之暴，纂尧之绪，斩蛇于大泽，逐鹿于中原，云飞丰沛之间，雷动崤函之地，将欲洗万人之涂炭，救六合之分崩，乃生三杰以佐焉。……故高祖尝曰："此皆人之杰也，吾能用之，奋布衣而取天下，未为艰哉！"然则汉犹鼎也，三杰为足以负之；汉犹天也，三杰为辰以烛之。鼎去一足则有欹倾之虞，天阙一辰则失经躔之度，汉亏一杰则无霸王之业。岂非天之道启圣哲、救黎元、灭乱秦、殄强楚而兴大汉哉！不然，何龙虎风云会合之若是耶！噫，辅弼则（同），优劣斯异，故谓"韩信之功如猎犬，虽云有获，盖指踪在乎人矣"。如是，则萧、张，人之功也；韩信，犬之功也。优劣之义，不其明乎？其或得名遂之道，其在子房乎。故萧公受縶，韩信受戮，虽成功于前，终贻戚于后。未若定储之计，从赤松而游，远害全身，垂名于万世者，不为优哉。（引自《历代名贤确论》卷四十《高祖下·三杰》）

胡 寅：高祖短于处事而长于听言，（无名氏注：班彪《王命论》高祖知人善任使，以信诚好谋达于听受，见善如不及，从谏如顺流。）故能仗剑三尺，奋起徒步以有天下。（无名氏注：《本纪》吾以布衣提三尺取天下，此非天命乎！）寻其处纷乱之际，犹为经划鲜不倒行逆施之，几败大事，赖佐命之臣反覆辨正，开其如此，禁其若彼，高祖释然于心，跃而从之。（无名氏注：汉王与郦食其谋挠楚，权欲立六国后，汉王令刻印，张良来谒，汉王方实以告良，良请借前箸以筹之，汉王辍食吐哺骂曰，竖儒几败乃公事，令趣销印。）是以事无困废之祸，不然，天下非高祖有也。……既入武关，遂欲击秦崤关之军，非闻旗帜为疑兵之谋，则以少犯众，兵力不敌，覆师必矣；（无名氏注：遂西攻武关入秦，秦遣将将兵距崤关。沛公欲击之，张良曰，秦兵尚强，未可轻动，愿先遣人张旗帜于山上，为疑兵，使郦食其、陆贾往说秦将，啖以利，秦将果欲连合，沛公果欲听之。张良曰不如因其怠懈击之，秦兵大败。）项羽方强迁之于南郑之僻，反切齿而不行，赖鄧侯陈屈伸之说，然后隐忍以图大也。（无名氏注：……汉王怨羽之背约欲攻之，萧何谏乃止。）项羽既弱，分之以鸿沟之西，乃束甲而欲去，赖曲逆献养虎之说然后刚决以就功也。向使当此机会之际，高祖率情而径行，则天下之势何如耶？由是知高祖明于见机而精于料敌者，独能广宽兼听以佐裁决耳。于时好善如不及，从谏若转圜，下至贩缯屠狗狂生戍卒之计皆取而用之。是以能从容闲暇而定帝业于五载间也。……要之，西汉之兴，本听言而已矣。（见《十先生奥论注》后集卷二《西汉上》）

李季可：汉高祖天资明悟绝人，而无学以自发明，得三杰、陈平、陆贾辈，左右开导，然后克济大业。每诸人献替，虽在仓卒间，莫不与己意相符合。至论萧何功，未有能明之者，独高祖以为在曹参上，而无以难伏众口。鄂千秋大言，遂取封侯，以能明己之心尔。凡心知其然，而词不足以自达者，不学之过也。高祖之谓欤！（《松窗百说·汉高祖》）

陈 善：汉高帝尝与诸将论汉所以得天下，与项羽所以失天下，帝自谓能用三杰，而项羽不能用范增，故得失异。以予考之，亦在得机失机之间而已。汉之初王南郑也，因思归之士，听韩信计，决策东向，此一机也。及割鸿沟，汉王欲西归，听良、平谏，因楚兵罢食尽而取之，此一机也。惟此二机不失，所以得天下。彼项王不入关而北救赵，初失一机，故汉王得以入秦。及项王闻汉已并汉中，大怒，信张良遗书，以故无西意而北击齐,又失一机,故汉得以入彭城。自此与项相持荥阳、成皋、广武间,胜负虽足相当,而汉终围羽垓下,盖其得失之机已判久矣。就使项王能用范增,亦不过劝项羽杀汉王而已,何益于成败之计乎!(《扪虱新话》下集卷四)

陈　埴：沛公有三杰,故虽迁汉中,而卒定三秦;项羽无三杰,故虽王三将,而终不能有三秦。呜呼!羽非失险也,失人也。夫项羽迁沛公于巴、蜀,而王三降将以距汉,汉势若已屈矣。吁!彼岂知巴、蜀果非死地也耶?羽以巴、蜀为死地,而谋迁沛公;沛公亦以死地视巴、蜀,而忿嫉项羽。当是时也,取舍屈伸之理惟萧何知之,故何劝王王汉中,收用巴、蜀,还定三秦。及其既就国也,项羽肺肝之谋惟张良知之,故良说王烧绝栈道以示项羽无东意。此萧何之所以强沛公之行也,而张良所以安沛公之心也。使巴、蜀而果能为死地也,则萧何、张良之谋是置沛公于死;萧何、张良可谓见之明、计之熟矣。至于韩信登坛之日,毕陈平生之画略,论楚之所以失,及汉之所以得,汉一日举兵而东,秦民其为沛公耶?为三降将耶?此三秦还定之谋所以卒定于韩信之手也。噫,三杰真人杰也!向也萧何、张良有卓然之见,而始劝沛公之入,今也韩信乘罅漏之余,而径劝沛公之出,其入也所以养其出也,其出也所以用其入也。三子之见,智谋略同,故蹙楚之效同。孰谓关中非沛公囊中物耶?善乎史臣之论高祖曰"从谏如转圜也"。夫天下之势,成败未易料也。见近者昧其势,而虑远者审其势。盖势者成败之所系也,一举措之不谨,则俄顷之间大事去矣。方羽之王三降将于三秦,而王高祖于汉中也,高祖盖不胜其忿,而欲奋于一击之间,周勃等又从而怂恿之,当是时高帝死固未可保,而何以成败为也?及萧相国进谏,而高祖翻然改悟,罢兵就国,徐起而还定之,如取诸寄,此岂有他术也?知成败之势在己而已。己能屈之,亦能伸之,是以高帝之还定三秦也,不在于引兵故道之时,而在于不攻项羽之日;不在于拜将之后,而在于听谏之初。然则周勃诸公者特见近而昧其势耳,而萧何者虑远而审其势者也。(《木钟集》卷一一《史》)

章　懋：汉高帝既定天下,置酒洛阳南宫与群臣论刘项之所以得失,而曰:吾能用三杰,吾所以取天下。项羽有一范增而不能用,所以为我擒。群臣咸服其言。虽扬子云亦有汉屈群策、楚憝群策之语,后世莫不以为然。以愚观之,是亦所谓知其一而不知其二者也。夫高祖之得天下也以仁,项羽之失天下也以不仁,岂但用人不用人之间而已哉。羽为剽悍猾贼,所过无不夷灭,坑秦卒,屠咸阳,杀子婴,烧宫室,掠货财妇女,而又放弑义帝,大逆不道,天下之贼也,以若所为,虽用百范增谋之,其能有天下乎?帝也以宽仁大度,为天下除残贼,其入关秋毫无犯,与民约法三章,而又举军缟素为义帝发丧,是皆庶几乎三王之举,所以得天下者,其本实在于是。若夫知人善任,使虽足以为取天下之资,然亦帝之余事耳。孟子曰"不嗜杀人者能一之",又曰"不仁而得天下者未之有也",斯言也,实刘项兴废之辩而古今之确论也。帝有是仁足以得天下，而不知其然，亦犹齐宣王有爱牛之仁而不自知也。使当时孟子为之辅佐，必能扩充其仁以尽继周之治，不徒杂霸而已。惜乎帝之臣萧、曹起刀笔，良、平任智数，陆贾、叔孙通皆陋儒鄙士，不足与语于斯也。（《枫山集》卷三《读西汉书高祖纪》）

钟　惺：帝王初兴，其智勇尽取之臣下，又皆其故等夷，必有一种意外举措。先制其命，夺其魄，使不敢动，而后能为吾用。……高祖自谓不如留侯、萧何、韩信，而又曰此三人"皆人杰也，吾能用之，此吾所以取天下"，二语殊占地步，非谦逊归功臣下之言，正自明其能驱策，智勇出三人上耳。封王子弟，至吴王濞抚之曰，汉后五十年，东南有反者岂若耶？属吕后后事曰：安刘氏者必勃也。此从何处看出，悍王骄后当亦骨惊。文帝劳军至灞上曰：如儿戏耳，则二将伎俩，已落其胸中久矣。帝王识量与臣下不同，屈策屈力，岂待其反而后制之哉！（《史怀》卷五）

田一俊：汉高帝之善御将，盖识御仆之道者也。以爵土为千金，而又有所执持之，以阴夺其豪黠之性。……愚故曰：高帝于此又有微权者，此之谓也。然高帝之所以能此者，由其诸将之材素谙于胸中。既量乎诸将，惟此三人足以成大功；而又量乎我所用以执持之者，必有董宪、庞萌之乱，制之而不中机宜者，必有楼船、横海之衅。是岂善将将者哉？由是而观高帝之善将将，由于善任使，由于善知人。后世有将将之责者，尚监兹哉。（见《古今人物论》卷六《汉高帝善将将论》）

刘元震：论曰，制天下非常之功者，非一无不能也。问其能之大小而已矣。知兵之情，而后能将兵；知将之情，而后能将将。然知兵之情尚易，而知将之情尤难。能其难而不能其易，此则未为不能也，所能者大也。韩信论高帝不善将兵而善将将，且谓高帝天授非人力。夫其善将将者，斯帝之所谓天授哉。且帝之所将，亦数反矣。而谓善将将者何也？彼其所将，皆椎埋负贩屠狗之徒，六国鸷悍骁黠之遗亡也。又相与起于布衣，非有统辖服御之素也。战于成皋、京、索之间，濒于危亡者非一日也，而帝令为用如左右手。扬子云曰，汉屈群策，群策屈群力，夫以其屈群策屈群力，兹高帝所以善将将欤。（见《增广古今人物论》卷七）

贺贻孙：昔高祖椎鲁无文之人也，盖尝自言其运筹帷幄，不及张良。定国抚民，不及萧何。战克攻取，不及韩信矣。借使高祖讳其椎鲁无文，而与三人角智逞勇，则高祖穷，而三人亦有时而绌。乃高祖能不自用其智勇，以用三人之智勇，又能合三人之智勇，以为一人之智勇，而三人莫与争焉。则是高祖之不及其臣，乃其所以大过其臣者也。（见《历代史事论海》卷九《汉高帝光武合论》）

赵　翼：汉初诸臣，惟张良出身最贵，韩相之子也。其次则张苍，秦御史；叔孙通，秦待诏博士；次则萧何，沛主吏掾；曹参，狱掾；任敖，狱吏；周苛，泗水卒史；傅宽，魏骑将；申屠嘉，材官；其余陈平、王陵、陆贾、郦商、郦食其、夏侯婴等，皆白徒。樊哙则屠狗者，周勃则织薄曲吹箫给丧事者，灌婴则贩缯者，娄敬则挽车者。一时人才，皆出其中，致身将相，前此所未有也。盖秦汉间为天地一大变局。自古皆封建诸侯，各君其国；卿大夫亦世其官。成例相沿，视为固然。其后，积弊日甚，暴君荒主，既虐用其民，无有底止，强臣大族，又篡弑相仍，祸乱不已。再并而为七国，益务战争，肝脑涂地，其势不得不变。而数千年世侯世卿之局，一时亦难剧变。于是先从在下者起，游说则范雎、蔡泽、苏秦、张仪等，徒步而为相；征战则孙膑、白起、乐毅、廉颇、王翦等，白身而为将。此已开后世布衣将相之例；而兼并之力，尚在有国者，天方藉其力以成混一；固不能一旦扫除之，使匹夫而有天下也。于是，纵秦皇尽灭六国以开一统之局。使秦皇当日发政施仁，与民休息，则祸乱不兴。下虽无世禄之臣，而上犹是继体之主也。惟其威虐毒痛，人人思乱，四海鼎沸，草泽竞奋。于是汉祖以匹夫起事，角群雄而定一尊。其君既起自布衣，其臣亦自多亡命、无赖之徒，立功以取将相，此气运为之也。天之变局，至是始定。（《廿二史札记》卷二"汉初布衣将相之局"）

㉑【汇评】

冯　景：史称增年七十，好奇计，吾谓增老悖人耳。凡为羽计皆左，何也？沛公来鸿门，止从百余骑，而余兵在新丰，号称百万，此何异一跛羊入群虎之穴，其灭也易。增果能用奇，第伏万弩于郦山、芷阳间，沛公间行，将安逃死？明知君王为人不忍，而顾欲坐上击之邪？一夫拥盾入军门，交戟之卫士不敢止；五人间行至霸上，百万之众不能防。沛公君臣一出一入，如履无人之境，安枉增能奇计也？……吾谓虽用范增，无救于败。增即不去，羽亦必亡。是不能当陈平，矧敢望三杰也哉？（《解春集文钞》卷三《范增论》）

㉒【汇评】

陆唐老：林曰：扬子云曰："御得其道，则天下徂诈咸作使御；失其道，则天下徂诈咸作敌。有天下者，审其御而已。"若高祖者，可谓能取天下之徂诈而使之为吾用者也。观其所用，不惟丰、沛之士，皆入于笼络之中，而当时仇敌之人，亦皆为之用。如李必、骆甲，秦之骑士也；叔孙通，秦之博士也；韩信、陈平，楚之亡卒也。黥布，楚之骁将也。本皆秦、楚之人，彼不能用，我能用之，则反为吾致力以成帝业。若羽者，其腹心之臣如亚父、龙且、钟离眛之徒，尚且不能尽用其才，卒为敌国之所间，又安能收敌国之人以为之用哉？（《陆状元增节音注精议资治通鉴》卷二六《前汉纪·太祖高皇帝》）

凌稚隆：王应麟曰：汉高帝起布衣，灭秦、楚，自后世处之，必夸大功业以为轶尧舜，驾汤武矣，今其教令言甚简而无自夸之意，此所以贻厥孙子享四百年之祚欤。（《史记评林》卷八《高祖本纪》）

又：黄省曾曰：自古辉赫于云台之上，超冠于勋庸之表，所以盟河山而垂万世者，孰非当世摒弃之匹夫哉。是故伊尹，夏之才也，摈于耕亩，遗之成汤，而启商；吕望，商之才也，摈于鼓刀，遗之武王，以兴周；三杰，秦之才也，摈于困饿，遗之沛公，以立汉。故曰有国家者矣，才不可摈也。（同上）

吴见思：楚汉两争，一篇大文，至此已毕，不可寂然便住。故即高祖一问，先高起、王陵提论一番，后即高祖自己提论一番，两两相比，一篇文字，至此收尽。（《史记论文·高祖本纪》）

台湾三军大学：刘邦所以能得如许人杰为之臂助，则不能不归功于其人事政策与领导之得宜。刘邦在入汉中之时，萧何已为其策定"致贤人"之用人方针，故能拔韩信于刑余之中，用陈平于捕逃之下。又刘邦用人之特点为唯才是用，不论品德，盖才识为创业之本，至于德与不德，唯在用人者统御之道何如耳。综观历史，用人有如刘邦之魄力者殊不多见，故历史中人才有如刘邦之盛者，亦遂罕见也。（《中国历代战争史》第四卷第八章《楚汉战争》）

高祖欲长都雒阳，齐人刘敬说①，及留侯劝上入都关中②，高祖是日驾③，入都关中④。六月，大赦天下⑤。

① 【汇注】

班　固：戍卒娄敬求见，说上曰："陛下取天下与周异，而都雒阳，不便，不如入关，据秦之固。"上以问张良，良因劝上。是日，车驾西都长安。拜娄敬为奉春君，赐姓刘氏。（《汉书·高帝纪第一下》）

张文虎：刘敬，敬未赐姓，宜如《汉书》称"娄敬"，或史公以下文不书赐姓事，故省文称之。《御览》此处所引皆同《汉书》，"刘"亦作"娄"，盖参班文，不足据校。（《校刊史记集解索隐正义札记·高祖本纪》）

陈　直：直按：娄敬进说，见《汉书》本传。《太平寰宇记》卷二五《雍州》，亦叙娄敬、田肯两事。（《三辅黄图校证》卷一《三辅沿革》）

又：田肯贺高帝曰："陛下治秦中。秦形势之国，带河阻山，持戟百万，秦得百二焉。地势便利，其以下兵于诸侯，犹居高屋之上建瓴水也。"自是，汉始都之。直按：田肯事，见《汉书·高祖本纪》六年。（同上）

又按：《金泥石屑》卷下有"霸陵过氏瓴"。1948年，灞桥附近出土有"灞陵某氏瓴"，器形如竹筒，盖施装屋角，为滴水之用。（同上）

② 【汇注】

班　固：刘敬说上都关中，上疑之。左右大臣皆山东人，多劝上都雒阳："雒阳东有成皋，西有殽渑，背河向雒，其固亦足恃。"良曰："雒阳虽有此固，其中小不过数百里，田地薄，四面受敌，此非用武之国。夫关中左殽函，右陇蜀，沃野千里，南有巴、蜀之饶，北有胡苑之利，阻三面而固守，独以一面东制诸侯。诸侯安定，河、渭漕挽天下，西给京师；诸侯有变，顺流而下，足以委输。此所谓金城千里，天府之国。刘敬说是也。"于是上即日驾，西都关中。（《汉书·张陈王周传第十》）

③ 【汇评】

凌稚隆：凌约言曰：曰"是日"，从善之快也。（《史记评林》卷八《高祖本纪》）

④ 【汇注】

王先谦：齐召南曰："《史记》作'是日车驾入都关中'是也。栎阳、长安俱是关中。是日，但决计入关，营造长安宫殿，实则仍居栎阳，故至七年二月书'自栎阳徙都长安也'。"周寿昌曰：荀《纪》云："于是上即日车驾西入关，治栎阳宫。"加"治栎阳宫"四字，则"七年"，《本纪》"自栎阳徙都长安"语有根。（《汉书补注·高帝纪第一下》）

【汇评】

李　纲：自古帝王之兴，必先据天下形胜之地以为根本。故高祖保关中，而守之以萧何；光武保河内，而守之以寇恂。皆深根固本为不拔之基，以制天下，利则伸而进，可以胜敌；钝则蟠而退，足以坚守，虽有困败，而终济大业者，其建策然也。（《梁溪集》卷一五二《论形胜之地》）

吕祖谦：娄敬建入关之策，则是至言。周公营洛邑，有德则易以王，无德则易以亡，乃战国陋儒之说。而论周、秦形势，初未尝考也。丰、镐本文、武、成、康之所都，平王东迁，始以封秦耳。敬所谈秦之形势乃周之形势也。秦、汉间人多不学，但据目见言之，东迁以前，全盛之周则识之者鲜矣。群臣皆山东人，争言洛阳东有成皋，西有殽、渑，倚河乡伊、洛，其固亦足恃，高帝独非山东人乎？与项羽富贵不归故乡之见异矣。（引自《古今考》卷二十三"西都长安"）

陆唐老：胡曰：上起兵五年，岁无宁居，跋履山川，蒙犯霜露多矣。至是，天下平定，当亦少思安逸之时也。幸归洛阳，未及税驾，闻敬陈入长安之计，遍问群臣，折衷于子房，即日西行，不待改夕。呜呼，其明于决策，敏于用言，不自遑暇如此，其成帝业宜哉！（《陆状元增节音注精议资治通鉴》卷二七《太祖高皇帝下》）

吕思勉：世皆以背关怀楚，为项羽之所以亡，此乃为汉人成说所误，在今日，知其非者渐多矣，然犹以汉都关中，为高祖之远见长策，亦非也。《史记·刘敬列传》载：敬说高祖之辞曰："秦地被山带河，四塞以为固，卒然有急，百万之众可具也。"

其说似善矣。然后高祖使敬往匈奴结和亲之约，敬从匈奴来，因言匈奴河南白羊、楼烦王，去长安近者七百里，轻骑一日一夜可以至秦中。秦中新破，少民，地肥饶，可益实。夫诸侯初起时，非齐诸田、楚昭、屈、景莫能兴，今陛下都关中，实少人，北近胡寇，东有六国之族，宗强，一日有变，陛下亦未得高枕而卧也。臣愿陛下徙齐诸田、楚昭、屈、景、燕、赵、韩、魏后，及豪杰名家居关中，无事可以备胡，诸侯有变，亦足率以东伐，此强本弱末之术也。上曰：善。乃使敬徙所言关中十余万口。然则曩所谓卒然有急，百万之众可具者，将安从而具之乎？汉初诸政皆与秦异，独其从刘敬说徙六国后，及豪杰名家，则与秦徙天下豪富于咸阳同。然则秦中人少，殆非因其新破？抑秦本地广人希，故得招来三晋之人任耕，而使秦人任战，则其患寡，殆自战国以来，至汉初而未有改也。何以守位曰人？何以聚人曰财？秦果何所恃而能兼并六国哉？则自东周以来，六国地日广，人日多，益富且强，而其荒淫亦益甚，而秦居瘠土，其政事较整饬，《荀子·强国篇》所言，可以复按，夫固人事，而非地与民之资之独异于其余诸国也。天下大势，实在东方，此秦始皇灭六国后，所以频岁东游，即二世初立时亦然。楚怀王以空名称义帝，而项羽为霸王，正犹周天子以空名称王，政由五霸，夫安得不居彭城？汉王所以背戏下约与项王争者，亦曰不能郁郁久居巴、蜀、汉中耳，而安得如史家所言，关中本最善之地，为诸将所共歆羡，故在出兵之初，怀王已指是立约；而楚之不居关中，亦徒以秦宫室残破，其本意未尝不歆羡之，至以此怨怀王不肯令与沛公俱西入关而北救赵，后天下约哉！汉所以都关中者，其在东方，本无根柢，非如项氏之世为楚将，项氏尚为齐、赵之叛所苦，而况汉王？予楚尚尔，楚之外，更何地可以即安？独关中则据之已数年，治理之方粗具，故遂因而用之，所谓非择而取之，不得已也。西都之策，发自刘敬，而成于张良，良之言曰：关中之地，诸侯安定，河、渭漕挽天下，西给京师。诸侯有变，顺流而下，足以委输。使其本居东方富庶之地，何待漕挽以自给？如其东方皆叛，徒恃河渭之顺流，亦何益哉？汉王既灭项氏，仍岁劳于东方，有叛者必自讨之，亦犹秦皇之志也。高祖之灭项氏无足称，两雄相争，固必有一胜一负，独其灭项氏之后，频岁驰驱东方，并起诸雄，皆为所翦灭，使封建复归于郡县，虽世运为之，而其乘机亦可谓敏矣。此无他，知天下之大势在东方，驰驱于东方，犹战于敌境，安居关中，则待人之来攻矣。东方所以为大势所系，以其富庶也。东方定，高祖亦无禄矣。使其更在位数年，亦安知其不为东迁之计哉？（《论学集林·蒿庐札记·汉都关中》）

⑤【汇注】

吕祖谦：正月之赦，为项籍灭而下也。六月之赦，为定都关中而赦也。（《大事记解题》卷九）

十月①，燕王臧荼反②，攻下代地③。高祖自将击之④，得燕王臧荼。即立太尉卢绾为燕王⑤。使丞相哙将兵攻代⑥。

① 【汇校】
　　凌稚隆：按："十月"字，疑误。高祖用秦正，十月后事当属次年。(《史记评林》卷八《高祖本纪》)
　　梁玉绳：按："十月"乃"七月"之误，说在《月表》。(《史记志疑·高祖本纪第八》)
　　又按：荼反在七月，说在前，此误书于房荼之月也。《汉书·异姓表》在汉四年九月书"反汉，诛荼"，尤误。(《史记志疑·汉诸侯月表第四》)
　　沈钦韩：《月表》与此同在七月，《史记·帝纪》讹为十月。方回《续古今考》云：《汉·表》误为四年，按：荀悦《汉纪》又在此年八月。(《汉书疏证》卷一《高帝纪》)
　　李开升：十月，燕王臧荼反。按："十月"当作"七月"。此事《史记》置于高祖五年六月之后、秋之前，不当作"十月"。且若作"十月"，则已入六年（汉武帝太初改制以前以十月为岁首，《史记》之例如此）。卷九三《卢绾传》："七月还，从击燕王臧荼。"卷九五《樊郦滕灌传》三次提到臧荼反在五年秋。又卢绾继臧荼为燕王在高祖五年后九月（见卷一七《汉兴以来诸侯王者年表》、卷二二《汉兴以来将相名臣年表》），则臧荼反必不在十月，"十月"当作"七月"。《汉书·高祖本纪》正作"七月"。早期隶书（包括秦隶及汉武帝以前之汉隶，据裘锡圭说）"七"字常写作"十"而中间一竖画较短（参见睡虎地秦简、帛书《老子》乙本），此或即"七月"误作"十月"之由。又按：《史记志疑》《史记会注考证》引中井积德均曾指出"七"乃"十"之误。(《史记的一处校勘》，载《逐鹿中原》)
　　编者按：十月，《汉书·高帝纪下》作"七月"，王先谦《汉书补注》曰："《月表》《通鉴》与《汉书》同，《史记·高纪》讹为十月，荀《纪》在八月。"

② 【汇注】
　　王先谦：何焯曰：荼，项氏所置，又负杀故主之罪，故惧诛，最先反。(《汉书补注·高帝纪第一下》)

③ 【汇校】
　　王先谦：《史记》云："臧荼反，攻下代地。"本书删之。则平代为无因。《通鉴考异》至云"时代地无反者，疑哙平代为误。"固是温公偶有不照，亦本书误删有以致之也。(《汉书补注·高帝纪第一下》)

【汇注】

全祖望：代郡，秦置，莽曰厌狄属幽州。当云故秦郡，楚汉之际属赵国，寻为代国。高帝三年属汉，六年仍为代国。武帝元鼎三年复故，属幽州。莽曰厌狄。(《汉书地理志稽疑》卷二)

④【汇注】

杨树达：树达按：时卢绾、樊哙从，各见本传。(《汉书窥管·高帝纪下》)

⑤【汇注】

胡三省：班《表》：太尉，秦官，掌武事。汉制与丞相、御史大夫为三公。应劭曰：自上安下曰尉。(《资治通鉴》卷一一《汉纪三》注)

杨树达：绾从击臧荼有功，群臣知高祖欲王绾，故以为请。(《汉书窥管·高帝纪下》)

【汇评】

方恬：夫高帝之卢绾，盖唐姜皎之徒，初非有运筹决胜之略，专典方面之勋也。高帝既平燕，欲以旧恩。王绾恐群臣触望，顾持议不敢专。群臣知上意，皆言卢绾常从平天下，功多可王。党锢之风殆昉于此。(《西汉论一》，见《新安文献志》卷二八)

⑥【汇校】

梁玉绳：司马光《通鉴考异》曰：《樊哙传》从平韩王信乃迁左丞相，是时未为丞相，又代地无反者，《哙传》亦无此事，疑《纪》误。(《汉书》作"平代地")(《史记志疑·高祖本纪第八》)

王先谦：宋祁曰："哙是时未为丞相。《百官表》哙未尝为相。"周寿昌曰："汉初，有丞相虚封，犹后世加衔。《哙传》：哙击陈豨，以将军迁为左丞相，后以相国击卢绾，《表》均未载。左、右丞相之设，在孝惠、高后时，相国之号，在高帝十一年，而哙先称之，皆虚封也。《郦商传》迁右丞相，复以丞相将兵击黥布。《傅宽传》以相国代丞相哙击陈豨。商、宽并未为相，亦未列《表》。《韩信传》使为假左丞相。有假字，益可知。"先谦曰：《史记》云"臧荼反，攻下代地"。本书删之，则平代为无因。《通鉴考异》至云"时代地无反者"。疑哙平代为误。固是温公偶有不照，亦本书误删有以致之也。(《汉书补注·高帝纪第一下》)

【汇注】

吕祖谦：臧荼之余党尚在代地，故假樊哙丞相之名以讨之。至于七年使樊哙留定代地，则匈奴、韩王信之余寇耳。(《大事记解题》卷九)

其秋，利幾反①，高祖自将兵击之②，利幾走。利幾者,项氏之将。项氏败,利幾为陈公③,不随项羽,亡降高祖④,高祖侯之颍川⑤。高祖至雒阳,举通侯籍召之⑥,而利幾恐,故反⑦。

① 【汇注】
张守节:幾音机。姓名也。项羽之将,为陈县令,降汉。高帝征诸侯,利幾恐,故反。(《史记正义·高祖本纪》)
胡三省:利幾以陈令降。……《风俗通》:利,姓也。《姓谱》,楚公子食采于利,后以为氏。(《资治通鉴》卷一一《汉纪三·太祖高皇帝中》注)

② 【汇评】
方　回:利幾,项羽将,以陈令侯之颍川。《史记》书为陈公。上文使丞相哙将兵平代地,则未尝不以兵柄付大臣也。不使诸侯王击之,则恐其连衡乎?岂诸将无能敌利幾者乎?高祖性喜躬临行阵,击一颍川反侯,何至劳万乘之尊,以山压卵,擒之易耳。而异日平城之悔,萌于此矣。(见《古今考》卷二十三"利幾反上自击破之")

③ 【汇注】
程馀庆:为陈县令。(《历代名家评注史记集说·高祖本纪》)

④ 【汇评】
刘辰翁:利幾与燕同时反,若无"不随项羽,亡降高祖"八字,则为项羽报仇。(见倪思编《班马异同》卷二《高祖》)

⑤ 【汇注】
全祖望:颍川,始皇十七年置,汉因之。(《汉书地理志稽疑》卷一)
又:颍川郡,秦置,高帝五年为韩国,六年复故,莽曰左队,属豫州。当云,故秦郡,楚汉之际为韩国,仍属楚国,高帝二年十一月,复为韩国,属汉。六年为郡,十一年属淮阳国(见《本纪》),惠帝元年复故,属豫州,莽曰左队。(《汉书地理志稽疑》卷二)
龚浩康:颍川,郡名,辖今河南省中部地区。(见王利器主编《史记注译》卷八《高祖本纪》)

⑥ 【汇注】
裴　骃:如淳曰:"得在通侯之籍。"(《史记集解·高祖本纪》)

⑦ 【汇注】
颜师古:普召通侯,而利幾自以项羽将,故恐惧而反也。(《汉书注·高帝纪第一下》)
吴见思:利幾亦是项事余波,故详写。(《史记论文·高祖本纪》)

【汇评】

凌稚隆：王鏊曰：二反对、二自将，对并起，后单言利幾反故，亦一格也。（《史记评林》卷八《高祖本纪》）

六年①，高祖五日一朝太公，如家人父子礼。太公家令说太公曰②："天无二日，土无二王③。今高祖虽子④，人主也；太公虽父，人臣也。奈何令人主拜人臣！如此，则威重不行⑤。"后高祖朝，太公拥篲，迎门却行⑥。高祖大惊，下扶太公。太公曰："帝，人主也，奈何以我乱天下法！"于是高祖乃尊太公为太上皇⑦。心善家令言⑧，赐金五百斤⑨。

① 【汇注】

齐召南：六年冬，帝巡至陈，执楚王信归，赦为淮阴侯；封功臣为彻侯，萧何为首。正月，封兄贾荆王、弟交楚王，兄喜代王，子肥齐王，令曹参相齐。徙韩王信治太原。五月，尊太公为太上皇。秋，匈奴寇马邑，韩王信叛。令叔孙通起朝仪。（《历代帝王年表·汉年表》）

【汇评】

程馀庆：此下半篇起处。天下既定，事体少，只挨年平叙，是本纪体。（《历代名家评注史记集说·高祖本纪》）

② 【汇注】

郑　樵：家令，秦官，属詹事，太子称家，故曰家令。汉因之。有丞，主仓谷饮食，职似司农少府，汉代太子食汤沐邑十县，家令主之。后汉则属少傅，主仓谷饮食。魏因之。（《通志·职官略》第五"太子家令"）

沈钦韩：按：此则太公有汤沐邑也，故置家令。汉太子公主并有家令，列侯有家丞。《唐六典》：家丞，凡庄宅田园必审其顷亩，分其疆界，置于籍书，若租税随其良瘠而为，收敛之数以时入之，则家令丞掌食邑也。（《汉书疏证》卷一《高帝纪》）

【汇评】

马端临：后汉荀悦曰：《孝经》云"故虽天子，必有尊也，言有父也"。王者父事三老，以示天下，所以明孝也。无父犹设三老之礼，况其存者乎？孝莫大于严父，故子尊不加于父母，家令之言于是乎过矣。

又：晋愍怀太子令问中庶子刘宝云："太子家令说太公为是？为非？"对曰："荀悦论赐，家令为非。臣以为悦不识高帝意。高帝虽贵为天子，事父不失子之礼，时即位已六年，而不加父号，是以家令言'虽父乃人臣也'，言无可尊敬，当与人臣同礼，欲以此感动之。帝闻家令言乃悟，即立号太上皇，得人子尊父之道。若不闻家令言，父终无号矣。家令说是也。"（《文献通考》卷二五一《帝系考二》）

王世贞：天子虽贵，非所论于父也，家令之言真陋见夫。（引自《百大家评注史记·高祖本纪》）

③【汇注】

王叔岷：《考证》："《礼记·坊记》：'子云：天无二日，土无二王。'《孟子·万章篇》：'孔子曰：天无二日，民无二王。'"案：《礼记·曾子问》："孔子曰：天无二日，土无二王。"（《史记斠证·高祖本纪第八》）

④【汇校】

梁玉绳：按："高祖"当依《汉书》作"皇帝"。（《史记志疑·高祖本纪第八》）

【汇注】

王骏图、王骏观："高祖"，史家追叙，此例甚多，亦不得遽以为病也。贯高欲为叛，与张敖言，谓为高祖。……盖行文者事后追书，此例甚多，不可泥也。（《史记旧注平义·高祖本纪》）

龚浩康：高祖，与家令口吻不合，也与情理不符（"高祖"是刘邦死后的庙号），此处当依《汉书·高帝纪》作"皇帝"。（见王利器主编《史记注译》卷八《高祖本纪》）

⑤【汇评】

程馀庆：家令指意不正，言却反言，所谓形格势禁，则自为解耳。（《历代名家评注史记集说·高祖本纪》）

⑥【汇注】

裴　骃：李奇曰："为恭也，如今卒持帚者也。"（《史记集解·高祖本纪》）

沈钦韩：《史记》：邹衍如燕昭王拥彗先驱。按：《管子·弟子职》振衽埽席，此谓拂席施敬也。（《汉书疏证》卷一《高帝纪》）

【汇评】

凌稚隆：按：陆贞山《拥篲行》云："泗上亭长作帝王，宫中老翁犹布衣。翁生不知皇帝贵，家令一言翁始畏。儿未朝翁翁拥篲，须臾趣诏尊上皇，家令归来金满床。昔乃田舍公，今为天子父，拥篲一迎真有助！"高祖之事太公，观此可得其概云。（《汉书评林·高帝纪》）

钱锺书："后高祖朝，太公拥帚迎门却行"……"却行"者，虽引进而不敢为先，故倒退以行，仍面对贵者而不背向之，所以示迎逢之至敬也……一小说谓万不可以臀尻汙皇帝尊目，故辞朝必却行；语虽嘲戏，正道出仪节底蕴。（《管锥编·高祖本纪》）

韩兆琦：按：这种礼节尚见于《刺客列传》。然此《高祖本纪》所云，则纯乎出于家令的谄媚讨好，为满足刘邦的个人虚荣，故捉弄导演乡下老翁如此。（《史记选注集说·高祖本纪》）

⑦【汇注】

裴　骃：蔡邕曰："不言帝，非天子也。"（《史记集解·高祖本纪》）

颜师古：太上者，极尊之称也。皇，君也。天子之父，故号曰皇，不预治国，故不言帝。（《汉书注·高帝纪第一下》）

司马贞：按：蔡邕云"不言帝，非天子也"。又按：《本纪》秦始皇追尊庄襄王为太上皇，已有故事矣。盖太上者，无上也。皇者德大于帝，欲尊其父，故号曰太上皇也。（《史记索隐·高祖本纪》）

吕祖谦：夏五月丙午，诏尊太公曰太上皇，盖用秦追尊庄襄王之制也。（《大事记解题》卷九）

徐天麟：于是上心善家令言，赐黄金五百斤。夏五月丙午诏曰："人之至亲，莫亲于父子，故父有天下，传归于子，子有天下，尊归于父，此人道之极也。前日天下大乱，兵革并起，万民苦殃，朕亲被坚执锐，自帅士卒，犯危难，平暴乱，立诸侯，偃兵息民，天下大安，此皆太公之教训也。诸王通侯将军群卿大夫已尊朕为皇帝，而太公未有号，今上尊太公曰太上皇。"（《高纪》）（《西汉会要》卷一五）

周寿昌：按：前一年已追尊先媪曰昭陵夫人，至是始上太公尊号者，自古身为天子，父生为匹夫，惟有舜之瞽瞍，瞍未闻有尊号。近汉世秦始皇父庄襄王为太上皇，尚是死后追尊，事系创行。叔孙通议礼，想未及此，故因家令一言发之，必谓高祖有意缓行，亦非笃论。（《汉书注校补》卷一）

梁玉绳：按：《汉·纪》高祖于六年三月自洛阳归栎阳朝太公，五月尊为太上皇，此书于六年十二月前，误矣。但考《汉·纪》五年正月追尊兄伯为武哀侯，二月追尊先媪为昭灵夫人，尊王后曰皇后，太子曰皇太子，（《史》不书，亦太略。后称皇后，则母当称皇太后，乃止称夫人何也？亦仅免于呼媪而已。）不应太公独未有号。皇后之父尚封临泗侯，况天子之父乎？乃迟至六年始因家令言尊之，真所难晓。岂六年以前太公为庶人乎？而太上皇之号定于汉，历唐、宋以来皆仍以称帝父。其实此号乃秦正追尊其死父庄襄王者，与其效亡秦曷不用赵武灵王称主父故事耶？虽然，为天子父，则尊之至，不系乎尊号之有无也。人主之名，不可以压父，而父无尊号，岂遂为人臣。自战国有臣父之说，而此义不明于天下。家令之言，即齐东野人之语，荀悦尝讥其为过，《索隐》表出之，是已。而晋中庶子刘宝对愍怀太子，以荀悦论家令为不然，谓家令说是，异哉所闻。东汉质帝即位时，其父渤海王鸿见存，未知当日典礼若何？降及后代，如魏常道公奂景元年十一月，其父燕王宇表贺冬称臣，东魏孝静帝以父亶为大司马，五代周世宗臣其父柴守礼，宋度宗在位，福王与芮是所生，父帝昰立则为大父，乃退就群臣之列，以亲王出为节度使，皆咄咄怪事。又唐世有父母拜王妃，舅姑拜公主之令，尤为悖矣。（《史记志疑·高祖本纪第八》）

王骏图、王骏观：太上皇，不知人称秦始皇，亦以其未为帝耶？伯喈名儒，亦作此语，惜乎后世之许多为天子而称太上皇者，未令伯喈见之也。《索隐》皇大于帝，语亦无稽。（《史记旧注平义·高祖本纪》）

【汇评】

方　回：天下岂有无父之国哉？皇帝虽子，人主也；太公虽父，人臣也。奈何令人主拜人臣？此家令无识之言也。感悟上心，追尊太公，家令可以赏，知有君臣，不知有父子，一时失言，众弗之察，家令可以无赏。舜摄天子位，瞽瞍犹存，遂不拜乎？拜则岂可谓之人主拜人臣乎？但知以子拜父可矣。家令不学，汉朝萧、曹之徒皆不学。武王追王太王、王季、文王，有旧比，而况秦始皇追尊庄襄王，相去未远，一时君臣懵然，可胜叹哉！《史》《汉》注，《索隐》最佳。（见《古今考》卷二五"夏五月尊太公为太上皇"）

张　宁：高祖即位，即更后为皇后，子为皇太子，追尊先媪曰昭灵夫人，太公犹仍旧号，至是始因拥篲却行之事，而始尊之，岂自古无此制，而不之省邪？抑缓急失序而不以为意邪？（《方洲集》卷二十八《读史集·汉王六年》）

张　萱：汉高祖得天下之五年二月，即皇帝位，先封高后曰皇后，子曰皇太子，亦追尊其母曰昭灵夫人，妇为后，母为夫人，岂当时礼制尚未暇讲耶？时太公乃遗而不封，已不可解。七年春正月，又封刘贾及兄喜暨弟交之子肥诸人为王。三月，**复趣丞相差次大小功臣封之，而太公复未议封，即群臣亦无一言及之，何也？逮帝五日一朝太公，家令说太公拥篲却行，帝乃大惊，始下诏曰，诸王通侯将军群卿大夫，已尊朕为皇帝，而太公未有号，今尊太公曰"太上皇帝"，是帝为天子已七年，而太公尚为庶人也。至九年置酒未央宫，帝奉玉卮为太上皇寿，乃曰，始大人以臣亡赖，不能如仲治产，今所就孰与仲多？群臣皆大笑。噫，太公之七年为庶人也。帝得无宿怨乎。亦大异矣。后十年，太上皇帝崩，虽令诸侯国皆立太上皇庙，亦何益哉？更可异者，太上皇之号，秦始皇以封秦庄襄也。以死者之封封生者，季不读书，信乎！**（《疑耀》卷七"汉高祖尊母不尊父"）

牛运震：书"尊太公为太上皇"，而不载上太上皇尊号诏，亦一疏也。（《读史纠谬》卷一《史记·高祖本纪》）

⑧【汇注】

颜师古：晋太子庶子刘宝云："善其发悟己心，因得尊崇父号，非善其令父敬己。"（《汉书注·高帝纪第一下》）

【汇评】

司马贞：颜氏按：荀悦云"故虽天子必有尊也，无父犹设三老，况其存乎？家令之言过矣"。晋刘宝云"善其发悟己心，因得尊崇父号也"。（《史记索隐·高祖本纪》）

王　迈：拥篲迎门之际，家令之言，背道伤教，不过以媚帝尔。不惟不鄙之，而且心善之，彼知自天子至庶人同乎一本者为何等义理耶？是父子之纲失矣。舜为天子，不念井廪之怨，此固圣人盛德事，然人伦天显之念，谁独无之？（《臞轩集》卷三论《高帝论六》）

朱　熹：伯丰因问善家令言尊太公事，曰，此等处高祖自是理会不得。但它见太公拥篲，心却不安，然如尊太公事，亦古所未有耳。（引自黎靖德编《朱子语类》第一百三十五）

李　笠：心善家令言，《索隐》晋刘宝云："善其发悟己心，因得尊崇父号也。"按：群臣不忘封号，父之尊号何遽忘之？盖高祖天性素薄，项羽欲烹太公，曰："幸分我一杯羹。"及得天下，辄自诩曰："某业所创，与仲孰多？"其于父子之间如路人，宜乎待家令之发悟，乃尊其父，然此"心善家令言"者，盖私喜其推尊己，所谓威重不行，实获其诛戮功臣之心耳，未必感其发悟己心。噫，人固不可以无学也。（《广史记订补·高祖本纪》）

王骏图、王骏观：心善家令言，家令之言，乃反言以击之，使之发悟耳，岂真谓太公当拥篲迎门耶？高祖若为荀氏，竟不悟矣。（《史记旧注平义·高祖本纪》）

杨树达：师古曰："晋太子庶子刘宝云：'善其发悟己心，因得尊崇父号，非善其令父敬己。'"树达按：此是强说。高祖尝谓太上皇云："某之业所就孰与仲多？"帝之坦率无文，固不必为之讳饰也。（《汉书窥管·高帝纪第一下》）

⑨【汇评】

刘辰翁：五日一朝，古未有此典也。文王世子宜不为此，家令败人国家，殆见帝几微，以姑息爱人主，以缪敬陷人主。父心若恶之，何赐金之有？是大不掩，可恨！惟太上皇创见，师表万世，谓宜定为家法：虽人主，子也。（见倪思编《班马异同》卷二《高祖》）

凌稚隆：凌约言曰：舜摄天子位，瞽瞍犹存，遂不拜乎？古之道，子尊不加于父母，家令之言过矣。虽感悟上心，可以无赏。（《史记评林》卷八《高祖本纪》）

又：光缙曰：汉王即皇帝位，追尊先媪为昭灵夫人，不封太公。越岁余，以家令言封太公为太上皇，不加尊先媪并享而名号不相配，岂厚父薄母耶？当时叔孙通作汉

礼仪，岂智不及此哉？或《史》缺录耶？更考。（同上）

　　十二月，人有上变事告楚王信谋反①，上问左右，左右争欲击之②。用陈平计，乃伪遊云梦③，会诸侯于陈，楚王信迎，即因执之④。是日⑤，大赦天下⑥。田肯贺⑦，因说高祖曰："陛下得韩信，又治秦中⑧。秦，形胜之国⑨，带河山之险，县隔千里⑩，持戟百万，秦得百二焉⑪。地埶便利，其以下兵于诸侯，譬犹居高屋之上建瓴水也⑫。夫齐，东有琅邪、即墨之饶⑬，南有泰山之固⑭，西有浊河之限⑮，北有勃海之利⑯。地方二千里，持戟百万，县隔千里之外⑰，齐得十二焉⑱。故此东西秦也⑲。非亲子弟，莫可使王齐矣⑳。"高祖曰："善。"赐黄金五百斤㉑。

① 【汇校】
　　梁玉绳：附按：《汉·纪》告反在六年十月，此在十二月者，因会陈执信在十二月，遂并叙之，其实是十月也。（《史记志疑·高祖本纪第八》）

② 【汇注】
　　吴见思：先借左右，衬出陈平。（《史记论文·高祖本纪》）
【汇评】
　　凌稚隆：吴京曰：按："左右争欲击之"者，忌信功高也。由信之不善处功使然。（《汉书评林·高帝纪》）

③ 【汇注】
　　裴　骃：韦昭曰："在南郡华容县。"（《史记集解·高祖本纪》）
　　颜师古："梦读如本字，又音莫凤反。"（《汉书注·高帝纪第一下》）
　　司马光：六年冬十月，……乃发使告诸侯会陈，"吾将南游云梦"。上因随以行。楚王信闻之，自疑，惧，不知所为。或说信曰："斩钟离眛以谒上，上必喜，无患。"信从之。十二月，上会诸侯于陈，信持眛首谒上，上令武士缚信，载后车。信曰："果若人言：'狡兔死，走狗烹；高鸟尽，良弓藏；敌国破，谋臣亡。'天下已定，我固当烹。"上曰："人告公反。"遂械系信以归。（《资治通鉴》卷一一《汉纪三》）
　　陆唐老：云、梦，二泽名，在楚地，跨江南、北，连亘千里。（《陆状元增节音注

精议资治通鉴》卷二七《太祖高皇帝下》自注）

钱　穆：案：《索隐》本《史记》作"云土梦"。王逸《楚辞注》："梦，泽中也。"盖楚人名泽为"梦"。《左传》"田于江南之梦"，即江南之泽。"云梦"犹言"云泽"，"云土梦"犹"云土泽"；亦有单言"云"者，如汉水单称汉，荆山单称荆。楚云梦最先当在今安陆县南，东南接云梦县界；其他名云梦者皆晚起。（《史记地名考·〈禹贡〉山水名》）

【汇评】

高　参：汉氏君临万国，示人以偷，伪游之名，不可以训。且当此之时，韩信未有逆节，一朝系信，而生诸侯之疑。天下皆疑，则所利者少，而所失者多。……用陈平之言，执信而归于京师，一二年间，韩王信反马邑，赵相贯高谋柏人，陈豨反代地，彭越、黥布、卢绾悉以叛换，岂非服劝用刑之失欤？《传》曰：君人执信，臣人执忠，古之盟主，耻袭侵之事，况光有天下者乎？于戏！悠悠千载，变诈萌生，使天子不复言巡狩，诸侯不敢议朝觐，大者自嫌强盛，小者惧于囚执，是恩信不流于下，而忠孝不达于上，王者之泽寖以凌迟，自云梦始矣。（《汉高祖伪游云梦议》，引自《唐文粹》卷四二）

王鸣盛：陈平小人也。汉得天下，皆韩信功，一旦有告反者，间左螫语，略无证据，平不以此时弥缝其隙，乃倡伪游云梦之邪说，使信无故见黜。其后为吕后所杀，直平杀之耳。追高祖命即军中斩樊哙，而平械之归。哙，吕氏党也，故平活之。其揣时附势如此。且平六出奇计，而其解白登之围，特图画美人以遗阏氏，计甚庸鄙，又何奇焉。（《十七史商榷》卷四"陈平邪说"）

④【汇评】

陆唐老：陈曰：高祖得天下，率诡诈之谋，尽出于陈平。施于项羽，纷争时由可也，而可施于君臣之间乎？使韩信有反心，尚不可为，而信未有反心也，然则功臣孰不自疑乎？（《陆状元增节音注精议资治通鉴》卷二七《太祖高皇帝下》）

⑤【汇评】

程馀庆：是日，好！信无罪见执，恐天下之疑惧也。写高帝满心不安。（《历代名家评注史记集说·高祖本纪》）

⑥【汇注】

班　固：用陈平计，乃伪游云梦。十二月，会诸侯于陈，楚王信迎谒，因执之。诏曰："天下既安，豪杰有功者封侯，新立，未能尽图其功。身居军九年，或未习法令，或以其故犯法，大者死刑，吾甚怜之。其赦天下"。（《汉书·高帝纪第一下》）

吕祖谦：十二月，帝游云梦，会诸侯于陈，执楚王韩信。是日，赦天下。（《大事记》卷一）

王先谦：《史记》"执信"下云："是日，大赦天下。"《通鉴》作"因赦天下。"（《汉书补注·高帝纪第一下》）

【汇评】

　　王应麟：汉高祖起布衣灭秦楚，自后世处之必夸大功业，以为轶尧舜，驾汤武矣。其赦令曰，兵不得休八年，万民与苦甚，今天下事毕，其赦天下殊死。以下言甚简而无自矜之意，此所以诒厥子孙享四百年之祚欤。（《困学纪闻》卷十二《考史》）

⑦【汇校】

　　司马贞：《汉纪》及《汉书》作"宵"，刘显云相传作"肯"也。（《史记索隐·高祖本纪》）

　　梁玉绳：附按：《颜氏家训·书证篇》曰："《汉书》'田肯贺上'江南本皆作'宵'字。沛国刘显博览经籍，偏精班《汉》，梁代谓之《汉》圣。显子臻不坠家业，读班史呼为'田肯'，梁元帝尝问之，答曰：'此无义可求，但臣家旧本以雌黄改"宵"字为"肯"。'元帝无以难之。吾至江北见本为'肯'。"（《史记志疑·高祖本纪第八》）

　　王先谦：王鸣盛曰："田肯，《史记》同。"《索隐》云：《汉纪》及《汉书》作"宵"。刘显云："相传作'肯'也。"按：郭忠恕《佩觿》云："《汉书》'田肯'，肯本作肎，故误为宵耳。"沈钦韩曰："颜之推《家训·书证篇》云："江南本皆作'宵'字。"沛国刘臻《答梁元帝》曰："臣家藏旧本以雌黄改'宵'字为'肯'，吾至江北见本为'肯'。"（《汉书补注·高帝纪第一下》）

⑧【汇注】

　　裴　骃：如淳曰："时山东人谓关中为秦中。"（《史记集解·高祖本纪》）

⑨【汇注】

　　裴　骃：张晏曰："秦地带山河，得形势之胜便者。"（《史记集解·高祖本纪》）

　　司马贞：韦昭云："地形险固，故能胜人也。"（《史记索隐·高祖本纪》）

⑩【汇注】

　　颜师古：此本古之悬字耳，后人转用为州县字，乃更加心以别之，非当借音。他皆类此。（《汉书注·高帝纪第一下》）

　　程馀庆：言河山之险，与诸侯相悬隔绝千里也。（《历代名家评注史记集说·高祖本纪》）

⑪【汇注】

　　裴　骃：应劭曰："河山之险，与诸侯相悬隔，地绝千里，所以能禽诸侯者，得天下之利百二也。"李斐曰："河山之险，由地势高，顺流而下易，故天下于秦悬隔千里，持戟百万，秦得百二焉。"苏林曰："得百中之二焉。秦地险固，二万人足当诸侯百万

人也。"（《史记集解·高祖本纪》）

颜师古：县隔千里，李应得之。秦得百二，苏说是也。（《汉书注·高帝纪第一下》）

司马贞：服虔云："谓函谷关去长安千里为悬隔。"按：文以河山险固形胜，其势如隔千里也。苏林曰："百二，百中之二，二十万人也。"虞喜云："百二者，得百之二。言诸侯持戟百万，秦地险固，一倍于天下，故云得百二焉，言倍之也，盖言秦兵当二百万也。'齐得十二'亦如之，故为东西秦，言势相敌，但立文相避，故云十二。言余诸侯十万，齐地形胜亦倍于他国，当二十万人也。"（《史记索隐·高祖本纪》）

刘辰翁：百二，必当时里有此语，故以言"十二"，以言"百二"较之。其不然，创为之解说者，且费辞不能喻也。（见倪思编《班马异同》卷二《高祖》）

方　苞：言秦包山河之险，四封之内壤地悬隔千里也。齐地二千里，故云悬隔千里之外。（《史记注补正·高祖本纪》）

王先谦：言河山之阻千里而遥，非与诸侯县隔也，犹张良云关中沃野千里耳。……先谦按：王启原云：《墨子·经说》倍为二也。《论语》"二，吾犹不足"，言倍于彻。（《汉书补注·高帝纪第一下》）

龚浩康：百二，众说纷纭，一般认为，古人以"二"为"倍"，"百二"也就是"百倍"。下文"十二"的"二"同此。（见王利器主编《史记注译》卷八《高祖本纪》）

【汇评】

凌稚隆：杨慎曰：按：百二、十二之语，后世亦多此例，如云军士奋勇，无一不当百，又当百钱亦曰百一钱，言一可当百也。（《史记评林》卷八《高祖本纪》）

⑫【汇注】

裴　骃：如淳曰："瓴，盛水瓶也。居高屋之上而幡瓴水，言其向下之势易也。建音蹇。"晋灼曰："许慎曰瓴，甕似瓶者。"（《史记集解·高祖本纪》）

颜师古：……苏林曰："瓴读曰铃。"师古曰："如、苏音说皆是。建音居偃反。"（《汉书注·高帝纪第一下》）

王先谦：沈钦韩曰：《管子·度地篇》云"瓴，三尺有十分之三，里满四十九者，水可走也"。按：瓴，瓴甋也。《诗传》甓，令适也。屋檐写水者，或以板为之。如说误。（《汉书补注·高帝纪第一下》）

陈　直：直按：旧注皆训瓴为盛水瓶，对于高屋上置水瓶，颇难理解。西安灞桥地区，曾出"霸陵过氏瓴"一具。见《金泥石屑》，卷二，一页。器形中空，一头大，一头下（小），为簷角滴水之用，故云高屋建瓴。（《史记新证·高祖本纪第八》）

⑬【汇注】

颜师古：二县近海，财用之所出。（《汉书注·高帝纪第一下》）

全祖望：琅邪郡，秦置，莽曰填夷，属徐州。当云，故秦郡，楚汉之际属齐国，高帝四年属汉，以属齐国。五年属楚国。六年仍属齐国。高后七年为琅邪国。文帝元年复属齐国。景帝后以支郡收，属徐州。莽曰填夷。（《汉书地理志稽疑》卷二）

陈 直：直按：齐繁盛之都市，首属临菑，《战国策·齐策》云"齐城之不下者，惟莒与即墨"，知即墨亦为要地。（《史记新证·高祖本纪第八》）

⑭【汇注】

胡三省：泰山在齐之南境，齐负以为固。（《资治通鉴》卷一一《汉纪三》注）

⑮【汇注】

裴 骃：晋灼曰："齐西有平原。河水东北过高唐，高唐即平原也。孟津号黄河故曰浊河。"（《史记集解·高祖本纪》）

胡三省：余谓孟津在河内，去平原甚远，晋灼失之拘；盖河流浑浊，故谓之浊河也。（《资治通鉴》卷一一《汉纪三》注）

⑯【汇注】

司马贞：崔浩云："勃，旁跌也。旁跌出者，横在济北，故《齐都赋》云海旁出为勃，名曰勃海郡。"（《史记索隐·高祖本纪》）

胡三省：余据《班志》：齐地北至勃海，有高乐、高城、阳信、重合之地。（《资治通鉴》卷一一《汉纪三》注）

⑰【汇注】

司马贞：以言齐境阔不啻千里，故云"之外"也。（《史记索隐·高祖本纪》）

程馀庆：谓除去秦地，而齐乃与诸侯计便利也。故云悬隔千里之外。（《历代名家评注史记集说·高祖本纪》）

⑱【汇校】

杨树达：树达按："悬隔千里之外，齐得十二"，二句文意不贯。……余谓此文当云："夫齐，东有琅邪、即墨之饶，南有泰山之固，西有浊河之限，北有渤海之利，地方二千里，县隔千里之外。持戟百万，齐得十二焉。""夫齐"以下六句，皆言地势，"持戟"二句言齐持戟之多少也。师古注引李斐云："齐有山河之限，地方二千里，是与天下县隔也。设有持戟百万之众，齐得十中之二焉。"则李所见本尚不误。（《史记》文亦误）或疑"持戟百万，齐得十二"；秦何以仅得"百二"？于事恐未然。今按《高五王传》载主父偃语云，"齐临淄十万户，市租千金，人众殷富，巨于长安"。齐庶于秦，持戟亦远多于秦，不足怪也。（《汉书窥管·高帝纪下》）

【汇注】

裴　骃：应劭曰："齐得之十二，故齐湣王称东帝。后复归之，卒为秦所灭者，利钝之势异也。"李斐曰："齐有山河之限，地方二千里，是与天下悬隔也。设有持戟百万之众，齐得十中之二焉。百万十分之二，亦二十万也，但文相避耳。故言东西秦，其势亦敌也。"苏林曰："十二，得十中之二，二十万人当百万。言齐虽固，不如秦二万乃当百万。"（《史记集解·高祖本纪》）

颜师古：应劭曰……李斐曰……苏林曰……晋灼曰："按文考义，苏说是也。"师古曰："苏、晋之释得其意也。秦得百二者，二万人当诸侯百万人也。齐得十二者，二十万人当诸侯百万也。所以言县隔千里之外者，除去秦地，而齐乃与诸侯计利便也。"（《汉书注·高帝纪第一下》）

王先谦：《史记索隐》云言齐境阔不啻千里，故云千里之外。又引虞喜云：齐得十二，亦如秦得百二，故为东西秦，言势相敌。但立文相避，故云十二，言余诸侯十万，齐地形胜，亦倍于他国，当二十万人。（《汉书补注·高帝纪第一下》）

⑲【汇校】

梁玉绳：附按：刘攽云"西"字当衍，非也，此总承上文。刘必因荀《纪》删去"西"字而为此说。（《史记志疑·高祖本纪第八》）

【汇注】

胡三省：言齐地形胜与秦亢衡也。（见《资治通鉴》卷一一《汉纪三》注）

王　恢：东西秦，所谓"悬隔千里""百二""十二"，解说纷纭。要为河山阻隔千里也。百二、十二，辞异而义同。当如郭氏《札记》："犹言十倍之势又赢二也；极之至于百倍之势又赢二也。"（《史记本纪地理图考·高祖本纪》）

张家英：谨按：古"二"有"倍"义。《孟子·万章下》："小国地方五十里，君十卿禄，卿禄二大夫。"赵氏注："子、男为小国，大夫禄居卿禄二分之一也。"即卿禄倍于大夫。《墨子·经上》："倍为二也。"毕沅注："倍之是为二。"顾炎武《日知录》卷二十七《史记注》："古人谓倍为二（原注：《孟子》：'卿禄二大夫。'）'秦得百二'言'百倍'也，'齐得十二'言'十倍'也。"

《集解》引苏林说，谓"百二"为"二万人足当诸侯百万人"，是则五十倍也。《索隐》引虞喜说，谓"十二"为"馀诸侯十万，……当二十万人"，是则一倍了。郭嵩焘《史记札记》谓"百二"为"百倍之势，又赢二也"。诸说皆不合于《史记》之原义。

又，王启原所引《论语》，见《颜渊篇》。原为鲁哀公与有若的对话。哀公问："二，吾犹不足，若之何其彻也？"意为："十分抽二我还不够花，怎么能十分抽一呢？"可见，此处之"二"不可作"倍"解。

抑更有说焉。"百二""十二"云者，夸张之言也，对比之辞也，极言秦、齐之得形胜之利也，极言建都关中、又使亲子弟王齐之必要也。如谓秦兵果百倍于诸侯，齐力果十倍于天下，锱铢悉称，毫发无差，则诚胶柱鼓瑟之见，而亦无助于为"东、西秦"作解也。(《〈史记〉十二本纪疑诂·高祖本纪》)

⑳【汇注】

[日] 泷川资言：愚按：韩信既更王楚，何仍保齐乎？《秦楚之间月表》云：淮阴徙王楚，齐属汉。《曹相国世家》亦曰：韩信徙为楚王，齐为郡。可以征焉。但信以兵取齐，虽移其国，守令多其故将，余威尚在，所以有田肯之贺。(《史记会注考证附校补·高祖本纪第八》)

【汇评】

刘辰翁：田肯此人，以韩信之故，窃计诸侯必多有欲得齐者，辄先事白言形势，以启人主之机心。为此东西秦也，非亲子弟莫可王，则他皆莫可者矣。帝悟，遂赐之金，善之以不可使有第二韩信也。……肯虽不言楚，概有意也，此帝所以为明达也。(见倪思编《班马异同》卷二《高祖》)

凌稚隆：肯谓秦、齐不可王，以其地险而难制也。是也。而曰亲子弟可王，则亲子弟宁独不怀异志乎？高帝因而大封，竟贻他日七国之变，皆肯一言启之。(《汉书评林·高帝纪下》)

㉑【汇评】

凌稚隆：王鏊曰：朝太公与上变事对，家令说与田肯说对，皆善之，皆赐金五百斤，虽错综变化，自是整然。(《史记评林》卷八《高祖本纪》)

后十馀日，封韩信为淮阴侯①，分其地为二国②。高祖曰将军刘贾数有功③，以为荆王④，王淮东⑤。弟交为楚王⑥，王淮西⑦。子肥为齐王⑧，王七十馀城，民能齐言者皆属齐⑨。乃论功，与诸列侯剖符行封⑩。徙韩王信太原⑪。

①【汇注】

王先谦：齐召南曰：此文追叙也。据《功臣表》，曹参等以十二月甲申封，而淮阴侯之封，直至四月，则知此文为追叙矣。(《汉书补注·高帝纪第一下》)

王　恢：淮阴，《淮水注》："淮水右岸即淮阴，北临淮水。昔韩信去下乡而钓于此处也。城东有两冢，西者即漂母冢也；东一陵即信母冢也。"太史公曰："其母死，贫无以为葬，然乃行营高敞地，令其旁可置万家。余视其母冢，良然。"《清统志》九四引《清河县志》，淮阴故城在今淮阴县东南五里。《淮安府志》：信母墓在韩信城下半里，与漂母墓相对。漂母墓今名泰山墩，在县东，去马头镇二里许，突兀陂泽中，锁两河之口云。（《史记本纪地理图考·高祖本纪》）

② 【汇注】

司马光：帝以天下初定，子幼，昆弟少，惩秦孤立而亡，欲大封同姓以填抚天下。春正月丙午，分楚王信地为二国。以淮东五十三县立从兄将军贾为荆王，以薛郡、东海、彭城三十六县立弟文信君交为楚王。（《资治通鉴》卷一一《汉纪三》）

③ 【汇注】

班　固：诏曰："齐，古之建国也，今为郡县，其复以为诸侯。将军刘贾数有大功，及择宽惠修洁者，王齐、荆地。"春正月丙午，韩王信等奏请以故东阳郡、鄣郡、吴郡五十三县立刘贾为荆王……（《汉书·高帝纪第一下》）

④ 【汇注】

司马贞：乃王吴地，在淮东也。姚察按：虞喜云："总言吴，别言荆者，以山命国也。今西南有荆山，在阳羡界。贾封吴地而号荆王，指取此义。"《太康地理志》：阳羡县，本名荆溪。（《史记索隐·高祖本纪》）

吕祖谦：按：《本纪》诏曰："齐，古之建国也，今为郡县，其复以为诸侯（齐自五年徙韩信于楚，未封诸侯）。将军刘贾数有大功，及择宽惠修洁者，王齐、荆地。"（《大事记解题》卷九）

又：春正月丙午，韩王信等奏请以故东阳郡、鄣郡、吴郡五十三县，立刘贾为荆王。（同上）

胡三省：《索隐》曰：乃王吴地，在淮东也。余据班史，时以故东阳郡、鄣郡、吴郡五十三县王贾。东阳，汉下邳地；鄣郡，汉丹阳地；吴郡，即会稽地；盖其地自淮东而南，尽丹阳、会稽也。贾死后，以其地王吴王濞，故《索隐》云王吴地也。如淳曰：荆，亦楚也。贾逵曰：秦庄襄王名楚，故改曰荆，遂行于世。晋灼曰："奋伐荆楚"，自秦之先固已称荆。《索隐》曰：姚察按：虞喜云：总言荆者，以山命国也。今西南有荆山，在阳羡界。贾分封吴地而号荆王，指取此义。《太康地志》：阳羡县，本名荆溪。（《资治通鉴》卷一一《汉纪三》注）

方　回：《功臣表》曰：贾，高祖从父弟也。《荆燕吴传》荆王刘贾，高帝从父兄也，不知其初起时。（见《古今考》卷二四"立以为荆王"）

又：《汉·地理志》会稽郡，秦置，高帝六年为荆国，十二年更名吴。……贾立六年，高祖十一年，黥布反，贾战弗胜，走临淮郡之富陵县，为所杀，无子国除。高祖

十二年十月，以会稽吴封兄仲之子濞为吴王，王三郡，五十三城。（同上）

　　王　恢：荆国，与楚王交同日并封从父兄贾为荆王，王故东阳、鄣、会稽五十三县，都东阳（江都）。以加强淮东屏藩。十一年（前196）秋，淮南王黥布反，东击荆。贾走死富陵，国除为郡。史称"分其（楚王韩信）地为二国：立贾为荆王，王淮东；弟交为楚王，王淮西"。（其实淮南与淮北）当如《汉书·高纪》，韩信为楚王，"王淮北"，荆乃以"故"东阳等三郡新置，非"分其为二"也。（余著《汉王国与侯国之演变》页三一，误从《史记》）全祖望《经史问答》九：问"淮阴王楚，以齐还楚"，答以胡三省于《通鉴》兼王齐说为是，故田肯贺得齐，不言得楚……（《史记本纪地理图考·高祖本纪》）

⑤【汇注】

　　龚浩康：淮东，指今安徽省淮河东部和南部一带。（见王利器主编《史记注译》卷八《高祖本纪》）

⑥【汇注】

　　班　固：春正月丙午，韩王信等奏请……以砀郡、薛郡、郯郡三十六县立弟文信君交为楚王。（《汉书·高帝纪第一下》）

　　方　回：《楚元王传》楚元王交字游，高祖同父少弟也。……交少时尝与鲁穆生、白生、申公俱受诗于浮丘伯。伯者，荀卿门人也。一时间气钟于一门。高祖之武，元王之文，伟哉！惜乎申公无诗，元王诗今不传也。（见《古今考》卷二四"立弟文信君交为楚王"）

⑦【汇注】

　　胡三省：薛郡，汉之鲁国；东海，秦之郯郡；彭城，后为楚国；盖封交之时得三郡地。景、武之后，楚国仅彭城数县耳。（《资治通鉴》卷一一《汉纪三》注）

　　刘文淇：《高祖本纪》又云，六年冬十月，人告楚王信谋反，上会诸侯于陈，楚王信迎谒，因执之。韩王信等奏请，以故东阳郡、鄣郡、吴郡（即会稽郡）五十三县立刘贾为荆王；以砀郡、薛郡、郯郡三十六县立弟文信君交为楚王（按：砀郡误，当作泗水郡。《楚元王交传》，王薛郡、东海、彭城三十六县，东海本郯郡，彭城本泗水郡地）。《楚元王交传》，汉元年，既废楚王信，分其地为二国，立贾为荆王，交为楚王，王薛郡、东海、彭城三十六县，先有功也。然则楚王信所得六郡之地，分与荆王贾、楚王交有明征矣。（《楚汉诸侯疆域志》卷一）

　　龚浩康：淮西，指今安徽省淮河西部和北部一带。（见王利器主编《史记注译》卷八《高祖本纪》）

⑧【汇注】

　　方　回：东莱曰：肥，惠帝庶兄，庶长子也。胶东所治乃莱州即墨县，胶西所治乃密州高密县，临淄所治乃青州临淄县，济北、博阳所治未见。项羽立田安为济北王，治博阳，今分为两郡，盖在田荣并三齐之后。城阳所治乃密州莒县。今登、莱、沂、密、潍、青、淄、滨、沧（棣、济、德、博，皆六郡之境也）。（见《古今考》卷二四"以胶东、胶西、临淄、济北、博阳、城阳郡七十三县立子肥为齐王"）

【汇评】

张　栻：问高祖大封同姓，卒有尾大不掉之患，高祖明达，何不虑此？曰，惩戒亡秦孤立之弊，故大封同姓。圣人谓百世损益可知，此类是也。周以封建亡，故秦必损之；秦以不封建亡，故汉必益之。事势相因，必至于此。兼汉初户口减少，封诸王时计地，故封三庶孽分天下半，其后户口日蕃，所以强大。（引自胡广编《性理大全书》卷六十《历代二》）

方　回：田肯一言窾主，谓非亲子弟莫可王齐者，盖亦窥见高祖之心。夺韩信齐而易之楚，信未改封，入壁夺其军，忌之甚矣。既而不以齐封诸人，以为郡，不欲以重地与人也。其擒信于陈，夺其楚地。信本不反，忌之而欲除之也。所谓楚亦未肯与人也。田肯发其端，惟以得信为贺，而次言齐地宜封子弟。高祖之疑于中者遂决。诏曰："齐，古之建国也，今为郡，其复以为诸侯。将军刘贾数有大功，及择宽惠修洁者，王齐、荆地。"此诏甚典。虽止言刘贾疏属一人，群大臣心知其指矣，遂奏请刘贾王荆，元王交王楚。分楚为二，其日正月丙午，又七日壬子立代王喜、齐王肥，先从侄，次少弟，次仲兄，最后亲庶长子。其实雅意在立子肥为齐王也。故又以曹参为齐相焉。大封同姓自此四王始。（见《古今考》卷二四"以胶东、胶西、临淄、济北、博阳、城阳郡七十三县立子肥为齐王"）

凌稚隆：丘濬曰：此三代分封同姓为诸侯之遗，意虽不尽合于古，而犹有古意存焉。光武惩七国之变而尽废其制，晋武惩魏人之孤立而大启其封，其后遂有藩王纷争之乱。自此而后，不复讲此久矣。（《史记评林》卷八《高祖本纪》）

⑨【汇校】

张文虎：属齐，《正义》言齐国形胜次于秦中。各本作"齐之远国次秦"，警依《通鉴》注校正。（《校刊史记集解索隐正义札记·高祖本纪》）

【汇注】

裴　骃：《汉书音义》曰："此言时民流移，故使齐言者还齐也。"（《史记集解·高祖本纪》）

张守节：按：言齐国形胜次于秦中，故封子肥七十余城，近齐城邑，能齐言者咸割属齐。亲子，故大其都也。孟说恐非。（《史记正义·高祖本纪》）

王　恢：齐国，六年（前201）十二月，既执楚王韩信，田肯贺，因说高帝曰："陛下得韩信，又治秦中。秦，形胜之国，带河山之险，悬隔千里，持戟百万，秦得百二焉；地势便利，其以下兵于诸侯，譬犹居高屋之上建瓴水也。夫齐，东有琅邪、即墨之饶，南有泰山之固，西有浊河之限，北有勃海之利，地方二千里，持戟百万，悬隔千里之外，齐得十二焉。此东西秦也，非亲子弟，莫可使王齐矣。"正月，首开封亲子弟之纪录：以刘贾为荆王，弟交为楚王，子肥为齐王。齐得故秦之齐郡与琅玡七十三县。文帝时，先后分齐为城阳、济北、济南、菑川、胶西、胶东凡七国，立肥诸子。齐本国自肥五传至次昌，武帝元朔四年（前125）卒，无后，国除为郡。（《史记本纪地理图考·高祖本纪》）

【汇评】

凌稚隆：卢舜治曰：高祖惩秦孤立，大封同姓，然割地无制，建侯无法，封三庶孽分天下半。苟简一时，流祸于后，岂王泽熄而天不蔪其衷耶？（《汉书评林·高帝纪》）

⑩【汇校】

梁玉绳：按：《功臣表》及《汉书》封诸侯在十二月，此叙于正月封荆、楚诸王之后，非。（《史记志疑·高祖本纪第八》）

【汇注】

颜师古：剖，破也，与其合符而分授之也。剖音普口反。（《汉书注·高帝纪第一下》）

陈　直：直按：西汉与诸王及列侯虎符。其形式今可考者，有"与安国侯为虎符第三"符，见《小校经阁金文》卷一四，九十二页。有"与泗水王为虎符泗水左一"符，见《恒轩吉金录》一百二十三页。颁发符数，由第一至第五，与郡守符相同。（《史记新证·高祖本纪第八》）

【汇评】

凌稚隆：王应麟曰：书分封如此，则函谷之内外，淮水之东西，居然可见。

又：王应麟曰：书分封如此，则函谷之内外，淮水之东西，居然可见。按：初止王功臣，至此始王兄弟子。（《史记评林》卷八《高祖本纪》）

⑪【汇注】

司马贞：信初都阳翟也。（《史记索隐·高祖本纪》）

司马光：上以韩王信材武，所王北近巩、洛，南迫宛、叶，东有淮阳，皆天下劲兵处；乃以太原郡三十一县为韩国，徙韩王信王太原以北，备御胡，都晋阳。信上书曰："国被边，匈奴数入寇；晋阳去塞远，请治马邑。"（《资治通鉴》卷一一《汉纪三》）

吕祖谦：韩王信故韩襄王孽孙也。长八尺九寸，从入汉中。说汉王曰："士卒皆山东人，耸而望归。及其锋东乡，可以争天下。"汉王还定三秦，乃许王信。先拜为韩太尉，将兵略韩地，信急攻韩王昌，昌降汉，乃立信为韩王。常将韩兵，从汉王。使信与周苛等守荥阳，楚拔之。信降楚，已得亡归汉，汉复以为韩王，竟从击破项籍。五年春，与信剖符，王颍川。颍川，韩旧国也，故徙之。（《大事记解题》卷九）

王　恢：韩国，秦二世二年（前208）六月，韩王成立；项羽更王之，数月杀之，而立郑昌。汉二年（前205）降汉。十一月，汉立韩太尉信为韩王，王颍川，都阳翟（禹县）。五年（前202）二月，以韩王信材武，而所王北近巩、洛，南迫宛、叶，东有淮阳，据中原之核心，乃徙王太原以北以御胡，都晋阳。信以晋阳去塞远，自告奋勇请治马邑。（《史记本纪地理图考·高祖本纪》）

　　七年①，匈奴攻韩王信马邑②，信因与谋反太原③。白土曼丘臣、王黄立故赵将赵利为王以反④。高祖自往击之⑤。会天寒，士卒堕指者什二三⑥，遂至平城⑦。匈奴围我平城⑧，七日而后罢去⑨。令樊哙止定代地⑩。立兄刘仲为代王⑪。

① 【汇注】
齐召南：七年十月，长乐宫成。帝自将讨韩王信，追击之，匈奴冒顿围帝于平城，七日乃解。匈奴寇代，代王喜逃归。立子如意为代王，戚姬子也。置宗正官。（《历代帝王年表·汉年表》）

② 【汇注】
张守节：《搜神记》云："昔秦人筑城于武周塞以备胡，城将成而崩者数矣。有马驰走，周旋反覆，父老异之，因依以筑城，乃不崩，遂名马邑。"《括地志》云："朔州城，汉雁门，即马邑县城也。攻韩信于马邑，即此城。"（《史记正义·高祖本纪》）

王先谦：马邑，雁门县。信以太原郡为韩国，本都晋阳，自请移治马邑，则马邑是时属韩国。胡三省云：盖定襄未置郡，故太原之地北被边，兼有雁门之马邑也。今朔平府朔州治。（《汉书补注·高帝纪第一下》）

程馀庆：故城在朔平府西北。（《历代名家评注史记集说·高祖本纪》）

王　恢：马邑，《灢水注》："马邑川水出马邑西，俗谓磨川，马磨声相近（今沪语马，磨声），其水东迳马邑故城南，入桑乾水。"《清统志》一四八："即今朔县治。城外西北隅有古城，即古马邑城。"武帝时，伏兵三十万马邑傍，史称"马邑之役"。（《史记本纪地理图考·高祖本纪》）

③【汇校】

　　梁玉绳：按：韩王之反，此在七年，《表》在五年，并误也，当依信本传作"六年"为是，《汉纪》《表》亦云六年九月。（《史记志疑·高祖本纪第八》）

　　编者按："信因与谋反太原"，《汉书》作"信降匈奴"。

【汇注】

　　司马光：（七年）秋，匈奴围韩王信于马邑。信数使使胡求和解，汉发兵救之，疑信数间使，有二心，使人责让信。信恐诛，九月，以马邑降匈奴。匈奴冒顿因引兵南逾句注，攻太原，至晋阳。（《资治通鉴》卷一一《汉纪三》）

④【汇校】

　　梁玉绳：按：信本传云"立赵苗裔"，《汉纪》云"赵后"则"将"乃"后"字之误。其后为陈豨将守东垣也。（《史记志疑·高祖本纪第八》）

　　张文虎：故赵将，《志疑》云信本传云"赵苗裔"，《汉纪》云"赵后"，则"将"乃"后"字之讹。（《校刊史记集解索隐正义札记·高祖本纪》）

【汇注】

　　裴　骃：徐广曰："在上郡。"（《史记集解·高祖本纪》）

　　胡三省：班《志》：白土县属上郡。《括地志》：白土故城在盐州白池东北九十里，又云近延州。余据班《志》圁水出白土县西，东入河。师古曰：圁，音银，今银州银水是，则白土县在唐银州界。按：圁字乃圂之误。《通典》圁水在银州儒林县东北，今谓之无定河。师古又曰：曼丘、毋丘本一姓也，语有缓急耳。曼音万，《姓谱》：齐有曼丘不择。（《资治通鉴》卷一一《汉纪三》注）

　　王鸣盛：上郡白土，圁水出西，东入河。《水经注》东作南。（《十七史商榷》卷二十《汉书·地理杂辨证三》）

　　沈钦韩：《广韵》：丘字注汉复姓四十四氏，《孟子》：齐有曼丘不择，别有毋丘俭，非一姓也。（《汉书疏证》卷一《高帝纪》）

　　程馀庆：白土故城在榆林府，故夏州城南。（《历代名家评注史记集说·高祖本纪》）

　　王　恢：白土，《汉志》："上郡白土，圁水出西，东入河。"圂盖圁之讹。《河水注》："圁水出上郡白土县圁谷，东迳其县南，又东迳鸿门县（神木西南榆林东），又东迳圁阴县（葭县境）北，又东迳圁阳县（神木南）南，注于河。"圁水应为今无定河，白土县疑在横山县境。《清统志》（五四二）说在鄂尔多斯右翼中旗南，近今神木县北者，以圁水当今窟野河也。（《史记本纪地理图考·高祖本纪》）

⑤【汇注】

　　司马光：上自将击韩王信，破其军于铜鞮，斩其将王喜。信亡走匈奴；白土人曼丘臣、王黄等立赵苗裔赵利为王，复收信败散兵，与信及匈奴谋攻汉。匈奴使左、右贤王将万余骑，与王黄等屯广武以南，至晋阳，汉兵击之，匈奴辄败走，已复屯聚，汉兵乘胜追之。会天大寒，雨雪，士卒堕指者什二三。（《资治通鉴》卷一一《汉纪三》）

⑥【汇注】

颜师古：十人之中，二三堕指。（《汉书注·高帝纪第一下》）

【汇评】

吴见思：先为围平城解嘲。（《史记论文·高祖本纪》）

⑦【汇校】

张文虎：平城，《正义》蹋顿，当作"冒顿"，当作"昌顿"，然各本皆作"蹋"，仍之。（《校刊史记集解索隐正义札记·高祖本纪》）

【汇注】

张守节：《括地志》云："朔州定襄县，本汉平城县。县东北三十里有白登山，山上有台，名曰白登台。《汉书·匈奴传》云（蹋）[冒]顿围高帝于白登七日，即此也。服虔云'白登，台名，去平城七里'。李穆叔《赵记》云'平城东七里有土山，高百余尺，方十余里'。亦谓此也。"（《史记正义·高祖本纪》）

胡三省：班《志》：平城县属雁门郡。（《资治通鉴》卷一一《汉纪三》注）

沈钦韩：《方舆纪要》：平城废县在大同府东五里，晋隆安二年拓拔珪自盛乐徙都平城，谓之代都。（《汉书疏证》卷一《高帝纪》）

王先谦：平城，雁门县。在今大同府大同县东。（《汉书补注·高帝纪第一下》）

王　恢：平城，《㶟水注》："如浑水（御河）南流迳白登山西，白登，台名也。去平城十里。今平城东十七里有台，即白登台也。台南对冈阜，即白登山也。故《汉书》称'上遂至平城，上白登'者也。为匈奴所围处。"（《史记本纪地理图考·高祖本纪》）

又：平城故城在今大同县东五里。平城解围之明年，周勃复击信城下。后汉建武十年，吴汉破卢芳及匈奴。晋刘琨表拓跋猗庐为代王而有其地。《魏书》，穆帝六年修故平城以为南都，道武帝遂于天兴元年（398）迁都平城。太宗泰常七年筑平城外郭，周三十二里，既又广西宫外垣二十里。后迁都洛阳，以平城为恒州。唐贞观为云州，会昌曰大同。辽、金并为西京。元改西京为大同路。明，清为大同府。自来与燕京并称北疆重镇。自石晋割失燕云，中国肩背受敌，辽、金、元之得以凭陵中夏，宋明之衰亡，殆莫不关于燕云。燕京之安固又常系之云中也。（同上）

又：唐晏《庚子西行记事》："大同府居纥干山之下，山环水抱，气象雄阔，城垣崇隆，楼橹雄丽，有都城气象。余行经大城数矣，殆无逾之者。城内四牌楼之东，有

金代皇宫旧址，琉璃九龙影壁，完好无恙，与燕京大内宁寿宫无异。余行天下见地之可都者，长安外惟燕京及此耳。"（同上）

【汇评】

王世贞：（其一：）汉使来，胡马死；汉使归，死马起。生何致，致汉天子。其二：曲逆腹，如煨腿，不能出一奇。彼有阏氏，此有戚姬；其三：开一角，纵汉兵。汉天子，有神灵。其四：汉天子，何神灵？韩、彭死，冒顿生。其五：阏氏妒，如汉女；单于乐，乐翁主。金珠纨縠压驼马！（《弇州四部稿》续稿卷二诗部《平城歌》）

王　恢：是役也，汉匈兵力，步马之势悬绝，虽赖陈平之奇划，但启和亲之国耻。（《史记本纪地理图考·高祖本纪》）

⑧ **【汇评】**

凌稚隆：王韦曰："'匈奴围我平城'，得《春秋》法，《汉书》改"为匈奴所围"，失体而文弱矣！"（《史记评林》卷八《高祖本纪》）

袁　枚：项羽以轻用其锋，而计失于高祖，高祖以早藏其锋，而计失于匈奴，均失也。……尝谓高祖之得天下也晚，故其为子孙谋也太早，而其除其功臣也太速。高鸟尽，良弓藏，狡兔死，走狗烹。匈奴尚在，而功臣已尽，何也？（《小仓山房集·小仓山房文集》卷二〇《高帝论》）

⑨ **【汇注】**

颜师古：应劭曰："陈平使画工图美女，间遣人遗阏氏，云汉有美女如此，今皇帝困厄，欲献之。阏氏畏其夺己宠，因谓单于曰：'汉天子亦有神灵，得其土地，非能有也。'于是匈奴开其一角，得突出。"郑氏曰："以计鄙陋，故秘不传。"师古曰：应氏之说出桓谭《新论》，盖谭以意测之，事当然耳，非纪传所说也。（《汉书注·高帝纪第一下》）

吕祖谦：按：《列传》，冒顿佯败走，引汉兵。高帝欲击之，御史成谏曰："不可。夫匈奴兽聚而鸟散，从之如搏影。今以陛下盛德攻匈奴，臣窃危之。"高帝不听。于是汉悉兵，多步兵，三十二万北逐之。高帝先至平城，上白登，步兵未尽到，冒顿围高帝于白登七日。西方尽白，东方尽骍，北方尽骊，南方尽骍马。用护军中尉陈平奇计，使单于阏氏解围。其计秘，世莫得闻。平言于上曰："胡者全兵（李奇曰：言唯弓矛无杂使也），请令强弩傅两矢，外乡，徐行出围，入平城。"天下歌之曰："平城之下亦诚苦，七日不食，不能彀弩。"平城，汉、晋属晋门郡，后魏道武都，平城置司州，代尹，孝文迁都洛阳，改代尹曰万年尹，后周改曰云中县，隋开皇初改曰云内，属马邑郡。唐贞观十四年以为云州，天宝元年，改为云中郡。（《大事记解题》卷九）

徐天麟：……遂至平城为匈奴所围，七日，用陈平秘计得出。十二月，上还过赵，不礼赵王，二月，至栎阳徙都长安。（《西汉会要》卷一六）

【汇评】

编者按：《汉书·高帝纪第一下》云"七日，用陈平秘计得出"，东汉应劭据桓谭《新论》直云："陈平使画工图美女，间遣人遗阏氏，云汉有美女如此，今皇帝困厄，欲献之。阏氏畏其夺己宠，因谓单于曰：'汉天子亦有神灵，得其土地，非能有也。'于是匈奴开其一角，得突出。"而此美人计虽在疑似之间，未可定论，但史书屡载，如阏夭求有莘氏之美女献予纣王，以求释周公之囚，又如张仪亦用美人计游说郑袖，使己得化险为夷。由此观之，陈平之秘计不宜全盘否定。

⑩【汇注】

龚浩康：止定代地，留下来平定代地。（见王利器主编《史记注译》卷八《高祖本纪》）

⑪【汇校】

梁玉绳：按：刘喜之王在六年正月，与封荆、楚、齐三王同时，此误书于七年二月也，《吴濞传》同误。（《史记志疑·高祖本纪第八》）

【汇注】

吕祖谦：壬子，以云中、雁门、代郡五十三县立兄宜信侯喜为代王。（《大事记解题》卷九）

又：《史记·本纪》载喜为代王于七年。《汉兴以来诸侯年表》虽书喜元年于六年，与《汉书》同。然谓韩王信降匈奴而喜继王其地，二者皆非也。《汉书》《本纪》《年表》载封拜年、月、日、郡名、县数皆具，盖故府之所藏也。况喜所王者云中、雁门、代三郡，信所王者太原一郡，自不相干，《史记》之误明矣。然所以差误者，亦有说焉。高帝更以太原郡为韩国，徙信以备胡，都晋阳。信上书曰："国被边，匈奴数入，晋阳去塞远，请治马邑。"上许之。马邑，据《地理志》属代郡。在高帝时或属太原，亦未可知也。高帝十一年，封文帝为代王，颇取山南太原之地，以益属代，是割韩王信之故地以增益代国也。自后世观之，韩之都乃在代之县，代之地乃涉韩之境。子长不深考，遂误以代之新封为韩之旧疆也。子长论舆地之大势，封建之大意，固非孟坚所及。至于综练故实，考核岁月，则孟坚之所长也。（《大事记解题》卷九自注）

方回：宜信侯喜为代王，即高祖兄仲也。《汉书》无传，事见《吴王濞传》中。《功臣表》，六年正月壬子立，七年，为匈奴所攻，弃国自归，废为郃阳侯。孝惠二年薨。子吴王濞，高祖十二年十月辛丑，以故代王子沛侯立为吴王。（见《古今考》卷二四"壬子……立中兄宜信侯喜为代王"）

王恢，代国，楚汉之际属赵国，项羽分置代国，徙赵王歇来王，都代。汉元年（前206）九月，歇复王赵，二年十月，歇以陈馀为代王。三年，汉杀陈馀。韩王信既反，六年正月，以云中、雁门、代郡五十三县立兄喜为代王。喜盖庸碌，七年十二月匈奴来攻，即弃国归洛阳，废为合阳侯。旋更立皇子如意（九年徙王赵）。盖幼未之国，乃以赵相国陈豨守代地（见《韩信卢绾附传》）。

十年八月，陈豨反，自立为代王。帝亲征，分东西两军；自将东路军，至邯郸，豨阻漳水。十一年冬，灌婴破其将王黄曲逆；郭蒙又大破张春于聊城。西路军周勃从太原入，定代地，攻残马邑。十二年冬，樊哙斩陈豨于当城（《纪》及《豨传》），但《绛侯世家》，周勃斩豨于灵丘（《豨传》亦作灵丘）。

十一年正月，分常山南太原之地益代，以易代以西之云中郡入汉，立皇子恒，都晋阳而居中都。立十七年，入为帝——是为文帝。（《史记本纪地理图考·高祖本纪》）

【汇评】

王　恢：观高帝之困平城，喜之弃国，恒之王代而治晋阳，且南徙中都，边患之严重可见。而云中以边郡收——其后边郡概归中央管辖，又足见勇于承担疆理，国势之所以日隆也。（《史记本纪地理图考·高祖本纪》）

二月，高祖自平城过赵、雒阳，至长安①。长乐宫成②，丞相已下徙治长安③。

① 【汇校】

梁玉绳：按：《汉纪》高祖十二月过赵，二月至长安，非二月自平城抵长安也。刘辰翁以"雒阳"二字多。（《史记志疑·高祖本纪第八》）

【汇注】

无名氏：汉长安故城，汉之旧都，高祖（编者按：孙星衍、庄逵吉校《玉海》作帝）七年方修长乐宫成，自栎阳徙居此城，本秦离宫也。初置长安城本狭小，至惠帝更筑之。……高三丈五尺，上阔九尺，下阔一丈五尺，雉高三坂，周回六十五里，城南为南斗形，北为北斗形，至今人呼汉旧京为斗城（孙星衍、庄逵吉校：《玉海》引如上，今本有按：惠帝元年正月初成云云，乃后人以《汉书》加入）。……城下有池周绕（孙星衍、庄逵吉校《玉海》无此字），广三丈深二丈，石桥各六丈，与街相直。（《玉海·雍录》相直二字作等）。(引自《三辅黄图》卷一)

② 【汇注】

胡三省：先虽以娄敬、张良之言西都关中，然都邑未成，则犹居栎阳，今未央宫成，始自栎阳徙都长安。（《资治通鉴》卷一一《汉纪三》注）

沈钦韩：《三辅黄图》：长乐宫本秦之兴乐宫，高皇帝始居栎阳，七年长乐宫成，徙居长安城。《三辅旧事·宫殿》疏皆曰：兴乐宫，秦始皇造，汉修饰之。周回二十里。(宋敏求《长安志》《关中记》曰,秦始皇长乐宫有鱼池台、酒池台。)前殿东西四十九丈七尺,两中(序同《玉海》亭)三十五丈,深十二丈。长乐宫有鸿台、有临华殿、温室殿、有长信、长秋、永寿、永宁四殿,高帝后太后常居之。(《汉书疏证》卷一《高帝纪》)

张永禄:长乐宫,汉都长安宫名。汉高帝五年(公元前202)九月至七年(公元前200)二月,由丞相萧何主持在秦兴乐宫基础上营修而成。位于长安城东南部。宫城"周回二十里",据考古探测,宫垣东西长2900米,南北宽2400米,周长10600米,面积约6平方公里,约占长安城总面积六分之一。宫城平面形制略呈方形,南墙在覆盎门西有一处曲折,其余各墙都作直线。宫墙为夯筑土墙,厚达20多米。宫城四面各设一座宫门,其中东、西二宫门是主要的通道,门外筑有阙楼,称为东阙和西阙。南宫门与覆盎门南北相对。东、南两面临近城墙,西隔安门大街与未央宫相望。长乐宫坐北向南。内有14所主要宫殿。其中前殿位于南面中部,前殿西侧有长信宫、长秋殿、永寿殿、永昌殿等;前殿北面有大夏殿、临华殿、宣德殿、通光殿、高明殿、建始殿、广阳殿、神仙殿、椒房殿和长亭殿等。另有温室殿、钟室、月室以及秦始皇时在兴乐宫中建造的高达40丈的鸿台。长乐宫是西汉初年的皇宫,高帝刘邦七年迁都长安后,即在这里接见群臣与朝会诸侯,为当时的政治活动中心。从汉惠帝起,西汉皇帝移居未央宫听政,长乐宫仅供太后居住,从而形成了"人主皆居未央,而长乐常奉母后"的制度。由于长乐宫在未央宫之东,故又称为"东宫"或"东朝"。长乐宫虽从惠帝时失去正宫地位,但由于是母后之宫,尤其是后来吕太后临朝称制及外戚专权之时,长乐宫仍成为左右朝政的政治中心。《雍录》:"惠帝自未央朝长乐。武帝亦曰东朝廷辩之。七国反,景帝往来东宫间,天下寒心。师古曰:'谓咨谋于太后也。'"王莽时改长乐宫为常乐室。西汉末年,更始帝仍以长乐宫为皇宫。后赤眉军攻入长安,刘盆子被拥立为帝,也以长乐宫为皇宫。遗址在今西安市西北未央区未央宫乡阁老门、唐寨、雷巷、罗家巷、张家巷、讲武殿等村庄一带。(《汉代长安词典》四《宫殿·长乐宫》)

③【汇校】

张文虎:长安,《索隐》"扶风",二字单本无,南宋、中统、游本有。(《校刊史记集解索隐正义札记·高祖本纪》)

【汇注】

司马贞:按:《汉仪注》高祖六年,更名咸阳曰长安。《三辅旧事》扶风渭城,本咸阳地,高帝为新城,七年属长安也。(《史记索隐·高祖本纪》)

吕祖谦:长安,即咸阳也。按:《史记》《大事记》,高帝六年,更命咸阳曰长安。然《卢绾传》云:绾封为长安侯,长安故咸阳也。则长安为咸阳别名久矣。是时高祖

虽西入关，尚居栎阳，方营宫室于长安，谋徙都也。（《大事记解题》卷九）

程馀庆：长安，本乡聚名，高祖始都之，故城在长安府西北三十里。（《历代名家评注史记集说·高祖本纪》）

王　恢：长安，《卢绾传》，太史公曰："长安，故咸阳也。"《纪要》（五三）："本秦杜县之长安乡，始皇封其弟成蟜为长安君，楚怀王封项羽为长安侯，汉初以封卢绾也。"秦都咸阳，虽在渭阳，而离宫多在渭南：阿房宫在今西安市直西古城村；宜春宫在西安西南曲江；汉长乐宫即秦兴乐宫故址。项羽烧秦宫室，汉初未有宫室，居栎阳宫也。而即长安筑长乐未央二宫，惠帝再筑城垣，周六十里。后毁于赤眉，故城在今西安城北二十里。城墙基址大部尚存，仅北部略残缺。隋更营新都——大兴城于故城东南龙首原之阳，唐因隋制而更增完美。安史乱后，屡遭兵燹，后唐天佑元年（904）就皇城及宫城之一部修筑，今城大体即其遗址。（《史记本纪地理图考·高祖本纪》）

陈　直：汉之故都，高祖七年方修长安宫城，自栎阳徙居此城，本秦离宫也。初置长安城，本狭小，至惠帝更筑之。直按：《史记·高祖本纪》云："七年，长乐宫成，丞相已下徙治长安。"《汉兴以来将相名臣年表》《大事记》："高祖七年，长乐宫成，自栎阳徙长安。"又《水经注·渭水》曰："长安有秦离宫，原无城垣，故惠帝城之。"

按惠帝元年正月，初城长安城。三年春，发长安六百里内男女十四万六千人，三十日罢。城高三丈五尺，下阔一丈五尺，六月发徒隶二万人常役。至五年，复发十四万五千人，三十日乃罢。九月城成，高三丈五尺，下阔一丈五尺，上阔九尺，雉高三坂，周回六十五里。城南为南斗形，北为北斗形，至今人呼汉京城为斗城是也。

直按：惠帝筑长安城事见《汉书·惠帝纪》。……又按：本段与《太平寰宇记》卷二五，叙长安故城，文字相同，但不言城垣高度。《元和郡县图志》卷一，自"本秦离宫也"，至"北为北斗形"，与本文完全相同。

《汉旧仪》曰："长安城中，经纬各长三十二里十八步，地九百七十三顷，八街九陌，三宫九府，三庙，十二门，九市，十六桥。"地皆黑壤，今赤如火，坚如石。父老传云，尽凿龙首山土为城，水泉深二十余丈。树宜槐与榆，松柏茂盛焉。城下有池，周绕广三丈，深二丈，石桥各六丈，与街相直。（《三辅黄图校证》卷一《汉长安故城》）

八年①，高祖东击韩王信馀反寇于东垣②。

①【汇注】

荀　悦：八年冬，上击韩王信余寇于东垣。建武侯靳歙有功，迁为车骑将军。

(《汉纪·前汉高祖皇帝纪卷四》)

齐召南：八年冬，自将击韩王信余寇。过赵，赵相贯高欲为乱，不果。十二月还宫。(《历代帝王年表·汉年表》)

② 【汇校】

王若虚：刘子玄曰："韩王本名信都，而迁固辄去'都'字，用使称其名姓，全与淮阴不别。"按：韩王，韩国之后，其姓为姬，袭封于韩，而非姓也。又加王字，有何不别？然迁于《绛侯传》，固作《淮阴》等赞，亦称两韩信，而《高祖纪》八年，又云"上东击韩信余寇于东垣"，何邪？(《滹南遗老集》卷二〇《诸史辨惑》)

【汇注】

裴　骃：《地理志》：东垣，高帝更名曰真定。(《史记集解·高祖本纪》)

吕祖谦：豨复使利守东垣。利者，赵苗裔，韩王信初反时立以为王者也，故高帝亲击之，降其城，更名东垣曰真定。(《大事记解题》卷九)

胡三省：班《志》，高帝十一年，更名东垣曰真定；武帝元鼎四年，置真定国。垣，音辕。(《资治通鉴》卷一二《汉纪四》注)

王先谦：东垣，真定县，后改名真定。在今正定府正定县南。(《汉书补注·高帝纪第一下》)

王　恢：东垣，《汉志》："真定国真定，故东垣，汉高十一年更名。"(《韩信卢绾传附陈豨传》)《赵世家》，武灵王二十一年攻中山，取东垣。《苏秦传》，秦说燕曰：赵之攻燕也，不十日而数十万之军军于东垣矣。《正义》："赵之东邑，在真定县南八里，故常山城也。"唐初徙今治。唐书谓"河朔天下根本，而正定又河朔之根本"，盖绾毂燕晋，河山间通衢也。(《史记本纪地理图考·高祖本纪》)

萧丞相营作未央宫①，立东阙、北阙、前殿、武库、太仓②。高祖还，见宫阙壮甚③，怒，谓萧何曰："天下匈匈苦战数岁，成败未可知④，是何治宫室过度也？"萧何曰："天下方未定，故可因遂就宫室⑤。且夫天子以四海为家，非壮丽无以重威⑥，且无令后世有以加也⑦。"高祖乃说⑧。

① 【汇校】

梁玉绳：按：《汉纪》此事在七年二月，《史》在八年，非。(《史记志疑·高祖本

纪第八》）

【汇注】

葛　洪：汉高帝七年，萧相国营未央宫，因龙首山制前殿，建北阙，未央宫周回二十二里九十五步五尺，街道周回七十里。台殿四十三，其三十二在外，其十一在后宫。池十三，山六。池一、山一亦在后宫门。门闼凡九十五。武帝作昆明池，欲伐昆明夷，教习水战，因而于上游戏养鱼，鱼给诸陵庙祭祀，余付长安市卖之，池周回四十里。（《西京杂记》卷一）

张守节：《括地志》云："未央宫，在雍州长安县西北十里长安故城中。"颜师古云："未央殿虽南向，而当上书奏事谒见之徒皆诣北阙，公车司马亦在北焉。是则以北阙为正门，而又有东门、东阙，至于西南两面，无门阙矣。萧何初立未央宫，以厌胜之术理宜然乎？"按：北阙为正者，盖象秦作前殿，渡渭水属之咸阳，以象天极阁道绝汉抵营室。（《史记正义·高祖本纪》）

胡三省：未央宫在长安城西南隅，周回二十八里。《元和志》曰：东距长乐宫一里，中隔武库。《括地志》：未央宫，在雍州长安县西北十里长安故城中。（见《资治通鉴》卷一一《汉纪三》）

沈自南：鹤山雅言汉宫殿之制，宫是总名，宫中各有殿。汉初有未央、长乐两宫，武帝以来有长杨、五柞、甘泉。如未央宫自有三十六殿。又：古元无殿字，却借殿后的殿字，如今人称廳。元无廳字，却借聽字上从厂，殊无义理。（《艺林汇考·栋宇篇卷之一》）

钱大昭：《太平御览》引《关中记》云：未央宫萧何所造，周回二十三里，疏龙首山土为殿基；殿基出长安城上。（《汉书辨疑》卷一）

周寿昌：《史记》注：駰按：《关中记》曰，未央东有苍龙阙，北有元武阙。《索隐》曰，东阙名苍龙，北阙名元武。秦旧宫皆在渭北，立东北阙，取其便也。据此则颜注厌胜之说恐不然。（《汉书注校补》卷一）

陈　直：未央宫，《汉书》曰："高祖七年，萧何造未央宫，立东阙、北阙（阙，门观也。刘熙《释名》曰：阙在两门旁，中央阙然为道也。门阙，天子号令赏罚所由出也。未央宫殿虽南向，而上书奏事谒见之徒，皆在北阙焉。是则以北阙为正门，而又有东阙东门。至于西南两面，无门阙矣。盖萧何立未央宫，以厌胜之术理然乎）、前殿、武库（藏兵器之处也）、太仓（廪粟所在一百三十楹，在长安城外东南）。……上悦，自栎阳徙居焉。"

直按：本段文字，用《汉书》高祖八年纪文，《太平寰宇记》卷二十五亦同。东阙，《汉书·文帝纪》七年六月未央宫东阙罘罳灾。《太平御览》卷一百七十九，及《长安志》引《关中记》曰："未央宫东有青龙阙，北有元武阙，所谓北阙者也。"《艺文类聚》卷六十二，引《三辅旧事》并同。又《古今注》卷上云："苍龙阙画苍龙，白虎阙画白虎，玄武阙画玄武，朱雀阙上有朱雀二枚。"……

未央宫周回二十八里，前殿东西五十丈，深十五丈，高三十五丈（前殿曰路寝，见诸侯群臣处也）。营未央宫因龙首山以制前殿（山长六十里，头入渭水，尾达樊川，秦时有黑龙从南山出饮渭水，其行道因成土山。疏山为台殿，不假板筑，高出长安城。《西京赋》所谓疏龙首以抗前殿，此也）。至孝武以木兰为棼橑（木兰，香木。棼橑，栋椽），文杏为梁柱（杏木之有文者），金铺玉户（金铺扉上有金华，中作兽及龙蛇铺首以御环也。玉户，以玉饰户也），华榱璧珰，雕楹玉磶（楹，柱也。磶，柱下石也），重轩镂槛，青琐丹墀（青琐，窗也。墀，殿阶也），左城，右平（右乘车上，故使之平；左以人上，故为之阶级。城，阶级也），黄金为璧带，间以和氏珍玉，风至其声玲珑也。

直按：《西京杂记》云："未央宫周匝二十二里九十五步，街道周四十七里。台殿四十三所，其三十二所在外，十一所在后宫。池十三，山六，池一、山二亦在后宫。门闼凡九十五。"又《长安志》引《关中记》云："未央宫周旋三十一里，街道十七里。有台三十二，池十二，土山四，宫殿门八十一，掖门十四。"与本文周回二十八里之说，三书所记皆不相符。又《文选·西京赋》云："疏龙首以抗殿。"李善注引《三辅黄图》曰："日营未央，因龙首以制前殿。"……

未央宫有宣室、麒麟、金华、承明、武台、钩弋等殿。又有殿阁三十二，有寿成、万岁、广明、椒房、清凉、永（校：原作"水"，误，据毕本改）延、玉堂、寿安、平就、宣德、东明、飞（校：原作"岁"，误，据《汉书》改）雨、凤凰、通光、曲台、白虎等殿。（《三辅黄图校证》卷之二《汉宫》）

王　恢：未央宫，位于龙首原，遗址在今西安城西北八公里之故城西隅。潘岳《关中记》辛氏《三秦记》并云疏龙首山为台殿，台址不假版筑。《三辅黄图》云："宫周围三十八里。前殿东西五十丈，深十五丈，高三十五丈。"《长安志》云："唐会昌元年，武宗游畋未央宫，见其遗址，诏葺之。当有殿舍二百四十九间。"（《史记本纪地理图考·高祖本纪》）

张永禄：未央宫，汉都长安宫名。西汉初萧何于高帝七年（前200）二月至九年（前198）十月主持监造，后又经汉武帝时的不断增饰和扩建。位于汉长安城西南部。宫城北临直城门大街，东距安门大街约750米，西南两面接近城墙，西距西城墙30米，南距南城墙50米。未央宫因位处长乐宫之西，称西宫。又因为它是西汉王朝的皇宫，犹如天帝所居的紫宫，故又称为紫宫。后来王莽改称寿成室。《西京杂记》："未央宫周匝二十二里九十五步（约合今9300米）。"考古实测周长8560米，宫垣东西长2300米，南北宽2000米，面积5平方公里，约占汉长安城总面积的七分之一。宫城平面形制为东西略长、南北略短的横长方形。未央宫"斩龙首山而营之",地据龙首山原之上,宫内建筑巍峨高耸,雄伟壮观。未央宫宫殿虽坐北朝南,但因群臣奏事多从北阙进出,故北阙成为宫城事实上的正门。未央宫是长安城内一组大的宫殿群,宫内殿阁密布,楼台起伏。《西京杂记》记有台殿四十三所,池十三,山六,门闼凡九十五。《关中记》记"有台三十二,池十二,土山四,宫殿门八十一,掖门十四"。《长安志》所列殿台观阁等建筑名称,约有七十多个。殿宇之盛,前所未有。主要建筑有北阙、东阙、前殿、宣室殿、温室殿、清凉殿、宣明殿、广明殿、昆德殿、玉堂殿、白虎殿、金华殿、椒房殿、昭阳殿、飞翔殿、增成殿、合欢殿、兰林殿、披香殿、凤凰殿、鸳鸯殿、石渠阁、天禄阁、麒麟殿、承明殿及柏梁台、渐台等。未央宫是汉初为取代长乐宫而营建的一座新的皇宫。高帝晚年,已在未央宫大会诸王群臣。从惠帝起,西汉诸帝由长乐宫移居未央宫听政,未央宫便成为西汉一代的主要政治活动中心。新莽地皇四年(23)十月,汉兵入长安,"未央宫烧攻莽三日",使未央宫遭到严重破坏。东汉光武帝刘秀于建武十九年(43)下诏"修西京宫室"。后赵石虎于建武十一年(345),"发雍、洛、秦、并州十六万人城长安未央宫"。经多次葺修,遂渐得到恢复,先后仍为前赵、前秦、后秦、西魏、北周诸朝的皇宫。隋唐时期,迁都唐长安城,汉长安故城被划入禁苑范围,未央宫废弃不用。后于唐敬宗宝历二年(826)、武宗会昌元年(841)因其遗址而有所修葺,但仅作为游宴之地,旧殿已多不存在。遗址在今西安市未央区未央宫乡马家寨、大刘家寨、小刘家寨、柯家寨、卢家村与周家湾一带。(《汉代长安词典》四《宫殿·未央宫》)

又:西汉文帝瓦当,在西汉长安地区出土较多。有人统计,"长生未央"瓦有120种不同的篆形,其中有中间云纹四周环书者,有文字在当中者,有左读者,有芝英体者,有蝌斗书者等异体。(《汉代长安词典》十九《考古发现与文物·长生未央、长乐未央瓦》)

【汇评】

凌稚隆:许相卿曰:作未央为阴阳厌胜之术,非道君以侈也。师古解是。(《史记评林》卷八《高祖本纪》)

② 【汇注】

裴　骃:《关中记》曰:"东有苍龙阙,北有玄武阙。玄武所谓北阙。"(《史记集解·高祖本纪》)

司马贞:东阙名苍龙,北阙名玄武,无西南二阙者,盖萧何以厌胜之法故不立也。《说文》云"阙,门观也"。高三十丈,秦家旧处皆在渭北,而立东阙、北阙、盖取其便也。(《史记索隐·高祖本纪》)

吕祖谦:按:《史记》长乐宫成,自栎阳徙长安,是迁都之始天子居长乐宫也。及未央宫成，则遂为天子之常居，而长乐则太后多处之。师古曰："未央宫虽南向，而上书奏事谒见之徒，皆诣北阙，公车司马亦在北焉。是则以北阙为正门，而又有东门、东阙，至于西、南两面，无门、阙矣。盖萧何初立未央宫，以厌胜之术，理宜然乎？"《水经注》渭水经长安城北，又东合昆明故渠，故渠东经未央宫北，萧何壍龙首山而营之。山长六十余里，头于渭，尾达樊川。头高二十丈，尾渐下，高五六丈，土色赤而坚。北有玄武阙，即北阙也。东有苍龙阙，阙内有闾阖、止车诸门。未央宫东有宣室、玉堂、麒麟、含章、白虎、凤凰、朱雀、鹓鸾、昭阳诸殿，天禄、石渠、麒麟三阁。未央宫北即桂宫也，周十余里，内有光明殿，走狗台、柏梁台，旧乘复道，用相经通。故渠出二宫之间，谓之明渠。明渠又东，历武库北，旧樗里子葬于此。汉长乐宫在其东，未央宫在其西，武库直其墓。明渠又东，经汉长乐宫北，本秦之长乐宫也。周二十里，殿前列铜人殿，西有长信、长秋、永寿、永昌诸殿。（《大事记解题》卷九）

沈自南：《纲目集览》：未央宫东阙罘罳灾，《三辅黄图》云，萧何造未央宫，立东阙、北阙。注：阙，门观也。刘熙《释名》曰，阙在门两旁，中央阙然为道，天子号令赏罚所由出也。未央宫殿虽南向，而上书奏事谒见皆在北阙焉，东阙非正也。（《艺林汇考·栋宇篇卷之四》）

程馀庆：东阙名苍龙，北阙名玄武，秦旧宫皆在渭北，而立东阙、北阙，故取其便，盖以北阙为正门也。（《历代名家评注史记集说·高祖本纪》）

又：前殿，《三辅黄图》：未央宫以龙首山以制前殿，东西五十丈，深计十五丈，高计三十五丈。（同上）

又：武库，以藏兵器。（同上）

张永禄：未央宫东阙，又名苍龙阙，汉未央宫东门观。汉高祖七年（前200）建。……是汉天子发布号令行赏罚的地方。东阙之上有以木镂空雕刻成的各种几何纹图形连阙曲阁，称为罘罳，建筑高大壮丽。东阙为"朝诸侯之门"，当时皇亲国戚来往于未央、长乐二宫，都要出入东门阙。（《汉代长安词典》四《宫殿·未央东阙》）

又：未央宫北阙：又名玄武阙，未央宫北门观。汉初高帝七年（前200）萧何主持营建。高三十丈（合今70.5米），高大壮丽。《史记·高祖本纪》张守节《正义》引颜师古注云：未央宫殿虽坐北朝南，但当时上书奏事及谒见皇帝者，都要到北阙之下等候召见，而主受章疏的公车与负责警卫宫门的司马也设在北面，故北阙实际上成了未央宫的正门。这是因为北阙北临桂宫，东北有北宫、明光宫，与诸宫往来方便；同时，与长安一水之隔的渭北咸阳原上，原来就是秦旧宫室的所在，又是汉朝皇室的陵区，汉长安城最为繁荣的市区，也是在都城的西北部，因而未央宫的北宫门阙，也是通向城西北和渭北的重要通道……

公车门，即未央宫北阙门。公车，官署名。《后汉书·光武帝纪下》李贤注引《汉官仪》："公车掌殿司马门，天下上事及征召皆总领之。"《资治通鉴》卷二十三汉昭帝始元五年（前82）："有男子乘黄犊车诣北阙。"颜师古注："未央宫虽南向，而上书、奏事、谒见者皆诣北阙，公车司马在焉。"未央宫北阙因设有公车署，故又称公车门。（《汉代长安词典》四《宫殿·未央北阙》）

又：未央前殿，汉未央宫正殿名。汉高帝七年（前200）由萧何主持建造。位于未央宫的正中。前殿坐北朝南，是一组极其富丽堂皇的高台建筑。……建筑之豪华，为其它宫殿所莫及。现前殿遗址台基仍存，其南北长350米，东西宽200米，高15米。台基由南往北有三个大台面，次递增高。中间台面的主体建筑是前殿的中心建筑物。高大突兀，巍峨壮观，如张衡《西京赋》所云："疏龙首以抗（举）殿，状巍峨以岌嶫。"前殿系由多所殿堂建筑组合而成，前殿两侧，有东厢、西厢；北部有"布政教之室"的宣室殿和皇帝下朝后居处的非常室，另有夏处清爽的清凉殿与冬居温暖的温室殿等。前殿为未央宫正殿，凡皇帝登基、丧事等大典大礼活动，及重要的朝会，都在此殿举行。西汉初年，高帝刘邦曾在此殿置宴，大会诸侯群臣，为太上皇祝寿。在平息诸吕之乱后，代王刘恒被迎入此未央前殿，拥立为帝，是为汉文帝。后来汉武帝虽死于五柞宫，但入殡于此殿。汉平帝纳王莽女为皇后，也是在此殿举行婚礼大仪的。后来王莽篡位，"还坐未央前殿"，在此宣布改国号为新。始建国元年（9），王莽改未央前殿名为王路堂。地皇四年（23）汉兵入长安，未央宫被火烧三日。王莽"避火宣前殿，火辄随之"，前殿随之毁于大火。遗址在今西安市未央区未央宫乡马家寨村北。（《汉代长安词典》四《宫殿·未央前殿》）

又：武库，西汉都城长安的中央兵器库。汉高帝七年（前200）营建，丞相萧何主持建造。位于汉长安城内中南部，南距汉长安城南墙1810米，东距安门大街82米，西邻未央宫东宫墙。武库由中尉属官武库令掌管，用以储藏禁兵器。中国社会科学院考古研究所汉城工作队从1962年至1977年对武库遗址进行了考古发掘，现已探明，武库遗址平面呈长方形。四周筑有围墙。东墙和南墙保存较好。南墙长710米，宽15米；北墙残长240米，宽3.6米；东墙长322米，宽1.5米；西墙残长30米，宽1.5米。武库中的建筑物主要有兵器库和守兵营。各种兵器均分类库藏，并都放置在兵器架上。在武库东北的一号遗址库房内，发现有当年安装兵器的沟漕遗迹。武库遗址内出土了大批武器，有铁刀、铁剑、铁矛、铁戟、铁镞、铁斧、铁铠甲及铜戈、铜镞、铜剑格等，其中以铁兵器为主，铜兵器不多，这反映了西汉时期的冶铁业的发展与铁兵器逐渐代替铜武器的情况。王莽末年，武库毁于战火，此后便废弃不用。遗址在今西安市西北郊未央宫乡大刘寨村东。（《汉代长安词典》二《社会经济·武库》）

又：太仓，西汉最大的国家仓库。汉高帝七年（前200）萧何主持修建，位于京师长安城东南。《汉书·食货志》载，汉武帝时"太仓之粟陈陈相因，充溢露积于外，至

腐败不可食"。(《汉代长安词典》二《社会经济·太仓》)

③【汇校】

　　[日] 泷川资言：秘阁本"壮"下有"丽"字。(《史记会注考证附校补·高祖本纪第八》)

　　王叔岷：案：《汉书》《通鉴》"壮"下并有"丽"字，与下文"非壮丽无以重威"相应。(《史记斠证·高祖本纪第八》)

④【汇校】

　　颜师古：匈匈，喧扰之意。(《汉书注·高帝纪第一下》)

　　王叔岷：匈借为"訩"，《说文》："訩，讼也。讼，争也。"《项羽本纪》已有说。《汉书》《通鉴》"苦战"并作"劳苦"。(《史记斠证·高祖本纪第八》)

【汇评】

　　钟　惺：达识远虑，其异于群雄以此。光武有言，日复一日，安敢远期十年，亦是此意。(《史怀》卷五)

⑤【汇注】

　　颜师古：就，成也。(《汉书注·高帝纪第一下》)

⑥【汇评】

　　司马光：王者以仁义为丽，道德为威，未闻其以宫室填服天下也。天下未定，当克己节用以趋民之急；而顾以宫室为先，岂可谓之知所务哉！昔禹卑宫室而桀为倾宫。创业垂统之君，躬行节俭以训示子孙，其末流犹入于淫靡，况示之以侈乎！乃云"无令后世有以加"，岂不谬哉！至于孝武，卒以宫室罢敝天下，未必不由酂侯启之也！(《资治通鉴》卷一一《汉纪三》)

　　张　宁：初，高祖之汉，何尝劝以养民致贤，何其知本也！今乃欲乘急侈土木之功，欲以重威示后，何其不知务也！夫开国承家，尝以节俭自持，犹或流于荡侈。尝以根本自固，犹或积致陵夷，岂有宫室壮丽而可以重威示后？殆失之口给矣！然当是时强敌尽除，天下已定，而帝犹以成败为虑，推是心也，使得伊、傅之臣，将顺辅翼，则帝之创业垂统，当不止于汉而已也。(《方洲集》卷二八《读史集·汉王七年》)

　　凌稚隆：萧何欲帝都秦，而恐其未坚也，故特壮丽其宫室，以侈其心，而驾言曰"毋令后世有以加"云尔。异日武帝卒以宫室罢敝天下，未必不自何启之。(《汉书评林·高帝纪》)

　　又：吕祖谦曰：萧何治未央，但欲高帝安于此，不欲之他尔。要之，创业之君自当以俭为先，何虑不及此也。(同上)

　　[日] 泷川资言：中井积德曰：未央宫盖非壮丽太过也，酂侯酌时宜，略得其当然耳。但泗水亭长特起为天子，未习富贵，视以为过壮也。(《史记会注考证附校补·高

祖本纪第八》）

编者按：语云：由俭入奢易，由奢入俭难。创业垂统，不宜穷奢极侈。恐由此而滋生腐败，由机体内部逐渐腐蚀，以致大厦忽喇喇倾倒耳。

⑦【汇评】

范祖禹：禹卑宫室，孔子美之曰：吾无间然矣。周宣王初即位，更为俭宫室，小宗庙，而致中兴之功，诗人歌之。萧何不能以道佐汉祖，乃袭亡秦之奢侈，创业之君，一言一动，子孙视效，此乃武帝千门万户所以兴也。（《范太史集》卷二七《进故事》）

刘安世：萧何治未央宫之意深矣。高帝、项王皆楚人，丰沛临淮，相去至近，二人之心，岂一日忘山东哉。羽见秦地皆已烧残，乃思东归。使其如昔日之盛，未必不都关中也。汉五年夏，虽自雒阳驾之关中，然长安宫殿未成。寄治栎阳，又高帝之在关中无几时矣。五年秋，亲征臧荼，复至雒。六年十二月取韩信，还至雒阳。七年冬十月，自征韩信，又自雒阳至长安。时宫阙已成，乃自栎阳徙都长安。则高帝长安之心方定矣。然何欲顺适其意，以就大事，不欲令窥其秘也。故假辞云耳。此何之深意也。而史氏见萧何之意，又不欲明言之。又不欲不言之，乃书上说两字，以见高帝在何术中，而且乐都关中也。（引自胡广编《性理大全书》卷六十《历代二》）

张　淏：萧何营未央宫，因龙首山制前殿，建北阙。其宫周回二十余里，街道周回七十里，台、殿四十三，欲令后世无以加，故极其壮丽如此。未百年，而武帝增以金铺玉户，华榱璧珰，雕楹玉碣，重轩镂槛，青琐丹墀，左城右平，黄金为壁，带间以和氏之珍，又起高门武殿于中。只未央一宫所增已如此，所谓千门万户者又不预焉，何所谓无以加者？无乃启后世之所加也。（《云谷杂记》卷一）

刘辰翁："成败未可知"五字，最是。高祖有天下不与之意，王者虽有天命，然英雄盖世之见，岂以天命为必不可易哉！以此创业，虽无宫室可也。"天下未定，故可因以就宫室"，此语与韩信"人将自宁"意同，此真开国之臣之见。君臣如此，岂复有憾哉？未易为书生言也。"且无令后世有以加"，正言似反，谓一劳永逸，无累后人，则生侈心。（见倪思编《班马异同》卷二《高祖》）

王夫之：萧何曰："天子以四海为家，非壮丽无以示威。"其言鄙矣，而亦未尝非人情也。游士之屦，集于公卿之门，非（其）必其能贵之也；蔬果之馈，集于千金之室，非必其能富之也。释、老之宫，饰金碧而奏笙钟，媚者匍伏以请命，非必服膺于其教也，庄丽动之耳。愚愚民以其荣观，心折魂荧而戢其异志，抑何为而不然哉！特古帝王用之怀异耳。古之帝王，昭德威以柔天下，亦既灼见民情之所自戢，而纳之于信顺已。奏九成于圜丘，因以使之知天；崇宗庙于七世，因以使之知孝……即其歆动之心，迪之于至德之域，示之有以耀其目，听之有以盈其耳，登、降之、进之、退之，有以诒其安。然后人知大美之集，集于仁义礼乐之中，退而有以自悁。非权以诱天下也；至德之荣观，本有如是之洋溢也。贤者得其精意，愚不肖者矜其声容，壮丽之威至矣哉！而特不如何者徒以宫室相夸而已。(《读通鉴论》卷二)

⑧【汇注】

颜师古：说，读曰悦。(《汉书注·高帝纪第一下》)

陈　埴：萧何未央之营前殿，建北阙，周匝二十重九十五步，街道周回七十里，台殿四十三所，宫门闼凡九十五。壮丽如此，宜高帝之所以怒。温公讥其非元城，乃以为萧何坚汉高都长安之深意。当从何说为正？高帝都关中之意，犹豫未决，盖嫌残破故也。何大建宫室，以转其机。至其自夸壮丽，今人皆知其无识，不知何不欲以据形势，定根本，正言于高帝，恐费分疏，姑假世俗之言以顺适其意。(《木钟集》卷一一《史》)

程馀庆：萧何治未央宫之意深远矣，时帝都关中之意未决，盖嫌残破故也。何欲顺适帝意，以就大事，不欲令人窥破其秘也，故托词云尔。史氏见何之意不欲明言之，乃书"高祖乃说"四字，以见帝在何术中，而因乐都关中也。(《历代名家评注史记集说·高祖本纪》)

　　高祖之东垣，过柏人①，赵相贯高等谋弑高祖②，高祖心动，因不留③。代王刘仲弃国亡④，自归雒阳，废以为合阳侯⑤。

①【汇注】

颜师古：孟康曰："真定也。"师古曰："垣音辕。"(《汉书注·高帝纪第一下》)

张守节：《括地志》云："柏人故城在邢州柏人县西北十二里，汉柏人属赵国。"(《史记正义·高祖本纪》)

胡三省：班《志》，柏人县属赵国。《括地志》：柏人故城，在邢州柏人县西北十二里；至唐天宝元年，更柏人曰尧山。(《资治通鉴》卷一二《汉纪四》注)

沈钦韩：《一统志》：柏人故城在顺德府唐山县西。《元和志》：邢州尧山县本曰柏人。后魏改人为仁，天宝元年改故城在县西北十二里，金世宗改名唐山。(《汉书疏证》卷一《高帝纪》)

程馀庆：柏人，故城在顺德府唐山县西十二里。(《历代名家评注史记集说·高祖本纪》)

王　恢：柏人，故城今尧山县西北十二里，平汉路东。春秋晋邑，见《左》哀四年。《赵世家》：赵王迁元年，城柏人。《张耳传》：高帝欲宿，心动，问县名"柏人"，

以"柏人者，迫于人也"不宿而去。(《史记本纪地理图考·高祖本纪》)

② 【汇注】

胡三省：贯，姓也，原伯贯之后。(《资治通鉴》卷一一《汉纪三》注)

龚浩康：贯高等谋弑高祖，赵王张敖是高祖的女婿。高祖先年在平城脱围，路过赵都时，对赵王傲慢无礼。赵相贯高等气愤不平，请杀高祖，张敖不肯。故贯高等趁高祖再次路过赵地时，在柏人设下伏兵。事见《张耳陈馀列传》。(见王利器主编《史记注译》卷八《高祖本纪》)

③ 【汇注】

司马光：贯高等壁人于厕中，欲以要上。上欲宿，心动，问曰："县名为何？"曰："柏人。"上曰："柏人者，迫于人也。"遂不宿而去。十二月，帝行自东垣至。(《资治通鉴》卷一二《汉纪四》)

④ 【汇注】

王叔岷：案：代王弃国归汉，《汉纪》在七年，《通鉴》《汉纪三》亦在七年十二月；又合阳并作郃阳。《水经四·河水注》："郃阳，国名也。高祖八年侯刘仲是也。"称八年，与此《纪》及《功臣表》《将相表》合。(《史记斠证·高祖本纪第八》)

⑤ 【汇校】

梁玉绳：案：代王弃国归汉，此《纪》及《功臣表》《将相表》在八年九月，《诸侯王表》在九年，皆误。当依《汉》纪、表作"七年十二月"为是。而"合阳"应作"郃阳"，省作"合"字，此《纪》及《功臣表》与《汉书·高纪》《王子表》《吴濞传》并作"合阳"，《将相表》《吴濞传》《汉书·惠纪》并作"合阳"，《水经注》四亦作"郃阳"，所谓刘仲城也。《地理志》郃阳属左冯翊，合阳属平原郡。(《史记志疑·高祖本纪第八》)

【汇注】

张守节：《括地志》云："郃阳故城在同州河西县三里。魏文侯十七年，攻秦至郑而还筑，在郃水之阳也。"(《史记正义·高祖本纪》)

胡三省：班《志》郃阳县属左冯翊，《诗》所谓"在郃之阳"者也。《括地志》郃阳故城在同州河西县南三十里。郃音合。(《资治通鉴》卷一一《汉纪三》注)

王恢：合阳，战国魏文侯筑(《魏世家》)，后入秦。汉县属左冯翊。《河水注》："徐水东南流迳刘仲城北，是汉祖兄刘仲之封邑也。"《清统志》(二四二)："《旧州志》，郃阳故城在今县东四十里。《县志》，今县东南西河乡洽阳里。隋开皇十六年徙今治。"《寰宇记》(六三)始以为在冀州信都。杨守敬《河水注疏》以为，"三辅地例不以封侯国(《日知录》)，故三辅县无注侯国者，刘仲之封当在平原，郦《注》及《索隐》并误"。然则卢绾之侯长安。一为亲兄，一为情同昆弟，亲亲之义，自当别论也。

天下大定，三辅及巴、蜀与边郡不封侯王，防其养殖盘据之基，以免内外勾通之虑也。以为"三辅县无注侯国者"，是又不知《汉志》县注侯国，就其"见在"者以成帝绥和二年三月丙戌为断。至平原之合阳，乃梁喜之封国，王莽时绝。乐（东）杨二氏，未之深考。（《史记本纪地理图考·高祖本纪》）

> 九年①，赵相贯高等事发觉②，夷三族③。废赵王敖为宣平侯④。是岁，徙贵族楚昭、屈、景、怀、齐田氏关中⑤。

① 【汇注】

齐召南：九年，遣刘敬使匈奴，以公主妻单于冒顿；徙齐楚大族实关中；春赵王张敖废；徙代王如意为赵王；以萧何为相国。（《历代帝王年表·汉年表》）

② 【汇注】

荀　悦：初，上过赵，王甚卑恭。上箕踞骂詈，甚辱之。贯高谓王曰："皇帝遇王无礼，请杀之。"王啮其指，出血曰："先人亡国，赖皇帝得复，德流乎子孙。君无出口。"高等私相谓曰："吾王长者，终不背德，何谓汙王！事成归之于王，不成，独身坐之。"乃阴独为谋而王不知。……十有二月，行如洛阳，赵相贯高逆谋发觉，同谋者赵午等十余人皆自刎死。高曰："若皆死，谁当明王不反？"乃就槛车送诣长安；言王不知。考治，身无完者，终不复言。上曰："壮士哉！"令人私问之，高曰："人情岂不各爱其亲戚乎？今吾三族皆以论死，岂以王易吾亲戚哉？"具以情对。上乃诏赦赵王。嘉贯高之节，乃赦之。高曰："所不死者，欲明王不反。今王已出，吾责塞矣。且人臣有篡弑之名，将何面目复事上哉！"乃仰天绝肮而死。赵王张敖尚鲁元公主，故封敖为宣平侯。（《汉纪·前汉高祖皇帝纪卷四》）

③ 【汇注】

梁玉绳：按：贯高等三族虽论死，然其白王不反之后，高祖方赦其罪，则所谓夷三族者，疑是论其罪如此，而未尝实夷其族也。不然，当是独赦贯高一家耳。（《史记志疑·高祖本纪第八》）

王先谦：何焯曰：《刑法志》：孝文诏：明指父母、妻子及同产为三族。（《汉书补注·高帝纪第一下》）

瞿方梅：方梅案：《张耳传》：上贤贯高为人，赦之，而高以事白，绝肮遂死。其对泄公云：吾三族皆以论死，时惟论罪当死，实则未尝死也，又上以张王诸客为郡守相，岂有赦其主罪。或遂官之，而更夷三族者乎？《汉书》纪传意皆略同。此文直云夷

三族，与彼不合，理难据信。（《史记三家注补正·高祖本纪第八》）

④【汇注】

班　固：王实不知其谋。春正月，废赵王敖为宣平侯。徙代王如意为赵王，王赵国。（《汉书·高帝纪第一下》）

【汇评】

荀　悦：贯高首为乱谋，杀主之贼，虽能证明其王，小亮不塞大逆，私行不赎公罪。《春秋》之大义，居正罪无赦。赵王掩高之逆心，失将而必诛之义。使高得行其谋，不亦殆乎？无藩国之义，减死可也。侯之，过欤！（《汉纪·前汉高祖皇帝纪卷四》）

⑤【汇注】

荀　悦：十有一月，徙郡国大族豪杰名家十余万户，以实关中，娄敬之计也。（《汉纪·前汉高祖皇帝纪卷四》）

司马光：刘敬从匈奴来，因言："匈奴河南白羊、楼烦王，去长安近者七百里，轻骑一日一夜可以至秦中。秦中新破，少民，地肥饶，可益实。夫诸侯初起时，非齐诸田、楚昭、屈、景莫能兴。今陛下虽都关中，实少民，东有六国之强族；一旦有变，陛下亦未得高枕而卧也。臣愿陛下徙六国后及豪杰名家居关中；无事可以备胡，诸侯有变，亦足率以东伐。此强本弱末之术也。"上曰："善！"十一月，徙齐、楚大族昭氏、屈氏、景氏、怀氏、田氏五族及豪杰于关中，兴利田、宅，凡十余万口。（《资治通鉴》卷一二《汉纪四》）

吕祖谦：……秦始皇并六国，徙天下豪强于咸阳十二万户，自以为强干弱枝，而项梁、田儋辈乃出于所徙之外。高祖、刘敬又从而效之，盖不能以天下为一家，中国为一人，其势固至于此也。颜师古曰：今高陵、栎阳诸田，华阴、好畤诸景及三辅诸屈、诸怀尚多，皆此时所徙。（《大事记解题》卷九）

编者按：昭、屈、景、怀：都是战国时楚国王族后裔。田氏：战国时齐国王族的后裔。高祖采纳刘敬建议，将他们迁入关中，一是充实关中户口，二是避免强宗大族在外地生变，是一种集权措施。

未央宫成。高祖大朝诸侯群臣，置酒未央前殿①。高祖奉玉卮②，起为太上皇寿③，曰④："始大人常以臣无赖⑤，不能治产业，不如仲力⑥。今某之业所就孰与仲多⑦？"殿上群臣皆呼万岁⑧，大笑为乐⑨。

① 【汇校】

梁玉绳：按：未央宫与长乐宫皆以七年二月成，《汉纪》及《三辅黄图》可证。是年特以诸侯王来朝，十月置酒未央宫也。此与《将相表》同误在九年。（《史记志疑·高祖本纪第八》）

王叔岷：案：《汉书》作"冬十月淮南王、梁王、赵王、楚王朝未央宫，置酒前殿"（《汉纪》四无梁王）。（《史记斠证·高祖本纪第八》）

② 【汇注】

裴　骃：应劭曰："乡饮酒礼器也，受四升。"（《史记集解·高祖本纪》）

颜师古：应劭曰："饮酒礼器也，古以角作，受四升。古卮字作觗。"晋灼曰："音支。"师古曰："卮，饮酒圆器也，今尚有之。"（《汉书注·高帝纪第一下》）

沈钦韩：《韩非子·外储右》：今有千金之玉卮而无当，不可以盛水，则卮是注器有当者也。《考工记》：觚，三升注觚当为觯。疏云：爵制（此下所引是许慎异议）。今《韩诗》说一升曰爵，二升曰觚，三升曰觯，四升曰角，五升曰散。古《周礼》说同。按：《周礼》一献三酬当一豆（同斗），即觚二升不满豆矣。郑驳云，觯字角旁著氏。汝颍之间，师读所作。今礼角旁单，古书或作角旁氏（《说文》，觯，乡饮酒。觯或从辰礼经觗），角旁氏则与觚字相近，学者多闻觚，寡闻觯，写此书乱之而作觚耳（按：《金石录》云：大观中潍之昌乐丹水岸，得爵及觚二器，如觚量之，适容三爵。与《考工记》合也。然此赵氏不辨觯、觚而妄说）。又《燕礼》"升媵觚于公"注言：觚者，字之误也。古者觯字或作角旁氏，由此误尔。然觯、觚字虽异，皆三升酒器。应劭云受四升者误也，与《说文》同。卮与觗音义各别，《说文》卮，圜器，一名觛，所以节饮食，象人节在其下也（《庄子释文》：卮，酒圆器也。又王云夫卮器满即倾，空则仰，随物而变，非执一守故者也。按：此又以卮为敧器，与《说文》义合）。（《汉书疏证》卷一《高帝纪》）

③ 【汇评】

吕祖谦：帝王有至乐，而王天下不与存焉。曷谓至乐？曰：以天下养是也。汉高帝混一区宇，极四海九州之奉，以致养于太上皇，五日之朝，龙旂鸾辂，雷动星陈，风天下以纯孝。其践祚之九年冬十月，淮南王布、梁王越、赵王敖、楚王交朝，未央宫成，置酒前殿，高帝奉玉卮起，为太上皇寿，殿上群臣皆称万岁。欢声洋溢，如雷如霆。窃意高帝蹶秦诛项、帝制天下之乐，未若奉卮之日也。夫天以天下与王者易，以天下之养与王者难。王者得天下于天易，得天下之养于天难，博稽五三、《六经》之传，鲜有两得者，惟高帝独介古今罕见之鸿休。举简编未书之盛典。想夫奉卮之际，天华爽霁，云物效祥，陛载殿帷，函被光景，玉卮举而天下为父子者定，历数四百年之汉，上仪伟观，前后相望，而未央之会，于斯为盛。卓哉煌煌，丕天之大律不可尚

已！(《东莱集·东莱外集》卷四《汉高帝未央宫上寿颂》)

④【汇评】

王　迈：虽天子必有尊也，必有亲也。帝得天下于群盗之手，慷慨自负，及置酒未央之日，此正以天下悦其亲之时也。观其告语上皇，德色骄气，浮于眉宇，曾不思前日彭城之役，乃翁几不免楚人之鼎镬。天不祚汉，曷至今日？方且挟所就之业与父兄较短长，若闾巷之子骤致千金之产，则施施然骄其妻妾焉，帝王以天下养，不如是之薄也。(《臞轩集》卷三论《高帝论六》)

⑤【汇注】

裴　骃：晋灼曰："许慎曰'赖，利也'。无利入于家也。或曰江淮之间谓小儿多诈狡猾为'无赖'。"(《史记集解·高祖本纪》)

沈钦韩：《孟子》："富岁子弟多赖。"赵歧注"赖，善也"。《广雅·释诂》同《疏证》云：《卫策》云，为魏则善，为秦则不赖矣。亡赖犹云亡善也（《方言》央亡、嚜杘、姡嫿也，江湘之间谓之亡赖。按：张湛注《列子》引《方言》亦作江淮，与此注同）。(《汉书疏证》卷一《高帝纪》)

周寿昌：按：《类篇》，赖，一曰恃也。亡赖，若无所恃以资生，如今游手白徒也。《张释之传》尉亡赖，张晏注：材无可恃也。(《汉书注校补》卷一)

杨树达：《意林》四引《风俗通》云："《方言》曰：人不事事而放荡，谓之无赖，不可恃赖。犹高祖谓太上皇云：大人以臣无赖也。"(《汉书窥管·高帝纪下》)

张家英：谨按：《史记》中"无赖"凡三见。……

窃谓《史记》中三"无赖"并同，均为"无才可恃"之义。

《说文·贝部》："赖，赢也。""赢，贾有余利也（此从段注本，大徐本作'有余贾利也'）。"贾而有余利，亦需为贾者有可恃以致利之才。《广雅·释诂》："赖，恃也。"《汉书·高帝纪下》师古注亦引应劭曰："赖者，恃也。"

依《高祖本纪》言，"无赖"之直接后果为"不能治产业"。而之所以"不能治产业"者，以无所恃以治产业之才也。"无赖"之对立方面为"不如仲力"。"力"之内涵非一。《周礼·夏官·司勋》曰："事功曰劳，治功曰力。"郑氏注："以劳定国若禹，制法成治若咎繇。"(《十三经注疏》841 页中)是所谓"力"者，亦须有可恃之才而后可得而有也。至高祖自许"今某之业所就"，无他，亦自夸其确有可恃之才也。(《〈史记〉十二本纪疑诂·高祖本纪》)

⑥【汇注】

吕祖谦：仲去年自代王废为列侯，奉朝请，在京师，是时固在坐也。(《大事记解题》卷九)

又：《年表》郃阳侯喜，孝惠二年薨，以子濞为王，谥为顷王。(《大事记解题》

卷九自注）

⑦【汇校】

吕祖谦："置酒前殿"下，有"太上皇辇上坐"六字。"孰与仲多"下有"太上皇笑"四字。（《大事记解题》卷九自注）

张文虎：孰与仲多，《御览》引作"与仲力孰多"。（《校刊史记集解索隐正义札记·高祖本纪》）

【汇注】

颜师古：就，成也。与亦如也。（《汉书注·高帝纪第一下》）

【汇评】

凌稚隆：朱翌曰：舜之践帝位，载天子旗往朝父瞽瞍，夔夔唯谨如子道，封弟象为诸侯。高祖为太上皇寿，至不忘怨言，及封其伯子，犹有羹颉之号，视舜之孝友何如？亦其不学之过也。（《史记评林》卷八《高祖本纪》）

牛运震：高祖置酒未央前殿，"奉玉卮为太上皇寿，曰'始大人常以臣无赖'"云云等语，佻细鄙俚，甚不肃重，不似《本纪》中语，可删。（《读史纠谬》卷一《史记·高祖本纪》）

⑧【汇校】

张文虎：皆呼，《御览》引作"称"，与《汉书》合。（《校刊史记集解索隐正义札记·高祖本纪》）

⑨【汇评】

刘辰翁：高帝起无赖，成帝业，一日置酒新殿，杂诸将，道旧为乐，犹有布衣山野之气。其英迈倾人，犹施于父子兄弟之间，亦不能不启齐东野人之笑。所谓"大笑为乐"，在仲亡归后，尤有可惭，则上皇无乃病之？因文想像，怅不同时。（见倪思编《班马异同》卷二《高祖》）

吴见思：高祖微时一段，未有照应，故借此数语以结之，写英雄得志，可浮大白。（《史记论文·高祖本纪》）

十年十月①，淮南王黥布、梁王彭越、燕王卢绾、荆王刘贾、楚王刘交、齐王刘肥、长沙王吴芮皆来朝长乐宫②。春夏无事③。

①【汇注】

齐召南：十年，太上皇崩。代相陈豨反，帝自将击之。（《历代帝王年表·汉年

表》）

② 【汇校】

  吕祖谦：按：《年表》，是岁长沙成王吴臣之五年，臣者，芮之子也。《史记·本纪》今本"臣"误作"芮"。（《大事记解题》卷九）

  程馀庆：吴臣，吴芮之子。（《历代名家评注史记集说·高祖本纪》）

【汇注】

  陈　直：长乐宫，本秦之兴乐宫也。高皇帝始居栎阳，七年长乐宫成，徙居长安城。《三辅旧事》《宫殿疏》皆曰："兴乐宫，秦始皇造，汉修饰之，周回二十里。"直按：《长安志》引《关中记》曰："长乐宫，本秦之兴乐宫也，周回二十余里，有殿十四。汉太后常居之。"（《太平寰宇记》卷二五引《关中记》亦同）又引《长安志》曰："兴乐宫，秦始皇造，汉修饰之。王莽改长乐宫曰常乐室。"《史记·叔孙通传》云："孝惠帝为东朝长乐宫。"《集解》引《关中记》云："长乐宫本秦之兴乐宫也，汉太后常居之。"又《孝文帝纪》云："至高陵休止。"《正义》引《三辅旧事》云："秦于渭南有兴乐宫，渭北有咸阳宫。秦昭王欲通二宫之间，造横桥，长三百八十步。"据《三辅旧事》兴乐宫秦昭王所造，与他书指为始皇所造不同。又《元和郡县图志》卷一云："汉长乐宫在县西北十四里，未央宫在县西北十五里，建章宫在县西二十里，桂宫在县北十三里。"《长安志》云："汉未央宫在县西北十四里，建章宫在县西北二十里，长乐宫在县西北十五里，桂宫在县西北十三里。"两说大略相似。现今长乐宫遗址，半已湮灭。（《三辅黄图校证》卷之二《汉宫》）

  又：前殿东西四十九丈七尺，两杼中三十五丈，深十二丈。直按：《长安志》引《三辅黄图》，与本文同，惟"两杼"作"西杼"。"杼"字，一作"序"。两杼中三十五丈，《太平寰宇记》作"二十五丈。"（同上）

  又：长乐宫有鸿台，有临华殿，有温室殿。有长定（校原作"信宫"，据《太平寰宇记》改）、长秋、永寿、永宁四殿。高帝居此宫，后太后常居之，孝惠至平帝，皆居未央宫。直按：《水经注·渭水》云："殿西有长信、长秋、永寿、永昌诸殿。""长信"似即"长定"，"永昌"似即"永宁"之误字。又《长安志》引《关中记》作长秋、永寿、永宁、长定四殿。（同上）

  又：《汉书》："宣帝元康四年，神爵五采以万数，集长乐宫。""五凤三年鸾凤集长乐宫东阙中树上。"王莽改长乐宫为常乐室，在长安中近东直杜门。直按：元康四年、五凤三年神爵、鸾凤集长乐宫事，见《汉书·宣帝纪》。王莽改长乐宫为常乐室事，见《汉书·王莽传》中。又《汉代纪年铭漆器图说》，图版四十页，有始建国元年夹纻漆盘文云："常乐大宫，始建国元年正受第千四百五十至四千。"又《十钟山房印举》举二第四十七页，有"常乐苍龙曲侯"印，皆王莽改长乐为常乐之证。（同上）

③【汇评】

刘辰翁：春夏无事，与前"天下大定""诸侯皆臣属"语，皆可笑。（见倪思编《班马异同》卷二《高祖》）

> 七月①，太上皇崩栎阳宫②。楚王、梁王皆来送葬③。赦栎阳囚④。更命郦邑曰新丰⑤。

①【汇校】

吕祖谦：按：《通鉴考异》：《汉书》"五月，太上皇后崩。七月癸卯，太上皇崩，葬万年"。荀《纪》"五月"，无"后"字。"七月"无"崩"字。盖荀悦之时，《汉书》本尚未讹谬也。（《大事记解题》卷九）

②【汇校】

沈钦韩：荀《纪》作"太上皇崩，秋七月癸卯太上皇葬于万年"。按：此衍一"后"字，于下衍一"崩"字耳。《史记》直作"七月，太上皇崩栎阳宫"。如淳、李奇皆据《史记》，故以是八字为长文。（注引《史记》又衍一"葬"字。李奇后母一说亦可备考。）（《汉书疏证》卷一《高帝纪》）

【汇注】

张守节：《括地志》云："秦栎阳故宫在雍州栎阳县北三十五里，秦献公所造。《三辅黄图》云高祖都长安，未有宫室，居栎阳宫也。"（《史记正义·高祖本纪》）

程馀庆：在临潼县，故栎阳城北三十五里，秦献公所造。（《历代名家评注史记集说·高祖本纪》）

刘庆柱、李毓芳：太上皇陵位于今临潼县谭家乡昌平村与富平县吕村乡姚村交界处。陵墓南面有毕沅撰书的石碑。（《西汉十一陵》第十二章《其它西汉陵墓·汉太上皇陵》）

又：太上皇陵封土呈覆斗形，陵墓底部平面为方形，边长68米。封土高17米。陵墓顶部有个坑，深2.5米~3米，疑是陵墓被盗掘后，墓室塌落所致。陵墓每面正中各有一条墓道通向墓室，南、北、西三条墓道大小、形制基本相同。墓道平面呈梯形，墓道口宽6~7.5米，接近封土的墓道部分宽14~15米，封土外墓道长31~34米。墓道底部为台阶状坡道，坡12.5~16.5度。东墓道比上述三条墓道规模大，墓道平面形状近似梯形。墓道口宽10米，接近封土处墓道宽35米。封土外墓道长82米。墓道底部亦为台阶状坡道，坡14.5度。（同上）

又：《三辅黄图》记载："高帝葬太上皇于栎阳北原……其陵在东者太上皇，西者昭灵后也。"刘邦起兵时，其母死于陈留（今河南开封东南陈留城）小黄北，后于此建陵庙。汉王五年（前202），刘邦追认其母为昭灵夫人。《后汉书·虞延传》也记载，光武帝刘秀东巡，经过陈留小黄，见到昭灵后的陵园。因此，太上皇陵西边的合葬陵，或为昭灵后的衣冠冢，即所谓招魂之葬。（同上）

又：太上皇的陵墓叫"万年陵"，其陵邑称"万年县"。《汉书·地理志（上）》记载：高祖置万年县。万年为左冯翊所辖。（同上）

张永禄：栎阳，县名，故城在今临潼县北武屯镇东。春秋时为晋栎邑。战国时为秦所有。秦献公二年（前383）自雍徙都于此。秦末项羽封司马欣为塞王都栎阳。汉初高帝为汉王时亦都此。汉高帝葬太上皇于栎阳北原称万年陵，遂分置万年县于栎阳城，后几经变迁，唐宋栎阳在今临潼县北栎阳镇。元至元四年（1267）撤销栎阳县，辖地入临潼县。（《汉代长安词典》—《地理环境·栎阳》）

③【汇注】

荀　悦：十年……夏五月，太上皇崩。秋七月癸卯，太上皇葬于万年。八月，令诸侯王皆立太上皇庙于国都。（《汉纪·前汉高祖皇帝纪卷四》）

裴　骃：《汉书》云："葬万年。"（《史记集解·高祖本纪》）

陈　直：高帝葬太上皇于栎阳北原，因置万年县于栎阳大城内，以为奉陵邑。其陵在东者太上皇，西者昭灵后也。（高祖初居栎阳，故太上皇因在栎阳。十年，太上皇崩，葬北原。）

直按：《汉书·高祖纪》十年，颜师古注引《三辅黄图》云："高祖初居栎阳，故太上皇因在栎阳。十年，太上皇崩，葬其北原，起万年邑，置长丞也。"与今本《黄图》原注文相同，似原注即本文之误。又《地理志》京兆尹万年县，颜师古注引《三辅黄图》云："太上皇葬栎阳北原，起万年陵是也。"颜注两引《黄图》，知今本此条脱误滋甚。《太平寰宇记》卷二六，汉太上皇陵，引《郡国县道记》，完全与本文相同。又《陕西通志》卷七〇，太上皇陵在临潼县东北七十五里。（《三辅黄图校证》卷之六《陵墓》）

④【汇注】

吕祖谦：颜师古曰：《三辅黄图》云：高祖初居栎阳，故太上皇因在栎阳。十年，太上皇崩，葬其北原，起万年邑，置长丞。臣瓒曰：万年陵在栎阳县界，故特赦之。（《大事记解题》卷九）

【汇评】

刘辰翁："楚王、梁王皆来道葬"，语俚，文极索莫，岂诸侯王无在者邪！（见倪思编《班马异同评》卷二《高祖》）

⑤【汇校】

邓长耀：按：《本纪》太上皇崩栎阳宫，楚王、梁王皆来送葬，赦栎阳囚，更名郦邑曰新丰。是太上皇既崩郦邑，乃更名新丰耳。《高帝纪》不载更名新丰，惟于十一年四月帝至自雒阳，令丰人徙关中者，皆复终身。应劭曰：太上皇思土，欲归丰，高祖乃更筑城市里居如丰县，号曰新丰，徙丰民以充实之。师古曰：徙丰人所居，即今之新丰古城，是其处。其说与《西京杂记》《水经注》同。太上皇老且病，思归益切，故帝营建新丰，亟求所以慰之。及新丰甫成，而太上皇已崩矣。于送葬后，即命更郦邑曰新丰，盖犹是营建之初意云尔。（《（民国）临潼县志》卷一《地理·更郦邑曰新丰》）

【汇注】

张守节：郦邑，郦音力知反。《括地志》云："新丰故城在雍州新丰县西南四里，汉新丰宫也。太上皇时凄怆不乐，高祖窃因左右问故，答以平生所好皆屠贩少年，酤酒卖饼，斗鸡蹴鞠，以此为欢，今皆无此，故不乐。高祖乃作新丰，徙诸故人实之，太上皇乃悦。"按：前于郦邑筑城寺，徙其民实之，未改其名，太上皇崩后，命曰新丰。（《史记正义·高祖本纪》）

乐　史：新丰故城在县东一十八里，汉新丰县也。汉七年，高祖以太上皇思东归，于此置县，徙丰人以实之，故曰新丰。并移枌榆旧社，街衢栋宇一如旧制，士女老幼，各知其室，虽鸡犬混亦识其家焉。（《太平寰宇记》卷二七《关西道三·昭应县》）

徐昂发：《汉书·地理志》"新丰注"骊山在南，故骊戎国。秦曰骊邑。高祖七年置。应劭曰："太上皇思东归，于是高祖改筑城寺街里以象丰，徙丰民以实之，故号新丰。"《三辅旧事》："太上皇思慕乡里，高祖令匠人胡宽作新丰，并徙旧社屠儿、酤酒、煮饼、商人，放鸡豚羊犬于通衢，竞识其家。"按：《史记》高帝十年七月，太上皇崩栎阳宫。赦栎阳囚。更名郦邑曰新丰。据此，则太上皇崩后方名新丰，十年以前犹曰郦邑，不得云高祖七年置也。（《畏垒笔记》卷三"新丰"）

惠　栋：《三辅旧事》曰，太上不乐关中，高祖徙丰、沛屠儿、沽酒、卖饼、商人，立为新丰县，故一县多小人。（见《艺文类聚》七二食物部）

程馀庆：故城在临潼县东七十里。太上皇时凄怆不乐，高祖因左右问故，答以平生所好，皆屠贩少年，沽酒卖鸡蹴鞠，以此为欢，今皆无此，故不乐。高祖乃作新丰，徙诸故人实之，上皇乃大悦。（《历代名家评注史记集说·高祖本纪》）

张永禄：新丰，县名，在今临潼县渭河以南地区。汉高帝七年（前200）因太上皇思念故乡丰邑（秦属沛县，今江苏沛县），意欲东归，高帝按照丰邑的城市街里，改筑秦骊邑，并分徙一部分丰民到骊邑来，因此叫"新丰"（高帝七年只置县，并未改名，高帝十年太上皇崩后改名新丰），故城在今临潼县城东七公里新丰镇西的长鸾村附近。

东汉末徙阴盘县寄新丰城,新丰县迁城东三十里零水侧。北周闵帝元年(557)又迁至今新丰镇东南七里,隋大业六年(610)迁至今新丰镇。唐垂拱二年(686)改新丰为庆山,神龙元年(705)复名新丰。天宝七年(748)并入昭应县。(《汉代长安词典》一《地理环境·新丰》)

【汇评】

刘　埙:史载汉高祖沛丰邑中阳里人也。既定天下,西都长安,而太上皇不乐关中,思慕乡里,高祖为徙丰沛屠儿、酤(酤)酒、煮饼、商人,立为新丰。并徙旧社,放犬羊鸡鸭于通衢,亦竞识其家。似此,即是仍效故丰街巷市井民居也。一迁徙间,多少事节,虽足以悦其父,而不免于劳其民矣。然此样子,则古所无之,后世不再有之,亦奇事也。(《隐居通议》卷二九《新丰建立》)

　　八月,赵相国陈豨反代地①。上曰:"豨尝为吾使,甚有信。代地吾所急也,故封豨为列侯②,以相国守代③,今乃与王黄等劫掠代地! 代地吏民非有罪也,其赦代吏民。"九月,上自东往击之④。至邯郸⑤,上喜曰:"豨不南据邯郸而阻漳水⑥,吾知其无能为也。"闻豨将皆故贾人也,上曰:"吾知所以与之⑦。"乃多以金啖豨将⑧,豨将多降者⑨。

① **【汇校】**

梁玉绳:按:豨反在十年九月,此与《功臣表》作"八月",《郦商传》作"七月",《傅宽传》作"四月",并误,本传及《汉书》可证。至《淮阴侯》及《卢绾传》以为十一年反,尤误也。豨本传又误作七年,惟言反在九月是。(《史记志疑·高祖本纪第八》)

龚浩康:赵相国,下文说"以相国守代",又《汉书·高帝纪》也作"代相国陈豨反",所以此处似应为"代相国"。(见王利器主编《史记注译》卷八《高祖本纪》)

【汇注】

裴　骃:邓展曰:"东海人名猪曰豨。"(《史记集解·高祖本纪》)

司马光:初,上以阳夏侯陈豨为相国,监赵、代边兵;豨过辞淮阴侯,淮阴侯挈其手,辟左右,与之步于庭,仰天叹曰:"子可与言乎?"豨曰:"唯将军令之!"淮阴侯曰:"公之所居,天下精兵处也;而公,陛下之信幸臣也。人言公之畔,陛下必不信;再至,陛下乃疑矣;三至,必怒而自将。吾为公从中起,天下可图也。"陈豨素知其能也，信之，曰："谨奉教！"……赵相周昌求入见上，具言豨宾客甚盛，擅兵于外数岁，恐有变。上令人覆案豨客居代者诸不法事，多连引豨，豨恐；韩王信因使王黄、曼丘臣等说诱之。太上皇崩，上使人召豨，豨称病不至，九月，遂与王黄等反，自立为代王，劫略赵、代，上自东击之。(《资治通鉴》卷一二《汉纪四》)

【汇评】

陆唐老：陈曰：高祖之经制边事疏略。以韩王信居太原郡，而韩王信反；以陈豨监赵代兵，而陈豨反；以卢绾为燕王，而卢绾反。是时，匈奴方强盛，而二三边将相继而反，北引匈奴为寇，幸及高之身耳。当惠、文间，则岂不危甚哉？夫卢绾与高祖为故旧，而陈豨为信幸臣，谓其无他心也，而委之边事，盖亦见之不明故耳。以萧相国之忠谨，反疑其倾动关中，是岂真知人哉！(《陆状元增节音注精议资治通鉴》卷二七《太祖高皇帝下》)

② 【汇注】

裴　骃：徐广曰："豨攻定臧荼有功，封阳夏侯。"(《史记集解·高祖本纪》)

吕祖谦：按：《卢绾传》，上至平城还，豨以郎中封为列侯，以赵相国将监赵代边兵，边兵皆属焉。又高帝讨豨之诏曰："豨尝为吾使，甚有信。代地吾所急，故封豨为列侯，以相国守代。"然则高帝自平城还，即封豨为列侯，以赵相国监赵代兵守代，以备匈奴也。今载于平城还之年，是时赵虽有旧相贯高，赵午乃张耳故客，非汉所置，况豨本守代，止借赵相国之名，以镇服赵兵耳，初不预赵国之政也。其后汉命周昌为赵相国，则豨不与赵政矣。(《大事记解题》卷九)

【汇评】

王夫之：陈豨之反，常山郡亡其二十城，周昌请诛其守尉，高帝曰："是力不足，亡罪。"守尉视属城之亡而不效其死力，昌之请诛，正也。虽然，有辨。寇自内发，激之以反，反而不觉，觉而匿不以闻，不为之备，不亟求援，则其诛勿赦也无疑。寇自外发，非其所激，非所及觉，觉而兵已压境，备而不给，待援不至，其宥也无疑。故立法者，无一成之法，而斟酌以尽理，斯不损于国而无憾于人。陈豨之反，非常山之所能制而能早觉者也。故周昌之按法，不如高帝之原情。虽然，止于勿诛而已矣，其人不可复用也。所谓"近死之心不可复阳也"。(《读通鉴论》卷二)

陈子龙：凡有反者，必须先下赦令，可为法。(《史记测议·高祖本纪》)

③ 【汇校】

吕祖谦：《史记·本纪》书赵相国陈豨反代地。《汉书·本纪》作代相国，非也。自代王刘喜之废，不复置王，其地皆入赵，故明年择立代王之诏曰："代地居常山之北，与夷狄边，赵乃从山南有之，远。"是时，安得有代国乎？陈豨虽为赵相国，特监赵代兵守边耳，至于民事，则周昌治之也。(《大事记解题》卷九)

④【汇注】

吕祖谦：上欲自击陈豨，信武侯周緤泣曰："始秦攻破天下，未曾自行，今上常自行，是为亡人，可使者乎？"上以为爱我，赐入殿门不趋。上自东至邯郸，上喜曰："豨不南据邯郸而沮漳水，吾知其无能为矣。"（《大事记解题》卷九）

⑤【汇注】

王　恢：《清统志》三三："邯郸故城在今县西南十里，俗呼赵王城。秦汉时赵俱治此，雉堞犹存。中有一台，疑即殿廷之所。《舆地记》：赵王城西南二十里至台城冈，汉以前，邯郸城大数十里，今县城及故城，皆邯郸也。堙废处，所存者止此耳。"（《史记本纪地理图考·秦本纪》）

⑥【汇注】

吕祖谦：《水经》及《注》，漳水出上党长子县麓谷东，过壶关县北，又东北过屯留县、潞县北，又东过武安县，又东出山，过邺县西，又东过列人县、南于县，又合白渠，白渠水东入邯郸城，又东流，出城，又合为一川。（《大事记解题》卷九《自注》）

⑦【汇注】

颜师古：与，如也，言能如之何也。（《汉书注·高帝纪第一下》）

周寿昌：颜注：与，如也。寿昌按：与，待也。《论语》及《后汉·冯衍传》注，与俱训待。此可借作待训，言吾知所以待其来也。与故有如训，然颜注未显。（《汉书注校补》卷一）

王先谦：王念孙曰："……与，皆谓敌也。"（《汉书补注·高帝纪第一下》）

吴　恂：师古曰："与，如也，言能如之何也。"刘攽曰："与，犹待也。"王念孙曰："颜说甚迂。与，犹敌也，言吾知所以敌之矣。襄二十五年《左传》：闾丘婴与申鲜虞乘而出，行及弇中，将舍，婴曰：崔庆其追我。鲜虞曰：一与一，谁能惧我。与，敌也，惧，病也。《秦策》：以此与天下，天下不足兼而有也。《史记·孙子传》：今以君之下驷，与彼之上驷；取君上驷，与彼中驷；取君中驷，与彼下驷。《燕世家》：庞煖易与耳。《白起传》：廉颇易与耳。《淮阴侯传》：吾生平知韩信易与耳。与，皆谓敌也。"先谦曰："王说是。"恂按：与，犹今言应付、对付也（付，古作副）。《礼记·礼器》："蘧伯玉曰：观其发，而知其人之知，故曰君子慎其所以与人者。"《楚策》："奚恤曰：奚恤得事公，公何为以故（诈也）与奚恤？"《韩非子·初见秦篇》："以此与天下，天下不足兼而有也。"并足以证。刘攽训待，是也，王氏所引悉对付之义，训敌似未切。（《汉书注商·高帝纪下》）

⑧【汇注】

班　固：陈豨反，上亲征之，命周昌选赵壮士可将者，白见四人，上骂曰："竖子能将乎?"上封各千户,以为收。左右谏曰:"从入蜀汉,伐楚,尝未遍行,今封此,何功?"上曰:"非汝所知,陈豨反,赵、代地皆豨有。……何爱四千户,不以慰赵子弟。"(《汉书·高帝纪第一下》)

  胡三省:豨将皆故贾人,贾人嗜利,乃多以金购之。贾,音古。(《资治通鉴》卷一二《汉纪四》注)

⑨【汇评】

  凌稚隆:凌约言曰:兵阻漳水,则曰"吾知其无能为",为识地利。将用贾人,则曰"吾知所以与之",为知人情。(《史记评林》卷八《高祖本纪》)

  十一年①,高祖在邯郸诛豨等未毕,豨将侯敞将万馀人游行②,王黄军曲逆③,张春渡河击聊城④。汉使将军郭蒙与齐将击⑤,大破之。太尉周勃道太原入⑥,定代地⑦。至马邑⑧,马邑不下⑨,即攻残之⑩。

①【汇注】

  齐召南:十一年冬,破豨军。正月,吕后杀淮阴侯韩信,帝还至洛阳。立子恒为代王,薄姬子也。诏求贤才。三月,杀故梁王彭越。立子恢为梁王,友为淮阳王。遣陆贾如南粤,立尉赵佗为南粤王。七月淮南王英布反,击杀荆王刘贾,又败楚军。帝自将击布,立子长为淮南王。(《历代帝王年表·汉年表》)

②【汇注】

  王先谦:敞,豨丞相也。后为灌婴所斩。见《婴传》。(《汉书补注·高帝纪第一下》)

  龚浩康:游行,游击,运动战。(见王利器主编《史记注译》卷八《高祖本纪》)

③【汇注】

  裴 骃:文颖曰:"今中山蒲阴是。"(《史记集解·高祖本纪》)

  胡三省:班《志》:曲逆县属中山国。张宴曰:濡水于城北曲而西流,故曰曲逆。后汉章帝丑其名,改曰蒲阴。杜佑曰:中山郡北平县,秦曲逆县。后汉蒲阴县。曲逆,读皆如字。《文选·高祖功臣赞》注曰:曲,区句翻。逆,音遇。非也。颜之推曰:俗儒读曲逆侯为去遇。票姚校尉曰飘摇。票姚,诸儒有两音。最无谓者,曲逆为去遇也。(《资治通鉴》卷一一《汉纪三》注)

  程馀庆:曲逆,故城在保定府完县东南二十里。(《历代名家评注史记集说·高祖

本纪》)

王先谦：曲逆，中山县，在今保定府完县东南。(《汉书补注·高帝纪第一下》)

王　恢：曲逆，即左哀四年之逆畤。战国称曲逆。汉县属中山国。七年，高帝击韩王信于代，南过曲逆，上其城，望室屋甚大，曰："壮哉县！吾行天下，独见洛阳与是耳。"顾问御史"户口几何？"对曰："始秦时三万余户，间者兵数起，多亡匿，今见五千户。"于是更封户牖侯陈平为曲逆侯。章帝元和二年（88），行巡北岳，以曲逆名不喜，因山水之名，改曰蒲阴。后魏分中山郡置北平郡，北齐废郡为县。五代唐改燕平。宋复曰北平。金为完州，明初降为县以迄今。故城在县东南。(《史记本纪地理图考·高祖本纪》)

④【汇注】

裴　骃：徐广曰："在平原。"(《史记集解·高祖本纪》)

张守节：（张春）陈豨将也。又刘伯庄云："彼时聊城在黄河之东，王莽时干，今浊河西北也。"今在博州西北。《深丘道里记》云："王莽元城人，居近河侧，祖父坟墓为水所冲，引河入深川，此王莽河因枯也。"(《史记正义·高祖本纪》)

又：《括地志》云："故聊城在博州聊城县西二十里。春秋时齐之西界。聊，摄也。战国时亦为齐地。秦汉皆为东郡之聊城也。"（同上）

吕祖谦：张春既犯齐地，故汉将助齐，击破之。(《大事记解题》卷九自注)

胡三省：班《志》，聊城县属东郡。《括地志》：聊城故城，在博州聊城县西二十里，春秋时齐之西界。聊，摄也。战国时亦为齐地。(《资治通鉴》卷一二《汉纪四》注)

沈钦韩：《一统志》：聊城故城在东昌府聊城县西北十五里。(《汉书疏证》卷一《高帝纪》)

程馀庆：聊城，故城在东昌府西北十五里，时在黄河东。(《历代名家评注史记集说·高祖本纪》)

王　恢：聊城，即《左》昭二十年之聊摄，战国曰聊城，汉县属东郡，其时黄河行聊城西，故云渡河也。(《史记本纪地理图考·高祖本纪》)

⑤【汇注】

龚浩康：郭蒙，汉将，曾以都尉为汉守敖仓，后封东武侯。(见王利器主编《史记注译》卷八《高祖本纪》)

⑥【汇注】

裴　骃：《汉书·百官表》曰："太尉，秦官。"应劭曰："自上安下曰尉，武官悉以为称。"(《史记集解·高祖本纪》)

又：韦昭曰："道犹从。"（同上）

⑦【汇注】
　　吕祖谦："周勃，樊哙定代郡、雁门、云中地，斩陈狶于当城。"《解题》曰：当城属代郡。（《大事记解题》卷九）
　　又：《解题》曰：按：《年表》，十一年，绛侯周勃为太尉，后官省。按：勃以太尉平代，盖事迄而罢也。（同上）
⑧【汇校】
　　王先谦：宋祁曰：马邑，或作高邑。（《汉书补注·高帝纪第一下》）
【汇注】
　　沈钦韩：《一统志》：马邑故城，今朔平府朔州治。（《汉书疏证》卷一《高帝纪》）
⑨【汇注】
　　杨树达：马邑乃张良出奇计下之。见《良传》。（《汉书窥管·高帝纪下》）
⑩【汇注】
　　颜师古：残谓多所杀戮也。（《汉书注·高帝纪第一下》）

　　狶将赵利守东垣，高祖攻之，不下。月余，卒骂高祖，高祖怒。城降，令出骂者斩之，不骂者原之①。于是乃分赵山北②，立子恒以为代王③，都晋阳④。

①【汇评】
　　王先谦：《史记》作"城降，令出骂者斩之，不骂者原之"。以见城为贼守，帝虽怒，后不改其宽仁大度。（《汉书补注·高帝纪第一下》）
②【汇注】
　　龚浩康：分赵山北，将赵国常山（即恒山）以北地区划归代国。（见王利器主编《史记注译》卷八《高祖本纪》）
③【汇校】
　　梁玉绳：按：代王之立在十一年正月，《表》作三月，是误在后，而此书于冬，又误在前也。"恒"字何以不避？古礼卒哭乃讳，春秋以来虽生时亦讳之。秦、汉讳甚严，乃《史》于《纪》《表》犯文帝讳不一而足，《景帝纪》亦犯孝武讳，皆史公失检处。《文帝纪》载有司请立太子，云"子某最长"，当用此例书曰"立子某以为代王"，即《金縢》所谓"元孙某"也。（高祖谓太上皇曰"今某之业所就孰与仲多"，亦与此同。）（《史记志疑·高祖本纪第八》）

【汇注】

吕祖谦：按：《本纪》诏曰："代地俱常山之北，与夷狄边，赵乃从山南有之，远，数有胡寇，难以为国，颇取山南太原之地益属代。代之云中以西为云中郡，则代受边寇益少矣。王、相国、通侯、吏二千石择可立为代王者。"燕王绾、相国何等三十三人，皆曰："子恒贤知，温良，请立以为代王，都晋阳。"（《大事记解题》卷九）

张文虎：立子恒，《考异》云文帝名再见《高纪》，一见《吕后纪》。《景纪》四年立皇子彻，七年立皇太子名彻，皆后人所加。（《校刊史记集解索隐正义札记·高祖本纪》）

【汇评】

凌稚隆：吕祖谦曰：《史记》书"分赵山北，立子恒为代王"，盖子长游历四方，识舆地之大势，故其书法简明，得主名山川之余意。若此类非一，《汉书》多改之，班氏盖未达也。（《史记评林》卷八《高祖本纪》）

牛运震：书立代王，而不录立代王诏，亦疏。（《读史纠谬》卷一《史记·高祖本纪》）

④【汇注】

裴　骃：如淳曰："《文纪》言都中都，又文帝过太原，复晋阳、中都二岁，似迁都于中都也。"（《史记集解·高祖本纪》）

梁玉绳：附按：《文帝纪》《诸侯王表》《陈豨传》俱作"都中都"，与此言"都晋阳"不同。《文纪》又言"幸太原、复晋阳、中都三岁租"。疑当时诏都晋阳，而实居中都，亦犹韩王信诏都晋阳而请居马邑耳，故如淳注以为迁于中都也。（《史记志疑·高祖本纪第八》）

【汇评】

吕祖谦：《史记》书"分赵山北，立子恒以为代王"。子长少游四方，识舆地之大势，故其书法简明，得主名山川之余意。如此类非一，《汉书》多改之，盖班氏所未达也。秦、汉之间，称山北、山南、山东、山西者，皆指太行。太行在汉属河内郡野王、山阳之间，在今属怀州，在天下之中，故指此山以表地势焉。（《大事记解题》卷九）

春，淮阴侯韩信谋反关中①，夷三族②。

①【汇注】

荀　悦：九月，陈豨接下宾客，从车千余乘，初，豨适代时，辞淮阴侯韩信。韩信既废，恐惧怨望，乃与豨谋曰："赵、代，精兵处也。公反于外，上必自出，吾从中起，天下可图也。"……春正月，淮阴侯韩信谋反，与陈豨为内应，欲夜诈诏诸官徒奴，以袭吕后、太子，其舍人告之。吕后与萧何谋，诈令人从上所来，言陈豨已死，群臣皆贺，遂执信斩之，夷三族。信方斩，叹曰："悔不用蒯通之言，为女子所执。"（《汉纪·前汉高祖皇帝纪卷四》）

【汇评】

周紫芝：夫高祖以大度取天下，而余独以谓不然，此闻者所以未免于笑也。以余观之，韩信未尝反，高祖疑之而反也。其他虽不可以悉举，大抵皆高祖疑之而反耳。观信以淮阴一介，崛起从汉，曾不旋踵，虏魏王，禽夏说，下井陉，诛成安，胁燕定齐，摧楚兵数十万众，卒斩龙且，西向以报。当是之时，可以唾手而反矣。蒯通说之以叛，至于再而不从，信之言曰："汉遇我厚，吾岂可以见利而背恩信乎？"由是观之，信岂有意于反哉？云梦之游，执信而虏之，高祖始有疑信之心，信亦自是怏怏失意，反状遂萌。故曰：韩信未尝反，高祖疑之而反也。（《太仓稊米集》卷四十四《汉高帝论》）

吴见思：关中帝都，身在朝廷，岂能反哉？（《史记论文·高祖本纪》）

② **【汇注】**

荀悦：三月，梁王彭越反，诛三族。上击陈豨时，征兵梁王，梁王但遣将往。上怒之。梁王欲自行，其将扈辄曰："王始不行，见让而往，即为擒矣。不如遂发兵反。"梁王不听，称疾。梁王太仆有罪亡者，告彭越与扈辄谋反，上捕囚越，赦为庶人。徙之蜀，道逢吕后于路，涕泣曰："无罪，愿归昌邑。"吕后与俱还洛阳，谓上曰："彭越壮士，徙之蜀，自贻后患，不如遂诛之。"吕后令其舍人告彭越复谋反，乃诛之，夷三族，枭其首，令曰："敢有收视者，辄捕之。"梁太傅栾布为彭越使于齐，还，报命首下，祠而哭之。上欲烹之。方提头趋汤镬，布曰："愿一言而死。"曰："陛下非彭越，项氏不亡。今天下已定，彭王剖符受封，亦欲传之万世。今一征兵，王不自行，而疑以为反，反形未见，以苛察诛之。臣恐功臣人人自危。彭王已死，臣生不如死，请就汤镬。"上赦之，拜为都尉。于是醢彭越，以醢遍赐诸侯。（《汉纪·前汉高祖皇帝纪卷四》）

司马光：淮阴侯信称病，不从击豨，阴使人至豨所，与通谋。信谋与家臣夜诈诏赦诸官徒、奴，欲发以袭吕后、太子；部署已定，待豨报。其舍人得罪于信，信囚，欲杀之。春正月，舍人弟上变，告信欲反状于吕后。吕后欲召，恐其傥不就；乃与萧相国谋，诈令人从上所来，言豨已得，死，列侯、群臣皆贺。相国绐信曰："虽疾，强入贺。"信入，吕后使武士缚信，斩之长乐钟室。（《资治通鉴》卷一二《汉纪四》）

陆次云：《樵书》载广南有韦土官者，韩信之后也。当淮阴钟室难作之时，信有客匿其孤，求抚于萧相国。相国作书致南粤尉佗。佗素重信，又怜其冤，慨然受托。姓之以韦者，去其韩之半也。孤后有武功，世长海壖，受铁券至今。萧何与尉佗书尚勒鼎彝，昭然可考。（《峒溪纤志》卷上《附谿峒异闻四则·韩信后》）

【汇评】

胡　寅：司马氏曰：韩信之功大矣，观其拒蒯彻之说，迎高祖于陈，岂有反心哉？良由失职怏怏耳。卢绾里闬旧恩犹南面称王，信乃以列侯奉朝请，世言高祖负信则有之。虽然，信亦有以自取也。下齐不报而自王，固陵有期而不至，是乘时徼利怀市井之心，高祖欲取之久矣，顾力未能耳。及天下既定，则信复何恃哉。愚以谓功过当相准，信功齿三杰不可忘也。迎陈之礼可以赎自王之衅，拒彻之意可以免失期之罪，未有反计则当侯，以次国逆谋既露犹当宥其子孙。如是则汉祖纪信之功、讨信之罪，各尽其道而无负矣。（《致堂读史管见》卷一"韩信反夷三族"）

蔡　戡：楚汉相持，权在于信，信东归楚则汉败，西属汉则楚亡。两无所附，则可以三分天下，鼎足而立。信方怀推食解衣之恩，力拒武涉、蒯通之计，信之心岂有意背汉哉？信下魏、代，灭齐、赵，立数大功，而无尺寸之土，必待其自请，不得已而王之，帝固疑信矣。固陵之会，信又不至，帝始有诛信之心。所以未释垓下之甲，已袭齐壁之军，夺齐王楚，忌隙遂开，信乃疑帝矣。淮阴之贬，又与哙等为伍，信始有不轨之谋。当其据七十余城，势倾楚汉，不以此时自利，累然一夫，在人掌握，乃欲图天下事，此其计出于无聊可知矣。由是言之，信之反心，盖帝有以启之也。（《定斋集》卷一二《高帝论》）

王鸣盛：信本项氏臣，虽无异遇，非有深嫌，去而事刘，可也；反面而攻故主，亲斩杀之，可乎？故友钟离昧为汉所深怨，穷而归信，即斩其首归汉，其倾危至此。范睢怨魏齐，欲杀之，魏齐亡匿平原君所，秦绐平原君入关，而谓曰："愿使人归，取魏齐头来，不然，吾不出君于关。"平原君曰："魏齐者胜之友也。在，固不出也。"其意铮铮，读之令人气壮。信欲斩穷交以自赎，仍不免被擒，亦可羞矣。陈平称昧为项王骨鲠之臣，信固尝与昧比肩事项王，信亲诛故主，何有于故友？昧欲依之，固为不智，而信之惟利是视，诚反覆小人，钟室之祸，要非不幸也。然千载而下，有可为信解嘲者，初为汉连敖，坐法当斩，同辈十三人皆斩，讫信以滕公救得生，死于钟室，较死于连敖差胜矣。但荐信为大将，萧何也，绐信而斩之，亦萧何也，曾不少怜焉，何也？何之倾危，殆与信等。（《十七史商榷》卷五《史记·信反而攻故主》）

俞　樾：世多惜淮阴之死，吾谓淮阴不死，刘氏不安。然则信必反乎？曰，然。信之不用蒯通之说也，以为汉不夺我齐也。夺之齐而王之楚，信已不平。况又夺之齐而侯之淮阴哉。是故汉不杀信，亡刘氏者必信也。……韩信枭雄之姿，世无高帝，则不能制。而欲以平勃之徒当之，此群羊咋（胙）虎也。故其时亦幸而韩信已诛，使信尚在，以诛诸吕为名，号召天下，天下素震于信之威名，可传檄而定。既去吕氏，则操莽之业，岂足道哉。论者乃责汉于信寡恩，呜呼，蝮蛇螫手，壮士断腕。萧何识信于亡卒之中，荐为大将。而钟室之谋，何亦与焉。岂非有不得已者欤。夫汉始患无信，而项氏非所忧。继患有信，而吕氏非所忧。故自淮阴侯之死，而高帝可以老矣。(《宾萌集》论篇一《韩信论》)

夏，梁王彭越谋反①，废迁蜀；复欲反②，遂夷三族③。立子恢为梁王④，子友为淮阳王⑤。

① 【汇注】
施之勉：按：《汉书·高纪》作三月者，盖彭越反，废迁蜀在三月。彭越道见吕后，还至洛阳，人告其谋反，遂族诛之，当已在夏。此与黥布、卢绾《传》作"夏夷彭越"，不误也。彭越谋反废在三月，《史》《汉》诸侯王表书恢，友，十一年三月立，并无不合耳。(《史记会注考证订补·高祖本纪第八》)

② 【汇评】
刘辰翁："废迁蜀""复欲反"，如不满，非越之罪，吕后之过也。每定反地，辄以与孺子，而皆出于臣下奏请，殆诸将有以窥帝矣。(见倪思编《班马异同》卷二《高祖》)
吴见思：既已废迁，身在陷井，岂能复反哉？史笔。(《史记论文·高祖本纪》)
程馀庆："复欲"字，书法。既已废迁，身在陷阱，岂能反哉？故二人皆不削其爵。(《历代名家评注史记集说·高祖本纪》)

③ 【汇注】
陆唐老：师古曰：夷，平也，谓尽诛之。(《陆状元增节音注精议资治通鉴》卷二十七《太祖高皇帝下》自注)
【汇评】
吕祖谦：遗使掩梁王，梁王不觉，捕梁王，囚之雒阳：此所谓反形未具者也。使其欲反，岂单使所能掩捕哉？高帝非不察，此特欲因事除之耳。以韩、彭之气略，皆毙于吕后之手，味"妾谨与俱来"之语，此固绛侯、陈平慑服而不敢动者。与蒯彻之辨栾布之节，固足以免身，然帝亦深有动乎其中也。太史公曰："彭越虽固贱，然已席卷千里，南面称孤，喋血乘胜，日有闻矣。怀叛逆之意，及败，不死而虏囚，身被形戮，何哉？中材以上且羞其行，况王者乎？彼无异故，智略绝人，独患无身耳，得摄尺寸之柄，其云蒸龙变，欲有所会其度，以故幽囚而不辞云。"子长有秦、汉间侠气，故有论每如此。使子长而知道，则其所感将有大者焉，不必于此深嗟而屡叹也。(《大

事记解题》卷九)

王　迈：楚汉纷争之初，彭越首以人杰起兵，未肯以身轻属乎人也。及汉兵败于梁北，奔于睢水，帝使人以将军印绶赐越，越乃肯来，彼固有所邀于帝矣。……故君子于赐越印绶之日，已知其有菹醢之变。……然则君臣之间，必欲情实相孚，恩义交结，哀荣寿考，终始无间，可不于其初而谨之！（《臞轩集》卷三论《高帝论五》）

梁　潜：或者谓高帝宽仁爱人，乃独于吕后以色衰而弛爱。夫托交贫贱，起身艰苦，一旦富贵之余，乃疏弃之，独不念前日楚军之间道哉？高帝无乃少恩也！梁子曰：不然。夫高帝之知人，何如其明也。与吕后处者几年矣，吕之为人独不知之耶？彼固一妇人也，而其雄猜杰黠，有猛士之肝肠，高帝于是乎有以知吕后之心矣。夫畜老人犹惮杀，曾谓国家之勋臣，取而族灭之无遗噍类，若置中兔然，未尝有难色，后也何其忍人哉！夫杀诸将非高帝之心也，后也。蒯彻教信以反，贯高反形已具，高帝犹释之，而肯果于杀韩、彭耶？韩、彭虽夷灭，而昔日感遇之际，士为知己死者，英态豪气犹在目睫间也。高帝中夜思之，岂不一动心哉！吕后是可忍也，孰不可忍也。（《泊庵集》卷二《高帝吕后论》）

④【汇校】

梁玉绳：按：废越立恢皆在三月，《汉纪》可据，此与《黥布》《卢绾传》并作夏夷彭越，误也。《史》《汉》《诸侯王表》书恢、友以十一年三月立，若越之谋反夷族在夏，安得三月已封恢、友为王乎？至《史·诸侯王表》及《汉·异姓表》以越诛在十年，则更误矣。（《史记志疑·高祖本纪第八》）

【汇注】

王　恢：梁国，彭越固钜野泽盗，常往来梁地为汉击楚，绝楚粮道，扰楚后方，楚因兵少食尽，与汉约以鸿沟为界，解而东归。汉王追之，羽败之固陵。留侯请立韩信与彭越，谓"越功多，即胜楚，睢阳以北至谷城，皆以王彭相国"。五年春，立彭越为梁王，都定陶。（《彭越传》）十一年三月，以彭越谋反，囚之洛阳，废迁蜀，西至郑（陕西华县），随吕后迁洛，诛而醢之，徧赐诸侯。乐布哭之，甘赴鼎烹。（《布传》）黥布见醢，因而谋反。（见下"淮南国"）太史公以为"彼无异故，欲有所会其度，以故幽囚而不辞云"。（《史记本纪地理图考·高祖本纪》）

⑤【汇注】

吕祖谦：按：《本纪》三月，梁王彭越谋反，夷三族。诏曰："择可以为梁王、淮阳王者（分彭越地为二国也）。"燕王绾、相国何等请立子恢为梁王，子友为淮阳王，罢东郡，颇益梁，罢颍川郡，颇益淮阳。既分梁地为二国，以其地狭，故少割二郡地以益之也。二郡既罢，则所割之余地皆入旁郡矣。《地理志》二郡不书高帝世尝罢，而《史记》年表载高祖封诸侯王，汉独有十五郡，东郡、颍川亦在其中，岂未几即复为郡

与？(《大事记解题》卷九)

王 恢：淮阳国，故秦陈郡，楚汉之际属楚国，汉五年十月属汉，以与齐王信。正月，信徙楚，为淮阳郡。十一年三月立为国，王子友，都陈。(淮阳)友立二年(惠帝元年)徙王赵，国除为淮阳，汝南都。(《史记本纪地理图考·高祖本纪》)

秋七月，淮南王黥布反①，东并荆王刘贾地②，北渡淮，楚王交走入薛。高祖自往击之③。立子长为淮南王④。

① 【汇注】

荀 悦：秋，淮南王黥布谋反，谓其将曰："上老矣，厌兵，必不能自来。诸将独韩信与彭越，今皆死矣，余不足畏。"遂反。汝阴侯问故楚令尹薛公曰："布何故反？"对曰："往年杀韩信，今年杀彭越。此三人者，同功一体之人，自疑祸及其身，故反耳。"夏侯婴乃言薛公于上，上召问之。薛公对曰："布出上计，则山东非汉之有也；出中计，胜败之数未可知；布出下计，陛下高枕而卧耳。"上曰："何谓上计？"对曰："东取吴，西取楚，并齐与鲁，传檄燕赵，固守其所，山东非汉之有。""何谓中计？"对曰："东取吴，西取楚，并齐、韩，取魏，据敖仓之粟，塞成皋之口，胜败之数，未可见也。""何谓下计？""东取吴，西取蔡，归重于越，身归长沙，陛下无患矣。"上曰："此计将安出？"曰"必出下计。布故骊山徒耳，致万乘之王，此皆为身不顾其后，不为百姓万世之业也。"上曰："善。"封薛公为千户侯。上遂自征布。赦死罪已下，皆令从军。立皇子长为淮南王。(《汉纪·前汉高祖皇帝纪卷四》)

司马光：初，淮阴侯死，布已心恐，及彭越诛，醢其肉以赐诸侯。使者至淮南，淮南王方猎，见醢，因大恐，阴令人部聚兵，候伺旁郡警急。布所幸姬，病就医，医家与中大夫贲赫对门，赫乃厚馈遗，从姬饮医家；王疑其与乱，欲捕赫。赫乘传诣长安上变，言"布谋反有端，可先未发诛也"。上读其书，语萧相国，相国曰："布不宜有此，恐仇怨妄诬之。请系赫，使人微验淮南王。"淮南王布见赫以罪亡上变，固已疑其言国阴事，汉使又来，颇有所验；遂族赫家，发兵反。(《资治通鉴》卷一二《汉纪四》)

【汇评】

蔡 戡：夫固陵失期，信、越之罪均，故族信而越疑，异姓封王，三人之体一，故诛越而布恐。又况醢其同类之肉而遍赐之，则人人不能自保，亲爱如绾，信幸如豨，亦且狼顾而起。前年杀彭越，往年杀韩信，所以藉乱臣贼子之口。嗟乎！帝一念之疑，人皆疑之。楚之未灭也，帝所与敌者，羽一人耳。楚灭而敌国日滋，帝曾不得安枕而

卧，帝之心何如哉？或谓豁达大度，愚不信也。(《定斋集》卷一二《高帝论》)

又：甚矣，疑之为害也！自昔父子兄弟天属之亲，积疑而成衅者多矣，况君臣以势合者乎？盖示人以疑，人亦疑之。内则损德，外则招怨，不惟人怀反侧之心，亦非所以为自安计也。高帝之五年，天下甫定。六年，楚王信反；七年，韩王信反；十年，代相陈豨反；十一年，梁王彭越反，淮南王英布又反；十二年，燕王卢绾反。大抵终帝之世，东征西讨，殆无宁岁，盖亦幸而屡胜，汉之为汉，岌岌乎殆哉！以愚观之，诸将反心生于自疑，其所以自疑，起于帝之疑韩信也。(同上)

② 【汇注】

司马光：荆王贾走死富陵。(《资治通鉴》卷一二《汉纪四》)

③ 【汇注】

吕祖谦：秋七月，淮南王英布反，击杀荆王刘贾，并其地。北渡淮击楚，楚王交走入薛。(《大事记》卷九)

又：帝自征英布，发关中、巴、蜀兵为皇太子卫军霸上，赦天下死罪以下，皆从军。(同上)

又：汉太祖高皇帝十二年冬十月，大破英布军于蕲西。布走渡淮，数止战，不利，与百余人走江南。长沙王吴臣诱杀之于番阳。(同上)

又：高帝自即位以来，大调发无过此者。盖发王郡、北地、陇西、车骑、巴蜀、材官及中尉卒为皇太子卫，则内史兵籍皆调以南征，而京师南、北军悉从帝以出矣，又征诸侯兵，又赦天下死罪以下者皆从军。出师之盛，前此所未有也。观出师之盛，则布兵势之张，从可知矣。(《大事记解题》卷九)

④ 【汇注】

王　恢：淮南国，故秦九江郡，项羽立黥（本姓英）布为九江王，都六。汉二年，羽击齐，征兵九江，布称病不往，汉败楚彭城，布又不救，羽由此怨布。汉三年，汉王大败于彭城，遣随何策反布，杀楚使归汉。四年七月，立以为淮南王，侧击项羽，破之垓下。六年，剖符定封，王九江、庐江、衡山、豫章四郡，仍都六。十一年，吕后诛淮阴侯，布恐；夏，又醢彭越，盛其醢遍赐诸侯，布大恐。七月，反。东并荆王刘贾地，北渡淮，楚王交走入薛，帝自将击之会甄，遥谓布曰："何苦而反？"布曰："欲为帝耳！"布败，别将破布洮水，追斩之鄱阳。(《布传》)布反，即立皇子长为淮南王，都寿春。(《史记本纪地理图考·高祖本纪》)

【汇评】

凌稚隆：王鏊曰：春、夏、秋各以反踵起，而各以立子随之。(《史记评林》卷八《高祖本纪》)

范文澜：分封同姓王——新起的汉朝廷，实力不能通达到全国，有必要分封诸王。

汉高帝一面消灭异姓王，一面陆续封儿子刘肥为齐王、刘长为淮南王、刘建为燕王、刘如意为赵王、刘恢为梁王、刘恒为代王、刘友为淮阳王，又封弟刘交为楚王，侄刘濞为吴王。这些王国的重要官吏是汉朝廷派遣去的，法令也是汉朝廷制定的，诸王都是幼童，在封地内权力远不如异姓王那样大，汉朝廷因此有时间来充实自己的统治力，到一定时期消灭这些半割据的同姓王国。（《中国通史简编·西汉政治概况》）

十二年，十月①，高祖已击布军会甀②，布走③，令别将追之④。

① 【汇注】
齐召南：十二年，冬十月，破布军于蕲西，布走，长沙王诛之，淮南平。帝过沛，复其民世世。太尉周勃诛陈豨，定代地。过鲁祀孔子。更以荆为吴国，立兄仲子濞为吴王。帝还宫，下相国何于狱，寻赦之。燕王卢绾反，遣樊哙讨之；立子建为燕王。诏以周勃代樊哙将，陈平传哙至长安。四月帝崩。卢绾亡入匈奴。自是异姓王惟长沙王一国，余皆尽矣。五月葬长陵。太子盈即位，尊吕后为太后。赦樊哙。吕太后专[政]。（《历代帝王年表·汉年表》）

② 【汇校】
司马贞：上音鲙，下音丈伪反，地名也。《汉书》作"缶"，音作保，非也。（《史记索隐·高祖本纪》）
张文虎：会甀，《索隐》："《汉书》作'缶'，音作'保'，非也。"《考异》云沛郡蕲县有番乡，即此会甀也。隶书"垂"似"缶"，故《汉书》讹"缶"，孟康读"会"为"侩保"之"侩"，非读"甀"为"保"，小颜未达，小司马又承颜之谬。（《校刊史记集解索隐正义札记·高祖本纪》）

【汇注】
裴骃：徐广曰："在蕲县西。"骃按：《汉书音义》曰："会音侩保，邑名。甀音直伪反。"（《史记集解·高祖本纪》）
程馀庆：今宿州故蕲城西，有甀乡。（《历代名家评注史记集说·高祖本纪》）
王骏图、王骏观：《汉书》上破布军于会缶，孟康曰：音侩、保，邑名。师古曰：缶本作待罍，音保，非也。然孟氏固合会缶两字而连注之，裴骃疑保字属下，以为分注，误矣。至裴氏于甀字则明音直伪反，并不音保，而《索隐》又误以裴仍音保而驳之，是误之又误矣。盖保与堡古字通，读如浦，于《汉书》缶字音浦，似不甚错。特注家以明白晓畅为宗，孟氏不应用此古字，致生疑窦耳。然堡之与保，或是传写之讹，钱氏《考异》谓垂讹为缶，甚是；但谓孟康谓读会为佮保之佮，非读甄为保云云，虽能识诸家之非，犹未深明孟氏之意也。（《史记旧注平义·高祖本纪》）

钱 穆：案：据《史》文，会甄乃一名。《汉志》："蕲，垂乡。高祖破黥布。"后世遂相沿以蕲西垂乡说之，似误；其地当在蕲西，则今宿县西南也。（《史记地名考·梁宋地名》）

王 恢：《汉志》，沛郡蕲，番乡，高祖破黥布。《黥布传》："西与上兵遇蕲西会甄。"会甄，当今宿县西南。按：布北渡淮，围彭城，楚交走入薛，幸得丞相冷耳坚守。耳因功侯下相二千户。（《功臣表》）慨夫仲弃代入洛，贾弃荆走死富陵，交走入薛，其兄弟庸碌盖如此，其开国之仗异姓功臣甚显然。然兔死狗烹，以国为家，古今多有，岂惟汉高！（《史记本纪地理图考·高祖本纪》）

③【汇注】

司马光：布军败走，渡淮，数止战，不利，与百余人走江南，上令别将追之。（《资治通鉴》卷一二《汉纪四》）

④【汇注】

荀 悦：十二年冬十月，上破布军，布走江南，长沙王使人杀之。（《汉纪·前汉高祖皇帝纪卷四》）

吕祖谦："汉太祖高皇帝十二年冬十月，大破英布军于蕲西，布走，渡淮，数止战，不利，与百余人走江南，长沙王吴臣诱杀之于番阳。"按：《史记·年表》：下相侯冷耳，以楚丞相坚守彭城距布军，功侯二千户。方楚王交已败，高帝军未至，布所以不能遽北者，由冷耳坚守彭城以扼其冲也。蕲即陈涉所起之蕲，高帝约"非刘氏不王"，而长沙独以异姓介于其间，所谓著于甲令而称忠者也，非特录芮之忠，而臣亦与焉。（《吴臣传》云：初，文王芮，高祖贤之，制诏御史。长沙王忠，其定著令。邓展曰：汉约，非刘氏不王，而芮王，故著令中，使特王也。）太史公曰："英布者，其先岂《春秋》所见楚灭英、六，皋陶之后哉？身被刑法，何其拔兴之暴也！项氏之所坑杀人以千万数，而布常为首虐。功冠诸侯，用此得王，亦不免于身为世大戮。祸之兴自爱姬殖，妒媢生患，竟以灭国！"（《大事记解题》卷九）

高祖还归，过沛①，留。置酒沛宫②，悉召故人父老子弟纵酒③，发沛中儿得百二十人，教之歌④。酒酣，高祖击筑⑤，自为歌诗曰⑥："大风起兮云飞扬⑦，威加海内兮归故乡⑧，安得猛士兮守四方⑨！"令儿皆和习之⑩。高祖乃起舞⑪，慷慨伤怀，泣数行下⑫。谓沛父兄曰："游子悲故乡⑬。吾虽都关中，万岁后吾魂魄犹乐思沛⑭。且朕自沛公以诛暴逆，遂有天下，其以沛为朕汤沐邑⑮，复其民，世世无有所与⑯。"沛父兄诸母故人日乐饮极欢⑰，道旧故为笑乐⑱。十馀日，高祖欲去，沛父兄固请留高祖。高祖曰："吾人众多，父兄不能给。"乃去。沛中空县皆之邑西献⑲。高祖复留止，张饮三日⑳。沛父兄皆顿首曰："沛幸得复，丰未复㉑，唯陛下哀怜之。"高祖曰："丰吾所生长，极不忘耳㉒，吾特为其以雍齿故反我为魏㉓。"沛父兄固请，乃并复丰，比沛㉔。于是拜沛侯刘濞为吴王㉕。

① 【汇评】
高 嶙：写"过沛"一段，情致动人。（《史记钞·高祖本纪》）
又：储同人曰：起事前零星碎叙，史笔写生；"过沛"一节，尤是着色描画，精神鼓舞。（同上）

② 【汇注】
张守节：《括地志》云："沛宫故地在徐州沛县东南二十里一步。"（《史记正义·高祖本纪》）
乐 史：沛宫在县东南一里。《汉书》高祖置酒宴乡中父老。今在广戚城中。（《太平寰宇记》卷一五《徐州彭城郡沛县》）
王 恢：沛宫，《元和志》（九）："在沛县东南一里。"（《括地志》误二十里）寰宇记（五一）："歌风台在沛县东南百八十步。并沛宫俱在泗水西岸。"《清统志》（一〇一）："县志云，立石篆刻《歌风辞》于其上。"（《史记本纪地理图考·高祖本纪》）

③ 【汇校】
王先谦：（纵）《通鉴》从，《汉书》作"佐"。（《汉书补注·高帝纪第一下》）
【汇评】
凌稚隆：茅坤曰：以下叙得感慨淋漓。（《史记评林》卷八《高祖本纪》）

④ 【汇评】
唐彦谦：沛中歌舞百余人，帝业功成里巷新。半夜素灵先哭楚，一星遗火下烧秦。貔貅扫尽无三户，鸡犬归来识四邻。惆怅故园前事远，晓风长路起埃尘。（见《全唐诗》卷六七一《新丰》）

⑤【汇注】

　　裴　骃：韦昭曰："筑，古乐，有弦，击之不鼓。"（《史记集解·高祖本纪》）

　　张守节：（筑）音竹。应劭云："状似瑟而大，头安弦，以竹击之，故名曰筑。"颜师古云："今筑形似瑟而小，细项。"（《史记正义·高祖本纪》）

【汇评】

　　姚苎田：摹情写景，一步酣畅一步。（《史记菁华录》卷一《高祖本纪》）

⑥【汇注】

　　乐　史：歌风台在县城东南一百八十步。古老传云：汉祖征英布回，归沛，于此台歌曰"大风起兮云飞扬"，因为名。（《太平寰宇记》卷一五《徐州彭城郡沛县》）

　　陈　直：直按：《汉书·艺文志》："高祖诗二篇。"盖指《大风》《鸿鹄》二首而言。《本纪》作自为歌诗，《乐书》称为诗三侯之章，皆无大风歌之名，其名为《大风歌》者，始于《艺文类聚》。又《金石萃编》卷十九，有《大风歌》刻石，题为《汉高祖皇帝歌》，为魏晋时所刻，亦不称为《大风歌》也。（《史记新证·高祖本纪第八》）

【汇评】

　　吕祖谦：文中子曰：《大风》，安不忘危，其霸心之存乎？《秋风》，乐极哀来，其悔志之萌乎？（《大事记解题》卷九）

　　单　宇：《唐溪诗话》云：汉高帝《大风歌》不事华藻而气概远大，真英主也。（《菊坡丛话》卷一《天文类》）

　　程馀庆：刘基曰：汉兴，一扫衰周之文敝，而还诸朴。丰沛之歌，雄伟不饰，移风易尚之基，实肇于此。（《历代名家评注史记集说·高祖本纪》）

⑦【汇注】

　　姚苎田：首言遭乱起义。（《史记菁华录》卷一《高祖本纪》）

【汇评】

　　高　嵣："大风起兮云飞扬"，气概千古。（《史记钞·高祖本纪》）

　　程馀庆：风起云飞，喻己以势力扫荡群雄，即威加海内之气象也。（《历代名家评注史记集说·高祖本纪》）

⑧【汇注】

　　姚苎田：此言定鼎。（《史记菁华录》卷一《高祖本纪》）

　　又：次言归至沛。（同上）

【汇评】

　　程馀庆：二句言创，其气大。（《历代名家评注史记集说·高祖本纪》）

⑨【汇注】

王世贞：高帝幸沛，宴父老，歌《大风》，中大夫贾跪而和焉："大风发兮扬天威，一剑游兮万乘归，愿得五臣兮赞无为！"（《弇州四部稿》续稿卷二诗部《大风歌》）

秦武域：徐州沛县歌风台，在城东南旧运河北岸，有篆书汉高祖《大风歌》词碑，字宽可四五寸，长可七八寸，书法悬针，字象钟鼎，古气磅礴逼人。上覆以瓦屋，颇堪经久。然搥榻日久，大有快剑斫断生蛟鼍之致。相传为蔡中郎笔。每叹汉人碑无书者款识，使后人拟议揣摩，不得其真，以切向往，亦是恨事。（《山右丛书·闻见瓣香录》乙卷《歌风台篆》）

【汇评】

欧阳询：荀悦《汉纪》论曰：高祖开建大业，统毕元功，度量规矩，不可尚矣。天下初定，庶事草创，故韶夏之音，天下未闻焉。（《艺文类聚》卷十二帝王部二）

⑩【汇评】

阮阅：汉高祖归丰、沛，作歌曰："大风起兮云飞扬，威加海内兮归故乡。安得猛士兮守四方！"高帝岂以文字高世者！帝王之度固然，发于中而不自知也。（《诗话总龟·百家后集》卷五《志气门》）

王应麟：《文中子》：《大风》安不忘危，其霸心之存乎！《文心雕龙》：《大风》《鸿鹄》之歌，亦天纵之英作也。（《玉海》卷二九《汉大风歌》）

凌稚隆：刘辰翁曰："安得猛士兮守四方！"古人以为伯心之存，恐非也。自汉灭楚后，（韩）信、（彭）越、（英）布及同时诸将，诛死殆尽，于是四顾寂寥，有伤心者矣，语虽壮而意悲，自是亦道病矣，或者其悔心之萌乎？（《史记评林》卷八《高祖本纪》）

陈懿仁："大风起兮云飞扬"，是一时云龙风虎明良相遇之象也；"力拔山兮气盖世"，是一生喑哑叱咤矜功自伐之状也；"日月星辰和四时"，便见玉烛之调；"秋风起兮白云飞"，几致金瓯之缺，帝王兴衰概乎辞矣。（《藕居士诗话》卷上）

刘鸿翱：高帝过沛置酒，召故人父老，酒酣帝击筑自歌。嗟乎歌其起于思乎，思其起于心乎，盖心有所感则思，思故歌形焉！是故击壤之歌，咏帝力也。南风之歌，恤民隐也。麦秀之歌，伤故都也。高帝大风之歌，其有感于韩彭诸臣之逝，而思之乎？不然既曰威加海内矣，又何资于猛士之守，而故思之也。说者以为帝既感于韩彭诸臣之逝，而思之矣。然则当时之所以诛之者何心？而今之所以思之者抑又何心也。曰此正当观其作歌之志，而不可以索行病之者，何也？盖昔之所以诛之者，起于忌心之盛。今之所以思之者，触于良心之感。其辞曰"大风起兮云飞扬"，喻君臣之际会也。"威加海内兮归故乡"，度王业不偏安也。因忆崛起丰沛之时，斩竿揭木之士，云合而景从。……而平定之后，无其人焉。虽有列侯之封，而元功十八人，韩彭诸臣，今且不在。故见四方之土地,则思猛士攻城掠地之功。见四方之民人,则思猛士斩将搴旗之力。受四方之贡献,则思猛士决胜千里之威。衣四方之文绣,则思猛士执锐披坚之苦。享四方之玉食,则思猛士风餐露宿之艰。与共患难,而不与共安乐。此帝所以感而思,思而歌……不惟功臣解体,而汉治亲伯,帝王之音响息矣。可慨也夫。(引自《历代史事论海》卷九《击筑自歌论》)

程馀庆:二句言守,其思远。(《历代名家评注史记集说·高祖本纪》)

又:汉祖自灭楚后,信、越、布及同时诸将,诛戮殆尽,于是四顾寂寥,有伤心者矣。语虽壮而意悲,自是亦道病矣。其悔心之萌乎!(同上)

又:雄豪自肆,有吞秦灭项之气!总是以直道己意胜。浩瀚勃萃,数句中有千万言气势。(同上)

胡式钰:颂诗、读书,知人论世,谓之尚论,古人孟子言之也。尝见钟伯敬评汉高《大风歌》曰:"真帝王,真英雄!"考汉高以假仁假义取天下,当日"分我杯羹"之语,已无人理;其后太公拥篲却行不罪家令之言,而反善之,虽后人谓善,其发悟己意,得崇父号,无非曲为之周旋。至于羹颉之封,只以饮食细故,欲示其嫂之过。于天下万世本原之地,率如是,不大有以辱古之帝王耶?伯敬不察,猥据一歌口吻,叹为"真帝王",亦失言之甚者已!夫汉帝者,聪明卓练,谓之真英雄可也。有帝王之位,无帝王之德,帝王之亦可也,不必真焉!(《窦存》卷一《书窦》)

⑪【汇评】

姚苎田:先歌后舞,节次宛然。(《史记菁华录》卷一《高祖本纪》)

⑫【汇评】

凌稚隆:徐中行曰:后人有咏《歌风台》者曰:"尽怜走狗烹云梦,那识晨鸡伏未央!"读此两言,则帝之所思而伤者,所泣而悲者徒落魄于故乡父老尔。(《汉书评林·高帝纪下》)

程馀庆:项王垓下,高祖沛宫,皆用"泣数行下"四字,妙有深情。(《历代名家评注史记集说·高祖本纪》)

徐复观:项羽在失败时的"悲歌慷慨,泣数行下",是容易了解的。刘邦在志得意满之余,却也是"慷慨伤怀,泣数行下",这是一个枭雄人物,将政敌完全消灭后,心目中更无值得措意之人,所引起的一片苍凉寂寞的心情的流露。此一故事所含的艺术意味,或且超过了项羽的故事。(《两汉思想史》卷三《论史记》)

⑬【汇注】

胡三省:师古曰:游子,行客也。悲,顾念也。(《资治通鉴》卷一二《汉纪四》注)

【汇评】
　　姚苎田：自注出诗题。（《史记菁华录》卷一《高祖本纪》）
⑭【汇评】
　　姚苎田：生而悲、死而乐，其理一也。（《史记菁华录》卷一《高祖本纪》）
　　程馀庆：无限诗乐，在此一语。（《历代名家评注史记集说·高祖本纪》）
⑮【汇注】
　　裴　骃：《风俗通义》曰："《汉书注》，沛人语初发声皆言'其'。其者，楚言也。高祖始登帝位，教令言'其'，后以为常耳。"（《史记集解·高祖本纪》）
　　颜师古：凡言汤沐邑者，谓以其赋税供汤沐之具也。（《汉书注·高帝纪第一下》）
　　杨树达：先谦曰：《史记集解》引《风俗通义》曰："《汉书注》：沛人语初发声皆言其。其者，楚言也。"高祖始登帝位，教令言其，后以为常耳。树达按：应说非也。《书·无逸》云："嗣王其监于兹！"《左传》隐公三年云："吾子其毋废先君之功。"《周语》云："王其祗祓，监农不易。"其为命令之词，故古人用之，非楚言，亦不始于汉也。（《汉书窥管·高帝纪下》）
　　吴　恂：恂按：其，为古通语助词，非必楚言为然，且不专系于发声，而后世教令言其，亦未必始此也。《左氏》成八年传曰："四方诸侯，其谁不解体？"《周语》："而班先王之大物，以赏私德，其叔父实应且憎。"《魏策》："秦王使人谓安陵君曰：寡人欲以五百里之地易安陵，安陵君其许寡人。"《史记·秦始皇本纪》："二十六年，令丞相御史曰：今名号不更，无以称成功、传后世，其议帝号。"《列子·周穆王篇》"后世其追数吾过乎"是也。（《汉书注商·高帝纪第一下》）
　　韩兆琦：汤沐邑，原指古代诸侯往朝天子时，天子在自己的领地内拨出一块赐与诸侯，以供其住宿及斋戒沐浴之费用者。后世遂用以称天子、皇后、公主等人的私人封地。（《史记选注集说·高祖本纪》）
【汇评】
　　姚苎田：亦如以鲁公礼葬项羽之意。（《史记菁华录》卷一《高祖本纪》）
⑯【汇注】
　　胡三省：复除其民，不豫赋役。（《资治通鉴》卷一二《汉纪四》注）
【汇评】
　　吴见思：未央之语乐，此语悲壮，极写英雄气概，使人神往。（《史记论文·高祖本纪》）
⑰【汇评】
　　姚苎田：又窜入诸母，文愈酣恣。（《史记菁华录》卷一《高祖本纪》）

⑱【汇评】

　　姚苎田：前悲此乐，其情文一也。（《史记菁华录》卷一《高祖本纪》）

　　程馀庆：还沛置酒，亦是衣锦意，写得如画如扮，意态煞是踊跃。（《历代名家评注史记集说·高祖本纪》）

⑲【汇注】

　　裴　骃：如淳曰："献牛酒。"（《史记集解·高祖本纪》）

　　颜师古：之，往也。皆往邑西，竟有所献，故县中空无人。（《汉书注·高帝纪第一下》）

　　姚苎田：送之而仍献食，如祖饯然。（《史记菁华录》卷一《高祖本纪》）

⑳【汇注】

　　裴　骃：张晏曰："张，帷帐。"（《史记集解·高祖本纪》）

　　张守节：音张亮反。（《史记正义·高祖本纪》）

㉑【汇评】

　　姚苎田：此段只为丰邑请复事，乃前段之余文。（《史记菁华录》卷一《高祖本纪》）

㉒【汇注】

　　颜师古：极，至也。至念之不忘也。（《汉书注·高帝纪第一下》）

㉓【汇评】

　　刘辰翁："安得猛士兮守四方"，古人以为霸心之存，非也。自韩信死，彭越死，黥布反，同时诸将皆尽，于是四顾寂寥，有伤心者矣。语虽壮而意悲，而自是亦道病矣，或者其悔心之存乎？后之为史者曰：还沛置酒，召故人极欢云云足矣。看他发沛中儿教歌，酒酣击筑，歌呼起舞，展转泣下，缕缕不绝，俯仰具见。直至空县出献，已去复留，其中与诸母故人道旧，又佳！对父老说丰恨事，又佳！古今文字，淋漓尽兴，言笑有情，少可及此。（见倪思编《班马异同》卷二《高祖》）

㉔【汇评】

　　姚苎田：凡叙事酣恣之法，须先分节次，逐段加润，则其味愈浓。不解此则如嚼蜡矣。（《史记菁华录》卷一《高祖本纪》）

㉕【汇注】

　　班　固：诏曰："吴，古之建国也，日者荆王兼有其地，今死亡后。朕欲复立吴王，其议可者。"长沙王臣等曰："沛侯濞重厚，请立为吴王。"已拜，上召谓濞曰："汝状有反相。"因拊其背，曰："汉后五十年东南有乱，岂汝邪？然天下同姓一家，汝慎毋反。"濞顿首曰："不敢。"（《汉书·高帝纪第一下》）

　　裴　骃：服虔曰："濞音披。"（《史记集解·高祖本纪》）

徐孚远：沛既已复，不宜置侯国，故从封。（《史记测议·高祖本纪》）

程馀庆：沛既为汤沐邑，故改封濞。（《历代名家评注史记集说·高祖本纪》）

王　恢：吴国，帝既破布，异姓王者殆尽，亭长还乡，风起云扬，把酒当歌，其喜洋洋者矣。乃一念及吴会轻悍，子少，安得猛士守之！见兄子沛侯濞，年方二十，有气力，以骑从破布蕲西，乃立为吴王，王故荆地——有东阳、鄣郡、会稽五十三县，仍都广陵。诫之曰："天下同姓为一家也，慎无反！"惠帝、吕后时，天下初定，郡国各拊循其民。吴有铜山，濞即山铸钱，煮海水为盐，国用富饶，招致亡命。濞固不安分，枚乘谏不听。文帝时，重以太子为皇太子（景帝）误杀，益仇怨，诈病不朝者二十余年，而帝不加罪，反赐以几杖。谋反虽和缓，骄横则益甚，积金钱，修兵革如故。景帝即位，从晁错主张积极削地，乃联齐楚六国以反，重赏以励勇夫。而卒为周亚夫所破，走死丹徒。（《史记本纪地理图考·高祖本纪》）

汉将别击布军洮水南北①，皆大破之，追得斩布鄱阳②。

① 【汇校】

张文虎：洮水，全氏《经史问答》云九江左右无洮水，盖沘水也。沘水见《水经》。（《校刊史记集解索隐正义札记·高祖本纪》）

【汇注】

裴　骃：徐广曰："洮音道，在江淮间。"（《史记集解·高祖本纪》）

程馀庆：洮音道，今名洮湖，在镇江府金坛县东南三十里。（《历代名家评注史记集说·高祖本纪》）

王　恢：洮水，《通鉴》胡注以为在吾乡洮水之南（全州北三十五里），乡贤蒋文定公因之而张其说，失之远矣。文定为增光乡里不足责，三省既录纪传，《纪》不云乎："击布军洮水南北，皆大破之，追得斩布鄱阳。"《黥布传》说更明确："布军败走，渡淮，数止战，不利，与百余人走江南。布故与番君婚（吴芮婿），以故长沙哀（当作成，吴芮子）。王使人绐布，伪与之，诱走越，故信而随之番阳。番阳人杀布兹乡民田舍。"是绐之伪与亡，诱之以走越，而随之番阳，何能即信为远至洮阳，而又杀之兹乡！不思甚矣！徐广曰"在江淮之间"，江淮间无洮水，全祖望曰"盖九江之沘水。沘与洮相似而讹"（《经史问答·九》）是也。按：《汉·志》："庐江郡灊县，沘山，沘水所出，至寿春入芍陂。"《水经》："沘水出庐江灊县西南霍山东北，东北过六县东，北入淮。"郦注："沘或作淠"，今淠水，一名白沙河也。（《史记本纪地理图

考·高祖本纪》）

② 【汇校】

梁玉绳：附按：《经史问答》曰："苏林、如淳皆不能言洮水所在，徐广曰在江、淮间，而不能实指其水。胡梅硐曰'零陵之洮水也。布欲由长沙入粤，故走洮水'。"梅硐之言误。九江左右本无洮水，而布死于番阳，布之封兼有寿春、江夏、豫章而都寿春，豫章在寿春之南，番阳又豫章之南，长沙又番阳之南，零陵又长沙之南，非可猝来猝返。长沙与布婚，虽欲依之，然长沙当嫌疑之际，使布竟得长驱直入其国，与汉兵斗于洮水，则长沙直与之同反矣。既不与同反，便当逆拒之，布安得走洮水乎？且布既至洮水而败矣，何以不竟走粤，乃返辔而东，又出长沙之境，重入于淮南国中之番阳，而长沙始遣人诱杀之。不杀之于其国，纵贼之出而徐杀之，何其愚也！夫布与长沙婚则必约长沙同反，长沙不答，所以能世其国，而容布入其国横行乎？且布欲入粤不必走长沙，布国中之豫章与粤接，可以入粤之径甚多。欲走长沙者，特望其同反也。长沙不答，所以逆之于境而诱杀之番阳，是布尚未出其国也。然则洮水者何水乎？曰是盖九江之泚水也。泚与洮相似而讹。布败于蕲，反走其国，又败于泚，乃思投长沙，未至而死于番阳，如是则其地得矣。泚水见《水经》，顾宛溪欲以震泽之洮湖当之，则在吴王濞国内矣，益谬。（《史记志疑·高祖本纪第八》）

吴恂：齐召南曰："按：胡三省谓洮水当在江南，甚是；但即以零陵郡之洮阳当之，零陵去淮南太远，与下文所云追斩布番阳者不合也。"全祖望曰："是盖九江之泚水，泚与洮相似而讹。布败于蕲，反走其国，又败于泚，方思投长沙，未至而死于番阳也。泚水见《水经》，零陵洮水在长沙国境南，何容布得走之，与汉兵斗，复任其出境，重入淮南国中之番阳也。顾祖禹欲以震泽之洮湖当之，则在吴王濞国内，益谬。"先谦曰："余谓顾说近之，此时吴王濞未封，地属荆王刘贾，布东并荆地，则洮湖在其城中，及战败，乃走番阳耳。"恂按：全说是也。黥布兵败于甄（今安徽宿县），自宜西南走保其都，万无东南远遁震泽之理，《水经》曰："泚水出庐江灊县西南，霍山东北，北过六县东。"注云："《地理志》曰：泚水出泚山。不言霍山，泚字或作渒，渒水又东北迳博安县，又西北迳马亨城西，又西北迳六安县故城西。"据此，则全氏谓泚、洮相似之误，殆无可疑，否则，布军方败于震泽，岂能瞬息已遥抵番阳乎？（《汉书注商·高帝纪下》）

【汇注】

王先谦：（番阳）豫章县也。今饶州府鄱阳县治。（《汉书补注·高帝纪第一下》）

王恢：兹乡，《索隐》："番阳鄡（脱阳字）县之乡。"《清统志》（三一二）："鄡阳故城在鄱阳县西北二十里。汉高六年置。""英布城，在鄱阳县西北百五十里，相传吴芮筑以居布。"英布墓，《寰宇记》在鄱阳县北百六十里。（《史记本纪地理图考·高

祖本纪》）

【汇评】

王　迈：甚矣，利交之不可保也。……呜呼，始以其有利于我也，故赏之以为恩。终以其不利于我也，故杀之以为仇。既以利合，必以利睽，人心之可畏盖如此。君臣以道合者也，汤武之于伊吕，成王之于周公，其事不可得而见矣。末世君臣之始交也，上以利示其下，下以利徼其上，上下各狃于利，自谓其赤心相保永矢不叛，天地鬼神实临之。一旦利尽隙开事或非望，则养虎养鹰终日劳人主之机，而为臣者亦自惧其兔死狗烹之祸，于是乎岌岌不相保矣。亦孰料世变之降，高帝君臣之交曾市井要约之不若乎！……方其三子之身未有所属也，使之从汉则无楚，从楚则无汉，两无所从则可与楚汉分天下而立。高祖将以得志于天下，不得此三子为用则项氏终不可得灭。是故予三子之赏不得不优，封三子之地不得不厚。天下已定之后，越反于梁，信反于楚，布告变于淮南。势利穷而机械生，间隙开而疑忌至，是故诛夷斩艾之祸有不得而免。然则由前日而观帝之厚于三子者，非帝之褒也，利诱之也。由今日而观帝之薄于三子者，非帝之忍也，利夺之也。故君子于赐越印绶之日，已知其有菹醢之变；于供帐饮食之时，已知其有发兵坑孺子之事；于择日拜将之日，已知其有钟室之祸。方三子之未为帝用也，帝不得不极其富贵，既极其富贵矣，三子不得不反，既反矣，帝不得不诛。事变之来何有既极，势利之拘，虽高帝之智不能保其往也。然则君臣之间必欲情实相孚、恩义交结、哀荣寿考、终始无间，可不于其初而谨之。（《臞轩集》卷三《高帝论五》）

樊哙别将兵定代①，斩陈狶当城②。

① 【汇校】

胡三省：《考异》曰：《卢绾传》云"汉使樊哙斩陈狶"，按：斩狶者周勃，非樊哙也。（《资治通鉴》卷一二《汉纪四》注）

龚浩康：樊哙别将兵定代，《汉书·高帝纪》作"周勃定代"，且《樊哙列传》中无定代之事，疑此处史文有误。（见王利器主编《史记注译》卷八《高祖本纪》）

② 【汇校】

梁玉绳：按：《狶传》亦言樊哙斩之，而《哙传》不及，则非哙明甚。盖周勃斩之也，《绛侯世家》及《汉书》可证。又：《世家》《功臣表》及《狶传》皆云"斩狶灵丘"，此言当城，亦小异（俱代郡县名）。《水经注》十三言周勃定代，斩陈狶于当城也。（《史记志疑·高祖本纪第八》）

【汇注】

司马贞：代之县名也。（《史记索隐·高祖本纪》）

张守节：《括地志》云："当城在朔州定襄县界。《土地十三州记》云当城在高柳东八十里，县当常山，故曰当城。"（《史记正义·高祖本纪》）

胡三省：班《志》，当城县属代郡。阚骃《十三州记》：当城在高柳东八十里；县当桓都山作城，故曰当城。《史记正义》曰：当城在朔州定襄县界。（《资治通鉴》卷一二《汉纪四》注）

程馀庆：当城，故城在朔平府东南一百七十里。（《历代名家评注史记集说·高祖本纪》）

王先谦：（当城）在今宣化府蔚县东。（《汉书补注·高帝纪第一下》）

王　恢：当城，《㶟水注》："涟水（太平河）北迳当城县故城西。应劭曰：当桓都山作城，故曰当城也。"据《魏土地记》，约当蔚县东七十里小五台山西麓，近白东堡。《表》《绛侯世家》及《豨传》皆云斩豨灵丘。灵丘故城即今县，与蔚县相去百余里也。（《史记本纪地理图考·高祖本纪》）

【汇评】

陈傅良：图天下者取人贵宽，保天下者用人贵审，矫宽而过于审，贤主所不免也。始高祖之与楚角也，收其一世之豪杰，虽屠狗贩缯之伦寸长而不弃也。天下既定，坐沙之谋、击柱之争没高帝齿而不宁。嗟乎，鸟喙杀人而良医用之，时也。幸而疾去余毒犹存，高祖晚年其亦食鸟喙之余毒也哉，菹醢屠戮曾不一少频其颜者，非帝之忍也，势也。（引自《十先生奥论注》后集卷七《西汉臣论》）

范文澜：汉高帝垓下战胜，主要依靠韩信、彭越、英布三个猛将的会师。项籍死后，当时据地称王的人有楚王韩信、梁王彭越、淮南王英布、韩王信（韩国贵族）、长沙王吴芮、赵王张敖、燕王臧荼、闽越王无诸（越王勾践后裔），南粤王赵佗。这些异姓王除了吴芮、无诸、赵佗三人在本国内起着保境安民的作用，其余都是统一的障碍。汉高帝采用各种方式，数年间把障碍各个消灭。……但从人民要求统一的观点看来，不消灭这些割据者，即使希望战祸暂停也是不可能的。汉高帝杀功臣，客观上符合人民的利益，因为人民迫切需要休息。（《中国通史简编·西汉政治概况》）

　　十一月，高祖自布军至长安①。十二月，高祖曰："秦始皇帝、楚隐王陈涉、魏安釐王、齐缗王、赵悼襄王皆绝无后②，予守冢各十家③，秦皇帝二十家，魏公子无忌五家④。"赦代地吏民为陈豨⑤、赵利所劫掠者，皆赦之。陈豨降将言豨反时，燕王卢绾使人之豨所⑥，与阴谋。上使辟阳侯迎绾⑦，绾称病。辟阳侯归，具言绾反有端矣⑧。二月，使樊哙、周勃将兵击燕王绾⑨。赦燕吏民与反者。立皇子建为燕王⑩。

① 【汇注】
龚浩康：布军，指征讨黥布叛乱的大军。（见王利器主编《史记注译》卷八《高祖本纪》）

② 【汇校】
梁玉绳：按："陈涉"二字当衍，《汉书》诏词无之，盖诸帝王皆不称名也。《索隐》以隐王为楚幽王，大谬。（《史记志疑·高祖本纪第八》）

张文虎：陈涉，按：楚隐王即陈涉也，此二字盖读者旁注，误入正文。《志疑》云："《汉书》诏词无，盖诸帝王皆不称名也。《索隐》以隐王为楚幽王，大谬。"（《校刊史记集解索隐正义札记·高祖本纪》）

【汇注】
司马贞：系家作"幽王"，名择，负刍之兄。（《史记索隐·高祖本纪》）

又：（魏安釐王）史阙名，昭王之子，王假之祖也。（同上）

又：（齐缗王）名地，宣王子，王建祖。（同上）

又：（赵悼襄王）名偃，孝成王丹之子，幽王迁之父也。（同上）

龚浩康：楚隐王，即陈涉。"隐"是他的谥号。按：高祖诏词中对其他帝王都不称名姓，这里独称"陈涉"，不当。疑误以注文为正文。《汉书·高帝纪》无"陈涉"二字。（见王利器主编《史记注译》卷八《高祖本纪》）

又：魏安釐王，战国时魏昭王之子。前276年至前243年在位。（同上）

又：齐缗王，齐宣王之子田地。前301年至前284年在位。缗，《田完世家》《六国年表》都作"湣"，《汉书·高帝纪》作"愍"，他书有作"闵"者。（同上）

又：赵悼襄王，赵孝成王之子赵偃，前244年至前236年在位。（同上）

③ 【汇校】
梁玉绳：附按：此言赵悼襄王亦予守冢十家，而《汉书》云"五家"。《史》《汉》载诏词不同，疑《汉书》误。（《史记志疑·高祖本纪第八》）

【汇评】
程馀庆：盛德事。（《历代名家评注史记集说·高祖本纪》）

④【汇注】

龚浩康：魏公子无忌，即信陵君（？—前243年）。魏安釐王异母弟，战国时著名的四公子之一。（见王利器主编《史记注译》卷八《高祖本纪》）

【汇评】

程馀庆：有分晓。（《历代名家评注史记集说·高祖本纪》）

⑤【汇校】

龚浩康：赦代地吏民，下句既有"皆赦之"，这句的"赦"字当删。（《史记注译》卷八《高祖本纪》）

⑥【汇注】

颜师古：之，往也。（《汉书注·高帝纪第一下》）

⑦【汇注】

张守节：审食其也。《括地志》云："辟阳故城在冀州信都县西三十五里，汉旧县。"（《史记正义·高祖本纪》）

龚浩康：辟阳侯，即审食其，刘邦同乡，受吕后宠信，封辟阳侯，后官至左丞相。文帝时被淮南厉王刘长击杀。辟阳，县名，治所在今河北省冀县东南。（见王利器主编《史记注译》卷八《高祖本纪》）

⑧【汇评】

程馀庆：吕后欲诛将相大臣，辟阳侯迎其意，故言燕王谋反有端。（《历代名家评注史记集说·高祖本纪》）

韩兆琦：按：史文著此，以名佞幸之奸言害事。（《史记选注集说·高祖本纪》）

⑨【汇注】

程馀庆：按：周勃后代哙将耳，非同往击也。（《历代名家评注史记集说·高祖本纪》）

陈　直：直按：《安世房中歌》云"盖定燕国"，当作于此时。（《史记新证·高祖本纪第八》）

⑩【汇校】

梁玉绳：附按：击绾、王建同在十二年二月中，《诸侯王表》书燕王建以三月甲午封，误，此与《汉书·高纪》《诸侯王表》作"二月"可据。（今本《汉书·高纪》两书"三月"，讹刻耳。）惟《异姓表》在十一年，则误甚。盖是年二月辛巳朔有甲午，三月庚戌朔无甲午也。（《史记志疑·高祖本纪第八》）

【汇注】

班　固：陈豨降将言豨反，时燕王卢绾使人之豨所阴谋。上使辟阳侯审食其迎绾，绾称疾。食其言绾有反端。春二月，使樊哙、周勃将兵击绾。诏曰："燕王绾与吾有故，爱之如子，闻与陈豨有谋，吾以为亡有，故使人迎绾。绾称疾不来，谋反明矣。燕吏民非有罪也，赐其吏六百石以上爵各一级。与绾居，去来归者，赦之，加爵亦一级。"诏诸侯王议可立为燕王者，长沙王臣等请立子建为燕王。（《汉书·高帝纪第一下》）

王　恢：燕，五年（前202），燕王臧荼反，攻下代地。帝自将禽之。时诸侯非刘氏而王者七人。诏择群臣有功者以为燕王。群臣知欲王卢绾，皆言绾功最多。后九月，遂立绾为燕王。绾与高帝居同里，生同日，幼相爱，壮相随。至其亲信，虽萧曹莫及。乃以陈豨事见疑。十二年（前195）春正月，召绾，绾恐，谓其亲近曰："非刘氏而王，独我与长沙耳。往年春，汉族淮阴，夏，诛彭越，皆吕后计。今上病，属任吕后。吕后妇人，专欲以事诛异姓王者及大功臣。"乃称病又行，居长城下，候伺，幸帝病愈，自入谢。四月，闻帝崩，遂亡入匈奴，匈奴以为东胡卢王。绾常思复归，居岁余，死胡中。（景帝中五年，绾孙它之，以匈奴东胡王降，封亚谷侯。）十二年二月（先绾亡匈奴两月）甲午，即立皇子建为燕王。（《史记本纪地理图考·高祖本纪》）

　　高祖击布时，为流矢所中①，行道病。病甚②，吕后迎良医。医入见，高祖问医。医曰："病可治③。"于是高祖嫚骂之曰④："吾以布衣提三尺剑取天下⑤，此非天命乎？命乃在天，虽扁鹊何益⑥！"遂不使治病，赐金五十斤罢之⑦。已而吕后问⑧："陛下百岁后，萧相国即死，令谁代之？"上曰："曹参可。"问其次，上曰："王陵可。然陵少戆⑨，陈平可以助之。陈平智有余，然难以独任⑩。周勃重厚少文⑪，然安刘氏者必勃也⑫，可令为太尉⑬。"吕后复问其次⑭，上曰："此后亦非而所知也⑮。"

① **【汇注】**
　　王先谦：周寿昌曰：《史》《集解》引《三辅故事》云：高祖被大创十二矢石，中通者四。卒征英布中流矢崩。（《汉书补注·高帝纪第一下》）
② **【汇评】**
　　袁　枚：生受韩、彭百战功，如何鸟尽竟藏弓。莫嫌冤气无时雪，卒饮黥徒一箭终。（《小仓山房诗集》卷八《东中杂忆古人作五六七言诗—高祖》）

③【汇评】

钱锺书："行道病，病甚，吕后迎良医。医入见，高祖问医，医曰：'病可治。'"按：《汉书·高祖纪下》作"上问医曰疾可治不？医曰可治"，宋祁谓旧本无"不医曰可治"五字。窃意若句逗为："上问医曰：'病可治不？'医曰：'可治'"，则五字诚为骈枝，可以点烦。然倘句逗为"上问，医曰：'疾可治！'——不医曰'可治'"，则五字乃班固穿插申意，明医之畏诣至尊，不敢质言，又于世态洞悉曲传矣。(《管锥编·高祖本纪》)

④【汇评】

李　笠：按：高祖此语，与项羽"天亡我，非战之罪"云云何异？然羽以豪迈之气出之，刘季以嫚骂之辞出之，此胸襟之不同也。季自谓与羽斗智，吾观其智未必过羽。噫，英雄固不可以成败论也。(《广史记订补·高祖本纪》)

⑤【汇校】

张文虎：提三尺剑，柯、凌本"提"作"持"。(《校刊史记集解索隐正义札记·高祖本纪》)

【汇注】

黄　溍：《汉·高帝纪》"吾以布衣提三尺取天下"，谓三尺剑也。《杜周传》"三尺安出哉"，谓以三尺竹简书法律也。王充《论衡》凡引高帝语却皆有剑字，作文而好用歇后语以为奇者，不可不知也。(《日损斋笔记·辨史》)

⑥【汇校】

沈钦韩：注：魏桓时医也。韦昭以为魏桓，据《史记》作齐桓侯。裴骃云田和之子桓公午也。韩非《喻老篇》作蔡桓侯。《鹖冠子·世贤篇》作魏文王，皆传记之讹。(《汉书疏证》卷一《高帝纪》)

张文虎：何益，《御览》引作"亦何益"。(《校刊史记集解索隐正义札记·高祖本纪》)

【汇注】

颜师古：韦昭曰："泰山卢人也。名越人，魏桓侯时医也。"臣瓒曰："《史记》云齐勃海人也，魏无桓侯。"师古曰："瓒说是也。扁音步典反。"(《汉书注·高帝纪第一下》)

【汇评】

吴见思：英雄气概，又写一番。(《史记论文·高祖本纪》)

⑦【汇评】

程馀庆：骂得妙！已骂矣，又赐之金，尤妙！(《历代名家评注史记集说·高祖本纪》)

⑧【汇校】

　　凌稚隆：王鏊曰：《汉书》无"已而"二字，则问太遽。（《史记评林》卷八《高祖本纪》）

⑨【汇注】

　　陆唐老：少戆，上始诏反，多少之少。下自巷反，愚也。（《陆状元增节音注精议资治通鉴》卷二七《太祖高皇帝下》自注）

⑩【汇评】

　　方　恬：高帝谓陈平智有余，然难独任，而以厚重少文，安刘氏归之周勃。其后吕氏之变，平依违其间，一彼一此，凡险难之际，皆勃亲之，平雍容而已。以高帝犹不敢保平之可任，吾亦安知平患难之际，无观望之心乎？向使吕氏之势一成，不可摇动，其事变未可知也。（《西汉论一》，引自《新安文献志》卷二八）

⑪【汇注】

　　龚浩康：重厚少文，稳重厚道，但缺少文才。（见王利器主编《史记注译》卷八《高祖本纪》）

⑫【汇注】

　　徐天麟：高祖崩，吕太后发丧，哭而泣不下，张辟彊谓丞相陈平曰："太后畏君等，今请拜吕台、吕产为将，将兵居南北军，如此则太后心安。"丞相如辟彊计请之，太后说。太后病困，以赵王禄为上将军，居北军。梁王产为相国，居南军。戒产、禄曰："我即崩，必据兵卫宫，慎毋送丧，为人所制。"太后崩，禄、产颛兵秉政，因谋作乱。太尉勃令寄给说禄曰："何不速归将军印，以兵属太尉？"禄然其计，诸吕老人或以为不便，计犹豫。太尉勃欲入北军不得入，襄平侯纪通尚符节，乃令持节矫内勃北军。勃复令说禄，禄遂以兵授太尉勃，勃遂将北军。然尚有南军，勃令平阳侯告卫尉，毋内相国产殿门。产不知禄已去北军，入未央宫欲为乱，殿门弗内。朱虚侯章击产杀之，还入北军，复报太尉勃云云。（见《吕后纪》及《外戚传》。臣天麟按：唐李揆云，汉以南北军相制，故周勃以北军安刘氏。）（《西汉会要》卷五十六《兵一·南北军》）

【汇评】

　　苏　洵：汉高祖挟数用术，以制一时之利害，不如陈平。揣摩天下之势，举足摇目，以劫制项羽，不如张良。微此二人，则天下不归汉。而高帝乃木强之人而止耳。然天下已定，后世子孙之计，陈平、张良智之所不及。则高帝常先为之规划处置。使中后世之所为，晓然而目见其事而为之者，盖高帝之智，明于大而暗于小，至于此而后见也。帝尝语吕后曰：周勃厚重少文，然安刘氏必勃也，可令为太尉。方是时，刘氏既安矣，勃又将谁安耶？故吾之意曰：高帝之以太尉属勃也，知有吕氏之祸也，虽然，其不去吕后，何也？势不可也。昔者武王殁，成王幼，而三监叛。帝意百岁后，将相大臣及诸侯王，有如武庚禄父而无有以制之也。独计以为家有主母，而豪奴悍婢，不敢与弱子抗。吕后佐帝定天下，为诸将大臣素所畏服，独此可以镇压其邪心，以待嗣子之壮。故不去吕后者，为惠帝计也。吕后既不可去，故削其党以损其权，使虽有变，而天下不摇。是故以樊哙之功，一旦遂欲斩之而无疑。……彼其娶于吕氏，吕氏之族，若产、禄辈，皆庸才不足恤。独哙豪杰，诸将所不能制。后世之患，无大于此矣。夫高帝之视吕后，犹医者之视堇也。使其毒可以治病，而不至于杀人而已。……哙之死于惠之六年，天也。使其尚在，则吕禄不可给，太尉不得入北军矣。或谓哙于帝最亲，使之尚在，未必与禄、产叛，夫韩信、黥布、卢绾皆南面称孤，而绾又最为亲幸，然及高祖之未亡也，皆相继以逆诛。谁谓百岁之后，椎埋屠狗之人，见其亲戚得为帝王，而不欣然从之耶？吾故曰：彼平、勃者，遗其忧者也。（《祖论》，引自《文章轨范》）

梁　潜：或谓高帝宽仁爱人，乃独以吕后色衰而爱弛。夫托交贫贱，起自艰苦，一旦富贵而疏弃之，高帝乃少恩也。曰，不然。高帝之知人，何其明也。与吕后处有年矣，后之猜黠，高帝不知其心耶？夫国家勋臣，取而族灭之，无遗噍类，非高帝心也，后也。蒯彻教信反，贯高反形已具，高帝犹释之。而肯果于杀韩彭耶？韩彭虽夷灭，而昔日感遇之际，英态豪气，犹在目睫间。高帝中夜思之，岂不一动心哉。高帝之所以薄吕后者，不能形于言而痛在其中矣。……吕后忍于韩彭如此，岂得厚于刘氏哉。故杀韩彭而诸将惧，族诸将而刘氏惧。高帝亦岂与陈平谋及此哉。闻樊哙党吕氏，立命斩之，用陈平之谋也。高帝目绞瞑，肉犹未寒，后也曾无一发之感，即谋族杀诸将。今日鸩如意，明日断戚姬，今日鸩齐王肥，明日杀赵王恢，至于无所忌惮。立他人子为帝，又杀之而又立焉。忍哉后也。高帝岂不知流毒至此哉。独恨高帝之明，有所未尽，嫡妾之分乱于前，而正家之约昧于后。拳拳然属周勃以安刘，置周昌以重赵，所谓滔天之势已成，欲以一手障之何益哉！（引自《增广古今人物论》卷七）

⑬【汇评】

贺贻孙：或问曰汉高祖明太祖，皆以匹夫而得天下，略无因倚，诚三代后崛起为王者之最也，然彼此亦有所轩轾乎。余曰，尺有所短，寸有所长。长者不能敝其短，犹短者不能益其长也。夫高祖、太祖之《纪》，瞆而难数，姑取其大者以较之。高祖勇不及项羽，故争城略地，则恃韩信。智不及范增，故挟数用术，则资张良。使当时无此二人，天下不归汉。且早为羽所擒矣。迨天下既定，谋及子孙之业，斯时智若平良辈，皆无所施其计，惟高祖深谋远虑，后世之事，如亲见之者。故于众人中，择一周勃，委以重臣之任。厥后刘氏果赖以安。……若是则以定天下而论，高祖远不及太祖。以治天下而论，太祖又绌于高祖矣。老泉谓高祖之智，明于大而昧于小。大者何，治天下之谓也。小者何，定天下之谓也。尧舜至圣，使其驱百万之众，以争衡天下，未必能胜。然其任官修政，治世化民之道，可为万世帝王之法。始皇至暴，尚能奋一时狙诈，收灭六国，而统一宇宙。至其出令为政，尽废先王之法，戾世虐民，无所不极，以致二世而亡。后世以为戒。由是观之，则能定天下者之所以为小，而能治天下者之所以为大也。故论高祖太祖者，明乎大小之间，其亦有所轩轾乎。或闻言颔之。（引自《历代史事论海》卷九《汉高祖明太祖优劣论》）

杜　诏：自汉兴，而天下一治。高帝一泗上亭长，与项羽共逐秦鹿。乃羽弑义帝而帝为发丧；羽坑降卒，屠咸阳，而帝不杀子婴，与父老约法三章。羽有一范增而不能用，至兵围垓下，身死东城；而帝知人善任，用三杰，定三秦，五载而成帝业，即位都长安，规模宏远。然威加四海，独不能制一吕雉。醢韩、彭，酖赵王，惨极人彘，以致惠帝不禄，母后临朝，竟欲灭诸刘，王诸吕，幸王陵守正，平、勃交欢，卒安刘氏。然安刘者勃，帝固逆知之矣。（《读史论略》上）

程馀庆：一句一转，如医之量药，刚柔佐使，毫厘不差，此所谓天授也。（《历代名家评注史记集说·高祖本纪》）

朱东润：汉初置相国、丞相，皆用功臣。萧何卒，曹参闻之，告舍人趣治行，吾将入相。所以然者，列侯受封，奏位次，萧何第一，曹参第二，何死而参继，理固然也。其后王陵、陈平、周勃、灌婴皆以功臣相继入相。审食其入相，亦在封辟阳侯后，虽幸臣抑亦功臣也。（《史记考索·读〈高祖功臣侯者年表〉书后》）

⑭【汇评】

刘辰翁：写得如神明。吕后以一妇人问国事，时萧相国无恙，既问及相国死，后又问其次如何，何其虑远也。王陵、周勃在当时不以杰称，帝所优劣时置之，平生知人善任使；于是益信"安刘氏"，语异甚。（见倪思编《班马异同》卷二《高祖》）

⑮【汇评】

王　迈：窃谓四皓之才，要是帝王之佐，秦不能用，故宁终其身于商山之芝，不肯北面毂函之地。帝愿屈之而不能致者，彼盖度帝不过以秦汉人物待之尔，是以不屑于命驾也。晚年以太子之故，闻留侯之言翔而后集，是其心何尝一日不在苍生哉？帝于是时诚能以欲为万世计者端拜问之，愿在下风而又托之以六尺之孤，寄之以社稷之重，吾知尧舜君臣之事，彼可优游谈笑而办之矣。奈何其储位方定，而白驹之足倏然长往，有不可得而縶欤？嗟夫，留侯之去，帝可以留而不能留；四皓之来，帝可以屈而不能屈。高帝之功名事业于是乎终矣。君子于是乎绝望于汉矣，岂天未欲斯民见三代之治耶？（《臞轩集》卷三《高帝论七》）

凌稚隆：王世贞曰：呜呼，收图书籍、荐贤者，平阳耶？约法三章者，平阳耶？发关中老弱未傅诣军及为民请苑者，平阳耶？此皆无一焉而奈何与鄸侯并也。然汉之所以为汉者，一鄮侯足矣。平阳以守为创，毋拮据，世人以新其名，故功埒于鄮侯而收其逸，高帝则已悬烛计指之矣。是故宁以平阳之后，付戆之陵，木强之勃，而不欲令新进者持刀笔而操切其计也。（《史记评林》卷八《高祖本纪》）

钟　惺：高帝终不以戚姬故，废嫡立爱，明知有人彘之虐、诸吕之祸，而听后人为之，所不肯作法于凉，不独开国远虑，亦自是丈夫气。然吕雉老狐，不得用武帝处钩弋夫人法处之，为千古恨耳。高帝病，吕后问百岁后萧相国死，谁可代之，次曹参，次王陵、次陈平、次周勃。此数人者，吕后瞑目屈指中数之熟矣。穷究到底，正观其用人次第分数何如。其意不在刘氏，而观其何以备吕氏也。不待其词之毕，而帝已见其肺肝矣。问至周勃，汉之人数已穷，而复问其次，犹为狠毒？上亦寒心，而曰此后亦非而所知也。一语恨甚，此时发付只得如此。然上亦知吕后之老，诸吕之庸，而平、勃诸人办之有余。知平、勃诸人之足以办诸吕，又何必除一吕后，以为开国纲常之累哉。上之言曰，王陵可，然陵少戆，陈平可以助之。陈平智有余，然难为独任。周勃重厚少文，然安刘氏者必勃。了其一片苦心，如医之量药，刚柔仿使，毫厘不差。而低回顾步，长虑深思，尤于"然安刘氏者必勃也"，一然字中见之。处分如此，则帝亦何有于诸吕也。苏轼谓不去吕后，为惠帝计，如家有主母，而豪奴悍仆不敢与弱子抗。当时韩、彭已死，其将以萧曹平勃为豪奴悍仆乎？似亦不伦之甚矣。且自萧曹平勃辈而下，其能为豪且悍者谁也？汉之不必除吕后，正以有平勃辈在耳。他日吕后欲王诸吕，问于平勃，平勃顺旨，盖诸吕伎俩，业已看定。算定知他日之必能制其命，时不可争，不得不为此养晦行巽之道，以为所欲为耳，然其际已危矣。（《隐秀轩集·隐秀轩文列集论又二》）

王懋竑：汉高帝嫚而侮人，然于留侯不敢轻也，称之必曰子房。……高帝临崩，吕后问以萧相国后何人可代？帝历举曹参、王陵、陈平、周勃，其时留侯见在而不及之，何也？岂其多病，方道引辟谷，度其不久于世而不及之乎？此事前人未有论及之者。（《白田杂著》卷五《读史漫记》）

编者按：此段文字记刘邦临终之语，事涉重大，一与刘邦性命攸关，一系汉祚之命运前途。用语却极简明且妙。与医者问答之间，既骂之，又赐之金，"骂"显其草莽英雄性情未改，又赐金罢之，见其深会医家婉曲之意而诚致谢忱。在获知自己病情已属不治之际，断然放弃治疗，既不显悲戚之色，又不露伤感之情，理智冷静，了断决然，殊非一般胸怀，一般气概。非深悟天地之道，人生之理者实难有此旷达豪放之举。面对人生必然弃世之结局，从芸芸众生到权贵富豪，或悲戚痛苦，或欲入天国，成神成仙。帝王们则更是冀其万岁，长生不死。即如哲人中如老、庄、陶之清醒者亦寥寥。刘邦以取得天下之平民英雄如此豁达，古今似无可匹者也。人或论之曰："骂得妙！已骂矣，又赐金，尤妙。"又有论者曰："高祖嫚骂数语，豪杰意气可想。"斯言得之！斯言得之!

"已而吕后问'陛下百岁后,萧相国即死,令谁代之?'上曰:'曹参可。'问其次,上曰:'王陵可。然陵少憨,陈平可以助之。陈平智有余,然难以独任。周勃重厚少文,然安刘氏者必勃也,可令为太尉。'吕后复问其次,上曰:'此后亦非而所知也。'"面对如此事关重大之决策,回答明晰肯定,两个"可"字,尤具分量。谈及王、陈、周三人之优长与不足,恰切精准,择人授任,互相牵制,互补为用,颇具心思,都显示出刘邦高超的识人、用人之艺术。这些安排显然是以"安刘氏"为中心,其隐忧在心,但不露声色,他审时度势,冷静面对,其良苦用心尽在身后安排之中。其后事实证明,汉政权发生的最大危机就是吕后执意"王诸吕"而"危刘氏",此五人都成功地在"安刘氏"中做出了不同的贡献。寥寥数语之交代,维护了这个新政权的稳定,为此后的"文景之治"创造了条件,进而为后来武帝时期汉帝国的政治稳定、经济发达、文化繁荣、疆域空前辽阔、国力空前强大奠定了基础,并对中国历史的发展产生了极其深远的影响。以此观之,此时刘邦之权谋心计、谋略眼光已远非立国前之刘邦可比。打天下之际,无张、陈之匡扶襄助难成其谋,此时则张、陈恐难及其谋。诚如论者所云"惟高祖深谋远虑,后世之事,如亲见之者","汉高处置后事,若烛照龟卜",此论诚不为过。可见,虚心纳谏,经历了长期角谋斗智、逐鹿天下的艰苦历练的刘邦已然是一位"明于大而昧于小",极具战略眼光、战略胸怀,对于天下繁难事能从容应对的政治家了。人谓高祖"以匹夫而得天下,略无因依,诚三代后崛起为王者之最也",斯人当享斯誉,其自有在也。

卢绾与数千骑居塞下候伺①,幸上病愈自入谢②。

① 【汇注】

班　固:诏曰:"燕王绾与吾有故,爱之如子。闻与陈豨有谋,吾以为亡有,故使人迎绾。绾称疾不来,谋反明矣。燕吏民非有罪也,赐其吏六百石以上爵各一级。与绾居,去来归者,赦之,加爵亦一级。"诏诸侯王议可立为燕王者,长沙王臣等请立子建为燕王。(《汉书·高帝纪第一下》)

龚浩康:候伺,侦察,这里是观察等待的意思。(见王利器主编《史记注译》卷八《高祖本纪》)

② 【汇注】

颜师古:冀得上疾愈,自入谢以为己身之幸也。(《汉书注·高帝纪第一下》)

【汇评】

程馀庆：先作不了语，顿住。（《历代名家评注史记集说·高祖本纪》）

四月甲辰①，高祖崩长乐宫②。四日不发丧③。吕后与审食其谋曰④："诸将与帝为编户民⑤，今北面为臣，此常怏怏⑥，今乃事少主⑦，非尽族是⑧，天下不安⑨。"人或闻之，语郦将军⑩。郦将军往见审食其，曰："吾闻帝已崩，四日不发丧，欲诛诸将。诚如此，天下危矣。陈平、灌婴将十万守荥阳，樊哙、周勃将二十万定燕、代，此闻帝崩，诸将皆诛，必连兵还乡以攻关中⑪。大臣内叛，诸侯外反，亡可翘足而待也⑫。"审食其入言之，乃以丁未发丧⑬，大赦天下⑭。

① 【汇注】

龚浩康：四月甲辰，即公元前195年夏历四月二十五日。（见王利器主编《史记注译》卷八《高祖本纪》）

② 【汇校】

梁玉绳：附按：《御览》八十七引《史》云："四月甲辰，崩于长乐宫，时年六十二。在位十二年。葬长陵。"今《史记》无之。但臣瓒谓帝年四十二即位，寿年五十三。皇甫谧谓高祖以秦昭王五十一年生，至汉十二年，年六十三。盖瓒说非也。谧言六十三，亦六十二之讹。（《史记志疑·高祖本纪第八》）

张文虎：崩于长乐宫，《御览》引"崩"下有"于"字。（《校刊史记集解索隐正义札记·高祖本纪》）

【汇注】

裴　骃：皇甫谧曰："高祖以秦昭王五十一年生，至汉十二年，年六十二。"（《史记集解·高祖本纪》）

刘辰翁：高祖生甲寅，始皇即位之前一年。始皇在位三十七年，至胡亥死，帝年四十矣。又六年而羽亡，其在位七年耳。即位之秋，利幾反；冬，臧荼反；六年，韩信反；七年，韩王信反，为平陈；八年，讨韩王信余寇，过赵；九年，赵谋反，十年，陈豨反；十一年，信反、越反、布反。自击布，归，道病。绾反。七年之间，无岁不战，无人不反。计其从容，独奉厄太上与过沛时耳。过沛时，以乙巳十月；其崩，以丙午四月，年五十三。（见倪思编《班马异同》卷二《高祖》）

张　增："秦二世元年"注，徐广曰："高祖时年四十八。""后高祖崩"注，皇甫谧曰："高祖以秦昭王五十一年生，至汉十二年，年六十三。"按：《始皇本纪》，昭王享国五十六年，孝文一年，庄襄三年，始皇三十七年，以高祖生年校之，广、谧二说合，但云六十三，三当为二耳。《汉书》注臣瓒曰：帝年四十二即位，即位十二年，寿五十三，与广、谧说异。（《读史举正》卷一《史记·高祖本纪》）

王鸣盛：《高纪》汉十二年四月甲辰，高祖崩。裴骃引皇甫谧曰，高祖以秦昭王五十一年生，至汉十二年，年六十三。按：《六国表》，秦昭王五十一年，岁在乙巳。至汉十二年，岁在丙午，则高祖年当为六十二，"三"字传写误。若如此说，则高祖以秦二世元年九月起兵，时年已四十八，至为汉王之元年，年已五十一。至即真，年已五十五。若《汉书·高纪》臣瓒注则云，帝年四十二即位，即位十二年，寿五十三。若如此说，则高祖以秦庄襄王三年岁在甲寅生。至起兵之年，年三十九，为汉王四十二，即真四十六。愚谓当从臣瓒。秦昭王五十一年，周赧王以是年卒，皇甫谧欲推汉以继周，故妄造此言。王应麟信之，载《困学纪闻》十一卷，其实非也。（《十七史商榷》卷二"高祖年当从臣瓒"）

沈钦韩：《通典》：《汉旧仪》曰：高帝崩三日，小敛室中，牖下作栗木主，长八寸，前方后圆，围一尺。置牖中望外，内张绵絮以鄣，外以皓木大如指，长三尺，四枚缠以皓皮（按：皓木、皓皮未详），置牖中主居其中央。七日大敛棺，以黍饭羊舌祭之牖中。已葬，收木主为木函，藏庙太室中西墙壁坫中。（《汉书疏证》卷一《高帝纪》）

王先谦：沈钦韩曰：《史记》注引皇甫谧：高祖以秦昭王五十一年生，至汉十二年，年六十三。……杭世骏曰：高祖生年乙巳，至是年丙午，当是六十二。先谦曰：官本注十二年作十三年。（《汉书补注·高帝纪第一下》）

王　恢：长乐宫，本始皇所建之兴乐宫。汉高五年治，七年成。《雍录》："未央在汉城西隅，而长乐乃其东隅也。汉都长安，两宫初成，朝诸侯群臣乃于长乐，不在未央也。自惠帝以后，皆居未央宫，而长乐宫常奉母。故凡语及长乐者，多曰东朝。"（见叔孙通及樗里子《传》）更始、赤眉入长安，皆居长乐宫。后废，西魏复修。唐高祖入长安，还屯长乐宫。天宝以后废。故址在今阁老门村西，尚存故墙一道。（《史记本纪地理图考·高祖本纪》）

③【汇注】

王懋竑：高帝崩，吕后四日不发丧，谋诛诸将，以郦商而止。《通鉴》以其言为妄，削不载。然帝崩四日不发丧，此必有故，《史》所传非妄也。陈平之在荥阳，樊哙之在代，以前后事连言之耳。灌婴屯荥阳，《高帝纪》《婴传》皆无其事，仅见于《陈平世家》，亦不详何时，疑自破布归，即屯荥阳也。《史》以无事，故略之。《纲目》依《史记》补入。(《白田杂著》卷五)

【汇评】
凌稚隆：唐顺之曰：四日不发丧，则人人危矣。(《史记评林》卷八《高祖本纪》)

④【汇注】
杨树达：据《朱建传》，食其为吕后幸臣。(《汉书窥管·高帝纪下》)

⑤【汇注】
颜师古：编户者，言列次名籍也。编音鞭。(《汉书注·高帝纪第一下》)

⑥【汇注】
颜师古：鞅鞅，不满足也，音于亮反，他皆类此。(《汉书注·高帝纪第一下》)

⑦【汇注】
龚浩康：少主，指汉惠帝刘盈。(见王利器主编《史记注译》卷八《高祖本纪》)

⑧【汇评】
吕祖谦：《通鉴考异》谓吕后虽暴戾，亦安敢一旦尽诛大臣？以蒙恬将兵三十万在外，李斯能矫命除之，况吕太后之强乎？但未必欲尽诛诸将，不过择难制者族之耳。(《大事记解题》卷九自注)

⑨【汇注】
颜师古：族谓族诛之。是亦此也。(《汉书注·高帝纪第一下》)
程馀庆：诛信、越之志，于此见矣。(《历代名家评注史记集说·高祖本纪》)

⑩【汇注】
裴　骃：《汉书》曰郦商。(《史记集解·高祖本纪》)
龚浩康：郦将军，即郦商，郦食其的弟弟。(见王利器主编《史记注译》卷八《高祖本纪》)

⑪【汇校】
梁玉绳：《通鉴考异》曰："吕后虽暴，亦安敢一旦尽诛大臣？"又时陈平不在荥阳，樊哙不在代，此说恐妄。(《史记志疑·高祖本纪第八》)
张文虎：此闻，南宋本"此"作"比"。按：荀悦《汉纪》直云"此四人者"则"此"字不误。(《校刊史记集解索隐正义札记·高祖本纪》)

【汇注】
吕祖谦：高帝斩樊哙之命，外庭不得而闻也。(《大事记解题》卷九自注)

⑫【汇注】
龚浩康：可翘足而待，指可在短时间内实现。(见王利器主编《史记注译》卷八

《高祖本纪》)
⑬【汇注】
　　龚浩康：丁未，夏历四月二十八日。（见王利器主编《史记注译》卷八《高祖本纪》）
⑭【汇评】
　　程馀庆：吕后欲诛诸将一著，汉之不亡者幸尔，而郦商特以将在外者劫之，顶门之炙火也。（《历代名家评注史记集说·高祖本纪》）

　　　　卢绾闻高祖崩①，遂亡入匈奴②。

①【汇注】
　　司马迁：汉十二年，东击黥布，豨常将兵居代。汉使樊哙击斩豨。其裨将降，言燕王绾使范齐通计谋于豨所。高祖使使召卢绾，绾称病。上又使辟阳侯审食其、御史大夫赵尧往迎燕王，因验问左右。绾愈恐，闭匿，谓其幸臣曰："非刘氏而王，独我与长沙耳，往年春，汉族淮阴，夏，诛彭越，皆吕后计。今上病，属任吕后，吕后妇人，专欲以事诛异姓王者及大功臣。"乃遂称病不行，其左右皆亡匿。语颇泄，辟阳侯闻之，归具报上，上益怒。又得匈奴降者，降者言张胜亡在匈奴，为燕使。于是上曰："卢绾果反矣！"使樊哙击燕。燕王绾悉将其宫人家属骑数千居长城下，候伺，幸上病愈，自入谢。四月，高祖崩，卢绾遂将其众亡入匈奴，匈奴以为东胡卢王。绾为蛮夷所侵夺，常思复归。居岁余，死胡中。（《史记·韩王信卢绾列传第三十三》）
②【汇评】
　　司马迁：卢绾非素积德累善之世，徼一时权变，以诈力成功，遭汉初定，故得列地，南面称孤。内见疑强大，外倚蛮貊以为援，是以日疏自危，事穷智困，卒赴匈奴，岂不哀哉！（《史记·韩王信卢绾列传第三十三》）

　　　　丙寅①，葬②。己巳，立太子③，至太上皇庙④。群臣皆曰："高祖起微细⑤，拨乱世反之正⑥，平定天下，为汉太祖，功最高⑦。"上尊号为高皇帝⑧。太子袭号为皇帝，孝惠帝也。令郡国诸侯各立高祖庙⑨，以岁时祠⑩。

① 【汇注】

　　裴　骃：徐广曰五月。（《史记集解·高祖本纪》）

　　龚浩康：丙寅，夏历五月十七日。《汉书·高帝纪》"丙寅"前有"五月"二字。（见王利器主编《史记注译》卷八《高祖本纪》）

② 【汇校】

　　崔　适：按：各本脱"五月，长陵"四字，今依《汉书·高纪》补。（《史记探源》卷三）

【汇注】

　　颜师古：臣瓒曰："自崩至葬凡二十三日。"（《汉书注·高帝纪第一下》）

③ 【汇校】

　　张守节：丙寅葬，后四日至己巳，即立太子为帝。有本脱"己"字者，妄引《汉书》云"已下"者，非。（《史记正义·高祖本纪》）

【汇注】

　　张文虎：立太子。按：此谓太子即帝位也。《将相表》于孝文元年书"立太子"，后七年又书"太子立"，疑此文"立"字亦当在"太子"下。（《校刊史记集解索隐正义札记·高祖本纪》）

④ 【汇校】

　　梁玉绳：按："丙寅"上缺"五月"二字，"丙寅"下衍"葬"字，而以论末"葬长陵"三字移此，盖错简也。又考二年六月立孝惠为太子，何待是时始立？《正义》以"立太子为帝"解之，则与下文"太子袭号为皇帝"复矣。《汉书》作"五月丙寅葬长陵，已下（已下棺也），皇太子群臣皆反至太上皇庙"。疑"巳"乃"已"字之重，"立"乃"下"字之误，而《正义》又云："有本脱'己'字者，妄引《汉书》'已下'者，非。"则又不然矣。刘辰翁曰："只似多一'立'字，己巳太子至太上皇庙，甚顺。"《史诠》亦曰："'立'字衍文，'太子'属下句读。"王孝康曰："'立太子'当是'皇太子'之讹。"（《史记志疑·高祖本纪第八》）

【汇注】

　　张守节：《三辅黄图》云："太上皇庙在长安城香室南，冯翊府北。"《括地志》云："汉太上皇庙在雍州长安县西北长安故城中酒池之北，高帝庙北。高帝庙亦在故城中也。"（《史记正义·高祖本纪》）

　　吴见思：在太上皇庙立太子也。（《史记论文·高祖本纪》）

⑤ 【汇校】

　　梁玉绳：按：此时群臣方议尊号，何得先称"高祖"，《汉书》作"帝"是也。（《史记志疑·高祖本纪第八》）

【汇注】

吴见思：高祖起微细，直应至篇首，高起、王陵述一遍；高祖未央宫自述一遍；过沛时自述一遍；死时自述一遍；此群臣又述一遍，凡作五层收束。（《史记论文·高祖本纪》）

⑥【汇注】

龚浩康：拨乱世反之正，治理好乱世，使之回到正轨上来。反，通"返"。（见王利器主编《史记注译》卷八《高祖本纪》）

⑦【汇评】

曹 植：屯云斩蛇，灵母告祥。朱旗既抗，九野披攘。禽婴克羽，扫灭英雄。承机帝世，功著武汤。（《曹子建集校注》卷七《汉高帝赞》）

⑧【汇注】

颜师古：尊号，谥也。（《汉书注·高帝纪第一下》）

徐天麟：《谥法》无高，以功高特起名。（《西汉会要》卷一）

魏了翁：鹤山先生曰：高帝者何？汉五年群臣上皇帝尊号，此有天下之称也。十二年上谥号曰高皇帝，此节惠易名之谥也。人主自号皇帝，自秦政始，而汉因之，谥曰高皇帝，则亦因始皇帝之陋也。（《古今考》卷一《高帝纪》）

又：既曰高帝矣，此其言高祖何？系之帝即谥也，系之"帝"即谥地。（同上）

【汇评】

韩兆琦：尊号，指谥。俞樾曰："谓之'尊号'而不曰'谥'，盖亦避秦人臣子议君父之嫌也。"（《湖海笔谈》按：所谓"臣子议君父之嫌"见于《始皇本纪》。其中有云："死而以行为谥，则子议父，臣议君也，甚无谓，朕弗取焉。"）（《史记选注集说·高祖本纪》）

⑨【汇注】

陈 直：高祖庙，在长安西北故城中。《关辅记》曰："秦庙中钟四枚，皆在汉高祖庙中。"《三辅旧事》云："高庙钟重十二万斤。"《汉旧仪》云："高祖庙钟十枚，各受十石，撞之声闻百里。"《汉书》：文帝时盗取高庙玉环故事。又云："光武至长安宫阙，以宗庙烧荡为墟，乃徙都洛阳。取十庙合于高庙，作十二室。太常卿一人，别治长安，主知高庙事。"高庙有便殿，凡言便殿、便室、便坐者，皆非正大之处，所以就便安也。高园于陵上作之，既有正寝，以象平生正殿路寝也。又立便殿于寝侧，以象休息闲晏之处也。孝惠更于渭北建高帝庙，谓之原庙。

直按：《汉书·叔孙通传》晋灼注引《黄图》云："高庙在长安城门街，寝在桂宫北。"与今本异。又按：《汉书·韦玄成传》云："又园中各有寝便殿。"如淳注引《黄图》，高庙有便殿，与今本同。颜师古注云："凡言便殿、便室者，皆非正大之处。寝者，陵上正殿，若平生路寝矣。便殿者，寝侧之别殿耳。"与本文略同。自"高庙有便殿"句起，至"以象休息闲晏之处也"一段，完全与《汉书·武帝本纪》建元六年颜师古注相同（颜注又节用于《韦玄成传》，已见上）。又按：汉祖庙钟十枚各受十石事，《北堂书钞·乐部》引《旧仪》亦同。惟《太平御览》卷五百七十五，误引作《汉书》。盗高庙玉环事，见《汉书·张释之传》。光武至长安事，《长安志》引《三辅故事》，与本文同。原庙，见《汉书·叔孙通传》。西安汉城出土有"高庙万世"瓦，当为高庙之物。（《三辅黄图校证》卷之五《宗庙》）

又：宗，尊也；庙，貌也，所以仿佛先人尊貌也。汉立四庙，祖宗庙异处，不序昭穆。太上皇庙，在长安西北长安故城中，香室街南，冯翊府北。《关辅记》曰："在酒池北。"直按：本书三辅治所云："冯翊府，长安故城内，太上皇庙西南。"（同上）

⑩【汇注】

徐天麟：《三辅黄图》高祖庙在长安西北故城中。《汉旧仪》云，高祖（庙）盖地六顷三十亩四步，祠内立九旗，堂下撞千石钟十枚，声闻百里。（《西汉会要》卷十二礼六）

又：初，高祖时，令诸侯王都皆立太上皇庙。至惠帝时，尊高帝庙为太祖庙。景帝尊文帝庙为太宗庙。行所尝幸郡国，各立太祖、太宗庙。至宣帝本始三年，复尊孝武庙为世宗庙。行所巡狩亦立焉。凡祖宗庙在郡国六十八，合百六十七所。而京师自高祖下至宣帝，与太上皇、悼皇考各自居陵旁立庙，并为百七十六。又园中各有寝便殿，日祭于寝，月祭于庙，时祭于便殿。寝，日四上食；庙，岁二十五祠；便殿，岁四祠。又月一游衣冠。而昭灵后、武哀王、昭哀后……各有寝园，与诸帝合，凡三十所。一岁祠，上食二万四千四百五十五。至元帝时，贡禹奏言："古者天子七庙，今孝惠、孝景庙皆亲尽宜毁，及郡国庙不应古礼，宜正定。"天子是其议。未及施行而禹卒。永光四年，乃下诏先议罢郡国庙。曰："朕闻明王之御世也，遭时为法，因事制宜。往者天下初定，远方未宾，因尝所亲以立宗庙，盖建威销萌，一民之至权也。今赖天地之灵，宗庙之福，四方同轨，蛮貊贡职，久遵而不定，令疏远卑贱，共承尊祀，殆非皇天祖宗之意，朕甚惧焉。……其与将军、列侯、中二千石、二千石、诸大夫、博士、议郎议。"丞相元成……等七十人皆曰："臣闻祭非自外至者也，繇中出，生于心也。故唯圣人为能飨帝，孝子为能飨亲，立庙京师之居，躬亲承事，四海之内，各以其职来助祭。……《春秋》之义，父不祭于支庶之宅，君不祭于臣仆之家，王不祭于下土诸侯，臣等愚以为宗庙在郡国宜无修，臣请勿复修。"奏可，因罢昭灵后……戾太子、戾后园，皆不奉祠，裁置吏卒守焉。罢郡国庙后月余，复下诏曰："盖闻明主制礼，立亲庙四……"元成等四十四人奏议曰："礼，王者始受命，诸侯始封之君，皆为太祖，以下五庙而迭毁。……臣愚以为，高帝受命定天下，宜为帝者太祖之庙，世世

不毁，承后属尽者宜毁……"(《西汉会要》卷一三礼七)

又：京师自高祖下至宣帝与太上皇、悼皇考各自居陵旁立庙，又园中各有寝、便殿。日祭于寝，月祭于庙，时祭于便殿。寝日四上食，庙岁二十五祠。(如淳曰，月祭朔望，加腊为二十五。晋灼曰，《汉仪注》宗庙一岁十二祠。五月尝麦，六月、七月、三伏、立秋、貙娄、又尝粢。八月先夕馈飨，皆一太牢。酎祭用九太牢。十月尝稻，又饮蒸，二太牢。十一月尝，十二月腊，二太牢。又每月一太牢。如闰加一祀。与此上十二为二十五祠。师古曰，晋说是也。)(《西汉会要》卷一四礼八)

及孝惠五年①，思高祖之悲乐沛②，以沛宫为高祖原庙③。高祖所教歌儿百二十人，皆令为吹乐④，后有缺，辄补之⑤。

① 【汇注】
龚浩康：孝惠五年，即公元前190年。(见王利器主编《史记注译》卷八《高祖本纪》)

② 【汇注】
程馀庆："悲乐"二字，合得有情。(《历代名家评注史记集说·高祖本纪》)
韩兆琦：悲乐沛，犹上文所言之"乐思沛"，意即思念沛、喜欢沛。悲，思也。(《史记选注集说·高祖本纪》)

③ 【汇注】
裴骃：徐广曰："《光武纪》云'上幸丰，祠高祖于原庙'。"骃按：谓"原"者，再也。先既已立庙，今又再立，故谓之原庙。(《史记集解·高祖本纪》)

④ 【汇注】
班固：以沛宫为原庙，皆令歌儿习吹以相和。(《汉书·礼乐志第二》)

⑤ 【汇评】
程馀庆：详细。见笔墨酣足。应高祖过沛事。(《历代名家评注史记集说·高祖本纪》)

高帝八男①：长庶齐悼惠王肥②；次孝惠，吕后子；次戚夫人子赵隐王如意③；次代王恒④，已立为孝文帝，薄太后子⑤；次梁王恢，吕太后时徙为赵共王⑥；次淮阳王友，吕太后时徙为赵幽王⑦；次淮南厉王长⑧；次燕王建⑨。

① 【汇注】

刘辰翁：八男，惟肥长大，不可知。自惠以下六孺子，计十岁或十余岁耳，而皆远封近也。（见倪思编《班马异同》卷二《高祖》）

【汇评】

赵　翼：《高祖纪》末，《史记》但记其诸子，《汉书》独总叙高祖之明达好谋，虽日不暇给，而规模宏远。《史记》少此议论。又：《史记·高纪》既叙高祖八男，而《吕后纪》内又叙之，殊复。《汉书》两纪俱不叙，另立《高五王传》。（《廿二史札记》卷一《史汉互有得失》）

② 【汇注】

司马迁：齐悼惠王刘肥者，高祖长庶男也。其母外妇也，曰曹氏。高祖六年，立肥为齐王，食七十城，诸民能齐言者皆予齐王。（《史记·齐悼惠王世家第二十二》）

③ 【汇注】

司马迁：戚姬子如意为赵王，年十岁，高祖忧即万岁之后不全也。赵尧年少，为符玺御史。赵人方与公谓御史大夫周昌曰："君之史赵尧，年虽少，然奇才也，君必异之，是且代君之位。"周昌笑曰："尧年少，刀笔吏耳，何能至是乎！"居顷之，赵尧侍高祖。高祖独心不乐，悲歌，群臣不知上之所以然。赵尧进请问曰："陛下所为不乐，非为赵王年少而戚夫人与吕后有隙邪？备万岁之后而赵王不能自全乎？"高祖曰："然。吾私忧之，不知所出。"尧曰："陛下独宜为赵王置贵强相，及吕后、太子、群臣素所敬惮乃可。"高祖曰："然。吾念之欲如是，而群臣谁可者？"尧曰："御史大夫周昌，其人坚忍质直，且自吕后、太子及大臣皆素敬惮之。独昌可。"高祖曰："善。"于是乃召昌，谓曰："吾欲固烦公，公强为我相赵王。"……高祖崩，吕太后使使召赵王，其相周昌令王称疾不行。使者三反，周昌固为不遣赵王。于是高后患之，乃使使召周昌。周昌至，谒高后，高后怒而骂周昌曰："尔不知我之怨戚氏乎？而不遣赵王，何？"昌既征，高后使使召赵王，赵王果来。至长安月余，饮药而死。周昌因谢病不朝见，三岁而死。（《史记·张丞相列传第三十六》）

又：吕后最怨戚夫人及其子赵王，乃令永巷囚戚夫人，而召赵王，使者三返，赵相建平侯周昌谓使者曰："高帝属臣赵王，赵王年少。窃闻太后怨戚夫人，欲召赵王并诛之，臣不敢遣王。王且亦病，不能奉诏。"吕后大怒，乃使人召赵相。赵相征至长安，乃使人复召赵王。王来，未到。孝惠帝慈仁，知太后怒，自迎赵王霸上，与入宫，自挟与赵王起居饮食。太后欲杀之，不得间。孝惠元年十二月，帝晨出射，赵王少，

不能蚤起。太后闻其独居，使人持酖饮之。黎明，孝惠还，赵王已死。于是乃徙淮阳王友为赵王。(《史记·吕太后本纪第九》)

【汇评】

程馀庆：文法变动生态。(《历代名家评注史记集说·高祖本纪》)

④【汇校】

梁玉绳：按："恒"字当避，《史诠》曰"当省"。(《史记志疑·高祖本纪第八》)

【汇注】

崔　适：按：文帝名于此，武帝名于《景纪》，高、惠、景帝皆不名。(《史记探源》卷三)

⑤【汇注】

龚浩康：薄太后，高祖之姬。文帝刘恒即位后改称皇太后。(见王利器主编《史记注译》卷八《高祖本纪》)

【汇评】

程馀庆：句法与吕后子遥对，郑重。(《历代名家评注史记集说·高祖本纪》)

⑥【汇注】

韩兆琦：赵共王，即刘恢，先曾为梁王，后被吕后徙封赵，因不堪忍受吕氏的拘制，愤而自杀。(《史记选注集说·高祖本纪》)

⑦【汇注】

韩兆琦：赵幽王，即刘友。先曾为淮阳王，后被吕后徙封赵，因不满吕氏被拘囚饿死。(《史记选注集说·高祖本纪》)

【汇评】

程馀庆：两提"吕太后时"，波光黯淡。(《历代名家评注史记集说·高祖本纪》)

⑧【汇注】

韩兆琦：淮南厉王，刘长，高祖少子。文帝时，刘长因骄溢犯法而被流放蜀地，途中绝食自杀。(《史记选注集说·高祖本纪》)

⑨【汇注】

韩兆琦：燕王建，高祖庶子。燕王卢绾叛汉逃入匈奴后，吕后立建为燕王。十五年死。(《史记选注集说·高祖本纪》)

【汇评】

陈　埴：高祖大封同姓，卒有尾大不掉之患。高祖明达，何不虑此？惩戒亡秦孤立之弊，故大封同姓。圣人谓"百世损益可知"，此类是。周以封建亡，故秦必损之；秦以不封建亡，如汉必益之。事势相因，必至于此。兼汉初户口减少，封诸王时计户而不计地，故封三庶孽分天下半，其后户口日蕃，所以强大。(《木钟集》卷一一

《史》)

凌稚隆：康海曰：此纪逐年叙，由亭长而公而王而帝而终，作四大节，错综变化，不可捉摸。(《史记评林》卷八《高祖本纪》)

韩兆琦：以上……写刘邦称帝后的晚年经历。这时的诸侯叛乱，固然有其内在原因，但与刘邦、吕后的错误处置也有很大关系，司马迁对此深致不满。(《史记选注集说·高祖本纪》)

太史公曰①：夏之政忠②。忠之敝③，小人以野④，故殷人承之以敬⑤。敬之敝，小人以鬼⑥，故周人承之以文⑦。文之敝⑧，小人以僿⑨，故救僿莫若以忠⑩。三王之道若循环⑪，终而复始⑫。周、秦之间，可谓文敝矣⑬。秦政不改，反酷刑法，岂不缪乎⑭？故汉兴，承敝易变⑮，使人不倦⑯，得天统矣⑰。朝以十月。车服黄屋左纛⑱。葬长陵⑲。

① 【汇注】

张守节：《正义》："太史公，司马迁自谓也。《自序》传云'太史公曰先人有言'，又云'太史公曰余闻之董生'，又云'太史公遭李陵之祸'。明太史公，司马迁自号也。迁为太史公官，题赞首也。虞喜云：'古者主天官者皆上公，非独迁。'"(《史记正义·五帝本纪》)

崔 适：按：《自序》云："谈为太史公。"《索隐》曰："'公'者，迁所著书尊其父云'公'也。"《自序》又云："有子曰迁。"又曰："太史公卒三岁而迁为太史令。"是则迁称其父曰"太史公"，自称其官曰"太史令"，故《汉书·律历志》《后汉书·班彪传》皆称迁为太史令，岂其官名"太史公"哉？《汉书·百官表》，太史令为太常属官，秩六百石耳，虞喜以为上公，谬矣。《自序》"太史公曰先人有言"以下，凡迁自称亦作"太史公"者，后人不达此为迁尊其父之称，从而改之尔。各篇赞语亦然。但此称相沿已久，且尊而公之，敬礼先哲，亦所宜然，故今亦仍其旧云。(《史记探源》卷二)

【汇评】

吕祖谦：子长之论，即仲舒用夏之忠之论也。非特子长、仲舒为然，汉初豪杰萧、曹、绛、灌之徒，大意亦莫不然也。子长于《夏纪》举孔子正夏时，于《殷纪》举孔

子善殷辂,圣人损益四代之大意,不可谓不略窥之矣。惜乎其不舒究之也。(《大事记解题》卷九)

② 【汇注】

龚浩康:忠,忠厚朴实。(见王利器主编《史记注译》卷八《高祖本纪》)

【汇评】

朱 熹:周太繁密,秦人尽扫了,所以贾谊谓秦专用苟简自恣之行。秦又太苟简自恣,不曾竭其心思,太史公、董仲舒论汉事,皆欲用夏之忠,不知汉初承秦扫去许多繁文,已是质了。(引自黎靖德编《朱子语类》卷一百三十五)

高 拱:问伊川云:"夏近古人,多忠诚,故为忠。忠弊,故救之以质。质弊,故救之以文。然乎?"曰:文入于靡,以质救之可也。文何以救质?质涉于伪,以忠救之可也。质何以救忠?三代异尚,理既不然,而相救之说又从而为之辞者也。(《本语》卷二)

姚苎田:字法句法俱精。(《史记菁华录》卷一《高祖本纪》)

③ 【汇注】

龚浩康:敝,坏处。(见王利器主编《史记注译》卷八《高祖本纪》)

④ 【汇注】

裴 骃:郑玄曰:"忠,质厚也。野,少礼节也。"(《史记集解·高祖本纪》)

姚苎田:野,乔野也。(《史记菁华录》卷一《高祖本纪》)

龚浩康:野,粗野少礼。(见王利器主编《史记注译》卷八《高祖本纪》)

【汇评】

姚苎田:只言小人,妙!(《史记菁华录》卷一《高祖本纪》)

⑤ 【汇注】

龚浩康:敬,恭敬威严。(见王利器主编《史记注译》卷八《高祖本纪》)

⑥ 【汇注】

裴 骃:郑玄曰:"多威仪,如事鬼神。"(《史记集解·高祖本纪》)

姚苎田:古云,殷人尚鬼,盖敬而流于媚。(《史记菁华录》卷一《高祖本纪》)

龚浩康:鬼,迷信鬼神。(见王利器主编《史记注译》卷八《高祖本纪》)

⑦ 【汇注】

钱孟浚:颍滨曰:《传》曰:夏之政尚忠,商之政尚质,周之政尚文,而仲尼亦云:"周监于二代,郁郁乎文哉,吾从周。"余读《诗》《书》,历观唐虞至于夏商,以为有生民以来,未尝一日而不趋于文也。文之为言,犹曰"万物各得其理"云尔。父子君臣之间,兄弟夫妇之际,此文之所由起也。昔者生民之初,父子无义,君臣无礼,兄弟不相爱,夫妇不相保,纷然而淆乱,忿斗而相苦,文理不著,而人伦不明,生不相养而死不相葬，天下之人，举皆戚然不宁于中，然后反而求其所安，属其父子而列其君臣，联其兄弟而正其夫妇。至于虞、夏之世，乃益去其鄙野之制，然犹以天子之尊，饭土塯，啜土铏，土堦三尺，茅茨不翦，至于周而后大备。其粗始于父子之际，其精布于万物，其用甚广而无穷，盖其当时莫不自谓文于前世，而后世之人乃更以为质也。……故世之所谓文者，皆所以安其人之所不安，而人之所安者，事之所当然也。（引自《历代名贤确论》卷一一"帝王所尚"）

又：刘敞曰：古者有言，夏道尊命，商人尊神，周人尊礼，此非君子之言，好事者饰之也。……若圣人之治，王者之法，宰制万物，兼覆天下，则此三者无不修也，无不慎也，不能一废矣。故当其尊命，则虽周复夏，当其尊神，则虽夏由商；当其尊礼，则虽商由周。何以言之耶？民事则尊命，鬼事则尊神，王事则尊礼，同时可也，同日可也，同月可也。当其义，则今所用者先；不当其义，则向所用者后，后者复先，先者复后，一物不应而乱起矣，岂及于夏、商、周异代而尊之哉？故曰非君子之言，好事者饰之也。夫好事者知三王之异物，而不知其道之同也。知三王之异俗，而不知其德之一也。道者所以格物而非格于物也，德者所以变俗而非变于俗也。故三王之所改者，正朔缘于历而改，律吕缘于声而改，都邑缘于地而改，徽号缘于色而改，乐舞缘于功而改，官职缘于事而改。及夫以性为内，以情为外，以名为制，以礼为体，此所谓道德之本也，不可改也。苟不可改则忠也，恭也，文也，三代同尚矣。德也，爵也，齿也，三代同贵矣。命也，神也，礼也，三代同尊矣。奚独三代哉？吾以此推之，昔者伏羲氏、神农氏、黄帝氏、少昊氏、颛顼氏、高辛氏、陶唐氏、有虞氏，封于泰山，禅于梁甫者七十有一君，其实一也。（同上）

⑧【汇评】

钱孟浚：颖滨曰：……及周之亡，天下大坏，强凌弱，众暴寡，而后世乃以为用文之弊。夫自唐虞以至于商，渐而入于文，至周而文极于天下。当唐、虞、夏、商之世，盖将求周之文而其势有所未至，非有所谓质与忠也。自周而下，天下习于文，非文则无以安天下之所不足，此其势然也。今夫冠、昏、丧、祭而不为之礼，墓祭而不庙，室祭而无所，仁人君子有所不安于其中，而曰不文以从唐、虞、夏、商之质，夫唐虞夏商之质，盖将求周之文而未至，非所以为法也。（引自《历代名贤确论》卷十一"帝王所尚"）

⑨【汇校】

司马贞：郑音先代反，邹本作"薄"，音扶各反，本一作"僿"，而徐广云一作"薄"，是本互不同也。然此语本出子思子，见今《礼表记》，作"薄"，故郑玄注云："文，尊卑之差也。薄，苟习文法，不悃诚也。"裴又引《音隐》云"僿音先志反"，僿塞声相近故也。盖僿犹薄之义也。（《史记索隐·高祖本纪》）

【汇注】

裴　骃：徐广曰："一作'薄'。"骃按：《史记音隐》曰"僿音西志反"。郑玄曰："文，尊卑之差也。薄，苟习文法，无悃诚也。"（《史记集解·高祖本纪》）

程馀庆："僿"音笥。细碎也，无悃诚也。（《历代名家评注史记集说·高祖本纪》）

王骏图、王骏观：小人以豨，《正韵》"豨音笥，细碎也"。言过文之敝，则流于细碎刻薄也。小司马引《礼·表记》作蔽，又谓蔽僿声相近，皆未为得也。（《史记旧注平义·高祖本纪》）

⑩【汇注】

裴　骃：郑玄曰："复反始。"（《史记集解·高祖本纪》）

程馀庆：又转到忠上，所谓循环也。（《历代名家评注史记集说·高祖本纪》）

⑪【汇注】

龚浩康：三王，指夏禹、商汤，周文王和周武王，即三代开国之王。（见王利器主编《史记注译》卷八《高祖本纪》）

⑫【汇评】

程馀庆：以上通论古今帝王统绪有定。（《历代名家评注史记集说·高祖本纪》）

⑬【汇评】

程馀庆：不说出"僿"字，妙。周之必有或继之者，至圣所以不论。（《历代名家评注史记集说·高祖本纪》）

⑭【汇评】

程馀庆：秦不得承统也。（《历代名家评注史记集说·高祖本纪》）

⑮【汇评】

钱孟浚：李翱曰：夏尚忠，殷尚敬，周尚文，何也？帝王之道，非尚忠也，非尚敬与文也，因时之变，以承其弊而已矣。救野莫如敬，救鬼莫如文，救僿莫如忠，循环终始，迭相为救，如火蔓而烧也，人知其胜之于水也。胜于水者土也，水之溃过其流者，则必大为之防矣。故夏之政尚忠，汤之政尚敬，武王之政尚文，各适其宜也。如武王居禹时则尚忠矣，汤居武王之时则尚文矣。禹与汤交地而居，则夏尚敬，而殷尚乎忠矣。故适时之宜而补其不得者三王也。使黄帝、尧、舜居三王之天下，则亦必为禹、汤、武王之所为矣。由是观之，五帝之与夏、商、周一道也。若救殷之鬼不以文，而曰我必以夏之忠而化之，是犹适于南而北辕，其到也无日矣。孔子圣人之大者也，若孔子王天下，而传周，其救文之弊也，亦必尚乎夏道矣。是文与忠、敬皆非帝王之所尚也，乃帝王之所以合变而行权者也。因时之变以承其弊者也，不可体而作为之者也。（引自《历代名贤确论》卷一一"帝王所尚"）

又：李华曰：天地之道，易简、易则、易知。简则易从。先王质文相变，以济天下。易知、易从，莫尚乎质，质弊则佐之以文，文弊则复之以质，不待其极而变之，故上无从乱。《记》曰：国奢则示之以俭，国俭则示之以礼，礼谓易知易从之礼，非酬酢裼袭之烦也。俭谓易知易从之俭，非茅茨土簋之陋也。盖达其诚信，安其君亲而已。质则俭，俭则固，固则愚，其行也丰肥。天下愚极则无恩。文则奢，奢则不逊，不逊则诈，其行也瘠瘠。天下诈极则贼乱，故曰：不待其极而变之，因而文之，无害于训。（同上）

徐孚远：王维桢曰：此论只言沛公能变秦苛法，得天之统，故有天下，此本论也。（《史记测议·高祖本纪》）

韩兆琦：作者肯定了汉初的"承敝易变"，而对武帝政治略致讥讽之意。（《史记选注集说·高祖本纪》）

张大可：《高祖本纪·赞》字面意义包含了循环论的色彩，这是不必讳言的。但是，司马迁的主旨却是讲"变"，历史在不断地演变和前进。赞论引夏、商、周的忠、敬、文三统之说，重在说"变"，而不是"循环"。秦承周"文"政之敝而不改，故亡国；汉兴，"承敝易变"，获得了天命。所谓"文"，《集解》引郑玄云："尊卑之差也。""僿"，又作"薄"。司马贞曰："僿，犹薄之义。"周政"文"之敝，就是说周朝等级森严的礼制，繁文缛节发展过了头，官吏习文法只重形式。秦朝不思救敝，反而变本加厉依赖严刑酷法，所以二世而亡。汉承秦之敝，救之以忠，并不是效法夏政鲧、禹决渎，而是"承敝易变"，顺民之俗。萧、曹《世家》赞评萧何"谨守管籥，因民之疾秦法，顺流与之更始"，而与"闳夭、散宜生等争烈矣"；曹参与民"休息无为"，而与萧何齐名为贤相，"天下俱称其美矣"。吕后称制，残虐宗室，她还屠戮功臣，个人品质极其狠毒。但吕后与民休息，司马迁称赞她"女主称制，政不出房户，天下晏然"。汉文帝，"德至盛"。司马迁的这些评论，充分肯定了汉初顺民之俗的政治大方向，隐喻之意，则是对秦皇、汉武好大喜功，暴虐政治的批评。也就是说，司马迁所讲的"循环""天统"是以民心、民俗为其内核的。论者多抽象地评论《高祖本纪·赞》的字面意义，认为是宣扬循环论和天命论，非为至论。例如有人认为司马迁主张"古今社会就是按照'忠'—'敬'—'文'这套公式周而复始地'变'"，因而称司马迁的历史观是"三统循环论"。这种看法实质上是张冠李戴，把董仲舒的观点强加在司马迁头上。（《史记全本新注》卷八《简论》）

⑯【汇评】

姚苎田：用《系辞》文，妙。（《史记菁华录》卷一《高祖本纪》）

程馀庆：二句明是"忠"字，都不说出，妙！（《历代名家评注史记集说·高祖本纪》）

⑰【汇评】

吕祖谦：伊川程氏《春秋传·序》曰：天之生民，必有出类之才起而君，长之。治之而争夺息，导之而生养遂。教之而伦理明，然后人道立，天道成，地道平，二帝而上，圣贤世出，随时有作，顺乎风气之宜，不先天以开人，各因时而立政，暨乎三王迭兴，三重既备，子、丑、寅之建正，忠、质、文之更尚，人道备矣。天运周矣，圣王既不复作，有天下者，虽欲仿古之迹，亦私意妄为而已。事之谬，秦至以建亥为正道之悖，汉专以智力持世，岂复知先王之道也。（《大事记解题》卷一《春秋》）

凌稚隆：按：《白虎通》云：三王之有失，故主三教以相指受，夏人之王教以忠，其失野；救野之失莫如敬，殷人之王教以敬，其失鬼；救鬼之失莫如文，周人之王教以文，其失薄。救薄之失莫如忠。继周尚黑，制与夏同，三者如顺连环，周则复始，穷则反本。（《史记评林》卷八《高祖本纪》）

吴见思：高祖一纪甚详，《赞》中只言其治道大略，而以"天统"终，得体之甚。（《史记论文·高祖本纪》）

程馀庆：言汉能变秦苛法，得天之统，故有天下也。（《历代名家评注史记集说·高祖本纪》）

又：推崇当代之意，只四字便尽，岂后来纷纷符谶之云乎！（同上）

李景星：三代以下，以匹夫而有天下者，自汉高祖始，故太史公作纪多用特笔，与他本纪不同。……赞语揭出"天统"，上承三代，下开百王，片言扼要，尤为得体。（《四史评议·史记评议·高祖本纪》）

包遵信：这段"太史公曰"，是司马迁对汉为什么能够代秦的历史原因的总结，因而也是最能反映司马迁所谓"变"的实质：（一）古今社会就是按照"忠"—"敬"—"文"这套公式周而复始地"变"；（二）历史无论怎样变来变去，始终都不越出儒家的社会伦理范畴，它只有形式的不同，而没有质的突变；（三）秦之所以那么快就会被灭亡，是因为推行法家的一套"酷刑法""任力政"；（四）所以汉朝"承敝易变"，改行"王道"，"卒践帝祚"，"得天统矣"。

既然"忠""敬""文"都是儒家社会伦理范畴，历史何必这样走马灯式地变来变去呢？司马迁说，这是因为"忠""敬""文"这些社会伦理范畴，作为统治阶级的思想武器，是各有利弊，经过一段时间就对老百姓不管用了，因而必须交替为用。这个时间上的尺度，司马迁也是有规定的。（见王伯祥《史记选·司马迁和他的名著〈史记〉》）

编者按：此传论是表现司马迁历史观的一段重要议论。后人对此段议论多所批评，似欠恰切，有失公允。其放眼三代，执三代政治特点之牛耳，无涉天命、无涉天意，从三代历史自身，即从人类的活动中去探寻历史之奥秘，而且清醒认识到历史是活生生的在发展变化的，事物都是在向其对立面转化的，是有规律可寻的，这些都是朴素的唯物史观的表现，是难能可贵的，这首先当予肯定。至于表述失之于肤浅或简单，即人们所诟病之所谓"循环论"，当有本人认识的局限，更多的该是受到历史的局限。对历史认识的不断深化是全人类一个永恒的主题，是需要人们不断去思考、去探索、去总结的。

⑱【汇评】

刘辰翁：车服黄屋左纛，不成语，常疑此《赞》有缺文。子长举汉继周，黜秦如项，犹自有说，故曰"得天统矣"。"朝以十月"，颇寄不满焉。（见倪思编《班马异同》卷二《高祖》）

刘咸炘：朱子曰："浙学者谓《史记·夏纪赞》用行夏时，《商纪赞》用乘殷辂事，至《高纪赞》曰"'朝以十月，黄屋左纛'，讥其不用夏时、殷辂，迁意诚恐是如此。"按此说虽纤，而未必不是。（《太史公书知意·高祖本纪》）

⑲【汇校】

梁玉绳：附按：此是错简，当在"丙寅"句下。（《史记志疑·高祖本纪第八》）

龚浩康：按："朝以十月"以下三句，文义不连贯，疑有脱误；且三句为叙事语气，与上文议论不合。从上句"得天统矣"的文气看，似为收束之语。疑此三句为错简。（见王利器主编《史记注译》卷八《高祖本纪》）

【汇注】

裴　骃：皇甫谧曰："长陵山东西广百二十步，高十三丈，在渭水北，去长安城三十五里。"（《史记集解·高祖本纪》）

张守节：《括地志》云："长陵在雍州咸阳县东三十里。"（《史记正义·高祖本纪》）

吕祖谦：臣瓒曰：自崩至葬，凡二十三日。长陵在长安北四十里也。（《大事记解题》卷九自注）

沈钦韩：《黄图》：在渭水北，去长安城三十五里。长陵山东西广一百二十步，高十三丈。长陵城周七里百八十步，因为殿垣，门四出，及便殿、掖廷、诸官寺在中。（《汉书疏证》卷一《高帝纪》）

陈　直：高祖长陵在渭水北，去长安城三十五里。按《高祖本纪》，十二年四月甲辰，崩于长乐宫，五月葬长陵。长陵山，东西广一百二十丈，高十三丈。长陵城周七里，百八十步，因为殿垣，门四出，及便殿掖庭诸官（校原作"宫"，今订正）寺，皆在中。

直按：《汉书·高祖纪》十二年，臣瓒注云："长陵，在长安北四十里。"《吕后纪》："六年，城长陵。"颜师古注引"长陵城周七里"一段，与本文完全相同。又

《太平寰宇记》卷二十六云："长陵故城，在今县东北四十里。汉初徙关东豪族以奉陵邑，长陵、茂陵各万户，其余五陵各五百户，皆属太常，不隶于郡。"《元和郡县图志》卷一，与《太平寰宇记》文略同，惟作长陵故城在县东北三十里。又《水经注·渭水》："又东迳长陵南，亦曰长山也。"《文选·西征赋》李善注引《三秦记》云："秦名天子冢长山，汉曰陵，故通名山陵。"本文故又称为长陵山。又按：《陕西通志》卷七〇，长陵在咸阳县东三十里，亦曰长山。现今陵地，在咸阳市渭城公社毛庞村西约二公里。（《三辅黄图校证》卷之六《陵墓》）

王恢：《清统志》（二二九），陵在咸阳东北四十里。《关中记》："高帝陵在西，吕后陵在东。"按：高帝长陵、文帝霸陵、景帝阳陵、武帝茂陵、昭帝平陵、宣帝杜陵、薄太后南陵、赵婕妤云陵，合称"九陵"。其中渭北长陵、安陵、阳陵、茂陵、平陵，又称"五陵"。（《史记本纪地理图考·高祖本纪》）

刘庆柱、李毓芳：长陵又称"长山"，也叫"长陵山"。如《水经注》卷八记载：成国故渠"又东迳长陵南，亦曰长山"。《三辅黄图》则称长陵为"长陵山"。刘邦的陵墓以"长"名陵，我们想这是因为长陵所在地古称"长平"或"长平阪"的缘故。也有人认为，"长陵"是以西汉首都"长安"的第一个字命名的。高祖陵墓封土的底部和顶部平面均为长方形。底部东西153米、南北135米，顶部东西55米，南北35米，封土高32.8米。这与古代文献的记载大致近似。吕后陵在高祖陵东南280米，封土形态与高祖陵相同。其封土底部东西150米、南北130米，顶部东西50米、南北30米，封土高30.7米。长陵与长安城隔渭河遥相对峙，南北相距27里。晴天丽日，如果站在未央宫前殿遗址的高台上，巍峨的"长陵山"清晰可见。《汉书·地理志上》记载："长陵，高帝置。"可见刘邦生前已为自己选址，修了陵墓。长陵的工程设计和施工主持者，可能是萧何与阳成延。（《西汉十一陵》第一章《高祖长陵》）

又：通过勘察了解到，长陵陵园平面呈方形，边长780米，周长3120米。高祖陵和吕后陵在同一个陵园内。《三辅黄图》记载，"长陵城周七里百八十步"，折今3150米。这与我们勘察的数据相近。此载"长陵城"，应即"长陵陵园"。陵园西墙距离高祖陵80米，北墙与高祖陵和吕后陵北边分别距400米与650米，南墙与高祖陵和吕后陵南边分别距350米与80米，东墙距吕后陵180米。陵园四面墙垣，除北墙宽15米以外，其余三面墙垣宽均为7～9米。陵园四面墙垣中央各辟一门，门前没有发现阙址。陵园四角，除东北角外，其余三处均发现了建筑遗址。如陵园西北角有一东西200米、南北100米的高台建筑基址；陵园西南角的建筑遗址内发现了墙壁、柱洞和散水等建筑遗迹；陵园东南角则发现了大量汉代砖瓦残块和瓦当等物；陵园东北角可能也有建筑，目前尚未发现的原因，或为后代破坏了，或者尚需继续进行实地调查。推测陵园四角的建筑遗址，应属于"角楼"一类防卫性建筑物。（同上）

又：高祖与吕后合葬长陵。长陵位于今咸阳市秦都区窑店乡三义村附近。陵墓附近曾经出土过属于西汉时代的"长陵东当""长陵西当"和"长陵西神"文字瓦当，证实了这里的陵墓确为长陵。

长陵东西并列着两座陵墓，应该是高祖和吕后的陵墓。清代陕西巡抚毕沅曾为长陵树立两通碑石，把东边陵墓作为高祖陵，西边陵墓当成吕后陵。我们认为，就目前已有的材料来看，毕沅把两座陵墓弄颠倒了，因为历史文献明确记载，高祖陵在西，吕后陵在东。（同上）

【篇评】

班　固：皇矣汉祖，纂尧之绪。实天生德，聪明神武。秦人不纲，罔漏于楚。爰兹发迹，断蛇奋旅。神母告符，朱旗乃举。粤蹈秦郊，婴来稽首。革命创制，三章是纪。应天顺民，五星同晷。项氏畔换，黜我巴汉。西土宅心，战士愤怨。乘衅而运，席卷三秦。割据河山，保此怀民。股肱萧曹，社稷是经。爪牙信布，腹心良平。恭行天罚，赫赫明明。（《汉书·叙例》）

荀　悦：高祖起于布衣之中，奋剑而取天下，不由唐虞之禅，不阶汤武之王，龙行虎变，率从风云，征乱伐暴，廓清帝宇，八载之间，海内克定，遂何天之衢，登建皇极，上古以来，书籍所载，未尝有也。非雄俊之才，宽明之略，历数所授，神祇所相，安能致功如此！夫帝王之作，必有神人之助，非德无以建业，非命无以定众。或以文昭，或以武兴，或以圣立，或以人崇，焚鱼斩蛇，异功同符，岂非情灵之感哉！《书》曰："天工人其代之。"《易》曰"汤武革命，顺乎天而应乎人"，其斯之谓乎！故观秦、项之所亡，察大汉之所兴，得失之验，可见于兹矣。太史公曰："夏政忠，政忠之弊野，故殷承之以敬。以敬之弊鬼，故周承之以文。以文之敝薄，救薄莫若忠。三王之道，周而复始，周秦之间可谓文弊。秦不改文酷刑，汉承秦弊，得天下矣。（《汉纪·前汉高祖皇帝纪卷四》）

曹　植：有客问予曰："夫汉二帝，高祖光武，俱为授命拨乱之君，比时事之难易，论其人之优劣，孰者为先？"予应之曰，昔汉之初兴，高祖因暴秦而起，遂诛强楚，光有天下。功齐汤武，业流后嗣。诚帝王之元勋，人君之盛事也。然而名不继德，行不纯道，身殁之后，崩亡之际，果令凶妇肆酖酷之心，嬖妾被人豕之刑，亡赵幽囚，祸殃骨肉，诸吕专权，社稷几移。凡此诸事，岂非高祖寡计浅虑以致。然彼之雄才大略，俶傥之节，信当世至豪健壮杰士也。又其枭将画臣皆古今之鲜有，历世之希睹，彼能任其才而用之，听其言而察之，故兼天下，有帝位，流巨功而遗元勋也。……（《曹子建集校注》卷十《汉二祖优劣论》）

司马贞：高祖初起，始自徒中。言从泗上，即号沛公。啸命豪杰，奋发材雄。彤云郁砀，素灵告丰。龙变星聚，蛇分径空。项氏主命，负约弃功。王我巴蜀，实愤于衷。三秦既北，五兵遂东。氾水即位，咸阳筑宫。威加四海，还歌大风。（《史记索隐·高祖本纪·述赞》）

张　栻：高祖天资极高，所不足者学尔，即位之后，所以维持经理者，类皆疏略。雄杰之气，不能自敛，卒至平城之辱，一时功臣处之不得其道，类皆赤族，此则由其学不足之故也。……至于尊礼隐逸，褒崇风节，以振起士气，后之人君，尤未易及此。非特高祖也。嗟乎！以高祖之天资，使之知学为当务，则汤武之圣亦岂不可至哉？是尤可叹息也！（《南轩集》卷一七史论《光武比高祖》）

范　浚：夫以高祖权略智数，揽英豪而驱御之，盖真王霸才，虽羽百辈不敌也。方韩信为治粟都尉，萧何数言其奇，高祖故不用，欲以忿信使亡，既亡而追得之。信且以为死矣，反遽拜大将，使信以任遇过望，必效死力，卒用信以灭楚，然而信遂谓汉遇我厚，是在其术中而不知也。郦食其为汉谋挠楚权，立六国后，高祖非不知六国后不可立也，而以问张良，盖时欲观良心耳。高祖固知良之可用，然以良始惟为韩报仇，又尝使项梁立韩诸公子横阳君成为王，益树党。已而为韩司徒，又尝自褒中去汉归韩，恐良终为韩，不专为汉，故因食其谋以尝良心，初非不知六国后不可立也。问曰："于子房何如？"其尝良心可见也。然而良方力陈八难，是在其术中而不知也。萧何于汉臣才最高，膺专任守关中，既独立万世大功，高祖惧其脱，自骄以取祸，故遣卒为卫，系之廷尉，痛抑折之，使自卑畏，以保令终，非诚疑何也。借诚疑之，则必踵韩、彭诛矣。然而何至自污以求免，是在其术中而不知也，三子皆人杰，役于高祖术中而皆不知，此汉所以取天下也。若籍则无能有是，得范增不能用，得陈平不能用，得韩信不能用，皆使之怨愤弃去。徒以匹夫小勇，欲决雄雌于挑战间，至力蹙势穷，犹将驰杀一二汉将，以见技能，此楚所以失天下也。（《香溪集·范香溪先生文集卷之四》卷八《楚汉论》）

王　质：汉高帝不事威仪，溺冠踞洗，怒骂叱咤，不见优柔和易之意，则似简率；立谈之间，刻印销印，逡巡反覆，有若儿戏，则似坦夷。天下之人，见其外而不察其中，则以为大度之君皆莫若高帝，而不知高帝之度实有所不足。惟其巧于弥缝覆盖，故天下之人以为简率，而不以为深，以为坦夷，而不以为隘，隘然难以智者矣。夫天下之英雄，挟过人之智，而负过人之勇，惟大度之主为能与终始。何者？天下之英雄可以诚服之，不可以疑待之。待之以疑，非彼负我，则我负彼。与其交至于相负也，孰若两无负之为愈。嗟夫！君臣而至于交相负者，未有不自疑生者也。……夫高帝之为人，外示大度，而中实多忌。丰、沛故旧，谁与萧何之至昵哉？方萧何之居关中，而高帝未离京、索也，劳苦之音不绝于道，所以察萧何之向背也；以为虚言可以欺之，而鲍生觉之。其征陈豨也，增爵益封，而又置卫焉。卫之者，防之也。以为虚文可以欺之，而召平觉之。推疑于人，顾岂有弗觉者，特迟速之间尔。噫！萧何忠信谨朴之士也，夫是以能不负于高帝，不然，其将为韩信之流乎！（《雪山集》卷四《汉高帝论》）

洪　垣：三代而下，吾于汉高甚不满焉。史称其豁达大度，美处在此，恶处亦在此，如知人善任，听言纳谏，除秦苛法，约法三章，从是如转丸，觉非如烛照，得之不以为喜，失之不以为怒。如是之类，皆豁达之美，玩傲嫚骂，骄恣谑浪，灭《诗》《书》，溺儒冠，踞洗见布，蠓蔑王敖，驰入赵壁，夺置信军，伪游云梦，欺诈郦生，狙弄赵将，绐信入贺，如此之类，皆豁达之病，病不足以偿其美。其所美者，不过为功利，求富天下已耳。转功利而为病，以激启诸功臣之疑，成吕后专制之乱，梁王徙蜀已为过遣，复因吕后令人告变而忍于灭族，是又何法哉？其于表正万邦之义，无一存焉。过鲁太牢，漫然何补？虽云《纲目》以王，即皇帝位书之。为正大纲，吾故有所不满也。（《觉山洪先生史说》卷一《汉高祖》）

钟　惺：取天下者在得其大势，不在战守之胜败得失也。如奕者然，妙处不过数着，全局在我，而小小利钝不计焉。项羽杀义帝，汉击之，虽使楚破汉于睢水可也；项王怨黥布，汉得使随何说降之，虽使楚击破布可也。此楚让汉妙着也。汉王不得王关中，封于蜀，烧所过栈道，以齐王田荣反书遗项王，项王以此无西忧汉心，虽使楚夺汉中可也；彭越反梁地，往来苦楚兵，绝其粮食，虽使楚击破越可也。此汉自得妙着也。楚方自贺战胜，而不知汉有天下之局已定于此数着矣。妙着有数端焉，我与敌之所共，敌失之而我得之者，曰先着；我发之于此，而敌不得备之于彼者，曰警着；敌备之于此，而我引之于彼，使不得至此者，曰松着；我与敌俱不得与，傍出而中起之敌所不利，即为我所利者，曰应着；我不求胜而不可败，而卒以此取胜者，曰稳着。取天下之势不越此数端而已。（《隐秀轩集·隐秀轩文列集论又二》）

吴见思：高祖开创之时，事务极多，多则便难拚挍矣。看他东穿西插，纵横不乱，如绣错，如花分；突起忽住，络驿不绝，如马迹，如蛛丝；或一齐乱起，如野火，如骤雨；或一段独下，如澄波，如皓月。万余字组成一片，非有神力，安能辨此！（《史记论文·高祖本纪》）

又：先写项羽一纪，接手又写高祖一纪，一节事分两处写，安得不同？乃《羽纪》中字字是写项羽，《高纪》中字字是写高祖，两篇对看，始见其妙。（同上）

又：项羽每事为一段插入，合来犹好下手；《高纪》则将诸事纷纷抖擞，组织而成，整中见乱，乱中见整，绝无痕迹，更为难事。（同上）

又：《高纪》一篇，俱纪实事，不及写其英雄气概，只于篇首写之，如慢易诸吏处，斩白蛇处，篇后写之，如未央上寿处，沛中留饮处，病时却医处，写其豁达本色，语语入神。（同上）

刘鸿翱：昔者高帝踞洗见英布，既以王礼待之。谩骂辱赵将，随以千户封之。先儒吕氏曰，用不测之辱，施不测之恩。颠倒豪杰，莫知端倪。此帝所以能鼓舞一世也。夫吕氏之论，徒知高帝以术动人，而不知先王以诚驭下也。夫二帝三王之世，君以至诚感，臣以至诚应。一诚相孚，共成雍熙之盛治。尝闻吐哺握发，以延豪杰，未闻洗足见豪杰者。尝闻卑辞厚币以迎豪杰，未闻谩骂以辱豪杰者。且豪杰之士，威武不能劫也，利禄不能縻也。夫岂诈术所能鼓舞哉！今高帝之待英布诸将也，辱之于前，以挫其锋。礼之于后，以结其欢。是用术以笼络诸臣。自谓得鼓舞之术。而不知鼓舞以术，则天下皆趋于诈矣。大有为之君，不如是小用其智耳。幸而诸臣皆介胄之士，可用术以鼓舞，若果豪杰，则望望而去，谁肯留我乎。幸而诸臣皆庸鄙之夫，可用术以鼓舞，若果豪杰，则志节高迈，谁肯见挫我乎。幸而诸臣斥之不去，麾之即来，可用术以鼓舞。若果豪杰，则必超然远举，谁肯为我就乎。在英布也，始而欲自杀，既而大喜过望。在赵将也，始而惭伏，既而受封。二人堕于帝之术中，而不自觉。吾于是知诸臣非豪杰也。吾于是知帝用术以愚之也。然帝之用术，由其心之不诚，故行之言貌间，忽喜忽怒，而不可测。臣下效之，鲜有肃恭之礼，或附耳，或蹑足，或饮酒争功，援剑击柱，君臣之间，亦徂诈是尚耳。若夫四皓之不至，庶几乎高尚之士。鲁两生不行，庶几乎过礼之士。何帝之术，不能鼓舞四皓两生哉。盖帝之威能行于甲胄爪牙之夫，以折其骄悍难使之气。不能行于尚志过礼之士，以屈其清风高节之操。噫以此见君道以诚为贵，术安用哉。（引自《历代史事论海》卷九《高帝能鼓舞一世论》）

程馀庆：程子曰：凡读史不徒要记事迹，须要识治乱兴废存亡之理。如读《高帝》一纪，便须识得汉家四百年终始治乱，当何如？是亦学也。观帝宽大长者，能用三杰，则知汉家所以立四百年基业；观伪游云梦，则知诸侯次第而叛；观萧何系狱，则知汉臣多不保终。（《历代名家评注史记集说·高祖本纪》）

又：张栻曰：惟仁义足以得天下之心，三王是也。高帝之兴，亦有合乎此。定三章之法，而民感之者深，仁也。从三老之说，而人从之者众，义也。惜其诚意不笃，不能遂收汤武之动，然汉卒胜，楚卒亡者，良由于此：名正义立故也。（同上）

又：陈传良曰：楚怀王之立也，天将以兴汉乎！怀王之死也，天将以亡楚乎！夫怀王项所立，此宜深德于项。方其议入关也，羽有父兄之怨于秦，所遣宜莫如羽者，顾不遣羽而遣沛公，曰"吾以其长者不杀也"。沛公之帝业，盖于是乎兴矣。至其与诸将约也，曰"先入关者王之"，沛公先入关，而羽有不平之心，使人致命于怀王，盖以怀王为能右己，而怀王之报命，但"如约"而已。以草莽一时之言而重于山河丹书之誓，羽虽欲背其约，其如负天下之不直何？是沛公之帝业又于此乎定矣。夫项氏之兴，本假于亡楚之遗孽，顾迫于亚父之言，起民间牧羊子而王之，乃始而为项氏之私人，而今遂为天下之义主，始以为有大造于楚，而今则视羽蔑如也。自我立之，自我废之，或生或杀，羽以为此吾家事，而不知天下之英雄得执此以为辞也。故自三军缟素之义明，沛公之师，始堂堂于天下，而羽始奄奄九泉下人矣。怀王之立，曾不足以重楚，而怀王之死，又适足以资汉。然则范增之谋，欲为楚也，而只以为汉。呜呼，此岂沛公智虑所能及哉！其所得者天也！（同上）

李祖陶：帝王之兴，率有天命，矧高祖以匹夫而为天子，开古今未有之局，为天所相，理固其宜。故纪首所载交龙、斩蛇及芒砀云气诸事，皆可信其不诬也。陈涉起蕲，据沛应之，扶义而西，破秦将杨熊、南阳守骑如反掌。峣关之拒，亦一战摧之。而遇项王大敌，则屡战屡败，其卒得天下，高祖不以自居，而推之三杰。……然而为义帝发丧，为取天下大机括，其策出自三老董公；南出武关以疲楚，令荥阳、成皋间且得休息，为弊项王大胜算，其策建自辕生；数反梁地，以牵制项羽，烧楚积聚，以绝其粮食，又彭越之功居多；而举兵叛楚，令项王留击者，又有九江王布；信乎大厦之成，非一本之力。三杰诚不可无，而能用三杰及不止用三杰者之为天授，非人力矣。大抵当日之事，破秦甚易，而灭项甚难。使迁汉王于巴蜀，而项王自王关中，则高祖虽天授之奇，亦恐难遽出而与之角。然而分封不平，齐梁之地频叛，项王出击，高祖亦可乘虚以定三秦，虽有范增、龙且诸人，恐不足以当三杰也。至陈平号有奇计，既能间项，当思有以全信，乃有人言信反者，遽为伪游云梦之计而缚之；信缚，则功臣人人自危，而布越不得不反矣。击筑高歌，乃因《大风》而思猛士，亦何益哉！（《史论五种·前汉书细读一·高祖纪》）

李景星：三代以下，以匹夫而有天下者，自汉高祖始，故太史公作纪多用特笔，与他本纪不同。篇幅虽长，约而言之，可分五截读：自首至"多欲附者矣"为一截，是纪其出身之异；自"秦二世元年"至"此所谓河北之军也"为一截，是纪其起兵；自"秦二世三年"，至"惟恐沛公不为秦王"为一截，是纪其灭秦；自"或说沛公曰"至"而利几恐，故反"为一截，是纪其灭楚；自"六年"至末为一截，是纪其定天下以后各事。而一篇收束又分为五层：叙高起、王陵语为一层，叙高祖未央宫语为一层，叙高祖过沛语为一层，叙高祖死时语为一层，叙群臣上庙号语为一层。洋洋万余言组成一片，纵横驰骤，一丝不乱，非有神力，安能办此！赞语揭出天统，上承三代，下开百王，片言扼要，尤为得体。（《四史评议·史记评议·高祖本纪》）

[日] **有井范平**：《项羽纪》奔腾澎湃；《高祖纪》汪洋广阔，笔仗不同，各肖其人，可谓文章有神矣。（《史记评林补标》）

研究综述

《高祖本纪》是《史记》中最重要也是最精彩的篇章之一，司马迁以抑扬有致、褒贬有度之笔法从多侧面、多角度着笔，为后世留下了一个饱满而丰富的帝王形象。自《高祖本纪》问世，这篇既具有极高的艺术成就，同时又富有极高的政治智慧与人生智慧的作品，就从来没有离开过学者们研究探讨的视野，历代学者亦从多角度不断发掘其思想、艺术、语言等多方面的魅力。具体来讲，关于《高祖本纪》的研究有以下诸多方面：

第一，肯定刘邦历史功绩，探寻统一原因

刘邦作为大汉盛世的肇基者，其历史功绩历来被后世所称颂，茅坤评价道："自古以来，五年而定天下，特汉高一人耳。雄心大略不下汤武。"（《史记钞》）近人钱穆从政治演进之角度认为："汉高祖代表着中国史上第一个平民为天子的统一政府之开始。"（《中国文化史导论》）台湾学者王恢亦承此说，认为："（汉高祖）用能廓清有史以来贵族之政权，演进而成为士人之政府，实为中国政治史上最大之革新。"（《史记本纪地理图考·高祖本纪》）英国历史学家约瑟·汤恩比将刘邦与凯撒大帝相比较，认为刘邦"以其富有远见的领导才能，为人类历史开创了新纪元！"因此，刘邦之政治思想、政治策略及政治智慧，也被后世帝王奉为圭臬，历代学者亦对其从多个角度展开探寻与研究。就其要点而言，有以下诸端：

其一，知人善用、从谏如流。刘邦在总结其成功经验时说："夫运筹策帷帐之中，决胜于千里之外，吾不如子房；镇国家，抚百姓，给馈饷，不绝粮道，吾不如萧何；连百万之军，战必胜，攻必取，吾不如韩信。此三人者，皆人杰也，吾能用之，此吾所以取天下也。"（《史记·高祖本纪》）可谓对其因人之智、用人之长的中肯总结，此亦为古今史家所公认。司马光《稽古录》就明确指出："高祖奋布衣，提三尺剑，八年而成帝业。其收功之速如是，何哉？惟其知人善任使而已。"何去非也认为："汉高帝挟其在己之智术，固无足以定天下而王之，然天下卒归之者，盖能收人之智而任之不疑也。"（《何博士备论·楚汉论》）究其原因，田一俊评价道："高帝之所以能此者，由其诸将之材素谙于胸中。"（见《增广古今人物》卷七《汉高帝善将将论》）可谓是"知其材而能尽用之"。苏洵也从刘邦对待韩信、黥布、彭越与樊哙、滕公、灌婴等不同的态度出发，认为刘邦因材施用，知人善任，"可谓知大计者矣"。相较于项羽的刚愎自用、妒贤嫉能而功败身亡，史家亦认为此乃"刘邦得着，项羽失着"之处。张居正评价道："若论勇猛善战，汉高不及项羽远甚，所以胜之者，以能用人耳。而所以能用人者，由其自谓不如人也。……此汉高之所以大过人欤。"（《资治通鉴皇家读本》）王鸣盛也认为："项王之失，不在粗疏无谋，乃在苛细多猜疑，不任人。韩信，陈平皆弃以资汉。"（《十七史商榷》卷二）可见，能否知人善任、收天下之才而用之乃是刘项成败的重要因素。

与知人善任相联系的，便是刘邦的从谏如流。东汉梅福就曾论道："昔高祖纳善若不及，从谏若转圆，听言不求其能，举功不考其素。……合天下之知，并天下之威，是以举秦如鸿毛，取楚若拾遗，此高祖所以亡敌于天下也。"（见《全汉文》卷五十《上书言王凤专擅》）宋人胡寅亦评价道："要之，西汉之兴，本听言而已矣。"（见《十先生奥论集》后集卷二《西汉上》）苏东坡也认为刘邦"受谏如流、改过不惮"，可为"秦汉以来百王之冠也。"（《苏东坡全集》奏议集卷一《再上皇帝书》）总之，刘邦的成功，实在于能容纳人才，能听言纳谏，而不自逞其智，因此诸贤皆至而尽施其才，终成就其大业。

其二，审时度势，具有战略眼光与胸怀。刘邦尝游咸阳，见始皇帝而喟叹道"大丈夫当如此矣"，委婉表达了他阔大之雄心，江雷评价道："此其气吞秦皇，量眇天下，盖何如人！"（见《新安文献志》卷三一《相者说》）因此，为了成就其雄心，刘邦往往审时度势，隐忍求全。比如刘邦在鸿门宴自知力弱而言至卑屈，钱时就评价道："使沛公不忍小忿，遽起而与之角，其不至于自毙者几希。是故羽之粗暴，每每见容于沛公，凡委靡退逊，敛然而不敢较者，皆沛公之所以胜，而项羽之所以败也。"（《两汉笔记》）贺贻孙也指出："刘项成败之机固于忍不忍之间决之矣"。（《水田居文集》卷一《项羽论一》）再如论及刘邦被迫屈居巴、蜀、汉中时，林之奇评价道："高祖与项羽争天下，其势力才气相去远甚……高祖隐忍从之，卒以巴、蜀之从众，远取三秦，以成汉家四百年之社稷，此则能勇而能怯也。"（见《陆状元增节音注精议资治通鉴》卷二十六《太祖高皇帝上》）方恬亦评曰："高帝之为汉王也，项羽夺其关中而不敢争，驱之南郑而不敢怒，帝非真能下人也。而隐忍不较以就蜀汉之封者，所以安羽而求出于其不意也。"（见《十先生奥论注》前集卷四《机论》）皆指出刘邦之"隐忍"实出于其"待时积力以安天下"之策略。因此，苏洵认为汉高祖智明通远，"明于大而暗于小"。（《嘉佑集》卷三《高祖》）郝经认为"后世帝王知进退之理者，以高祖为首"（见《汉书评林·高帝纪》）。近人朱东润也认为"高祖之所以得天下，每每能取远势"（《史记考索·读〈高祖功臣侯者年表〉书后》）。这些评价都是对刘邦基于天下形势的深谋远虑，审时度势，伸屈自如的肯定。

此外，历代史家认为刘邦的战略胸怀还体现在其"规模宏远"上。如刘邦彭城战败后"从容安详,绰有余裕"的"设汉社稷""立太子"之举,冯琦评价道:"夫汉王当倥偬之际,先立太子,建宗庙社稷,留重臣以居守,规模可谓宏远矣。"(《宗伯集》卷三十二)何孟春从"立子盈为太子,以系人心,知有国之本矣"和"帝此举萃聚天下于涣散之时,使根深本固,可战可守,于取天下"(《馀冬录》)两个方面阐述了刘邦"规模宠远"的战略意义。这一举措,一方面使汉军在兵败忧惧之际,人心得以安定;同时,也使"汉军有了一个较为巩固、安定的后方"。加之"萧何在这里,计户口,征粮饷,转漕,调兵,源源不断地将物资、兵员运往前方,有力地支援了前线。"(林剑鸣《秦汉史》第五章第三节《楚汉战争的全面展开》)可以说,对根据地的建设,多次使刘邦于濒临败亡之际重振军威,对楚汉战争的胜利起到了举足轻重的作用,充分显示出刘邦的战略胸怀。

其三、"仁而爱人",从民所望。《高祖本纪》言刘邦"仁而爱人,喜施,意豁如也"。方回评价道:"高祖救民于水火之中,划秦之暴,削项之凶,有国四百年,天地大德曰生,其所以生天下之苍生者多矣,亦可谓仁也。"(见《古今考》卷二"马迁书仁而爱人")章懋则从刘邦"除天下残贼""入关秋毫无犯,与民约法三章""举军缟素为义帝发丧"几个方面认为"所以得天下者,其本实在于是"(《枫山集》卷三《读西汉书高祖纪》)。可见,除秦苛政、约法三章等利民措施乃刘邦"所以宽仁得人心之根本",也是他在楚汉战争中最终战胜项羽取得天下之根本。诚如章懋所言"夫高祖之得天下也以仁,项羽之失天下也以不仁","不仁而得天下者未之有也,斯言也,实刘项兴废之辨,而古今之确论也。"(《枫山集》卷三《读西汉书高祖纪》)清人夏之蓉也认为刘邦以"宽大长者"之名入关,且行"宽容之事",其"约法三章,除秦苛法,父老争持牛酒劳师,得天下之本实在于是。……此乃刘项兴亡大关键也。"(《读史提要录》卷一《西汉》)总之,刘邦一系列"除秦烦苛,约法令,施德惠"的举措得到各阶层人民的拥护,为他后来创建大汉帝业奠定了政治、经济、军事、文化上的基础。

第二,挖掘勾画刘邦性格的复杂性

刘邦虽然是一个伟大的帝王,有许多诸如举贤任能、从善如流、深谋远虑等政治家的性格特征,但其好用诈谋、贪财好色、猜忌残忍等缺点亦多遭史家贬责而使其多蒙恶名。

其一,贪婪享乐,无赖品性。刘邦初入彭城,"收其货宝美人,日置酒高会",钱时即指出:"是山东贪财好色之习,虽能强遏于入关之始,而终不能自禁于入彭城之时。"(《两汉笔记》卷一《高祖》)清人张文虎曰:"沛公一入秦宫,即欲留居,今入彭城,又复如此,亦无异于淫昏之主,此范增所云'贪财好美姬'者也。"(《舒艺室随笔》)可谓其性难改也。因其骄奢懈怠,项羽"取汉王父母妻子于沛,置军中以为质"。对此,易佩绅评价道:"汉王置酒高会之日,何不早移沛之家室于善地乎?羽之自平原归也，路千余里，彭城距沛百余里，非移之不及者。得货宝美人，置酒高会而忘其妻子，已非情矣，乃并忘其父乎？至于军败之后，始欲过而收之，何其晚乎？是早无其父于心矣，何待分羹之言而始见乎？二子既遇而载之矣，非不可兼全者而必预弃之，何心乎？然则其以诈力争天下也，争富贵耳。争富贵以快其一身之嗜欲耳。"（《通鉴触绪》卷四）从而对其贪婪好色，追求一己享受而不顾及父母妻儿的行为予以尖锐的批判，揭露了其无赖之品性。

其二，猜忌多疑，残杀功臣。汉高祖平定天下之后，叛乱丛生。《高祖本纪》载：六年，楚王信反；七年，韩王信反；十年，代相豨反；十一年，梁王彭越反，淮南王英布反；十二年，燕王卢绾反。短短的六年之内，刘邦所封之异姓王八人之中六者反叛。究其原因，实因刘邦猜忌所致。周紫芝曰："以余观之，韩信未尝反，高祖疑之而反与。其他虽可以悉举，大抵高祖疑之而反耳。"（《太仓稊米集》卷四十四《汉高帝论》）蔡戡亦叹曰："嗟乎！帝一念之疑，人皆疑之。楚之未灭也，帝所与敌者，羽一人耳。楚灭而敌国日滋，帝曾不得安枕而卧，帝之心何如哉？"（《定斋集》卷十二《高帝论》）郭嵩焘一针见血地指出了刘邦猜忌的根源，"高帝以匹夫有天下……其心惴惴焉，惟惧人之效其所为而思所以戮之。"（《史记札记·高祖本纪》）由此而言，异姓诸王皆因刘邦猜疑而惨遭杀戮。韩兆琦更是尖锐地对刘邦因猜忌而残杀功臣之陋行加以贬斥："至于刘邦杀韩信、杀彭越，以至逼得黥布造反，逼得卢绾逃入匈奴等这种更为明显的卸磨杀驴，更是人所共知的了。刘邦残杀功臣的行为，在一套二十四史上首届一指，其次则大概只有朱元璋可称与其相仿。"（《史记通论》）。

其三，刘邦背信弃义，好用诈谋的缺点也遭到了历代史家的诟责。如刘邦"袒而大哭，遂为义帝发丧"之举，朱熹认为皆"假仁借义以行其私"。（见《朱子语类》卷一百三十五）钱时也说："未免出于诈术，非王者之所尚。"（《两汉笔记》卷一《高祖》）唐顺之说："汉王为义帝发丧，岂真尊王哉？亦诸臣假大义之权谋也。"（《两汉解疑》上）可谓一语道出汉王发丧之根本；伪游云梦以擒韩信，方回评价道："汉高君臣上下皆诈也。"（见《古今考》）洪迈则对刘邦以微词讥讽："夫以豁达大度开基之主，所行乃如是，信之终于谋逆，盖有以启之矣。"（《容斋随笔》卷十四《汉祖三诈》）因此，王鸣盛认为："汉始终惟利是视，顽钝无耻。"（《十七史商榷》卷二"汉惟利是视"）近人朱东润在《史记考索》中说道："陈平谓之曰：'大王能饶人以爵邑，士之顽钝嗜利无耻者亦多归汉。'由今日观之，顽钝嗜利无耻者盖莫沛公若也。"

综上所述，史迁既写汉高祖刘邦的胸襟抱负、气度眼光，使其垂范后世，令人敬仰；又亦不乏微言讥讽，写其贪婪享乐、无赖、无情等行径，使其屡遭贬斥，多蒙恶声。这些也构成了刘邦性格的复杂性，诚如《史记全本导读辞典上》指出的一般："刘邦性格十分丰富复杂。他外示宽仁而内心忌刻，貌似坦诚而城府极深，欲念甚多而善于自我克制,有时豁达大度,有时则睚眦必报,这些都给人以极其难忘的印象。"因此,学者们对于刘邦形象的挖掘,一方面使刘邦这一帝王形象变得丰富而立体,另一方面也为后世执政者提供参考与警示。

第三,《高祖本纪》的文学成就

《史记》被誉为"无韵之离骚",则是就其卓越的文学成就而言。《高祖本纪》所体现的文法笔力、审美意识及其高超的艺术感染力亦是众多学者研究的着力点之一。

其一,其文法笔力堪称典范。关于《高祖本纪》的结构章法,李景星指出:"三代以下,以匹夫而有天下者,自汉高祖始,故太史公作纪多用特笔,与其他本纪不同。……洋洋万余言组成一片,纵横驰骤,一丝不乱,非有神力,安能办此!"(《四史评议》)程馀庆对此亦多有褒扬:"自篇首至此(秦二世二年之前),俱亭微时及初起时事,事情虽多,读来却是一气,此是史公笔力。"(《历代名家评注史记集说》)学者们还高度褒奖了史公刻划汉高祖形象的笔法,李晚芳曰:"《高纪》字字是写帝王气象,豁达大度,涵盖一切,前虚写,后实写。前如慢易诸吏,丰西纵徒,斩蛇,沛中多附;后如南宫置酒,未央上寿,沛中留饮,处处画出豁达大度。病甚却医,至死亦不失本色,语语入神。"(《读史管见》卷一《高祖本纪》)当代学者黄绳也指出:"在《高祖本纪》这篇大文章里,司马迁条分缕析地叙述了秦汉之际的复杂事迹,又精心地刻画了本篇主要人物的性格特点和内心世界。特别是后者,在篇中写得越来越生动,越来越深刻,越来越富有吸引力,不愧为古代散文园地中的大手笔。"(《史记人物画廊·读〈高祖本纪〉》)

其二,与《项羽本纪》相互发明,有珠联璧合之妙。史公分刘项二人各为一纪,尽显二人情智性格之迥异而又相得益彰,可谓是详略互见、肌理相连。无论是要认识刘邦,还是要认识项羽,俱须两《纪》合读,方可识其全人。正如茅坤所说:"读《高祖纪》须参《项羽纪》,两相得失处,一一入手。"(《史记钞》)吴见思也指出:"先写项羽一纪,接手又写高祖一纪,一节事分两处写,安得不同?乃《羽纪》中字字是写项羽,《高纪》中字字是写高祖,两篇对看,始见其妙。"(《史记论文·高祖本纪》)依此,从楚汉风云变幻及摛辞属文之方便而言,则宜乎合于一纪。那么,史公何以将其分为两纪?究其原因,乃是史公要分别突显二人之不同历史功绩、历史贡献、历史地位,而这亦使两纪各具特色。日本学者有井范平就说:"《项羽纪》奔腾澎湃,《高祖纪》汪洋广阔,笔仗不同,各肖其人,可谓文章有神矣。"(《史记评林补标》)近人吴汝煜也指出:"司马迁塑造项羽的形象,着重在表现其性格的悲剧色彩和渲染其英雄色彩;而塑造刘邦的形象则更多地注意展现刘邦思想性格的发展过程,并深刻地揭示了这种发展的内在逻辑。"(《史记论稿·读〈高祖本纪〉》)如高祖还乡时"泣数行下",程馀庆就指出:"项王垓下,高祖南宫,皆用'泣数行下',妙有深情。"(《历代名家评注史记集说·高祖本纪》）徐复观对刘、项二人的不同命运及心理也做了比较，他说："项羽在失败时'悲歌慷慨，泣数行下'，是容易理解的。刘邦在志得意满之余，却也是'慷慨伤怀，泣数行下'，这是一个枭雄人物，将政敌完全消灭后，心目中更无值得措意之人，所引起的一片苍凉寂寞的心情的流露。此一故事所含的艺术意味，或且超过了项羽的故事。"（《两汉思想史》卷三《论史记》）诸家之说皆指出了刘项二《纪》互为表里、犬牙交错的特点。因此，唯有将两《纪》合读，相互发明，方可多有所悟。

其三，对史迁"好奇"的审美意识，褒贬不一。扬雄《法言·君子篇》指出："仲尼多爱，爱义也；子长多爱，爱奇也。"欧阳修《欧阳永叔集》中亦称史迁为"博学好奇之士"。在《史记》中，司马迁特别注目于那些奇才、奇巧、奇言、奇行之人，并着力突出他们鲜明之个性与特异之气质。就《高祖本纪》而言，这种"好奇"之审美意识则体现在对人物事迹、轶闻趣事的旁搜博求上。关于刘邦的出生，史公这样写道："太公往视，则见蛟龙于其上，已而有身，遂产高祖。"对此，后世辩说纷纭。司马贞《史记索隐·后序》云："或旁搜异闻以成其说，然其人好奇而词省。"凌稚隆《史记评林》卷八《高祖本纪》引用杨慎云："刘媪与神遇，犹薄姬梦黄龙据腹之类，理或有之。若太公往视，则怪甚矣。太公何名，刘媪何姓，迁皆不知，而独知其人所不能知者，甚矣，迁之好怪也。"当然，这自然招致了一些惟经是信的史学家的批评，刘知幾批评其"多聚旧议，时插杂言"。叶适认为："述高祖神怪相术，太烦而妄，岂以起闾巷为天子必当有异耶？"（《习学记》卷十九《史记一》）方回批评道："则汉高非太公之子，乃龙之子也。……太公、吕后求汉高所居，上常有云气，范增谓'吾使人望其气，皆为龙，成五色。'汉儒陋习，惑于俗传，而司马迁尤好奇，采以成史。班固因之不能改，知道君子，于此等诡妄，皆一切扫除而勿信可也。"（见《古今考》卷一《母媪梦与神通》）

但是，也有学者认为高祖身上之怪异现象，皆是史迁有意为之，其目的则是突出高祖乃"受命之君"的神圣光环。如杨循吉所言："斩蛇事，沛公自托以神灵其身，而骇天下之愚夫妇耳。大虹大霓、苍龙赤龙、流火之乌、跃舟之鱼，皆所以兆帝王之兴起者。此斩蛇之计，所由设也。"（见《史记评林·高祖本纪》）夏之蓉也认为："《高祖本纪》所载斩蛇事，及王媪见其上有龙，吕后见其所居有云气，皆诡托以号召人心耳。"（《读史提要录》卷一《西汉》）关于此点，近人吕宗力认为："《史记》行文，从斩蛇后的'心独喜，自负'，到获知'所居上常有云气'的'心喜'，从'诸从者日益畏之'，到'沛中子弟或闻之，多欲附者'，前后呼应。丰西斩蛇、芒砀云气神话的建构、流传，及其对刘邦本人与丰沛子弟群体的心理影响，生动形象，跃然纸上。"以及"'诸从者日益畏之'，则揭示出神话在实际生活中的政治影响力。"（《汉代开国之

君神话的建构与语境》，载《史学集刊》2010年第2期）

第四，文本的稽错与置疑

由于种种原因，《史记》在流传过程中出现一些文字上的讹误，历代学者也致力于对文本进行稽错与质疑。如对"四月，兵罢戏下，诸侯各就国。"句中"戏下"的解释，学者多有探讨考证。颜师古《汉书注·高帝纪》认为"戏谓军之旌麾也，音许宜反，亦读曰麾。"意"戏"即"军旗"之意，张守节亦承其说，今人陆宗达亦持此说，认为"戏下就是军门的军旗所在，在这里作为代指，代主将的军营"。但是，李笠则以"戏"为水名。后郭嵩焘、杨树达、王骏观等皆证其说。杨树达《汉书窥管》认为："羽欲攻沛公时实在鸿门，而《哙传》称赞下，则鸿门虽已过戏，无妨称戏下也"。王骏观《史记旧注平议·高祖本纪》"'兵罢戏'下，戏乃水名，非大旗也。"今人张家英《〈史记〉十二本纪解诂·高祖本纪》考证颇详，认为凡涉及此地之"戏"或"戏下"者，共十六例，以为皆指水名；只有《淮阴侯列传》的两个"戏下"是指"帐下""旗下"。因此"今言'诸侯罢戏下'是各受封邑号令讫，自戏下各就国。何须假借文字，以为旌麾之下乎？颜师古、刘伯庄之说皆非"。通过这些考证，以为"戏"为"戏水"之解似更为妥当。

在考证的过程中，还对《高祖本纪》中的一些问题提出质疑。如记载："（六年）高祖乃尊太公为太上皇。"关于刘邦于六年封其父为太上皇一事，历代多有质疑。张萱《疑耀》卷七云："汉高祖得天下之五年二月，即皇帝位，先封高后曰皇后，子曰皇太子，亦追尊其母曰昭灵夫人，妇曰后，母为夫人，岂当时礼制尚未暇讲耶？时太公乃遗而不封，已不可解。"牛运震《读史纠谬·史记·高祖本纪》道："书'尊太公为太上皇'，而不载上太上皇尊号诏，亦一疏也。"

此外，学者也对《高祖本纪》中秦二世元年秋，"（陈胜）号为张楚"句中"张楚"之意，"从杜南入蚀中"句中"蚀中"之所在，"汉劫五诸侯"中"五诸侯"确切所指，刘邦"分封"之利弊等问题所展开讨论，这些都为后世阅读、研究《高祖本纪》扫清了语句上的障碍，并提供了新的思路。

总体而言，《高祖本纪》作为汉朝开国皇帝刘邦的传记，具有重大的历史价值及文学价值。历代学者从刘邦的功绩、取胜称帝的原因、丰富多面的性格特征、突出的写作技巧、"好奇"的审美取向等方面进行了较为充分的研究，也做了大量的校注工作，这些都为《高祖本纪》的研究积累了丰富的成果。未来的研究应当更加深入，同时使研究更具有实际应用价值，为大家提供"以史为鉴"的智慧资源，为史书撰写提供更多艺术上及精神上的借鉴。

吕新峰

2017年6月于陕西师范大学

引用文献及资料

（按姓氏笔画及朝代先后排序）

书　籍

三画

［元］马端临撰，上海师范大学古籍整理研究所、华东师范大学古籍研究所点校. 文献通考［M］. 北京：中华书局，2011.

［明］于慎行著，［清］黄恩彤参订，李念孔等点校. 读史漫录［M］. 济南：齐鲁书社，1996.

四画

［汉］王充. 论衡［M］. 上海：上海人民出版社，1974.

［宋］王迈. 臞轩集［M］. 文渊阁四库全书（影印）. 上海：上海古籍出版社，2003.

［宋］王益之. 西汉年纪［M］. 丛书集成初编（影印）. 北京：中华书局，1985.

［宋］王钦若等编. 册府元龟［M］. 北京：中华书局，1960.

［宋］王应麟. 玉海［M］. 南京：江苏古籍出版社，1987.

［宋］王应麟著，郑振峰等点校. 通鉴答问［M］. 北京：中华书局，2012.

［宋］王应麟著，栾保群、田松青校点. 困学纪闻［M］. 上海：上海书籍出版社，2015.

［宋］王应麟著，傅林祥点校. 通鉴地理通释［M］. 北京：中华书局，2013.

［宋］王之望. 汉滨集［M］. 文渊阁四库全书（影印）. 上海：上海古籍出版社，2003.

［宋］王观国著，田瑞娟点校. 学林［M］. 北京：中华书局，1988.

［宋］王质. 雪山集［M］. 丛书集成初编（影印）. 北京：中华书局，1985.

［宋］邓名世. 古今姓氏书辩证［M］. 丛书集成初编（影印）. 北京：中华书局，1985.

［金］王若虚著，胡传志、李定乾校注. 滹南遗老集校注［M］. 沈阳：辽海出版社，2006.

［明］王袆. 王忠文公集［M］. 丛书集成初编（影印）. 北京：中华书局，1985.

［明］王世贞. 弇州四部稿（外六种）［M］. 四库明人文集丛刊（影印）. 上海：上海古籍出版社，1993.

［明］王世贞. 读书后［M］. 文渊阁四库全书（影印）. 上海，上海古籍出版社，2003.

［清］王士俊.（雍正）河南通志［M］. 台北：成文出版社，1966.

［清］王夫之著，舒士彦点校. 读通鉴论［M］. 北京：中华书局，2013.

［清］王士禛. 陇蜀余闻［M］. 丛书集成初编（影印）. 上海：商务印书馆，1936.

［清］王先谦. 汉书补注［M］. 北京：中华书局，1983.

［清］王汝璧. 芸簏偶存［M］. 续修四库全书（影印）. 上海：上海古籍出版社，2013.

［清］王鸣盛撰，黄曙辉点校. 十七史商榷［M］. 上海：上海古籍出版社，2016.

［清］王念孙撰，徐炜君等校点. 读书杂志［M］. 上海：上海古籍出版社，2015.

［清］王荣商. 汉书补注［M］. 上海：上海古籍出版社，2012.

［清］王懋竑. 白田杂著［M］. 文渊阁四库全书（影印）. 上海：上海古籍出版社，2003.

［清］无名氏. 古史辑要［M］. 丛书集成初编（影印）. 北京：中华书局，1985.

［清］尤侗撰，李肇翔、李复波整理. 看鉴偶评［M］. 北京：中华书局，1992.

［清］牛运震著，李念孔等点校. 读史纠谬［M］. 济南：齐鲁书社，1989.

［清］毛凤枝撰，李之勤校注. 南山谷口考校注［M］. 西安：三秦出版社，2006.

［清］方苞著，刘季高校点. 方苞集［M］. 上海：上海古籍出版社，1983.

［清］方苞. 史记注补正［M］. 丛书集成初编（影印）. 北京：中华书局，1991.

［清］计大受. 史记测义［M］. 枫溪别墅嘉庆十九年刻本.

邓长耀纂修.（民国）临潼县志［M］. 西安：含章书局，1922.

王重民. 敦煌古籍叙录［M］. 北京：中华书局，1979.

王骏图、王骏观. 史记旧注平义［M］. 台北：正中书局，1967.

王叔岷. 史记斠证［M］. 北京：中华书局，2007.

王国维著，谢维扬、房鑫亮主编. 王国维全集［M］. 杭州：浙江教育出版社，2010.

王恢. 史记本纪地理图考［M］. 台北：国立编译馆，1990.

王伯祥选著. 史记选 [M]. 北京：人民文学出版社，1973.

王泗原. 古语文例释 [M]. 上海：上海古籍出版社，1988.

王云度. 秦汉史编年 [M]. 南京：凤凰出版社，2011.

王利器主编. 史记注译 [M]. 西安：三秦出版社，1988.

王学理. 咸阳帝都记 [M]. 西安：三秦出版社，1999.

王子今. 战国秦汉交通格局与区域行政 [M]. 北京：中国社会科学出版社，2015.

五画

［汉］司马迁撰，［南朝宋］裴骃集解，［唐］司马贞索隐，［唐］张守节正义. 史记 [M]. 北京：中华书局，1959.

［汉］司马迁撰，［南朝宋］裴骃集解，［唐］司马贞索隐，［唐］张守节正义. 史记（点校本二十四史修订本）[M]. 北京：中华书局，2014.

［宋］司马光编纂，［元］胡三省音注. 资治通鉴 [M]. 北京：中华书局，1956.

［宋］司马光编纂，［元］胡三省音注. 资治通鉴 [M]. 北京：中华书局，2013.

［宋］乐史撰，王文楚等点校. 太平寰宇记 [M]. 北京：中华书局，2007.

［宋］叶寘. 爱日斋丛钞 [M]. 丛书集成初编（影印）. 北京：中华书局，1985.

［宋］史尧弼. 莲峰集 [M]. 文渊阁四库全书（影印）. 上海：上海古籍出版社，2003.

［宋］叶梦得撰，田松青、徐时仪校点. 避暑录话 [M]. 北京：中华书局，2012.

［宋］冯椅. 厚斋易学 [M]. 文渊阁四库全书（影印）. 上海：上海古籍出版社，2003.

［宋］叶适. 习学记言序目 [M]. 北京：中华书局，1977.

［明］冯梦龙. 纲鉴统一 [M]. 冯梦龙全集（影印）. 上海：上海古籍出版社，1993.

［明］冯梦龙. 智囊补 [M]. 冯梦龙全集（影印）. 上海：上海古籍出版社，1993.

［明］冯琦. 宗伯集 [M]. 文渊阁四库全书（影印）. 上海：上海古籍出版社，2003.

［清］冯景. 解春集文钞 [M]. 丛书集成初编（影印）. 北京：中华书局，1985.

田兆元. 神话学与美学论集 [M]. 上海：上海文艺出版社，2007.

业衍璋. 业衍璋集 [M]. 南京：凤凰出版社，2012.

白寿彝主编. 中国通史 [M]. 上海：上海人民出版社，1995.

史念海. 中国古都和文化 [M]. 北京：中华书局，1998.

史念海. 中国历史地理纲要 [M]. 太原：山西人民出版社，1992.

史念海. 河山集 [M]. 西安：陕西师范大学出版社，1991.

台湾三军大学编. 中国历代战争史 [M]. 台北：黎明文化事业股份有限公司，1976.

六画

[汉] 刘向. 新序 [M]. 丛书集成初编（影印）. 北京：中华书局，1985.

[汉] 刘歆等撰，王根林校点. 西京杂记（外五种）[M]. 上海：上海古籍出版社，2012.

[唐] 刘知幾著，黄寿成校点. 史通 [M]. 沈阳：辽宁教育出版社，1997.

[宋] 孙觌. 鸿庆居士集 [M]. 文渊阁四库全书（影印）. 上海：上海古籍出版社，2003.

[宋] 朱胜非. 绀珠集 [M]. 文渊阁四库全书（影印）. 上海：上海古籍出版社，2003.

[宋] 吕祖谦. 大事记解题 [M]. 文渊阁四库全书（影印）. 上海：上海古籍出版社，2003.

[宋] 吕祖谦编纂，戴扬本整理. 汉书详节 [M]. 上海：上海古籍出版社，2007.

[宋] 阮阅编，周本淳校点. 诗话总龟 [M]. 北京：人民文学出版社，1987.

[元] 刘壎. 隐居通议 [M]. 丛书集成初编（影印）. 北京：中华书局. 1985.

[明] 朱之蕃汇辑，[明] 汤宾尹校正，焦丽波整理，赵望秦审定. 百大家评注史记 [M]. 西安：陕西师范大学出版社，2016.

[明] 孙能传辑. 剡溪漫笔（影印）[M]. 北京：中国书店，1987.

[清] 全祖望. 汉书地理志稽疑 [M]. 丛书集成初编（影印）. 北京：中华书局，1985.

[清] 全祖望. 经史问答（影印）[M]. 扬州：江苏广陵古籍刻印社，1990.

[清] 刘文淇. 楚汉诸侯疆域志 [M]. 丛书集成初编（影印）. 北京：中华书局，1985.

[清] 刘宝楠. 愈愚录 [M]. 北京图书馆古籍珍本丛刊（影印）. 北京：书目文献出版社，1990.

[清] 阮元校刻. 十三经注疏 [M]. 北京：中华书局，1980.

[清] 刘统勋. 评鉴阐要 [M]. 文渊阁四库全书（影印）. 上海：上海古籍出版社，2003.

［清］刘咸炘. 推十书［M］. 上海：上海科学技术文献出版社，2009.

［清］刘咸炘著，黄曙辉编校. 太史公书知意［M］. 桂林：广西师大出版社，2007.

［清］齐召南. 历代帝王年表［M］. 丛书集成初编（影印）. 北京：中华书局，1985.

［清］牟庭相. 雪泥书屋杂志［M］. 山东文献集成（影印）. 济南：山东大学出版社，2006.

［日］有井范平. 史记评林补标［M］. 台北：兰台书局，1989.

吕思勉. 中国通史［M］. 上海：上海古籍出版社，2006.

吕思勉. 论学集林［M］. 上海：上海教育出版社，1987.

吕思勉. 秦汉史［M］. 上海：上海古籍出版社，2005.

朱东润. 史记考索［M］. 上海：华东师范大学出版社，1996.

后晓荣. 秦代政区地理［M］. 北京：社会科学文献出版社，2009.

刘庆柱、李毓芳编著. 西汉十一陵［M］. 西安：陕西人民出版社，1987.

伊沛霞. 当代西方汉学研究集萃［M］. 上海：上海古籍出版社，2016.

许威汉. 训诂学导论［M］. 上海：上海教育出版社，1987.

成庆华. 成庆华史学文存［M］. 北京：中国社会科学出版社，2006.

曲英杰. 史记都城考［M］. 北京：商务印书馆，2007.

七画

［唐］苏鹗撰，吴企明点校. 苏氏演义［M］. 北京：中华书局，2012.

［宋］苏洵著，曾枣庄、金成礼笺注. 嘉佑集笺注［M］. 上海：上海古籍出版社，1993.

［宋］苏轼著，王松龄点校. 东坡志林［M］. 北京：中华书局，1981.

［宋］张淏撰，张宗祥校录. 云谷杂记［M］. 北京：中华书局，1958.

［宋］苏辙著，曾枣庄、马德富校点. 栾城集［M］. 上海：上海古籍出版社，1987.

［宋］苏籀. 双溪集［M］. 丛书集成初编（影印）. 北京：中华书局，1985.

［宋］李光. 读易详说［M］. 文渊阁四库全书（影印）. 上海：上海古籍出版社，2003.

［宋］李如箎. 东园丛说［M］. 丛书集成初编（影印）. 北京：中华书局，1985.

［宋］李纲. 梁溪集［M］. 文渊阁四库全书（影印）. 上海：上海古籍出版社，2003.

［宋］杨万里撰，辛更儒笺校.杨万里集笺校［M］.北京：中华书局，2007.

［宋］李季可.松窗百说［M］.丛书集成初编（影印）.北京：中华书局，1991.

［宋］杨简.先圣大训［M］.文渊阁四库全书（影印）.上海：上海古籍出版社，2003.

［宋］吴仁杰.两汉刊误补遗［M］.丛书集成初编（影印）.北京：中华书局，1991.

［宋］吴曾.能改斋漫录［M］.上海：上海古籍出版社，1979.

［宋］佚名.历代名贤确论［M］.文渊阁四库全书（影印）.上海：上海古籍出版社，2003.

［宋］张栻.南轩集［M］.文渊阁四库全书（影印）.上海：上海古籍出版社，2003.

［宋］陆唐老.陆状元增节音注精议资治通鉴［M］.四库全书存目丛书（影印）.济南：齐鲁书社，1997.

［宋］陈亮.陈亮集［M］.北京：中华书局，1974.

［宋］陈耆卿著，曹莉亚校点.陈耆卿集［M］.杭州：浙江大学出版社，2010.

［宋］陈渊.默堂集［M］.文渊阁四库全书（影印）.上海：上海古籍出版社，2003.

［宋］陈善.扪虱新话［M］.丛书集成初编（影印）.北京：中华书局，1985.

［宋］邵博撰，刘德权、李剑雄点校.邵氏闻见后录［M］.北京：中华书局，1983.

［宋］陈埴.木钟集［M］.文渊阁四库全书（影印）.上海：上海古籍出版社，2003.

［宋］陈仁子.牧莱脞语［M］.四库全书存目丛书（影印）.济南：齐鲁书社，1997.

［宋］陈仁子.文选补遗［M］.四库文学总集选刊（影印）.上海：上海古籍出版.1993.

［明］李贽.史纲评要［M］.北京：中华书局，1974.

［明］杨慎撰，王大淳笺证.丹铅总录笺证［M］.杭州：浙江古籍出版社，2013.

［明］杨慎.升庵集［M］.四库明人文集丛刊（影印）.上海：上海古籍出版社，1993.

［明］吴应箕.楼山堂集［M］.丛书集成初编（影印）.北京：中华书局，1985.

［明］沈长卿.沈氏日旦［M］.续修四库全书（影印）.上海：上海古籍出版.2002.

［明］沈长卿. 沈氏弋说［M］. 续修四库全书（影印）. 上海：上海古籍出版，2002.

［明］张宁. 方洲集［M］. 四库明人文集丛刊（影印）. 上海：上海古籍出版社，1991.

［明］张萱. 疑耀［M］. 丛书集成初编（影印）. 北京：中华书局，1985.

［明］陈懋仁. 藕居士诗话［M］. 四库全书存目丛书（影印）. 济南：齐鲁书社，1997.

［明］余懋学. 丽事馆余氏辨林［M］. 台北：台湾学生书局，1971.

［清］邵泰衢. 史记疑问［M］. 文渊阁四库全书（影印）. 上海：上海古籍出版社，2003.

［清］张熷. 读史举正［M］. 丛书集成初编（影印）. 北京：中华书局，1985.

［清］陆次云. 峒溪纤志［M］. 丛书集成初编（影印）. 北京：中华书局，1985.

［清］陈梦雷、［清］蒋廷锡编. 古今图书集成［M］. 上海：中华书局，1934.

［清］张文虎. 校刊史记集解索隐正义札记［M］. 北京：中华书局，1977.

［清］沈自南. 艺林汇考［M］. 北京：中华书局，1988.

［清］汪琬. 尧峰文钞［M］. 上海：上海书店，1989.

［清］沈钦韩. 汉书疏证（外二种）（影印）［M］. 上海：上海古籍出版社，2006.

［清］严可均辑. 全上古三代秦汉三国六朝文［M］. 北京：中华书局，1965.

［清］李渔. 李渔全集［M］. 点校本，杭州：浙江古籍出版社，1991.

［清］李慈铭. 越缦堂读史记全编［M］. 北京：北京图书馆出版社，2003.

［清］李蕊撰，王治来等校点. 兵镜类编［M］. 长沙：岳麓书社，2007.

［清］杨锡绂. 四知堂文集［M］. 清代诗文集汇编. 上海：上海古籍出版社，2009.

［清］吴见思撰，陆永品点校. 史记论文［M］. 上海：上海古籍出版社，2008.

［清］吴世雄、朱忻修，刘庠等纂. （同治）徐州府志［M］. 中国地方志集成·江苏省府县志辑. 南京：江苏古籍出版社，1998.

［清］吴汝纶撰，施培毅、徐寿凯校点. 吴汝纶全集［M］. 合肥：黄山书社，2001.

［清］吴非撰，吴树平等点校. 楚汉帝月表［M］. 史记汉书诸表订补十种. 北京：中华书局，1982.

［清］吴卓信. 汉书地理志补注［M］. 二十五史补编（影印）. 北京：中华书局，1955.

［清］吴承仕. 论衡校释［M］. 北京：北京师范大学出版社，1986.

［清］何焯撰，崔高维点校. 义门读书记［M］. 北京：中华书局，1987.

［清］佚名. 史记疏证［M］. 上海：上海古籍出版社，2007.

［清］佚名. 十先生奥论注［M］. 文渊阁四库全书（影印）. 上海：上海古籍出版社，2003.

［清］杜诏. 读史论略［M］. 丛书集成初编》（影印）. 北京：中华书局，1991.

［清］沈家本. 诸史琐言［M］. 北京：中华书局，1964.

［清］李笠著，李继芬整理. 广史记订补［M］. 上海：复旦大学出版社，2001.

李景星著，韩兆琦、俞樟华校点. 四史评议［M］. 长沙：岳麓书社，1986.

李人鉴. 太史公书校读记［M］. 兰州：甘肃人民出版社，1998.

吴汝煜. 史记论稿［M］. 南京：江苏教育出版社，1986.

吴恂. 汉书注商［M］. 上海：上海古籍出版社，1983.

吴国泰. 史记解诂［M］. 居易簃丛书（影印）. 成都：巴蜀书社，2006.

李伟泰. 汉初学术及王充论衡述论稿［M］. 北京：中国长安出版社，1975.

张荫麟. 中国史纲［M］. 北京：中华书局，2014.

陈垣. 校勘学释例［M］. 北京：中华书局，2016.

严一萍. 史记会注考证斠订［M］. 台北：艺文印书馆，1976.

张家英. 《史记》十二本纪疑诂［M］. 哈尔滨：黑龙江教育出版社，1997.

陆宗达. 陆宗达语言学论文集［M］. 北京：北京师范大学出版社，1996.

杨树达. 汉书窥管［M］. 上海：上海古籍出版社，1984.

杨树达编著. 中国修辞学［M］. 北京：科学出版社，1954.

何兹全. 中国社会史论［M］. 北京：中华书局，2006.

何兹全. 何兹全文集［M］. 北京：中华书局，2006.

辛德勇. 历史的空间与空间的历史［M］. 北京：北京师范大学出版社，2005.

辛德勇. 秦汉政区与边界地理研究［M］. 北京：中华书局，2009.

李开元. 汉帝国的建立与刘邦集团：军功受益阶层研究.［M］. 北京：三联书店，2000.

张永禄主编. 汉代长安词典［M］. 西安：陕西人民出版社，1993.

张大可. 史记全本新注［M］. 西安：三秦出版社，1990.

李志慧. 史记文学论稿［M］. 西安：三秦出版社，1995.

陈直. 史记新证［M］. 天津：天津人民出版社，1979.

陈直校证. 三辅黄图校证［M］. 西安：陕西人民出版社，1980.

［美］陆威仪著、王兴亮译. 早期中华帝国：秦与汉［M］. 北京：中信出版

社，2016.

杨建. 西汉初期津关制度研究 [M]. 上海：上海古籍出版社，2010.

吴树平、吕宗力. 全注全译史记 [M]. 天津：天津古籍出版社，1995.

辛德勇. 史记新本校勘 [M]. 桂林：广西师范大学出版社，2017.

八画

[唐] 欧阳询撰，汪绍楹校. 艺文类聚 [M]. 上海：上海古籍出版社，1985.

[唐] 林慎思. 伸蒙子 [M]. 丛书集成初编（影印）. 北京：中华书局，1985.

[宋] 范浚. 香溪集 [M]. 丛书集成初编（影印）. 北京：中华书局，1985.

[宋] 罗璧. 罗氏识遗 [M]. 丛书集成初编（影印）. 北京：中华书局，1991.

[宋] 郑樵. 通志 [M]. 上海：上海古籍出版社，2007.

[宋] 周紫芝. 太仓稊米集 [M]. 宋集珍本丛刊（影印）. 北京：线装书局，2004.

[宋] 范祖禹. 太史范公文集 [M]. 宋集珍本丛刊（影印）. 北京：线装书局，2004.

[明] 郑贤辑. 古今人物论（影印）[M]. 扬州：广陵古籍刻印社，1991.

[明] 罗钦顺著，阎韬点校. 困知记 [M]. 北京：中华书局，1990.

[明] 单宇. 菊坡丛话 [M]. 续修四库全书（影印）. 上海：上海古籍出版社，1996.

[明] 茅坤辑. 史记钞 [M]. 辽宁省图书馆藏陶湘旧藏闵凌刻本集成（影印）. 北京：中华书局，2017.

[明] 茅坤. 茅鹿门文集 [M]. 续修四库全书（影印）. 上海：上海古籍出版，2013.

[清] 易佩绅. 通鉴触绪 [M]. 四库未收书辑刊（影印）. 北京：北京出版社，2000.

[清] 周寿昌. 汉书注校补 [M]. 丛书集成初编断句排印本. 上海：商务印书馆，1936.

林纾著，范先渊校点. 春觉斋论文 [M]. 北京：人民文学出版社，1959.

范文澜. 中国通史简编（上下）[M]. 上海：华东师范大学出版社，2014.

林剑鸣. 秦汉史 [M]. 上海：上海人民出版社，1989.

[日] 泷川资言. 史记会注考证 [M]. 上海：上海古籍出版社，2015.

[日] 泷川资言考证，[日] 水泽利忠校补. 史记会注考证附校补 [M]. 上海：上海古籍出版社，1985.

［美］帕克著，向达译. 匈奴史［M］. 太原：山西人民出版社，2015.

九画

［汉］荀悦撰，张烈点校. 汉纪［M］. 北京：中华书局，2002.

［北魏］郦道元著，［清］王先谦校. 合校水经注［M］. 北京：中华书局，2009.

［唐］赵蕤撰，梁运华校注. 长短经［M］. 北京：中华书局，2017.

［宋］胡寅. 致堂读史管见［M］. 中华再造善本（影印）. 北京：北京图书馆出版社，2004.

［宋］胡宏. 五峰集［M］. 文渊阁四库全书（影印）. 上海：上海古籍出版社，2003.

［宋］施子美. 施氏七书讲义［M］. 中国兵书集成（影印）. 北京：解放军出版社；沈阳：辽沈出版社，1992.

［宋］姚铉编. 唐文粹［M］. 上海：上海古籍出版社，1994.

［宋］洪迈撰，穆公校点. 容斋随笔［M］. 上海：上海古籍出版社，2015.

［元］胡一桂. 十七史纂古今通要［M］. 中华再造善本（影印）. 北京：北京图书馆出版社，2003.

［元］俞德邻. 佩韦斋辑闻［M］. 丛书集成初编（影印）. 北京：中华书局，1985.

［明］胡应麟. 少室山房笔丛［M］. 点校本，北京：中华书局，1958.

［明］钟惺. 史怀［M］. 丛书集成初编（影印）. 北京：中华书局，1985.

［明］钟惺著，李先耕、崔重庆标校. 隐秀轩集［M］. 上海：上海古籍出版社，1992.

［明］洪垣. 觉山洪先生史说［M］. 续修四库全书（影印）. 上海：上海古籍出版社，2002.

［明］胡广编. 性理大全书［M］. 文渊阁四库全书（影印）. 上海：上海古籍出版社，2003.

［清］钟渊映. 历代建元考［M］. 丛书集成初编（影印）. 北京：中华书局，1985.

［清］赵绍祖撰，赵英明、王懋明点校. 读书偶记［M］. 北京：中华书局，1997.

［清］胡式钰. 窦存（影印）［M］. 北京：北京市中国书店，1985.

［清］胡林翼撰，胡遂等整理标点. 读史兵略［M］. 长沙：岳麓书社，1999.

［清］俞正燮. 癸巳类稿（断句排印本）［M］. 北京：商务印书馆，1957.

［清］查慎行撰，张玉亮、辜艳红点校. 得树楼杂钞［M］. 杭州：浙江古籍出版

社，2014.

[清] 俞樾撰，贞凡等校点. 茶香室丛钞（续钞、三钞）[M]. 北京：中华书局，1995.

[清] 俞樾. 宾萌集 [M]. 春在堂全书（影印）. 杭州：浙江古籍出版社，2007.

[清] 俞樾著，崔高维点校. 湖楼笔谈 [M]. 北京：中华书局，1995.

[清] 洪亮吉. 四史发伏 [M]. 沈阳：辽宁大学出版社，1990.

[清] 洪颐煊. 读书丛录 [M]. 丛书集成初编（影印）. 北京：中华书局，1985.

[清] 恽敬. 大云山房文稿 [M]. 万有文库断句排印本. 上海：商务印书馆，1936.

[清] 姚苎田节评，王兴康标点. 史记菁华录 [M]. 上海：上海古籍出版社，1988.

[清] 姚范. 援鹑堂笔记 [M]. 续修四库全书（影印）. 上海：上海古籍出版，2002.

[清] 姚鼐著，刘季高标校. 惜抱轩诗文集 [M]. 上海：上海古籍出版社，1992.

[清] 贺贻孙. 水田居文集 [M]. 清代诗文集汇编（影印）. 上海：上海古籍出版社，2009.

[清] 赵翼. 陔余丛考（断句排印本）[M]. 北京：中华书局，1963.

[清] 赵翼著，王树民校证. 廿二史札记校证 [M]. 北京：中华书局，1984.

柳诒徵. 国史要义 [M]. 上海：华东师范大学出版社，2000.

饶岱章. 旷楼消夏稿 [M]. 北京：新华出版社，2012.

施之勉. 汉书集释 [M]. 台北：三民书局，2003.

施之勉. 史记会注考证订补 [M]. 台北：华冈出版有限公司，1987.

十画

[汉] 班固撰，[唐] 颜师古注. 汉书 [M]. 北京：中华书局，1974.

[宋] 钱时. 两汉笔记 [M]. 文渊阁四库全书（影印）. 上海：上海古籍出版社，2003.

[宋] 倪思编，[宋] 刘辰翁评. 班马异同 [M]. 文渊阁四库全书（影印）. 上海：上海古籍出版社，2003.

[宋] 徐天麟. 西汉会要 [M]. 上海：上海人民出版社，1977.

[明] 凌稚隆辑校，[明] 李光缙增补. 史记评林（影印）[M]. 天津：天津古籍出版社，1998.

[明] 凌稚隆. 汉书评林 [M]. 汉书研究文献辑刊（影印）. 北京：国家图书馆出

版社，2008.

［明］袁子凡、［明］王凤洲著. 纲鉴合编（影印断句本）［M］. 北京：北京市中国书店，1985.

［明］夏寅. 政鉴［M］. 四库全书存目丛书（影印）. 济南：齐鲁书社，1997.

［明］顾大韶. 炳烛斋随笔［M］. 续修四库全书（影印）. 上海：上海古籍出版社，2002.

［明］徐孚远、［明］陈子龙. 史记测议［M］. 史记研究文献辑刊（影印）. 北京：国家图书馆出版社，2014.

［明］唐顺之编. 荆川稗编［M］. 四库类书丛刊（影印）. 上海：上海古籍出版社，1991.

［明］唐顺之. 两汉解疑［M］. 丛书集成初编（影印）. 北京：中华书局，1991.

［明］高拱. 本语［M］. 文渊阁四库全书（影印）. 上海：上海古籍出版社，2003.

［清］钱谦益著，［清］钱曾笺注，钱仲联标校. 牧斋初学集［M］. 上海：上海古籍出版社，1985.

［清］秦武域. 闻见瓣香录［M］. 山右丛书初编（影印）. 太原：山西人民出版社，1986.

［清］秦笃辉. 读史賸言［M］. 丛书集成初编（影印）. 北京：中华书局，1985.

［清］夏之蓉. 读史提要录［M］. 四库未收书辑刊（影印）. 北京：北京出版社，2000.

［清］顾祖禹编纂，贺次君、施和金点校. 读史方舆纪要［M］. 北京：中华书局，2015.

［清］袁枚著，王英志校点. 小山仓房集［M］. 南京：江苏古籍出版社，1993.

［清］钱大昕著，方诗铭、周殿杰校点. 廿二史考异（附三史拾遗）［M］. 上海：上海古籍出版社，2004.

［清］钱大昕撰，吕友仁标校. 潜研堂集［M］. 上海：上海古籍出版社，1989.

［清］钱大昕著，陈文和、孙显军校点. 十驾斋养新录（附余录）［M］. 南京：江苏古籍出版社，2000.

［清］钱大昭. 汉书辨疑［M］. 丛书集成初编（影印）. 北京：中华书局，1985.

［清］郭嵩焘. 史记札记（标点本）［M］. 上海：商务印书馆，1957.

［清］高塘. 史记钞［M］. 华东师范大学图书馆稀见丛书汇刊·高梅亭读书丛钞（影印）. 北京：北京图书馆出版社，2006.

［清］唐甄著，吴泽民编校. 潜书（附诗文录）［M］. 北京：中华书局，1963.

［清］徐昂发. 畏垒笔记［M］. 瓜蒂庵藏明清掌故丛刊（影印）. 上海：上海古籍出版社，1985.

夏曾佑. 中国古代史［M］. 北京：生活·读书·新知三联书店，1955.

钱锺书. 管锥编［M］. 北京：中华书局，1979.

顾颉刚. 古史辨自序［M］. 北京：商务印书馆，2011.

顾颉刚. 顾颉刚古史论文集［M］. 北京：中华书局，2011.

顾颉刚. 顾颉刚读书笔记［M］. 北京：中华书局，2011.

钱穆. 国史新论［M］. 北京：生活·读书·新知三联书店，2005.

钱穆. 史记地名考［M］. 北京：九州出版社，2011.

［瑞典］高本汉著，陆侃如译. 左传真伪及其他［M］. 太原：山西人民出版社，2015.

聂石樵. 司马迁论稿［M］. 北京：北京师范大学出版社，1987.

徐复观. 两汉思想史［M］. 上海：华东师范大学出版社，2001.

徐朔方. 史汉论稿［M］. 南京：江苏古籍出版社，1984.

秦始皇兵马俑博物馆编. 秦俑学研究［M］. 西安：陕西人民教育出版社，1996.

十一画

［三国魏］曹植著，赵幼文校注. 曹植集校注［M］. 北京：中华书局，2017.

［南朝梁］萧统撰，［唐］李善注. 文选［M］. 北京：中华书局，1977.

［宋］黄晞. 聱隅子歔欷琐微论［M］. 丛书集成初编（影印）. 北京：中华书局，1985.

［宋］章如愚. 山堂考索［M］. 文渊阁四库全书（影印）. 上海：上海古籍出版社，2003.

［元］黄溍. 日损斋笔记［M］. 丛书集成初编（影印）. 北京：中华书局，1985.

［明］曹学佺. 蜀中广记［M］. 文渊阁四库全书（影印）. 上海：上海古籍出版社，2003.

［明］梅鼎祚. 西汉文纪［M］. 文渊阁四库全书（影印）. 上海：上海古籍出版社，2003.

［明］章懋. 枫山集［M］. 四库明人文集丛刊（影印）. 上海：上海古籍出版社，1991.

［明］黄省曾. 五岳山人集［M］. 四库全书存目丛书（影印）. 济南：齐鲁书社，1997.

［明］梁潜. 泊庵集［M］. 北京图书馆古籍珍本丛刊（影印）. 北京：书目文献出

版社，1990.

［明］黄淳耀. 陶庵全集［M］. 文渊阁四库全书（影印）. 上海：上海古籍出版社，2003.

［清］黄恩彤. 鉴评别录［M］. 四库未收书辑刊（影印）. 北京：北京出版社，2000.

［清］萧昺. 经史管窥［M］. 清代学术笔记丛刊（影印）. 北京：学苑出版社，2006.

［清］曹寅编. 全唐诗［M］. 北京：中华书局，1960.

［清］龚自珍著，夏田蓝编. 龚定庵全集类编（影印）［M］. 北京：中国书店，1991.

［清］梁玉绳撰，贺次君点校. 史记志疑［M］. 北京：中华书局，1981.

［清］梁启超著，吴松等点校. 饮冰室文集点校［M］. 昆明：云南教育出版社，2001.

［清］崔适著，张烈点校. 史记探源［M］. 北京：中华书局，1986.

章太炎. 章太炎国学讲演录［M］. 北京：中华书局，2013.

［英］崔瑞德、［英］鲁惟一编，杨品泉等译. 剑桥中国秦汉史［M］. 北京：中国社会科学出版社，1992.

十二画

［唐］韩愈著，马其昶校注，马茂元整理. 韩昌黎文集校注［M］. 上海：上海古籍出版社，2014.

［宋］彭龟年. 止堂集［M］. 丛书集成初编（影印）. 北京：中华书局，1985.

［宋］程大昌撰，杨恩成、康万武点校. 雍录［M］. 西安：陕西师范大学出版社，1996.

［宋］谢枋得编. 文章轨范（影印）［M］. 郑州：中州古籍出版社，1991.

［明］程敏政辑，何庆善、于右点校. 新安文献志［M］. 安徽：黄山书社，2004.

［明］程敏政辑. 皇明文衡［M］. 四部丛刊初编（影印）. 上海：上海书店，1989.

［明］程敏政撰，何庆善、于石点校. 新安文献志［M］. 合肥：黄山书社，2004.

［明］程楷. 明断编［M］. 丛书集成初编（影印）. 北京：中华书局，1991.

［清］蒋廷锡. 尚书地理今释（影印）［M］. 上海：商务印书馆，1936.

［清］傅恒. 历代通鉴辑览（影印）［M］. 上海：上海古籍出版社，1990.

［清］储方庆. 储遁庵文集［M］. 清代诗文集汇编（影印）. 上海：上海古籍出版

社，2009.

［清］惠栋辑录. 汉事会最人物志［M］. 丛书集成初编（影印）. 北京：中华书局，1985.

［清］蒋励常著，蒋世玢等点校. 岳麓文集［M］. 南宁：广西人民出版社，2001.

［清］程馀庆. 历代名家评注史记集说［M］. 西安：三秦出版社，2011.

蒋礼鸿. 蒋礼鸿语言文字学论丛［M］. 杭州：浙江古籍出版社，1994.

蒋廷黻. 中国史纲［M］. 西安：陕西师范大学出版社，2007.

韩兆琦. 史记笺证［M］. 南昌：江西人民出版社，2004.

韩兆琦. 史记博议［M］. 北京：文津出版社，1995.

韩兆琦. 史记选注集说［M］. 南昌：江西人民出版社，1982.

韩兆琦. 史记新读［M］. 北京：北京燕山出版社，2007.

韩兆琦. 史记评议赏析［M］. 呼和浩特：内蒙古人民出版社，1985.

韩国磐. 中国古代法制史研究［M］. 北京：人民出版社，1993.

十四画

［宋］蔡戡. 定斋集［M］. 文渊阁四库全书（影印）. 上海：上海古籍出版社，2003.

谭其骧. 长水集［M］. 北京：人民出版社，2011.

十五画

［宋］黎靖德编，王星贤点校. 朱子语类［M］. 北京：中华书局，1986.

翦伯赞. 秦汉史［M］. 北京：北京大学出版社，1983.

十七画

［宋］魏了翁撰，［元］方回续. 古今考［M］. 文渊阁四库全书（影印）. 上海：上海古籍出版社，2003.

［清］魏裔介，魏连科点校. 兼济堂文集［M］. 北京：中华书局，2007.

［清］戴名世撰，王树民编校. 戴名世集［M］. 北京：中华书局，1986.

十八画

瞿方梅. 史记三家注补正［M］. 上海：广文书局，1973.

期 刊

王子今. 秦汉区域地理学中的"大关中"概念［J］. 秦汉史论丛, 第9辑.

王子今. 秦汉黄河津渡考［J］. 中国历史地理论丛, 1989（3）.

区建华, 荀悦汉纪卷一斠证［J］. 中华文史论丛, 1983（1）.

田余庆. 说张楚——关于"亡秦必楚"问题的探讨［J］. 历史研究, 1989（2）.

史念海. 秦汉时期国内之交通路线［J］. 文史, 1944（3）.

史党社、田静. 考古资料所见先秦时期秦人交通陕甘的几条路线［J］. 秦汉史论丛, 第九辑.

冯其庸. 项羽不死于乌江考［J］. 中华文史论丛, 2007（2）总第86期.

吕宗力. 汉代开国之君神话的建构与语境［J］. 史学集刊, 2010（2）.

刘磬修. 从芒砀到丰沛: 汉高祖刘邦起兵发微［J］. 安徽史学, 2008（5）.

孙文泱. "约法三章"文本的复原［J］. 首都师范大学史学研究, 第3辑.

李廷先.《史记》《汉书》对读评议［J］. 扬州师范学报, 1994（2）.

杨华. 秦汉帝国的神权统一［J］. 历史研究, 2011（5）.

陈昌强. 史记高祖本纪"乃与公挑战"辩误［J］. 古典文献研究, 总第9辑.

陈晓婕、周晓路. 新见秦封泥五十例考略［J］. 碑林集刊, 2005（11）.

武伯伦. "霸上"考［J］. 文博, 1994（5）.

罗凯燊. 梅鋗考［J］. 南雄文史, 第17辑.

周振鹤. 楚汉诸侯疆域考［J］. 中华文史论丛, 1984（4）总第32辑.

赵文润. 重评刘邦、项羽的成败原因及其是非功过［J］. 人文杂志, 1982（6）.

施丁. 陈下之战与垓下之战［J］. 中国社会科学院研究生院学报, 1986（6）.

韩兆琦. 司马迁如何写项羽, 感动读者两千年［J］. 信阳师范学院学报, 2009（1）.

管锡华. 史记"马骑"小考［J］. 西南民族大学学报（人文社科版）, 2008（10）总第206期.